ISBN 978-0-666-97329-0
PIBN 10713388

Geschichte

der Entstehung, der Veränderungen

und der Bildung unseres

protestantischen

Lehrbegriffs

vom Anfang der Reformation

bis zu der

Einführung der Konkordienformel.

Vierter Band.

Leipzig

bey Siegfried Lebrecht Crusius

1796.

Vorrede.

Der neue Band dieses Werks, welchen das Publikum hiemit erhält, würde schon früher erschienen seyn, wenn mir nicht neue Verhältnisse auch neue Arbeiten aufgelegt, und andere Beschäfftigungen, denen ich mich nicht entziehen durfte, angewiesen hätten. Ehe diese abgethan, oder doch in einen gewissen Gang gebracht waren, hätte ich nur einzelne und abgebrochene Absäze meiner Zeit auf die Fortsezung von jener verwenden können, wobey nicht nur die noch fehlende Bände in viel längeren und vielleicht sehr ungleichen Zwischen-Räumen auf einander gefolgt, sondern auch zuverlässig die mir ungewohnte Art des unterbrochenen und stückweisen Arbeitens der Vollendung des Werks nachtheilig geworden seyn würde. Ich hielt es also für besser, sie so lange auszusezen, biß ich sie wieder zu meinem Haupt-Geschäfft machen, oder doch nicht mehr befürchten dürfte, so oft davon abgezogen zu werden: dazu aber wollte es sich nicht eher, als jezt, bey mir schicken.

Ohnehin werden sich die neuen Bände dieses Werks mehrfach und merklich von den bißher erschienenen unterscheiden, und auch dadurch hoffte ich ihre spähtere Erscheinung leichter entschuldigen zu können. In den vorhergehenden Bänden ist nur die Entstehungs-Geschichte unseres protestantischen Lehrbegriffs ausgeführt worden, wobey ich mir erlaubte, auch die äussere Geschichte von der Bildung der protestantischen Parthie in Deutschland, von den Kämpfen, unter denen sie sich eine fortdaurende und gesezmässige Existenz erstreiten mußte, von den Umständen, welche ihr den Streit erleichterten und erschwerten, also mit einem Wort eine Geschichte des äusseren Ganges mitzunehmen, welchen die Reformation überhaupt unter uns nahm. Vielleicht ist mehr davon mitgenommen worden, als gerade zu dem angekündigten Zweck, zu der Aufklärung der Geschichte unseres Lehrbegriffs,

nöthig

nöthig war. Vielleicht hät selbst dieser angekündigte Zweck etwas dabey gelitten, indem wenigstens die Aufmerksamkeit des Lesers nur allzuoft und allzulange von demjenigen abgezogen wurde, was der Ankündigung nach Haupt-Gegenstand für sie werden sollte. Doch ich überredete mich, daß das nachtheilige davon auf einer andern Seite kompensirt werden könnte: allein wie es auch damit sich verhalten mag, so wird man jezt in den folgenden Bänden nichts mehr eingemischt finden, wofür ein Ersaz oder eine Entschuldigung nöthig wäre. Diese werden nun die reine Geschichte von der eigentlichen Ausbildung unseres Lehrbegriffs und von den Veränderungen enthalten, die man in den nächsten dreissig Jahren nach Luthers Tode damit vornahm. Sie werden also nichts, als die Geschichte der theologischen Streitigkeiten und der Bewegungen enthalten, unter welchen und durch welche jene Ausbildung erfolgte, und diese Veränderungen theils herbeygeführt theils erzwungen wurden. Sie werden mithin dem Titel völlig entsprechen: aber eben deßwegen kann ich mich einer mehrfachen Besorgniß nicht erwehren, da ich den ersten davon in die Welt ausgehen lasse!

Für eine mir sehr schäzbare Klasse von Lesern können diese Bände unmöglich mehr das Interesse haben, das die vorhergehende für sie hatten; denn ich kann nicht hoffen, daß es mir gelingen dürfte, sie durch die Form der Darstellung bey einer Materie festzuhalten, die nichts anziehendes mehr für sie haben kann. Doch darüber müßte ich mich schon mit der Vorstellung beruhigen, daß ich eigentlich auch bey den vorhergehenden nicht darauf rechnen durfte, durch ihren Beyfall aufgemuntert zu werden: aber auch unser eigentlich theologisches Publikum kann, wie ich fürchte, nach den Veränderungen, die seit den lezten zehen Jahren fast allgemein in seiner Denkungs-Art vorgegangen sind, schwerlich mehr zu einer etwas lebhaften Theilnehmung an den Gegenständen gereizt werden, mit denen sich die folgende Geschichte allein beschäftigen wird. Die meiste der besonderen Formen, in welche sich unser theologisches System während des Zeit-Raums, den sie umfaßt, nach seinen einzelnen Theilen hineinbildete, haben nicht nur in unsrer jezigen Dogmatik das Moment völlig verlohren, das man ihnen ehmahl beylegte, sondern die Geschichte ihrer Bildung hat für den Geist unsers Zeitalters selbst das negative Interesse verlohren,

das

das ihr aus seiner sich allmählig ansezenden und entwickelnden Abneigung davon eine Zeitlang zuwachsen konnte. Vor zehen Jahren würde er noch mit Theilnehmung dabey haben verweilen können, weil er sich vor zehen Jahren noch nicht ganz davon losgemacht hatte. Sie würde ihm selbst damahls willkommen gewesen seyn, weil er zuverlässig voraus darauf gerechnet hätte, in einer solchen Geschichte neue und weitere Gründe zu finden, welche sein Streben, sich davon loszumachen, rechtfertigen könnten. Jezt aber ist auch diß weggefallen. Eine ganz neue Dogmatik hat sich in dieser Zwischenzeit unter uns gebildet. Man ist fast allgemein nicht nur von jenen Formen, sondern selbst von mehreren Grund-Ideen der älteren weggekommen. Man ist sich bewußt, daß man davon weggekommen ist. Man fürchtet auch nicht mehr, daß der Geist unserer Theologie jemahls von selbst wieder dahin zurükkehren, oder zurückgezwungen werden könnte, und betrachtet sie deßwegen als ganz gleichgültige Antiquität.

Ich will es nicht verhelen, daß auch diese Betrachtung einigen Einfluß auf die spăthere Erscheinung der Fortsetzung dieses Werks gehabt hat.

 Sie

Sie führte mich selbst zuweilen in Versuchung, daß ich mich von der dazu übernommenen Verpflichtung dispensirt glauben dürfte, denn sie machte es mir nur allzuwahrscheinlich, daß gar kein Nutzen mehr dadurch gestiftet werden könnte. Nun fand ich zwar bald, daß ich doch nicht nach dieser Wahrscheinlichkeit handlen, und auch meine Arbeit noch nicht für ganz nuzlos halten dürfte, wenn ich schon nicht mehr hoffen konnte, jene Absichten zu erreichen, die ich bey der ersten Anlage des Werks abzweckte, weil sie zum Theil schon erreicht und zum Theil gar nicht mehr erreichbar sind. Ich ließ mich daher auch durch diese Betrachtung nicht von seiner Fortsezung abhalten; aber dafür kann ich nicht stehen, daß sie nicht auf die Art, wie ich in dieser Fortsezung meine Materialien behandelt habe, einen Einfluß gehabt haben mag, der vielleicht ohne mein Wissen entscheidender geworden ist, als er hätte werden sollen.

Da es von jezt an nur eine Art von Stoff ist, den ich noch zu bearbeiten habe, nehmlich nichts als die Geschichte der vielfachen theologischen Streitigkeiten ist, unter denen sich unsere Dogmatik in dem angegebenen Zeitraum vol-

lends

lends ausbildete, so war ich eine Zeitlang zweifelhaft, was ich für eine Manier der Bearbeitung unter zweyen, die sich mir anboten, wählen sollte. Ich konnte mich entschliessen, aus der Geschichte dieser Streitigkeiten bloß das wissenschaftliche und theologische auszuheben, also ungefähr bloß die Fragen und Ideen selbst, über welche gestritten wurde, nach der Ordnung, in welcher sie die Reyhe traf, anzugeben, dasjenige, was dabey Gegenstand des Streits wurde, gehörig ins Licht zu sezen, die Gründe und Gegengründe, durch welche der Streit durchgefochten wurde, mit historischer Treue und Unpartheylichkeit darzulegen, und endlich noch dasjenige, was dabey am Ende für unsere Dogmatik erstritten wurde, dem Leser mit gewissenhafter Genauigkeit vorzuwägen, ohne weiter von der sonstigen Art, womit der Streit geführt, von den äusseren nicht wissenschaftlichen, und oft noch weniger theologischen Ursachen, durch die er angefacht, unterhalten und verbreitet, oder von ähnlichen Neben-Umständen Notiz zu nehmen, durch welche meistens das Besondere seines Ganges, und nicht selten auch die Entscheidung und der Ausgang davon bestimmt wurde. Wollte ich mich aber nicht darauf einschränken, so mußte te ich mich entschliessen, das lezte mit dem ersten zu verbinden, und nicht bloß die verschiedene Meynungen, über welche unsere Theologen stritten, sondern auch die Theologen, welche darüber stritten, im Kampf gegen einander aufzuführen, nicht bloß das wissenschaftliche Interesse der bestrittenen Meynungen, sondern auch das persönliche der streitenden Partheyen aufzudecken, diß heißt mt einem Wort, alles mitzunehmen, was überhaupt zu der Geschichte des Streits gehörte.

Meine Wahl neigte sich bald zu der ersten Manier, denn einige Inkonvenienzen der zweyten fielen mir zuerst stärker auf, als jene, die mit dieser ersten verknüpft sind. Auch schien sie sonst höchst zweckmässig zu seyn, denn je sorgsamer und genauer das theologisch-wissenschaftliche abgesondert würde, desto deutlicher mußte sich die Reyhe der damit vorgenommenen Veränderungen darstellen, und vor das Auge des Lesers bringen lassen. Ueberdiß konnte das Werk beträchtlich dadurch abgekürzt werden; aber dennoch entschied sich zulezt mein Entschluß für die zweyte Manier, woran dann allerdings jene vorher erwähnte Betrachtung mehr Antheil gehabt ha-

haben mag, als ihr gebührte. Ich konnte mir unmöglich verhelen, daß die erste Manier nothwendig Leser erforderte, für welche die Materie wenigstens noch etwas anziehendes hätte, und wo durfte ich noch diese zu finden hoffen? Doch war ich und bin ich mir zugleich noch anderer Gründe bewußt, die mich zu der Wahl dieser andern Manier bestimmten. Es kann nicht zweifelhaft seyn, daß sie nicht nur mehr Unterhaltung, sondern auch mehr Belehrung als die erste gewährt. Auch derjenige, dem es nur darum zu thun ist, die Meynungen selbst, über welche, die Gründe, mit welchen der Streit geführt, und die Resultate kennen zu lernen, welche dabey erstritten wurden, auch dieser wird zuverlässig eine viel bestimmtere Kenntniß davon erhalten, wenn er zugleich mit den Menschen und mit den Umständen bekannt wird, zwischen denen und unter denen der Kampf durchgefochten wurde. Er wird wenigstens die nöthige Data zu einem vollständigen unpartheyischen Urtheil über den Wehrt und über die Wichtigkeit des bestrittenen und des erstrittenen nur daraus ziehen können: und ausserdem — sollte dann in demjenigen, was die Geschichte auch hier noch aufzudecken hat, gar nichts belehrendes für uns liegen?

Zu einem der Zwecke, wegen denen ich bey der ersten Anlage des Werks diese Behandlungs-Art wählen zu müssen glaubte, ist jezt allerdings dieses Aufdecken nicht mehr nothwendig! Dem Vorurtheil für die Autorität unserer ältern Theologen, das freylich durch nichts so würksam niedergeschlagen werden konnte, als durch eine treue Geschichte ihrer Händel in diesem Zeitraum, diesem Vorurtheil darf jezt nicht mehr entgegengewürkt werden. Es hat sich in diesen lezten fünfzehn Jahren so ganz unter uns verlohren, daß man beynahe zu dem entgegengesezten übergangen ist. Man wird gewiß einer Meynung nicht mehr so leicht blöß deßwegen beystimmen, weil es Meynung unserer älteren Theologen war, sondern eher einen Grund in diesem Umstand finden, sie wo nicht ganz wegzuwerfen, doch voraus ein Mißtrauen in ihre Richtigkeit zu sezen. So weit hätte es nun freylich nicht kommen sollen; doch vielleicht war es unvermeidlich, daß es so kommen mußte, weil es natürlicher Gang des menschlichen Geistes zu seyn scheint, daß er von einem Extrem nur durch das andere zurükkehrt. Eben daher darf man desto gewisser hoffen, daß er nun auf dem Wege ist, auch hierinn bald wieder in die Mittelstrasse der Wahrheit

und

und Gerechtigkeit einzulenken; deßwegen befürchtete ich auch nicht, daß ihn eine allzugetreue und unverhüllte Darstellung der Blössen, welche unsere ältere Theologen so häufig in diesem Zeitraum gaben, länger bey diesem entgegengesezten Extrem aufhalten dürfte, als er sonst dabey verweilt seyn würde. Ich habe daher diese Blössen zwar nicht weiter, als es mir nöthig schien, aber da, wo es mir nöthig, diß heißt, wo es mir Wahrheit und Billigkeit zu fordern schienen, mit nicht schonender Hand aufgedeckt. Ich habe dem Parthie-Geist, der Eifersucht, der Rachsucht und den andern Leydenschaften, welche diese rüstige Polemiker von Händeln zu Händeln fortrissen, die Maßke des heiligen Eifers für reine Lehre und Orthodoxie, womit sie sich so oft verhüllten, ungescheut abgezogen. Und ich habe mich dabey nicht ängstlicher bemüht, auch gegen sie selbst gerecht und billig zu seyn, ich habe mich nicht eifriger bestrebt, auf der andern Seite auch dasjenige auszuheben, was zu der Entschuldigung ihrer Schwächen und zu Begründung eines milderen Urtheils über ihre Verirrungen dienen kann, als ich es unfehlbar auch gethan haben würde, wenn ich jezt noch die Absicht hätte haben können, dem Vorurtheil für ihre Auto-

Autorität entgegenzuwürken. Diß Verfahren schien mir sogar bey der gegenwärtigen Stimmung unseres theologischen Zeit-Geists das würksamste Mittel zu seyn, ihn zu einer ruhigen vorurtheilfreyen und leydenschaftlosen Schäzung des Guten und des weniger Guten, das die Geschichte unserer Theologie aus diesem Zeitraum ihm darbietet, allmählig zurückzuführen; denn es sezt voraus, daß er jezt schon dazu reif seyn könnte; aber diß Verfahren schien mir selbst bey demjenigen Theil unseres Publikums, der sonst noch nicht ganz dazu reif seyn dürfte, diese Würkung am gewissesten und ausserdem noch einen Neben-Vortheil zu versichern, den ich gar nicht für unbedeutend halten würde. Einige der jugendlichen Bewunderer unserer neueren Theologie möchten allerdings in der nach dieser Manier behandelten Geschichte zuerst nur neue Gründe finden, sich in ihrem Vorurtheil wider die Vertheidiger unserer älteren zu bestärken. Aber sie werden doch auch gelegenheitlich dabey finden, daß diese ältere Theologen für ihre Meynungen manches anzuführen wußten, das sich nicht so ganz leicht von der Hand weisen und niederschlagen läßt. Sie werden mehrmahls mit Verwunderung finden, daß diese alte Theologen doch auch

zuwei-

zuweilen weiter hinaus sahen, als sie ihnen zutrauten, und sie werden eben so oft finden, daß sie bey der Vertheidigung ihrer Meynungen eine Gelehrsamkeit, einen Scharfsinn und eine konsequente Hartnäckigkeit zeigten, wodurch sie selbst, wenn sie sich im Geist in die Stelle ihrer damahligen Gegner hineindenken, in keine kleine Verlegenheit gesezt werden dürften. Diß kann nicht nur, wie ich hoffe, ihr Urtheil von ihnen am gewissesten berichtigen, sondern es muß sonst noch mehrere gute Folgen haben, die gegenwärtig von gedoppeltem Wehrt seyn möchten; schwerlich aber dürfte sich einer dieser Vortheile erhalten lassen, wenn nicht die Geschichte etwas bekommen hätte, wodurch sie auch für die gegenwärtige Stimmung dieser Klasse von Lesern anziehend genug werden kann, um sie auf einige Zeit dabey festzuhalten.

Keiner Klasse von Lesern wird hingegen, wie ich glaube, die einzige kleine Aenderung mißfällig seyn, die ich in der äusseren Form durch die Eintheilung der Bücher in Kapitel angebracht habe. Ich werde sie also auch in den folgenden Bänden beybehalten, die nun in keinem längeren Zwischenraum auf einander folgen sollen, als die nicht übereilte Vollendung des Werks erfordern wird.

Göttingen,
den 22. August 1796.

D. G. J. Planck.

Anzeige des Innhalts.

Innhalt des ersten Buchs.

Kap. I. Bestimmung des Zeit-Punkts, von welchem eine zweyte Haupt-Periode in der Bildungs-Geschichte des Protestantischen Lehr-Begriffs anfängt, und desjenigen, wodurch sich diese zweyte Periode von der ersten unterscheidet. Beschreibung des Zustands, in welchem sich die lutherische Theologie bey dem Anfang dieser Periode befand. Ihr Eifer gegen die alte Theologie, ihre Polemik gegen den Katholicismus ist ruhiger geworden, weil sie ihren Streit mit diesem völlig entschieden glaubt, und sich im Gegensaz gegen diesen allgemein befestigt fühlt. S. 5. Noch mehr hat sich ihre Stimmung in Ansehung jener Ideen verändert, die in der ersten Periode ihrer Bildung unter den Händeln mit den Schweizerischen Reformatoren ihre Bestimmung erhielten. Die meiste lutherische Theologen sind seit der Wittenbergischen Konkordie duldsamer gegen die Unterscheidungs-Meynung der Schweizer in der Nachtmahls-Lehre, und zu einem gelinderen Urtheil darüber gestimmt worden. S. 6. 7. Besondere Stimmung Melanchtons, der eine Erneuerung des Streits darüber am sorgsamsten zu verhüten sucht. S. 8-11. Ob Melanchton völlig zu der Schweizerischen Meynung übergetreten war? S. 12-14. Aus der Veränderung, die er um der Schweizer willen in der Augsp. Konfession vornahm, und die ihm in der Folge so viele Vorwürfe zuzog, kann es wenigstens nicht geschlossen werden S. 15-21. aber aus der Art, womit damahls die meiste übrige Theologen der Parthie die Aenderung aufnahmen, wird es höchst sichtbar, daß sie eben so wenig, als er, den Streit erneuert haben wollten. S. 22-24. Noch sichtbarer wird es aus dem so sprechenden Stillschweigen, das sie insgesamt beobachten, da Luther in den Jahren 1543-1544. den Streit würklich wieder erneuert. Geschichte nnd Veranlassungen dieses lezten Ausbruchs, zu dem sich Luther hinreissen läßt. S. 25-36. Hingegen hat die Lutherische Theologie in eben dem Zeitraum, da ihr polemisches Interesse für ihre Nachtmahls-Lehre etwas erkaltet ist, ein eigenes für die Lehre von der Gottheit Christi und von der Dreyeinigkeit durch die Widersprüche bekommen, welche Kampanus, Servet und einige andere Gegner dagegen erhoben haben. S. 36-40. Kap. II. Beschreibung der Lage, in welcher sich die protestantische Theologen zu Anfang dieser Periode nach mehreren Hinsichten befanden. Verhältnisse, in welche die meiste protestantische Prediger gegen ihre Layen hineingetreten oder hineingekommen waren. Begriffe, die man von der Amts-Gewalt des Predigt-Amts in der lutherischen Kirche aufgestellt hatte, besonders von seiner Schlüssel-Gewalt. S. 41-44. Vortheilhafte Folgen, welche für die Prediger daraus fliessen: aber zu ihrem Nachtheil würken dagegen die Abhängigkeit, in welche sie von den Layen nach andern Hinsichten hinabgedrückt werden. S. 45-50. die Einschränkungen ihrer Schlüssel-Gewalt, welche man bald von Seiten der weltlichen Obrigkeiten hin und wieder versucht. S. 51-56. die Klausel der Aufkündigung, die man sich hier und da bey ihrer Anstellung vorbehält. S. 57-58. besonders aber das neue Recht der Oberaufsicht über die Bewahrung der reinen Lehre und der Orthodoxie, das eine nicht ganz konsequente Observanz allmählig den weltlichen Obrigkeiten in die Hände spielt. S. 59-66. Eigenes Verhältniß der protestantischen Theologen gegen die Stamm-Mutter aller ihrer Kirchen, die Wittenbergische Universität, und die dortige Theologen, besonders gegen Luther und Melanchton. Entstehung, Befestigung und Würkungen dieses Verhältnisses. S. 67-70. Kap. III. Beschreibung des Zustandes der Wittenbergischen Universität in den lezten Lebens-Jahren Luthers. Sinkender Einfluß Luthers und steigender Einfluß Melanchtons. Natürliche Ursachen des einen und des andern. S. 71-77. Edles Betragen Melanchtons dabey, das aber nicht verhindern kann, daß sich nicht zu gleicher Zeit in Wittenberg eine Parthie gegen ihn bildet, deren Eifersucht über sein Ansehen die unselige Quelle aller folgenden Händel wird. S. 78-81. Durch die Auftritte, die sogleich nach Luthers Tode unter dem Schmalkaldischen Kriege erfolgen, wird nehmlich alle Hoffnung dieser Parthie, Melanchton in Wittenberg stürzen zu können, völlig vernichtet, denn er trägt das meiste zu Wiederherstellung der im Kriege zerstörten Universität bey; sein noch mehr dadurch gestiegener Einfluß nöthigt sie also sich zurückzuziehen, aber sie faßt nun den Entschluß, mit ihm und mit den übrigen Theologen zu Wittenberg einen offenen Krieg anzufangen, und benuzt dazu sogleich die Bewegungen, welche das im J. 1548. von dem Kayser auf dem Reichstag zu Augspurg publicirte Interim unter den Protestanten veranlaßt. S. 82.-85. Kap. IV. Geschichte dieser Bewegungen. Der neue Churfürst Moriz von Sachsen weigert sich, es für seine Länder unbedingt anzunehmen, aber verspricht doch dem Kayser mit seinen Landständen darüber zu handlen. Absichten des Churfürsten bey diesem Versprechen. S. 86-93. Erstes Gutachten über das Interim, das er von seinen Theologen verlangt und erhält. Sie erklären sich sehr stark dagegen. S. 94-96. Daher erhalten sie den Befehl, sich noch einmahl in Celle zu versammlen, um ein neues gemeinschaftliches Bedenken darüber auszustellen, wobey ihnen sehr deutlich zu verstehen gegeben wird, wie der Churfürst wünscht, daß es ausfallen möchte. S. 97-101. Kap. V. Aber diß neue Cellische Gutachten fiel nicht besser aus. Sie räumen zwar ein, daß einige Artikel aus dem Interim ohne Verlezung des Gewissens angenommen werden könnten; aber sie bringen selbst bey diesen noch Einschränkungen an, und zeichnen noch mehrere aus, welche ganz verworfen werden müßten. Zugleich räth Melanchton noch in einem besondern Gutachten, und alle Theologen rathen in einem gemeinschaftlichen dritten Bedenken dem Churfürsten dringend ab, daß er sich doch ja nicht darauf einlassen möchte, S. 102-110. Kluge Haltung, welche die Theologen dabey annehmen, und auch allen übrigen Predigern der Parthie, von denen sie um Rath gefragt werden, empfehlen. S. 111-115. Der Churfürst versammelt hierauf seine Landstände zu Meissen, und verlangt zulezt von diesen, daß sie nur dasjenige aus dem Interim annehmen möchten, was die Theologen darinn für unverwerflich erklärt hätten; aber die Theologen bewürken, daß man auch diesem Ansinnen ausweicht. S. 116.-119.

Kap. VI. Dafür läßt nun Moriz mit den katholischen Landes-Bischöfen von Naumburg und Merseburg handlen. Zweck des Churfürsten bey diesen Pegauischen Handlungen mit den Bischöfen. Instruktion, die er seinen Deputirten dazu mitgiebt. Nicht ganz ungünstiger Erfolg dieser Handlungen. S. 119-136. Grosser Landtag zu Torgau, von dem man wiederum weiter nichts verlangt, als daß er die Annahme derjenigen Artikel aus dem Interim billigen soll, welche nach dem Urtheil der Theologen ohne Verlezung des Gewissens angenommen werden können. Aber die Theologen machen wieder Schwürigkeiten. S. 138. Daher entläßt man den Landtag, und versammelt sie noch einmahl zu Celle, wo sie den Auftrag erhalten, eine neue Kirchen-Ordnung aufzusezen, und alles, was man aus dem Interim annehmen könne, darinn einzurücken. In diese neue Ordnung nehmen sie nun würklich die meiste Vorschriften des Interims auf, die den äusseren Kultus und das Ceremonien-Wesen betreffen S. 139-143. auf einem neuen Landtage zu Leipzig wird sie endlich auch von den Ständen angenommen. S. 144-149. Die neue darnach verfertigte Kirchen-Agenden werden auch von den meisten Superintendenten und Predigern des Landes auf einer Versammlung zu Grimme approbirt, und gleich darauf unter dem Nahmen des Churfürsten publicirt. S. 150. Kap. VIII. Aber weder im Zustand des Sächsischen Religions-, noch des Sächsischen Kirchen-Wesens wurde etwas wesentliches dadurch verändert. Man nahm nichts aus dem Interim an, das mit den Grundsäzen im Widerspruch stand, die man bißher vertheidigt hatte. Man behielt besonders die ächt-lutherische Rechtfertigungs-Lehre ganz ungekränkt; und auch bey den äusseren gleichgültigen Einrichtungen und Ceremonieen, in Ansehung deren man sich nach dem kayserlichen Normativ bequemte, verwahrte man sich sorgfältig gegen alles irrige und abergläubische, das sich im katholischen Kultus daran angehängt hatte. S. 151-173. Kap. IX. Doch gieng diß sehr natürlich zu, daß die ganze übrige protestantische Kirche ausser Sachsen allen diesen Handlungen, welche man in Sachsen wegen des Interims anstellte, mit höchst argwöhnischer Sorglichkeit zusah. Der Abscheu vor dem Interim war fast überall biß zur Schwärmerey gestiegen, weil es so vielen Kirchen mit Gewalt aufgezwungen worden war. Eben so allgemein als der Abscheu vor dem Interim war das Mißtrauen, mit dem man gegen den neuen Churfürsten von

Sachsen

Inhalt des zweyten Buchs.

Theolo-

Theologen daran nehmen, wiewohl er vorzüglich in Pohlen geführt wird, und fast noch gewisser als der Osiandrische blosser Wortstreit ist. S. 450-468.

Innhalt des dritten Buchs.

Fortsezung der Händel mit den Wittenbergischen Theologen; woraus nun die Majoristische und Synergistische Streitigkeit als zwey besondere Haupt-Zweige hervorgehen. Amsdorf eröffnet den besondern Streit mit D. Ge. Major über die Nothwendigkeit der guten Werke. Die Manßfeldische Prediger schliessen sich an Amsdorf an. S. 469-479. Kap. II. Darstellung der wahren Meynung von Major. Ungerechtigkeit, mit der ihn seine Gegner behandlen, denen auch sogleich Flacius beytritt. S. 480-499. Kap. III. Bedenken der Ministerien zu Hamburg, Lüneburg, Lübeck in dieser Streit-Sache. Fruchtlose Erklärungen Majors, von denen man keine Notiz nimmt. S. 500-510. Kap. IV. D. Menius in Gotha wird von Amsdorf in den Streit hineingezogen, und als Vertheidiger der Irrlehre Majors denuncirt. Schändliche Proceduren, die man mit ihm vornimmt. Synode zu Eisenach vom J. 1556. die man deßhalb veranstaltet, mit der aber Amsdorf selbst Händel bekommt. S. 511-531. Kap. V. Bemerkungen über den ganzen Majoristischen Streit. Die Meynung, die man jezt verdammt haben wollte, hatte schon Melanchton zu Luthers Lebzeiten mehrmahls fast in den nehmlichen Ausdrücken vorgetragen. S. 532-537. Auch durch die Auftritte, die wegen des Interims vorgefallen waren, hatte man keinen Grund bekommen, sie jezt anstössiger, als damahls zu finden. S. 538-540. Aber Major hatte durch den unnöthigen Eifer, womit er sie vertheidigte, recht vorsezlich die Leute zum Widerspruch gereizt, und sie hatten ihrerseits das gegründetste Recht; die Ausdrücke, in denen er seine Meynung vortrug, für unschicklich, unbequem und anstössig auszugeben. S. 541-548. wobey sie ihm selbst durch ihre Erklärungen jeden scheinbaren Vorwand, auf seinen Ausdrücken zu bestehen, völlig benahmen.

Aber

Geschichte

Geschichte der protestantischen Theologie von Luthers Tode bis zu der Abfassung der Konkordien-Formel

Buch I.

Kap. I.

Die erste Entstehungs- und Bildungs-Geschichte des protestantischen Lehrbegriffs kann sehr schicklich in zwey Haupt-Perioden vertheilt werden, die sich durch mehrere Eigenheiten unterscheiden. In der ersten dieser Perioden bildete er sich nur gleichsam aus dem Katholicißmus oder aus dem alten Lehrbegriff heraus, und nahm das auszeichnende an, wodurch er sich von diesem unterscheiden wollte, wobey eben deßwegen, weil es jezt noch fast allein um diß auszeichnende zu thun war, noch manches darinn ungeordnet blieb. In der zweyten Periode bekam man erst Zeit und Gelegenheit, auch die übrigen einzelnen Theile, welche dazu gehörten, zu untersuchen, ihre Verhältnüsse gegen einander kunstmässiger zu bestimmen, und dadurch mehr Konsistenz und Zusammenhang in das Ganze zu bringen; und durch die leyder! ebenfalls nur allzuleydenschaftlichen Bemühungen, welche darauf verwandt wurden, oder vielmehr durch die vielfachste und hefftigste Kollision der verschiedensten Meynungen, welche auch hier an einander anstiessen, erhielt unsere gelehrte Theologie die Gestalt, welche sie noch biß in unser Jahrhundert hineinbrachte.

Die erste dieser Perioden kann schon von dem Zeitpunkt ausgeführt werden, da Luther zum erstenmahl als Gegner des alten Lehrbegriffs auftrat; aber in diese Periode mußte zugleich nothwendig die erste Bildung der äusseren kirchlichen Gesellschaft hineinfallen, in welche die Anhänger der neuen Lehre nach ihrer Absonderung von den Vertheidigern der alten zusammentraten. Darinn lag eine Ursache weiter, warum man jezt bey der Bildung des neuen Lehrbegriffs auf weiter nichts als auf das Interesse des Streits Rüksicht nehmen konnte, welchen man mit der Parthei, von der man sich absonderte, zu führen hatte. Eben daher kann die Geschichte dieses Streits und überhaupt die erste Entstehungs-Geschichte der protestantischen kirchlichen Parthei von der ersten Bildungs-Geschichte ihres Lehrbegriffs gar nicht getrennt werden, und deßwegen ist sie auch in den vorhergehenden Bänden dieses Werks nicht nur hinein verflochten, sondern zum HauptGegenstand gemacht, und bis zu dem Zeitpunkt fortgeführt worden, in welchem die neue Kirche eine legale, öffentlich anerkannte, und wegen ihrer Fortdauer gesicherte Existenz erhielt.

Anders verhält es sich hingegen mit der Geschichte der weiteren Ausbildung ihres Lehrbegriffs, welche in die zweyte Periode hineinfällt. Diese ist mit der äusseren Geschichte der Parthei so wenig mehr verflochten,

daß

daß sie mit eben so viel Leichtigkeit als Schicklichkeit für sich allein aufgefaßt, und zu dem vornehmsten Gegenstand einer eigenen Geschichte gemacht werden kann. Die folgenden Bände dieses Werks werden also auch ihr allein gewidmet seyn; und daher freylich dem Leser eine Reyhe von Auftritten und Veränderungen darstellen, die von jenen, die ihm in den ersten Bänden vor das Auge kamen, sehr verschieden sind. Sie können daher für manche Leser auch unmöglich mehr das Interesse von jenen haben; doch dürffen sie nicht fürchten, daß die Geschichte darinn alle Handlung und damit auch alles Leben verliehren möchte. Es wird des lebendigen und des leydenschaftlichen Handlens, es wird also auch noch Verwicklung und Abwechslung genug darinn vorkommen, denn auch die weitere Bildung unseres Lehrbegriffs war nicht das Werk einer ruhigen Untersuchung, oder eines kälter gewordenen gelehrten Speculations-Geistes, sondern des hefftigsten Streitgeistes. Dieser Geist, der unter dem Kampf mit den Katholiken erstarkt war, braußte jezt in den lutherischen Theologen immer noch fort, suchte sich jezt, da er mit jenen fertig zu seyn glaubte, neue Nahrung, und schuff sich neue Materie, wurde eben dadurch auf mehrere bißher von ihm übersehene Punkte hingeleitet, und mit unter auch durch gekränkte Eigenliebe, gereizte Eitelkeit, beleidigten Stolz und durch andere noch untheologischere Motive dieser Art verleitet, sich bey der Bestimmung der Form, die er dem Lehrbegriff zu geben strebte, mehr nach der Konvenienz seiner Leydenschaft als nach demjenigen zu richten, was ihm reiner Eifer für die Wahrheit hätte eingeben mögen. Diß ist es, was die Geschichte dieser Periode unpartheyisch aufzufassen, und freymüthig darzustellen hat: aber eben deßwegen muß eine kurze Beschreibung des Zustandes vorangeschickt werden, in welchem sich bey ihrem Anfang nicht nur die lutherische Theologie überhaupt, sondern auch die lutherische

Theologen, und zunächst diejenige unter ihnen, deren Einfluß den grösten Theil der übrigen leitete, nach mehreren Hinsichten und Verhältnüssen befanden.

Noch einige Zeit vor Luthers Tode — denn von den nächsten Jahren, welche darauf folgten, kann diese zweyte Periode am schicklichsten ausgeführt werden — war der Eifer der neuen von ihm gebildeten Theologie gegen die alte zwar nicht kälter und matter, aber doch ruhiger geworden, als er unter den ersten Kämpfen, die er mit ihr bestehen mußte, gewesen war. Der Erfolg dieser Kämpfe selbst, und das Bewußtseyn der Ueberlegenheit, welche sie dardurch bekommen hatte, mußte diese Würkung sehr natürlich hervorbringen. Man haßte die alte Theologie noch eben so herzlich, als jemahls; aber man fürchtete sie nicht mehr, weil man den Streit mit ihr für entschieden und es für unmöglich hielt, daß sie jemahls wieder die Allein-Herrschaft erlangen könnte. Luther selbst war in Augenblicken, in denen sich sein Geist nicht zu sehr vom Alter niedergedrückt fühlte, am gewissesten davon überzeugt, daß es dem Irrthum niemahls mehr gelingen würde, die von ihm an das Licht gebrachte Wahrheit wieder zu unterdrücken; ja in den lezten Tagen seines Lebens äusserte er zuweilen über den baldigen gänzlichen Umsturz des Pabstthums Hoffnungen, die der Erfolg — wenigstens nicht als Weissagungen legitimirte [1]). Bey ihm und bey den meisten seiner Anhänger erzeugte übrigens schon die feste Ueberzeugung, welche sie von dem ersten hatten, auch zugleich die Würkung, daß sie desto entschlossener zu der Fortsezung des Streits mit den Vertheidi-

1) Wenigstens etwas allzustark drückte diese Hoffnung der bekannte Vers aus, den er nach Razenbergers Erzählung nach seiner lezten Mahlzeit zu Eisleben an die Wand geschrieben haben soll: Pestis eram vivus, moriens ero mors tua, Papa! S. Razenbergers geheime Gesch. nach der Strobelischen Ausgabe S. 52.

theidigern des alten Lehrbegriffs wurden, je gewisser sie den ihrigen für unerschütterlich bey allen künftigen Angriffen hielten. Nur bey einigen wenigen von den einsichtsvollesten und edelsten Männern, die zu der Parthei gehörten, entsprang aus dieser ruhiger gewordenen Stimmung noch eine andere Würkung, die vielleicht ganz eigene Folgen hätte nach sich ziehen können, aber unter den äusseren Umständen, welche gleich darauf eintraten, und dem entgegenwürkenden Einfluß von diesen völlig folgenloß blieb.

So weit war damahls die lutherische Theologie, in fern sie der katholischen entgegengesezt war, vollkommen und in der ganzen protestantischen Kirche allgemein befestigt. In dieser ganzen Kirche — heißt diß mit andern Worten — war man auf das vollkommenste überzeugt, daß man in Ansehung aller der Lehren, worinn man von den Katholiken und ihren Meynungen abgewichen war, das unbestreitbarste Recht und die unwiederleglichste Wahrheit auf seiner Seite habe. Anders hingegen verhielt es sich in Ansehung derjenigen zu der neuen Theologie gehörigen Vorstellungen und Ideen, welche auch in dieser ersten Periode ihrer Bildung durch die unseelige Streitigkeiten mit den Schweizerischen Reformatoren ihre Form und Bestimmung erhalten hatten.

Aus der unnatürlichen Heftigkeit, womit dieser Streit über einen einzelnen zu der Lehre vom Abendmahl gehörigen Punkt über zehen Jahre lang fortgeführt worden war, hatte sich doch die glükliche Folge entwickelt, daß der Vergleich, durch den er im J. 1536. in der Wittenbergischen Concordie einigermassen beygelegt wurde, mit allgemeiner Freude aufgenommen worden war. Der Vergleich war zwar auf eine solche Art geschlossen worden, daß er unter allen andern Umständen und zu jeder andern Zeit zu einem neuen Krieg hätte führen müssen. Keiner von beyden streitenden Theilen hatte dabey seine bißherige Meynungen aufgegeben; keiner hatte sich nur der Meynung des andern genähert, sondern beyderseits schien man sich nur vereinigt zu haben, die Verschiedenheit der Meynungen nicht mehr bemerken zu wollen. Damit sezte man sich aber der Gefahr aus, daß jeder Theil dem andern, so bald er wollte, weil man sich doch nur stillschweigend darüber vereinigt hatte, einen Betrug zur Last legen, oder bey dem nächsten besten Anlaß über einen Bruch des Vergleichs schreyen konnte; allein man war des Zanks so müde, und auch der grosse Hauffe unter beyden Partheyen fühlte es nicht ohne eine geheime Schaam für seine Anführer so lebhaft, wie viel zu lange man schon gezankt habe? und wie viel menschliches bey dem Zank mit untergeloffen sey? daß die Absicht des getroffenen Vergleichs über alle Erwartungen erreicht wurde. Acht volle Jahre lang ließ man nun einander wegen der leiblichen und wegen der geistlichen Gegenwart Christi im Abendmahl in Ruhe, wie wohl die lutherische Theologie immer noch die erste, und die Schweizerische nur die andere annahm; doch zu Beförderung dieser Ruhe würkte noch eine andere Ursache mit, deren Einfluß erst kurz vor Luthers Tode bemerkbar wurde.

Es wurde nehmlich — diß war diese Ursache — es wurde jezt sichtbar, daß ein grosser Theil der lutherischen Theologen während des Waffenstillstands mit den Schweizern sich nicht nur allmählig an die Duldung ihrer so eifrig verkezerten Meynung, sondern auch daran gewöhnt hatte, das Moment der Verschiedenheit zwischen ihrer und zwischen der lutherischen Vorstellung für sehr unbedeutend zu halten. Ohne Zweifel hatten schon mehrere unter ihnen noch unter den Streitigkeiten nicht anders darüber gedacht, aber nur aus Furcht vor Luthern oder aus schonender Achtung gegen ihn ihr Urtheil zurükgehalten, in das sie vielleicht auch selbst noch ein

ein Mißtrauen sezten, weil es von Luthers Urtheil, der den Unterschied als so hochwichtig vorstellte, allzusehr abwich. Nach dem Vergleich hingegen mußten auch diejenigen, die bißher im Ernst die Schweizerische Lehre für so abscheulich gehalten hatten, als Luther sie zuweilen vorstellte, unmerklich zu einem gelinderen Urtheil gestimmt werden. Doch dieser gab es gewiß unter den bedeutenderen Theologen der Parthei nur wenige, wenn man bloß diejenige ausnimmt, die selbst einmahl wie die Brenze, Osiander und Amsdorffe einen Spieß in den Streit getragen, und eine Haupt- oder Neben-Rolle darinn gespielt hatten; der grösseren Anzahl derjenigen aber, die von jeher gelinder als Luther darüber gedacht hatten, mußte es jezt eine recht angelegene Sorge werden, alles zu verhüten und aus dem Weg zu räumen, was nur von ferne zu einer Erneuerung des ärgerlichen Zwists Anlaß geben konnte. Daher kam es vorzüglich, daß der Vergleich mit den Schweizern von Seiten der lutherischen Theologen so gewissenhaft gehalten wurde.

Diß war ganz besonders, wie man jezt ohne Bedenken behaupten darf, der Fall mit dem bedeutendsten Mann, den die Parthei nach Luther hatte, mit Melanchton. Unstreitig hatte Melanchton dem Streit mit den Schweizern über die Nachtmahls-Lehre von jeher mit einer Unbehaglichkeit zugesehen, an welcher gewiß nicht nur die natürliche Sanftmuth seines Charakters sondern noch andere Ursachen und Empfindungen Theil hatten, deren er sich vielleicht nicht immer mit völliger Deutlichkeit bewußt seyn mochte. In den ersten Jahren nach dem Anfang des Streits war er zwar gewiß eben so aufrichtig von der Wahrheit der Meynung, welche Luther vertheidigte, als von der Unrichtigkeit der Schweizerischen Vorstellung überzeugt [2]). Es gab selbst

2) Daß er noch im J. 1529. diese Ueberzeugung hatte, be-

selbst Augenblicke, wo er, wie noch im J. 1530. auf dem Reichstag zu Augspurg, den stärksten Unwillen über die Schweizer fühlte und äusserte; aber diese Aeusserungen waren im Grund doch nur Ausbrüche seines Unwillens über den Streit selbst, der sich bloß durch Aufwallungen gegen die Schweizer Luft machte, da er sich sonst nirgends hin entladen konnte. Auch zu der Zeit, da er am aufrichtigsten glaubte, daß Luthers Meynung

weißt ein Brief von ihm an Baumgärtner in Nürnberg, den Strobel in den Beyträgen zu der Litteratur des sechszehnten Jahrhunderts B. II. p. 469. bekannt gemacht hat. Er bittet darinn Baumgärtner dringend, aus allen Kräften gegen das Bündniß zu arbeiten, das man damahls mit den Straßburgern und, wie er sich ausdrückt, aliis quibusdam Cinglianae sectae juratis zu schliessen vor hatte. Moveor, sagt er, conscientia, ut ad vos hac de re scribam. Quaero autem, ut quantum poteris, des operam, ne recipiantur Cingliani in ullius foederis societatem. Neque enim convenit impiam sententiam defendere, aut confirmare vires eorum, qui impium dogma sequuntur, ne latius serpat venenum — Dogma ipsum περι δειπνυ, κυριακη βεβλου est omnino, — Ego, setzt er hinzu, scribo jam adversus sententiam Cinglii. Video enim, summa vi illis obsistendum esse. Ergo — wiederholt er am Schluß — efficite quaeso, ne talis ac tam turpis societas coeat. "Nun mag man allerdings glauben, daß sich Melanchton bey dieser Gelegenheit gewiß nicht so stark über die Schweizer und über ihre Meynung ausgedrückt haben würde, wenn es ihm nicht so äusserst angelegen gewesen wäre, das von dem Landgrafen von Hessen projektirte Bündniß mit ihnen, dem er noch aus andern Ursachen nicht hold war, zu hintertreiben, deßwegen aber kann man doch nicht zweiflen, daß er hier seine wahre Gesinnungen über sie ausdrückte. Uebrigens ist bekannt, daß Casp. Peucer, Melanchtons Tochtermann eine eigne Geschichte von der Meynung Melanchtons über den streitig gewordenen Punkt in der Nachtmahls-Lehre schrieb, (Tractatus de Melanchtonis sententia de controversia coenae Domini. Amberg. 1596. 4.) doch nach demjenigen, was damahls in Sachsen vorgegangen war, konnte Peucer eben so wenig im Stande seyn, eine unpartheyische Geschichte davon zu geben, als die damahligen Theologen in Wittenberg, die im J. 1699. eine "Wiederlegung dieses kalvinischen Berichts von Melanchtons Meynung" (durch Leonh. Hutter) herausgaben. In der Wiederlegung der Theologen fällt nur die Partheilichkeit widriger auf, daher man ihnen die Rüge etwas gerner gönnt, durch welche sie dafür in einer "Defensio Philippi Melanchtonis adversus maledicum scriptum Theologorum Wittenbergensium &c. Hanoviae 1601. 4. gestraft wurden.

nung die wahrere sey, wünschte er doch von ganzer Seele, daß es nie zu einem Streit darüber gekommen seyn möchte [3]; aber da sein Urtheil über die Unschiklichkeit des Streits durch jeden neuen Auftritt des Streits mehr befestigt, da sein Gefühl von der Unschiklichkeit der Art, womit man diesen Streit führte, mit jedem Tage lebhafter werden mußte, weil diese Art zu streiten würklich mit jedem Tage ärgerlicher und unschiklicher wurde, was war natürlicher, als daß ihm allmählig auch die Meynung selbst, welche man durch den Streit retten wollte, zwar noch nicht zweifelhaft, aber gleichgültiger wurde.

Ueberdiß war es wohl unmöglich, daß ein Mann von dem Charakter und Herzen Melanchtons nicht auch sehr oft in ruhigeren Augenblicken im innersten empfinden mußte, wie unwürdig und wie ungerecht man würklich unter dem Streit mit den Schweizerischen Theologen hin und wieder umgegangen war, und noch unmöglicher war es, daß ein Mann von Melanchtons Einsichten und Geist bey weiterem und kälterem Nachdenken über die Streitfrage nicht noch öfter sich selbst gestehen mußte, daß die Meynung jener Theologen doch auch manches für sich habe, das nicht so leicht umzustossen sey, als es Luther und ihre übrige Gegner mit einer sehr affektirten Verachtung zuweilen vorstellten [4]. Zuver-

3) Nicht nur in mehreren Briefen an seine vertrauteren Freunde äussert er diß ohne Zurückhaltung, sondern selbst in einem Brief an Oekolampad vom J. 1529. in welchem er diesem seine Mißbilligung der Schweizerischen Meynung fast so stark als in dem Brieff an Baumgärtner erklärt, trägt er doch kein Bedenken zu sagen: Valde doleo, ea de re dissensionem exortam esse. — S. den Brief in T. II. Declamation. Melancht. p. 666. sp. und auch in den Beylagen der Strobelischen Ausgabe von Camerar. Vit. Melancht. p. 404.

4) Auch diß scheut er sich nicht, Oekolampad in dem angeführten Brief selbst mehrfach zu verstehen zu geben. Aber er sagt ihm sogar: Video, causam vestram praesidiis ingeniorum uiti, et

verlässig trug dann aber das eine so viel als das andere dazu bey, daß sich unvermerkt auch eine Art von geheimen Mißtrauen in die Ueberzeugung, die er zuerst aufgenommen hatte, oder doch in die Gründe dieser Ueberzeugung bey ihm ansezte, daß er bey einer neuen darüber angestellten Prüfung mehrere darunter bey weitem nicht mehr so entscheidend und so zwingend fand, als sie ihm einmahl geschienen hatten, daß sich auf der andern Seite auch die Schweizerische Meynung weniger anstössig und weniger gefährlich ihm darstellte, und daß er darüber zuweilen in eine zweiflende Stimmung hineingerieth, in welcher er den Gedanken, daß an der Verschiedenheit der Meynungen nicht so viel gelegen sey, doppelt gern auffaßte, weil er in jener Lage seines Gemüths Beruhigung für sich selbst daraus schöpfen konnte. Diese Gesinnungen Melanchtons legen sich ganz offen schon in mehreren Briefen dar [5], in denen er sich noch vor dem J. 1536. noch offener in andern, in welchen er sich nach diesem Jahr gegen seine vertrautere Freunde über die Materie herausließ [6]: man kann

also

et vos habere studia theatri, non tantum manifesta, sed occulta etiam, quae haud scio an efficacius vobis suffragentur, quam manifesta. eb. das. p. 407. Non ignoro schrieb er in einem Brief an Rothmann von Münster doctos viros applaudere Cingliano dogmati, et *habent concinnas* rationes.

5) Besonders in einem Brief an Erhard Schnepf Epist. L. III. p. 230. und an Veit Dietrich p. 269. "Oro te; schreibt er in dem ersten an Schnepf, propter Christum, ut cogites sananda esse potius, quam exacerbanda haec dissidia. — Mihi illa fulmina anathematum nunquam placebant, etiamsi quid in aliquibus desiderabam — nec me poenitet mei consilii, quod hactenus ab his rixis omnino fere abstinui. Weitere Beweise dieser Aenderung in Melanchtons Gesinnung hat Löscher zusammengesucht in seiner Histor. mot. Th. II. p. 30. ff.

6) Nicht nur in seinen Briefen an vertrautere Freunde, sondern selbst in einer Vorrede zu seinen im J. 1541. zu Basel herausgekommenen Werken erklärte Melanchton auf eine eben so freymüthige als merkwürdige Art, daß es ihm wenigstens nicht mehr so gewiß scheine, ob die Lutherische Vorstellung in

der

also gern glauben, daß in der ganzen lutherischen Kirche niemand froher über die Beylegung des Streits durch die Wittenbergische Concordie war, als Melanchton; aber eben deßwegen auch niemand so ängstlich wie er, besorgt war, einer möglichen Erneuerung des Streits durch jedes Mittel, dessen Anwendung bey ihm stand, zuvorzukommen.

Hätten die ältere und neuere Gegner Melanchtons, die so oft die Beschuldigung gegen ihn vorbrachten, daß er sich nach dem J. 1536. auf die Schweizerische Seite hingeneigt habe, hätten sie in diese Beschuldigung weiter nichts als diß hineinlegen wollen, so hätte man sich wahrhaftig aus einem zweyfachen Grund die Mühe erspahren mögen, ihn dagegen zu vertheidigen, nehmlich einmahl darum, weil es nicht nöthig, dann aber auch darum, weil es in der That nicht möglich war. So weit

der Nachtsmahls-Lehre das Ansehen der älteren Kirche und der älteren Väter so entschieden vor sich habe, als es ihm vor zehen Jahren geschienen hatte. In diese Ausgabe war nemlich auch die Schrift eingerückt worden, die er im J. 1520. unter dem Titel: Sententiae veterum aliquot Scriptorum de Coena Domini herausgegeben, und der Oecolampad noch in eben dem Jahr seinen Dialogus, in quo ostenditur, quid de Eucharistia senserint veteres ecclesiae doctores cum graeci tum latini entgegengesetzt hatte. Von dieser Schrift sagt er aber in dieser Vorrede, er wünschte sehr, daß sie unterdrückt worden seyn möchte, weil mehrere Stellen von älteren Vätern darinn angeführt worden seyen, die er jezt für unächt und unterschoben erkenne — neque jam velim citatis nothis sententiis, titulo Cypriani, aut Ambrosii aut Theophylacti confirmari abusus Sacramenti. Dieser lezte Zusaz bezieht sich zwar darauf, weil in einigen dieser Stellen auch die katholische Brod-Verwandlungs-Hypothese begünstigt war; allein der Wunsch, diese ganze Schrift unterdrückt zu sehen, schloß offenbar zugleich ein Geständniß ein, daß er auch von der Richtigkeit desjenigen überzeugt sey, was Oecolampad gegen einige jener Stellen erinnert hatte, in denen ihm damahls die lutherische Meynung so wörtlich zu liegen schien, also ein Geständniß ein, daß es ihm auch in Ansehung dieser zweifelhaft geworden sey, ob sie so geradehin auf die Auktorität der älteren Kirche gebaut werden könne. Doch diß hatte er schon in einem früheren Brief an Brenz deutlich geäussert, den Hospinian Hist. Sacr. p. 138. aus Pezel angeführt hat.

weit hatte sich Melanchton allerdings nach diesem Jahr auf die Seite der Schweizer geneigt, daß er ihre Meynung nicht mehr mit so entschiedener Gewißheit für falsch, und Luthers Meynung nicht mehr mit so festem Glauben für die einzig wahre, aber dafür den Unterschied zwischen beyden für geringer und unbedeutender, und eben deßwegen den Streit darüber für noch unnöthiger, zwekloser und ärgerlicher hielt, als er ihn vorher gehalten hatte. Diß ist unläugbar — und warum sollte man es auch läugnen wollen? Wenn hingegen in jener Beschuldigung diß liegen soll, daß Melanchton nach jenem Jahr die Schweizerische Meynung in der Lehre vom Abendmahl völlig angenommen und der Lutherischen gänzlich entsagt habe, so mag es freylich der Mühe werth seyn, ihn dagegen zu vertheidigen, weil man sonst zugleich den Verdacht der unwürdigsten Verstellung und der unmännlichsten Verläugnung seiner Ueberzeugungen auf ihm liegen lassen müßte; aber diese Beschuldigung kann gewiß eben so leicht als vollständig niedergeschlagen werden.

Melanchton bediente sich ja bis an seinen Tod, also noch lange nach Luthers Tode, bey allen öffentlichen und weniger öffentlichen Gelegenheiten, wobey er sich über den streitigen Punkt in der Nachtmahls-Lehre, über die Art der leiblichen Gegenwart Christi im Sacrament zu erklären hatte, er bediente sich immer der nehmlichen Ausdrücke und der nehmlichen Sprache, die er zu Luthers Lebzeiten darüber geführt hatte [7]. Es mag

7) Diß waren die Ausdrücke — daß Christus und der Leib Christi im Sakrament vera, substantiali, sed sacramentali praesentia zugegen sey. In diesen Ausdrücken legte er noch in seinen späteren Schriften, wie in der Repetitio Aug. Conf. vom J. 1551. und im Frankfurtischen Receß vom J. 1558. aufgefordert und unaufgefordert seine Meynung dar; aber noch zu Luthers Lebzeiten hatte er diese Ausdrücke immer gebraucht, und was noch mehr ist, noch zu Luthers Lebzeiten hatte er erklärt, daß

mag zugestanden werden, daß diese Ausdrücke ohne grossen Zwang auch nach der Schweizerischen Meynung erklärt, und in einem Schweizerischen Sinn genommen werden konnten; aber daß sie Melanchton bloß deßwegen gewählt und behalten habe, um die Schweizerische Meynung darunter verstecken zu können, diß kann man doch nicht allein daraus beweisen wollen, weil er diese Absicht dabey haben konnte. Auch die Lutherische Meynung konnte ja eben so gut in diesen Ausdrücken liegen. Man weiß sogar völlig gewiß, daß sie Melanchton eine geraume Zeit in keinem andern als in eben dem Sinn gebrauchte, den Luther damit verbunden haben wollte, wenn man also den Verdacht erregen will, daß er späterhin einen andern der Schweizerischen Vorstellung gemässeren Sinn hinein gelegt habe, so muß dieser noch durch andere Anzeigen begründet werden. Und welche Anzeigen kann man dafür beybringen, die nicht durch eine Menge von andern überwogen würden, aus denen sich auf das bestimmteste ergiebt, daß er noch in den lezten Jahren seines Lebens nichts weniger als für die Schweizerische Meynung entschieden war [8]). Selbst jene so verschrieene Veränderung, die er

daß er wohl bedächtlich entschlossen sey, sich immer auf diese Ausdrücke einzuschränken, und daß er wünsche, man möchte sich von allen Seiten mit einem Bekänntniß begnügen, das in diesen Ausdrücken abgelegt würde, ohne einander zu der Annahme weiterer Bestimmungen in der Nachtmahls-Lehre zwingen zu wollen. "Magnum est, schreibt er in dem angeführten Brief an Erh. Schnepf, fateri praesentiam veram et substantialem. Ego quidem nihil requirerem amplius: und dieser Brief ist vom J. 1536. Eben so drückt er sich in dem Brief an Veit Dietrich vom J. 1538. den auch die Verfasser der Geschichte des Sakrament-Streits S. 434. anführen über das Beywort, praesentia Sacramentalis aus." Ego ne longius recederem a veteribus, posui in usu sacramentalem Praesentiam et dixi: datis his rebus Christum vere adesse et efficacem esse. Id profecto satis est.

8) Man darf ja nur anführen, wie bestimmt er sich noch auf dem zweyten colloquio zu Worms vom J. 1557 gegen die Zwinglische Meynung erklärte.

er um der Kalvinisten willen mit der Augspurgischen Confession vorgenommen haben soll, kann zuverlässig nichts gegen diese andere Anzeigen entscheiden.

Mag es immer gewiß seyn, daß er diese Aenderung, über die man in der Folge so viel Lärm, und aus der man ihm ein so grosses Verbrechen machte, allein um der Kalvinisten willen vornahm; doch kann selbst daraus noch nicht gefolgert werden, daß er selbst ihrer Meynung in der Lehre vom Abendmahl zugethan gewesen sey. Er brachte freylich in der neuen lateinischen Ausgabe der Confession, die er im J. 1540. besorgte, die Aenderung um der Kalvinisten willen an, denn er brachte sie — man darf diß gar nicht läugnen, und man hätte es niemahls läugnen sollen — er brachte sie bloß in der Absicht an, um es den Kalvinisten möglich zu machen, daß sie die Augspurgische Konfession annehmen könnten, ohne ihre Unterscheidungs-Meynung in der Nachtmahls-Lehre aufopfern zu müssen. Es ist fast unmöglich zu verkennen, daß diß seine Absicht war. Die Aenderung, die er vornahm, bestand ja einmahl darinn, daß er in dem zehnten Artikel die ganze Formel — improbant secus docentes weg ließ, welche im Original, und in den bißherigen Ausgaben der Konfession bloß um der Schweizer willen angehängt und bloß gegen diese gerichtet war; alsdenn aber auch darinn, daß er die Ausdrücke des Originals: quod corpus et sanguis Christi vere adsint et distribuantur in coena — mit den neuen: quod cum pane et vino vere exhibeantur corpus et sanguis Christi — verwechselte. Gesezt nun auch, daß er, wie einige seiner Vertheidiger von jeher behaupteten, durch die lezte Aenderung bloß die lutherische Meynung im Gegensaz gegen die Brodtverwandlungs-Hypothese genauer hätte bestimmen wollen, welche die Katholiken bißher in den alten Ausdrücken des ungeänderten Artikels gefunden hatten, (und allerdings

dings finden konnten, weil darinn gar nichts von Brodt und Wein erwähnt war [9]); so ist es doch offenbar, daß ihn nur Rücksicht auf die Kalvinisten zu der Weglassung jener Verwerfungs-Formel veranlassen konnte, die allein um ihretwillen, und weltkündig allein um ihretwillen in die Konfession gekommen war. Doch, da man diß einmahl zugeben muß, was liegt daran, wenn man noch dazu annimmt, daß er auch die zweyte Aenderung wo nicht deßwegen allein, doch auch deßwegen desto gerner vornahm, weil sie zu gleicher Zeit den Schweizern die Konvenienz verschaffte, ihre eigene Meynung leichter und natürlicher als vorher, in Ausdrücken der lutherischen Konfession, vortragen zu können [10]). Sie konnten sie zwar ohne grossen Zwang auch in die alten Ausdrücke — quod corpus et sanguis Christi vere adsint et distribuantur — hineintragen, denn sie hatten ja immer behauptet, daß sie ebenfals eine **wahre**, wenn schon nur eine **geistliche** Gegenwart Christi im Sakrament annähmen, oder daß auch nach ihrer Lehre Christus wahrhaftig dabey gegenwärtig, wenn schon nur dem Glauben gegenwärtig sey: aber da sie doch zuerst so manche Einwendung dagegen gemacht hatten, so konnten sie sich Ehren halber keinen so uneingeschränkten

9) Eben deßwegen waren auch die katholischen Theologen auf dem Reichstag zu Augspurg, welchen die Wiederlegung der Konfession aufgetragen war, mit diesem zehnten Artikel so zufrieden: und wahrscheinlich bemerkte auch eben deßwegen der bekannte D. Eck auf dem Colloquio zu Worms vom J. 1541. die Veränderung sogleich, die mit dem Artikel vorgenommen worden war, und machte den Protestanten Vorwürfe darüber, weil er nun würklich in der veränderten Gestalt einen indirekten Wiederspruch gegen die Brodverwandlungs-Lehre enthielt.

10) Unter dem exhibeantur konnten die Kalvinisten es sich in der That bequemer denken, daß der Leib Christi im Sakrament dem Glauben dargereicht werde, als unter dem distribuantur der vorigen Ausgaben. Diß sagten sie auch in der Folge mehrmahls, daß sie nur diesen Sinn damit verbänden, und bloß deßwegen der Konfession beyzutreten bereit seyen, weil sie ihn so bequem damit verbinden könnten.

ten Selbstgebrauch davon erlauben, und daß ihnen auch unabhängig davon die neuen Ausdrücke bequemer waren, wer konnte diß übersehen?

Es kann und es muß also zugestanden werden, daß Melanchton durch diese Aenderung die Anhänger der Schweizerischen Meynung begünstigte, und recht absichtlich begünstigen wollte; aber wie kann man diß als eine Erklärung seines eigenen Beytritts zu dieser Meynung ansehen, oder wie kann man daraus folgern wollen, daß er selbst diese Meynung angenommen haben müsse? Wenn ja der Mann nur überzeugt war, daß die Verschiedenheit der Meynungen kein Moment habe, so konnte er immer noch auf das festeste glauben, daß die Lutherische Meynung die wahrere sey, und es doch dabey nicht nur für weise, sondern sogar für Pflicht halten, um der Kalvinisten willen jene Aenderung vorzunehmen. Schon bey jener Ueberzeugung mußte ihm der bißherige unseelige Streit darüber, der die Gemüther so sehr erbittert hatte, höchst anstössig, jedes Mittel zu seiner Beylegung und zu der Besänftigung von diesen erwünscht, und auch die Anwendung eines jeden Mittels, von dem man sich diese Würkung versprechen konnte, recht- und pflichtmässig scheinen: gewisser aber konnte diß nicht erhalten werden, als wenn man es so einleitete, daß in Zukunft beyde Partheyen zu der Darlegung ihrer Meynung sich der nehmlichen Ausdrücke bedienen konnten. Diß allein war unter jener Voraussezung völlig hinreichend, um Melanchton die Aenderung zu rathen, wenn er auch für seine Person noch so fest als ehmahls an der Lutherischen Meynung hieng, mithin läßt sich nicht einmahl daraus schliessen, daß ihm diese Meynung zweifelhaft, sondern nur diß folgt daraus, daß ihm der Unterschied zwischen dieser und der Schweizerischen Meynung unwichtig geworden war, und diß bestätigt sich freylich durch al-

les

les, was man sonst noch von dem Stande seiner damahligen Gesinnungen weiß 11).

Doch daß diß — und nur diß — bey Melanchton der Fall war, diß wird ja auch dadurch noch wahrscheinlicher gemacht, weil es sich bey eben dieser Gelegenheit sehr deutlich verrieht, daß es noch mit viel mehreren, daß es vielleicht mit den meisten der damahligen Lutherischen Theologen der Fall war. Die Absicht der Aenderung, welche Melanchton mit der Konfession vorgenommen hatte, konnte keinem von ihnen zweifelhaft seyn, so wie die Aenderung selbst von keinem unbemerkt bleiben konnte. Man war es zwar gewohnt, daß Melanchton bey jeder neuen Ausgabe auch neue Aenderungen und Verbesserungen anbrachte, aber bey dem An-

11) Auf den Vorwurf, der wohl auch schon Melanchton gemacht wurde, daß er die Augsp. Konfession durch diese Aenderung verfälscht habe, hätte man niemahls antworten sollen, denn die Boßheit des Vorwurfs ist so handgreiflich als seine Falschheit, wiewohl er von älteren und neueren Flacianern oft wiederholt wurde. Eher möchte man jenen Tadel für gegründet halten, den man gegen diese Aenderungen Melanchtons bloß aus dem Grunde erhob, weil er sie in einer Schrift anbrachte, die er nicht mehr als die seinige, sondern als eine öffentliche Schrift der ganzen Protestantischen Parthei anzusehen hatte. Ein gerechter Grund zum Tadel würde auch würklich darinn liegen, wenn man damahls schon über öffentliche Schriften und ihre Unverlezlichkeit die Grundsäze gehabt hätte, welche die neuere historisch-statistische Kritik darüber aufgestellt hat: allein da man damahls noch nicht daran dachte, so wäre es doch hart, Melanchton nach einem Recht zu verdammen, das erst nach seiner Zeit Recht wurde. Nach eben diesem Recht müßte man auch Luthern verurtheilen, der sich im J. 1538. erlaubte, in einer neuen Ausgabe der Schmalkaldischen Artikel ungleich mehr zu verändern, als Melanchton in der Konfession geändert hatte: denn die Schmalkaldische Artikel waren damahls schon eine eben so öffentliche Schrift der protestantischen Kirche als die Konfession. Wenn man es aber zu Luthers Entschuldigung für hinreichend hält, mit Walch in seinem Breviario Theologiae symbolicae Lutheranae p. 169. zu sagen; daß er diese Ausgabe privato consilio veranstaltet habe, warum sollte diß nicht auch zu Melanchtons Rechtfertigung hinreichend seyn?

Ansehen, in welchem Melanchton stand, war man dadurch nur begieriger darauf geworden, was er wohl jedesmahl verbessert haben würde? und auch ohne diß hätte wohl keinem von ihnen eine Aenderung in dem so wichtig gewordenen zehenten Artikel entgehen können. Noch weniger konnte es ihnen auch nur einen Augenblick ungewiß seyn, was er damit abgezweckt und wenigstens mit der Weglassung der Ver erfungs-Formel abgezweckt habe: aber auch nicht einer trat auf, der die Aenderung mißbilligt, oder nur eine Bedenklichkeit darüber geäussert hätte [12])! Es ist noch gar nicht völlig ausgemacht, ob nur Luther einige Unzufriedenheit darüber bezeugte. Die Sage davon, mit der sich die Feinde Melanchtons so lange herum trugen, beruht auf einem Zeugnuß, dessen Glaubwürdigkeit sehr zweydeutig ist [13]). Zwar wird sie durch eine Stelle in jenem berufe-

12) Erst nach Melanchtons Tode, aber noch im J. 1560. unterstand sich Flacius zum erstenmahl auf dem Colloquio zu Weimar ihn wegen dieser Aenderungen zu tadeln. Wenn man bedenkt, wie viel Schmähungen Flacius schon vorher stromweise über den noch lebenden Melanchton ausgeschüttet hatte, so wird man noch mehr überzeugt, daß vorher kein Mensch daran gedacht haben konnte, etwas unrechtes darinn zu sehen, denn sonst würde Flacius gewiß nicht erst so spath darauf verfallen seyn.

13) Dieser Zeuge ist eben Flacius, der sich dabey auf das mündliche Zeugniß des Superintendent Balthasar Winter von Jena beruft, welcher die Sache wiederum mündlich von Mag. Rorarius gehört haben will. S. Disputatio inter Matth. Flacium Illyr. & Victor. Strigelium. p. 127. Mag man es nun auch weder Flacio noch seinem nächsten Gewährsmann Balth. Winter zutrauen, daß sie die Sage hätten erdichten können, wie wohl man sehr stark versucht wird, diesen Menschen alles mögliche zuzutrauen, wenn man gewahr wird, was für eine schöne Geschichte hernach die Weimarische Theologen auf dem Colloquio zu Altenburg im J. 1568. S. 404. und die Verfasser der Historie des Sakram. Streits S. 306. und Hutter in seiner Concordia conc S. 374 b. aus dieser Sage heraus spannen, — aber mag es Flacius wirklich von Winter und Winter von Rorarius gehört haben, daß Luther über Melanchtons Aenderungen unzufrieden gewesen sey, so kann doch die Aussage dieses einen Zeugen nichts gegen die Anga-

berufenen Protocoll bestätigt, auf das sich schon die Verfasser der Historie des Sakrament-Streits beriefen, und das Cyprian mit einem so sonderbar — peremtorischen Erbieten, daß er ein Jahr lang für seine Aechtheit jedem zur Rede stehen wolle, der Welt mittheilte[14]); aber wiewohl man jezt keinen Verdacht mehr in die Aechtheit dieser Stelle so wenig als in die Aechtheit

Angaben mehrerer anderer eben so nahmhaften Männer beweisen, die ausdrücklich das Gegentheil versichern. Chyträus sezte es noch in die zweite Ausgabe seiner Geschichte der Augsp. Conf. vom J. 1577. hinein, daß die vermehrte und verbesserte Confession ohne Zweifel mit Vorwissen Lutheri auf dem Colloquio zu Worms und zu Regenspurg den Katholiken vorgelegt worden sey. Mart. Chemniz spricht in seinem Judicio de controversiis quibusdam circa articulos quosdam A. Conf. p. 7 noch bestimmter: — Die Aenderung sey vorgenommen worden consilio Lutheri, approbatione et consensu. Eben diß erklärten die Wittenbergische Theologen schon auf dem Gespräch zu Altenburg, und selbst Nic. Selneccer behauptete es noch in einer seiner Schriften vom J. 1571. und in einer andern (Historische Erzählung von D. Luther 2c. vom J. 1575. Freylich fand hernach Selneccer für gut in der Historie des Sakrament-Streits anders zu sprechen und auch Chyträus ließ in den späteren Ausgaben seiner Geschichte die angeführte Stelle hinweg, dadurch könnte dann auch ihre erste Angabe von ihrer Kraft allerdings etwas verliehren; allein in der Verbindung mit mehreren andern Umständen, durch welche ihre Glaubwürdigkeit erhöht wird, behält sie gewiß noch genug übrig, um die Aussage von Rotarius zu überwiegen.

14) Die Verf. der Histor. des Sakr. Streits erzählten zuerst S. 446. daß der Churfürst von Sachsen durch den Canzler Brück Melanchton selbst wegen der vorgenommenen Veränderung habe zur Rede stellen lassen, und beriefen sich dabey auf einen Bericht des Canzlers, der in der Sächsischen Canzley liegen sollte. Seckendorff fand auch diesen Bericht noch, und theilte S. 165. der Welt einige Stellen daraus mit. Cyprian aber rückte ihn aus dem Weimarischen Archiv ganz in seine Geschichte der Augsp. Confession S. 162-165. ein. In diesem Bericht oder sogenannten Protocoll kommt nun freylich ein eigener Artikel, nach welchem der Canzler auf Befehl des Churfürsten sich unter andern auch darüber mit Luthern besprechen sollte, "daß Magister Philipp sich sollte angemaßt haben, die Augsp. Conf. „in ezlichen Punkten zu ändern, „zu mildern und anderweit druk„ken zu lassen, wessen er sich „doch ohne Vorwissen des Chur„fürsten und der übrigen Stände billig hätte enthalten sollen."

heit des ganzen Protocolls sezen kann [15]), so läßt sich doch leicht zeigen, daß sie zu keinem Beweiß dafür gebraucht werden kann [16]). Gewiß ist hingegen, daß Luther

15) Die Aechtheit des Protocolls selbst ist nie bezweifelt worden, aber die Aechtheit der Stelle, die den Vorwurf wegen der geänderten Confession enthält, hatte Strobel in seiner Apologie Melanchtons S. 144. mit sehr scheinbaren Gründen bezweifelt. Diese Zweifel, oder die Vermuthung, daß die Stelle von einer fremden Hand eingeschoben seyn könnte, durffte er sich allerdings erlauben, weil er Ursache hatte zu glauben, daß das Original aus dem Weimarischen Archiv sich verlohren habe; und wenn er sich dabey erlaubte, aus der seltsamen Erklärung Cyprians, der sich erboten hatte, das Manuskript während dem Verlauf eines Jahrs jedem vorzulegen, einen kleinen Verdacht zu schöpfen, daß vielleicht Cyprian selbst — nicht die Stelle eingerückt — sondern nur wegen ihrer Aechtheit nicht so ganz gewiß gewesen seyn möchte, so verdiente er die Injurien-Klage nicht, die ihm Götze in seinem Beweiß der Nichtigkeit dar Strobelischen Apologie Melanchtons S. 70. deßwegen an den Hals warf. Doch diese Zweifel sind jezt völlig gehoben, denn Hr. Stifts-Prediger Weber in Weimar hat Anlaß dazu gegeben, daß das Original im Weimarischen Archiv wieder gefunden wurde, und in seiner Kritischen Geschichte der Augsp. Conf. Th. II. S. 356. das unverdächtigste Zeugniß für die Aechtheit des ganzen Akten-Stücks abgelegt. Eben dadurch hat er aber auch einen andern Götzischen Verdacht beschämt, der noch ungleich hämischer war, als jener, den Strobel gegen Cyprian äusserte: denn weil Hr. Weber zuerst an diesen geschrieben hatte, daß sich das Original des Protocolls nicht mehr finden lasse, so nahm es Götze schon für ausgemacht an, daß es absichtlich auf die Seite geschaft, und gewiß von einem Philippisten auf die Seite geschaft worden sey.

16) Für die Behauptung, daß Luther über die geänderte Ausgabe der Conf. vom J. 1540. unzufrieden gewesen sey, läßt sich nicht einmahl ein Schatten von einer Bestätigung in dem Protocoll finden. Es ist ja gar nicht, wie es die Geschichte des Sakr. Streits vermuthen lassen wollte, aus dem J 1541. sondern wie das Original klar und deutlich angiebt und schon Sekkendorf ehrlich daraus angab, aus dem J. 1537. Es kann also darinn gar nicht von der geänderten Ausgabe des J. 1540. sondern nur von den früheren Aenderungen die Rede seyn, die Melanchton in der deutschen Ausgabe vom J. 1533. anbrachte; aber auch in Ansehung dieser erhellt nicht einmahl von ferne daraus, daß Luther darüber unzufrieden, sondern nur, daß der Churfürst darüber bedenklich war. Das Protocoll enthält weiter nichts, als dasjenige, was der Canzler Brück auf Befehl des Churfürsten bey Luthern anbringen sollte, aber es

Luther bey mehreren Gelegenheiten, die ihm Anlaß genug und sehr natürlichen Anlaß geben konnten, eine Unzufriedenheit darüber zu äussern, doch keine Spuhr davon blicken ließ, und auch selbst bey Gelegenheiten, wo er sonst Unwillen genug über Melanchton äusserte; doch dieser Aenderung mit keiner Sylbe erwähnte, ja selbst da nicht erwähnte, nachdem bereits die Katholiken bey dem Gespräch zu Worms im J. 1541. Anstoß daran genommen hatten: mithin hätte man wohl auf der andern Seite Gründe genug zu der Vermuthung, daß auch Luther selbst an dieser Aenderung nichts zu mißbilligen fand!

Doch

es enthält kein Wort von demjenigen, was Luther darauf antwortete. Man erfährt also auf der Welt nichts daraus, als, daß jemand um diese Zeit dem Churfürsten in den Kopf gesezt hatte, Melanchtons Aenderungen könnten mit der Zeit weiter führen: daß ihn aber Luther in dieser Grille bestärkt haben sollte, davon findet sich nicht nur hier, sondern auch sonst keine Spuhr. Man kann vielmehr schon, weil sich davon sogar keine Spuhr findet, aus diesem Protokoll selbst ohne Mühe einen Beweiß herausdrehen, daß Luther mit jenen Aenderungen, die dem Churfürsten so bedenklich schienen, völlig zufrieden war. Man darf nehmlich gewiß mit Recht schliessen: Wenn Luther den Canzler bey dieser Gelegenheit hätte merken lassen, daß auch er selbst schon im stillen über diese Aenderungen geseufzt habe, so würde zuverlässig von Seiten des Churfürsten etwas deßhalb auch an Melanchton selbst gebracht worden seyn, und wenn diß im J. 1537 geschehen wäre, so würde sich dieser noch gewisser gehütet haben, sich im J. 1540. durch eine neue noch kühnere Aenderung einem neuen Verdruß auszusetzen. Die neue geänderte Ausgabe wurde aber doch im J. 1540. gedruckt, also darff man fast sicher annehmen, daß Melanchton von der Bedenklichkeit des Churfürsten über seine früheren Aenderungen nicht einmahl etwas erfuhr, und daraus ganz sicher folgern, daß Luther selbst dem Churfürsten diese Bedenklichkeit durch den Canzler habe ausreden lassen. Der sehr viel entscheidende Umstand, daß Melanchton selbst niemahls und von niemand wegen der Veränderungen nur befragt wurde ist aber noch über diß von Strobel in seiner Apologie Mel. S. 145. durch andre Gründe zu der höchsten Gewisheit erhoben worden.

Doch was auch Luther darüber gedacht haben mag, von allen übrigen Theologen seiner Parthei ist es doch entschieden, daß sie sich ohne das mindeste Bedenken die Aenderung gefallen liessen. Als auf jenem Gespräch zu Worms der berüchtigte Eck die protestantischen Kollocutoren deßhalb chikaniren wollte, so fiel es auch nicht einem von ihnen, so fiel es auch keinem von den weltlichen Ständen ein, nur zu wünschen, daß Melanchton die Aenderung unterlassen haben möchte[17]. Aber

17) S. Colloq. Wormatiense institutum A. 1540. (Witteb. 1542. 4.) Bog. B. iij. Eck hatte es zuerst nur überhaupt gerügt, daß die Protestantischen Gesandten und Theologen ein Exemplar der Confession übergeben hätten, das von dem Original abwiche: als aber Melanchton darauf geantwortet hatte, daß nur einiges in den Ausdrücken und nichts im Innhalt geändert worden sey, so erbot er sich, den Beweiß zu führen, quod oblata exemplaria non solum in verbis, sed in rebus ipsis dissideant, und berieff sich nahmentlich auch auf den zehnten Artikel. Hier wurde also bey einer sehr öffentlichen Gelegenheit davon gesprochen. Dieser Eckische Vorwurff wurde ohne Zweifel auch von allen Gesandten der protestantischen Fürsten und Stände an ihre Herrn berichtet; aber Melanchton selbst ließ ihn sogar im J. 1542 mit den Akten des Colloquiums drucken, und gab ihm dadurch noch mehr Publicität — und dennoch äusserte kein Mensch nur den leisesten Wunsch, daß die Gelegenheit zu diesem Vorwurf vermieden worden seyn möchte! Doch die protestantische Theologen und Gesandte, die zu Worms versammelt waren, konnten ja wohl keinen solchen Wunsch äussern, denn sie hatten ja schon die Aenderungen förmlich genug dadurch gebilligt, indem sie dem Präsidenten in ihrem gemeinschaftlichen Nahmen ein Exemplar der neuesten veränderten Ausgabe überreicht hatten. Man kann doch gewiß nicht annehmen, daß sie bey einer solchen Gelegenheit bloß das nächste beste, das zufällig bey der Hand war, genommen haben dürfften, also lag allerdings in ihrer gemeinschaftlichen Uebergabe eine sehr förmliche Billigung alles desjenigen, wodurch das übergebene Exemplar sich auszeichnete. Noch viel stärker würde sie freylich darinn gelegen seyn, wenn sich eine Vermuthung von Hr. Weber S. 319. völlig erweisen liesse, nach welcher das Mannskript der geänderten und im J. 1540. gedruckten Ausgabe von Melanchton schon im J. 1537. auf den Konvent zu Schmalkalden gebracht und von den dort versammelten Theologen gebilligt worden seyn sollte: allein man hat wirlich jene Vermuthung zu demjenigen gar nicht

Aber mehrere von den Theologen, selbst mehrere von jenen, die in der Folge den Sakraments-Streit auf das neue wieder anfachten, bezeugten ihm jezt ihre Beystimmung [18]); mehrere von diesen führten noch eine Zeitlang den geänderten zehenten Artikel der Konfession immer in den Ausdrücken der geänderten Ausgabe an; und bezeugten dadurch noch unzweydeutiger, daß sie die Aenderung billigten [19]): bezeugten sie aber nicht eben damit, daß sie auch die Ursachen der Aenderung billigten, und daß die Gesinnungen, welche Melanchton dazu bewogen hatten, auch die ihrige seyen? So weit mußten sie wenigstens gleich mit ihm denken, daß sie den leidigen Streit über die Verschiedenheit der Meynungen in der Nachtmahls-Lehre in Vergessenheit zu bringen wünschten, also auch darinn gleich mit ihm denken,

nicht nöthig, was man allein zu beweisen braucht. Jene schöne Geschichte hingegen, welche die Verf. der Hist. des Sakram. Streits S. 440. der Welt erzählten, daß Melanchton auf dem Colloquio zu Regenspurg im J. 1541. gezwungen worden sey, den geänderten zehnten Artikel wieder in seine alte Form zu restituiren, diese Geschichte, die alsdann auch von Hutter, Hoe, Cyprian und Salig getreulich nach erzählt wurde, hat Hr. Weber auf ewig um ihre Ehre gebracht, denn er hat nicht nur S. 373. flgd. ihre Falschheit unwiederleglich dargethan, sondern es zugleich höchstwahrscheinlich gemacht, daß sie ganz allein in dem Kopf der ehrlichen Historiker gewachsen seyn mußte. Wenigstens hat er der ganzen Welt den Beweiß vor Augen gelegt, daß sie sich nicht scheuten, ein Akten-Stück zu verstümmlen, aus dem sie ihre Geschichte gezogen haben wollten, weil sie selbst fühlten, daß sie in dem unverstümmelten Aktenstück sonst kein Mensch würde finden können.

18) Ego — so schrieb Brenz an Veit Dietrich im J. 1541 — soleo hanc posteriorem editionem Apologiae cum priore conferre, ut videam quid mutatum sit, et invenio pleraque esse mutata. Scio autem, Philippum citra judicium nil temere mutare. Quare dum confero et expendo causas mutationis, mirum quanto cum fructu a lectione discedam. S. Pezel. Consil. Melancht. S. 438.

19) Diß thaten noch lange nachher Joach. Westphal, Tilem. Heßhuß, ja selbst die Verfasser des Sächsischen Konfutations-Buchs. S. Strobel Apol. Mel. S. 131.

ken, daß sie die Verschiedenheit nicht mehr für so wichtig hielten, denn sonst war es unmöglich, daß sie jenes wünschen, und eben damit auch unmöglich, daß sie die Aenderung, die so offenbar dahin abzielte, billigen konnten.

Doch diese Stimmung der Lutherischen Theologen in der Nachtmahls-Lehre legte sich ja bald darauf bey einem andern Vorfall kurz vor Luthers Tode noch deutlicher an den Tag!

Im J. 1543. fuhr Luther auf einmahl gegen die Schweizer wieder auf, und zwar mit einer Heftigkeit auf, welche einen Haß gegen sie ankündigte, der viel bitterer als jemahls in seiner Seele geworden war. Er war so bitter geworden, daß er Luthern verzehrt haben würde, wenn er ihn nicht hätte ausbrechen lassen; aber es läßt sich nicht mit Gewißheit bestimmen, welche Ursache oder welcher äussere Anlaß ihm diese neue Bitterkeit gegeben haben mochte. Eine lateinische Ausgabe von Zwinglings Schriften, welche die Zürcher in diesem Jahr veranstalteten, konnte unmöglich so viel dazu beygetragen haben, als man ihr gewöhnlich zuschreibt, so wenig als die Apologie und die Vorrede, welche die Zürcher Theologen hinzugefügt hatten [20]; denn Luthers auf das neue gereizter Unwille über sie äusserte sich schon in einigen seiner Briefe [21] aus diesem

20) Die von Zwinglins Tochtermann Rudolph Gualther hinzugefügte Apologie mußte zwar nothwendig noch manches enthalten, das Luther auf sich beziehen, und wodurch er sich gereizt glauben konnte, aber selbst, wenn man den folgenden Umstand ganz ausser Betrachtung läßt, kann man doch nicht mit Recht behaupten, daß die Schweizer dadurch den Streit erneuert hätten.

21) Vorzüglich in einem Brief an Christoph Froschover zu Zürch, der ihm eine neue Schweizerische Uebersetzung der Bibel zugeschickt hatte. Luther schrieb ihm darinn zur Danksagung, daß er ihm nichts mehr schicken und schenken dürfe, was von seinen Predigern herrühre, weil weder er noch die Kirche Gottes einige Gemeinschafft mit ihnen haben könne. "Sie sind „ja wohl, sezt er hinzu", genug„sam

sem Jahr, die unstreitig früher geschrieben waren, als jene Schriften nach Wittenberg kamen. Mit ungleich grösserer Wahrscheinlichkeit mag man annehmen, daß er den Anlaß dazu mehr in seiner Nähe fand. Es konnte ihm nicht verborgen geblieben seyn, daß sich die Gesinnungen über den Sakraments-Streit fast allgemein geändert hatten, und das ihm schon längst bekannte mildere Urtheil Melanchtons darüber auch Urtheil mehrerer seiner nächsten 22) Kollegen geworden war. Vielleicht hatte er diß schon längst gewußt, und nur den gehei-

„sam vermahnt worden, daß sie „sollen von ihrem Irrthum abstehen, und die Leute nicht so „jämmerlich mit sich zur Höllen „führen: aber da hilfft kein Vermahnen! Müssen sie fahren lassen! Ich will ihres verdammten und lästerlichen Lebens mich „nicht theilhafftig sondern unschuldig wissen, wieder sie beten, und lehren, biß an mein „Ende! Gott bekehre doch etliche, und helfe, daß die arme „Kirche solcher falschen aufrührischen Prediger einmahl loß werde" Dieser Brief ist datirt vom Freytag nach Augustini, also vom 31 Aug. 1543. S. Luthers Schriften H. A. T. XVII. p. 2626. Eben so bitter erklärte er sich in einem früheren schon im Junius dieses Jahrs geschriebenen Brief ad fratres Italos ecclesiarum Venetiarum, Vicentii et Tervisii, den Hummel in seiner Bibliothek von seltenen Büchern B. I. S. 239. flgd. zuerst bekannt gemacht hat. "In Helvetia, schreibt er darinn, perseverant presertim Tigurini et vicini hostes sacramenti, et utuntur profano pane et vino, excluso corpore et sanguine Christi, eruditi sane viri, sed spiritu alieno a nobis ebrii, quorum contagium vitandum est" — Doch daß in Luthers Seele noch früher in diesem Jahr gegen die Schweizer bereits etwas kochte, ersieht man aus einem Brief Melanchtons an Veit Dietrich (in der Saubertischen Samml. L. IV. p. 175.) worinn er seine Angst zu erkennen giebt, daß Luther in dem Schreiben an die Italiäner, das von ihm verlangt worden sey, höchstwahrscheinlich über den Punkt vom Abendmahl allzuhefftig sich ausdrücken möchte.

22) Besonders Casp. Crucigers, der einer von Melanchtons vertrautesten Freunden war, aber diesen Vorzug nach der Beschreibung die Camerar Vit. Mel. p. 292. von seinem Charakter macht; auch besonders verdiente. Einen höchstmerkwürdigen Brief von Cruciger an Veit Dietrich, worinn er diesem seine Gesinnungen über den Nachtmahls-Streit mit der vertraulichsten Offenheit darlegt. S. Hummels Epist. historico-eccles. Sec. XVI. Semicenturia II. p. 49.

geheimen Unwillen, der darüber in seiner Seele aufstieg, durch Betrachtungen der Billigkeit, der Duldsamkeit und wohl auch der Religion noch unterdrückt.[23]); aber der

23) Wollte man doch sogar einige Anzeigen gehabt haben, daß Luther selbst wenigstens auf Augenblicke lang ein Paarmahl in seinem Leben einem Zweifel Raum gegeben habe, ob auch würklich die Schweizerische Meynung so abscheulich — gottlos sey, als er sie oft geschildert hatte. Die eine dieser Anzeigen fand man in einem Brief Melanchtons an Johann Crato, den Leib-Arzt des Königs Maximilian vom J. 1559. dessen Aechtheit nicht bezweifelt werden kann, da sie auch von dem Verf. der Hist. des Sakr. Streits S. 617. anerkannt wurde. Allein der Brief, den Peucer seinem Tract. histor. de sententia Melancht. de coena Dom. p. 47. und Pezel den Consiliis lat. Mel. P. II. p. 384. eingerückt hat, enthält dasjenige nur sehr zweydeutig, was die Kalvinisten nach Melanchtons Tode darinn fanden. Weit bestimmter würde es aus einer Geschichte hervorgehen, welche Alexander Alesius, Professor der Theologie in Leipzig, und ein sehr vertrauter Freund Melanchtons aus seinem eigenen Munde gehört haben, und deßwegen im J. 1563. in seiner Antwort auf Ruard. Tappers Defension der Löwenschen Artikel drucken lassen wollte, die Heidelbergische Theologen aber im J. 1564. in ihrem Gegenbericht auf die Maulbronnischen Akten B. III und Hospinian Hist. Sacr. P. II. p. 201. würklich drucken liessen. Nach dieser Erzählung sollte Luther selbst bey dem Abschied, den er vor seiner lezten Reyse nach Eisleben von seinen Freunden nahm, zu Melanchton gesagt haben: "Lieber Philippe! ich bekenne „es, daß der Sache vom Sakrament zu viel gethan worden „ist!" und als darauf Melanchton den Wunsch äusserte, daß sie nun zusammen um der Ruhe der Kirche willen, eine gelinde Schrifft ausgehen lassen wollten, worinn ihre Meynung ganz deutlich dargelegt werden könnte, so sollte Luther erwiedert haben: "Ich habe auch diesem schon „sorgfältig nachgedacht; aber „also machte ich die ganze Lehre „verdächtig, darum so will ich „das dem lieben Gott befohlen „haben. Thut ihr aber auch „etwas nach meinem Tode!". — Die Wahrheit dieser Geschichte beruht übrigens nicht einmahl allein auf dem Ansehen und auf der Glaubwürdigkeit von Alesius, sie kann noch durch andere Zeugnisse bestätigt werden. Die Nachricht davon — so berichten es wenigstens Hospinian und Pezel in der Erzählung vom Sakrament-Streit p. 91. — war noch zu Lebzeiten Melanchtons nach Bremen gekommen und von Bremen aus wurde ein eigener Abgeordneter M. Joh. Schlongrabe nach Wittenberg geschickt, der sich bey Melanchton selbst um die Wahrheit der Geschichte erkundigen sollte, und die Antwort von ihm zurückbrachte, daß sie würklich wahr sey. Als sich hierauf nach Melanchtons Tode die Nachricht weiter

der alte, und durch das Alter selbst reizbarer und saurer gewordene Mann war der Anstrengung nicht mehr fähig, die ihn diese Zurükhaltung kostete. Dabey erwachte

weiter verbreitet hatte, und mit diesem lezten Umstand auch in die Pfalz gekommen war, so ließ der damahlige Churfürst Friedrich von der Pfalz an den Burgermeister von Bremen Daniel von Büren schreiben, daß er ihm den Hergang der Sache umständlich berichten möchte, und dieser schickte ihm Schlongrabes eigenhändige mit seinem Petschafft versiegelte Aussage, welche er sich noch zum Ueberfluß zu beschwören erboten hatte. Einen dritten Zeugen führen Pezel und Hospinian auch noch in der Person Hardenbergs auf, der ebenfalls die Geschichte aus Melanchtons eigenem Munde gehört zu haben versicherte; also könnte sie wahrhaftig beglaubigt genug scheinen, um für wahr gehalten zu werden, wenn sie nur — wahrscheinlicher wäre. Aber, leyder! hat sie von dieser Seite so viel wieder sich, daß man sie auch auf die glaubwürdigste Zeugnisse kaum glauben könnte. Zu der Zeit wenigstens, welche die Geschichte angiebt, kann Luther das nicht gesagt haben, was man ihn dabey sagen ließ; denn man weiß unwidersprechlich gewiß, daß er unmittelbar vorher und nachher ganz wiedersprechende Gesinnungen äusserte. Kaum einige Wochen vorher hatte er an den Probst Jacob in Bremen einen Brief geschrieben, der noch den bittersten Haß gegen die Schweizer athmete, und kaum fünf Tage nachher hielt er auf der Reyse nach Eißleben in Halle eine Predigt, in welcher er die Schweizerische Sakraments-Schänder noch mit den Wiedertäufern in den Niederlanden zusammenstellte. Damit läßt sich jene Geschichte unmöglich vereinigen, und eben so wenig läßt sich denken, daß Melanchton, wenn sie würklich von ihm hergerührt wäre, in den vollen vierzehn Jahren, die er noch lebte, bey so manchen Gelegenheiten, wobey er die Geschichte hätte benuzen können, und in so manchen Briefen an seine vertrauteren Freunde, die wir noch aus diesem Zeitraum von ihm haben, sich doch niemahls auch nur ein Wort davon hätte entfallen lassen, das auf uns gekommen wäre. Diese Gründe, die schon Joach. Mörlin in einer eigenen Schrift gegen die Landlügen der Heydelberger Theologen (Hist. des Sakr. Str. S. 716. flgd.) den angeführten Zeugnüssen entgegensezte, haben so viel Gewicht, daß man sich würklich nicht enthalten kann, sie mit Seckendorff und Salig für überwiegend, und also die ganze Geschichte für eine Erdichtung zu halten. Dazu darff man sich aber wohl auch deßwegen mit weniger Bedenken entschliessen, weil doch alle Zeugnüsse, worauf sie gebaut wurde, nur aus der zweyten Hand auf uns gekommen sind. Wir wissen es weder von Alesius noch von Schlongrabe, noch von Hardenberg selbst, daß ihnen Melanchton die Geschichte erzählt habe, sondern

te allmählig der Argwohn in seinem innersten, daß Melanchton und seine Kollegen wohl schon weiter gegangen seyn möchten, als sie jezt noch zu äussern für gut fänden. Er sezte sich in den Kopf, daß sie nur noch auf seinen Tod warteten, um sich öffentlich für die Schweizerische Meynung zu erklären [24]). Es gab der dienstfertigen Menschen genug, die ihn schon längst gerne mit Melanchton entzweyt hätten, und nun treulichst dazu halfen, daß sich dieser Argwohn immer tiefer in seine Seele eingrub [25]). Einige unvorsichtige Aeusserungen der

dern wir wissen es bloß von den Heydelbergern, von Pezel und Hospinian, die es aber auch nicht von diesen Männern selbst, sondern ebenfalls nur aus der zweyten oder dritten Hand erfahren hatten.

24) Man darff diß beynahe aus einem zweyten Schreiben Luthers an die Italiänische Brüder schliessen, das besonders an Balthas. Altieri, einen gebohrnen Neapolitaner, und Sekretär des Englischen Gesandten in Venedig gerichtet, und vom 12. Nov. 1544. datirt ist. Nach mehreren Warnungen und Ermahnungen, sich vor dem gottlosen Irrthum der Schweizer zu hüten, schreibt er ihnen nemlich in diesem Brief: "Ja, wenn ihr sogar hören sollt, daß Philippus, oder auch „Lutherus selbst mit ihrem der „Schweizer Schwarm einig wäre „worden, so bitte ich um Gottes willen glaubt es nicht!" Daraus konnten zwar die Italiäner nicht sehen, daß Luther in die Gesinnungen Melanchtons über die Nachtmahls-Lehre selbst einen Verdacht sezte; aber seine Freunde in Deutschland, gegen welche er gerade damahls diesen Verdacht so vielfach und so unfreundlich geäussert hatte, mußten doch wohl wissen, was sie dabey zu denken hatten. — Von diesem Brief hatte man lange Zeit nur die eine Hälffte, die Hospinian und die Verf der Geschichte des Sakr. Str. der Welt mitgetheilt hatten, woraus sie auch Buddäus in Supplem. Epist. Luth. p. 286 eingerükt hat, biß endlich Strobel in einer alten Schrift von Paul Crell die andere Hälffte entdeckte, und in seinen Miscellan. litter. Innh. Samml. III. p. 62. wieder bekannt gemacht.

25) Daß vorzüglich Amsdorff das seinige dabey thät, erhellt aus mehreren Winken, die sich Melanchton in seinen Briefen an Camerar und Veit Dietrich entfallen ließ. S. Epist. Tom. Lugdun. p. 479. wo er von einer hefftigen Censur schreibt, welche Amsdorff über seine Aufsäze in der Cölnischen Reformations-Sache eingeschickt habe. Fast vermuthe ich aber, daß auch schon Flacius die Hände dabey im Spiel gehabt haben mag, wiewohl man ihn bißher noch nicht deßwegen im Verdacht hatte. Einen

der Schweizer und Oberländer, die sich gerühmt hatten; daß Melanchton mit ihnen übereinstimmte, mochten auch etwas dazu beygetragen haben, daß sich der Verdacht [26]) mehr bey ihm befestigte, und was bedurfte es bey Luthern mehr, als diesen einen Verdacht, um ihn zum heftigsten Ausbruch zu reizen? Würklich, wenn man bedenkt, wie unsäglich ihn der blosse Gedanke an die Möglichkeit schmerzen mußte, daß die Schweizer nach seinem Tode diesen Triumph erhalten könnten, und in Wittenberg selbst erhalten könnten, und wenn man die bittere Vorstellungen dazu nimmt, die sich der alte Mann dabey voraus von der Art machen mochte, womit man alsdenn seiner gedenken würde, so kann man sich fast versucht fühlen, ihm den Ausbruch zu verzeyhen. Aber freylich fühlt man sich noch stärker versucht, diese Verzeyhung wieder zurükzunehmen, wenn man nur auf die Art seines Ausbruchs Rüksicht nimmt.

Im J. 1544. gab Luther sein sogenanntes kurzes Bekenntnüß vom Abendmahl heraus [27])! Die Schrift war von ihm noch vor ihrer Erscheinung auf eine solche Weise angekündigt worden, daß man ihr in Witten-

Einen Grund dazu glaube ich nicht nur in seinem nachfolgenden Benehmen, sondern in dem Umstand finden zu können, daß er es war, der Luthern, wie dieser selbst sagt, keine Ruhe ließ, biß er ihm den zulezt angeführten Brief an die Italiäner abgepreßt hatte. In der von Strobel wiedergefundenen Hälffte dieses Briefs heißt es ausdrücklich — cum Matthias Illyricus — non desineret exigere has literas — ja es steht selbst wörtlich darinn, "er sey von Flacius berichtet worden, daß sich auch in Italien das Gifft der Schweizerischen Lehre einzuschleichen anfange."

26) Der Verdacht konnte in der That bey Luther desto leichter erwachen, da man schon hin und wieder geäussert hatte, daß, so lang er lebe, keine Vereinigung zu hoffen sey, womit sehr deutlich gesagt wurde, daß man nach seinem Tode desto gewisser darauf rechne. Diß erzählt selbst Camerar in Vit. Mel. "Audivi ego ante mortem Lutheri annis aliquot — viros prudentes et autoritate singulari praeditos sic loquentes, ut ostenderent, se vivente Martino Luthero nullam spem consensionis atque pacis concipere posse. p. 225.

27) S. Luth. Werke H. A. Th. XX. S. 2194.

tenberg mit wahrer Angst entgegensah [28]). Man hatte selbst, ohne Zweifel absichtlich das Gerücht verbreitet, daß Luther darinn auch sein Herz über Melanchton und einige seiner nächsten Kollegen ausleeren würde; und wenn es schon nicht von ihm selbst herrühren mochte, so hatte er ihnen doch durch sein sonstiges Betragen, das er um diese Zeit gegen sie annahm, so vielen Anlaß gegeben, es glaublich zu finden, daß sie schon im Ernst daran dachten, sich von Wittenberg zu entfernen, um sich dem Verdruß eines täglichen und fortdaurenden Kriegs mit ihm, den sie zu erwarten hatten, zu entziehen [29]). Das Gerücht kam selbst an den

28) "Fortassis, schrieb Melanchton an Bullinger in diesem Jahr, priusquam hae meae literae ad te transferuntur, accipies atrocissimum Lutheri scriptum, in quo bellum de coena instaurat. Nunquam majore impetu hanc causam egit. Desino igitur sperare pacem ecclesiae. — Eben so schrieb er um diese Zeit an Veit Dietrich: An me sine magno dolore nostros audire putas, qui interdum nihilo mitius de ecclesiis Rhenanis loquuntur, quam de Turcis. S. Hospinian Hist. Sacr. T. II. p. 189b.

29) Schon den 14. Febr. dieses Jahrs schrieb Cruciger an Veit Dietrich: "Noster Lutherus — nimium morosus fit, ac levissime irritabilis postea omnia vehementissimo impetu facit. — Vix jam aliquis nostrum vitare potest, quin incurrat in offensionem τȣ δειπνȣ κυριακȣ, ac etiam palam plagas accipiat, denique nisi unus (ohne Zweifel Melanchton) esset, qui virtute moderatione et omni genere officii — alios etiam in officio retineret, necesse esset dissipationem fieri, ac ne sic quidem res sine periculo est, quin aliquando subito sit facienda mutatio. — Aus diesem Brief erfährt man aber zugleich, daß auch Luthers gute Haußfrau zuweilen mehr als nöthig war, in das Feuer bließ, denn Cruciger läßt sich auch darinn den Ausdruck entfallen: Scis eum habere ad multa, quae illum inflammant, facem domesticam. S. Strobels Beyträge zur Litteratur des XVI. Jahrh. B. II. p. 486. Aber in einem andern Brief vom 7. Sept. dieses Jahrs klagte er seinem Freund das Verdrüßliche ihrer Lage noch umständlicher. "Melanchton, schreibt er, rüste sich unverholen zum Abzug von Wittenberg; denn es gehe das Gerücht, daß Luther ein Buch geschrieben habe, und jezt noch eine Lehrformel aufzusetzen entschlossen sey, zu deren Unterschrift sie alle gezwungen werden sollten. Man habe aus seinem Munde gehört, daß er niemand mehr in Wittenberg dulden wolle, der nicht in der Nachtmahls-Lehre gleich mit ihm denke. Melanchton aber

den Hof des Churfürsten von Sachsen, der dadurch veranlaßt wurde, den Canzler Brück nach Wittenberg zu schicken, und durch diesen nachforschen zu lassen, ob würklich der Handel so weit hinein böse sey [30])? Doch entweder besann sich Luther selbst eines besseren — denn durch den Canzler Brück wurde er wohl nicht dazu gestimmt

aber sey fest entschlossen, lieber zu Fuß zum Thor hinauszuwandern, als sich auf diese Art behandeln zu lassen. Quod si fieret, sezt Cruciger hinzu, mihi etiam cogitandum est, quod illi, nisi mallem hic anathematisari: et Deus bone! quantum dispersionum et malorum utrinque secuturum esset!" S. Hospinian T. II. f. 193.

30) Die Instruktion des Churfürsten für den alten Canzler Brück ist aus dem Sächsischen Archiv in die Hist des Sakram. Str. p. 459. eingerückt. Man sieht daraus, wie schonend und fein der Churfürst selbst mit dem alten Mann umgehen zu müssen glaubte; aber sie ist auch noch nach andern Rücksichten ein sehr merkwürdiges Akten-Stück. "Wir werden — sagt darinn der Churfürst — glaublich berichtet, „daß D. Martinus jezo im „Werk sey, ein Buch gegen die „Sakramentirer zu schreiben, „welches wir uns wohl gefallen „lassen. — Was aber Philippum anbelangt, den er nahmhafftig anzuziehen willens seyn „soll, ist unser gnädig Begehr, „er wolle solches von uns nicht „anders, denn gnädiglich und „im besten vermerken, daß er „ihn zu sich erfordere, und allein christlich und väterlich ermahne, so wollen wir uns „gänzlich versehen, er werde „sich christlich und aller Billigkeit nach weisen lassen. Wenn „denn keine Erinnerung helffen „würde, so kann darnach der „Doktor zu dem und zu anderem, so er für gut findet, „noch wohl kommen. — "Denn, „sezt er hinzu, er der Churfürst „müsse sich befahren, daß nach „seinem oder nach Luthers Tode „die Zweyung gewaltiger werden „könnte, wenn man nicht zuvorkäme, desto weniger aber könne „er solches noch bey seinem und „Luthers Lebzeiten wissentlich auf „seiner Universität dulden und „einwurzeln lassen. Wie wohl „er also die Universität gnädiglich fundirt habe, und derselben „sehr geneigt wäre, auch wohl „verspührte, daß sie M. Philipps „halben nicht am wenigsten in „grosser Aufnahme stünde, „so wollte er doch Luthero „nicht verhalten, ehe er „diese Spaltung dulden und leyden wollte, gedächte er es dahin zu stellen, obgleich eine „geringe Universität und auch „zulezt gar keine mehr seyn und „**bleiben** sollte, das er doch „nicht gerne wollte. — Denn „hätte H. Georg zu Handhaben „der Unwahrheit seine Universität zu Leipzig des grössern „Theils zergehen lassen, so müßte es S. Chfstl. Gn. nach dem „Willen Gottes auch dahin sezen, ob zu Erhaltung der Wahrheit sich mit dieser Universität „auch dergleichen zutragen sollte."

stimmt — oder hatte er niemahls die Absicht gehabt, es zu einer öffentlichen Anklage Melanchtons und seiner Kollegen kommen zu lassen [31]). Seine Schrift enthielt

31) Das erste ist wahrscheinlicher, aber gewiß trug auch dasjenige, was der Churfürst deßhalb mit ihm handlen ließ, und die Art wie er mit ihm handlen ließ, nicht wenig dazu bey, ihn zu besänftigen, denn diese Art war ganz für diese Würkung berechnet. Man mag gern glauben, daß dabey auch die Furcht vor dem Aufsehen, das ein offener Bruch zwischen ihm und Melanchton erregen müßte, die Hize des alten Mannes etwas kühlte, und daß ihm wohl auch das Angedenken ihrer langen und vertrauten Freundschafft an das Herz trat; doch sieht man aus dem Bericht des Canzlers an den Churfürsten, daß das Angedenken daran kaum vor der Bitterkeit aufkommen konnte, die sich in seinem Herzen gegen Melanchton gesammelt hatte. Er sagte dem Canzler; "er wisse „freylich nicht, wie er mit Philipp wegen seiner Meynungen „vom Sakrament daran sey; „denn er nennte es nicht anders „und hielte es also auch wohl „für nichts anders, denn für „eine blosse Ceremonie: hätte „ihn auch lange Zeit nicht gesehen das heilige Abendmahl „empfahen, wohl aber hätte er „schon allerhand Argumenta vorgebracht, daraus er vernommen, wie er fast Zwinglischer „Meynung wäre; doch wie es „in seinem Herzen stünde, wisse „er noch nicht. Aber — sezte er „hinzu — er wollte sein Herz „mit Philippo theilen und wollte „ganz gern, daß sich Philippus „als ein hoher Mann nicht möchte von ihnen und von der Schule allhier abthun — würde er „aber freylich auf der Meynung „verharren, so müßte die Wahrheit Gottes vorgehen." Aus eben diesem Bericht des Canzlers läßt sich übrigens auch schliessen, daß er es nicht gerade darauf anlegte, Luthern zu beruhigen, denn er sagte ihm seiner Angabe nach selbst, daß es ihm schiene, "als ob Melanchton nur drückte und zurückhalte, biß er seine Zeit und Bequemlichkeit ersehen; und sonderlich biß er des Doktors Tod erleben möchte." Hingegen was Hospinian von den folgenden Verhandlungen Luthers mit Melanchton wissen will, diß ist wahrhaftig mehr als nur zweifelhafft. Seiner Erzählung nach sollte er Melanchton ausdrücklich erklärt haben, daß er ihn gar nicht wieder seinen Willen in die Sache hinein ziehen wolle. "Willst du „nicht anders — sollte er ihm „gesagt haben — so magst du „bey deiner Meynung bleiben „und bey deiner gewöhnlichen „Art von der Sache zu reden: „Ich will dich nicht dringen, daß „du mir die Sache ausführen, „oder auf dich zu vertheidigen „nehmen müssest." Ja eben diß sollte er auch Amsdorffen, der ihn zum Ausbruch reizen wollte, mit den Worten erklärt haben: "Diesen Streit hab ich angefangen, darinn will ich niemand „ziehen wieder seinen Willen. „Die Sache ist meine Sache, „und meine Sache soll sie auch „bleiben." S. Hospin. T. II. f. 195b.

hielt würklich nichts, das persönlich-kränkend für sie seyn konnte, aber dafür enthielt sie einen Strohm von Schmähungen über die Schweizer, über den todten Zwinglin und Oecolampad in ihren Gräbern, und über alle Anhänger und Vertheidiger ihrer Meynung, die mit einer Bitterkeit ausgestossen waren, welche selbst in seinen heftigsten Schriften gegen die Katholiken kaum auf einen ähnlichen Grad stieg [32]). Die ganze Schrift war ein Ausguß des leidenschaftlichsten Unwillens, der ihn nicht nur über alle Gränzen des Anstands und der Mässigung hinausriß, sondern selbst zu mancher Verlezung der Wahrheit und der Gerechtigkeit verleitete.

Aber mit dieser Schrift begnügte sich Luther nicht, sondern mit der unruhigsten Betriebsamkeit benuzte er zu gleicher Zeit jede schickliche und unschickliche Gelegenheit, die er finden oder machen konnte, um nur die Nachricht, daß er den Krieg mit den Schweizern wieder angefangen habe, recht geschwind in der Welt herumzubringen. In allen Briefen, die er in diesem Jahr an Bekannte und Unbekannte, an Freunde und Fremde schrieb, kündigt er seinen Entschluß an, diesen Krieg biß an das Ende seines Lebens fortzuführen. Noch mehrere andere Mittel wurden von ihm angewandt, um auch seine alte Gehülfen in dem Streit wieder aufzureizen, daß sie sich auf das neue darin mischen sollten; man kann also nicht zweifeln, daß es seine Absicht war, ihn wieder allgemein zu machen: aber — alles was Luther in dieser Absicht that, blieb würkungsloß! Das Feuer, das er so geflissentlich einlegte, zündete nirgends! Kein einziger von den übrigen Theologen der Parthie, selbst

32) Man darff nur die eine Stelle S. 2203. zum Beweiß anführen, wo er von dem eingeteufelten, durchteufelten, überteufelten lästerlichen Herzen und Lügenmaul seiner Gegner spricht.

selbst keiner von jenen, der ihm vor zwanzig Jahren am ritterlichsten geholfen hatten, deren doch noch mehrere lebten, keiner von ihnen machte nur eine Bewegung, an der erneuerten Fehde Theil zu nehmen. Mit schweigendem Ernst, der sichtbar mit Furcht vermengt war, nahmen alle sein neues Bekäntnüß vom Abendmahl auf, und gaben eben dadurch am deutlichsten zu erkennen, was sie davon dachten, weil sie sich scheuten, es zu äussern. Selbst nachdem die Schweizer seiner Schrift eine Antwort entgegengesezt hatten, worinn sie das WiedervergeltungsRecht mit einer Härte an ihm ausübten, die doch in der That Rüksicht auf sein Alter um etwas hätte mildern sollen [33]), selbst nach

33) Der Titel der Schrift, welche die Zürcher im nächsten Jahr herausgaben, ist folgender: Orthodoxa Tigurinae ecclesiae Ministrorum Confessio — una cum aequa et modesta responsione ad vanas et offendiculi plenas D. Martini Lutheri calumnias, condemnationes, et convicia — 1545. Unbillig wäre es aber bey dieser Gelegenheit, einen vortreflichen Brief unerwähnt zu lassen, in welchem Calvin die Zürcher zu besänftigen und wo möglich dahin zu bringen suchte, daß sie die Schrifft Luthers unbeantwortet lassen sollten. Die Gründe, von denen er dabey Gebrauch machte, gereichen seiner Klugheit so sehr zur Ehre als seinem Charakter. "Audio, sagt er, Lutherum atroci invectiva tandem non tam in vos, quam in nos omnes prorupisse. Nunc vix audeo a vobis petere, ut taceatis, quia neque aequum est, sic vexari immerentes, et illis negari sui purgandi locum, et statuere difficile est num id expediat? Sed haec cupio vobis in mentem venire: Primum — quantus vir sit Lutherus, et quantis dotibus excellat! quanta animi fortitudine et constantia — ad profligandum Antichristi regnum, et propagandam salutis doctrinam incubuerit! Saepe dicere solitus sum, etiamsi Diabolum me vocaret — (wenn Kalvin die Lutherische Schrifft noch nicht gelesen hatte, so sieht man daraus, daß er seinen Stil sehr gut kannte) me tamen hoc illi honoris habiturum, ut insignem Dei servum agnoscam, qui tamen ut pollet insignibus virtutibus, ita magnis vitiis laborat. Hanc intemperiem, qua ubique ebullit, utinam magis frenare studuisset! Utinam recognoscendis suis vitiis plus operae dedisset. Plurimum ei obfuerunt adulatores, cum ipse quoque natura ad sibi indulgendum nimis propensus esset. Nostrum tamen est, sic reprehendere, quod in eo est malorum, ut praeclaris illis donis aliquid concedamus. — S. Hospin. Hist. Sacr. T. II. f. 196b.

nach diesem trat keiner auf, um sich aus Unwillen oder aus Mitleid zwischen ihn und die Schweizer in die Mitte zu stellen, oder ihn nur nicht allein auf dem Kampf-Plaz stehen zu lassen: und wie konnte man sich offener, wie konnte man sich unzweydeutiger als dadurch über die Gesinnungen erklären, mit denen man nun den Gegenstand des Streits allgemein betrachtete?

Diese Erscheinungen sezen es also gewiß ausser Zweifel, daß die protestantische Theologie bey dem Anfang dieser Periode in Ansehung der Unterscheidungs-Lehre, welche sie von der Schweizerischen auszeichnete, nicht mehr so fixirt war, wie sie es würklich einmahl gewesen war. Allerdings beweisen sie nicht, daß man sich völlig von der Vorstellung losgesagt habe, die Luther zuerst darüber aufgestellt hatte; sie beweisen nicht einmahl, daß man nur einige einzelne Bestimmungen dieser Vorstellung aufgegeben habe, die man einmahl für wesentlich dabey hielt — dagegen würde auch eine Menge anderer Anzeigen streiten — aber sie beweisen, daß man dieser Vorstellung und den Bestimmungen, die dazu gehörten, nicht mehr das Moment beylegte, das man ihr einst im Gegensaz gegen die Schweizerische Vorstellung beygelegt hatte, sie beweisen, daß man über ihre Wichtigkeit, über ihre fundamentale Nothwendigkeit und über ihre Folgen nicht mehr so determinirt als ehmahls dachte, sie beweisen mit einem Wort, daß man in Ansehung dieser Vorstellung und ihres Verhältnüsses zu der Schweizerischen indifferenter geworden war: und nach dieser Veränderung, die in der allgemeineren Denkungs-Art darüber vorgegangen war, hat man doch wohl Ursache zu behaupten, daß die Vorstellung nicht mehr so, wie ehmahls, fixirt war.

Jezt mag zu diesem allgemeinen Abriß von dem Zustand, in welchem sich die lutherische Theologie bey dem Uebergang in die Periode ihrer weiteren Bildung be-

befand, nur noch diß hinzugefügt werden, daß etwas nach der Mitte ihrer ersten Periode einige andere christliche Lehren durch äussere Veranlassungen auch noch ein polemisches Interesse für sie erhielten, das sie bey ihrem ersten Entstehen nicht gehabt hatten. Diß waren die besondere Lehren von der Gottheit Christi und von der Dreyeinigkeit, welche Luther bey der ersten Zusammensezung seines Systems in eben der Form darein aufgenommen hatte, in der sie vom vierten Jahrhundert an fast ganz unverändert im Lehrbegriff der Kirche erhalten worden waren. Ohne Zweifel hatte auch Ehrfurcht vor dieser alten Form zuerst bey ihm dazu mitgewürkt, daß zu einer Zeit, wo er an so manchen von Jugend an eingesogenen Religions-Begriffen irre wurde, doch niemahls ein Zweifel an der Richtigkeit der kirchlichen Vorstellungen über diese Lehren in ihm aufstieg; da er aber eben deßwegen mit niemand darüber zu streiten hatte, und zugleich durch die Heiligkeit, die der Gegenstand dieser Lehren für ihn hatte, von einer bloß müssigen Speculation darüber zurükgeschröckt wurde, so hatte er auch weiter kein besonderes Bedürfnüß gefühlt, sich in eine eigene Prüfung aller einzelnen Bestimmungen einzulassen, welche zu der gelehrten kirchlichen Vorstellung davon gehörten. Eben so verhielt es sich mit Melanchton, und den übrigen ersten Theologen der Parthie, welchen zwar die Lehre von der wahren Gottheit Christi überhaupt, eben so wie Luthern, über alles wichtig, aber auch, und zwar zum Theil durch eine natürliche Würkung des lebhaften Bewustseyns, das sie davon hatten, die genauere Entwiklung ihrer subtileren dogmatischen Bestimmungen weniger angelegen war. Daher kam es, daß sie Melanchton in der ersten Ausgabe von seinen locis theologicis fast gar nicht berührte, und daß man sich noch in der Augspurgischen Confession nur im allgemeinen zu der Vorstellung bekannte, welche in den sogenannten oekumenischen Symbolen [34]) als allgemeiner Kirchen-Glaube über diese Lehren festgesezt sey.

Bald nach dieser Zeit aber traten äussere Umstände ein, ja einige waren damahls bereits eingetreten, in welchen die lutherische Theologen eben so viel Antrieb als Beruf fanden, sich tiefer in das besondere dieser Lehren einzulassen. Von dem berüchtigten Ludw. Hezer, der sich zu der Rotte der Wiedertäufer geschlagen hatte, war es in ganz Deutschland ruchbar geworden, daß er ausser den übrigen Irrthümern dieser Sekte auch irrige Meynungen von der Person Christi ausgestreut, und seine Gottheit geläugnet habe [35]). Bald darauf erfuhr

34) In der Augsp. Confession wurde zwar bloß Art. 1. des Nicäischen Symbols, hingegen in den Schmalkaldischen Artikeln P. I. art. 4. ausdrücklich auch des Athanasischen erwähnt. Das Apostolische rückte Luther selbst in seine Katechismen ein; daher wurden hernach alle drey in den meisten Normal-Schrifften der einzelnen Protestantischen Kirchen, wie auch im Concordien-Buch vorangesezt. Aber schon im J. 1533. kam zu Wittenberg die Gewohnheit auf, daß die Doktoren der Theologie ausdrücklich auf die drey oekumenischen Symbole und auf die Augspurg. Confession verpflichtet wurden, wie man aus dem Wittenbergischen Doktors-Eyd ersieht, den Osiander einer seiner Schrifften gegen Melanchton vom J. 1552. eingerückt hat. Aus der Antwort, womit Melanchton den Tadel Osianders über diesen Eyd abfertigte, erhellt hingegen, daß man würklich auch zum Theil durch die Angriffe dazu veranlaßt wurde, welche damahls Campanus und Servet auf die Dreyeinigkeits-Lehre schon gewagt hatten. S. Oratio, in qua refutatur calumnia Osiandri, reprehendentis promissionem eorum, quibus tribuitur testimonium doctrinae. Witteb. 1553. 8. Eine Bemerkung mag übrigens der Umstand verdienen, daß Melanchton selbst in seinem ersten Testament, das er im J. 1540. kurz vor seiner Reyse nach Hagenau aufsezte, und das sich nach der Sitte des Zeitalters mit einem Bekänntnüß seines Glaubens eröffnete — daß er sich darin nahmentlich zu dem Apostolischen und Nicäischen Symbol bekannte, und das Athanasische gar nicht erwähnte. S. das Testament in Mel. Consil. lat. P. I. p. 389.

35) Ludwig Hezer gehörte aber gar nicht unter die gemeine Rotte der Wiedertäufer, die meistens aus ganz ungelehrten Schwärmern bestand. Seine Kenntnüsse verschafften ihm zuerst die Achtung mehrer von den geachtetsten Theologen des Zeitalters,

fuhr man mit noch grösserem Schrecken, daß sich in der Nähe von Wittenberg selbst ein gewisser Johann Campanus aufhalte, der auch hin und wieder Zweifel an der Gottheit Christi geäussert haben sollte [36]), und in wenigen Jahren kam der Ruf von dem berühmten Mich. Servet [37]) und von seinen Meynungen unter den

ters, mit denen er, wie mit Zwinglin, einige Zeit in Verbindung stand Auch der Frömmigkeit und dem Eifer für Religion, der aus mehreren seiner Schrifften hervorleuchtet, ließ noch Salig Gesch. der A. C. B. III. p. 184. Gerechtigkeit wiederfahren; aber dieser Eifer, der sich nur allzuofft auch in persönlichen, vielleicht nicht ganz leydenschafftlosen Straf-Predigten über die Gebrechen der älteren und der neueren Kirche und über die Fehler ihrer Lehrer ausließ, trug auch wohl eben so viel zu seinem Schicksal bey als seine Meynungen. Er wurde im J. 1529. zu Kostanz enthauptet.

36) Johann Campanus, aus dem Clevischen oder Jülichischen gebürtig, war ungefähr um das Jahr 1528. nach Wittenberg gekommen, und hatte sich dort als Hofmeister einiger jungen Leute einige Zeit aufgehalten. Hier war er Luthern und Melanchton zuerst nur als Anhänger der Zwinglischen Meynung bekaunt geworden; im J. 1530. aber mußte es ruchbar geworden seyn, daß er auch Zweifel gegen die Dreyeinigkeits-Lehre ausgestreut habe, denn man machte Anstalten ihn aufzuheben, und behandelte selbst Ge. Wizeln, der damahls Pfarrer in dem benachbarten Niemeck war, auf eine sehr unwürdige Art, bloß weil er ihm eine Zeitlang einen Aufenthalt in seinem Hause gestattet hatte. Als er hierauf aus Sachsen sich weggegeben und Luther gehört hatte, daß er in Braunschweig sey, so schrieb er an Mart. Görliz den merkwürdigen Brief, den man in der Schüzischen Sammlung der ungedruckten Briefe Luthers Th. II. p. 251. findet. "Arbitror te nosse filium istum Satanae, et adversarium filii Dei, quem plus etiam quam Arius ipse blasphemat. . Quare te oro per Christum, ut apud Senatum, ut ubicunque potes, agas, ne tales furias non vocatas sic admittant, cum absque vocatione neque angelus sit audiendus." — Uebrigens hielt sich Campanus wahrscheinlich nicht lange in Braunschweig auf, sondern gieng in sein Vaterland nach Jülich zurück, wo er vom J. 1532. mehrere Schrifften herausgab. Seine fernere Schicksale sind nicht ganz gewiß. S. Schelhorns Amoen. liter. T. XI. p. 1-92. Bocks Histor. Antitrinitar. T. II. p. 255.

37) Im J. 1531. wurde die erste Schrifft Servets in Deutschland bekannt, und erregte sogleich sehr grosses Aufsehen. Der Geschichte dieses Mannes hat Moßheim seinen "zweyten Versuch einer vollständigen und unpartheyischen Kezer-Geschichte" allein gewiedmet, der zu Helmstädt 1748. 4. herauskam, wozu er zwey Jahre darauf eben das "Neue Nachrichten von Mich. Servet. (1750. 4.) herausgab.

den Theologen der lutherischen Kirche herum. Wären sie nun auch nicht schon vorher in einer Stimmung gewesen, die ihnen jeden Wiederspruch gegen diese Lehre als ein wahres Verbrechen vorstellte, so hätten sie doch gerade diesen Menschen Zweifel daran am wenigsten verzeyhen können, denn Hezer gehörte ja zu den Wiedertäufern, Campanus stand bey ihnen im Verdacht des Zwinglianismus, dem man damahls noch nicht viel günstiger war; und Servet war seiner Profession nach gar kein Theolog. In Verbindung mit jener Stimmung aber mußte dieser Umstand natürlich sehr viel dazu beytragen, daß jezt alles, was nur zu der kirchlichen Dreyeinigkeits-Lehre gehörte, auch eine gefühltere Wichtigkeit für sie bekam [38]). So kam es dann, daß dieser Glaubens-Artikel für die lutherische Theologie auch jenes Interesse erhielt, das einer Meynung erst durch Angriffe zuwächßt, gegen welche sie vertheidigt werden muß, und so kam es durch eine natürliche Würkung dieser Ursache auch dahin, daß sie auch jede einzelne Bestimmung, die man in der kirchlichen Dogmatik bey diesem Artikel angebracht hatte, eben so eifrig als

38) Etwas mochte wohl auch diß dazu beytragen, weil sie selbst fühlten, wie leicht sich Zweifel in Ansehung dieser Lehren erregen, und wie schwer sie sich niederschlagen liessen. Wenigstens hatte diß Gefühl gewiß an der Hitze Antheil, womit sie bey den ersten Zweifeln auffuhren, die dagegen verbreitet wurden. Von Luthern kann man es aus einer Stelle schliessen, die Seckendorff L. III. p. 40. von ihm anführt. Melanchtons erste Bewegungen dabey beschreibt ein vertrauter Brief an Camerar vom J. 1533. worinn er ihm die Eindrücke mittheilte, welche die damahls nach Deutschland gekommene Schrifft Servets auf ihn gemacht hatte. "De Serveto rogas, quid sentiam? Ego vero video satis acutum ac vafrum esse in disputando, sed plane gravitatem ei non tribuo. — De Trinitate scis me semper veritum esse, ut haec aliquando erumperent! Bone Deus, quales tragoedias excitabit haec quaestio apud posteros — num Verbum sit hypostasis? num Spiritus sit hypostasis?" — S. L. IV. ep. 140.

als die Haupt-Idee vertheidigen zu müssen glaubte. Etwas späther hinaus muß man hingegen den Zeitpunkt sezen, in welchem sie auch vollends in das innerste Labyrinth der besonderen Lehre von den Naturen Christi durch eine andere Veranlassung hineingeführt wurde.

Diß mögen die merkwürdigste von den allgemeinen Zügen seyn, die den Charakter der protestantischen Theologie bey den Austritt aus ihrer ersten Periode bestimmten! Die Bemerkung von diesen wird wenigstens um der folgenden Geschichte willen nothwendig: eben deßwegen aber wird es auch noch nothwendig, einige allgemeine Beobachtungen über die Lage und Verhältnüsse vorauszuschicken, in welchen sich damahls die Protestantische Theologen nach mehreren Beziehungen befanden, und besonders diejenige befanden, deren Einfluß die übrigen leitete.

Kap. II.

Mehr als eine bemerkungswehrte Eigenheit zeigt sich hier zuerst in jenen Verhältnüssen, in welche die Protestantische Theologen im weiteren Sinn, in welchem auch die Prediger, oder Kirchen-Diener, wie sie jezt sich nannten, begriffen werden, theils um diese Zeit schon überall freywillig gegen ihre Layen hineingetreten, theils ohne ihr Zuthun durch den Gang der Reformation hineingerückt worden waren. Jenen Grund, auf welchen in dem System der alten Kirche die Verhältnüsse zwischen Klerus und Volk, zwischen Geistlichen und Layen gebaut waren, hatte Luther gleich bey dem Anfang der Reformation völlig zerstört. Die neue kirchliche Gesellschaft, die sich zu seinen Lehren bekannte, konnte nach seinen Grundsäzen, in dem Klerus keinen eigenen Stand erkennen, welchem Gott und Christus selbst die Regierung der Gesellschaft übertragen,

und

und die gesezgebende und vollziehende Gewalt darinn, als ausschliessendes Amts- und Standes-Recht überlassen hätte. Diß lag schon in der Behauptung, die er in seinen frühesten Volks-Schriften so oft wiederholte, und mit so sichtbarem Wohlgefallen ausführte, daß alle wahre Christen ohne Ausnahme Priester, oder zu dem geistlichen Priesterthum berufen seyen 39). Diß gab er noch öfter in den bestimmtesten Ausdrücken zu erkennen; daß man aber auch die Idee aufgefaßt hatte, diß zeigte sich eben darinn sehr deutlich, weil man sobald den Nahmen Kirchen-Diener für die christlichen Volks-Lehrer und Prediger der neuen Kirche in den allgemeinsten Gebrauch brachte.

Dennoch ist es dabey entschieden gewiß, daß weder Luther für seine neuen Kirchen-Diener, noch diese für sich selbst auf alle besondere Amts-Rechte Verzicht thun wollten. Luther selbst behauptete dabey nicht nur, daß das Lehramt in der Kirche von Christo selbst eingesezt, und in der Maaße von ihm eingesezt sey, daß es seiner Absicht nach beständig in der Kirche als eigenes Amt erhalten werden sollte, sondern er behauptete auch, daß diesem Lehr-Amt zugleich das Amt der Schlüssel, oder die sogenannte geistliche Gewalt zu binden und zu lösen, und die Administration der Sakramente zwar nur mittelbar, aber doch ausschliessend übertragen sey. Bloß darinn wich er von den Grundsäzen des alten

39) Am ausführlichsten ließ er sich darüber in einer Schrifft aus, die er im J. 1523. auf Veranlassung der Böhmen unter dem Titel: De instituendis ministris ecclesiae, ad clarissimum Senatum Pragensem Bohemiae in 8. herausgab In dieser Schrifft zeigt er unter anderem auch, daß man die Geistliche niemahls hätte Priester nennen sollen, und daß der Nahme: Kirchendiener allein dasjenige ausdrücke, was sie eigentlich seyen und seyn sollten. In der deutschen Uebersezung von Paul Speratus findet sich diese Schrifft in der Hallischen Ausgabe von Luthers Werken T. X. S. 1808. flgd.

alten Systems ab, daß er einerseits nicht mehr als diese Stücke zu den geistlichen Amts-Rechten rechnete, und andererseits den neuen Grundsaz dabey aufstellte, daß Christus die Sorge für die Erhaltung dieser Einrichtung nicht den Bischöffen allein, sondern der ganzen Kirche, also es nicht den Bischöffen allein, sondern der ganzen Kirche überlassen habe, die Personen zu wählen und zu ernennen, von denen zu jeder Zeit das Amt mit denen von ihm selbst daran gebundenen Rechten verwaltet werden soll. Das Befugnüß der Kirche dazu leitete auch Luther selbst zuweilen daher, weil eigentlich alle ihre wahre Glieder zu der Ausübung dieser Rechte von Christo bevollmächtigt seyen, denn daraus folgerte er, daß auch nur die ganze Gesellschaft die Macht haben könne, diejenige zu ernennen, welche die gemeinschaftlichen Rechte in ihrem Nahmen ausüben sollten: aber er behauptete dabey, daß sie durch den Willen Christi selbst zu der Ernennung solcher Stell-Vertreter verbunden sey [40]. Seinen Ideen nach sollten und durften also die Prediger dennoch als Personen ange-

40) Die Ausführung der ersten Idee macht den Haupt-Innhalt des angeführten Briefs an den Magistrat in Prag aus: aber in eben diesem Brief sagt er doch auch sehr stark, daß die Ausübung dieser Rechte besondern Personen übertragen werden müsse — "auf daß nicht eine „scheußliche Unordnung entstehe „unter dem Volk Gottes, und „aus der Kirche, in welcher doch „alle Dinge ehrlich und ordentlich zugehen sollten, werde ein „Babylon." S. 1858. Zugleich beweißt er dann auch, daß die Uebertragung dieser Rechte nicht nur am schicklichsten an das Predigt-Amt oder an die Prediger geschehen könne, sondern an diese geschehen müsse, "weil das „Amt zu predigen das Evangelium sey das höchste unter allen „das den Grund legt zu allen „andern, und auf das alle andre gebaut werden müssen, so „daß wenn das Amt des Worts „einem verliehen wird, so werden ihm auch verliehen alle andere Aemter, das ist die Gewalt zu taufen, zu seegnen, „zu binden und zu lösen." S. 1992. Diesen Zusammenhang der Vorstellungen Luthers muß man sorgfältig behalten, um ihn nicht bey andern Gelegenheiten, wo er sich über die Gewalt des Predigt-Amts anders zu erklären schien, mit sich selbst in Wiederspruch zu finden. Aber dem

angesehen werden, die zwar von der Kirche zu dem von Gott eingesezten Lehramt berufen, aber deßwegen doch nicht von der Kirche allein, sondern auch zugleich von Gott selbst zu der Ausübung gewisser Rechte autorisirt seyen, weil er diese Rechte selbst dem Amt übertragen, und der Kirche mit der Berufung zu dem Amt nicht auch zugleich die Bestimmung der Amts-Rechte überlassen, oder es nicht in die Willkühr der Kirche gestellt habe, ob sie auch diese Rechte bey dem Amt lassen wolle? Die Kirche, meynte Luther, habe wohl die Befugnüß ihre Prediger zu ernennen; aber sie dürfe sich nicht herausnehmen, sie zu etwas anderem zu machen, als Christus aus ihnen gemacht habe, und sich wenigstens nicht erlauben, ihnen etwas von jener Gewalt zu nehmen, oder sie in dem Gebrauch jener Gewalt einzuschränken, die Christus selbst mit dem Amt des Worts verbunden habe. Daraus folgte, daß zwar jeder Prediger den Beruf zu seinen Amt von der Kirche, aber die zu seinem Amt gehörigen Rechte von Gott selbst, wenn schon auch in einer gewissen Hinsicht durch Uebertragung der Kirche bekommen habe.

Durch diese Grundsäze wurde nun auch in der neuen Kirche ein Verhältnüß zwischen den Geistlichen und Layen eingeführt, das den ersten, wie man wohl sieht, noch immer günstig genug war. Sehr bald zeigte es sich auch, daß sie diese Grundsäze ebenfalls recht gut aufgefaßt hatten, und auf die Folgen, die darinn lagen, nicht erst aufmerksam gemacht werden durften, denn sie fiengen bald an, sie an mehreren Oertern zu realisiren. Unter dem Nahmen des Amts der Schlüssel, das ihnen übertragen sey, maßten sich die neue Diener der Kirche nur allzubald die Gewalt an, das Bann-Recht willkühr-

dem Gezwungenen dieses Zusammenhangs sieht man es doch auch an, daß Luther nicht viel Zeit darauf hatte verwenden können, sie zu ordnen.

kührlich auszuüben, und benuzten dieses, um sich eine Macht über die Layen zu versichern, wodurch sie für ihren demüthigen Titel mehr als schadloß gehalten werden konnten. Jeder einzelne Prediger glaubte sich befugt, den Binde-Schlüssel eben so gut wie den Löse-Schlüssel gegen die Glieder seiner Gemeinde gebrauchen zu dürfen: mehrere aber machten bald einen Gebrauch von diesem Schlüssel, welcher die Layen in der neuen Kirche der Gefahr aussezte, das Joch der Priester-Herrschaft schwehrer empfinden zu müssen, als sie es in der alten empfunden hatten. In dieser hatten doch nur die Bischöfe das Bann-Recht ausüben dürfen; hingegen jeder lutherische Dorf-Pfarrer glaubte die Macht dazu zu haben; und wenn schon der Bann des Dorf-Pfarrers nicht die Würkungen eines alt-bischöflichen haben konnte, und nach den Grundsäzen Luthers auch nicht haben sollte, so hatte man ihm doch noch Würkungen genug zu lassen gewußt, die nicht nur für die Einbildung und für das Vorurtheil, sondern in der That unangenehm werden konnten!

Allein so wenig es auch die Geistliche der neuen Kirche an ihren eigenen Bemühungen fehlen liessen, sich ihren Layen auch durch ihre Amts-Gewalt oder ihnen auch diese Amts-Gewalt respektabel zu machen, so standen doch auf der andern Seite allzuviele Hindernüsse im Wege, als daß die Theorie, die man darüber aufgestellt hatte, jemahls allgemein in der ganzen lutherischen Kirche, oder nur irgendwo auf die Dauer hätte realisirt werden können. Diese Hindernüsse entsprangen vorzüglich theils aus den Umständen, unter denen die Reformation zuerst an mehreren Oertern eingeführt und die neue Kirchen gebildet worden waren, theils aus den besonderen Umständen und Lagen der meisten Prediger, welche zuerst bey den lutherischen Gemeinden angestellt wurden, theils aber auch aus den Vorkehrungen, welche

che die weltliche Obrigkeiten hin und wieder sehr plan-mässig trafen, um der geistlichen Gewalt ihrer Prediger Schrancken zu sezen. An sehr vielen Oertern in Deutschland war die Reformation zuerst von dem Volk allein, und an andern auch wohl unter der Mitwürkung der Obrigkeiten gegen den äussersten Wiederstand der Geistlichen erzwungen worden. Dabey wurden meistens die alte Pfarrer, die sich den Neuerungen, welche man mit dem Gottesdienst vornahm, wiedersezen wollten, entweder ohne weiters ihrer Aemter entsezt, und zum Fortwandern gezwungen oder wohl auch aus Barmherzigkeit bey ihrem Brodt und in ihren Stellen gelassen, wenn sie sich nur äusserlich zu der Befolgung der neuen Kirchen-Ordnung, die man ihnen vorschrieb, bequemten. Daß nun in diesem lezten Fall der Prediger, den man aus Mitleiden in seinem Amt ließ, nachdem man ihn vorher zu der Annahme der neuen Lehre genöthigt hatte — daß er in keiner grossen Achtung bey seiner Gemeinde stehen und dieser nicht viel bieten konnte, diß war sehr in der Ordnung: aber wenn auch im ersten Fall eine Gemeinde sich mit ganz neuen Predigern versorgte, so wurde die nehmliche Würkung in Ansehung dieser durch eine Menge anderer Ursachen hervorgebracht. Nur in jenen Oertern, in welchen ein vorher daselbst angestellter und geachteter, oder auch nur überhaupt ein Geistlicher den ersten Saamen der neuen Lehre ausgestreut, die Reformation unmittelbar eingeleitet, und durch den Einfluß seines Ansehens, seiner Beredsamkeit, oder seiner Popularität durchgesezt hatte, nur in solchen Oertern und nur solchen Geistlichen gelang es, gleich im Anfang sich bey ihren Gemeinden in einen Respekt zu sezen, auf den sich eine Amts-Gewalt bauen ließ. Ein solcher Geistlicher wurde gleichsam als der Apostel des Orts, und als der Stifter der neuen Kirche angesehen. Ihm wurde es daher auch meistens allein

lein überlassen, ihren neuen innern und äusseren Zustand einzurichten, oder ihre neue Statuten, Agenden und Ordnungen zu verfassen, wobey er wieder Gelegenheit bekam, für das Interesse seines Amts mit sehr sicherem Erfolg zu sorgen: allein in diese glückliche Lage kamen von den ersten lutherischen Predigern nur äusserst wenige!

Der Fall, der in den ersten Jahren der Reformation am häufigsten vorkam war dieser, daß die Bürger oder der Magistrat eines Orts, der die neue Lehre nicht durch einen seiner eigenen Prediger bekommen hatte, sich von Wittenberg einen verschrieben, und entweder Luthern oder Melanchton ersuchten, ihnen einen tüchtigen Mann zu schicken oder vorzuschlagen. Auf eine bessere Art glaubte man meistens, und glaubte es mit Recht, für die Bedürfnüsse der neuen Kirchen nicht sorgen zu können; aber es war doch unmöglich, daß alle Oerter, die in einem solchen Fall waren, gleich gut dabey besorgt werden konnten, und selbst unverhütbar, daß nicht manche gar übel besorgt wurden. Luther und Melanchton konnten unmöglich Leute genug auftreiben, die ihrer Empfehlung überall hätten Ehre machen können. In der Verlegenheit, in welche sie durch solche Bitten kamen, schikten sie also oft Menschen in die Welt hinaus, denen sie selbst die zum Predigt-Amt erforderlichen Kenntnüsse und Eigenschaften nur im kleinsten nothdürftigsten Maaß zutrauten; denn sie hatten keine bessere zu schicken, und hielten es doch mit Recht für das kleinere Uebel, wenn eine Gemeinde einen mittelmassigen Prediger hatte, als wenn sie ohne Prediger verwilderte. Aber diese mittelmässige Menschen, die nur allzuoft noch unter dem mittelmässigen waren, oder denen wenigstens dasjenige, was ihnen am nöthigsten war, nehmlich Klugheit, gerade am häufigsten fehlte, mußten bey jeder Blösse, welche sie den frem-

fremden Menschen, zu denen sie gekommen waren, gaben, in eine desto schlimmere Lage kommen, je weniger sie es vermeiden konnten, ihnen auch ohne ihre Schuld, bloß durch ihre Unbekanntschaft mit allen Local-Verhältnüssen hundert Gelegenheiten zum Anstoß zu geben. Die wenigste von ihnen konnten also daran denken, sich gleich anfangs in ihren Gemeinden nur ein Ansehen von Amts-Gewalt herausnehmen zu wollen; und noch weniger konnten es jene, deren Anzahl wohl eben so groß seyn mochte, die auf einem der andern damahls gewöhnlichen Wege in ihre Aemter gekommen, vielleicht vorher Handwerker und Professionisten oder Mönche gewesen waren, die ihre Klöster verlassen, sich irgendwo Weiber beygelegt, und mit diesen in der Welt herum gebettelt hatten, biß sie von den Bauern eines Dorffes als Pfarrer gemiethet worden waren!

Hiezu kam aber noch besonders auch der Umstand, daß die ersten Prediger der neuen Kirchen fast überall in Ansehung ihres Unterhalts in die beschwehrlichste Abhängigkeit von ihren Gemeinden hinein kamen. Die Hastigkeit, womit man an mehreren Oertern die Reformation erstürmt hatte, war für nichts so nachtheilig geworden, als für die Güter und Einkünfte, welche ehmahls zu den Kirchen gehört hatten. An diese wurde meistens unter den ersten Bewegungen gar nicht gedacht; als man aber Zeit und Musse bekam, daran zu denken, und nun auch ihretwegen neue Verfügungen treffen, oder über ihre künftige Verwendung nach einem den veränderten Umständen angemessenen Plane disponiren wollte, da fand es sich auch meistens, daß wenig oder nichts mehr vorhanden war, worüber disponirt werden konnte. Hier war ein Theil davon verschleudert, und mit unter auch wohl unter den Unruhen gestohlen worden. Dort waren die Briefe und Documente verlohren gegangen, auf welche sich die Ansprüche der Kir-

Kirchen auf den grösten Theil der Einkünfte, welche sie an Zinßen und Gülten zu beziehen hatten, gründeten. Wieder an andern Oertern hatten sich die Fürsten, der Adel, auch wohl die Gemeinden selbst ohne weiters von den liegenden Gütern einer Kirche einige Stücke zugetheilt, die ihnen gelegen waren. Nur an wenigen Oertern trat also der Fall ein, daß den neuen Predigern, die man nöthig hatte, eine zu ihrem Unterhalt hinreichende Besoldung aus einem schon vorhandenen Fond geschöpft werden konnte; mithin mußten fast überall die Gemeinden sich unter irgend einem Nahmen eine neue Steuer gefallen lassen, um ihnen Brod zu schaffen. Nur allzuhäufig überließ man es den Gemeinden selbst, wie sie sich über diesen Punkt mit ihrem Prediger stellen und vergleichen könnten, und diß hatte gewöhnlich für beyde Theile die nachtheiligste Folgen. Jene fragten nun bey einem Kandidaten, der sich ihnen zum Lehrer anbot, zuerst darnach, mit wie wenigem er sich begnügen wolle? schlugen die Stelle, wenn sie unter mehreren zu wählen hatten, gleichsam im Abstreich demjenigen zu, der am wenigsten forderte, und mietheten ihn dann erst nur auf eine bestimmte Zeit oder auf eine halbjährige Aufkündigung, um ja nicht an den theureren Pfarrer gebunden zu seyn, wenn sich vielleicht mit der Zeit noch ein wohlfeilerer finden sollte. Zum Unglück fanden sich auch immer welche, die sich auf eine solche Art miethen liessen: aber einmahl kann man sich doch vorstellen, daß diß meistens nur Menschen waren, die es selbst für unmöglich hielten, daß sie sich und ihrem Amt einige Achtung erwerben könnten, also freywillig darauf Verzicht thaten; und dann wie konnte auch der würdigste Mann, denn zuweilen wurden doch auch einzelne würdige Männer durch die äusserste Noth in eine solche Lage hineingeworfen, wie konnte noch der beste unter ihnen auf Achtung von Menschen rechnen, welche

che die Begriffe, die sie von seinem Amt hatten, durch eine solche Art der Behandlung zu Tage legten?

Viel besser gieng es ihnen aber auch nicht an solchen Oertern, wo die Landes-Obrigkeit dazwischen getreten war, und die Einkünfte der neuen Kirchen-Diener regulirt hatte. Auch hier war ihnen doch meistens ihr Unterhalt nur auf das sparsamste zugemessen, und auch hier waren es doch meistens die Gemeinden, welche den grösten Theil dabey zuschiessen mußten. Weil das feste Einkommen, das für sie ausgemittelt werden konnte, fast nirgends zureichte, so wurden sie beynahe überall mit der grösseren Hälfte desjenigen, was ihnen ausgemacht war, auf die ungewisse und zufällige Einnahmen der Stol-Gebühren; des Beicht-Pfennings oder anderer Accidenzien verwiesen, welche sie von den einzelnen Mitgliedern ihrer Gemeinden bey besondern für sie zu verrichtenden Functionen ihres Amts bekommen sollten. Diese Einrichtung zog ausser mehreren andern Inkonvenienzen zu allernächst die Folge nach sich, daß nicht nur die neue Prediger unendlich oft in Versuchung kommen mußten, nicht allein das Ansehen, sondern auch die Pflichten ihres Amts den Layen aufzuopfern, auf deren guten Willen und Freygebigkeit ihnen der gröste Theil ihres Einkommens assignirt war, sondern daß auch die Layen selbst bald anfangen mußten, in ihren Predigern nach einer allzu wörtlichen Erklärung ihres neuen Titels nichts als wahre Diener zu sehen, welche sich keine Gewalt über diejenige herausnehmen dürften, von denen sie erhalten wurden.

Dennoch hat man alle Gründe zu vermuthen, daß es den Predigern der neuen Kirche aller dieser entgegenstrebenden Umstände ungeachtet sehr bald gelungen seyn würde, sich und die Layen noch überall in das gegenseitige Verhältnüß hineinzudrücken, das durch die aufgestellte und angenommene Theorie von ihren Amts-Rechten bestimmt wurde. Man hat nicht einmahl nöthig, diese Vermuthung nur aus der Analogie oder aus dem Geist des Standes zu folgern, den sie aus der alten Kirche in die neue hinübergebracht haben mochten, sondern sie ergiebt sich aus dem Erfolg, den ihre dahin abzielende Bemühungen würklich schon hier und da gehabt hatten. Man findet nicht ohne Verwunderung, daß sich schon jezt einzelne Pfarrer in ein Ansehen bey ihren Gemeinden zu sezen gewußt hatten, das wenigstens die uneingeschränkteste Herrschaft über den Glauben der Layen, die man ihnen schon eingeräumt haben mußte, voraussezte. Man findet mit einem wahren Erstaunen, in welche Furcht sie schon hier und da mit ihrem Binde-Schlüssel und mit ihrem Bann im besondern das Volk zu sezen gewußt hatten, denn man findet mehrere Beyspiele, daß sie sich durch ihren Bann oder durch die Ausübung ihres angeblichen Straf-Amts selbst schon der Obrigkeit furchtbar gemacht hatten [41]). Allein gerade diß war es, wodurch der schöne Anfang, der schon gemacht war, wieder verdorben wurde, denn einige solcher Erfahrungen waren es, die sehr bald in allen grösseren und kleineren Staaten, welche die Reformation angenommen hatten, die weltliche Macht auf die Gewalt aufmerksam machten, welche sich ihre Prediger anmaßten, und sie zu dem Entschluß brachten, ihr noch zu rechter Zeit Gränzen zu sezen.

Bey der Ausführung dieses Entschlusses kam man zwar zuerst von Seiten der Lutherischen Obrigkeiten und Lan-

41) So übte im J. 1544. ein Prediger Libius in Eißleben sein Straff-Amt gegen seinen Herrn, den Grafen Albrecht von Mansfeld selbst auf eine solche Art aus, daß dieser Anlaß bekam, ihn zu beschuldigen, er wolle das Volk zum Aufruhr gegen ihn reizen. Das Factum selbst erhellt aus einem Brief Luthers — Hall. Ausg. Th. X. S. 1888 worinn er zwar den Prediger vertheidigt, aber doch nur so weit vertheidigt, daß er ihn von der bösen Absicht dabey freyspricht. "Es ist noch kein „Aufruhr, sagt er, wenn ein „Pfarrer oder Lehrer der grossen „Hanssen Leben strafet, wenn „er schon irret im straffen."

Landesherrn in einige Verlegenheit, aus der man sich nicht sogleich zu helfen wußte. Man war es so lange gewohnt gewesen, daß sich diese in Kirchen- und Religions-Sachen nicht mischten und mischen durften, und sie selbst waren es so lange gewohnt gewesen, alles, was dahin einschlug, den Bischöfen zu überlassen, daß sie jezt nicht sogleich ausfündig machen konnten, mit welcher Art und unter welchem Nahmen sie nun auch ihre Hände darein schlägen sollten. Einige von ihnen, wie der Landgraf Philipp von Hessen 42), machten dann wohl auch noch diß bald genug ausfündig, und den bedachtsameren, wie dem Churfürsten von Sachsen hatte Luther aus der Noth geholfen, indem er sie selbst aufforderte, sich der von den Bischöfen verlassenen Kirche anzunehmen: allein desto weniger konnten oder wollten sie sich erlauben, über seine Aufforderung hinauszugehen, und sich noch mehr Gewalt in Kirchen-Sachen anzumassen, als er ihnen zugesprochen hatte. Luther wurde auch in Dingen, welche bloß die äussere Einrichtung der kirchlichen Verfassung betrafen, für das Orakel

42) Im Hessischen war aber auch die Reformation gleich anfangs mit der größten Ordnung eingeführt, und der neue kirchliche Zustand mit der bedachtsamsten Klugheit von dem Landgrafen mit Zuziehung der gesamten Landstände regulirt worden. S. die kurze Darstellung der Hessischen Reformations-Geschichte, und der Art und Weise, wie die Einrichtung der evangelischen Kirchen-Verfassung in Hessen ursprünglich begründet worden, in Pütters Erörterungen und Beyspielen des Deutschen Staats- und Fürsten-Rechts B. II. Hefft III. IV. S. 379. flgd. Dabey hatte man auch höchstweißlich dafür gesorgt, daß die Prediger von ihrem Bann-Recht nicht leicht einen bedenklichen Mißbrauch machen konnten, denn in dem von der Synode zu Homberg im J. 1526. entworffenen ersten Aufsaz einer Kirchen-Ordnung war ausdrücklich verfügt worden, daß niemand von den Predigern mit dem Bann belegt, oder auch davon entbunden werden dürffe, es geschehe dann mit Bewilligung der ganzen Gemeinde. S. Reform. eccles Hass. 1526. cap. 16. 17. in Friedr. Chstph. Schminke Monim. Hass. Th. II. S. 625.

Orakel gehalten, nach dem man sich allgemein richtete. Man trieb diß sogar weiter, als ihm lieb war, denn man verlangte auch in solchen Dingen von allen Seiten her fast über alles sein Gutachten und seinen Rath; wo man ihn aber auch nicht gerade dabey zuzog, da erlaubte man sich doch gewiß nicht, gegen eine Meynung, die er schon geäussert, oder gegen einen Grundsaz, den er schon aufgestellt hatte, etwas vorzunehmen!

Nun war es aber in der That nicht leicht, nach den Grundsäzen, welche Luther über die Gewalt des Predigt-Amts in mehreren seiner Schriften dargelegt hatte, eine Einschränkung dabey anzubringen, wodurch ihre Anwendung weniger bedenklich gemacht werden konnte. Das schwürige dabey lag vorzüglich darinn, weil er so oft behauptet hatte, daß diese Gewalt dem Predigt-Amt von Christo selbst übertragen sey, und seiner Einsezung nach immer damit verbunden bleiben, also auch immer nur von diesem Amt verwaltet werden sollte; denn daraus folgte von selbst, daß sich weder die Kirche noch viel weniger eine weltliche christliche Obrigkeit herausnehmen dürfe, ihm etwas davon zu entziehen. Besonders schien sich nach dieser Theorie seiner Schlüssel-Gewalt am schwersten beykommen zu lassen, da man diese schon überall auch durch mehrere äussere Einrichtungen als eigenes Amts-Recht der Prediger ausgezeichnet hatte; aber gerade diese war es, bey der man die Nothwendigkeit einer Einschränkung, welche dabey angebracht werden mußte, am frühesten und lebhaftesten fühlte. Doch zum Glück fühlte sie auch Luther selbst, und war auch edelmüthig genug und frey genug von dem ehmaligen Geist seines Standes, um selbst dazu zu helfen, daß man auf eine sehr würksame Einschränkungs-Methode verfiel, wenn schon seine Theorie etwas dabey in das Gedräng kam.

Man

Man traf frühzeitig in mehreren protestantischen Ländern die Auskunft, daß man einerseits genauer bestimmte, wie weit sich die Würkungen von dem Gebrauch des sogenannten Binde-Schlüssels, den man den Predigern noch lassen mußte, erstrecken durften, und andererseits die Fälle genauer bestimmte, in welchen er von den Predigern gebraucht werden durfte, womit auf einmahl theils dem willkührlichen theils dem schädlichen seines Gebrauchs Ziel und Maaß gesezt wurde. Doch durch die Bestimmungen, die man in Ansehung des ersten festsezte, wurden schon die Bestimmungen wegen des andern fast überflüssig gemacht, denn schon durch jene sicherte man sich hinlänglich, daß ein willkührlicher Gebrauch des Binde-Schlüssels von Seiten der Prediger nicht mehr so häufig vorkommen, oder wenn er auch noch vorkam, nicht mehr so gefährlich werden konnte. Man sezte es nehmlich bey dem ersten als Grundsaz fest, daß die Ausübung der Gewalt, welche ein Prediger habe, einem notorisch-unbußfertigen und ärgerlichen Sünder die Absolution zu verweigern, ganz und gar nicht die völlige Ausschliessung aus der Kirche, sondern höchstens eine temporäre Ausschliessung von der öffentlichen Kommunion nach sich ziehen möge[43], trennte

43) Schon im Unterricht der Visitatoren an die Pfarrer, (den Melanchton im J. 1527. auf Befehl des Churfürsten aufgesezt und Luther im folgenden Jahr mit einer Vorrede herausgegeben hatte, wodurch er das Ansehen einer förmlichen Kirchen-Ordnung für die Chursächsischen Länder erhielt,) war die Würkung des Bannes ausdrücklich nur auf die Ausschliessung von der Theilnahme an den Sakramenten eingeschränkt worden; denn es wurde besonders darinn verfügt, daß die Verbannte deßwegen nicht von dem sonstigen öffentlichen Gottesdienst ausgeschlossen werden, sollten. "Es „mögen auch, heißt es darinn, „die Verbannten wohl in die „Predigt gehen, denn läßt man „doch auch Juden und Heyden „hinein, wenn sie wollen." Daß hingegen der geistliche Bann in der neuen Kirche keine von den bürgerlich-nachtheiligen Folgen haben könnte, die das alte kanonische Recht damit verknüpft hatte, diß durffte nicht erst be-

te also eben damit das eigentliche Bann-Recht oder die Excommunications-Gewalt von der Schlüssel-Gewalt der Prediger, und erklärte dabey, daß sie zu der Ausübung von jener gar nicht befugt seyen. Den Gebrauch des Bann-Rechts selbst übertrug man ausschliessend jenen Kollegien, die man nun in mehreren Ländern nach dem Rath Luthers zu Führung der Oberaufsicht über das ganze Kirchen-Wesen unter dem Nahmen von Konsistorien niedersezte 44); und schon damit war die Sache

sonders gesagt werden, weil es aus den ersten Grund-Begriffen floß, welche Luther über die geistliche Gewalt aufgestellt hatte; Dennoch wurde es auch zur Vorsorge in der neuen, im J. 1539 publicirten hessischen Kirchen-Ordnung ausdrücklich erinnert S. Hess. Landesordn. Th. I. S. 111. Indessen dachte man doch hin und wieder daran, ob es nicht schicklich und gut seyn dürffte, auch von der Form der alten Excommunikation einiges nur in der Maasse beyzubehalten, daß die bürgerliche Obrigkeit dabey zugezogen würde. Auch Luther schien es zuweilen zu wünschen, wie in einem Brief vom 2. Apr. 1543. Hall. Ausg. Th. XIX. S. 1254. In der bekannten Braunschweigischen Kirchen-Ordnung von eben diesem Jahr wird überhaupt der Gebrauch des grossen Bannes den Obrigkeiten überlassen. Der neue Herzog Moriz von Sachsen schien hingegen im nehmlichen Jahr würklich eine Art des alten Bannes in seinem Gebiet einführen zu wollen, denn er erklärte in einer Verordnung vom 21. Maj. daß der Bann bey allen, welche sich nicht bessern würden, Landes-Verweisung zur Folge haben sollte, und wiederholte in einem Reskript vom 22. Septbr. an das neue zu Leipzig niedergesezte Konsistorium, daß er jedesmahl nach geschehenem Bann mit der weltlichen Execution zu verfahren gedenke. S. Seckendorff L. III. p. 455.

44) So übertrug ihn in dem eben angeführten Reskript der Herzog Moriz dem neuen Konsistorio, indem er verfügte, daß sich in allen Fällen, in welchen der Bann zu erkennen seyn dürffte, nicht nur die Pfarrer, sondern auch die Superintendenten an das Kollegium wenden sollten. So schrieb auch Melanchton im J. 1554. dem Rath zu Regenspurg, daß Luther und seine Kollegen vom J. 1530. an, bey allen Handlungen, wobey über die Verordnung eines Konsistorii berathschlagt worden sey, darauf angetragen hätten, daß der Bann dem Konsistorio befohlen werden müsse, "damit nicht ein jeder Pastor „ohne ordentli[illegible] Erkänntnüß „und ohne gebührlichen Proceß „zu der excommunication vor„fahre, denn aus solchen Pri„vat-Handlungen folger man„cherley Unrichtigkeiten, wie viel „Exempel beweisen." S. den Brief Melanchtons in Strobels Neuen Beytr. zur Litteratur des

XVI.

che in einen sehr unbedenklichen Gang eingeleitet. Die Prediger konnten nicht geradezu klagen, daß man ihre Amts-Gewalt, die ihnen von Christo selbst übertragen worden sey, geschmählert habe, denn sie konnten nicht so leicht beweisen, daß das ihnen entzogene Bann-Recht in dem Umfang, in welchem sie es zuerst angesprochen hatten, nothwendig zu der ihnen übertragenen Gewalt der Schlüssel gehören müsse, oder nur ursprünglich gehört habe, vielmehr konnte man den Beweiß gegen sie führen, daß es in den zwey ersten Jahrhunderten nirgends von dem Klerus allein, oder von den Bischöfen allein, sondern von den Gemeinden ausgeübt, also nicht als Amts-Recht der Geistlichen, sondern als Gesellschafts-Recht der Kirche betrachtet worden sey. Auch die neue Theorie von ihren Amts-Rechten wurde mithin nicht dabey gekränkt, und doch war schon vollständig dafür gesorgt, daß sie durch ihren Gebrauch, so weit er ihnen noch überlassen blieb, keinen bedeutenden Schaden mehr anrichten konnten. Aber dabey ließ man es nicht einmahl bewenden, sondern schränkte sie selbst bey der Ausübung der geistlichen Gewalt, die man ihnen noch lassen zu wollen schien, selbst bey dem Gebrauch ihres Binde-Schlüssels auf einzelne sehr sorgfältig bestimmte Fälle ein, ja an einigen Oertern gieng man so weit, daß man ihnen selbst in diesen Fällen den Gebrauch davon nicht eher, als nach vorhergegangenem Erkänntnüß der aufgestellten Konsistorien gestattete [45]).

Damit

XVI. Jahrh. B. V. p. 363. flgd. In der hessischen Kirchen-Ordnung vom J. 1539. wurde hingegen nur bestimmt, daß keine Excommunikation ohne Erkänntnüß und Urtheil der Superintendenten statt finden könnte.

45) In dem Reformations-Projekt, welches die Theologen zu Wittenberg im J. 1545. auf Befehl des Churfürsten auffezten, wurden nur folgende acht Fälle ausgezeichnet, in welchen nach vorhergegangener fruchtloser Ermahnung der Schuldigen mit dem Bann vorgefahren werden möchte. "Si quis falsum dogma „spargit: „ si quis contumeliose loquitur.

Damit war freylich für jeden Schaden gesorgt, den sie durch einen Mißbrauch ihrer Amts-Gewalt anrichten konnten; aber dabey hatte auch unläugbar die aufgestellte Theorie von dieser Amts-Gewalt einen Stoß bekommen, nach welchem es am räthlichsten wurde, nicht mehr viel davon — zu sprechen!

Doch stand es — diß muß besonders bemerkt werden — es stand würklich eine geraume Zeit an, biß man in allen protestantischen Ländern entschlossen oder weise genug wurde, durch solche Anstalten zu verhindern, daß die Diener der Kirche nicht zum zweytenmahl ihre Herrn werden könnten. In manchen Ländern wurde die neue Einrichtung mit den Konsistorien erst späther getroffen, und man findet auch noch über das J. 1560. hinaus Beyspiele von lutherischen Predigern, die das eigentliche Bann-Recht aus eigener Autorität ausübten; nur findet man auch dabey, daß sie eben dadurch Gelegenheit zu der allgemeinen Einführung jener Einrichtung gaben, durch die man sich an andern Oertern schon früher dagegen gesichert hatte, und daß ihnen doch auch in solchen Ländern, welche späther darauf verfielen, schon durch andere Mittel entgegengewürkt worden war. Vorzüglich boten sich den weltlichen Obrigkeiten und den Landesherrn noch zwey solcher Mittel an, von denen sie zuerst mehrmahls Gebrauch machten, um ihre Prediger und die

„loquitur de religione christiana „aut de Sacramentis: si quis to„to anno nec absolutionem petit, „nec accedit ad coenam Domini: „si quis contumelia adficit pa„storem ecclesiae aut alios Evan„gelii ministros: si quis apud se „palam scortum aut concubinam „alit: si de adulterio adversus „aliquem aut aliquam fama ve„risimilis fertur: si quis quae„stum facit usuris: si juvenes „contumaces contra parentes aut „alios, quibus commendati sunt, „dedunt se helluationibus, et in„honestos ludos exercent." Dabey sollte aber zugleich den Pfarrern nach diesem Projekt nicht mehr überlassen seyn, als daß sie die Schuldigen zur Besserung ermahnen, und nach der fruchtlosen Ermahnung dem Konsistorio denunciren dürfften, welches allein die Macht haben sollte, den Bann zu erkennen.

die Amts-Gewalt ihrer Prediger in einer beständigen Abhängigkeit von der ihrigen zu erhalten!

Einmahl ließ sich schon der Umstand treflich dazu benuzen, daß zuerst auch die Prediger nur auf eine gewisse Zeit gleichsam gemiethet, oder durch einen förmlichen Kontrakt nur auf eine bestimmte Anzahl von Jahren angenommen wurden, nach deren Verfluß der Kontrakt entweder erneuert, oder von beyden Theilen als aufgehoben angesehen wurde. Auf eben diese Art wurde es zwar damahls fast mit allen bürgerlichen Aemtern gehalten. Daher konnte man leichter darauf verfallen, es auch bey den geistlichen zu versuchen: aber daß man doch dabey auch an die Konvenienz vorausdachte, die man sich dadurch würde machen können, und daß man wenigstens an einigen Oertern ganz vorzüglich auf diese Konvenienz Rücksicht nahm, diß scheint sich aus mehreren Anzeigen schliessen zu lassen. Die neue Methode, die Prediger nur auf eine gewisse Zeit zu miethen, stritt doch gar zu sehr mit dem ganzen Geist der bißherigen kirchlichen Verfassung, als daß man ohne weiteren Grund blos deswegen darauf hätte verfallen sollen, weil man bey den bürgerlichen Aemtern schon daran gewöhnt war. Auch waren es nicht bloß einzelne und kleinere Land-Gemeinden, die zuerst auf diese Methode verfallen waren, und allerdings aus mehreren, auch mit unter sehr guten Gründen darauf verfallen konnten, sondern auch in grösseren Oertern, wo die Prediger von der Obrigkeit angestellt wurden, wie zum Beyspiel in Nürnberg und im ganzen Nürnbergischen Gebiet, nahm man sie durch solche Konträkte nur auf gewisse Termine an.[46] Doch gerade in diesen Oertern

46) So war selbst der bekannte Veit Dietrich, einer der vertrautesten Freunde Luthers und Melanchtons von dem Nürnbergischen Magistrat nur auf sieben Jahre zum Prediger gemiethet

tern benutzte man auch den Vortheil am häufigsten, der sich aus dieser Einrichtung ziehen ließ. So oft man mit einem Prediger unzufrieden war, kündigte man ihm bloß einige Zeit vor dem Abfluß seines Termins an, daß man den Kontrakt mit ihm nicht zu erneuern gedenke, ließ ihn nach dem Verfluß des Termins ohne eine weitere Förmlichkeit abziehen und konnte sicher darauf rechnen, daß alle übrige, welche Lust hatten, in ihren Aemtern zu bleiben, sich von selbst die Lehre des Apostels — Seyd unterthan der Obrigkeit, die Gewalt über euch hat! — daraus ziehen würden! [47])

Wo

miethet worden. Diß sagt er selbst in einem Brief vom Jahr 1541. in Strobels Beyträgen B. II. S. 387. woben er zugleich angiebt, daß der Rath nur zwey von den damahligen städtischen Predigern eine gewisse und beständige Versorgung zugesagt habe, nehmlich Osiandern und dem ersten evangelischen Prediger bey Skt. Sebald Dominikus Schleupnern.

47) Ein solches Verfahren des Magistrats zu Nürnberg gegen den Prediger Joh. Hoffmann, in Altorff hatte zunächst den angeführten Brief von Dietrich an den Raths-Herrn Baumgärtner veranlaßt: aber der Magistrat scheint noch härter verfahren zu seyn. Aus dem Brief von Dietrich muß man schliessen, daß er dem Prediger Hoffmann den Dienst aufgesagt, und ihm einen Termin von 14 Tagen zum Abzug gesezt hatte, noch ehe die Zeit seines Kontrakts verflossen war, ohne weiter eine Ursache der Aufkündigung anzugeben. Vielleicht mochte also mit Hoffmann auf keine bestimmte Zeit, sondern nur mit dem allgemeinen Vorbehalt einer beliebigen gegenseitigen Aufkündigung kontrahirt seyn, oder der Rath mochte sich, was wahrscheinlicher ist, befugt glauben, seinen Predigern auch innerhalb der Kontrakt-Zeit den Dienst willkührlich aufzusagen, wenn sie ihm nicht mehr anständig waren. Gegen diß lezte läßt sich wenigstens Dietrich in seinem Brief an Baumgärtner mit sehr gerechter Bitterkeit aus. Ergo, sagt er, nobis etiam, qui septennii operam urbi condiximus, exspectandum est, ut quatuordecim dierum spatio urbe excedere jubeamur — cum aut morbis aut aetate confecti sumus aut verbulo offenderimus iratos et impatientes veritatis Dominos! Haec quis non iniquissima esse dicet? Aus Baumgärtners Briefen in dieser Sache ebendas. S. 383. 390. 394. bekommt man übrigens Ursache zu glauben, daß der Magistrat sehr gute Gründe zu der Unzufriedenheit über Hoffmann haben mochte; aber deßwegen kann man es doch den übrigen Nürnbergischen Predigern nicht verdenken, wenn sie sein Verfahren äusserst bedenklich fanden.

Wo aber auch die Obrigkeiten nicht auf diß Mittel verfallen waren, ihre Prediger in der Abhängigkeit von sich zu erhalten, da benuzten sie ein anderes Mittel zu diesem Zweck, bey dem man zugleich auf eine Erscheinung in der Geschichte der neuen Kirche stoßt, durch welche man mehrfach überrascht wird. Man findet nehmlich, und gewiß zuerst nicht ohne Erstaunen, aber man findet es mehrmahls, daß sich die protestantischen Fürsten und Landesherrn nicht nur das Recht der Oberaufsicht über die in ihren Ländern einmahl angenommene Lehre und einer beständigen Vorsorge für die Erhaltung ihrer Reinigkeit herausnahmen, sondern es auch mit einer Art ausübten, die ihnen gelegenheitlich über den Lehr-Stand selbst eine Gewalt versicherte, welche gar keine Gränzen hatte, und keine Einschränkung anerkannte!

Wie sie zu diesem Recht oder zu der Ueberzeugung, daß es ihnen zustehe, gekommen waren — diß begreift man noch sehr leicht, denn Luther und ihre Theologen selbst hatten sie ihnen beygebracht. Bey den ersten Bewegungen, durch welche sich die Reformation durchschlagen mußte, und nur unter dem Schutze der Fürsten, welche sie begünstigten, durchschlagen konnte, war es sehr natürlich, daß man ihnen mehrmahls vorsagte, es gehöre nicht nur unter ihre Regenten-Rechte, sondern unter ihre Regenten-Pflichten, für die Aufnahme und mithin auch für die Erhaltung der reinen Lehre in ihren Ländern zu sorgen. Diß hätte man ihnen auch immer sagen mögen: aber man hätte zugleich bestimmen sollen, wie diß Recht oder diese Pflicht auf eine Art von ihnen ausgeübt werden könnte, durch welche das noch heiligere Recht der Gewissens-Freyheit nicht gekränkt würde; man hätte besonders verhüten sollen, daß sie sichs niemahls herausnehmen konnten, durch ihr eigenes Urtheil und durch ihre Machtsprüche bestimmen zu wollen, was reine Lehre sey! oder dafür gehalten werden müsse? und zum Unglück dachte man zuerst weder an das eine noch an das andere! Das lezte hielt man wohl nicht einmahl für nöthig. Es schien sich von selbst zu verstehen, daß sich die Fürsten immer erst von den Theologen sagen lassen müßten, was als reine Lehre zu stempeln sey; und die Fürsten wollten es auch, wie es schien, nicht anders gemeynt haben. Bey den ersten vorkommenden Fällen, in welchen sie sich für die Erhaltung der reinen Lehre thätlich verwandten, hatten sie auch würklich allein durch das Urtheil ihrer Theologen sich leiten lassen, und ihre Gewalt bloß nach der Anweisung von diesen gebraucht. Es waren vorzüglich Wiedertäuffer und angebliche Sacramentirer, welche sie zuerst die Macht empfinden liessen, die sie aus ihrem Recht oder aus ihrer Pflicht über die Reinigkeit der lutherischen Lehre in ihren Ländern zu wachen, ableiteten: Wiedertäuffer und Sacramentirer aber waren ihnen von Luthern selbst oft und dringend genug als die gefährlichste Irrlehrer ausgezeichnet worden, vor deren Gift man die Kirche nicht sorgfältig genug verwahren könne. Man fand also nicht nur nichts anstößiges und bedenkliches dabey, sondern man fand es noch sehr löblich, und sehr in der Ordnung, daß sie ihr Amt ohne Weitläuftigkeit gegen solche Menschen gebrauchten, durch ihre ordentlichen Gerichte wieder sie verfahren, und sie meistens nach einem kurzen Proceß aus dem Land schaffen liessen. Aber in diesen Fällen und durch diese Fälle wurde unvermerkt ein Verfahren observanzmässig, das nicht nur im höchsten Grad bedenklich war, sondern auch mit den ersten Grundsäzen des kirchlichen Natur-Rechts im auffallendsten Wiederspruch stand.

Weil nehmlich in diesen Fällen die Fürsten und Obrigkeiten so gewiß, und es auch sonst nach der allgemeineren Meynung so notorisch war, daß sie dabey ihre Gewalt würk-

lich

lich nur zur Erhaltung der reinen Lehre ausübten, so dachte man nicht daran, daß doch in jedem besonderen Fall erst noch besonders hätte erkannt, und zwar durch ein ganz anderes Forum hätte erkannt werden sollen, ob auch würklich eine Verwendung ihrer Gewalt zu Erhaltung der reinen Lehre dabey statt finde. Es kam also allmählig in Gebrauch, daß die protestantische Landesherrn gegen jeden, der im Verdacht eines Irrthums oder einiger von der reinen Lehre abweichender Meynungen war, bloß durch ihre weltlichen Gerichte procediren, und selbst zuweilen den Proceß mit der Execution wenigstens mit der Verhafftnehmung des Verdächtigen anfangen liessen. Man hat Beyspiele, daß selbst gegen Prediger auf vage Denunciationen, die sich bey der Untersuchung als ganz grundlos erwiesen, ein solches Verfahren beobachtet wurde [48]). Man hat sogar Beyspiele, daß

48) Das auffallendste Beyspiel findet sich in der Geschichte des berüchtigten Georg Wicels, auch deßwegen das auffallendste, weil es schon im Jahr 1530. vorkommt. Der Mann war damahls Prediger in Niemeck in der Nähe von Wittenberg, stand wegen seiner Gelehrsamkeit in nicht geringer Achtung, war selbst von Luthern gekannt und geschätzt, und wurde dennoch in dem genannten Jahr 1530. auf einen Befehl des Churfürsten, ohne die mindeste vorhergegangene Untersuchung, von dem Beamten des benachbarten Gerichts plözlich überfallen, gleich dem gemeinsten Missethäter in das öffentliche Gefängnüß geworffen, und in diesem auf das unwürdigste mißhandelt — bloß weil sich ein Gerücht verbreitet hatte, daß er von den Irrthümern des Anti-Trinitariers Kampanus angesteckt worden seyn könnte. Diß Gerücht war bloß daher entstanden, weil sich Kampanus eine Zeitlang in Niemeck, aber nicht bey Wiceln aufgehalten hatte: doch bey der nachher angestellten Untersuchung konnte nicht einmahl ein Verdacht auf diesen gebracht werden, daß er nur die Irrthümer von Kampanus gekannt habe — daß sich aber der Churfürst eine solche Prozedur gegen einen Prediger erlaubt hatte, ohne daß vorher ein Proceß gegen ihn bey irgend einem kompetenten Gericht instruirt war, diß erhellt aus dem Brief, den Luther sogleich an den gefangenen Wicel schrieb, worinn er ihm betheuerte, daß er kein Wort von dem Verfahren gegen ihn gewußt, und ihm die Nachricht gab, daß er bereits auf seine eigene Kosten einen Boten an den Churfürsten abgefertigt habe, um seine

daß manche auf den blossen Verdacht ihrer Aemter entsetzt, oder sonst auf das härteste behandelt wurden. Indem aber dabey die weltliche Macht ganz allein verfuhr, so maßte sie sich eben damit auch das Kognitionsrecht über dasjenige an, was reine und nicht reine Lehre sey? oder sie übte wenigstens dieses Recht dabey aus, und je öfter diß geschah, desto mehr gewöhnte man sich daran, desto mehr gewöhnten sich die Fürsten selbst, es als eigenes, ihnen zuständiges Recht anzusehen.

Wohin diß führen mußte, oder wenigstens führen konnte, hätte man leicht voraussehen mögen. In den meisten Fällen, welche jezt noch vorkamen, erkannten freylich die Fürsten über dasjenige, was reine oder nicht reine Lehre sey? auf die nehmliche Art, wie eine niedergesetzte Kommission von Theologen darüber erkannt haben würde: Man agnoscirte auch von Seiten der Theologen ihr Verfahren in solchen Fällen bloß deßwegen für rechtmässig, weil es doch nur zu der Aufnahme und zu der Erhaltung der reinen Lehre gereiche; allein wenn einmahl ein Fall eintrat, in welchem ein Fürst etwas anders für reine Lehre hielt, als seine Theologen, wie konnten sie ihm die Hände binden, daß er nicht seinem Eifer eben so zum Nachtheil, wie sonst zum Vortheil ihrer reinen Lehre den Zügel schiessen ließ. Sie hatten es doch gebilligt, daß die weltlichen Obrigkeiten aus eigner Macht gegen angebliche Irrlehrer procedirten; sie hatten wenigstens niemahls dagegen protestirt, so oft es zum Vortheil ihrer Orthodoxie geschehen war; eben damit hatten sie ihnen, wenn schon nur stillschweigend aber doch in der That das Kognitions-Recht über Orthodoxie und Heterodoxie eingeräumt; also mochten sie es sich gefallen lassen, wenn sie diß Recht auch zuweilen nach ihrem eigenen

seine schleunige Befreyung auszuwürken. S. Apologia Wicelii in Epistolis ej. ed. Lips. 1537. 4. Strobels Beyträge B. II. p. 309.

eigenen Kopf, oder — denn diesen Fall hatte man freylich nicht oft zu befürchten — nach Eingebungen ausübten, welche ihrer Orthodoxie weniger günstig waren. Diß kam denn auch von Luthers Tode an oft genug vor; und gab den Theologen vielfachen Anlaß, es bitterlich zu bereuen, daß man nicht schon bey dem Anfang der Reformation über die Gewalt und die Rechte der Fürsten in Glaubens-Sachen genauer bestimmte Grundsätze aufgestellt hatte.

Doch es ließ ja sogar, als ob man von Seiten der neuen Kirche den Landesherrn und den weltlichen Fürsten selbst das Recht eingeräumt hätte, die Orthodoxie aus eigener Autorität fixiren und vorschreiben zu dürfen, was und wie in den Kirchen ihres Gebiets allein gelehrt oder nicht gelehrt werden sollte? Man hielt es bald für nöthig, und man hatte auch seine guten Gründe dazu, den Predigern gewisse Normative vorzuschreiben, nach denen sie bey dem Vortrag der Lehre und bey dem Unterricht des Volks sich richten mußten. In einigen Oertern kam vielleicht eben so bald die Gewohnheit auf, daß sie bey dem Antritt ihrer Aemter förmlich darauf verpflichtet wurden: aber diese Normative waren überall von der höchsten Landes-Obrigkeit sanktionirt, und die Verpflichtung darauf wurde nur in ihrem Nahmen gefordert. Nun waren es zwar zuerst meistens nur einige Schriften Luthers, und nach dem J. 1530. die Augspurgische Konfession, welche nebst den sogenannten oekumenischen Symbolen als Norm der Lehre in den neuen Kirchen aufgestellt wurden. Die Verpflichtung der Prediger ging also im allgemeinen nur auf den Lutherischen Lehrbegriff, und die Sanktion der Fürsten dabey konnte eben deßwegen nur als die landesherrliche Erlaubniß angesehen werden, daß nach diesem in ihrem Gebiet gelehrt werden dürfte, oder höchstens zugleich als förmliche von ihnen übernommene Garantie

rantie gelten, daß sie niemahls den öffentlichen Vortrag von Meynungen, die mit diesem Lehrbegriff stritten, gestatten wollten; allein bald genug wurde es sichtbar, daß sie selbst es anders erklärt hatten! Bey den ersten Bewegungen, welche in den neuen Kirchen über Meynungen entstanden, die entweder in den bißherigen Normal-Schriften gar nicht bestimmt, oder nicht mit einer Präcision bestimmt waren, welche jede Verschiedenheit der Vorstellungen ausschloß, bey den ersten Streitigkeiten, in welche nun die lutherische Theologen unter sich selbst über die Frage geriethen: ob diese oder jene Lehre mit der Augspurgischen Konfession übereinstimme? oder ihr widerspreche? maßten sich ja die Fürsten das förmliche Entscheidungs-Recht an. Bey mehreren Gelegenheiten dieser Art liessen sie ohne weiters für die Prediger ihrer Länder eine neue Normal-Schrift aufsetzen, worin die Vorstellung fixirt war, die man über die in Bewegung gekommene Frage allein annehmen dürffe, zwangen sie mit Gewalt und unter Bedrohung der Absetzung von ihren Aemtern zu ihrer Unterschrift und übten also nicht nur das landesherrliche Recht aus; einen von ihren Kirchen angenommenen Lehrbegriff für den einzig-privilegirten erklären zu dürfen, sondern das ungleich weiter gehende Recht aus, durch eine authentische Interpretation festsetzen zu dürfen, wie dieser Lehrbegriff ausgelegt werden müsse? 49) Daß sie in solchen Fällen

49) Die Art des Verfahrens, zu dem sich die Fürsten und Landesherrn in solchen Fällen berechtigt hielten, legt sich am sichtbarsten in der Einführungs-Geschichte der Anspachischen und Nürnbergischen Normal-Bücher dar, woraus zugleich erhellt, daß sie nicht erst mit der Konkordien-Formel und aus Veranlassung von dieser erfunden wurde. Im J. 1573. hatte sich die unseelige durch die damahligen ärgerlichen Zänkereyen der Theologen erzeugte Gährung auch unter der Anspachischen wie unter der benachbarten Nürnbergischen Geistlichkeit durch mehrere Zeichen geäussert, die den Markgrafen und den Rath zu Nürnberg zu gleicher Zeit auf Mittel denken liessen, wodurch weitere Un-

Fällen auch noch Theologen zu Rath zogen, und sich Gutachten von Theologen stellen liessen, änderte die Sache

Unruhen verhütet werden könnten. Der Markgraf aber war bald über das schicklichste Mittel dazu mit sich einig, und noch bälder war sein Entschluß über die kürzeste Ausführungs-Art gefaßt. Eine kürzere konnte in der That nicht erdacht werden. Er beredete sich oder ließ sich bereden, "daß, wie es in seinem „deßhalb erlassenen Patent heißt, „Zwietracht und Trennungen unter seinen Kirchendienern nicht „gewisser abgewandt werden könn„ten, als wenn ausser den pro„phetischen und apostolischen „Schrifften auch sonsten eine rich„tige Norma Doctrinae et Judi„cii gehalten, und angeordnet „würde, nach welcher sich alle im „Glauben, Lehren und Urthei„len richten müßten." Ueber diese festzusezende Norm gieng er aber nicht erst mit seinen Predigern und Geistlichen zu Rath, holte weder mündlich noch schriftlich ihr Gutachten darüber ein, sondern — schickte seinen Canzley-Schreiber Merten Dannern an alle seine Superintendenten herum, mit dem Auftrag "ihnen fürzuweisen und zu „berichten, was solche Norma „Doctrinae et Judicii seyn sollte" und mit dem gnädigen Ansinnen an sie selbst, "daß sie sogleich „die neugefaßte Norm und die „darin begriffene Bücher für sich „durch ihre Unterschrifft approbi„ren und bewilligen, alsdenn „bey nächster Gelegenheit alle „ihre untergebene Prediger gleich„mässig zu der Subskription an„halten, und in Bälde unter„thänig berichten sollten, daß „und wie? es geschehen sey." Diese neue Norm bestand aber — diß muß man noch dazu sezen — aus nicht weniger als Zwölff Schrifften, unter denen sogar mehrere waren, die bey der einen von den damahligen Partheyen, in welche sich die lutherische Theologen getheilt hatten, in gar keinem guten Geruch standen. Dieser Umstand veranlaßte wahrscheinlich den Magistrat zu Nürnberg, daß er sich doch erst, ehe er den Rath des Markgrafen befolgte, das nehmliche Normativ auch seinen Geistlichen vorzuschreiben, durch eine Gesandtschafft bey ihm erkundigen ließ, wie er es dann in dem Fall zu halten gedächte, wenn einige Prediger die Unterschrifft verweigerten? allein auf diesen Fall war der Markgraf noch kürzer gefaßt. — "Sollte ja — „erklärte er den Gesandten — „an einem oder mehreren unter „Ihrer Fl. Gn. Theologen einige „Verwiderung erfolgen, oder „sonst ein Mangel erscheinen, „so sollen dieselben alsbald und „ohne allen Verzug an gebühren„de Ort citirt, und die Ursa„chen ihres Wiedersezens von „ihnen angehört, dieselben ihnen „alsbald bescheidentlich abgeleint, „und sie nochmahls zu der Sub„scription gütlich ermahnt und „angehalten werden; da aber „solches bey ihnen nicht fruchten, „sondern sie auf ihrem gefaßten „wiedersezlichen Vorhaben hals„starriglich verharren werden, „so ist Ihre f. G. Meynung, ge„gen dieselben mit gebührendem „Ernst zu verfahren, und sie „also

Sache nicht, denn sie waren es doch allein, welche hernach durch ihre Autorität der Meynung, für welche diese Gutachten gestimmt hatten, den Stempel der Rechtgläubigkeit aufdruckten, den sie eben so gut der Gegen-Meynung hätten aufdrücken können, wenn sie unter dem Einfluß solcher Theologen, welche diese begünstigten, gestanden wären.

So war jezt noch mehrfach dafür gesorgt, daß die Prediger und Theologen der neuen Kirche, die man sonst allgemein als die eigentlichen Depositärs der reinen Lehre anerkannte, doch zugleich in einer beständigen Abhängigkeit von der weltlichen Macht erhalten würden, welche es dieser möglich und leicht machte, dem Einfluß, welchen sie durch diese oder durch ihre andern Amts-Verhältnisse erlangen konnten, zu jeder Zeit Gränzen zu sezen, sobald sie es dienlich fand. Diß wird man durch mehrere, zum Theil sehr überraschende Erscheinungen, in der folgenden Geschichte vielfach bestätigt finden, aber auch zugleich nach dieser Bemerkung jene Erscheinungen selbst weniger unbegreiflich finden, als sie wohl sonst sich darstellen möchten. Doch eben deßwegen ist es nothwendig, daß vorläufig noch eine Eigenheit in der damahligen Lage und den Verhältnissen der lutherischen Theologen beobachtet werden muß!

Man muß nehmlich noch dazu wissen, daß die Lage von diesen damahls noch von einer andern Seite her sehr

„also nicht allein ab officio zu „suspendiren, sondern auch ihres „Kirchendienstes gänzlich an mini-„sterio und Besoldung zu erlas-„sen, und zugleich daneben „nach Gelegenheit *re et corpore* „verarrestiren und verstricken „zu lassen." Diß schöne Akten-Stück hat Strobel mit mehreren dazu gehörigen Urkunden der Welt mitgetheilt. Beyträge B I. S. 263. flgd. Das Markgräfliche Dekret wegen der neuen Normal-Bücher findet man aber auch, und zwar mit den Unterschrifften aller Superintendenten der beyden Fürstenthümer in einem Programm des Herrn Superint. Wunderlichs zu Wonsiedel: De Formulis Concordiae in terris Burggraviatus Norici ab Ecclesiae Doctoribus subnotatis. Baruthi. 1783. 4.

sehr abhängig war, und zwar in Hinsicht auf die Verhältnisse, in denen sie insgesammt mit der eigentlichen lutherischen Stammkirche, mit der Kirche und mit der Universität zu Wittenberg standen. Wie sich diß Verhältniß zuerst gebildet hatte, diß wird wohl niemand erst fragen. Man wollte ja überall lutherisch seyn; also war es natürlich, daß man überall bloß das gelehrt haben wollte, was Luther in Wittenberg lehrte, mithin auch natürlich, daß sich die Prediger überall nach demjenigen richten mußten, was in Wittenberg als reine Lehre galt, und mit dem Stempel der dortigen Theologen bezeichnet war. Daß sich aber diß Verhältniß ohne eine merkliche Veränderung bis zu Luthers Tode erhielt, diß könnte allerdings nach dem sonstigen Gang der Dinge etwas befremdend scheinen, wenn sich nicht die Ursachen, die dazu mitwürkten, in der Zeit-Geschichte so offen darlegten. Sehr viel trug einmahl schon diß dazu bey, daß den Fürsten selbst und den weltlichen Ständen, welche die neue Lehre angenommen hatten, jezt noch mehrfach damit gedient war, wenn sie bey allen Gelegenheiten, wo irgend eine Bewegung darüber entstand, sich geradezu an diejenige wenden konnten, die man allgemein als die Stifter und Urheber davon ansah. Ihr Gewissen und ihre Bequemlichkeit fand mehr als eine Konvenienz dabey, ja selbst politische Rücksichten begünstigten eine geraume Zeit den Grundsaz, daß die Wittembergische Universität als der Mittelpunkt der Glaubens-Einigkeit für alle protestantische Kirchen, und ihre Orthodoxie als Norm für alle übrigen gelten müßte. Man wandte sich daher nicht nur, so oft im Nahmen der ganzen protestantischen Parthei etwas über die Lehre zu bestimmen oder zu erklären war, immer zuerst und nicht selten allein an die Wittenbergische Theologen; sondern wenn man auch hie oder da an einzelnen Oertern über etwas ungewiß, an einer neuen Meynung irre geworden, oder in einen Zwist darüber gerathen war, so wurde gewöhnlich ihr Rath und ihr Gutachten zuerst eingeholt, und auch meistens allein darnach entschieden. Doch dadurch allein würde sich dieser überwiegende Einfluß der Wittenbergischen Theologen, der alle übrigen in einem gewissen Maaße von ihnen abhängig machte, schwehrlich so lange erhalten haben, wenigstens nicht ohne Wiederspruch so lange erhalten haben, wenn er sich nicht zugleich auf eine freywillige Anerkennung von Seiten der übrigen Theologen gegründet hätte, von der sich auch bey den meisten sehr gute Gründe angeben lassen!

Zu der Zeit, da Luther starb, gab es gewiß nur wenige protestantische Prediger, die nicht in Wittenberg studirt, oder sich doch eine Zeitlang daselbst aufgehalten hatten. Das Verlangen, die persönliche Bekanntschaft Luthers und Melanchtons zu machen, zog auch eine Menge junger Männer dahin, die ihre Studien bereits auf einer der andern protestantischen Universitäten, welche es damahls schon gab, wie zu Leipzig, zu Tübingen, zu Marburg vollendet hatten. Viele hatten auch wohl auf den Reisen, welche Luther und seine Kollegen, besonders Melanchton in den Angelegenheiten der Parthie so häufig machten, Gelegenheit gefunden, den einen oder den andern kennen zu lernen; fast alle aber, die nur in irgend einem etwas bedeutenden Ansehen standen, oder darein zu kommen wünschten, unterhielten einen Briefwechsel mit ihnen, durch den zuweilen das Band einer sehr vertrauten Freundschaft geknüpft wurde. Die meisten von den übrigen Theologen der Parthie waren also nicht nur von jeher gewohnt, sie als ihre Lehrer anzusehen, sondern mehrere standen noch in besondern Verbindungen mit ihnen, in denen sie selbst zum Theil ihre Ehre darein sezten, und auch wohl zuweilen ein eigenes Interesse dabey haben mochten, ihre gänzliche Uebereinstimimmung mit den Wittenbergischen Theologen bey jeer Gelegenheit recht unzweydeutig an den Tag zu leen.

Dazu kam aber noch der unbestreitbare und auch llgemein anerkannte Vorzug der grösseren Gelehrsameit, den man damahls den Wittenbergischen Theologen, wenigstens Luther und Melanchton, ganz einstimmig ugestand. Niemand zweifelte, daß diese zwey Männer auch an Kenntnissen und Einsichten alle andere weit überträfen. Von Melanchton sprach man gar nicht anders, als unter dem ehrenvollen Nahmen — Praeceptor — den man ihm durch eine stillschweigende allgemeine Verabredung beygelegt hatte. Ihr Vorzug von dieser Seite her war aber auch allzuauffallend, als daß er hätte verkannt werden können. Dem natürlichen Lauf der Dinge nach war es unmöglich, daß die neue Kirche um diese Zeit schon eine beträchtliche Anzahl gelehrter Theologen haben konnte. Ihre meiste Prediger konnten vielmehr auf eigentliche Gelehrsamkeit fast gar keine Ansprüche machen, denn woher hätte man sogleich gelehrte Prediger bekommen sollen? Diß fühlten aber auch die meisten selbst, und daher kam es, daß sie den höheren Einsichten Luthers und Melanchtons desto williger die Achtung erzeigten, die ihnen gebührte, sich gerner von ihnen belehren liessen, und ihre Entscheidungen und Aussprüche meistens als Orakel betrachteten, die man blindlings annehmen müsse. Da nun diß sehr natürliche Denkungsart der grösseren Anzahl unter ihnen war; und da auch diejenigen unter ihnen, die sonst nach Luther und Melanchton wegen ihrer Gelehrsamkeit am meisten geachtet wurden, da auch Männer wie Brenz, Chemniz, Chyträus, Aepin und noch einige andere, auf welche nach jenen alle Augen gerichtet waren, da auch diese aus Freundschaft, Bescheidenheit oder wahrer Ueberzeugung ihre Vorzüge auf das lauteste anerkannten,

kannten, so wär es sehr in der Ordnung, daß sich der Einfluß der Wittenbergischen Universität auf die Lehre und auf die Lehrer aller übrigen protestantischen Kirchen so lange unvermindert erhielt, und daß es die wenigen, deren Stolz oder deren Eitelkeit sich dadurch gekränkt fühlte, daß es die Osianders, die Agricolas und die Strausse eine geraume Zeit nicht einmahl wagen durften, ihre unwillige Eifersucht darüber allzudeutlich zu verrathen!

Die Bemerkung dieses lezten Umstands führt nun am nächsten in die folgende Geschichte hinein. Wenn die Gestalt der protestantischen Theologie — diß ergiebt sich auf das klarste daraus — wenn sie in irgend einem ihrer wesentlichen Punkte wieder umgebildet, oder auch nur weiter ausgebildet werden sollte, so mußte der Anlaß dazu von Wittenberg herkommen, oder die dortige Theologen mußten wenigstens die Haupt-Rolle unter den Bewegungen spielen, die es dabey sezen mochte. Diese Rolle spielten sie aber nicht nur, sondern sie gaben würklich — freylich sehr wieder ihren Willen — zu den meisten dieser Bewegungen Anlaß, unter welchen jezt ihre weitere Ausbildung erfolgte: also muß die Geschichte davon mit der Beschreibung des Zustands anfangen, in welchem sich die Wittenbergische Universität bey Luthers Tode befand, und in welchen sie unmittelbar darauf hinein kam. In so fern wenigstens gehört diese Beschreibung schon würklich zu der Geschichte selbst, als sich darinn allein die nächste veranlassende Ursachen der Händel finden lassen.

Kap. III.

Man kann sich leicht vorstellen, daß die grosse Veränderung, welche nur ein Jahr nach Luthers Tode durch den Schmalkaldischen Krieg und dessen unglücklichen

lichen Ausgang in Sachsen veranlaßt wurde, auch auf die Universität zu Wittenberg einen mehrfachen und beträchtlichen Einfluß haben mußte. Ein grosser Theil des Churfürstenthums kam ja mit der Chur-Würde und mit der Universität in den Besiz und unter die Herrschaft eines neuen Regenten, des bißherigen Herzogs Moriz von Sachsen. Diß neue Verhältnüß, aus dem so viele andere entsprangen, mußte unvermeidlich eine Menge alter Verhältnüsse verrücken, und auch in Wittenberg, wie in den übrigen Oertern des Landes verrücken; aber in Wittenberg gieng es damit desto schneller, weil hier die Veränderung auch schon durch andere Umstände, die seit längerer Zeit gewürkt hatten, vorbereitet war.

Schon einige Jahre vor Luthers Tode war der Einfluß und das Ansehen, das er so lange auf der Universität behauptet hatte, sehr merklich gefallen, Melanchtons Ansehen aber in eben dem Maaße gestiegen, in welchem das seinige sank. Diß wollte man zwar eine geraume Zeit nicht öffentlich merken lassen, ja man bemühte sich noch vielfach es zu verbergen, nachdem es schon erfolgt war: aber es wurde bald unverbergbar. Er schien zwar äusserlich immer noch das Orakel zu seyn, dessen Aussprüche selbst von seinen Kollegen mit Ehrfurcht aufgenommen wurden; aber es kam doch immer seltener dazu, daß man das Orakel um Rath fragte, wenn es sich nur irgend vermeiden ließ. Alles verstummte freylich noch in seiner Gegenwart, wenigstens wagte es niemand leicht, ihm zu wiedersprechen, wenn er einmahl gesprochen hatte; aber nun drängte man sich auch nicht mehr in seine Gegenwart; man hütete sich wohl selbst mit ihm zusammen zu kommen; man leitete geflissentlich manches so ein, daß er gar nicht darüber zum sprechen kam, ja zulezt wurde man kühn genug einiges auch gegen seinen Wiederspruch, und selbst gegen seinen heftigsten Wiederspruch durchzusezen [50]). Daß man mit einem Wort Luthern in diesen lezten Jahren seines Lebens in Wittenberg mehr fürchtete als liebte, daß man ihn jezt nur noch um desjenigen willen, was er ehmahls gewesen war, verehrte, aber daben allgemein glaubte, daß er jezt nicht mehr sey, was er gewesen war, und daß man selbst schon diese Verehrung etwas beschwehrlich fand, die man sich noch ihm zu erweisen gedrungen fühlte, diß wurde aus einer Menge von Zeichen eben so sichtbar [51]), als es natürlich, und dem gewöhnlichen Gang der Dinge gemäß war.

Die Ursachen, welche zu dieser Veränderung der Gesinnungen gegen Luthern mitwürken mußten, legen sich nur alzu offen dar. Der Mann hatte länger als zwanzig Jahre hindurch die erste Rolle auf der Universität gespielt, und sich dadurch ein Uebergewicht erworben, durch das alle seine Kollegen in eine wahre Abhängigkeit von ihm hinabgedrückt worden waren. Aber diß Uebergewicht ertrug man ohne Unwillen und diese Abhängigkeit fand man nicht sehr beschwehrlich, so lange Luthers Geist in der Fülle seiner Kraft noch lebendig war. Die Bewunderung dieser Kraft, womit er ein Werk, zu dem vielleicht keiner seiner Zeitgenossen

50) Diß wagten am unverdektesten die Juristen in Wittenberg, die sich bey einigen Gelegenheiten auf das hartnäckigste weigerten, nach seinem Sinn zu sprechen. Besonders kamen sie im J. 1544. bey einigen Matrimonial-Sachen, über die er ein anderes, als ihr altes Recht aufgestellt haben wollte, in den hefftigsten Streit mit ihm, wobey sie sich aber doch seine Grundsäze nicht aufdrängen liessen. S. Seckendorff p. 581.

51) Luthern selbst wurde es am sichtbarsten, denn wahrscheinlich sah er noch mehr, als eigentlich zu sehen war. Man erkennt diß am deutlichsten aus dem Brief an seine Frau, worinn er sie noch ein Jahr vor seinem Tode ermahnte, noch bey seinen Lebzeiten von Wittenberg wegzuziehen, weil sie doch, wie er sich ausdrückte, nach seinem Tode die vier Elemente nicht wohl in Wittenberg leyden würden. S. H. A. Th. XXI. S. 513.

genossen Stärke genug gehabt hätte, unternommen und fortgeführt, und das Erstaunen über die unermeßliche Würkungen, die sich in den Zeitraum dieser zwanzig Jahre schon über ganz Europa davon verbreitet hatten, ließ in der Seele der Menschen, die in irgend einer Verbindung mit ihm standen, weder Mißgunst noch Eifersucht über ihn aufkommen. Man war vielmehr stolz darauf, nur in irgend einer Verbindung mit dem Manne zu stehen, dessen Nahme in jedem Munde, und dessen Ruf durch alle Länder erschollen war. Es läßt sich leicht glauben, daß Luthers Geist auch mit grösserer Kraft auf die Menschen in seiner Nähe und zunächst auf seine Kollegen würken mochte. Diese fühlten zugleich am lebhaftesten, wie vortheilhaft sein grösserer Einfluß für die Universität wurde, und wußten am besten, wie er dazu gekommen war, nehmlich nur dadurch, weil er überall voranstand, wo er gehandelt, sich immer an die Spize stellte, wo etwas gewagt werden mußte, und von jeder Arbeit, von jeder Gefahr, von jedem Kampf der zu bestehen war, immer auch den grösten Theil übernahm. Aber was noch ungleich mehr austrug — dieser erste Mann in ihrem Krayse war auch in der schöneren Zeit seines Lebens so guter Mensch, so thätig für jeden einzelnen, dem er helfen und dienen konnte, so warmer Freund seiner Freunde, und bey seiner Geradheit, bey seiner verdachtlosen Offenheit, bey seiner Gutherzigkeit so leicht zum Freund zu bekommen, daß man sich in keinem Verhältnüß von seinem Uebergewicht gedrückt fühlen konnte. Diß trug ja wohl am meisten aus, denn so bald sich diß verändert hatte, so wurde auch alles in Wittenberg anders.

Leyder! muß man sagen, daß sich zuerst diß veränderte! Von den Arbeiten und Sorgen des geschäftigsten und unruhigsten Lebens erschöpft war Luther fast etwas vor der Zeit vom Alter übereilt worden: und der alte Luther war nicht mehr — so leicht zu ertragen! Das Alter hatte zwar seinen Geist nicht niedergedrückt, aber es hatte sein Herz ausgetroknet und kalt gemacht. Er war mürrisch und finster, verschlossen und argwöhnisch geworden. Das natürliche Feuer seines Blutes war zu einer Säure umgestanden, die ihn mit allem, was um ihn war, so unzufrieden als mit sich selbst machte; und ihm mit der Heiterkeit seiner Seele auch den grösten Theil seiner Gutmüthigkeit raubte [52]. Dabey wollte aber der alte Mann doch noch in allem seine Hand haben, bestand hartnäckiger als jemahls darauf, daß alles nach seinem Kopf, und sogar nach seinem Wink gehen müßte, stellte sich viel ungebärdiger, wenn er zuweilen etwas nicht durchsezen konnte [53]), for-

52) In einem schon angeführten Brief Crucigers an Veit Dietrich vom J. 1544. kommt eine sehr lebhafte Beschreibung der mit Luther vorgegangenen Veränderung; aber ein noch lebhafteres Bild davon bekommt man aus mehreren seiner eigenen Briefe, die in diesen Jahren geschrieben wurden. So klagt er in einem Brief an die Churfürstin vom 30. Mart. 1544. über die Schwäche seines Kopfs, sezt aber selbst hinzu: "daß ich am „Haupt zuweilen untüchtig bin, „ist kein Wunder. Das Alter „ist da, und ist an ihm selber „krank und kalt und schwach und „ungestalt" In dem kaum erwähnten Brief an seine Frau sagt er, daß sein Herz erkaltet sey. Einen andern Brief an Jak. Probst in Bremen aber vom J. 1546. fängt er selbst mit den Worten an: Senex, decrepitus, piger, fessus, frigidus ac jam monoculus scribo.

53) Am ungebärdigsten stellte er sich bey einem der erwähnten Händel mit den Juristen im J. 1544. denn er brachte den Handel in eine Predigt, worinn er sie nahmentlich auf die derbste Art abkanzelte. Diß war ein so starkes Stück, daß sich Melanchton nicht entbrechen konnte, in einigen Briefen an Camerar ep. 315. 323. so viel Unwillen als Besorgnüß darüber zu äussern — (die Predigt selbst S. H. A. Th. XXII. S. 2173. flgd.) doch bald darauf machte der alte Mann noch ein anderes, das sich ihm noch weniger verzeihen ließ. Seine Predigt hatte nichts gewürkt, denn die Juristen hatten sich dadurch nicht bekehren lassen, und alle gesezte Leute in Wittenberg hatten nur — dazu geschwiegen. Dadurch fühlte er sich dann so gekränkt, daß er im Junius des folgenden Jahrs 1545. ohne Abschied von Wittenberg fortgieng, und seiner Frau den angeführten Brief schrieb, worinn er ihr seinen Entschluß mel-

forderte die zuvorkommende Achtung, die man ihm bißher allgemein aber freywillig erzeigt hatte, als Pflicht, und nahm jedes Zeichen davon als Tribut an, den man ihm schuldig sey. Dadurch mußte unvermeidlich auch das dankbarste Angedenken an dasjenige, was er ehmahls gewesen war, und ehmahls geleistet hatte, um etwas geschwächt werden. Es erhielt ihm also nur noch die allgemeine Verehrung der Universität, aber das allgemeine Zutrauen hatte sich von ihm gewandt. Man behandelte ihn zwar auch noch in den meisten Fällen als die dirigirende Haupt-Person in Wittenberg; aber man sagte sich selbst dabey, daß man ihn nur noch aus Dankbarkeit und Schonung so behandle [54]. Man

meldete, nicht wieder zurückzukommen, weil er des Wittenbergischen Sodoms müde sey, und den Zorn und Unlust, der ihn seit einiger Zeit verzehrt habe, nicht länger tragen könne." Aus diesem Schritt des alten Mannes kann man am besten schliessen, wie schwehr man um diese Zeit an ihm zu tragen hatte, aber man kann es noch besser schliessen, wenn man noch dazu weißt, daß er schon einmahl zu Anfang des Jahrs 1544. auf den Einfall, fortzulauffen gekommen, und nur durch die dringendsten Bitten der ganzen Universität noch zurückgehalten worden war. Diesen in der Geschichte Luthers nicht immer bemerkten Umstand erzählt auch Cruciger in dem Brief an Veit Dietrich in Strobels Beyträgen B. II. S. 480. "Non diu est cum levicula re offensus, sed conceptis suspicionibus, quas secum multas ac diu aluit tacite, credo adversus nos omnes, vix omnium precibus ac lacrymis placari potuit et retineri, ne et ecclesia et schola deserta abiret." Dieser Brief Crucigers aber ist vom 14. Febr. 1544. Den Umstand selbst hingegen hat auch Seckendorff aus einem späteren Bericht der Universität an den Churfürsten bemerkt. S. 582.

54) Rücksicht auf das Beste der Universität mochte, übrigens gewiß eben so viel Antheil wenigstens an dem Eifer haben, womit man den Truz des entlaufenen Mannes wieder zu besänftigen, und ihn zur Rückkehr zu bewegen suchte. In dem Bericht, den die Universität deßhalb an den Churfürsten erließ, ist es nicht zu bemerken vergessen, daß das blosse Gerücht von Luthers Abzug unter diesen Umständen höchst nachtheilig für die Akademie werden müßte, und diß würde es freylich in einem hohen Grade, geworden seyn. Indessen dürffte sich doch vielleicht, wenn man dem eigentlichen Termin seiner Abreyse von Wittenberg genauer nachforschte, und

Man that es selbst in einigen Fällen, die in den lezten Jahren seines Lebens vorfielen, mit nicht ganz verhaltenem Wiederwillen; und wenn man sich noch nicht den Wunsch gestand, ihn bald loß zu werden, so geschah es gewiß bey manchen nur deßwegen, weil sie sich des Wunsches schämen zu müssen glaubten!

Aber zu eben der Zeit — und diß war eben so natürlich — kehrte sich alles in Wittenberg, was sich von Luthern abwandte, gegen Melanchton hin; und diesem allein fiel alles zu, was Luther von der freywilligen Achtung seiner Mitbürger und seiner Kollegen besessen hatte! Melanchton hatte bißher immer in allen öffentlichen Angelegenheiten der Kirche und der Universität nach Luthern und meistens neben Luthern das wichtigste gethan. Er hatte für die lezte im besondern vielleicht mehr als Luther gethan, und mehr als dieser zu ihrem Flor und zu ihrer Aufnahme beygetragen. Sein Nahme wurde auswärts mit eben so vielem und zum Theil mit grösserem Ruhme, als Luthers Nahme genannt, wenn schon sein Ruf vielleicht nicht so weit verbreitet war. Aber in dem kleineren Cirkel, in welchem er lebte, war er nie mit einem Menschen in nähere Berührung gekommen, den er sich nicht durch einen grossen oder kleinen Dienst verpflichtet, den er nicht durch seine De-

und ihn mit dem datum dieses Berichts vergliche, eine Spuhr finden lassen, daß man zuerst in Wittenberg der gerechten Empfindlichkeit über diesen Schritt Luthers mehr Raum gab, als der Besorgnüß wegen seiner Folgen, und sich in dieser Stimmung eben nicht beeilte, ihn wieder zurückzuholen. Der Bericht — S. Hist. des Sakr. Str. S. 497. ist vom 1. Aug. datirt; und Seckendorff vermuthet, daß Luther im Julius abgezogen seyn möchte; aber aus dem unterwegs an seine Frau geschriebenen Briefe scheint sich zu ergeben, daß er schon im May abgereißt war, denn der Brief ist vom Knoblauchstage oder vom Pfingst-Mittwoch datirt, der in diesem Jahre auf den 27. Maj. fiel. Daraus ergäbe sich dann auch, daß man doch zwey volle Monathe wartete, ehe man von Seiten der ganzen Universität eine Bewegung machte, ihn zurückzubringen.

Demuth und Bescheidenheit gewonnen oder beschämt, und dem er nicht Zutrauen oder Zuneigung, wenigstens auf Augenblicke abgezwungen hätte. Dadurch hätte Melanchton schon längst den **wahren** ersten Plaz in der Achtung wie in der Liebe seiner Kollegen und Mitbürger erwerben können, wenn er sich nicht auch hierinn, wie in allem andern selbst Luthern nachgesezt, sich bey jeder Gelegenheit mit der aufrichtigsten Ehrfurcht unter ihn hinabgestellt, und auch damit auf die Richtung der öffentlichen Meynung eingewürkt hätte. Nun aber war es ihm auch desto weniger möglich, ihre Richtung wieder umzulenken, da sie sich einmahl selbst von Luthern abgewandt hatte. Es kam nehmlich noch ein besonderer Umstand hinzu, der sie am stärksten zu ihm hinzog. Ganz Wittenberg wußte, daß Melanchton der wärmste und treuste, wie der thätigste und wichtigste von allen Freunden Luthers gewesen war. Ganz Wittenberg wußte, daß er alle seine Arbeiten und Beschwehrden, alle seine Sorgen und Gefahren meistens mehr als zur Hälfte mit ihm getheilt hatte. Aber nun war auch ganz Wittenberg Zeuge, daß er von den Wunderlichkeiten des veränderten alten Mannes am meisten litt, und doch dabey die gröste Gedult mit ihm hatte, daß er von seinen Launen, von seiner Reizbarkeit, von seinem Argwohn am meisten ertragen mußte, und doch dabey allen seinen übrigen Freunden noch das Beyspiel der dankbar-kindlichsten Hochachtung Luthers und der zartesten Schonung seiner Schwächen gab [55]). Dieser Anblick zog vollends die Nei-

55) Als Beweiß dieser kindlichsten Achtung und mehr als kindlichen Schonung, womit er die Wunderlichkeiten Luthers ertrug, darff man nicht nur diß anführen, daß er sich bey jenem kaum entschuldbaren Abzug Luthers von Wittenberg doch auf das eifrigste dafür verwandte, daß er wieder zurückgeholt werden müsse, und nach dem Bericht des Canzlers Brück an den Chur-

Neigung aller besseren Menschen in ihrem Krayse mit einer Gewalt zu ihm hin, der sich seine Bescheidenheit kaum noch entziehen konnte. Man hielt sich verpflichtet, ihn für dasjenige schadloß zu halten, was ihn diß Betragen, wie man glaubte, kosten müßte, und man glaubte es nicht besser thun zu können, als wenn man ihn jezt schon sehen ließ, wie gern man ihm einst die ganz erste Stelle, die Luther bißher auf der Universität behauptet hatte, einräumen würde, und jezt schon einräumen zu dürfen wünschte.

So kam es in Wittenberg noch vor Luthers Tode dahin, daß schon aller Augen und aller Erwartungen auf

Churfürsten bey Seckendorff S. 581. sogar von seinem eigenen Abzuge sprach, zu dem er im Entstehungs-Fall entschlossen sey. Diß hätte Melanchton auch ohne jene Gesinnungen thun mögen; aber unmöglich konnte er sie in einem vertrauten Brief an Camerar heuchlen, in welchem sie auf das rührendste ausgedrückt sind. In diesem auch schon angeführten Brief ep. 315. äussert er zwar sein Mißfallen über die hefftigen Ausbrüche, die sich Luther in dem Handel mit den Juristen erlaubt hatte. Er verhelt sogar nicht, daß dabey Luther seiner Meynung nach auch in der Hauptsache Unrecht habe: aber — setzt er hinzu — saepe in his diebus cogitavi Erasmi dictum, qui si aliquando audivit bonos viros, probantes causam, moderationem vero requirentes, inquit: Ecclesiam his temporibus non mitiorem medicum meritam esse. Feramus igitur, et leniamus haec, sicuti possumus! — Wie schwer hingegen Melanchton dennoch zulezt das Tragen wurde, diß sagt freylich der Ausdruck am stärksten, den er sich zwey Jahre nach Luthers Tode in seinem beruffenen Brief an Carlwiz entwischen ließ. — Tuli ego antea servitutem pene deformem, cum saepe Lutherus magis suae naturae — quam vel personae suae vel utilitati communi serviret. S. Melancht. Epist. ed. Manlian. p. 48. Dieser Ausdruck zog Melanchton noch während seines Lebens die bittersten Vorwürfe zu, aber er giebt dem menschlichen und billigen Beurtheiler nur neuen Anlaß ihn zu bewundern. Wie drückend mußte offt für den guten Melanchton seine Lage gegen Luthern geworden seyn, wenn ihm das blosse bittere Angedenken davon einen solchen Ausdruck auspressen konnte; und doch hatte Luther biß an seinen Tod keinen Freund, auf den er sicherer zählen konnte, als auf ihn! Doch er selbst wünschte nur, daß man ihm diesen Ausdruck verzeyhen möchte; Denn — schreibt er Ep. L. V. S. 585. "Ignoscendum erat meo dolori, praesertim cum ego mala nostra melius norim, quam alii multi."

auf Melanchton allein gerichtet wurden; und somit war es auch voraus entschieden, daß nach Luthers Tode alle Angelegenheiten der Universität und der protestantischen Parthie durch den Einfluß Melanchtons allein geleitet und gelenkt werden würden. Diese Veränderung ließ auch allerdings jezt schon noch mehrere voraussehen, denn Melanchtons und Luthers Geist waren mehrfach verschieden: allein da alles so natürlich dabey zugegangen war, so hatte man auch weiter keine Ursache zu der Befürchtung, daß die Folgen davon für die eine oder für die andere, für die Universität oder für die Parthie sonderlich verwirrend werden könnten. Dennoch wurde diß die Veranlassung zu allem Unheil, das in den nächsten dreissig Jahren über die eine und über die andere kam; nur würkten freylich noch andere Umstände und vorzüglich ein Umstand dazu mit, dessen nachtheiligen Einfluß man auch damahls schon voraussehen, aber nicht füglich verhüten, und noch weniger für so bedeutend halten konnte, als er in der Folge sich zeigte.

Es hatte sich nehmlich — diß ist dieser Umstand — zu eben der Zeit, da sich schon alles noch zu Luthers Lebzeiten zu jener Veränderung anließ, eine Parthie in Wittenberg und in der Nähe von Wittenberg gebildet, welcher mit der Veränderung gar nicht gedient war. Diese Parthie bestand aus Menschen, die sich schon längst auf das engste an Luthern angeschlossen, aber vorzüglich nur deswegen an ihn angeschlossen hatten, um in seinem Wiederschein doch auch — gesehen zu werden, wofür sie zur Dankbarkeit beständig seinen Wiederhall machten. Auch einige von den früheren Freunden Luthers, die mit ihm alt geworden waren, gehörten darunter, wie zum Beyspiel Amsdorff; doch die meisten hatten sich bloß an ihn gehängt, um unter dem Nahmen von Haußfreunden und vertrauteren Bekannten Luthers auch etwas zu gelten, da sie sich sonst

durch

durch nichts geltend machen konnten. Diese Menschen hatten sich schon die Rechnung gemacht, daß diß auch nach seinem Tode noch fortwürken, und daß sie unfehlbar einen Theil seines Ansehens erben müßten, weil man sie als die getreueste Bewahrer seines Geistes, seiner Grundsäze und seiner Gesinnuugen anerkennen würde: ja einige von ihnen hatten sich würklich beredet, daß sie seinen ganzen Geist eingesogen hätten, weil es ihnen gelungen war, ihm doch einiges abzusehen, das ihn auszeichnete, und das sie am meisten an ihm bewunderten. Diß waren zwar fast nur Fehler des Mannes, denn es war seine Methode zu streiten, seine Manier zu übertreiben, seine Art, gegen einen Gegner aufzufahren, was sie ihm mit einigen Haupt-Wörtern[56]) seiner Kraft-Sprache abgelernt hätten; aber diß war das einzige, was sie von ihm nachahmen konnten; daher wähnten sie doch in allem Ernst, Luthers zu seyn, weil sie ja, wie Luther, poltern konnten.

Sehr in der Ordnung war es also auch, daß diese Parthie alles mögliche that, um die Veränderung, die sich in Wittenberg vorbereitete, noch so lange aufzuhalten, als sie konnte. Sobald nur Luther weniger, als bisher galt, so galten sie schon gar nichts mehr: aber wenn es erst so weit kam, daß Melanchton alles allein galt, so sahen sie ihrer völligen Vernichtung entgegen. Sie strengten daher alle ihre Kräfte an, um wenigstens dem steigenden Einfluß von diesem noch ein Ziel zu sezen, und fanden auch bald einige Gehülfen, die gemeinschaftlicher Neid und Eifersucht über Melanchton mit ihnen vereinigte. In Verbindung mit diesen liessen sie zu diesem Endzweck alle ihre Künste spielen,

56) Sehr gelind drückt Melanchton in einem Brief an Veit Dietrich diesen Zug von ihnen aus. "Ineruditi — ejus φορτικωτερα dicta, cum non videant, quo pertineant, nimium amant. S. Melancht. Ep. ed. Leidens. p. 444.

spielen, um Luthern immer mehr von Melanchton zu entfernen, und legten es zulezt bey dem Anlaß des von Luthern erneuerten Sakraments-Streits ganz unverdeckt darauf an, es zu einem öffentlichen Bruch zwischen ihm und Melanchton kommen zu lassen, der, wie sie hofften, schon durch das Aufsehen, das er erregen würde, dem Ansehen des lezten einen nicht mehr zu verwindenden Stoß geben sollte.

Doch die Gegenwürkung dieser Parthie war bey aller Anstrengung, welche sie dabey aufwandte, viel zu schwach, um den Strohm des allgemeinen Zutrauens von dem Laufe wieder abzulenken, den er einmahl genommen hatte. Ihre Bemühungen, Melanchton zu schaden, schlugen vielmehr zu seinem Vortheil aus, denn sie vermehrten nur die Theilnehmung, wie die Zuneigung, die man für ihn empfand. Dieser Erfolg ließ sie noch bey Luthers Lebzeiten nur gewisser voraussehen, zu welcher unbedeutenden Rolle sie nach seinem Tode herabsinken würden; und nun trat gleich darauf die Revolution in Sachsen ein, welche den ganzen Zustand des Churfürstenthums veränderte. Durch diese Veränderung wurde die Gegen-Parthie Melanchtons in Wittenberg vollends niedergedrückt, und völlig machtloß gemacht: aber durch diese Veränderung wurde sie dann auch wüthend gemacht; durch diese Veränderung bekam sie neue Gründe, Melanchton zu hassen, eine neue Reizung, ihm einen unversöhnlichen Krieg anzukündigen, und zum Unglück auch neue Waffen, womit sie den Krieg gegen ihn führen konnte, neue Gehülfen, die sich mit ihr verbanden, und neue Beschützer, die sich ihrer annahmen. Wie diß zusammenhieng, läßt sich nur allzuleicht sichtbar machen.

Unter den Unruhen des Krieges, der bald nach Luthers Tode auch in Sachsen selbst ausbrach, hatte sich die Universität zu Wittenberg gröstentheils zerstreut,

 denn

denn die meiste Professoren hatten sich eben so wie die meiste Studirende aus der Stadt wegbegeben, die, wie man voraussah, der Gefahr und dem Schrecken einer Belagerung nicht entgehen konnte. Nun wurde zwar die Ruhe im Lande bald genug wiederhergestellt, weil der in der Schlacht bey Mühlhausen gefangene Churfürst alle Bedingungen, die seine Sieger ihm vorschrieben, eingehen und sich glücklich schäzen mußte, daß er nur durch die Abtretung der Chur-Würde und eines Theils seiner Länder den Ueberrest noch für seine Familie retten konnte; allein der neue Churfürst Moriz, dem nun Wittenberg zugefallen war, hatte doch mehrere Ursachen zu der Befürchtung, daß es mit der Wiederherstellung der Universität nicht so leicht und nicht so schnell gehen dürfte. Eine Anstalt dieser Art war schon an sich nicht so leicht wieder einzurichten, wenn sie sich einmahl aufgelößt hatte; aber es war besonders zu besorgen, daß aus dem allgemeinen Haß, den er sich durch seinen Antheil an dem Schmalkaldischen Kriege und durch seine Verbindung mit dem Kayser unter der ganzen protestantischen Parthie zugezogen hatte, noch ganz eigene Hindernüsse dabey entspringen würden: doch zu seinem eigenen freudigsten Erstaunen wurden alle diese Besorgnüsse dadurch gehoben, daß es ihm gelang, Melanchton wieder auf die Universität zurückzubringen [57]). Dieser kehrte — durch höchst edle

57) Auch Melanchton war von Wittenberg abgereißt, und hatte sich zuerst nach Magdeburg begeben, wo Luthers Wittwe zu ihm kam, und ihn dringend bat, sie auf dem Wege nach Dännemark, wohin sie sich zu begeben entschlossen war, nur zuerst an einen sicheren Zuflucht-Ort zu bringen. Nicht ohne Gefahr und mit seiner grossen Beschwerde brachte er sie nach Braunschweig, denn sagt er coll. Manl. p. 266. movebar pietate, ac debere nos gratitudinem Luthero judicabam, er selbst begab sich darauf nach Nordhausen, das er aber bald wieder verließ, um nach Zerbst zu reisen, wo er vollends den grösten Theil seiner Zeit biß zu seiner Rückkehr nach Wittenberg zubrachte. Diese Rückkehr Melanch-

edle Gründe bewogen, auf seinen ersten Ruf nach Wittenberg zurück. Alle seine Kollegen eilten sogleich auch wieder herbey, um sich um ihn zu versammlen. Noch vor dem Verfluß eines Jahres war alles wieder in den alten Gang gebracht, und noch vor dem Verfluß eines zweiten hatte Melanchtons Nahme wieder so viele Studirende hingezogen, daß sich die Universität in einem blühenderen Zustand, als jemahls befand.

So sichtbar es aber bey dieser Gelegenheit wurde, wie groß das Ansehen und der Einfluß Melanchtons schon dazumahl war, so viel mußten diese Umstände dazu beytragen, ihn wenigstens in Wittenberg noch zu vergrössern. Hier wurde er von jezt an als der Wiederhersteller der Universität angesehen, und selbst von dem Churfürsten, der ihn schon längst geschäzt hatte und überhaupt seine Leute treflich zu schätzen wußte, dankbar dafür erkannt [58]). Es war also gar nicht mehr

lanchtons selbst war zuverlässig eine der weisesten und zugleich verdienstlichsten Handlungen seines Lebens, denn ob es schon nicht blos Weißheit und Ueberlegung, sondern auch Neigung war, was ihn nach Wittenberg zurückzog, so sah er doch gewiß dabey voraus, wie viele Vorwürfe und Schmähungen ihm dieser Entschluß zuziehen würde. Die edle Gründe, die ihn am meisten dazu bestimmten, findet man mit der einnehmendsten Offenheit in einem Brief an Camerar ep. 722. und noch weiter in einem Brief an Joh. Stigel ausgeführt, den Strobel in seiner litterarischen Nachricht von Melanchtons Briefen p. 164. aus einer sehr seltenen Sammlung von Stigels Gedichten bekannt gemacht hat. Eben so aufrichtig giebt sie auch Camerar in Vit. Mel. p. 255. an. Zusammengestellt findet man sie in Strobels Neuen Beytr. zu der Litterat. des XVI. Jahrh. B. III. p 133. flgd.

58) Auch die vertrauteren Räthe des Churfürsten, wie besonders Carlwiz, hatten die Verdienste Melanchtons schon längst erkannt, und sich deßwegen, noch ehe Wittenberg unter die Herrschafft ihres Herrn kam, in Verbindungen mit ihm zukommen bemüht. Der Churfürst selbst aber wußte nicht nur seine Leute treflich zu schäzen, sondern auch sehr fein zu behandeln, und warum sollte man nicht annehmen dürffen, daß auch diß auf Melanchton einigen Einfluß hatte?

mehr daran zu denken, daß in Wittenberg oder im Churfürstenthum überhaupt eine Gegen-Parthie wieder Melanchton aufkommen konnte, sondern die Menschen, die ihn nicht ohne Augen-Schmerzen an dem ersten Plaz sehen konnten, mußten sich entweder gern oder ungern daran gewöhnen, und ihre Entwürfe, ihn wieder davon zu verdrängen, auf immer fahren lassen, oder sie mußten sich ganz zurükziehen, um ihn ohne Gefahr für sich selbst von einer sicheren Entfernung aus angreifen zu können.

Leyder! war es dieser lezte Entschluß, den die Parthie faßte. Ihr Unwille über Melanchton war durch die lezte in Sachsen vorgefallenen Auftritte vollends auf den höchsten Grad getrieben worden. Sie hatten nichts sehnlicher gewünscht, als daß die Universität zu Wittenberg sich nach dem Kriege gar nicht wieder erheben möchte. Sie hatten es theils aus Haß gegen den neuen Churfürsten, theils in der eigennüzigen Erwartung mehrerer Vortheile, welche für sie davon abfallen mußten, aber sie hatten es so sehnlich gewünscht, daß sie sich vielleicht selbst mit Melanchton hätten aussöhnen können, wenn er ihnen nur dazu geholfen hätte. Nun fühlten sie aber auch mit desto grösserem Grimm, daß sie die Vereitlung dieses heissesten ihrer Wünsche, dessen Erfüllung sie schon so nahe gewesen waren, Melanchton allein zu danken hatten, denn davon war jederman überzeugt, daß Wittenberg nie wieder aufgekommen seyn würde, wenn es Melanchton verlassen hätte. Sie sahen zugleich auf das gewisseste voraus, daß nun für sie selbst in Wittenberg gar nichts mehr zu hoffen und zu thun sey, hingegen sahen sie eine Mög-

Zuverlässig wird aber dabey niemand, der Melanchton kannte, an die Pump-Müze voll harter Thaler denken, durch welche er nach der Erzählung des kläglichen Ratzenbergers ihn und D. Pommern gewonnen haben soll.

Möglichkeit, sich in der Nähe einen eigenen Würkungs-Krays einzurichten, wo ihnen, wie sie rechneten, und sehr richtig rechneten, selbst ihr Haß gegen Melanchton und gegen Wittenberg eine desto günstigere Aufnahme verschaffen sollte. Diß bestimmte ihren Entschluß, sich von Wittenberg wegzuziehen, aber diß bestimmte auch den Vorsaz, den sie zugleich bey sich beschwuren, von diesem Augenblick an nicht mehr zu ruhen, biß sie Melanchton und Wittenberg — gleich viel durch welche Mittel — gestürzt haben würden!

Dazu nahmen sie nun den ersten Vorwand von den Bewegungen her, die das berüchtigte Interim, das der Kayser auf dem Reichstage zu Augspurg vom J. 1548. den Protestanten aufzwingen wollte; auch in Sachsen veranlaßte; aber daß sie nur den Vorwand, und zwar den heillosesten, kahlesten, gesuchtesten Vorwand davon hernahmen, und daß also die wahre Quelle der Händel, die sie darüber anfiengen, und auch der folgenden, die sie aus diesen heraus spannen, keine andere als ihre Erbitterung und ihre Eifersucht über Melanchton war, diß wird die einfachste historische Darstellung jener Bewegungen am deutlichsten aufdecken!

Kap. IV.

Die wahrscheinlichen Absichten des Kaysers bey diesem Interims-Normativ, nach welchem er die Religion und den Gottesdienst im Reich biß zu dem Ausgang des damahls unterbrochenen Conciliums zu Trident regulirt haben wollte, sind noch im vorigen Bande bey der Geschichte jenes Reichs-Tags dargelegt worden [59]). Wenn man es als wahrscheinlich annimt, daß er die angegebenen Absichten würklich gehabt

59) S. B. II. Th. II. S. 425 flgd.

habt habe, so wird man es wohl auch nur aus der dort gewagten Muthmassung, und nur aus dieser allein erklären können, wie es doch dabey kommen konnte, daß das Normativ selbst in einem Geist abgefaßt wurde, der seinen Absichten gerade entgegen war: aber was man ihm auch für einen Plan dabey zuschreiben mag, so bleibt es immer gewiß, daß die Protestanten die gerechteste Ursache hatten, sich der würklichen Einführung dieses Normativs aus allen Kräften zu wiedersezen. Sie wurden ja nicht nur darinn angewiesen, die äussere Form ihres Gottesdiensts der alt-katholischen wiederum beynahe ganz gleich zu machen, und die meisten jener dazu gehörigen Ceremonieen und Gebräuche auf das neue unter sich einzuführen, welche sie theils als abgöttisch und ärgerlich, theils als albern und zweckloß aus ihrem gereinigten Kultus weggeschaft hatten, sondern auch eine Lehr-Form wurde ihnen darinn als verbindend vorgeschrieben, die fast alles dasjenige, was sie aus dem alten System als irrig weggeworfen hatten, kaum in veränderten Ausdrücken, und nur wenig gemildert in sich hielt. Sie konnten mit einem Wort diß Interim unmöglich annehmen, ohne den grösten und wichtigsten Theil desjenigen aufzugeben, wofür sie indessen gekämpft hatten, ja sie mußten eigentlich alles aufgeben, denn mit dem wenigen, das man ihnen zum Schein noch darinn zugestand, konnte ihnen unter jener Bedingung wenig oder nichts mehr gedient seyn!

Der Entschluß, den die Protestanten deßhalb zu fassen hatten, konnte also in dieser Hinsicht keine lange Ueberlegung erfordern; dafür trat jezt eine andere ein, welche eine desto längere nothig machte, weil sie den nach jener Hinsicht so bald gefaßten Entschluß im höchsten Grad kritisch machte. Der Kayser schien auf das festeste entschlossen, seinen Plan mit Gewalt durchzusezen, und dieser Gewalt konnten sie keinen Wieder-

stand

stand entgegensezen, weil ihre Macht mit ihrem Bunde völlig vernichtet war. Der unglückliche Ausgang des Schmalkaldischen Kriegs hatte ihr Schiksal völlig der Willkühr des Kaysers preiß gegeben; mithin mußten sie sich, wenn sie seine Interims-Verfügung nicht annehmen wollten, zugleich auf das äusserste gefaßt machen, und in diese Fassung ließ sich doch nicht in einem Augenblick hineinkommen. Die meiste von den Protestantischen Ständen in der Reichs-Versammlung, besonders die schwächere, suchten daher nur zuerst einer entscheidenden Antwort auf den Kayserlichen-Antrag, der deßhalb an sie ergangen war, auszuweichen[60]. Mehrere von den mächtigeren, in die man aber auch stärker gedrungen hatte, als man es bey den schwächeren für nöthig hielt, liessen sich selbst Erklärungen abschröcken oder abschmeichlen, aus denen der Kayser ihre volle Einwilligung heraus erklären konnte[61]. Nur einige wenige hatten den Muth, eine bestimmt-verweigernde Antwort sogleich zu geben, und allein der neue Churfürst Moriz von Sachsen schlug einen Mittelweg ein, zu dem aber in den besonderen Verhältnüssen seiner Lage eben so viel Muth und Standhaftigkeit, und ungleich mehr Weißheit, als zu einer bestimmt-verweigernden Antwort gehörte.

Durch

60) Die anwesende Gesandte der Reichsstädte baten sich Zeit aus, um erst an ihre Komittenten darüber berichten zu können, und diß Gesuch wurde ihnen gern bewilligt, weil man schon entschlossen war, diese schwächeren Stände mit Gewalt zum Gehorsam zu zwingen, wenn sie sich lange besinnen wollten. S. Sleidan p. 630.

61) Die Churfürsten von der Pfalz und von Brandenburg, der Markgraf Albrecht von Brandenburg, der Herzog von Würtenberg und noch einige andere Stände liessen sogleich deutlich genug merken, daß sie sich dem Willen des Kaysers nicht widersezen würden. Hingegen der Bruder des Churfürsten von Brandenburg, der Markgraf Johannes erklärte ihm freymüthig, daß er das Interim Gewissens halber nicht annehmen könne.

Durch die Verbindungen verstrickt, in welche er mit dem Kayser während dem Schmalkaldischen Kriege sich eingelassen, und durch welche er so viel gewonnen hatte, durfte Moriz sich würklich am wenigsten erlauben, den Kayser durch eine ganz unverdeckte abschlägliche Erklärung zu beleidigen. Um dieser Verbindungen willen hatte der Kayser voraus darauf gezählt, daß er ihm am gewissesten zu der Ausführung seines Plans mit dem Interim helfen würde. Er war ihm deßwegen auch zuerst mitgetheilt, und es war am angelegensten mit ihm darüber gehandelt worden, indem sich selbst der Bruder des Kaysers, der Römische König Ferdinand, als Unterhändler dabey brauchen ließ [62]). Daraus und aus einer Menge anderer Anzeigen konnte er noch viel zuverlässiger, als die meisten der übrigen Stände voraussehen, daß sich der Kayser durch nichts bewegen lassen würde, sein Projekt wieder aufzugeben; aber zugleich sah er gewiß auch viel lebhafter und genauer als die meiste von ihnen voraus, wie unglücklich die Folgen davon für die ganze Parthie und vielleicht für ganz Deutschland werden dürften, wenn der Kayser eine Reizung und eine Gelegenheit zu gewaltsamen Proceduren be-

62) Schon von der Mitte des Martius an, also zwey Monathe hindurch wurde mit dem Churfürsten über das Interim unterhandelt, das erst in der Mitte des May publicirt wurde. S. Expositio eorum, quae Theologi Academiae Wittebergensis — circa librum Interim — monuerint, suaserint, docuerint, responderint, concesserint, ex Actis Synodicis et aliis diligenter et fideliter collecta. — S. Pl. O. 4. b. Diese Haupt-Schrifft in der Geschichte der Interimistischen Händel wurde von den Wittenbergischen Theologen im J. 1559. herausgegeben, und enthält alle Akten-Stücke, die zu den Verhandlungen darüber gehören. Man muß aber allerdings auch die Gegenschrifften damit vergleichen, welche die Flacianer darauf herausgaben. Die wichtigste darunter erschien noch in dem nehmlichen Jahr unter dem Titel: De Adiaphoristicis corruptelis in magno libro Actorum Interimisticorum sub conficto titulo Professorum Wittebergensium edito, repetitis, admonitiones apologiae vice scriptae. Magdeb. 1559. 4. Mehrere findet man angezeigt bey Salig Th. I. p. 647.

bekäme, bey denen er seine neu-erlangte Macht versuchen könnte. Nicht nur Furcht vor dem Vorwurf der Undankbarkeit, den er sich von seiner Seite, oder vor seinem Mißfallen, das er sich zuziehen könnte, sondern auch die höhere Sorge für das Beste der ganzen Parthie und ihrer Sache mußte also dem Churfürsten jeden Schritt widerrathen, der jezt schon einen offenen Bruch zwischen ihm und dem Kayser herbeyführen konnte; weil er aber eben so wenig geneigt war, das Interim anzunehmen, oder doch eben so wenig geneigt war, es seinen Unterthanen mit Gewalt aufzuzwingen, so sann er auf eine Auskunft, wodurch er sich diese Nothwendigkeit ersparen, und doch dabey vorläufig einem weiteren Andringen des Kaysers ausweichen könnte!

Moriz entschloß sich, dem Kayser nicht nur Hoffnung zu machen, daß er sein Interim annehmen, und den kirchlichen Zustand in seinen Staaten darnach einrichten würde, sondern er nahm sich zugleich vor, so weit in der Sache zu gehen, daß der Kayser seine Hoffnung erfüllt, und seine Wünsche befriedigt glauben könnte. Er wollte würklich diß Interims-Regulativ so weit in den Sächsischen Kirchen einführen, als es ohne Verlezung des Gewissens, und ohne Verläugnung desjenigen, was man in Sachsen für Wahrheit hielt, geschehen könnte. Er wollte wenigstens, wenn auch sonst nichts daraus angenommen werden konnte, die Form des äusseren Gottesdienstes in seinen Staaten nach der darinn enthaltenen Vorschrift einrichten; denn, da die Theologen der Parthie und Luther selbst schon so oft erklärt hatten, daß an den äussern Ceremonieen nichts gelegen sey, so hatte er Ursache zu glauben, daß man darinn ohne Verlezung des Gewissens den Umständen nachgeben, und daß es auch keinen sonderlichen Zwang, wenigstens keinen unentschuldbaren Zwang kosten dürfte, um seine Unterthanen dazu zu bewegen. Dabey hoffte er aber auch auf der andern Seite, daß der Kayser, schon dadurch zufrieden gestellt, vielleicht selbst nicht weiter auf die unbedingte Annahme der Lehr-Form, die in seinem Normativ vorgeschrieben war, dringen, oder doch damit auf eine gute Art so lange hingehalten werden sollte, biß es die Umstände weniger gefährlich machen dürften, sich darüber ganz offen gegen ihn zu erklären. Diesem Entschluß gemäß nahm der Churfürst noch auf dem Reichstag mit musterhafter Klugheit seine Maaßregeln. Um jezt schon alle diejenige, zu denen er vielleicht in der Folge veranlaßt werden könnte, einzuleiten, ertheilte er selbst auf die kayserlichen Anträge noch keine ganz bestimmte Antwort. Er äusserte, daß er sich nothwendig in dieser Sache erst mit seinen Landständen berathen müsse, weil er diesen sein Fürsten-Wort gegeben habe, daß der Religions-Zustand im Lande biß zu der Entscheidung des Conciliums unverändert und ungekränkt bleiben sollte [63]). Auch durch einige sehr dringende Vorstellungen, die ihm der Kayser selbst machte [64]), ließ er sich keine verbindendere Erklärung ab-

63) "Esse — so lautete die erste Erklärung des Churfürsten — hoc negotium ejusmodi, quod animae salutem, conscientiam, et existimationem ac famam, et subditos ipsius simul attingeret, de quo ipse una cum his, quos secum haberet, nihil posset statuere; neque sibi integrum esse, hac in parte quicquam recipere, nisi consultis prius Doctoribus suis et sine ditionum suarum consensu —, quoniam antea regionum suarum Ordinibus recepisset, se facturum, ut eis liceret in ea religione permanere, in qua jam essent, neque ab hac ut depellerentur permissurum esse." S. eb. das. Pl. P. I.

64) Der Kayser stellte ihm unter anderen vor, daß er seine Fürsten-Rechte nicht zu kennen scheine, wenn er es für nöthig halte, erst mit seinen Landständen über etwas zu unterhandlen, worüber er auf dem Reichstag stimmen sollte, um sich ihrer Beystimmung zu versichern — hunc enim in Imperio morem inveterasse, ut quod regionis alicujus Princeps una cum caeteris Ordinibus in Imperii conventibus communi consensu approbaret, id deinceps subditos obnoxie servare opporteret. Aber der Churfürst erklärte ihm, daß ihm seine Ehre theurer sey, als seine Fürsten-Rechte, daß er jene durch das

ablocken; und wenn er sich schon bewegen ließ, nicht öffentlich zu protestiren, da der Churfürst von Maynz nach der feyerlichen Publikation des Interims dem Kayser seine unbedingte Annahme in dem Nahmen aller Stände zusicherte [65]), wenn er schon dadurch und noch durch

das Versprechen, das er seinen Ständen gegeben habe, für verpfändet ansehe, und sich dadurch unnachläßlich verpflichtet halte, dieses zu erfüllen. Zugleich erinnerte er aber auch den Kayser an die feyerliche Versicherung, die er ihm auf dem Reichstag zu Regenspurg, und seinen Landständen in einem öffentlichen Ausschreiben gegeben habe, daß sie von ihrem gegenwärtigen Religions-Zustand niemahls mit Gewalt verdrängt werden sollten, wodurch er selbst erst veranlaßt worden sey, ihnen das Versprechen, das ihn jezt binde, auszustellen. Pl. P. 3.

65) Nach der Erzählung von diesem Vorfall, die in der Exposition vorkommt, war es allerdings nicht ganz in der Ordnung dabey zugegangen; aber aus dieser Erzählung selbst bekommt man Ursache zu vermuthen, daß die Abweichung von der Ordnung vorher mit dem Churfürsten verabredet war. Den 15 Maj. hatte der Kayser nach dieser Erzählung seine Proposition wegen dem Interim an die Reichs-Versammlung gebracht. Nach der Anhörung der Proposition giengen die anwesende Churfürsten auf die Seite, um sogleich darüber zu berathschlagen, und hier erklärte ihnen Moriz, daß er nicht sogleich zu der Annahme des Buchs stimmen könne, weil er aus Ursachen, die dem Kayser bekannt seyen, erst mit seinen Landständen darüber handlen müsse; als aber die übrige Churfürsten dahin stimmtan, daß doch dem Kayser vorläuffig ihre Bereitwilligkeit sich seinem Antrag zu fügen," bezeugt werden könne, so sagte er, daß er seine besondere Nothdurfft dem Kayser den folgenden Tag vortragen würde, und nun erst brachte diesem der Churfürst von Maynz die Antwort, "daß die Stände bereit seyen, ihm wegen des Interims allen Gehorsam zu erzeigen. In der lezten Erklärung Morizens lag aber eine deutliche Einwilligung, daß er seinethalben die Antwort stellen könnte, wie er es nur für gut fände, weil er schon zu seiner Zeit für sich selbst sprechen wolle; und wahrscheinlich wußte es auch der Churfürst von Maynz schon vorher, daß man mit Moriz über diese Auskunfft übereingekommen war, um es nicht zu einer förmlicheren Protestation von seiner Seite kommen zu lassen. Da vielleicht diese Umstände nicht zu der Kenntnüß Sleidans gekommen waren, so konnte er allerdings einigen Grund zu der Nachricht zu haben glauben, die er in seine Geschichte aufnahm, daß auch der Churfürst von Sachsen das Interim unbedingt auf dem Reichstag angenommen habe, und verdiente daher die Vorwürffe nicht, die ihm die Verfasser der Exposition darüber machten. Höchstschamloß aber war

durch andere Zeichen den Kayser und seine Räthe zu der sehr gewissen Hoffnung verführte, daß er für seine Person mit aufrichtigem Eifer an der Wegräumung der Schwürigkeiten arbeiten würde, welche die Einführung des Interims in seinem Lande finden möchte [66]), so verhelte er ihnen doch in seiner lezten Erklärung nicht, daß dabey Schwürigkeiten eintreten dürften, welche erst weggeräumt werden müßten [67]). Dadurch erhielt er zugleich, daß ihm der Kayser desto gerner einige Zeit zu der Ausführung der Sache ließ, aber in eben diesem Augenblick machte er doch auch schon die nöthige Vorbereitungen, um die Hoffnungen, die er ihm gemacht hatte, so weit zu erfüllen, als er es für schicklich, für nöthig und für zulässig hielt.

Allerdings wurden schon sehr oft und wurden damahls schon dem Churfürsten ganz andere Absichten bey seinen Erklärungen und bey seinen Schritten in dieser An-

war es, wenn Flacius in seiner Wiederlegung der Exposition B. G. 3. hartnäckig darauf beharrte, die Nachricht Sleidans müsse mehr Gewicht haben, als alle dagegen vorgebrachte Akten-Stükke und Urkunden der Wittenberger.

66) Alle Erklärungen, die der Churfürst in der Sache von sich gab, schlossen sich immer mit der Versicherung, daß er gewiß alles mensch-mögliche thun würde, um dem Kayser bey dieser Gelegenheit die Beweise seiner Ergebenheit und seines Dienst-Eifers zu geben, die er von ihm erwartete. Sorgfältig sezte er zwar immer hinzu: quantum pie et cum bona conscientia a nobis et nostris fieri potest; aber für die Politik lag schon damahls nicht sogar viel in diesem Vorbehalt.

67) Einige dieser Schwürigkeiten hatte der Churfürst schon in den ersten Unterhandlungen darüber angegeben, denn er zeichnete sogleich, nachdem man ihm das Interim mitgetheilt hatte, vier oder fünf Artikel selbst darinn aus, welche so gestellt seyen, daß sie ohne Aufopferung ihrer Augspurgischen Konfession nicht von ihnen angenommen werden könnten. S. Expos. Bg. P. 1. b. Darauf bezog er sich auch in der lezten Schrifft, die er dem Kayser den 17. Maj. übergab; führte aber in dieser zugleich seine Befürchtung an, daß aus der indessen bekannt gewordenen Erklärung der Katholischen Stände, nach welcher diese das Interim allein für die Protestanten verbindend machen wollten, neue Schwürigkeiten und Anstösse entspringen dürfften. Bg. X. 3.

Angelegenheit zugeschrieben. Die Parthie der angeblichen Zeloten, welche ein so wüthendes Geschrey über die Veränderungen erhob, die er nun würklich in seinen Staaten einführen ließ, nahm es für ausgemacht an, daß er sich gegen den Kayser verbindlich gemacht habe, seine Unterthanen und ihre Prediger zu einer ganz unbedingten Annahme des Interims zu bringen, daß alle seine Bewegungen und Erklärungen nur darauf berechnet gewesen seyen, um sie nach und nach auf eine hinterlistige Weise hineinzuziehen, und daß er diß auch unfehlbar durchgesezt haben würde, wenn er es nicht für die neuen Entwürfe seiner Politik vortheilhafter gefunden hätte, es bey der halben Ausführung bewenden zu lassen. Es läßt sich auch leicht erklären, warum man damahls so geneigt war, diese Vermuthung wenigstens höchstwahrscheinlich zu finden; aber es darf selbst nicht geläugnet werden, daß sie aus einigen seiner noch zu erzählenden Schritte sehr scheinbar gefolgert werden konnte; denn aus allen zusammen ergiebt sich doch noch deutlicher, daß man nicht einmahl zu der Vermuthung hinreichende Gründe hat. Doch wenn man sich auch nicht nehmen lassen will, daß der Churfürst jene Absicht würklich gehabt habe, so kann es der Geschichte sehr gleichgültig seyn, denn einerseits kann es ihr doch nicht ganz an Entschuldigungs-Gründen für ihn fehlen, und andererseits kann sie es dann nur in ein desto helleres Licht sezen, daß es allein seine Theologen waren, die ihn an der völligen Ausführung jener Absicht hinderten, und daß es also die schändlich-boshafteste Verläumdung war, wenn die Zeloten-Parthie vorgab, daß ihm diese dazu geholfen hätten.

Noch unter den geheimen Unterhandlungen, durch welche man den Churfürsten zu Augspurg zu der Annahme des Interims gewinnen wollte, hatte sich dieser eine Abschrift von dem Aufsaz zu verschaffen gewußt, und ihn an seine Theologen gschickt; um ihr Gutachten darüber zu erhalten, wie weit er angenommen werden könne? [68]) Aus der Antwort der Theologen, welche sie ihrem Gutachten beylegten, ersieht man, daß er sie zwar dabey ermahnt hatte, bey der Abfassung ihres Bedenkens auch darauf Rücksicht zu nehmen, daß es bey dieser Sache zugleich um die Erhaltung des Friedens und der Ruhe im Reich zu thun sey [69]): aber aus dem Innhalt ihres Bedenkens wird es noch deutlicher, wie wenig sie daran dachten, daß in dieser allgemeinen Ermahnung ein besonderer Wink liegen könnte. Diß Bedenken stellten sie dahin, daß das Interim in der Form, in der es ihnen mitgetheilt worden sey, nicht angenommen werden könne; aber sie stellten es mit einer Kürze und Trockenheit, welche sie gewiß, um den Churfürsten nicht unnöthigerweise zu reizen, gemildert haben würden, wenn nur der Gedanke, daß er ihnen einen solchen Wink habe geben wollen, in ihre Seele gekommen wäre. In dem Gutachten, welches Melanchton nach der ersten flüchtigen Durchsicht des Aufsazes abfaßte [70]), zeichnete er zwar einige Artikel aus, bey denen man sich vielleicht um des Friedens willen, die

68) Um sie mit weniger Zeit-Verlust über alles, was über die Religion auf dem Reichstag vorkommen möchte, zu Rath ziehen zu können, hatte er sie vorher schon in das nähere Zwikkau kommen lassen, und hier erhielten sie auch die erste Nachricht von demjenigen, was wegen einer Interims-Verfügung im Werk sey.

69) "Quemadmodum, sagen sie, C. V. nos hortatur ad studium christianae pacis — sic nos ad firmamus, nos non defuturos communi paci." — Bg. R. 2. b.

70) Wahrscheinlich wurde Melanchton, der sich in geheim in der Nähe von Zwickau aufhielt, um die schleunige Ausstellung seines Gutachtens so pressirt, daß er keine lange Zeit darauf verwenden konnte. Es ist aber auch möglich, daß er es deßwegen nicht für nöthig hielt, weil er auf den ersten Blick zu bemerken glaubte, der neue Aufsaz sey nichts anders als das wieder aufgewärmte, und nur in eine neue Form gegossene Regenspurgische Interim, das er nicht erst kennen lernen dürfte. S. Bg. Q. 3.

die in dem Aufsatz vorgeschriebene Lehrform gefallen lassen könnte, so viel Recht man auch haben möchte, sich über das schwankende, zweydeutige und unbestimmte darin zu beschwehren [71]); hingegen zeichnete er mehrere aus, die nothwendig geändert, und einige, die ganz herausgeworfen werden müßten, weil sie in keiner Form angenommen werden könnten [72]). In einer nach dem Verfluß einiger Tage und nach einer weiteren Prüfung des Aufsatzes geschriebenen Beylage führte er besonders aus, daß die Grundlehre vom Glauben und von der Rechtfertigung auf eine Art darinn vorgetragen sey, die demjenigen, was sie bißher in ihren Kirchen als die theuerste und wichtigste Wahrheit vertheidigt hätten, auf das auffallendste wiederspreche [73]); auch erklärte er

71) So wollte er sich selbst zuerst den Artikel von der Gnade und vom Glauben in der Form, die er in dem Aufsaz hatte, gefallen lassen; Denn — heißt es in seinem Gutachten — etsi totus Articulus de gratia et fide admodum languide expositus est, quanquam melius aliquanto, quam in decretis Synodi Tridentinae factum est, tamen non consulo, ut propter ambages verborum generaliores haec pars doctrinae rejiciatur. Aber um dieser Stelle willen schickte er jaden andern Tag ein zweytes Gutachten nach, worinn er sich allein über die Irrthümer ausließ, die in diesem Artikel des Aufsazes versteckt seyen, fallaces praestigias intextas articulo de fide — und seine Kollegen auffoderte, sich unverdeckt dagegen zu erklären. Es war also mehr als nur ungerecht, wen man ehmahls von seinem ersten gelinderen Urtheil einen eigenen Grund zu einer Anklage gegen ihn hernahm.

72) Die Artikel von der Beichte, vom Meß-Canon, von der Anruffung der Heiligen, von den Messen für die Verstorbene.

73) Den bedenklichsten Wiederspruch gegen die Lutherische Grund-Ideen in diesen Lehren fand er in der Behauptung des Interims "daß der Glaube nur eine Vorbereitung zu der Rechtfertigung sey, und daß erst noch die Liebe hinzukommen müsse, nach welcher und durch welche der Mensch gerecht werde — fidem esse tantum praeparationem ad justitiam, postea accedere dilectionem, qua homo sit justus — denn folgerte Melanchton — hoc tantundem est, ac si dicatur homo esse justus propter opera et virtutes proprias, et aboletur haec lux, quod homo justus est et Deo acceptus propter Dominum Jesum Christum fide." Gewiß urtheilte darinn Melanchton ganz richtig, daß es den katholischen Verfassern des Buchs um eine Bestreitung der luther-

er es für ganz unerträglich, daß man es in dem Aufsaz nur gewagt habe, die Wiedereinführung des Meß-Canons und der Privat-Messen von ihnen zu fordern: diesem Bedenken Melanchtons aber traten auch alle übrigen Theologen einstimmig bey, indem sie es unverändert an ihren Herrn nach Augspurg abgehen liessen.

Sezt man sich nun in die damahlige Lage von diesem hinein, so kann man sich doch leicht denken, daß ihn die trockene Kürze dieser Erklärung dennoch etwas ärgern konnte, wenn er auch schon nichts weniger als geneigt war, das ganze Interim in seinen Ländern einzuführen. Er mochte zwar vielleicht selbst daran schuld seyn, weil er eine schleunige Erklärung verlangt hatte: aber aus dem ganzen Ton ihres Bedenkens schien es doch gar zu sichtbar, daß sie es auch nicht für der Mühe werth gehalten hatten, sich lange darüber zu besinnen. Da sie im ersten Augenblick mit sich einig geworden waren, daß der Aufsaz in seiner damahligen Form verworfen werden müßte, so schienen sie gar nicht daran gedacht zu haben,

lutherischen Unterscheidungs-Lehre, nach welcher der Glaube allein gerecht machen sollte, zu thun gewesen sey, und durffte daher nicht befürchten, daß ihm diese eine calumniosam interpretationem vorwerffen möchten: aber seine Folgerung war doch nicht ganz rein davon. Aus der Behauptung des Interims folgte nur, daß der Glaube nicht allein gerecht mache, hingegen lag nicht darin, daß es der Mensch allein durch seine Werke und durch seine Tugenden werde. Auch hatten die Katholiken schon mehrmahls erklärt, daß ihnen diß nie in den Sinn gekommen sey; ja selbst in andern Stellen des Artikels im Interim hatten sie sich so ausgedrückt, daß Melanchton sagen mußte — multae partes in illo articulo verae sunt. Man war daher doch nicht so weit auseinander, daß man nicht noch füglich hätte zusammenkommen können, wenn nur jede Parthie etwas von ihren Ausdrücken hätte aufopfern wollen. Auch schien diß Melanchton selbst zu fühlen, denn er sezte ja hinzu: "si vera concor„dia quaeritur, poterit ille arti„culus aliter explicari, quod Im„peratori non displicebit.". Hingegen hatte er wahrscheinlich dabey ein noch stärkeres Vorgefühl, daß sich die übrige Theologen seiner Pathie dennoch durch keine Erklärung befriedigen lassen würden, und drückte sich deßwegen lieber auch selbst etwas härter aus, als er sonst gethan haben würde.

haben, ob er nicht durch einige Veränderungen in eine annehmlichere Form gebracht, oder ob nicht wenigstens einiges daraus angenommen werden könne? Denn selbst dasjenige, was Melanchton in seinem Bedenken als annehmlich im Nothfall ausgezeichnet hatte, schien er sehr deutlich bloß deßwegen eingeräumt zu haben, weil er überzeugt war, daß aus keiner Vergleichs-Handlung, wobey dieser Auffaz zum Grund gelegt würde, etwas herauskommen könnte [74]. Diese Stimmung der Theologen war aber ganz gegen den Plan des Churfürsten. Er hatte es darauf angelegt, dem Kayser wegen des Interims so weit zu willfahren, als es nur irgend ohne Aufopferung der Wahrheit und ohne Gewissens-Zwang geschehen könnte. Er verlangte daher, daß seine Theologen nicht nur das Verwerfliche, sondern eben so angelegen auch das brauchbare darinn aufsuchen sollten, und da ihm natürlich desto mehr damit gedient war, je mehr sie von der lezten Art fanden, so ließ er sie nun auch seinen Wunsch, daß sie recht eifrig suchen möchten, desto deutlicher merken. Auf seinen Brief mußten sie sich jezt zu Mönchs-Celle versammlen [75], um sich noch einmahl über das Interim zu berathen, und ein ausführliches gemeinschaftliches Gutachten darüber zu verfassen; aber, zu dieser Zusammenkunft ordnete er auch einige seiner Räthe

74) Diese Stimmung Melanchtons geht so sichtbar aus dem ganzen Ton seiner Bedenken hervor, daß es kaum begreiflich ist, wie selbst seine Feinde sie verkennen konnten. Bey allem, was er sich anzunehmen erbot, sezte er ja voraus, daß die Katholiken auch ihrerseits einräumen müßten, was er von ihnen forderte, da er aber zugleich bezeugte, daß er gar keine Hoffnung dazu habe, was lag in seinem Erbieten anders als eine Erklärung, daß auch bey der äussersten Nachgiebigkeit von ihrer Seite doch nichts herauskommen würde.

75) Zu dieser Zusammenkunfft, die auf den 20. Apr. angesezt war, wurde ausser den Wittenbergischen Theologen D. Cruciger und Major, auch D. Pfeffinger von Leipzig beruffen. Auch fand sich nun Melanchton zu Mönchszelle ein.

Räthe ab, welche den Auftrag hatten, ihnen die Sache auch von der Seite der Folgen vorzustellen, die daraus entspringen könnten, und zu gleicher Zeit [76]) schrieb der vertrauteste seiner Minister, Carlwiz, an Melanchton einen Brief, worinn ihm die Wünsche des Churfürsten noch unverdeckter erklärt, und dasjenige, was man dabey von ihm und von seinen Kollegen erwartete, noch dringender an das Herz gelegt war!

Diß so sichtbar angelegene Treiben des Churfürsten, der Vortrag selbst, den seine Räthe an die zu Celle versammelte Theologen machten, und am meisten der Brief von Carlwiz, dessen Innhalt aus der berüchtigten Antwort Melanchtons darauf leicht erkannt werden kann — diese Umstände zusammen konnten allerdings der Vermuthung einigen Schein geben, daß er von Anfang an entschlossen gewesen sey, seinen Leuten mit List oder Gewalt das ganze Interim aufzudrängen. In dem Vortrag seiner Räthe schien ja die Absicht so sichtbar durch, die Theologen hineinzuschröcken; wenigstens war die Beschreibung gewiß übertrieben, welche sie ihnen von der Unruhe und von der Verlegenheit machten, worinn der kayserliche Antrag wegen des Interims den Churfürsten versezt habe [77]). Carlwiz schien hingegen in

76) Den Brief von Carlwiz hat man nicht; aber die Antwort Melanchtons in der Manlischen Sammlung ist vom 4. Maj. datirt, und da Melanchton diese wohl absichtlich aufgeschoben haben mochte, biß zugleich der Bericht von den Cellischen Handlungen nach Augspurg an den Churfürsten geschickt werden konnte, so ist es sehr wahrscheinlich, daß er den Brief von Carlwiz zugleich mit dem Befehl nach Celle zu reysen erhalten haben mochte.

77) "Ita — stellten sie den Theologen vor — tentari ac turbari animum Principis, tum atrocitate comminationum, si libri praecisa recusatione auctoritatem Imperatoris labefactando causam novis turbis et seditionibus suo exemplo praeberet, tum commendationibus libri mirificis et mirifice coloratis, quasi complectatur analoga fidei et doctrinae nostrarum ecclesiarum congrua, ut haereat prorsus, et quomodo se extricet, non videat." Bg. S. I. b.

in seinem Brief an Melanchton einen Wink gegeben zu haben, wie leicht es dazu kommen könnte, daß der Churfürst, ohne sich an ihre Bedenken und Bedenklichkeiten zu kehren, einen Entschluß in der Sache faßte, den er alsdenn schon zu behaupten, und auch gegen ihre Protestationen zu behaupten wissen würde [78]. Der Brief und der Vortrag aber fieng mit Ermahnungen an, und hörte mit Ermahnungen auf, daß sie doch ja bey ihren Berathschlagungen keiner Leydenschaft Raum, keinem mißtrauischen Argwohn Gehör, und blossen Nebensachen keine Wichtigkeit geben möchten, wodurch ihr Urtheil verfälscht werden könnte [79].

Diß schien wohl deutlich genug anzukündigen, daß es dem Churfürsten sehr lieb seyn würde, wenn sie das Ganze oder wenigstens den grösten Theil des Interims annehmlich finden könnten; und diß war auch gewiß seine wahre Gesinnung: aber wer ist berechtigt, darinn schon ein verstecktes Ansinnen zu finden, daß es seine Theologen auch mit der Wahrheit nicht so genau nehmen, und sich nicht zu sehr bedenken möchten, den Umständen der Zeit allenfalls auch auf Kosten von dieser ein

78) Ohne Veranlassung hätte wohl sonst Melanchton seinen Brief schwehrlich mit der Erklärung angefangen — Primum hoc tibi confirmo, me optare, ut Illustrissimus Princeps de sua et consilii sententia statuat, quod videatur maxime salutare fore et ipsi et reipublicae. Ego cum decreverit Princeps, etiam si quid non probabo, tamen nihil seditiose faciam, sed vel tacebo, vel discedam, vel feram, quicquid accidet. Tuli — in dieser Verbindung kommt die berufene schon angeführte Stelle — et antea servitutem pene deformem, cum saepe Lutherus magis suae naturae, in qua φιλονεικια erat non exigua quam vel personae vel utilitati communi serviret. Ep. p. 49. Doch auch den übrigen Theologen mochte man etwas dieser Art zu verstehen gegeben haben, denn auch ihr Brief an den Churfürsten eröffnet sich mit der etwas empfindlichen Erklärung, daß sie bereit seyen, das Land zu räumen, wenn man glaube, daß der Friede und die Ruhe durch sie gestört werde. "Malumus, sagen sie, in aliis „locis degere, si tales judicamur, „qui pacem harum regionum petulanter impediamus."

ein kleines Opfer zu bringen? Er mochte immer wünschen, daß man so wenig Anstoß, als möglich an dem Interim nehmen, oder daß sich das Anstößige darinn so gut als möglich, mildern und verdecken lassen möchte. Denn der Wunsch war in seiner Lage höchst natürlich! Er mochte es auch für nöthig halten, seine Theologen zu ermahnen, daß sie sich bey ihren Berathschlagungen vor dem Einfluß eines leydenschaftlichen Parthie-Geistes und einer streitsüchtigen Chikane hüten sollten, denn konnte er es nur für möglich halten, daß bey irgend einer Unterhandlung zwischen ihnen und den Katholiken Leydenschaft und Parthie-Geist ganz aus dem Spiel bleiben könnten 80)? Doch eben deßwegen läßt sich desto weniger vermuthen, daß er die Absicht gehabt hätte, ihnen nur eine seinen Wünschen gemässe, wenn schon der Wahrheit nachtheilige und mit ihrer Ueberzeugung streitende Erklärung über das Interim abzulocken, da er sie doch zugleich versichern ließ, daß er selbst entschlossen sey, der Wahrheit in jedem Fall nichts vergeben zu lassen 81).

Allein

79) Der Vortrag der Räthe schloß sich nach der Erzählung der Theologen — cum summa obtestatione, ut depositis affectibus omnibus candide et sine Sophistica moneant monenda — nec vel calumniose interpretando, quae si dextre intelligantur, nihil habeant incommodi, vel de non necessariis capitalia certamina movendo implicent novis bellis et principem et ecclesias harum regionum. Bg. S. I. a.

80) Gab es doch damahls Protestantische Fürsten, welche es unverholen sagten, und gewiß auch im Ernst glaubten, daß es blosser Parthei-Geist der Theologen sey, der das Interim in einen so schlimmen Ruff gebracht habe. Noch in einem Brief vom J. 1555. schrieb der Churfürst von Brandenburg Joachim II. seinem Bruder dem Markgrafen Hansen, der ihm wegen seiner Vergünstigung des Interims Vorwürfe gemacht hatte, "man dürffe nicht so viele Tausende armer Seelen um etlicher starrköpffiger Pfaffen willen verderben lassen." S. diese Briefe aus einer Handschrifft abgedruckt in dem Moserischen Neuen patriotischen Archiv für Deutschland B. II. S. 75—98.

81) Er verlangte ja doch auch von ihnen, sie sollten ihm dasjenige auszeichnen, was ihrem Urtheil nach gar nicht ohne Verlezung der Wahrheit angenommen werden könne; nur sollten sie ihn dabey in den Stand sezen, dem

Allein, was er auch abzwecken mochte, so konnte er ja doch nicht bewürken, daß ihr seine Theologen etwas vergaben!

Kap. V.

Bey dem neuen Gutachten, das diese ausstellten, 1548.
schienen sie zwar würklich der Instruktion gemäß, die man ihnen so vielfach gegeben hatte, nur dasjenige auszeichnen zu wollen, was noch aus dem Interim angenommen und behalten werden könne, allein diese Absicht selbst gab ihren Berathschlagungen eine Wendung, die zu einem den Wünschen des Churfürsten höchst ungünstigen Schluß führte. Indem sie nehmlich einen von den Artikeln des Aufsazes nach dem andern näher beleuchteten, so machten sie die Entdeckung, daß fast einem jeden, nur dem einen offener, dem andern versteckter, etwas irriges beygemischt sey, gegen das man sich nothwendig durch eine Protestation, oder durch irgend eine Klausel verwahren müßte, und so kam aus ihrem neuen Bedenken am Ende heraus, daß beynahe gar nichts von dem Interim in seiner gegenwärtigen Form angenommen werden könne. Dieser Schluß mußte aber desto härter auffallen, da sie doch dabey noch behaupteten und bewiesen, daß sie nur das schlimmste aufgedeckt, nur das unerträglichste gerügt, und in eine Menge von andern zweydeutigen und bedenklichen Aeusserungen noch selbst einen Sinn hinein erklärt hätten, durch den sie erst erträglich gemacht werden müßten.

So erboten sie sich zuerst, den ganzen Artikel von der Kirche, wie er im Interim verfaßt war, anzunehmen

dem Kayser bestimmte Gründe anzugeben, wegen denen dasjenige, was sie als verwerflich auszeichnen würden, verworffen werden müsse. Aber nach Melanchtons Brief an Carlwiz mußte ihn dieser ausdrücklich veesichert haben, daß der Churfürst nicht gesonnen sey, etwas an der Lehre verändern zu lassen.

men, wenn schon darinn dem Pabst und den Bischöffen die ganze Gewalt, welche sie so oft mißbraucht hatten, selbst die Gewalt, die Schrift auszulegen, und allgemein verbindende Kirchen-Geseze zu machen, auf das neue zugesprochen sey. Sie hofften nehmlich — sagten sie dabey — gegen künftige Mißbräuche und gegen die Verpflichtung künftige Mißbräuche dulden zu müssen, durch die Klausel gesichert zu seyn, die man doch selbst in dem Aufsaze eingerückt habe, daß dem Pabst und den Bischöfen ihre Gewalt bloß zum Besten und zur Erbauung, und nicht zum Schaden der Kirche gegeben sey, worinn doch wenigstens auch diß liegen müsse, daß sie dieselbe nicht zur Verfolgung der reinen Lehre und der wahren Religion gebrauchen dürften: aber sie verhelten dabey nicht, daß man sich doch auch, ohne sehr mißtrauisch zu seyn, durch diese allgemeine Klausel sehr schlecht gesichert glauben könnte [82]. In den folgenden Artikeln von den Sakramenten, worinn ihnen die Verfasser des Interim auch nicht eines von ihren sieben

82) "Quanquam in hoc Articulo, ut passim in toto libro multa sunt generaliter dicta, quae diverso modo explicari possunt, tamen non pugnabimus de illo. Nullas dignitates aut dominationem ullam quaerimus. Itaque sive sit Pontifex, sive Episcopi, si sanam doctrinam et veros Dei cultus non persequantur, optamus ipsis suam constare auctoritatem, eaque ipsos ad conservationem doctrinae christianae, et honestae disciplinae uti." Bg. S. 3. a. Bey dieser Bedingung, unter welcher die Theologen die Gewalt des Pabstes und der Bischöffe anerkennen wollten, wurde übrigens die Nachgiebigkeit, welche sie dabey zeigten, vorzüglich dadurch so unbedenklich, weil sie gewiß darauf zählen konnten, daß sie nicht angenommen werden würde. Sie behaupteten ja, in der allgemeinen Klausel "quod potestas Pontificis et Episcoporum aedificationi ecclesiae servire debeat, non destructioni" müsse zuerst diß liegen, daß der Pabst und die Bischöffe die reine Lehre zu befördern verbunden seyen. Unter dieser reinen Lehre konnten sie nur ihre Lehre verstehen; also erboten sie sich im Grund nur dazu, den Pabst und die Bischöffe anzuerkennen, wenn sie — lutherisch würden! So hatte sich nicht nur Melanchton, sondern Luther selbst mehrmahls dazu erboten, und niemand hatte sich daran gestossen, weil niemand befürchtete, daß man sie bey ihrem Wort halten würde.

ben erlassen hätten, erklärten sie sich eben so bereit, mehrere bißher noch bestrittene Punkte um des Friedens willen nachzulassen. Sie wollten die Firmung und die Ordination für dasjenige gelten lassen, was man daraus gemacht hatte [83]. Sie wollten über die Beichte und über die lezte Oelung auch weiter nicht streiten! Auch die Ehe möchte ihrethalben ein Sakrament heissen! Aber gegen den offenbaren Irrthum müßten sie sich doch erklären, der in der Behauptung des Interims liege; daß dem Menschen durch alle diese äussere Handlungen die Gnade Gottes gegeben und mitgetheilt werde! Diß könnten sie doch nicht verantworten, wenn sie dazu mitwürken sollten, daß dem Volk auf das neue die unerträgliche Last der nahmentlichen Aufzählung seiner verborgenen Sünden in der Ohrenbeichte aufgelegt würde! Und zu der platten Lüge dürften sie doch nicht schweigen, daß Vergebung der Sünden und Erlassung der göttlichen Strafen durch jene Bußwerke und Poenitenzen verdient werden könne, die der Priester dem Beichtenden auflegen möge [84])!

In der besondern Lehre von der Messe und vom Meß-Opfer wollten sie sich mit dem Geständniß des Interims begnügen, daß die Messe kein Versöhn-Opfer sey. Ob und in wie fern sie ein Dank-Opfer genannt werden könne, möchte dem Gewissen und dem Urtheil eines jeden überlassen bleiben, der darüber zu urtheilen fähig

83) Ueber diese zwey Sakramente erklärten sie sich wenigstens gar nicht; und diß konnte man eben so ansehen, als ob sie sich erboten hätten, die Vorstellungen des Interims darüber anzunehmen.

84) "Haec manifesta mendacia — sagen sie darüber — reprehendere necesse est." Auch in dem Artikel von der Ehe fanden sie die zwey Punkte unerträglich, daß ohne Einwilligung der Eltern geschlossene Ehen doch für gültig erkannt, hingegen durch eine Ehscheidung auch dem unschuldigen Theil die Freyheit, wieder zu heyrathen genommen werden sollte.

fähig sey [85]). Aber in die Wiedereinführung der Privat-Messen könnten sie eben so wenig als in die Wiederherstellung des ganzen Meß-Canons in ihren Kirchen willigen, weil in diesem eben so viel falsches und irriges enthalten, als mit jenen unschickliches und bedenkliches verbunden sey. Eben so wenig könnten sie dasjenige billigen, was in dem Aufsaz von der Nothwendigkeit der Heiligen Verehrung und von dem Nutzen der Seel-Messen für die Verstorbenen gelehrt würde: hingegen die darinn vorgeschriebene äussere Ceremonien wollten sie gern sich gefallen, und selbst die Fasten, die man wieder von ihnen gehalten, und die Feste, die man von ihnen gefeyert haben wollte, nicht ungern — nur mit Ausnahme des Frohn-Leichnams-Festes [86]) sich aufdrängen lassen, wenn man ihnen dafür dasjenige nachlassen wolle, was der von ihnen erkannten Wahrheit, und also auch ihrem Gewissen zuwider sey. Dabey erklärten sie aber auf das stärkste, daß jeder Versuch, ihnen und [illegible] ihren

85) "Quamquam de oblatione et Missa longus est sermo; in quo multa ex antiquis et recentioribus scriptoribus sunt adducta, quibus nos firmiora et magis perspicua facile opponere possemus, tamen non volumus Principem hac disputatione onerare. Recte autem distinguit liber inter Propitiatorium et eucharistica Sacramenta ac verum dicit, cum expresse affirmat, Missam non esse meritum pro peccatis, neque esse sacrificium ἱλαστικον. Quomodo autem sit sacrificium ἐυχαριστικον; id rejicimus ad privatam cujusque prudentis viri confessionem. — In dem ersten Bedenken hate Melanchton den Opfer-Begriff in der Lehre vom Sakrament jener Distinktion ungeachtet noch gar nicht annehmlich gefunden: aber freylich nur in so fern, als der Mißbrauch der Privat-Messen doch immer noch dadurch beschönigt werden konnte. Da er nun jezt den Begriff nur unter der Bedingung frey lassen wollte, daß die Zulässigkeit der Privat-Messen nicht mehr daraus gefolgert werden dürffte, so änderte er eigentlich sein Urtheil darüber nicht.

86) Man sezte vorsichtig noch mehrere Clauseln hinzu. "Ordinatio festorum — cerimoniarum — et jejuniorum possunt recipi, ita tamen, si sint absque invocatione Sanctorum, et aliis manifestis abusibus, ut absque peculiari reverentia quae statuis exhibetur, et scandalosis consecrationibus. Item sine abusu Festi Corporis Christi.

ihren Kirchen diß neue Normativ in seiner unveränderten Gestalt aufzudrängen, unfehlbar die gröste Verwirrung veranlassen, anstatt des gewünschten Friedens nur einen neuen unseeligeren Krieg erzeugen, und noch überdiß mit einer Gewalt durchgesezt werden müßte, deren empörende Ungerechtigkeit laut um Rache zu Gott schreyen würde [87]).

Diß Gutachten der Theologen entsprach gewiß den Wünschen des Churfürsten weniger, als er erwartet hatte. Sie erboten sich zwar darinn, einiges aus dem Interim anzunehmen; aber sie brachten so viele Einschränkungen dabey an, daß es unmöglich war, die Sache dem Kayser auch nur noch als eine halbe Annahme vorzustellen. Ueberdiß hatte es das Ansehen, als ob sie selbst ihr Erbieten nur auf die Bedingung gestellt hätten, daß sich die katholische Gegen-Parthie auch ihrerseits ihre vorgeschlagenen Aenderungen gefallen lassen müßte, denn sie schienen vorauszusezen, daß es noch zu Vergleichshandlungen darüber kommen könnte: also bekam der Churfürst noch Ursache zu der Befürchtung, daß sie selbst dasjenige, was sie schon bewilligt hatten, zum Theil wieder zurücknehmen dürften, so bald sie erfahren würden, daß gar keine Hoffnung dazu vorhanden sey. Diß traf auch noch eher ein, als er etwas thun konnte, es zu verhindern. Kaum hatten die Theologen erfahren, daß die Katholiken und die Bischöfe auf dem Reichstag in der Zwischenzeit erklärt hätten, sie wollten nicht durch das Interim gebunden seyn, sondern

87) Nullum — sagen sie — dubium est multos Pastores non recepturos omnes articulos, sicut in libro praecipiuntur. Quodsi principes aut Magistratus suos Pastores eam ob causam sedibus ejicere aut interficere voluerint, miserabilis ea pax est futura: Nec dubium est Deum ipsum fore vindicem. Multa etiam hominum millia in nostris ecclesiis, quae nunc Deum recte invocant, hoc scandalo turbabuntur. Bg. S. 4. b.

dern nur die Protestanten dadurch gebunden haben, so schickte Melanchton dem Churfürsten ein weiteres Gutachten nach, worinn er auf das dringendste rieth, daß man doch alle Entwürfe zu einem Vergleich mit ihnen vermittelst des Interims aufgeben sollte, weil nichts als Unheil und Verwirrung für sie selbst daraus entspringen könnte [88]). Als aber der Churfürst, nachdem indessen das Interim zu Augspurg publicirt, und er selbst in seine Länder zurückgekehrt war, dennoch darauf bestand, daß man der Nothwendigkeit nachgeben, und sich, so weit als möglich, darein fügen müsse, so schickten sie noch ein drittes Bedenken von Wittenberg aus an ihn ab, womit ihm noch ungleich weniger als mit dem ersten und zweyten gedient seyn konnte.

In diesem dritten Bedenken [89]), zu welchem sich wieder die sämtliche Theologen zu Wittenberg mit Melanchton vereinigten, wiederholten sie zuerst gemeinschaftlich und in noch stärkeren Ausdrücken, als sich Melanchton in seinem Privat-Gutachten erlaubt hatte, daß sie alle Veränderungen, die man aus Veranlassung des Interims in dem Zustand ihrer Kirchen vornehmen möchte, für äusserst schädlich hielten, weil schlechterdings nichts anders als Verwirrung, Zwistigkeiten und Unruhen

88) Diß Gutachten war vom 29. Apr. und von Wittenberg aus datirt, wohin Melanchton erst den 27. von Celle zurückgekommen war. "Non possum sagt er darinn, mihi persuadere, formulam, quae proposita est, pacem esse parituram, nec sperari inde aliud potest, nisi ut miserae nostrae ecclesiae vehementer turbentur. — Idcirco adhuc meam sententiam rectam censeo et utilem, ut hoc unum agatur omni conatu, ne ecclesiae nostrae turbentur. Res manifeste docet, frustra tentari conciliationes cum persecutoribus nostris. Etiam cum sarcitur concordia qualiscunque, tamen pax constituitur, qualis est inter lupos et agnos." B. T. 4 a.

89) Das Bedenken wurde im Junius dieses Jahrs 1548. aufgesezt, und an den Churfürsten selbst gerichtet. S. Bg. Y. 1. b. Auch unterschrieben es mit Cruцigern und Majorn ebenfalls Bugenhagen und Sebast. Fröschel.

ruhen unter ihnen selbst daraus entspringen könnten [90]). Ihre Meynung über die einzelnen Punkte führten sie hingegen so aus, daß sie zwar bey einem jeden wieder auszeichneten, was allenfals geduldet und nachgelassen werden könnte, aber auch bey einem jeden das ganz verwerfliche oder das nur unter gewissen Einschränkungen zulässige darinn aufdekten, wobey sie es jezt sogar noch genauer als in ihren ersten Bedenken zu nehmen schienen. So erklärten sie wieder zuerst, daß der Artikel von der Rechtfertigung so viele, wenn schon künstlich genug versteckte Grund-Irrthümer enthalte, daß er durchaus nicht angenommen werden könne. Ueber den Artikel von der Kirche wollten sie zwar dem Churfürsten nicht zu streiten rathen, aber sich selbst behielten sie dabey ein Paar Clauseln vor, von denen sie gewiß genug wußten, daß sie ihnen niemahls von ihren Gegnern zugestanden werden würden, weil sie ihnen den ganzen Vortheil, den sie aus diesem schönen Artikel zu ziehen hoften, völlig verdarben [91]). Auch in der Lehre von den Sakramen-

90) "Postquam, sagen sie, nunc experientia convincit, et res ipsa loquitur, Episcopos et horum satellites Romano Pontifici adjunctos nullam conciliationem aut moderationem controversiarum admittere velle, ideoque certum sit, de doctrina atque ceremoniis quibusdam mansuras esse dissensiones et discordias, et Episcopos illos nolle nobis ordinare Ministros Evangelii et Sacramentorum, certe multo satius esset, nos interim domi fovere ac tueri tranquillitatem et conjunctionem nostrarum ecclesiarum, quam tentandis novis mutationibus praebere causas et occasiones domesticis tumultibus, intestinis discordiis, et tristibus scandalis inter nos, praesertim cum constet, fore ut iste liber in multis regionibus et urbibus non recipiatur, nec approbetur." ib.

91) Sie wollten sich nehmlich ihr Privat-Urtheil über alles vorbehalten, worüber die Kirche jemahls, auch auf einem allgemeinen Concilio geurtheilt habe, und besonders in Glaubens-Sachen und in Streitigkeiten über Glaubens-Sachen geurtheilt habe. — "Hoc tamen reservari integrum liberumque cupimus et nobismet ipsis et aliis, ut quisque suo periculo de his et aliis controversiis atque disputationibus — piam et utilem explicationem instituere atque in sua confessione differere possit — Quod enim in hac parte de Conciliis et potesta- [illegible] te

menten wollten sie nicht über Nahmen streiten: hingegen nur ungern würden sie zugeben, daß man die Firmlung und die lezte Oelung unter die Sakramente zählen möchte, immer würden sie läugnen, daß irgend eine besondere Würkung des heiligen Geistes mit diesen äusseren, an sich ganz willkührlichen Handlungen oder Ceremonieen verbunden sey, und niemahls würden sie sich die Lügen wieder aufdrängen lassen, die man bißher über die magische Kraft des geweyheten Oeles oder des heiligen Chrisma noch immer in der Liturgie der Römischen Kirche fortgeführt, aus der ihrigen aber ausgemerzt habe. Dasjenige, was in dem Interim von dem Nuzen der Beicht gelehrt sey, erklärten sie für annehmlich genug, aber es müsse niemand gezwungen werden, die behauptete Nothwendigkeit einer besonderen Aufzählung aller seiner Sünden für einen Glaubens-Artikel zu halten. Ueber die Nothwendigkeit der Satisfaktionen bey der Busse hätten sich die Verfasser des Aufsazes so zweydeutig ausgedrückt, daß ihre Lehrform darüber nicht ohne eine vielfach-verwahrende Erklärung angenommen werden könne. Die Freyheit und das Recht einer solchen Erklärung müsse auch einem jeden bey dem Artikel vom Abendmahl eingeräumt werden, wiewohl er in Ausdrücken abgefaßt sey, die mit der Lehre ihrer Kirchen weiter nicht stritten. Hingegen eher wollten sie sterben, als in die Wiedereinführung des Gräuels der Privat-Messen willigen, auch die Seelmessen für die Verstorbene würden sie niemahls wieder in ihren Gemeinden aufkommen lassen, weil sie doch weiter nichts als eine Erfindung des schändlichsten Eigennuzes seyn, und so würden sie endlich auch von der Anrufung der Heiligen, und von dem ganzen Heiligen-

te interpretandi Scripturam ecclesiae competente — in libro declamitatur, de hoc permulta restant diligenter excutienda."

gen-Dienst nie etwas anders halten, als daß er reine Abgötterey sey.

Wegen der Ceremonien und äusseren Gebräuche überhaupt führten sie zulezt noch sehr bestimmt aus, daß sie zwar äussere Ceremonien für mehrfach nüzlich zu Erhaltung einer anständigen Ordnung, jedoch an sich für etwas gleichgültiges hielten, daß nach Willkühr eingerichtet und umgeändert werden könnte, daß sie eben deßwegen zu jedem Antrag freudig die Hände bieten würden, durch den man vielleicht eine grössere Gleichförmigkeit in diesem Punkt zu erzielen oder noch mehr Anstand hineinzubringen hoffen könnte, und daß sie überhaupt über die äussere Form solcher Handlungen mit niemand in der Welt streiten wollten. Aber noch bestimmter erklärten sie, daß sie dafür desto eifriger auf die Anerkennung und Beybehaltung des Unterschieds dringen müßten, den man zwischen solchen äusseren Ceremonien und zwischen demjenigen zu machen habe, was allein zum wesentlichen der Religion und des einzig-wahren Gottesdienstes gehöre, daß sie im besondern gegen die Wiedereinführung mehrerer in ihren Kirchen abgeschaften papistischen Ceremonien protestiren müßten, weil so viele irrige Ideen daran angeknüpft worden seyen, die sich in der Vorstellung des Volks schwehrlich mehr davon absondern liessen, und daß sie aus diesem Grund von jeder Aenderung oder Neuerung, die man hierinn nach der besonderen Vorschrift des Interims vornehmen möchte, die bedenklichste und nachtheiligste Folgen bebefürchteten. Wenn man ihnen aber — so schloß sich ihr Bedenken — wenn man ihnen entgegen halten wollte, daß die protestantische Fürsten und Stände durch ihre beharrliche Weigerung, das Interim anzunehmen, sich der unvermeidlichen Gefahr eines neuen und mehr als zweifelhaften Krieges aussezen würden, so hätten sie nichts darauf zu antworten, als daß jeder Fürst mit sich

selbst

selbst und für sich selbst ausmachen müsse, was er für die Vertheidigung der Kirche zu wagen und zu übernehmen verpflichtet oder vermögend sey. Ihnen, als Privat-Personen liege nur die Pflicht ob, die Wahrheit zu bekennen, wenn sie auch darüber das Land räumen, oder das Leben selbst verliehren müßten, und zu beyden seyen sie bereit [92]).

Diese lezte Erklärung der Wittenbergischen Theologen sollte gewiß nicht bloß eine pathetische Aeuserung seyn, sondern kündigte einen sehr überlegten Entschluß an, dessen Ankündigung aber ohne Zweifel ebenfalls überlegt war. Wahrscheinlich mochten sie jezt deutlicher merken, daß der Churfürst ihr Herr nicht nur um des Kaysers willen das Interim herzlich gern annehmen würde, wenn es nur ohne Verlezung seines Gewissens und der Wahrheit geschehen könnte, sondern auch herzlich wünschte, daß es ohne Verlezung seines Gewissens möchte geschehen können. Noch gewisser konnten sie dabey voraussehen, daß er sein Gewissen schon hinreichend für beruhigt halten, und sich selbst von aller Verantwortung entledigt ansehen würde; wenn er ihnen nur ein halb-günstiges Urtheil darüber ablocken könnte. Auch hatten sie schon erfahren, daß man vorzüglich darauf rechnete [93]), ihnen ein solches Urtheil durch die

Vor-

92) "Quod vero bellum metui dicitur, huic terrori hanc moderatam et submissam responsionem opponimus. Potestas poterit ipsa secum perpendere et statuere, quid pro defensione ecclesiarum ratione sui muneris ac officii suscipere ac sustinere vel possit vel debeat. Nos quidem, ut homines privati, Deo juvante, parati sumus et ad exilia et ad supplicia, si sit opus, perferenda."

93) Jeder Vortrag, den die Räthe und Kommissarien des Churfürsten an sie machten, fieng ja damit an, und hörte damit auf. Auch der Brief von Carlowiz an Melanchton war offenbar für diesen Zweck berechnet; aus den Briefen des lezten aber, die in diesen Zeitraum fallen, ersieht man am besten von wie vielen andern Seiten man ihn noch damit zu schröcken suchte. Daß man ausser diesem noch andere Künste brauchte, um sie nachgebender zu machen, kann man auch daraus schliessen, weil sie

Vorstellung der Gefahren abschröcken zu können, welche eine hartnäckige Verwerfung des Interims der ganzen Parthie zuziehen dürfte, woraus sie dann wieder schliessen konnten, daß man sicherlich nicht ermangeln würde, sie voraus als die Anstifter des Krieges auszuschreyen, der daraus entstehen, und ihnen alles Unheil auf das Gewissen zu schieben, das durch diesen veranlaßt werden könnte. Dagegen glaubten sie nun sich sorgsamer verwahren zu müssen, damit ihnen weder der Vorwurf, den Wünschen ihres Herrn zum Nachtheil der Wahrheit geschmeichelt, noch der Vorwurf, ihn zum Kriege gereizt zu haben, mit einigem Schein gemacht werden könnte. Zu diesem Ende beschlossen sie mit sehr weiser Vorsicht, sich bloß auf die Erklärung einzuschränken, daß sie als Theologen, deren Gutachten man verlangt habe, das Interim nicht billigen könnten, und auch, was nur für sie selbst daraus entstehen möchte, niemahls billigen würden; alles übrige aber, was nach andern Hinsichten und vorzüglich wegen der wahrscheinlichen Folgen seiner Annahme und seiner Verwerfung für den Churfürsten dabey zu bedenken seyn dürfte, nicht nur seinem eigenen Gewissen zu überlassen, sondern auch ausdrüklich zu erklären, daß sie es diesem überliessen, ohne ihn durch ihren Rath zu dem einen oder zu dem andern bestimmen zu wollen.

Daß diß die geheime aber wahre Absicht dieser Wendung war, welche die Theologen ihrem Gutachten so geflissentlich gaben, diß legt sich noch aus einem besondern Umstand höchst deutlich zu Tag. Sie gaben nehmlich mehreren auswärtigen Predigern, von denen ihre Landesherrn ebenfallß ein Bedenken über die Zuläs-sigkeit

sie im Anfang dieses Bedenken's die Versicherung für nöthig hielten: Nos quidem nec petulantia, nec curiositate, nec superbia seu contumacia ulla repugnamus, ut a quibusdam falso in nos confer-tur.

sigkeit oder Verwerflichkeit des Interim verlangt hatten, auf ihre Anfrage bey ihnen den Rath, daß sie von der nehmlichen Wendung Gebrauch machen sollten, weil sie mit sehr gutem Grunde voraussezten, daß auch die meiste übrige protestantische Landesherrn eben so wie der ihrige darüber gestimmt seyn, folglich auch diese Prediger in einem gleichen Fall mit ihnen sich befinden dürften. Diß schrieben sie noch in eben diesem Sommer den Predigern zu Straßburg, die einen eigenen Deputirten nach Wittenberg geschickt hatten, um sich ihr Urtheil über das Interim mittheilen zu lassen 94), ja diß schrieb Melanchton um eben diese Zeit ganz unverdeckt selbst an einen Fürsten, nehmlich an den Markgrafen Johann von Brandenburg 95) Ob

94) Die Straßburger hatten D. Marbach nach Wittenberg geschickt, nachdem sie bereits ihrem Magistrat ein sehr starkes Bedenken gegen das Interim übergeben hatten. Von diesem war hierauf schon der Kayser ersucht worden, die Stadt mit dem Interim zu verschonen, da aber der Kayser Anstalten machte, sie mit Gewalt zu seiner Annahme zu zwingen, so wünschte wohl auch der Magistrat sich durch irgend eine Auskunfft helfen zu können, und dieser Wunsch, den er den Predigern zu erkennen gab, mochte wahrscheinlich zunächst die Absendung Marbachs nach Wittenberg veranlassen. Unter diesen Umständen glaubten aber doch die Theologen zu Wittenberg, ihnen nur den nehmlichen Rath geben zu dürffen, den sie auf mehrere schon an sie ergangene ähnliche Anfragen ertheilt hatten. "Duximus vobis significandum esse, quid responderimus omnibus iis, qui a nobis consilium de libro petierunt. Ad omnes uno et eodem modo scripsimus ac suasimus, ut Pastores suam deliberationem omnino sejungant a deliberatione politicorum gubernatorum, et respondeant plane et perspicue, se nequaquam mutaturos esse genus doctrinae, quod in nostris ecclesiis sonat, et se quidem non recipere librum. Quia nostri officii est, et intelligere et vitare corruptelas. Sinant autem politicos gubernatores, quorum multi fontes doctrinae ignorant, multi oderunt, respondere Imperatori, ut volunt. Ita Pastores periculis suae conscientiae liberantur, et minus fit mutationum in ecclesia, et nos nihil immoderate, nihil seditiose facimus, et tamen retinemus confessionem doctrinae." S. Expos. Aa 4. b. Eben so, nur noch offenherziger, schrieb Melanchton um diese Zeit an Erhard Schnepf, indem er ihm die Gründe weiter entwickelte, warum sie diesen Rath für den besten hielten. S. Epp. L. II. ep. 103.

95) "Pastores ecclesiarum et doctores suas responsiones debent sepa-

Ob nun freylich Luther in einem Gutachten über das Interim sich einer solchen Wendung bedient haben würde, diß mag man nicht nur bezweiflen, sondern sehr bestimmt darf man behaupten, daß er es niemahls gethan haben würde. Es war ja darinn den Fürsten deutlich genug gesagt, daß ihnen die Theologen eben nicht rathen wollten, es um des Interims willen zum Krieg kommen zu lassen, oder daß sie sich wenigstens nicht herausnehmen wollten, sie zu verdammen, wenn sie sich nur die Annahme desselben vor ihrem eigenen Gewissen zu verantworten getrauten. So hätte Luther nie gesprochen, sondern unverdeckt würde er ihnen gesagt haben, daß sie es ohne Verlezung ihres Gewissens und ohne Verläugnung der Wahrheit in keiner Maaße annehmen könnten, und wahrscheinlich jedem von ihnen voraus den Fluch angekündigt haben, der sich aus niedriger Furcht vor dem Kayser und seinen Drohungen dennoch dazu verstehen würde, nachdem er ihnen erklärt habe, daß es Gewissens-Sache sey. Allein nach demjenigen, was Luther gethan haben würde, waren wohl Melanchton und seine Kollegen jezt nicht zu handlen verpflichtet, und wenn sie ihr Benehmen nach einer Klugheit einrichteten, die mehr auf sich selbst und auf die Umstände Rüksicht nahm, so dürffen sie deßwegen allein nicht getadelt werden, wenn sie nur keine höhere Pflicht dieser Klugheit aufopferten. Diß aber kann man ihnen gewiß nicht zur Last legen. Sie schmeichelten auch nicht auf die entfernteste Art demjenigen, was sie als den geheimen Wunsch des Churfürsten vermuthen mußten. Sie erklärten ihm auf das unzweydeutigste,

separare a responsionibus politicorum, ita ut pii et intelligentes doctores clare et expresse affirment se librum Augustanum, neque amplecti nec probare velle, neque ulla re confirmare. Articulo enim justificationis certe fraus innexa est — et stabiliuntur praeterea in eo libro alii errores et abusus manifesti." ib. Aa. 2.

tigste, daß sie nach ihrer Ueberzeugung das Interim niemahls billigen könnten. Sie legten ihm unaufgefordert eben so offen dar, wozu sie sich selbst durch diese Ueberzeugung und bey dieser Ueberzeugung verpflichtet hielten — nehmlich eher alles und selbst den Tod zu übernehmen, als sich zu seiner Annahme wieder ihr Gewissen bewegen zu lassen! Konnte er sich nun nicht daraus selbst heraus nehmen, ja konnten sie ihm durch irgend eine Wendung deutlicher sagen, wozu sie auch ihn verpflichtet hielten, und wozu auch er sich entschliessen müßte, wenn seine Ueberzeugung der ihrigen gleich sey, oder wenn er sich nach der ihrigen richten wolle? 96) Daß sie es aber dabey als möglichen Fall voraussezten 97), die Fürsten könnten vielleicht nach einer irrigen, jedoch nicht unredlichen Ueberzeugung die Sache an-

96) In dem Brief an den Markgrafen von Brandenburg sagte diß Melanchton ganz unverdeckt. Wenn es den Fürsten ernst sey, erklärte er diesem, die Wahrheit und die Kirche bey diesem Anlaß gegen den Kayser zu vertheidigen, so dürfften sie nicht erst fragen, ob auch die Vertheidigung erlaubt sey. "Sicut pater familias uxori et liberis debet defensionem, quantam praestare potest, si a latronibus opprimatur in sua domo, sic Magistratus ecclesiis suis et insontibus subditis debet defensionem, quoad illa possibilis est." Fühlten sie sich aber zu machtloß zu dieser Vertheidigung, so könnte man ihnen nichts anders sagen, als — qui vult confiteri veritatem, commendet se Deo, et cogitet, quod scriptum est: omnes capilli capitis vestri numerati sunt."

97) "Dissimile est, — so erklärte sich Melanchton in dem angeführten Brief an den Markgrafen auch darüber — et varium, quid ordinibus politicis consuli possit et debeat. Habet enim liber quosdam articulos universales, id est, tales, quos intelligere oportet christianos omnes, et quid de singulis sentiendum sit, secum constituere, sicut sunt capita de Justificatione &c. Aliqui non sunt universales, quos nosse et intelligere non possunt omnes. — Inter Magistratus autem et ordines politicos iis, qui doctrinam christianam non intelligunt, vel auctoritati doctrinae coelestis studia et benevolentiam hominum anteponunt, frustra consulitur. Si vero — sezt er hinzu, und erprobte eben damit, daß es ihm bey dieser Wendung nicht bloß darum zu thun war, sich selbst aus einer Verlegenheit zu ziehen — princeps in universalibus libri articulis, quid sit veritas, intelligit, et quod veritati contraria sint libri decreta agnoscit, talis contra conscientiam librum nullo modo recipere aut probare debet," Expos. Aa. 3.

anders ansehen als die Theologen, und daß sie sich nicht herausnehmen wollten, sie zu verdammen, wenn sie auch in diesem Fall nicht nach der ihrigen handelten, darinn findet man wohl das gewisseste Zeichen, aber findet wohl keine Ursache es zu bedauren, daß es nicht mehr Luther's, sondern Melanchtons Geist war, der die Entschliessungen seiner Kollegen leitete!

Diß neue Bedenken der Theologen konnte also doch im Grund dem Churfürsten nicht die mindeste Hoffnung machen, daß sie ihm den Mittelweg, den er einzuschlagen beschlossen hatte, sonderlich erleichtern würden; aber freylich konnte es ihn auch nicht veranlassen, seinen Entwurf ganz aufzugeben, denn es gab ihm bloß Ursache zu der Befürchtung, daß die Ausführung etwas schlechter, als er anfangs gehofft hatte, ausfallen, und daher auch nicht ganz die Würkung hervorbringen dürfte, die er sich versprochen haben mochte. Er zögerte also nicht [98]), die Sache dennoch in den weiteren Gang einzuleiten, in den sie in jedem Fall kommen mußte, und veranstaltete im Julius eine Versammlung seiner Landstände zu Meissen, denen er nun das Interim, die Kayserliche Anträge, die deßhalb an ihn gebracht worden waren, und seine Erklärungen darauf mit dem Ansinnen vorlegen ließ, daß sie nach sorgfältiger Prüfung des vorgeschriebenen neuen Normativs, und nach reifer Erwägung aller Umstände selbst beschliessen sollten, wie weit man dabey dem Kayser ohne Verlezung der Wahrheit und des Gewissens gehorchen könne. Dabey rechnete er aber selbst nicht darauf, daß diese ohne Zuziehung von Theologen irgend einen Schluß fassen würden, und traf deßwegen zu gleicher Zeit Anstalt, daß sich nicht

98) Im Junius kam er selbst erst von dem Reichstag zu Augspurg zurück, und auf den Anfang des Julius berieff er schon seine Landstände nach Meissen.

nicht nur Melanchton mit seinen Kollegen, sondern auch ein Paar seiner vornehmsten Superintendenten, D. Pfeffinger von Leipzig, D. Forster von Merseburg und Daniel Gresser von Dreßden zu Meissen bey dem Konvent einfinden mußten. Doch darauf mochte er wohl nicht gerechnet haben, daß seine versammelte Landstände nichts weiter vornehmen, als das Gutachten der Theologen zu dem ihrigen machen würden, wie es würklich erfolgte!

Die Stände hatten nehmlich sogleich den anwesenden Theologen das Interim in die Censur gegeben, und diese hatten ihnen ein Bedenken darüber ausgestellt, das seinem Haupt-Inhalt nach mit denjenigen, die der Churfürst bereits von ihnen bekommen hatte, völlig übereinstimmte, und nur einige von den darinn versteckten Irrthümern theils schärfer theils ausführlicher rügte 99). Ohne weiter zu Rath zu gehen, beschlossen hierauf die Stände sogleich, daß dem Kayser diese Censur ihrer Theologen über sein Normativ vorgelegt, und er in Beziehung darauf ersucht werden müßte, die Kirchen des Churfürstenthums für entschuldigt zu halten, wenn sie sich weder ihre Lehre noch ihren Gottesdienst darnach zu ändern entschliessen könnten 100). Sie gaben

99) Die grössere Ausführlichkeit dieses neuen Bedenkens kam daher, weil die anwesende Theologen, die Arbeit unter sich vertheilten, um desto eher damit fertig zu werden. Die Censur über die dogmatische Artikel überließ man dabey Melanchton allein, und von den übrigen wieß man jedem der Theologen ein Paar eigene an. S. Expos. Ee. 2. b.

100) Die Stände beschlossen zugleich, daß die Vorstellung an den Kayser nicht nur von ihnen selbst, sondern auch von den Theologen und Predigern unterschrieben werden sollte. Was sie dabey abzweckten, läßt sich nicht errathen. Wollten sie vielleicht die Theologen gewisser in die gemeinschaftliche Gefahr hineinziehen, der man sich durch diesen Schritt aussezte? oder gegen diese Gefahr sicher stellen? Sollten sie durch ihre Nahmen unter der Vorstellung für alles, was daraus entstehen könnte, mit verantwortlich gemacht, oder sollten sie gegen die Gefahr, alles

ben selbst schon Melanchton den Auftrag, den Aufsaz in eine Form zu bringen, in welcher er dem Kayser schicklich vorgelegt werden könnte: auch hatte dieser die Arbeit bereits angefangen, allein zum Glück besann man sich noch, wahrscheinlich auf Melanchtons Eingebung, daß keine Form in der Welt dem Kayser einen Aufsaz annehmlich machen könnte, dessen Haupt-Innhalt doch immer Tadel eines von ihm gebilligten und sanktionirten Regulativs war.

Es wurde also beschlossen, ohne Ausführung einiger besondern Gründe oder Einwürfe gegen das Interim bloß die Bitte an den Kayser gelangen zu lassen, daß er den Sächsischen Kirchen gestatten möchte, in ihrem bißherigen Zustand und bey ihrer bißherigen Lehre und Verfassung zu bleiben, und wenn schon auch dieser Schluß [101]) noch einmahl abgeändert wurde, so traf doch die Aenderung nicht den Schluß selbst, sondern nur die

alles allein verantworten zu müssen, dadurch gedeckt werden? Das eine läßt sich so wenig als das andere denken, aber in jedem Falle handelten die Theologen sehr weise, und den Grundsäzen, die sie schon mehrmahls geäussert hatten, völlig gemäß, daß sie sich diese Ehre der gemeinschaftlichen Unterschrifft, die man ihnen zudachte, verbaten. Die kurze Vorstellung an die Landstände, worinn sie diß thaten ist auch in einem höchst-würdigen Tone abgefaßt. "Concionatorum munus hoc tantum est, quid verum sit, fideliter indicare. Muneris enim nostri non est insuper, vel Principes, vel subditos confessionis nostrae periculis onerare; sed de his unumquemque apud se statuere oportet. Quod si communiter cum regionum ordinibus subscriberemus, haberet res hanc speciem, quasi vellemus eos ad nos defendendos obligare, id quod minime agimus, sed petimus, ut ordines ipsi constituant, quid usque ad extrema omnia et immutabiliter retinere velint, et sua pericula ipsi ut considerent. Nos his ecclesiis largiente gratiam Deo, fideliter et concorditer operam nostram dabimus, quam diu nos ferent, pericula nostra Deo committentes."

101) Man war eigentlich noch nicht zum Schluß darüber gekommen, sondern hatte es nur auf den Vorschlag der Theologen in Ueberlegung genommen, aber doch schon so weit gebilligt, daß man nur noch über die Form der neuen Vorstellung an den Kayser deliberirte, welche Melanchton schon aufgesezt hatte. S. Exp. Ll. 2. b.

die Art seiner Ausführung. Anstatt daß man zuerst übereingekommen war, die beschlossene Bitte im Nahmen der Stände an den Kayser gelangen zu lassen, fand man es zulezt klüger, das Geschäft und die Form ihrer Insinuation dem Churfürsten zu überlassen, und theilte daher nur diesem mit, was man an den Kayser gebracht wünschte. Die Abfassung dieses Aufsatzes an den Churfürsten, der ihr gemeinschaftliches Gutachten enthielt, trugen die Stände auch noch den Theologen auf, welche die Gelegenheit benuzten, um es ihm in ihrem Nahmen recht stark zu sagen [102]), daß sie unter den gegenwärtigen Umständen jede Aenderung, die man aus Veranlassung des Interims in dem Religions-Wesen des Landes vornehmen möchte, für äusserst bedenklich hielten, und daher zu keiner die Hände bieten könnten. Ja als hierauf der Churfürst den versammelten Ständen dringend vorstellen ließ, daß er einen solchen Schluß dem Kayser unmöglich mittheilen könne, da er ihm voraus sein Wort gegeben habe, daß sie ihm gewiß, so weit es ihr Gewissen zuliesse, gehorchen würden, so überwog der Einfluß der Theologen auch noch diese Vorstellung, und verhinderte, daß es zu keinem anderen kam. Auf das Ansinnen des Churfürsten, daß man sich doch nur bereit erklären möchte, dasjenige aus dem Interim anzunehmen, was die Theologen selbst als unverwerflich und untadelhaft ausgezeichnet hätten, also nur

102) Er möchte bedenken, sagten sie ihm unter andern — quanta conscientiarum perturbatio, verae invocationis impeditio, quae discordia in his terris et ecclesiis, quam multa alia scandala et quantae dissipationes ecclesiarum talem mutationem essent secuturae. Aber eben so stark erinnerten sie ihn an die feyerliche vor dem Ausbruch des Kriegs von ihm ertheilte Versicherung, daß der Religions-Zustand im Lande biß zu einem freyen und christlichen Concilio unverändert bleiben sollte, welche selbst auf seinen Befehl von allen Kanzeln dem Volk bekannt gemacht, und durch den Druck in ganz Deutschland verbreitet worden sey. S. Exp. Ll. 3. 4.

nur geneigt erklären möchte, in denjenigen Stücken nachzugeben, die man ohne Verlezung der Wahrheit und des Gewissens gestatten könne, auf diß Ansinnen[103]) antworteten die Stände, daß sie sich zu einer solchen Erklärung, die für das ganze Land so viele Folgen haben könnte, nicht befugt halten dürften, weil sie nicht in pleno versammelt seyen; und mit dieser Antwort gieng der Konvent aus einander!

Diß muste den Churfürsten, wenn er auch vorher noch daran gezweiflet hätte, vollständig überzeugen, daß vor allen Dingen seine Theologen etwas anders gestimmt werden müßten, und dazu schlug er deßwegen sogleich einen andern Weg ein, der ihm gelegenheitlich noch mehrere Konvenienzen machen konnte.

Kap. VI.

Der Konvent zu Meissen war kaum geschlossen, als 1548.
ein kayserliches Monitorium an den Churfürsten eintraf, dessen Innhalt und dessen Stil ihm nur allzuviel Anlaß gab, seine Theologen und seine Stände zu einer neuen Berathschlagung aufzufordern. Das Monitorium war zum Theil selbst durch die Verhandlungen des Konvents, die bald am kayserlichen Hofe bekannt geworden waren, zum Theil aber noch mehr durch einige der früheren Bedenken über das Interim veranlaßt worden, welche die Wittenbergische Theologen ausgestellt hatten, denn einige von diesen waren in der Zwischenzeit durch den Druck

103) Der Churfürst ließ, zugleich bey diesem Ansinnen den Ständen auf das dringendste vorstellen, daß er ja selbst schon die Erfahrung gemacht habe, wie wenig sich bey dem Kayser durch blosse Bitten ausrichten lasse, und daß sie gewiß keine inständigere und nachdrücklichere Bitte an ihn könnten gelangen lassen, als er selbst bereits, aber ohne Erfolg gethan habe.

Druck in ganz Deutschland herumgekommen [104]). Der Kayser begnügte sich daher jezt nicht nur, den Churfürsten an die Versprechungen zu erinnern, die er ihm zu Augspurg gegeben hätte, sondern er bezeugte sein Befremden über die Verzögerung ihrer Erfüllung, und seinen Unwillen über die Urheber der Verzögerung mit einem Ernst, der für die lezte, die er kenntlich genug bezeichnete, sehr drohend wurde. Ein Schreiben des Erzbischoffs von Maynz, das der Churfürst zu gleicher Zeit erhielt, machte es ihm noch gewisser, daß sich der Kayser nicht länger hinhalten lassen würde; daher mußte er im Ernst auf etwas denken, das ihn bewegen konnte, sich noch einen etwas längern Aufschub gefallen zu lassen, indem es ihn doch eine wahrscheinlichere Befriedigung seiner Wünsche hoffen ließ.

Moriz verfiel darauf, seine lutherische Theologen mit den katholischen Bischöfen, die unter seine Landstände gehörten, mit den Bischöfen von Meissen und von Naumburg in Unterhandlungen über das Interim treten zu lassen. Was er zunächst dabey abzweckte, und in jedem Fall dadurch zu erhalten hoffte, bestand wohl nur in dem Gewinn einer weiteren Frist, aber bey seiner genauen Kenntniß von den Menschen, mit denen er zu thun hatte, durfte er es nicht für ganz unmöglich halten, noch etwas mehr zu bewürken. Vielleicht konnten sich doch — diß war das weitere, was er hoffte — die Bischöfe oder Theologen über eine Lehr-Form oder doch über eine Form des äusseren Gottesdienstes vergleichen, die alles annehmliche des Interims ohne dasjeni-

ge,

104) Das Bedenken, das die Wittenbergische Theologen im Junius an ihren Herrn eingeschickt hatten, war im folgenden Monath zu Magdeburg gedruckt, und zwar unter Melanchtons Nahmen gedruckt worden. Darüber wurde der Kayser, in dessen Hände die Schrifft gekommen war, so erbittert, daß er dem Churfürsten einen bestimmten Befehl zuschickte, ihn aus seinem Gebiet zu jagen, weil er doch als der vornehmste Anstifter aller Unruhen betrachtet werden müsse. S. Expos. Bh.

ge, was den lezten anstössig gewesen war, enthielte, und alsdenn von seinen Ständen ohne Bedenken angenommen werden könnte. Der bedeutendste unter den Bischöfen [105 a)], der Bischof von Naumburg Julius von Pflug, stand wegen seiner friedlichen und gemässigten Denkungsart in eben so allgemeiner Achtung als wegen seiner Gelehrsamkeit. Der Antheil, den er selbst an der Abfassung des Interims gehabt haben sollte, konnte ihn freylich weniger geneigt machen, zu neuen Aenderungen darinn seine Stimme zu geben; doch die Hoffnung, es in den chursächsischen Kirchen eingeführt zu sehen, konnte ja auch seinem Ehrgeiz schmeichlen, und ihm die Aenderungen, zu denen man seine Beystimmung verlangte, weniger bedeutend vorstellen; von den Theologen hingegen durfte man jezt auch wahrscheinlicher erwarten, daß sie nur auf dem allernothwendigsten bestehen, und sich in allem, was nicht ihr Gewissen verlezte, nachgebend genug bezeugen würden. Konnte man sich aber mit den Bischöfen über ein solches Normativ vergleichen, so mußte seine Einführung in die sächsische Kirchen den Kayser desto vollständiger befriedigen, weil doch dabey sein Interim zum Grund gelegt, und zugleich der Zweck von diesem völlig erreicht war. Darauf gieng der Plan des Churfürsten, der ihm auch, wie der Erfolg erwieß, nicht völlig fehlschlug!

Natürlich sorgte er dafür, die Bischöfe voraus auf seinen Antrag präpariren zu lassen. Der Fürst Georg von Anhalt wurde an sie abgeschickt, um sie zu den Unterhandlungen, in die man sie hineinzuziehen wünschte, einzuladen, und auch wohl ihre Gesinnungen darüber vor-

105 a) Der damahlige Bischoff von Meissen hieß Johann von Maltiz, ein alter Mann, der im folgenden Jahr 1549. starb, worauf Nicolaus von Carlwiz das Bistum erhielt. S. G. Fabricii Annal. Urb. Misn. L. III. S. 99.

vorläufig zu sondiren. Er hatte wenigstens den Auftrag, ihnen die Punkte vorzulegen, welche die Theolngen als die anstössigste in dem Interim ausgezeichnet hatten, und sie zu einer Erklärung darüber zu vermögen, aus der sich doch auf alle Fälle ergeben müßte, was man sich von weiteren Unterhandlungen versprechen dürfte. Diese fiel auch wahrscheinlich nicht ganz gegen seine Erwartungen aus 105 b); wenigstens mußten sich die Bischöfe nicht ganz abgeneigt zum Unterhandlen bezeugt haben, daher beschied er auf den 23. Aug. Melanchton und seine Kollegen nach Pegau, wo sie mit den Bischöfen nach der mit diesen genommenen Abrede zusammenkommen sollten: Mit welcher Vorsicht gab er aber den Theologen vier Deputirte aus der Ritterschaft und einen Rechtsgelehrten zu, welche dafür sorgen sollten, daß man in der verdrüßlichen Sache doch um einen Schritt weiter käme, wenn man auch mit den Bischöfen nicht einig werden könnte.

Die Instruktion, mit welcher der Churfürst diese Commissarien nach Pegau abfertigte, ist eines der schäzbarsten Aktenstücke 106) in der Geschichte dieser interimistischen Bewegungen. Es ist darinn auf das offenste dargelegt, worauf seine Absicht bey allen seinen bisherigen Schritten in der Sache gerichtet gewesen, und auch bey dem gegenwärtigen gerichtet sey, aber es ist zugleich darinn offener und bestimmter ausgeführt, als er es nie vorher gethan hatte, wie und in welcher Maaße seinem eigenen Urtheil nach diese Absicht mit dem möglich-geringsten Anstoß erreicht werden könnte, und diß ist so ausgeführt, daß jeder Zweifel, der gegen seine Aufrichtigkeit erhoben werden möchte, dabey wegfällt.

Die

105b) Der Bischoff von Naumburg, der unstreitig der bedeutendere war, lehnte zwar eine bestimmte Erklärung vorläuffig ab, aber machte eben dadurch, weil er sich Bedenkzeit ausbat, Hoffnung zu einer, die den Wünschen des Churfürsten nicht ganz entgegen seyn konnte. Beyde versprachen auch mit guter Art, noch weiter mit sich handeln zu lassen.

106) S. Expos. Mm. 4.

Die Kommissarien sollten sich dieser Instruktion gemäß zuerst allein versammlen, und sich von dem Fürsten Georg die Erklärungen der Bischöfe über die ihnen als verwerflich ausgezeichneten Punkte des Interims mittheilen lassen; alsdenn aber alle diese Punkte wieder besonders verzeichnen, und bey jedem bemerken, in wie fern das Anstössige dabey durch die Erklärungen der Bischöfe nach der Meynung der Theologen als ganz weggeräumt, oder als nur zum Theil, oder auch als noch gar nicht gehoben angesehen werden könne.

Nach diesem sollte erst mit den Bischöfen gehandelt, die Artikel, worüber die Theologen ihre Erklärung nicht ganz befriedigend gefunden hätten, mit den Gegenerinnerungen von diesen ihnen vorgelegt, und ihre weitere Erläuterung darüber erbeten werden. Fiele nun diese nicht so aus, daß man sich darüber vergleichen könnte, so sollten ihnen die Commissarien vorstellen, daß sie doch bedenken möchten, mit welchen Schwürigkeiten die Einführung von Neuerungen immer verknüpft sey, wenn auch die Neuerungen an sich nichts bedenkliches hätten; und wie viel mehr Schwürigkeiten also die uneingeschränkte Einführung des Interims im Churfürstenthum finden müßte, da das Volk in der Meynung stehe, daß sein Gewissen und sein Glaube dabey in Gefahr sey. Sie sollten ihnen zu überlegen geben, welche Unruhen und Verwirrungen unabwendbar erfolgen würden, wenn der Religions-Eifer des Volks durch einen Versuch, ihm das Interim mit Gewalt aufzudrängen sich gereizt fühlte, und besonders zu überlegen geben, welchen Gefahren nicht nur das ganze Land, sondern zu allernächst sie selbst und ihre Stifter dabey ausgesetzt werden würden. Ueberdiß könnte ihnen erklärt werden, daß man doch sonst bereit sey, ihre bischöfliche Gewalt und Gerichtsbarkeit wieder anzuerkennen, bey der sie auch der Churfürst so lange beschüzen wolle, als sie keinen Miß-

brauch

brauch zu Verfolgung der wahren Lehre und des reinen Gottesdienstes davon machen würden, womit sie sich aber auch nebst demjenigen, was man sonst von dem Interim anzunehmen sich erbiete, desto leichter begnügen könnten [107]).

Je nachdem sich dann die Bischöfe auf diese Vorstellungen mehr oder weniger freundlich äussern würden, so dürfte entweder die weitere Bitte an sie gebracht werden, daß sie doch in ihrem Theil mit rathen und helfen möchten, damit der Churfürst und das Land nicht weiter von dem Kayser wegen des Interims gedrängt würde; oder wenn sie sich allenfalls auf die Erklärung einschränken sollten, daß sie zwar für sich nichts weiter verlangten, aber sehr zweifelten, ob sich der Kayser damit begnügen würde? so dürften sie wenigstens eingeladen werden, sich mit den übrigen Landständen zu einer gemeinschaftlichen Vorstellung an diesen zu vereinigen, worinn ihm die Ursachen und die Umstände, welche die unbedingte Einführung des Interims in Sachsen weit schwüriger machten, als in allen andern Ländern vorgelegt werden müßten.

Wäre

107) Dieser Artikel der Instruktion ist mit der feinsten Klugheit abgefaßt. "Possent tum commonefieri, ut cogitarent etiam, si capita illa per se plana et sine vitio essent, tamen contrarium usum in his regionibus longo jam tempore ita radices egisse, ut tam celeriter tolli illa aut mutari non possent. Tanto igitur gravius jam esse, et minus fieri posse, cum absurditas quorundam ante oculos sit, et omnibus nota. Et si de explicatione res ita caderet, magnopere admonendi Episcopi essent de salute patriae hujus, et hoc agendum et orandum, ut negotium, quale sit, ipsi considerare et hoc considerato eas res ne urgere vellent, quae nullo modo perfici, neque sine magnis turbis et exitiosis motibus facile commoveri, nedum obtineri possint. Sed potius et suae et communis quietis causa, atque ad avertendas illas, quae proponerentur, difficultates, de capitibus iis, quorum mentio facta est, ut in praesentiam patientes acquiescerent, et contenti essent eo, quod ipsis Episcopalis potestas et auctoritas in posterum cedi et defensio hujus et protectio praestari deberet, quatenus hac illi ad persecutionem christianae doctrinae et veri cultus Dei non essent abusuri. Et tum in capitibus, de quibus convenisset, omnem debitam obedientiam et reverentiam illis praestitum iri."

Wäre aber endlich von den Bischöfen gar keine befriedigende Antwort auf diese Anträge zu erhalten, so sollten nichts destoweniger die Kommissarien und die Theologen unter sich allein darüber zu Rath gehen, was nun von dem Churfürsten und von den Landständen weiter vorzunehmen, und vorzüglich, wie der Kayser ohne Verlezung des Gewissens und ohne Nachtheil der reinen Lehre zu befriedigen seyn möchte, worüber nicht nur ein gemeinschaftliches Bedenken von ihnen aufgesezt, sondern die Gedanken eines jeden zum Protokoll genommen, und an ihn eingeschickt werden sollten [108].

Hier rückte nun der Churfürst selbst in die Instruktion seine Gedanken über dasjenige ein, was man allenfalß um den Kayser zu befriedigen, aus dem Interim annehmen, und was man sich um das Gewissen zu befriedigen, dabey vorbehalten könnte. Diß lief auf folgendes hinaus. Die Bischöfe müßten sich anheischig machen, auch solche Prediger im Churfürstenthum zu dulden, welche bißher im Ehstand gelebt, und ihren Gemeinden das Abendmahl nach der Einsezung Christi unter beyderley Gestalt ausgetheilt hätten. Sie dürften auch in der Folge keinem Geistlichen, der ihnen gehörig präsentirt wurde, die Ordination unter dem einen oder dem ändern Vorwand verweigern. Sie sollten auch einem unverheyratheten Geistlichen, dem sie die Weyhen zu ertheilen hätten, das Gelübde der Keuschheit nicht dabey abnehmen, und ihn eben so wenig zwingen dürfen, das Sakrament bey dieser Gelegenheit unter einer Gestalt

108) "Cum saepe, heißt es hier in der Instruktion, de una eademque re plures rationes in mentem venire soleant, quarum una sit altera melior, commodior, vel opportunior, etiamsi ad unum finem dirigantur universae, ideo ut facilius decernendi et delectus copia nobis suppetat, commodum judicavimus, propinquum nostrum Anhaltinum, Theologos, et Consiliarios nostros de hoc negotio non unum, sed plura consilia proponere, scripto comprehendere et ad nos mittere.

stalt zu empfangen, sondern, wenn sie ihm nicht das ganze geben wollten, so könnte der Actus der Kommunion ganz dabey unterbleiben. Dafür hingegen möchte man sich wohl ohne sonderlichen Anstoß gefallen lassen, daß in den Kirchen der grösseren und volkreicheren Städte ungefähr dreymahl in jeder Woche, die alte für die gewöhnliche Tag-Messen vorgeschriebene Gesänge und Gebete, allenfals mit Ausnahme der Konsekrations-Formel, oder, wenn sich Kommunikanten einfänden, auch mit dieser gesungen, und somit im Gebrauch erhalten werden dürften. Eben so möchte auch noch wegen der von dem Interim geforderten äusseren Gleichförmigkeit im Fasten eine unbedenkliche Auskunft zu treffen seyn, denn sie würden wohl auch ihren Leuten ohne Sünde vorschreiben können, daß sie sich zwey Tage in der Woche von Fleisch-Speisen enthalten und die vierzigtägige Fasten vor Ostern beobachten sollten, wenn man nur einerseits die Last nicht zu drückend für sie machte, und ihnen andererseits durch ihre Prediger von den Kanzeln herab erklären liesse, daß man es nicht als Gottesdienst, sondern als Policey-Sache von ihnen fordere. Wenn man aber nur diese zwey bloß zu der äusseren Ordnung gehörige Stücke aus dem Interim annähme, so würde wahrscheinlich der Kayser seinen Zweck schon für erreicht halten.

Daraus ergiebt sich sehr deutlich, daß der Churfürst immer noch in der Meynung stand, man könne sich durch einige Nachgiebigkeit in blossen Nebensachen schon aus der Verlegenheit helfen, weil doch diese Nebensachen allein in die Augen fielen, und es unstreitig dem Kayser vorzüglich um das Aussehen, oder um einen in die Augen fallenden Beweiß des Gehorsams gegen seine Verordnung zu thun sey. Ob er dabey hoffte, daß sich der Kayser nach diesem Beweiß nicht weiter darum bekümmern möchte, ob man auch in Ansehung der Lehre der

Vor-

Vorschrift seines Interims völlig gemäß dächte? oder ob er glaubte, daß man vielleicht in der ihm zu ertheilenden Antwort ganz und gar davon schweigen, und ihm nur überhaupt berichten könnte, daß man den Gottesdienst nach der Vorschrift des Interims eingerichtet habe? diß bleibt freylich dabey ungewiß; hingegen in dem einen wie in dem andern Fall kann man eben so wenig an dem aufrichtigen Ernst seiner Versicherung zweifeln, die er auch in dieser Instruktion mehrmahls wiederholte, daß er fest entschlossen sey, der Wahrheit nicht das geringste zu vergeben; aber in jedem Fall muß man auch die in der Instruktion wiederholte Ermahnung an die Theologen höchst natürlich finden, daß sie doch keinem andern Eifer, als dem Eifer für Wahrheit, und selbst um des Interesse von dieser willen keiner andern Betrachtung einigen Einfluß auf ihre Entschliessungen einräumen sollten [109]. Daß er übrigens gar nicht die Absicht

109) Diese Ermahnung und jene Versicherung ist mit gleichem Nachdruck in dem Schluß der Instruktion angebracht, worinn den Theologen noch einmahl der Gesichts-Punkt vor das Auge gerückt wird, aus welchem der Churfürst die Sache ansehe, und auch von ihnen angesehen haben wolle. — "Cum non simus ita animati, ut nos aut nostri obstinate et pertinaciter nostrae aut nostrorum laudis caussa et ad celebritatem comparandam in nostra sententia permanere, et, quam speciem habere videntur ea, quae aliqui faciunt, potius regionem bello invadi, vastari et perdi velimus, quam ulla in re, quae tamen sine offensione Dei et laesione conscientiae fieri possit, concedere — ideo Consiliarii nostri Theologos admoneant, ut considerent, hoc consilio his regionibus opem ferri et res impeditas harum explicari posse, atque ideo nos petere et cupere, ne *a quibusdam pertinacibus, qui de quorum amissione periclitari possint, non habent multa*, quicquam se moveri, aut his se quicquam perturbari ut patiantur; sed consulere ut velint, quo concedatur in iis, quibus *sine violatione manifestae et, sacrae et divinae scripturae* id fieri possit. — Item, ut considerent, utrum melius sit in omnibus, quae ullo modo sine offensione Dei fieri possint, concedere, ut ea concessione fundamentum verae religionis, quod est pura doctrina de Justificatione, conservetur, quam doctrinam omnipotens Deus nullo tempore ut semen bonum, fructus expertem esse sinet, an vero melius sit, pertinaciter ad ea quae volumus, et auctoritatem nostram obtinendam negotia

Absicht hatte, sie bloß dahin zu vermögen, daß sie in ihrem Gutachten sein Urtheil billigen, und seinen Vorschlägen beystimmen sollten, diß gab er am unzweydeutigsten dadurch zu erkennen, weil er ihnen so bestimmt vorschrieb, in welcher Ordnung sie jezt über die Sache zu handlen hätten. Wenigstens lag es sehr deutlich darinn, daß er jenes nicht erwartete; und dadurch ersparte er sich auch den Verdruß einer getäuschten Erwartung, indem er dennoch durch seine bestimmtere Vorschrift bewürkte, daß nunmehr die Sache ihrer Entscheidung um einen Schritt näher gebracht wurde.

Die Bischöfe hatten sich auf die besondere Punkte, die ihnen der Fürst Georg von Anhalt vorläufig mitgetheilt hatte, gar nicht herausgelassen, denn von dem Bischof zu Meissen erhielt er gar keine Erklärung darüber, und von dem Naumburgischen wenigstens keine, die als entscheidend hätte gelten können; beyde aber hatten sich doch zu der Zusammenkunft mit den Theologen bereitwillig bezeugt, und der lezte hatte eben dadurch, daß er sich Bedenkzeit zu einer bestimmteren Erklärung ausbat, eine bestimmtere bey dieser Gelegenheit hoffen lassen. Demnach fand freylich auch keine vorläufige Berathschlagung über ihre Antworten statt, allein statt dessen drangen die Churfürstliche Kommissarien in die Theologen, daß sie doch noch einmahl zusehen möchten, ob sich die Punkte, über welche man mit den Bischöfen zu streiten haben dürfte, nicht auf wenigere zurük bringen liessen, und diß Dringen half so viel, daß diese endlich alles, was ihnen in dem Interim ganz unleydlich schiene, und also nothwendig geändert oder nachgelassen werden müsse, in vier Punkte zusammenfaßten. Der erste darunter war, daß der darinn enthaltene Artikel

* negotia haec ita agere, ut belli fortunae exponantur, quo tamen universa religio, quod Deus benigne avertat, opprimi et extingui posset."

tikel von der Rechtfertigung in eine andere Form gebracht werden müsse, weil der Widerspruch, in welchem er mit ihrer bißherigen Lehre davon stehe, unverbergbar sey. Zweytens könne man nicht umhin, dafür zu sorgen, daß auch die Lehre von der Busse mit allem was dazu gehöre in ihrer Reinigkeit erhalten werde, und dürfte sich also nicht entbrechen, auch einige Erklärungen darüber zu veranlassen. Als den dritten Punkt zeichneten sie die Verpflichtung zu Wiedereinführung der Privat-Messen, der Seel-Messen und des Meß-Canons in ihren Kirchen aus, wozu sie sich unter gar keiner Bedingung verstehen könnten; und für gleich anstössig erklärten sie endlich viertens den in dem Interim auf das neue in Schuz genommenen Heiligen-Dienst, von dem man sie ebenfalls dispensiren müsse. Dabey unterliessen sie zwar nicht zu erinnern, daß noch manches darinn sey, an dem jeder Gelehrte Anstoß nehmen müsse; sie zeichneten selbst noch einiges aus, das auf keine Art gebilligt oder vertheidigt werden könne, aber indem sie zugleich äusserten, daß doch die Religion im Ganzen bey diesen übrigen Punkten weit nicht so sehr wie bey den vier ersten interessirt sey, so gaben sie eben damit zu verstehen, daß man nicht gerade nöthig habe, sich so förmlich und ausdrücklich dagegen zu verwahren [110].

Damit

110) "Haec quatuor capita, sagten sie, communem et publicum statum ecclesiarum et populum attingunt. Aber bey dieser Gelegenheit äusserten sie auch ihre Empfindlichkeit mit sehr viel Stärke und Würde, daß man es für nöthig hielte, sie so offt vor dem Einfluß zu warnen, den blosser Parthie-Eigensinn auf ihre Entscheidungen haben könnte. "Quod vero toties monemur, ne quid contumaciter faciamus, et salutem harum terrarum et hominum nostrorum consideremus, oramus propter Deum, ne existimemur ii esse, qui publicis et propriis nostris calamitatibus delectemur. Quod si pax fieri potest his conditionibus, ut nos removeamur et tollamur, ludentibus animis cedemus aut feremus, quae

Damit war allerdings etwas gewonnen, und selbst für die gegenwärtige Verhandlungen, in die man sich mit den Bischöfen einlassen sollte, etwas gewonnen; doch freylich durfte man in Hinsicht auf diese auf keinen andern Gewinn rechnen, als daß sie dadurch abgekürzt werden konnten. Eine Erklärung über die vier Punkte, wie sie die Theologen verlangten, war von den Bischöfen nicht zu erwarten, und konnte auch in ihrer Lage nicht von ihnen gegeben werden; aber der Umstand, daß man nicht mehr von ihnen verlangte, konnte sie geneigter machen, die Duldung zu bewilligen, oder zu versprechen, die man von ihrer Seite nöthig hatte, und sie leichter dazu disponiren, daß sie auch bey dem Kayser einiges gut machen halffen. Das erste erhielt man auch würklich; denn die Bischöffe gaben das Versprechen mit sehr guter Art und fast eher, als man es forderte; allein es war ihnen auch darum zu thun, sich der Unterhandlungen mit den Theologen so bald als möglich zu entschlagen.

Die Theologen hatten nehmlich diese auf eine Art angefangen, welche die Bischöffe in eine mehrfache Verlegenheit brachte. Man war übereingekommen, den zuerst ausgezeichneten Artikel von der Rechtfertigung auch zuerst vorzunehmen, um sich wechselseitig darüber zu erklären; wobey die Theologen zuerst auftraten, und ihre Einwürffe gegen die Lehrform vorbringen sollten, die im Interim darüber vorgeschrieben war, worauf alsdenn die Bischöffe es über sich nehmen wollten, sie zu vertheidigen oder zu erläutern. Allein anstatt den Streit in diesen Gang einzuleiten, legten es die Theologen

quaecunque erunt." Hactenus fidelem operam dedimus ad quarundam necessariarum rerum explicationem. Alii approbent, recipiant, pro sua quisque intelligentia, arbitrio et rationibus: nos nemini, quicquam praescribimus, sed nostram sententiam simpliciter edimus et multas magnas controversias praetermittimus."

logen auf einen andern an, der für sie ungleich vortheilhafter war. Sie übergaben den Bischöffen einen Aufsaz, der keine Einwürffe gegen den Artikel im Interim, sondern bloß die Lehre von der Rechtfertigung in der Form enthielt, in welcher sie bißher in ihren Kirchen vorgetragen und vertheidigt worden war, und verlangten von ihnen, daß sie ihnen entweder das irrige darinn angeben, oder aber seine Uebereinstimmung mit der Schrifft anerkennen sollten. Damit verwechselten sie unmerklich die Rollen, welche jede Parthie zu spielen hatte, und schoben den Bischöffen die schwehrere zu, auf die sie sich wohl gar nicht gerüstet hatten. Anstatt die Lehrform des Interims zu vertheidigen, sollten sie nun die Lehre der Protestanten wiederlegen. Diß lezte war in jedem Fall ungleich schwehrer als das erste, aber es wär bey diesem Artikel fast unmöglich, weil der Unterschied des katholischen und des lutherischen Lehrbegriffs darüber so beschaffen war, daß doch der erste die Grund-Ideen des andern ebenfals annahm und annehmen mußte. So wesentlich dieser Unterschied, und so sichtbar daher auch die Unähnlichkeit zwischen dem Artikel von der Rechtfertigung im Interim und zwischen dem Aufsaz Melanchtons darüber war, so konnte doch ein katholischer Theolog nicht leicht einen Begriff darinn als falsch oder schriftwiedrig auszeichnen, sondern höchstens diß daran tadlen, daß die Begriffe nicht gehörig geordnet, und einer durch den andern nicht auf eben die Art, wie in seinem Lehrbegriff bestimmt sey. Um aber diß als tadlenswürdig beweisen zu können, mußte man mit allen Subtilitäten des theologischen Systems vertraut seyn, und alle Künste der scholastischen Dialektik in das Spiel bringen, wodurch es dann erst nur dem gelehrten aber nicht dem gemeinen Menschen-Verstand beygebracht werden konnte. Dazu fühlten natürlich die Bischöffe weder Lust noch Beruff; und doch konnten sie auch dem Ansinnen der Theologen nicht geradezu ausweichen, daher darf man gern glauben, daß ihnen nicht wohl dabey zu Muth war.

Diß wurde merklich genug aus der Art, womit sie sich über den protestantischen Aufsaz ausliessen, noch merklicher aus der Gefälligkeit, womit sie zu einem Vergleich darüber die Hände boten, aber am merklichsten aus der Hastigkeit, womit sie die Unterhandlungen über alle folgenden Punkte abrissen.

Jenen Aufsaz wollten sie, wie sie sagten, nicht gerade mit dem Auge der Tadelsucht ansehen. Er enthalte gewiß viel wahres und gutes, wenn er nur recht verstanden werde. Nur wünschten sie, daß einiges anders ausgedrückt und genauer bestimmt würde, aber diß könne sehr leicht geändert, und durch kleine Zusäze verbessert werden. Eine solche Aenderung brachten sie dann selbst bey einer Haupt-Stelle in Vorschlag, womit durch eine Verwechselung weniger Wörter allerdings ein Sinn hineingebracht worden wäre, der die protestantische Lehre der katholischen sehr nahe brachte[111]: allein als sich die Theologen die Aenderung verbaten, so wollten sie sich sogleich eine Auskunft gefallen lassen, welche

111) Die Theologen hatten in ihrem Aufsaz eingeräumt, daß die Ausübung der Tugenden und der guten Werke, wozu der schon gerechtfertigte und erneuerte Mensch durch die Krafft des heiligen Geistes fähig gemacht werde, als eine justitia infusa angesehen werden könne, aber um alle Folgerungen abzuschneiden, welche die katholische Dogmatik zum Vortheil ihrer Hypothese von einem Verdienst dieser Werke, als einer mitwirkenden Ursache der Rechtfertigung, daraus ziehen könnte, hatten sie ausdrücklich hinzugesezt: non tamen hoc sensu, quod persona propter haec remissionem peccatorum habeat, vel quod persona in iudicio Dei sine peccato sit, sed quod Deo haec inchoata et imbecillis obedientia in hac corrupta et immunda natura propter Christum filium in credentibus placeat, de quorum operum justitia Joannes loquitur, cum dicit: qui justitiam facit, justus est. "Diesen lezten Zusaz" sed quod &c. wollten nun die Bischöffe ausgestrichen und dafür die Worte eingerückt haben: "sed quod homo „per Spiritum sanctum renovatus „hanc justitiam opere efficere „possit,"

welche die Kommissarien vorschlugen, daß nehmlich der Aufsaz der Theologen ganz unverändert bleiben, und nur die von ihnen gewünschte Aenderung als Zusaz eingerückt werden möchte [112]. Sie wollten also — diß lag höchst deutlich in der Annahme dieses Vorschlags — sie wollten zugeben, daß die Lehre von der Rechtfertigung in einer Form vorgetragen werden dürfte, aus welcher sich jeder nach eigenem Gutdünken die katholische oder die lutherische Vorstellung herauserklären könnte: als aber die Kommissarien nicht ohne freudige Hoffnungen über diesen Anfang sogleich zu den übrigen Punkten fortschreiten wollten, so — verbaten sie sich alles weitere Handlen, weil es doch, sagten sie, zu nichts führen könnte. Allein — diß darf nicht verschwiegen werden — sie gaben auch einen Grund dafür an, dessen Gewicht die Kommissarien selbst fühlen mußten, und giengen noch ausserdem mit einer Offenheit dabey zu Werk, die desto verdienstlicher war, da sie ihnen durch nichts abgenöthigt wurde.

Es verhalte sich ja, behaupteten sie, mit den übrigen Punkten ganz anders als mit dem Artikel von der Rechtfertigung. Bey diesem sey es, so wie sie die Sache angesehen hätten, bloß darauf angekommen, sich wechselseitig über den Sinn zu erklären, den jede Parthie ihren in dieser Lehre gebrauchten Ausdrücken bißher beygelegt habe, um sich dabey gegen Mißverständnisse zu verwahren; hingegen bey den weiteren Punkten hätten

112) Die Bischöffe waren hier nachgebender als die Theologen, denn diese liessen sich nur nach langem Zureden der Kommissarien diese Auskunfft gefallen. Ja als hierauf die Bischöffe äusserten, daß sie nunmehr die in dem Aufsaz der Theologen enthaltene Lehre von der Rechtfertigung für vollkommen übereinstimmend mit der Lehre des Interims erkennten, so protestirte Melanchton noch förmlich dagegen, oder erklärte wenigstens ausdrücklich, daß er seinerseits zwischen der einen und der andern noch einen sehr grossen Unterschied finde. Exp. Pp. 2.

ten die Theologen darauf angetragen, daß sie ihnen gänzlich nachgelassen, also aus dem Interim, wenn es für sie annehmlich gemacht werden sollte, völlig ausgemerzt werden müßten, und darauf könnten sie sich natürlich nicht einlassen, weil sie sich nicht befugt halten dürften, nur überhaupt eine Aenderung, geschweige eine so wesentliche darinn vorzunehmen. Besonders zeichneten sie den Artikel vom Meß-Canon aus, von dessen Wiedereinführung sie unmöglich die Sächsischen Kirchen dispensiren könnten, da sie im Interim ausdrücklich befohlen sey: allein, sezten sie hinzu — und diß war sehr verdienstliche Offenheit — wenn man sich auch über alle Punkte des Interims vergleichen, oder wenn sie sich auch anheischig machen könnten, einige Abweichungen davon stillschweigend zu dulden und zu übersehen, so bleibe doch immer noch ein Punkt zurük, und zwar ein von dem Interim selbst nachgelassener Punkt zurük, über den sie in ihrer Qualität als Bischöffe niemahls einen Vergleich eingehen könnten. Nach dem Interim sollten die Protestantische Geistliche ihre Weiber und ihre Layen dem Kelch im Abendmahl beybehalten dürffen: aber sie müßten erklären, daß sie als Bischöffe ohne eine besondere Vollmacht des Pabsts keinem verheyratheten Geistlichen die Ordination ertheilen könnten, und sie ebenfalls einem jeden verweigern müßten, der sich vorbehalten wollte, das Abendmahl unter beyderley Gestalt austheilen zu dürffen [113]). Diß sey dem Kayser schon auf dem Reichstag zu Augspurg vorgestellt worden, worauf auch dieser versprochen habe, ein päbstliches Indult für die deutschen Bischöffe zu diesem Behuf auszuwürken. Daran hätten sie selbst noch neuerlich die Kayserlichen Minister erinnert, aber diß Indult sey immer noch nicht angekommen, mithin könnte es ja wohl

113) Diß war schon von den gemeinschaftlich beschlossen worden. sämtlichen deutschen Bischöffen den.

wohl nichts helfen, wegen einer über das Interim hinausgehenden Toleranz mit ihnen zu handlen, da sie nicht einmahl so viel toleriren dürfften, als das Interim gestattet habe.

Diese Erklärung schnitt alles weitere ab, was noch sonst nach der Instruction des Churfürsten an sie hätte gebracht werden können; daher waren oder stellten sich auch seine Räthe nicht sehr damit zufrieden; aber sie hätten sich nicht einmahl so stellen sollen. Diese Erklärung der Bischöffe zeigte dem Churfürsten den kürzesten und den sichersten Weg aus der Hauptverlegenheit zu kommen, worinn er sich mit dem Kayser befand; sie half ihm also vortreflich zu der Erreichung des einen Zwecks, um den es ihm gegenwärtig am angelegensten zu thun war, denn sie gab ihm eine höchst schickliche Antwort an, durch die man vorläufig den kayserlichen Vorwürfen wegen der verzögerten Einführung des Interims begegnen konnte: aber diese Erklärung der Bischöffe hatte würklich allein den freundschaftlichen Zweck, ihm dazu zu helfen, denn sie wiesen ihn selbst an, sie dazu zu benuzen. Er sollte nur, riethen sie ihm, dem Kayser schreiben, daß er wegen des Interims mit ihnen gehandelt, daß sich aber die Handlungen wegen eines Punkts zerschlagen hätten, wegen dem die Bischöffe das Interim selbst nicht zulassen wollten. Wenn er alsdann den Kayser ersuchen würde, diesem Anstand abzuhelfen, so könnte er ihm zugleich mit der besten Art vorstellen, daß die Schuld der bißher verzögerten Einführung nicht an ihm liege, weil er doch unmöglich seinen Unterthanen und ihren Geistlichen zumuthen könne, das beschwehrliche des Interims anzunehmen, so lange man ihnen nicht auch das vortheilhafte davon lassen wolle [114]!

Diß

114) "Episcopi consultum judicarunt, ut Elector scriberet, se cum Episcopis colloquium habuisse et cognovisse, quod in ordinatione

Diß war unstreitig die glücklichste Auskunft, die sich erfinden ließ, daher mag man leicht glauben, daß sich der Churfürst für dasjenige, was ihn die Unterhandlungen zu Pegau kosten mochten, genug dadurch belohnt hielt, denn ohne diese hätte er sie doch nicht benuzen können. Freylich half die Auskunft nur auf einige Zeit; aber vorläufig hatte man auch nicht nöthig mehr als Zeit zu gewinnen, denn man konnte nun mit ungleich grösserer Wahrscheinlichkeit hoffen, daß sich indessen in Sachsen selbst, und unter den Ständen und Theologen des Churfürstenthums alles zu einer scheinbarvollkommeneren Befriedigung des Kaysers leichter anlassen würde. Ohne Zweifel gaben ihm auch seine Kommissarien, die er nach Pegau geschickt hatte, nach dem Ausgang der Unterhandlungen mit den Bischöfen bloß den Rath, daß er nun alles zu einem schnelleren Schluß über dasjenige einleiten möchte, was man ihrerseits bewilligen dürfte und könnte [115]). Man findet wenigstens nicht, daß sie sonst ein Bedenken ausgestellt, oder von den Theologen ein weiteres verlangt hatten, hingegen schrieb der Churfürst sogleich einen grossen Landtag nach Torgau aus, der sich im October versammlen sollte.

Kap. VII.

Auf diesem Landtag wäre es vielleicht schon zu einem Schluß gekommen, wenn man ihn nur nicht allzueilig betrieben hätte. Ein eigener Ausschuß der Landstände

dinatione haereretur, et Indultum requiri, ut Sacerdotes ipsi creare liceat eos, qui uxores habent, et in Sacramento Coenae poculo et ipsi utuntur et aliis hoc exhibent, ideoque se subjectissime petere, ut indultum illud seu concessionem benigne impetret, et ne moram cujus causa inde extitisset, graviter ferat."

115) Auch die Bischöffe hatten dazu gerathen — ut interea de Justificatione doceretur, sicut convenisset, et constituerentur, quae possent, sicut vespertinae preces et similia.

stände wurde zuerst ernannt [116]), der mit den Theologen über die Religions-Sache handlen sollte. Dieser Ausschuß legte ihnen einen Aufsaz vor, der alles dasjenige enthielt, was man unter den bißherigen Handlungen über das Interim schon als annehmlich daraus erkannt, oder worüber man sich bereits verglichen habe; wobey nur ihr Urtheil darüber verlangt wurde, ob auch alles ihrem wahren Sinn gemäß dargestellt und zusammengefaßt sey. Diß war würklich nicht bey allen Punkten der Fall, denn bey einigen hatten sich die Verfasser des Aufsazes in einer ungleich-unbestimmteren und zweydeutigeren Allgemeinheit ausgedruckt, als die Theologen jemahls für gut gefunden hatten; daher glaubten sich diese durch einen andern in ihrer Manier entworfenen Aufsaz [117]) verwahren zu müssen, den sie dem Ausschuß übergaben. Da ihnen aber dieser nur den ersten, bloß in einigen Stellen nach dem ihrigen etwas abgeänderten Aufsaz zum zweytenmahl zustellte, so fiengen sie zu befürchten an, daß man einige verfängliche Absichten dabey haben möchte, und hielten in eben dem Verhältniß mehr an sich, in welchem man den Wunsch, zu einem schnellen Schluß zu kommen, sichtbarer blicken ließ. Ohne sich mit dem Ausschuß in weitere Discussionen über seinen Aufsaz einzulassen, machten sie ihm nun die Vorstellung, daß es überhaupt nöthig seyn dürfte, sich über jeden der einzelnen Punkte, und besonders über die an sich gleichgültige äussere Ceremonien ausführlicher zu erklären, die aus dem Interim angenommen, oder nach seiner Vorschrift in ihre Kirchen wieder eingeführt werden sollten. Noch nöthiger, meynten sie, möchte es seyn, bey dieser Gelegenheit einige andere An- [illegible] ord-

116) Der Ausschuß bestand aus fünf Gliedern der Ritterschafft, denen man zwey Juristen zugab. Der Landtag selbst wurde den 18. Octbr. eröffnet.

117) S. Expos. T. I.

ordnungen [118]) zu treffen, die für die Kirche ungleich nüzlicher werden könnten, aber das eine wie das andere verdiente nicht nur ihrem Urtheil nach eine weitere Ueberlegung, sondern sie mußten auch bitten, daß man mehrere von den Predigern und Geistlichen des Churfürstenthums zu der Berathschlagung darüber zuziehen möchte. Diß hieß deutlich genug erklärt. Daß sie nicht Lust hätten, für sich allein ein entscheidendes Gutachten in der Sache zu geben, nach welchem der Landtag, wie sie voraussahen, sogleich einen Schluß fassen, aber nur auf ihre Gefahr und Verantwortung fassen würde; daß man es wenigstens darauf angelegt hatte, gab man jezt ganz unverholen zu erkennen, denn da sich die Theologen keine entscheidendere Erklärung ablocken liessen, so sagte man den versammelten Landständen, daß der Antrag, den man ihnen zu machen habe, noch nicht genug vorbereitet sey, ließ sie unverrichteter Dinge auseinander gehen, und bestellte die Theologen auf den nächsten Monath zu einem neuen Konvent nach Celle, wozu ihrem Wunsch gemäß noch mehrere berufen werden sollten.

Dieser Ausgang der Torgauer Handlungen sezt einen Umstand ausser Zweifel, den man in der Geschichte der gesammten Handlungen über das Interim, die im Sächsischen gepflogen wurden, nicht übersehen darf, weil man sich sonst gar nicht darein finden kann. Es bestätigt sich daraus — diß ist dieser Umstand, für den man aber freylich diese Bestätigung nicht erst bedarf, weil man noch sonst Beweise genug dafür hat — es bestätigt sich daraus, daß auch unter den sächsischen Landständen mehrere sich befinden mußten, die es bey ihrem Eifer für die Reinigkeit der Lutherischen Lehre äusserst bedenklich fanden, irgend etwas aus dem Interim anzunehmen, und lieber jeder Gefahr, die aus seiner Verwerfung

118) Diese andere Anordnungen, welche sie wünschten betrafen die bessere Einrichtung der Kirchen-Zucht.

fung entspringen könnte, getrozt, als sich eines Abfalls von der Wahrheit schuldig gemacht haben wollten. Um dieser Mitglieder willen hielten es der Churfürst und seine Räthe für das klügste, gar keinen Antrag an den Landtag zu bringen, den nicht die Theologen vorher auf das bestimmteste als zulässig erklärt hätten, weil man sich unter keiner andern Bedingung Nachgiebigkeit von ihnen versprechen konnte, als wenn man es ihnen möglich machte, die ganze Sache auf das Gewissen der Theologen zu schieben. Um dieser willen schob man daher jezt lieber die Sache noch weiter hinaus, da man von den Theologen jene Erklärung nicht in der Form erhalten konnte, in welcher man sie verlangte. Aber war es nicht natürlich, daß auch die Theologen selbst um dieser Stimmung willen, welche vielleicht der grössere Theil der versammelten Stände auf den Landtag mitgebracht haben mochte, zurükhaltender und bedächtlicher wurden, als sie es um ihrer eigenen Ueberzeugung willen nöthig gehabt hätten? Sie konnten darauf zählen, daß die meiste dieser Menschen doch zulezt in das Geschrey und in die Anklagen über sie einstimmen würden, worauf sie sich voraus gefaßt machen mußten. Sie konnten und mußten noch gewisser darauf zählen, daß eben diese Menschen am geschäfftigsten seyn würden, sie wegen jeder nachtheiligen Folge, die zufällig oder natürlich aus der Befolgung ihres Raths entspringen konnte, zur Verantwortung zu fordern: mithin war es wohl mehr als verzeyhlich, wenn sie wenigstens darauf bestanden, daß noch mehrere Rathgeber zugezogen werden sollten, welche einst diese Verantwortung mit ihnen theilen könnten.

Auf dem neuen den 16. Nov. eröfneten Konvent zu Celle, auf welchem ihnen dieser Wunsch gewährt wurde[119]), fand man daher ungleich weniger Schwürigkeiten

119) Ausser den Theologen die zu Torgau gewesen waren,

keiten, sie zu der bestimmteren Erklärung zu bewegen, die man von ihnen haben wollte. Man verlangte hier zuerst von ihnen, daß sie einen Entwurf zu neuen Agenden für die Kirchen des Churfürstenthums aufsezen möchten, wobey eine ältere noch zu der Zeit des Herzogs Heinrich darüber verfaßte Ordnung zum Grund gelegt, und die Stücke, die man allenfals aus dem Interim darein aufnehmen dürfte, als Zusäze eingerückt werden könnten. Diß Verlangen erfüllten sie sogleich, und erfüllten es auf eine Art, mit der man sehr zufrieden seyn konnte, denn sie richteten den ganzen äusseren Kultus solchermassen darinn ein, daß die Vorschriften des Interims nach dem äusseren beynahe völlig dabey befolgt schienen. Die abgeordneten Räthe des Churfürsten machten zwar darauf einen Versuch, noch etwas mehr von ihnen zu erhalten, denn sie gaben ihnen zu bedenken, ob man nicht in so manchen an sich gleichgültigen Punkten auch von den Ausdrücken des Interims noch mehr beybehalten, und in Ansehung einiger andern, welche die Theologen als völlig verwerflich ausgezeichnet hatten, noch irgend eine mildernde Auskunft treffen könnte? Auf diesen Antrag erklärten aber diese, daß sie alle Ausdrücke in ihrem Entwurf sehr bedächtlich gewählt hätten, und in Ansehung jener andern Punkte, nehmlich der Artikel von dem Chrisma 120) und von dem

hatte man auch Bugenhagen und Major, Camerarius von Leipzig, die Superintendenten von Freyberg und Pirna und noch mehrere andere dazu beruffen.

120) Diß Chrisma machte einen eigenen Anstand, den die churfürstliche Kommissarien gar zu gern weggeräumt hätten, weil aus seiner Weglassung eine mehrfache und also auch mehr in die Augen fallende Ungleichheit in der Form des äusseren Gottesdiensts entsprang. Man brauchte es ja bey der Priester-Weyhe, bey dem Sakrament der lezten Oelung und noch bey andern religiösen Gebräuchen. Schon auf dem Landtag zu Torgau hatte man daher versucht, den Theologen den Gebrauch davon als etwas an sich höchstgleichgültiges vorzustellen; und deßwegen in dem lezten Aufsaz, den man ihnen dort

dem Meß=Canon noch mehr auf ihren bißherigen Protestationen dagegen beharren müßten: hingegen als ihnen die Abgeordnete hierauf einen andern Entwurf zu den neuen Agenden vorlegten, der völlig nach der Ordnung des Interims eingerichtet war, so äusserten sie doch, daß sie sich auch diesen gefallen liessen, wiewohl er in mehreren Punkten sehr merklich von dem ihrigen abwich [121]). Sie verlangten nur, daß das Volk

über

dort übergab, bey dem Artikel von der Priester=Weyhe absichtlich hinzugesezt; daß man wohl nicht Ursache habe, sich daran zu stossen, wenn die Bischöffe bey den Ordinationen ihr Chrisma gebrauchen wollten, so bald man sich nur verwahrt habe, ne oleo tribuatur ulla efficacia doni aut gratiae divinae, quae per hoc contingat. Darauf hatten sich damahls die Theologen nicht weiter erklärt, hingegen liessen sie sich jezt desto mehr auf das anstössige ein, das auch nach jener Verwahrung immer noch dabey zurückbleibe. "Illud, sagen sie in ihrem ersten Cellischen Aufsaz bey dem Artikel von der lezten Oelung — illud maxime considerandum quod fieri non possit ut adhibeatur Chrisma," cum in consecratione olei tam horribiles voces usurpentur, ut non existimemus, aliquem Episcopum, qui christianam doctrinam considerare voluerit, ejusmodi consecrationes adhibiturum, ut e. gr. Sancti Spiritus ei admisceri virtutem ut vitae aeternae participes faciat. — Hae idololatricae voces sunt — ideo nemo eas confirmare aut stabilire debet. Also nicht der Gebrauch des Oels an sich, sondern der Gebrauch des mit diesen Formeln angeblich geweyhten Oels war es, den sie für unzulässig erklärten, und eben darinn lag dann, daß sie sich nicht weiter dagegen sezen wollten, wenn man sie nur nicht zwingen würde, das Chrisma von den Bischöffen weyhen zu lassen, oder diese bewegen könnte, die ärgerliche Konsekrations=Formel zu verändern, die im Pontificale vorgeschrieben sey. Diß gaben sie aber in ihrem zweyten Aufsaz den Kommissarien deutlicher zu verstehen, indem sie mit sehr trockener Kürze sagten: ab hujus temporis episcopis propter impias et blasphemas consecrationes petere Chrisma non possumus. Die Kommissarien verlangten darauf von ihnen, daß sie schicklichere Formeln vorschlagen möchten, über welche man mit den Bischöffen handlen könnte — ut cogitare velint, quomodo piae ad hoc preces usurpari possent, de quibus postea cum Episcopis amplius conferendum esset — und diß versprachen sie sehr gern zu thun, so bald es zu diesen Handlungen kommen würde.

121) Man hatte in den Aufsaz auch dasjenige aufgenommen, was man schon nach den zu Torgau mit ihnen gepflogenen Handlungen als bewilligt von ihrer Seite ansehen konnte. Daher wurden in dem Eingang auch die Lehr=Artikel des Interims kürzlich erwähnt, von denen zu

Celle

über alle Artikel der neuen Ordnung nach ihren bißher darüber gegebenen Erklärungen unterrichtet werden müsse, und diß bewilligte man ihnen oder versprach man ihnen desto gerner, da der Churfürst und seine Räthe ihren Endzweck schon mit demjenigen, was sie erhalten hatten, erreichen zu können dachten. Der Kayser, hofften sie, würde wohl zufrieden seyn, wenn man ihm nur einmahl berichten könnte; daß man eine neue Kirchen-Ordnung im Sächsischen eingeführt habe, die der Vorschrift seines Interims in so vielen Punkten gemäß sey; von Seiten der Landstände aber fürchteten sie keinen Widerstand mehr, der ihre Einführung aufhalten könnte, da man sie ihnen mit der Approbation der Theologen vorzulegen im Stand war. Man berief daher diese noch im December zu einem neuen Landtage nach Leipzig, um mit dem Schlusse des Jahres auch noch diß Werk zum Schluß zu bringen 122)!

Dazu

Stelle nichts vorgekommen war, und zwar so erwähnt, daß die Lehre des Interims in den ersten Artikeln von dem Zustand des Menschen vor und nach dem Fall als ganz annehmlich anerkannt, hingegen der Rechtfertigungs-Artikel zwar in einer sehr lutherischen Form aufgestellt, aber doch angehängt wurde, daß man nicht anders darüber lehren wolle, als man mit den Bischöffen zu Pegau übereingekommen sey. Dennoch hatten die Kommissarien in diesen Entwurff einen Punkt eingeschoben, gegen welchen die Theologen schon einmahl protestirt hatten. Sie hatten nehmlich schon in ihrem ersten Aufsaz in die Designation der Festtage, welche künftig in den Sächsischen Kirchen gefeyert werden sollten, auch das Frohnleichnams-Fest, oder das Festum corporis Christi eingerückt. Darauf war von den Theologen erinnert worden, daß ihres Wissens zu Torgau nichts davon vorgekommen, und daß ihnen überhaupt diß Fest aus mehreren Ursachen gar nicht anständig sey; allein diese Erinnerung fertigte man sehr kurz ab, und behielt das Fest in der neuen Designation bey.

122) Daß der Churfürst das Werk jezt schon so gut als beendigt ansah, diß gab er gleich darauf, bey Gelegenheit einer Zusammenkunft mit dem Churfürsten von Brandenburg zu Jüterbock sehr deutlich zu erkennen, wiewohl man über dasjenige, was bey dieser Gelegenheit verhandelt wurde, noch gar nicht im Klaren ist. Die Zusammenkunft fand in der Mitte des Decembers

Dazu wurde es würklich gebracht, aber nur mit Umständen gebracht, welche sehr deutlich verriethen, daß

ders unmittelbar vor der Eröffnung des Leipziger Land-Tags statt. Auch der Bischoff von Naumburg war, ohne Zweifel auf die Einladung der beyden Fürsten zugegen, beyde aber hatten zugleich mehrere ihrer Theologen mitgebracht, woraus man sogleich schloß, und auch sehr richtig schliessen mochte, daß die Zusammenkunft wegen des Interims veranstaltet worden seyn möchte. Auch rechtfertigte der Erfolg diesen Schluß; allein deßwegen könnte doch die Aechtheit einer Urkunde sehr zweifelhaft seyn, die Flacius von diesen Jüterbockischen Handlungen unter dem Titel: Herzogs Morizen zu Sachsen und des Markgrafen von Brandenburg beyder Churfürsten Vereinigung des Interims halben — drucken ließ, und Hortleder in seine Geschichte des deutschen Krieges B. III. C. 86. p. 702. aufnahm. Diese Urkunde enthält zwar nichts mehr, als den zu Celle aufgesezten und von den Theologen gebilligten Entwurff einer neuen Kirchen-Ordnung oder Kirchen-Agende. Man kann auch nicht zweiflen, daß Moriz bey dieser Gelegenheit dem Churfürsten von Brandenburg diesen Entwurff mittheilte, und noch weniger zweiflen, daß der lezte sich sogleich entschloß, die neue Agende auch in den Kirchen seines Gebiets einzuführen, denn er ließ sie gleich nach seiner Zurückkunfft nach Berlin publiciren. S. Brief der Prädicanten in der Mark an die Wittenbergische Theologen dd. 7. Jan. 1549. in Nic. Galli und Flacii Ausgabe des Leipzigischen Interims (1550.) N. 3. b. und Melanchtons Antwort auf diesen Brief Epp. L. 1. ep. 8. Doch daraus folgt noch nicht, daß ein förmlicher Vertrag darüber von den beyden Churfürsten geschlossen worden seyn müßte, und wenn es auch geschehen wäre, so würde doch die Aechtheit der Flacianischen Vertrags-Urkunde noch sehr viel gegen sich haben. Sie hat ausser dem Eingang gar nichts von den Förmlichkeiten eines solchen Akten-Stücks. Sie ist nur in der Ueberschrifft, also wahrscheinlich nur von dem Herausgeber datirt, und allem Ansehen nach falsch datirt; denn nach dieser Angabe soll der Vertrag den 7. Dec zu Jüterbock geschlossen worden seyn, nach der glaubwürdigeren Nachricht der Verfasser der Expos. aber kamen die Churfürsten erst den 16 Dec. zu Jüterbock zusammen. S. Expos. Aaa. Ueberdiß aber wissen die Verfasser von dieser kein Wort davon. Auch Melanchton wußte nach seiner Antwort an die Märkische Prediger kein Wort davon; und was für einen Grund hätte man haben können, ihnen ein Geheimniß daraus zu machen, oder was für einen Grund hätten sie selbst haben können, noch nach zehen Jahren ein Geheimniß daraus zu machen, wenn man sich sonst über nichts als über die zu Celle von ihnen gebilligte Kirchen-Ordnung vereinigt hätte. Bey diesen Umständen wird diß gewiß sehr unwahrscheinlich, hingegen desto wahrscheinlicher wird es durch diese und noch durch mehrere dazu, daß der Haupt-Zweck der Zusam-

daß in der That alle bißherige Vorbereitungs-Handlungen nothwendig gewesen waren, um die Genehmigung und Beystimmung der Landstände zu erhalten. Eben so sichtbar wurde es dabey, wie weise die Theologen gehandelt hätten, da sie darauf bestanden, daß ihnen Gelegenheit gemacht werden müsse, wegen dem auszustellenden Gutachten über das Interim mit einer grösseren Anzahl ihrer Kollegen und Mitbrüder unter der Geistlichkeit des Churfürstenthums zu rath zu gehen. Die Landstände, denen man den Entwurf der neuen Kirchen-Ordnung vorgelegt hatte, über den man zu Celle mit den Theologen übereingekommen war, fiengen jezt noch eine eigene Unterhandlung mit diesen an. Wahrscheinlich mochten sie erfahren haben, daß der ihnen übergebene Entwurf doch nicht ganz mit demjenigen übereinstimme, den die Theologen zuerst zu Celle aufgesezt hatten

[illegible]

sammenkunfft eine Verabredung wegen der Maaßregeln war, die man allenfals zu nehmen haben möchte, wenn der Kayser auf einer uneingeschränkteren Annahme seines Interims bestehen sollte. Gelegenheitlich sollte wohl auch der Bischoff von Naumburg gewonnen werden, daß er zu der Zufriedenstellung des Kaysers mitwürken, oder sich doch für seine Person mit demjenigen, was man nachzugeben beschlossen hatte, gewisser begnügen möchte. Er wurde wenigstens zu den geheimen Handlungen der Fürsten zugezogen, und man hat selbst Ursache zu glauben, daß er sich leicht gewinnen ließ, weil man die Theologen, die man wahrscheinlich bloß in der Absicht mitgenommen hatte, um im Nothfall mit ihm handlen zu können, gar nicht dazu brauchte. Man fragte sie nur, ob sie wegen der Privat-Messen und wegen des Meß-Kanons keine Auskunfft mehr zu treffen wüßten — ein Beweiß, daß der Bischoff den Wunsch geäussert haben mußte, man möchte wenigstens hierinn noch etwas weiter nachgeben; als sie aber erklärten, daß sie es unmöglich fänden; so ließ man die Sache sogleich fallen, zum Beweiß, daß auch der Bischoff nicht hartnäckig darauf bestand. Indessen hätte er leicht einen mehr als scheinbaren Vorwand finden können, Schwierigkeiten zu machen, denn nicht lange vorher hatte der Kayser in einem eigenen Rescript dd. 12. Octbr. 1548. Bericht von ihm verlangt „wie es in seinem Stifft und desselben Jurisdiktion und Krayßen wegen des Interims gehalten und zwar von jedem Stand im besondern gehalten werde. S. das Rescript in den Unschuld. Nachr. für das J. 1716. p. 762.

ten[123]), und diß machte sie mißtrauischer dagegen, ja brächte wohl selbst vielleicht einige auf die Vermuthung, daß es mit der Beystimmung der Theologen zu diesem veränderten Entwurf nicht ganz so richtig seyn dürfte, als man ihnen gesagt hatte. Um daher diesen Gelegenheit zu einer Erklärung zu geben, theilten sie ihnen ihre Bedenklichkeiten über mehrere Artikel mit, aber zugleich ihr Befremden darüber mit, daß sie zu der Annahme solcher Artikel gerathen haben sollten. Zum Glück waren die meisten Punkte, an denen sie ein Aergerniß nahmen, so beschaffen, und das anstößige, daß sie dabey sahen, von einer solchen Art, daß jenem leicht begegnet, und dieses leicht weggeräumt werden konnte.

Sie fanden es zum Beyspiel höchst bedenklich, daß man in dem Artikel von der Ordination den Bischöfen das Ordinations-Recht der Prediger wieder einräumen wolle,

123) Die Veränderungen waren aber sehr unbedeutend, die man damit vorgenommen hatte. Nur der Anfang sah anders aus, aber doch gar nicht so bedenklich aus, wie ihn Flacius, und nach ihm noch Salig durch die Weglassung einiger Haupt-Worte machte. Es hieß nicht, wie dieser anführt, Gesch. der A. C. Th. I. p. 625. "Unser Bedenken "steht darauf, daß man Kayserl. "Maj. Gehorsam leiste" sondern "Nostrae rationes eo diriguntur, ut Romani Caesaris Majestati *legitima* et *debita* obedientia praestetur." Doch schrieb Melanchton an Franz Burchard: Non potui impedire, quo minus alii potentiores adderent aliquid de suo, ut stilus in scriptis ostendit; non esse unius Orationem. Rejectum etiam fuit meum quoddam scriptum. S. Epp. L. II. ep. 113. Und Ge. Major in einem Brief an einen hallischen Prediger, wahrscheinlich Joh. Wanckel: "Si intra illos limites nostri mansissent, qui in proximo Cellensi colloquio constituti erant, minus offensionis et rumoris esset." S. den Brief Majors in den Unsch. Nachr. für d. J. 1738. p. 380. Woher indessen die Veränderungen rührten, oder in welcher Absicht sie vorgenommen wurden, darüber findet man auch weiter kein Licht in der vollständigen Sammlung der Akten dieses Landtags, die endlich erst zu unserer Zeit durch den verdienten Herausgeber des Alten aus allen Theilen der Geschichte (Chemnitz, 1762,— 1766. in 8.) an das Licht gebracht worden sind. Sie finden sich hier St. I. p. 24. St. II. p. 150. St. III. p. 299. St. IV. p. 460. St. V. p. 592. St. VI. p. 711.

wolle, und konnten es freylich mit völligem Recht mehr als bedenklich finden, sobald sie sich vorstellten, daß es ihnen ganz auf den ehmahligen Fuß wieder eingeräumt werden sollte. Allein jeder Schatten von Sorgligkeit dabey mußte wegfallen, sobald man die Aufmerksamkeit auf die Einschränkungen richtete, die ausdrücklich in dem Artikel beygefügt waren, denn durch diese war nicht nur dafür gesorgt, daß die Bischöfe niemahls mehr einen Mißbrauch — sondern es war selbst dafür gesorgt, daß wenigstens die gegenwärtigen Bischöfe schwehrlich jemahls dazu kommen konnten, nur überhaupt einen Gebrauch von dem Ordinations-Recht zu machen, das man ihnen nur unter diesen Einschränkungen restituiren wollte. Sie befürchteten ferner, daß die Wiedereinführung des Gebrauchs der Firmlung oder des Ritus der Konfirmation ein gar schwehres Aergerniß in ihren Kirchen anrichten, und wohl auch zu einer nicht geringen Beschwehrung des Gewissens gereichen dürfte, da der abergläubische Wahn von einer besonderen Kraft des heiligen Chrisma oder des geweyhten Oeles auf das neue dadurch unter das Volk gebracht werden könnte. Aus eben diesem Grund wünschten sie auch, daß man sich gegen den Gebrauch der lezten Oelung der kranken und sterbenden erklärt haben möchte. Wegen dem Artikel von der Messe hingegen glaubten sie sich besonders verwahren zu müssen, daß die Privat-Messen ohne Communion nicht wieder unter ihnen in Gang gebracht werden dürften. Allein auch in Ansehung dieser drey Punkte hatten die Theologen weiter nichts nöthig, als ihnen die Stellen in dem Entwurf nachzuweisen, welche schon eine laute Protestation gegen die abergläubische Vorstellungen von der Kraft des Chrisma und eine eben so bestimmte, wenn schon stillschweigende gegen die Privat-Messen enthielten [124]). Dennoch liessen sich die Stän-

124) Wegen dem Chrisma konnten sie noch überdiß mit

Stände durch diese erste Belehrung, welche ihnen die Theologen ertheilten, ihre Bedenklichkeiten noch nicht nehmen, sondern fragten wegen einiger Punkte noch einmahl an, ob sie sich auch recht gewiß darauf verlassen dürften, daß ihr Gewissen dabey keine Gefahr laufe? und nun erst nach der neuen Versicherung, welche sie darüber erhielten [125]), gaben sie ihre Einwilligung dazu, daß der Churfürst zu der würklichen Einführung der neuen nach diesem Entwurf einzurichtenden Kirchen-Ordnung das weitere einleiten möchte. Dabey überliessen sie es ihm gleichfalls mit den Bischöfen, unter deren Jurisdiktion man zurükkehren sollte, über die Bedingungen und Einschränkungen zu handlen, die man sich dabey vorbehalten hatte, und räumten damit selbst die

Recht sagen — quod de hoc capite suspensa est deliberatio et pertinet ad illam mentionem in conclusione capitum nostrorum, ubi scribitur: De caeteris capitibus cum episcopis ut conferatur, constitutum esse. Die Antwort wegen der Privat-Messen war eben so befriedigend: Solicitudo, quae est de Missa, sine communicantibus tollitur eo, quod expresse in capite de Missa de communione et Sacramento praebendo tollitur. S. Exp Ddd.

125) Diese neue Versicherung war sehr kurz gefaßt, denn sie war bloß folgende: "De quibus amplius a vobis quaeritur, ea accepimus et permanemus in sententia de capitibus propositis, quae nos non soli sed una nobiscum alii Superintendentes et Theologi et composuerunt et diligenter perpenderunt. Ideo non possumus illa mutare, cum sine laesione conscientiae bene illa et recipi et servari possint, absque quo si esset, non proposita illa a nobis fuissent, sed ab his potius ut caveretur monuissemus." Doch einige Glieder der Ritterschafft und mehrere Deputirte der Städte hatten sich schon vorher mit ihren Skrupeln besonders an Melanchton gewandt, und von diesem die bestimmte Erklärung erhalten, daß der Aufsaz, den man ihnen zu Leipzig übergeben habe, dennoch dem Sinn der Theologen völlig gemäß sey. Dennoch beruhigten sich die Deputirten der Städte nicht dabey, sondern in der lezten Antwort oder Bedenken, das sie dem Churfürsten abgesondert von den Grafen und von der Ritterschafft übergaben, baten sie ausdrücklich, daß man wo möglich noch eine Aenderung in dem Entwurff machen, den Artikel von der lezten Oelung heraussthun, und auch das festum corporis Christi wegwerffen möchte. S. das Bedenken der Städte in dem Alten aus allen Theilen der Gesch. St. VI. p. 724.

die gröste Schwürigkeit weg, die den Schluß des Werks noch am längsten hätte aufhalten können. Der Churfürst wurde bald mit den Bischöfen fertig, denn er handelte wahrscheinlich nur darüber mit ihnen, daß sie — schweigen sollten, wozu sie sich ohne Zweifel leicht disponiren liessen.[126]). Sobald er deßhalb gesichert war, [illegible] liess [illegible]

126) Der Churfürst hatte zuerst den Ständen den Antrag gemacht, daß sie einige Deputirte aus ihrer Mitte erwählen sollten, welche an den Handlungen mit den Bischöffen Theil nehmen könnten; allein wahrscheinlich hatte er den Antrag nur deßwegen gemacht, weil er voraussah, daß sie ihn ablehnen würden, denn zwischen ihm und den Bischöffen war gewiß das nöthige schon verhandelt, nur mußte es um der Bischöffe willen geheim gehalten werden. Eben deßwegen konnten sich auch diese mit den Ständen in keine Handlung einlassen, und ihnen keine andere Antwort auf ihre Einladung dazu geben, als eine solche, welche diesen alles weitere entleyden mußte. Indessen war diese Antwort, welche die Bischöffe zuerst den Ständen gaben, doch gar nicht so unfreundlich abgefaßt, wie diese in ihrem Bericht an den Churfürsten und auch die Verfasser der Exposition sie vorstellten: sondern es war nur darinn aber sehr fein und glimpflich erklärt, daß sie nichts billigen und nichts genehmigen könnten, als was dem Kayserl. Interim gemäß sey: und mehr konnten würklich die Bischöffe nicht öffentlich erklären. S. ihre merkwürdige Antwort in der Samlung der Akten am ang. O. St. V. p. 607. Nach ihrer offenherzigen Erklärung, welche sie zu Pegau gegeben hatten, konnte auch über nichts mit ihnen gehandelt werden, als bloß darüber, daß sie zu allem was vorgienge, schweigen möchten; und davon hatte sich wohl der Churfürst bereits versichert. Man findet daher auch nicht, daß etwas weiter mit ihnen besprochen worden wäre; aber alles gieng seinen Gang fort, als ob man sich völlig mit ihnen verstanden hätte, und alle neue Anordnungen wurden in der Maaße gemacht, als ob ihre Erklärung, auf die man so manches dabey ausgesezt hatte, gerade so erfolgt wäre, wie man sie wünschte. Von der Anerkennung ihrer Jurisdiktion war gar nicht mehr die Rede, sondern die schon vorher zu Leipzig, zu Wittenberg und zu Meissen niedergesezte Konsistorien behielten nach wie vor die Aufsicht über das Kirchen-Wesen; und auch davon nahmen die Bischöfe keine Notiz. Nach einer Nachricht in dem angeführten Brief von Major könnte man übrigens schliessen, daß sie einige der schwürigsten Punkte nicht nur stillschweigend bewilligt haben durften, denn Major sagt ausdrücklich: Episcopi ipsi concesserunt Ordinationem duabus Academiis Lipsiensi et Witebergensi, quod dicunt, sibi nondum licere ordinare Sacerdotes uxoratos, nisi facultate impetrata a Romano Pontifice. eb. das. p. 381.

ließ er einen Auszug der Landtags-Handlungen bekannt machen, der einen kurzen Abriß der Form enthielt, in welche der äussere Gottesdienst mit der Genehmigung der Landstände gebracht werden sollte [127]). Zu gleicher Zeit mußten die Theologen auf seinen Befehl an der Verfertigung ausführlicher Agenden nach dieser Form arbeiten. Diese brachten sie im März des folgenden Jahrs 1549. ins reine. Im May wurden sie von einer grossen Versammlung der meisten Meißnischen Superintendenten und Prediger zu Grimme approbirt [128]), unter

127) Dieser Auszug ist es, der in der Folge von Flacius und Consorten unter dem Nahmen des Leipziger-Interims so verrufen wurde. Oft führten sie ihn aber auch unter dem Nahmen des kleinen Interims an, um ihn von dem zu Celle entworfenen Aufsaz zu unterscheiden, den sie das grosse Interim nannten, wiewohl unter dieser lezten Benennung auch zuweilen alles von ihnen begriffen wurde, was auf den Konventen zu Meissen, zu Pegau, zu Celle und zu Leipzig wegen des Interims verhandelt worden war. Für die ausführlichere neue Agenden, welche hierauf von den Theologen aufgesezt wurden, erfanden sie den Spott-Nahmen — das grosse Pontificale. S. Salig p. 628.

128) Schon im April hatte der Churfürst einen Ausschuß der Ritterschaft nach Torgau beschieden, dem die neue Agenden vorgelesen werden sollten; aber um eines unerwarteten Zwischen-Auftritts willen kam es nicht dazu. Einer der Zeloten, die schon damahls über alle Aenderungen, die man vornehmen möchte, zu schreyen angefangen hatten — nach Saligs Vermuthung der Torgauische Caplan Schulz — wahrscheinlicher aber Gabr. Didymus schickte dem Ausschuß einen Aufsaz zu, worinn die Theologen mit der wildesten Heftigkeit beschuldigt wurden, daß sie das Land und die Stände zu einem Abfall von der Lutherischen Lehre und von der Augsp. Confession verleiten wollten, diß machte auf einige der Anwesenden so viel Eindruck, daß es die Theologen für nöthig hielten, sich erst gegen diese Vorwürfe zu vertheidigen, welches sie in einer vortreflichen Schrift thaten. S. Expos. F f. f. Der Churfürst aber hielt es nun für das weiseste, sich vor allen Dingen der Beystimmung des grösseren Theils der Prediger zu versichern, und berief deßwegen auf den 1. Maj. die grosse Versammlung zu Grimma, von welcher die Agenden einstimmig gebilligt wurden. Vielleicht hatte der Churfürst diesen Lärm vorausgesehen, und deßwegen zuerst die Absicht gehabt, es bey dem Auszug aus dem Leipziger Landtags-Schluß bewenden zu lassen, und bloß diesen den Superintendenten und Predigern zuzuschicken, wobey der Discretion eines jeden

unter dem 4. Jul. aber mit einem Befehl des Churfürsten, der den weltlichen Obrigkeiten auftrug, über ihre Befolgung von Seiten der Prediger zu wachen, an alle Kirchen des Churfürstenthums herumgeschickt [129].

Aber was war es nun, was man nach so vielen und langen Unterhandlungen endlich ausgemacht hatte? oder worinn bestanden die Aenderungen, die dadurch in das Sächsische Religions- und Kirchen-Wesen gebracht wurden? darauf muß man jezt selbst um der vielen Zurüstungen willen begieriger werden, die dazu gemacht wurden, aber noch mehr um der unnatürlichen Bewegungen willen, die aus den Veränderungen entstanden: also wird es am schicklichsten seyn, einen kurzen Abriß davon hier einzurücken! Eine unpartheyische Darstellung davon muß zugleich in einem hohen Grad das Verdienst des überraschenden haben, wiewohl man nicht die mindeste Kunst dabey anbringen kann, und anzubringen hat.

Kap.

sehr vieles überlassen geblieben wäre, weil in diesem Auszug noch so manches unbestimmte war. Man kann diß nicht nur daraus schliessen, weil er sogleich diesen Auszug drucken ließ, sondern es scheint durch eine Bittschrift der Meißnischen Superintendenten ausser Zweifel gesezt zu seyn, welche die Sammler der Unsch. Nachr. für d. J. 1708. p. 831. aus dem Manuskript bekannt gemacht haben. In dieser Schrift erklärten sie zwar dem Churfürsten, daß sie mit allen zu Leipzig gemachten Ordnungen völlig zufrieden seyen, aber ersuchten ihn dringend, daß er alles in eine ausführlichere Kirchen-Ordnung verfassen lassen möchte, weil sie sich an den Leipziger Auszug allein, der nur in genere gestellt sey, nicht halten könnten.

129) S. Exp. Ggg. Auch diß hatten noch die Theologen geflissentlich eingeleitet, daß die Einführung der Agenden durch einen Befehl der weltlichen Obrigkeit den Predigern aufgetragen werden müsse — nam, sagten sie. — si pastores hanc mutationem absque postulatione tali introducerent, pastoribus postea haec objectio incumberet, quod novationum autores fierent, ad quas homines cogerentur.

Kap. VIII.

In Beziehung auf die Religion selbst oder auf die Lehre und den Glauben läßt sich zuerst nicht einmahl eine scheinbare Veränderung angeben, welche man bey dieser Gelegenheit auch nur stillschweigend angenommen oder zugestanden hätte. Von den Unterscheidungs-Säzen des Lutherischen neuen Lehrbegrifs im Gegensaz gegen den alten wurde nicht nur kein einziger bey demjenigen, was man im Sächsischen aus dem Interim annahm, aufgeopfert, sondern man behielt sich noch ausdrüklich die Freyheit vor, selbst alle Lutherische Unterscheidungs-Ausdrücke in den streitigen Lehren neben jenen behalten zu dürfen, die man aus dem Interim angenommen hatte. Diß lag schon in der allgemeinen Erklärung, nach welcher man einige Lehr-Artikel des Interims bloß deßwegen zu genehmigen sich bereit bezeugte, weil die darinn gegebene Vorstellungen mit den rein-lutherischen vollkommen übereinstimmten [130 a]; es lag noch

130 a) So hatten die Wittenbergische Theologen schon in ihren ersten Bedenken über das Interim erklärt, daß sie die zwey erste Lehr-Artikel des Interims von dem Zustand des Menschen, vor dem Fall und vor der Erbsünde der Lutherischen Theorie völlig gemäß, und mit demjenigen, was sie bißher darüber gelehrt hätten, ganz übereinstimmend fänden. "Exordium libri — heißt es in ihrem Gutachten vom 29 Apr. — rectum est usque ad articulum de justitia neque disputatione indiget. In der ausführlichen Censur, welche sie dem Konvent zu Meissen vorlegten, liessen sie eben deßwegen diese zwey Artikel ganz unberührt. In dem Cellischen von den Theologen gebilligten Aufsaz wurde wieder ausdrücklich gesagt: Quantum ad doctrinam et sententiam illius scripti de statu et conditione hominis ante et post lapsum attinet, nulla pugna est, et illa ad talem quendam modum docenda. Nun fanden freylich in der Folge die Zeloten von der Flacianischen Parthie auch in diesen Artikeln eine Menge von Irrthümern, die darinn stecken sollten; aber daß es ihnen bloß darum zu thun war, einen Grund weiter zu dem Geschrey über die Apostasie der Wittenberger zu bekommen, oder daß sie bloß die Begierde so scharfsichtig machte," jene wegen ihrer Blindheit oder Verblendung anklagen zu können, diß legt sich aus dem folgenden Um-

noch deutlicher in den Einschränkungen und Bestimmungen, die man zu manchen Ausdrücken, die im Interim gebraucht waren, hinzusezte, um die ganze Lutherische Vorstellung, die man bißher gehabt hatte und noch ferner behalten wollte, hineinzuzwingen; aber am offensten und unzweydeutigsten, wurde es in Ansehung des streitigen Haupt-Artikels von der Rechtfertigung erklärt, also in Ansehung eben dieses Artikels erklärt, den die Sächsische Theologen, wie man sie in der Folge fast allgemein beschuldigte, bey dieser Gelegenheit aufgeopfert haben sollten.

Der Unterschied zwischen der lutherischen und katholischen Vorstellung von der Rechtfertigung mochte zwar nicht das übergrosse praktische Moment haben, das ihm damahls beyde Partheyen allgemein zuschrieben; aber für das System war er doch immer wichtig genug! Nach der lutherischen Vorstellung sollte die Rechtfertigung eines Menschen bloß darinn bestehen, daß ihn Gott um Christi willen für schuldlos erklärte, oder in Hinsicht auf das Verdienst Christi die Vergebung seiner Sünden ertheilte. Nach der katholischen Vorstellung hingegen sollte zu gleicher Zeit eine Veränderung in seinem inneren vorgehen, wodurch er würklich gerecht gemacht, oder mit einem Wort gebessert werde; daher bestanden die katholische Theologen darauf, daß auch die-

se

Umstand unverkennbar zu Tag. In eben dem Monath, in welchem der Konvent zu Meissen gehalten wurde, nehmlich im Julius hatten die Söhne des gefangenen Johann Friederichs ihre Theologen und Prediger auch zu Weimar versammelt, um sich von ihnen ein gemeinschaftliches Bedenken über das Interim stellen zu lassen. Diese stimmten mit Heftigkeit für seine Verwerfung, denn sie fanden in allen seinen Artikeln, papistische Gräuel — nur nicht in den drey ersten! Und doch waren es die Haupt-Personen von der Zeloten-Parthie, Nic. Amsdorff, Just. Menius, Casp. Aquila, Joh. Stolz, welche an diesem Weimarischen Bedenken den größten Antheil gehabt hatten. S. der Prediger der jungen Herrn Johanns Friederich Herzogen zu Sachsen Söhne christlich Bedenken auf das Interim. 1548. 4.

se Veränderung in den Begrif der Rechtfertigung aufgenommen werden müsse, da ohnehin schon das Wort und der Ausdruck: Rechtfertigung: dem erweiterten Begrif angemessener als dem engeren sey. Hätte man indessen bloß darüber gestritten, ob man das eine allein oder beydes zugleich durch das Wort ausdrücken könne oder dürfe? so würde schwehrlich jemahls ein heilloserer Wortstreit geführt worden seyn, denn die Katholiken läugneten ja dabey nicht, daß der Mensch auch im lutherischen Sinn gerechtfertigt, nehmlich von Gott für schuldlos erklärt werde. Lutheraner aber bezweifelten eben so wenig, daß auch die Veränderung, durch die er würklich gebessert werde, in seinem innern vorgehe, ja sie gaben ungefodert zu, daß der Anfang dieser Veränderung in eben denselben Augenblick mit seiner Begnadigung von Seiten Gottes fallen müsse. Doch die geheime, aber oft und deutlich genug verrathene Ursache, wegen welcher die katholische Theologen so eigensinnig darauf drangen, daß man in dem Begrif der Rechtfertigung die Begnadigung und die Besserung eines Menschen verbinden müsse, diese Ursache lag in einer andern Idee, welche sie dabey anzubringen und dadurch zu begründen die Absicht hatten, und diese andere Idee war es eigentlich, gegen welche man sich von Seiten der lutherischen Theologen durch die eben so eigensinnig verweigerte Erweiterung des Begrifs verwahren zu müssen, und überhaupt nicht sorgsam genug verwahren zu können glaubte.

Die katholische Theologie, so wie sie von den Scholastikern ausgebildet worden war, nahm nehmlich dabey an, daß die Ursache, warum ein Mensch von Gott begnadigt werde, zum Theil mit in seiner zu gleicher Zeit vorgehenden Besserung liege, bey der sie ihm auch nicht alle Mitwürkung und folglich auch nicht alles Verdienst absprach, wiewohl sie dem Einfluß Gottes und seines Geistes noch immer das meiste dabey zuschrieb. Ihrem

System nach sollte zwar Gott den Menschen auch nur um Christi willen, aber doch nur denjenigen begnadigen, der sich wahrhaftig besserte, oder die ihm von Gott geschenkte Kräfte zur Besserung mit Treue benuzte. Diese Kräfte, die Gott jedem Menschen zur Besserung verleyhe, nannte sie die eingegossene Gerechtigkeit, durch welche der Mensch erst Gott so angenehm werde, daß er ihn um Christi willen begnadige; aber dabey behauptete sie, zu dieser eingegossenen Gerechtigkeit könne und müsse sich der Mensch in einem gewissen Grad selbst empfänglich machen, indem er sich durch seine Willigkeit an Christum zu glauben, ein gewisses meritum de congruo erwerben könne, auf das Gott dabey Rüksicht nehme; und daraus zog sie die Folge, daß der Glaube in einem gewissen Sinn nur als Vorbereitung zu der Rechtfertigung angesehen uud daß sich ein Mensch nicht bälder für völlig begnadigt halten dürfe, biß er von der mit ihm vorgegangenen Veränderung ins bessere, die sich auch durch seine Werke und Handlungen an den Tag legen müsse, gewiß sey. Diß waren Grund-Ideen im katholischen System; daher war es der Mühe wehrt gewesen, den Begrif der Rechtfertigung so zu bilden, daß sie ohne Mühe daraus abgeleitet werden konnten, und diß hatte man dadurch erreicht, indem man ihm eine Weite gab, die auch den Begrif der Besserung in sich faßte; aber an eben diesen Grund-Ideen des katholischen Systems hatte Luther zuerst angestossen, und eben sie erschienen ihm als die gefährlichste Irrthümer, daher hatte er auch nichts angelegeneres zu thun, als jenen Begrif dermassen einzuschränken, das er nicht mehr zu Begünstigung jener Irrthümer gebraucht werden konnte.

So war die Verschiedenheit oder daraus war die Verschiedenheit zwischen dem katholischen und lutherischen Rechtfertigungs-Begrif erwachsen: aber eben deßwegen war es doch nicht zunächst die Bestimmung

dieses

dieses Begrifs, worüber beyde Partheyen mit einander stritten. Es war noch weniger die Frage: ob die Begnadigung eines Menschen und der Anfang seiner Veränderung ins bessere der Zeit nach mit einander verbunden seyen? oder ob der von Gott begnadigte Mensch immer auch zu gleicher Zeit besser werden müsse? sondern es war bloß die Frage: ob Begnadigung von Seiten Gottes und Besserung von Seiten des Menschen, wie Ursache und Würkung mit einander verbunden seyen? oder: ob die Besserung des Menschen und dasjenige, was er selbst dazu beytrage, irgend einen bewegenden Einfluß auf seine Begnadigung von Seiten Gottes haben könne? diß lezte allein wollte Luther bestreiten, indem er darauf drang, daß man im Begrif der Rechtfertigung die Begnadigung und die Besserung des Menschen trennen müsse; und diß allein wollte er läugnen, indem er die neue Redens-Art: daß der Glaube allein rechtfertige: zum Symbol und zum Feldzeichen seiner Parthie machte, denn diese Redens-Art sollte weiter nichts als eine recht starke Verneinung des Sazes enthalten, daß irgend ein Verdienst des Menschen dabey in Betrachtung kommen könne.

Daraus ergiebt sich, daß es doch nicht blosser Wortstreit war, den die katholische und die lutherische Theologie in diesem Artikel miteinander führten, wiewohl sie bey weitem nicht so weit auseinander waren, als es die streitende Partheyen sich damahls selbst bereden wollten, und wohl zum Theil sehr ehrlich bereden mochten. Es ergiebt sich aber auch daraus, daß der Artikel von der Rechtfertigung durch die neue Form, welche ihm die lutherische Theologie gegeben hatte, gewiß nicht so schädlich für die praktische Religion und für die Moralität geworden war, als man ihn damahls und noch in der Folge aus Mißverstand und Unverstand sehr oft vorstellen wollte. Nur Mißverstand oder Unverstand konnten

konnten nehmlich daraus, weil man Begnadigung und Besserung des Menschen nicht als Würkung und Ursache verbunden haben wollte, die schöne Folge ziehen, daß man gar keine Verbindung des einen und des andern habe zulassen wollen. Nur Mißverstand oder Unverstand konnten jemahls glauben, daß unsere Theologen einmahl den Gotteslästerlichen Unsinn gelehrt hätten: Ein Mensch könne der Begnadigung von Seiten Gottes gewiß seyn, wenn er auch nicht einmahl den Vorsaz habe, sich zu bessern! Ob hingegen unsere Theologen wegen jenes Punktes, den sie aus der katholischen Theorie über diese Lehre wegwerfen wollten, sich nicht auf eine andere Art hätten verwahren können, wobey Mißverstand und Unverstand weniger Anlaß zu jener falschen Vorstellung hätten bekommen mögen? und ob überhaupt jener Punkt so wichtig war, um einen solchen Streit zu verdienen, und zu rechtfertigen? — diß sind andere Fragen, welche die Geschichte nichts angehen! — In Beziehung auf das lezte muß aber doch bemerkt werden, daß der Abscheu der lutherischen Theologen vor jener weggeworfenen Idee des katholischen Systems nicht allein aus der Quelle, aus der man sie gemeiniglich ableitete, nicht allein aus ihrer Anhänglichkeit an den reinen Augustinismus entsprungen war. Freylich mochte ihnen die Behauptung, daß der Mensch irgend etwas zu seiner Rechtfertigung beytragen könne, auch deswegen ärgerlich seyn, weil sie den Grundbegriff des Augustinischen Systems gerade entgegen, und wahre semipelagianische Kezerey war. Auch die seltsame Einbildung, daß Gottes Ehre dabey leyde, wenn man nicht aus der Rechtfertigung eine lautere Gnadensache mache, vermehrte zuweilen den Anstoß, den sie daran nahmen; aber ausser diesem hatten sie doch noch einen andern Grund dagegen anzuführen; der von einem wahreren und höheren Interesse hergenommen

men war. Die katholische Dogmatik hatte nehmlich aus ihrer Behauptung eine Folge gezogen, welche der neuen Theologie nicht nur unrichtig und schriftwidrig, sondern auch für die Ruhe und für das Glück, ja selbst für die Tugend und Moralität des Menschen äusserst gefährlich schien. Sie hatte daraus gefolgert, daß sich ein Mensch niemahls mit voller Zuversicht für gerechtfertigt halten dürfe, weil er sich dieser Gnade doch niemahls ganz würdig fühlen könne. Diß floß auch richtig daraus, sobald man nur einen Grad von verdienstlicher Würdigkeit von Seiten des Menschen zur nothwendigen Bedingung dabey machte; aber diß hielten die lutherische Theologen — und gewiß nicht mit Unrecht — für eine so traurige und niederschlagende Lehre, durch welche der Mensch gerade um den stärksten Antrieb zum eifrigeren Arbeiten an seiner Besserung gebracht würde, daß sie schon allein um dieser Folge willen die ganze Theorie verwerfen zu dürfen glaubten, aus welcher sie floß [130 b]).

Nun muß aber besonders erinnert werden, daß diese Theorie der katholischen Dogmatik über den Artikel von der Rechtfertigung in dem Interim mit einer Vorsicht ausgedrückt war, die mehrere von den der lutherischen Dogmatik darinn anstössigen Ideen eben so künstlich versteckt, als sie andere gemildert hatte. Höchst bedächtlich hatten seine Verfasser dem besondern Artikel von der Rechtfertigung einen andern: Von der Erlösung durch Christum: vorangeschickt, worinn sie eben so stark und eben so bestimmt, als es Luther nur irgend hätte thun können, das Verdienst Christi für den einzigen Grund erklärten, auf welchen der Mensch die Hoffnung

130 b) Sie drückten sich deßwegen zuweilen auch fast etwas zu stark darüber aus, wie z. B. in ihrem zu Meissen gestellten Bedenken; worinn Exp. Kk. 2. die Stelle vorkommt: "Affirmamus igitur falsum esse et horribile mendacium, quod dicunt adversarii, dubitandum esse, an habeas remissionem peccatorum; et in hac dubitatione perseverandum esse.

nung bauen könne, daß ihm Gott aus lauterem Erbarmen seine Sünden verzeyhen werde [131]). Noch bedächtlicher hatten sie hernach in dem Artikel von der Rechtfertigung selbst zwar die Vorstellung ausgeführt, daß dem Menschen dabey nicht nur das Verdienst Christi zugeeignet, sondern auch eine eigene Gerechtigkeit eingegossen werde [132]), aber auch diese eingegossene Gerechtigkeit nur als ein Geschenk Gottes, und zwar als ein solches Geschenk vorgestellt, das ihm ebenfalls nur um des Verdienstes Christi willen zu Theil werde [133]). Von einem Verdienst, das sich der Mensch selbst dabey machen müsse oder könne, war gar nichts erwähnt; die Erinnerung aber, daß ein Mensch nicht leicht eine ganz zweifelsfreye Gewißheit von seiner Recht- [illegible] fer- [illegible]

131) "Dieweil Gottes Sohn, der unschuldig für uns Sünder den Tod gelitten, und für uns genug gethan, hat er uns dermassen erlößt und den Vater also versöhnt, daß uns bemeldter Vater als die armen befleckten Sünder von wegen des Bluts seines Sohnes entbunden, und uns ihme selbst wiederum versöhnt hat — also daß alles, was uns hiebey umsonst geschieht, wir allein dem Verdienst und der Gerechtigkeit Christi zu danken haben, auf daß ein jeglicher, der sich rühmet, sich in diesem unserem Herrn Erlöser und Seeligmacher rühme." S. Augsp. Interim B. ij.

132) "Wer nun durch das theure Blut Christi erlößt, und ihme der Verdienst des Leydens Christi zugetheilt und gegeben ist, der wird alsbald gerechtfertigt, das ist, er findet Vergebung seiner Sünden, wird von der Schuld der ewigen Verdammniß erledigt, und verneuert durch den heiligen Geist, und also aus einem ungerechten wird er gerecht: Denn da Gott rechtfertigt, handelt er nicht allein nach menschlicher weise, also daß er ihm allein verzeihe und schenke ihm die Sünde und entbinde ihn von der Schuld, sondern er macht ihn auch besser, das doch kein Mensch weder zu geben pflegt, noch geben kann: denn er ihm seinen heiligen Geist mittheilt, der sein Herz reinigt und reizt durch die Liebe Gottes, die in ihn ausgegossen wird, daß er das, so gut und recht ist, begehre, und was er begehrt, mit dem Werk vollbringe. Diß ist die rechte Art der eingegebenen Gerechtigkeit." — eb. das.

133) "Also kommen zusammen Christi Verdienst und die eingegebene Gerechtigkeit; zu welcher wir erneuert werden durch die Gabe der Liebe — also, daß der Verdienst Christi der eingegebenen Gerechtigkeit ein Ursach sey." eb. das. B. iij.

fertigung bekommen möge, schien bloß als nöthige Warnung von einem allzu sicheren grundlosen Vertrauen in dieser Angelegenheit angebracht, das doch unstreitig eben so viel Schaden, als eine zweiflende Gemüthsstimmung anrichten konnte [134]).

Diß mochte nicht nur den unkundigen, sondern auch den gelehrten, und mit den Spizfindigkeiten der dogmatischen Lehrform bekannten Untersucher, wenn er nur nicht durch seinen Parthie-Geist allzu argwöhnisch gemacht wurde, leicht auf den Glauben bringen, daß zwischen der katholischen Rechtfertigungs-Lehre, wie sie im Interim vorgetragen war, und zwischen der lutherischen kein bedeutender Unterschied statt finde. Die noch obwaltende Verschiedenheit in den Ausdrücken ließ sich [illegible] freylich

134) "Allhie muß man sich „wohl vorsehen, daß man den „Menschen nicht allzusicher ma„che, und daß sie ihnen selbst „nicht allzuviel vertrauen, aber „auch durch ängstlich zweiflen nicht „in Verzweiflung kommen. Denn „dieweil Paulus sagt; ob er „gleich sich selbst in nichts schul„dig wisse, sey er doch darum „nicht gerechtfertigt, so kann ja „der Mensch ganz schwehrlich „von wegen seiner Schwachheit „und Unvermögens ohne einigen „Zweifel glauben, daß ihm die „Sünden vergeben seyen. Doch „wiewohl er sich nicht soll in „ihm selbst rühmen noch auf„blasen, so soll man ihn doch „auch nicht also schröcken, daß er „an der Kraft des Sterbens und „Auferstehens des Herrn Christi „und an den gnädigen Zusagun„gen Gottes zweiflen und mey„nen sollte, er könne Vergebung „seiner Sünden und die Seelig„keit nicht erlangen; sondern „alle seine Hoffnung und die Ge„wißheit seines ganzen Vertrau„ens soll gegründet seyn auf das „theure Blut Christi — darauf „wir uns getrost verlassen mö„gen und sollen." Diß war in Vergleichung mit der Art, wie man sich sonst in der katholischen Kirche, und wie sich erst neuerlich noch die Synode zu Trident in einem ihrer Dekrete über den Grundsaz, daß kein Mensch von seiner Rechtfertigung gewiß seyn könne, ausgedrückt hatte — diß war so gelinde gesprochen, daß die Wittenbergische Theologen in ihrem Meißnischen Bedenken mit Recht behaupten konnten: "Doctrina Monachorum et Decreta Synodi Tridentinae de dubitatione damnantur in libro. Dafür war es desto ungerechter, wenn sie hinzusezten: tamen de fiducia misericordiae ita perplexe dicitur, ut ambiguum sit utram in partem autores libri propendeant. Et tamen non obscure significatur, hunc esse scopum ultimum ut fiducia illa temeraria esse judicetur." S. Exp. Ff. 2.

freylich nicht übersehen. Auch schien es noch immer in der Sache selbst etwas auszutragen, ob man sich nach dem Interim die Begnadigung und die Besserung eines Menschen als eine, oder nach der lutherischen Lehre als zwey verschiedene Würkungen vorstellte: allein auf der einen Seite schrieb doch auch das Interim die Besserung des Menschen einer Würkung Gottes zu, und auf der andern Seite räumte auch die neue Theologie ein, daß beyde Würkungen gleichsam in einen Augenblick zusammenfielen[135]; also kamen sie doch in den Haupt-Ideen, von denen das praktische Moment der Lehre ausfloß, dem Ansehen nach wieder zusammen. Diß mußte auch bey dem eifrigsten Lutheraner den Anstoß mildern, den er sonst an dem katholischen Rechtfertigungs-Begriff genommen hatte; ja diß konnte selbst manchem nur nicht allzupartheyischen Lutheraner die Form des katholischen Begriffs annehmlicher machen, weil man dabey den Mißbrauch weniger zu fürchten hatte[136], den Mißverstand und Unverstand von der lutherischen Lehrform so

135) So heißt es in dem für den Konvent zu Meissen aufgesezten Bedenken Expos. Kk. 3. "Est et haec veritas aeterna et immota: Quotiescunque cor accepta remissione peccatorum et reconciliatione cum Deo fide erigitur, *simul* accipi et dari per fidem Spiritum Sanctum, et hunc in credente efficacem esse in accendenda dilectione, invocatione, spe et aliis virtutibus. Ac prorsus necessarium est, simul lucere in converso propositum recte faciendi, et bonam conscientiam." Noch stärker heißt es in einer früheren Censur der Theologen über das Interim "haec omnia non dicimus propterea, ut quemadmodum per calumniam malevoli de nobis vociferantur, stultam et impiam securitatem confirmemus, quam multi etiam inter nos secure ruentes in scelera libenter intelligerent, somniantes satis esse illos clamores et vociferationes de fide, etiamsi cor nec dolores de peccato nec consolationem ullam sentiat, nec dilectionem Dei aut caetera bona opera inchoet. Nequaquam enim dilectionem et opera bona excludimus aut rejicimus, sed (simul cum justificatione) inchoari debere fideliter docemus." Expos. FF. 3.

136) So wurde es selbst in der neuen Kirchen-Agende, die der Magistrat zu Nürnberg größtentheils nach der Vorschrift des Interims auffezen ließ, sehr offenherzig gesagt: Es sey bisher

so leicht machen konnten. Aber diß erfolgte auch würklich bey mehreren Theologen der Parthie, und erfolgte selbst zuerst wenigstens zum Theil bey Melanchton [137]); nur nahm dieser nach einer zweyten genaueren Prüfung des Interims sein milderes Urtheil sogleich zurück.

Es ist schon vorgekommen, daß Melanchton und seine Kollegen in allen Bedenken, welche sie in der Folge über das Interim zu stellen hatten, immer auf das bestimmteste und auf das stärkste erklärten, daß man den Artikel von der Rechtfertigung unmöglich ohne Verläugnung der reinen Lehre in der Form annehmen könne, die ihm die Verfasser des Interims gegeben hätten. Dabey äusserten sie nicht nur die Befürchtung, daß unter dieser täuschenden Form die Grund-Irrthümer des alten Lehrbegriffs versteckt seyn könnten, welche Luther aufgedeckt habe, sondern sie nahmen es für entschieden an, daß sie der Absicht der Verfasser nach darunter versteckt werden sollten [138]), und trugen daher kein Bedenken, sie geradezu aus manchen ihrer Ausdrücke und Wendungen heraus zu erklären, bey denen vielleicht jene nicht einmahl von ferne daran gedacht hatten. Wo sie sich aber auch darauf nicht einliessen, da stellten sie doch die lutherische Rechtfertigungs-Theorie mit allen ihren Unterscheidungs-Begriffen recht geflissentlich von der Seite

her mehr ärgerlich als fruchtbar gewesen, daß die Prediger immer allein von dem Glauben ohne rechten Verstand und Bericht, von der Busse, Liebe und Hoffnung gepredigt hätten. S. Salig Th. I. p. 595.

137) S. Expos. Q. 3. b.

138) Der Rechtfertigungs-Artikel im Interim — sagen sie im Meißnischen Bedenken — sey dermassen gestellt "ut multa valde necessaria *consulto* omissa sint, interserta, clausulis aliis iisque variis, quae et fermentum pharisaicum redolent et corruptelae sunt, confirmantes hanc ipsam sententiam, quam abjici aliqui putant. Astutia autem et arte tanta haec facta sunt, ut deprehendi astus difficulter possit." eb. das. Ee. 3. Noch heftiger drückt sich darüber Melanchton in einigen Briefen an Camerar aus — z. B. Epp. L. IV. ep. 733.

Seite dar, von welcher sie derjenigen, die man im Interim versteckt glaubte, am auffallendsten entgegengesezt war, und bezeugten dabey mit feyerlichem Ernst, daß sie sich niemahls von dieser Theorie abbringen lassen würden. Diß thaten sie am stärksten in jenem Aufsaz, den sie den Bischöfen, mit welchen sie zu Pegau unterhandlen sollten, übergaben; und dieser Aufsaz wurde hernach demjenigen, was man zu Celle und zu Leipzig aus dem Interim anzunehmen beschloß, gewissermassen vorangesezt, denn es wurde ausdrücklich erklärt, daß man den Artikel von der Rechtfertigung nur in der Maasse annehme, wie sich die Theologen zu Pegau darüber geäussert hätten. Wie war es also möglich, daß man nur mit einigem Schein die Lästerung ausbreiten konnte, die reine lutherische Lehre sey bey dieser Gelegenheit von den sächsischen Theologen auch in dem hochwichtigen Grund-Artikel von der Rechtfertigung verrathen worden?

Das schamlose dieser Lästerung mußte sich wenigstens jedem unpartheyischen Auge selbst in den Gründen am sichtbarsten aufdecken, durch die man sich bemühte, ihr einigen Schein zu geben. Diese Gründe waren vorzüglich davon hergenommen, weil doch die Theologen das Schiboleth der lutherischen Orthodoxie, die Redensart: daß der Glaube allein rechtfertige, aufgeopfert, und in ihrem zu Pegau übergebenen Aufsaz nicht nur die gottlose semipelagianische Lehre des Interims: daß der Mensch zu seiner Besserung noch etwas mitwürken könne, gebilligt, sondern auch sogar den verfluchten Irrthum von dem Verdienstlichen der guten Werke des Menschen wenigstens begünstigt hätten. Zum Beweiß dieser lezten Beschuldigung berief man sich darauf, daß sie doch in ihrem Aufsaz den Ausdruck gebraucht hätten: gute Werke seyen nöthig, und selbst nöthig zur Seeligkeit. Ihr semipelagianischer Synergismus sollte sonnenklar

nenklar aus ihrer eben darinn enthaltenen Behauptung erhellen, daß sich der Mensch bey den Würkungen der Gnade Gottes nicht wie ein Kloz, nehmlich nicht ganz unthätig verhalten müsse, und noch sichtbarer aus einem Zusaz erhellen, dessen Einrückung sie den Bischöfen zu Pegau gestatteten. Den ersten Vorwurf aber glaubte man gar nicht erst beweisen zu dürfen, denn wer sah nicht selbst, daß sie sich recht geflissentlich gehütet hatten, auch nur einmahl, den alleinseeligmachenden lutherischen Glauben zu erwähnen? 139). Doch es bedarf nur ein Wort, um jeden dieser Beweise niederzuschlagen, und die Ungerechtigkeit der Beschuldigungen, die man darauf baute, mit der Ungerechtigkeit der Menschen, welche sie darauf bauten, in das helleste Licht zu sezen!

Allerdings hatten sich die Theologen in ihrer Erklärung über den Rechtfertigungs-Artikel, welche den Bischöfen übergeben wurde, nicht nur der Redens-Art, daß der Glaube allein rechtfertige, enthalten, sondern gewiß recht geflissentlich enthalten. Melanchton war freymüthig genug gewesen, schon mehrmahls zu äussern, daß es ihm gar nicht darauf ankomme, den Katholiken diesen Ausdruck aufzuopfern, wenn sie sich nur an

139) Daß Flacius, Gallus, Wigand, Amsdorff und die übrige Zeloten des Zeitalters die Vorwürfe, die sie Melanchton und seinen Kollegen machten, auf solche Beweise bauten, diß kann niemand befremden. Sie schämten sich nicht, noch weit heillosere vorzubringen, wovon noch Beyspiele genug vorkommen werden, doch sie konnten sich auch nicht wohl schämen, denn in der Verblendung ihres Hasses gegen sie schienen ihnen auch die heilloseste überzeugend. Aber daß noch in unserem Jahrhundert nicht nur die Vorwürfe, sondern auch die elende Beweise, deren Nichtigkeit eine unpartheyische Prüfung auf den ersten Blick erkennen mußte, von mehreren unserer sonst billigsten und moderatesten Historiker, wie z. B. von Sälig und von Joh. Ge. Walch in seiner Einleitung in die Religions-Streitigkeiten der evangelisch-lutherischen Kirche Th. I. p. 137. wiederhohlt wurden — diß ist etwas stark!

an dem Ausdruck stiessen, und ihnen dafür die Vorstellung selbst lassen wollten, welche Luther hineingelegt habe; denn diese Vorstellung, behauptete er, könne ja eben so gut und eben so bestimmt auch in andere, vielleicht noch schicklichere, und einer Mißdeutung weniger ausgesezte Ausdrücke gefaßt werden. Diß versuchte er aber nicht nur, sondern diß leistete er würklich in jener Erklärung, denn man darf kühnlich behaupten, daß Luther selbst dasjenige, was er sich unter dem alleinseeligmachenden Glauben dachte, unmöglich anders, oder doch gewiß nicht stärker, nicht treffender, nicht praeciser hätte sagen, und besonders im Gegensaz gegen die katholische Theorie nicht schärfer hätte bestimmen können, als es von Melanchton in diesem Aufsaz geschah [140]. Wenn er es darinn als ersten Grundsaz aufstellte, daß Gott den Menschen nicht um seiner Verdienste willen, sondern aus freyem durch keine Rücksicht auf seine Werke motivirten Erbarmen rechtfertige; wenn er es mehr als sechsmahl darinn wiederholte, daß uns die Vergebung der Sünden allein um Christi und nicht um unserer Würdigkeit willen zu theil werde; wenn er selbst noch bey der Anerkennung der Zeit-Verbindung, die zwischen der Rechtfertigung und zwischen dem Anfang der Erneuerung oder der Besserung eines Menschen allerdings statt finden müsse, sich ausdrüklich verwahrte, daß man deßwegen doch nicht denken dürfe, die Vergebung der Sünden werde dem Menschen wegen diesem Anfang von Besserung ertheilt — wie konnte die lutherische Unterscheidungs-Lehre in diesem Artikel offener und unzweydeutiger dargelegt werden? und wie konnte also nur ein Verdacht Raum finden, daß er dieser etwas hätte vergeben wollen, gesezt auch, daß er den luthe-

140) S. Caput de Justificatione hominis coram Deo ex formula Misnica descriptum et Episcopis in congressu Pegaviensi propositum. Exp. Oo.

lutherischen Unterscheidungs-Ausdruck von dem allein-rechtfertigenden Glauben förmlich dabey aufgeopfert hätte. Doch das Vorgeben von dieser Aufopferung ist ja noch überdiß ganz grundlos. Melanchton bediente sich zwar dieser Redens-Art nicht in seinem Aufsaz; aber er that auch auf ihren Gebrauch weder für sich, noch für jemand anders Verzicht. Indem er vielmehr auf das offenste darlegte, was man bißher immer und allein in ihrer Kirche darunter verstanden habe, und diß als die Vorstellung erklärte, von der sich kein ächter Lutheraner jemahls abbringen lassen würde, so behielt er allen Lutheranern die Freyheit vor, es auch noch in Zukunft mit und in diesen Ausdrücken zu sagen, indem er zugleich durch seine Erklärung jeder künftigen Mißdeutung dieser Ausdrücke zuvorkam!

Eben daraus erhellt aber auch schon die Nichtigkeit des zweyten Grundes, auf den man die Anklage gegen Melanchton und seine Kollegen wegen einer Verfälschung der lutherischen Rechtfertigungs-Lehre bauen wollte. Auch dieser Grund taugt von mehreren Seiten nichts. Einmahl ist es wieder falsch, daß Melanchton in seinem Aufsaz die semipelagianische Lehre des Interims von einer dem Menschen möglichen Mitwürkung zu dem Werk seiner Besserung gebilligt haben sollte. Er räumte zwar ein, daß sich der Mensch bey den Würkungen der bessernden Gnade nicht wie ein Kloz verhalten [141]), sondern

141) Es verdient bemerkt zu werden, daß Melanchton diese Redens-Art nicht zuerst und ohne Veranlassung gebrauchte, sondern daß sie schon von den Verfassern des Interims in dem Artikel: "von der Weise, durch welche der Mensch die Rechtfertigung bekommt" gebraucht worden war. Sie hatten diß sogar in einer Verbindung gethan, die offenbar ihre Absicht ankündigte, die lutherische Vorstellung von dem Verhältniß des Menschen zu den göttlichen Gnaden-Würkungen in ein lächerliches oder gehässiges Licht durch diese Beschreibung zu stellen: also hatte man doch einen sehr natürlichen Anlaß zu der Erklärung, daß man durch den zugedachten Stich nicht getroffen worden sey.

sondern daß eine Würkung seines eigenen Willens sich mit dem Zuge von jener verbinden müsse; aber schrieb er nicht unmittelbar darauf recht augustinisch-lutherisch auch schon die erste Bewegung des Willens dem Einfluß der zuvorkommenden Gnade zu? [142]) und konnte er sich entschiedener als dadurch gegen den semipelagianischen Synergismus erklären. Eben so liessen es sich er und seine Kollegen unter den Handlungen zu Pegau mit den Bischöfen endlich gefallen, daß diese einen Zusaz in ihren Aufsaz einrücken durften, worinn wörtlich behauptet zu werden schien, daß der Mensch selbst jene Gerechtigkeit, die aus seinen guten Werken entspringe, zu bewürken im stand sey. Allein einmahl gestatteten sie nur, daß sie diesen Zusaz an einem Ort einschieben durften, wo er durch den Zusammenhang, der unverändert bleiben mußte, ganz lutherisch gemacht wurde, und dann konnte er auch ausser diesem Zusammenhang ohne den mindesten Zwang nach einem rein-lutherischen Sinne erklärt werden. Es wurde ja nicht von dem natürlichen, sondern von dem durch den Geist Gottes bereits erneuerten Menschen versichert, daß er jene Gerechtigkeit bewürken könne [143]). Es lag also schon darinn, oder es konnte wenigstens sehr leicht hineingelegt werden, daß er es nur vermittelst der neuen Kräfte vermöge,

die

142) "In homine efficax est misericors Deus non ut in trunco, sed ita trahit, ut voluntatis actionem in adultis accedere velit. Diß ist die anstössige Stelle: aber unmittelbar darauf folgt — "nam adulti non accipiunt beneficia Christi, nisi *praeeunte gratia voluntas* et cor moveatur."

143) In dem Zusaz lag bloß: quod homo, per Spiritum sanctum renovatus hanc justitiam (nehmlich die novas virtutes und bona opera welche aus der justitia infusa entsprängen) opere efficere possit. Der Ausdruck war sehr unglücklich gewählt, wenn sich etwas Vernünftiges dabey denken lassen sollte, aber viel eher könnte man gar keinen als einen der lutherischen Vorstellung wiedersprechenden Sinn darinn finden. Diß bemerkten auch die Wittenbergische Theologen: warum hätten sie sich also allzuhartnäckig wehren sollen, da die Bischöfe so hartnäckig darauf bestanden, daß der Zusaz eingerückt werden müsse.

die ihm durch den Geist Gottes in der Wiedergeburt mitgetheilt worden seyen; und wo war dabey noch ein Schatten von Synergismus?

Doch möchten sich auch Melanchton und seine Kollegen bey dieser Gelegenheit einer Neigung zum Synergismus würklich verdächtig gemacht haben, ja möchten sie schon ganz und gar hineingerathen seyn, so war doch kein wahres Wort an der Beschuldigung, daß sie die lutherische Rechtfertigungs-Lehre dadurch verfälscht oder entstellt haben sollten. Sie vertheidigten ja noch ausdrüklich den Grundbegrif von dieser, daß die Besserung des Menschen selbst durchaus keinen motivirenden Einfluß auf seine Begnadigung von Seiten Gottes habe und haben könne. Sie läugneten eben damit selbst, daß dasjenige, was allenfals der Mensch dabey mitzuwürken im stand sey, nur einigermassen in Betrachtung kommen könne. Sie nahmen also höchstens einen in der Rechtfertigungs-Lehre ganz unschädlichen Synergismus an, oder wenn man will, sie sezten sich lieber dem Vorwurf einer Inkonsequenz, als einer Untreue gegen die lutherische Theorie von jener aus.

Eben so wenig konnte mithin auch daraus gegen sie geschlossen werden, weil sie sich unterstanden hatten, den Ausdruck in ihrem Auffaz zu gebrauchen, daß gute Werke nothwendig, ja selbst zur Seeligkeit nothwendig seyen. Freylich war ihnen der ärgerliche Ausdruck entfallen, und wohl nicht nur in der Uebereilung entfallen, sondern mit gutem Vorbedacht von ihnen gewählt worden. Sie begnügten sich ja nicht bloß wörtlich zu sagen, daß Glaube, Liebe, Hoffnung und andere christliche Tugenden zur Seeligkeit nöthig seyen, sondern sie räumten sogar ihren Gegnern ein, daß diese Tugenden und die guten Werke, die daraus entsprängen, geistliche und zeitliche Belohnungen schon in diesem Leben, und in dem künftigen eine noch reichere Vergeltung verdienten.

ten [144]). Sie erkannten also ausdrücklich ein Verdienst der Werke: aber sagten sie nicht eben so ausdrücklich, und zwar selbst in dem Zusammenhang dieser anstössigen Stelle, daß dennoch das Verdienst jener Tugenden und guten Werke den Menschen weder der Gnade der Rechtfertigung noch der Seeligkeit überhaupt würdig mache?

So ist es mehr als gewiß, daß in dem neuen Bekänntniß oder in der neuen Lehrform, die aus Veranlassung des Interims für die Sächsische Kirchen entworfen, und von den Landständen zu Leipzig gebilligt wurde, auch nicht eine einzige lutherische Unterscheidungs-Idee in dem Rechtfertigungs-Artikel aufgeopfert war; aber daß man auch durch dasjenige, was man sonst aus dem Interim annahm oder nach der Vorschrift des Interims zu verändern schien, von keinem andern bißher unter der Parthie vertheidigten Grundsaz abwich, und keiner andern gegen die Katholiken indessen behaupteten Wahrheit auch nur mittelbar etwas vergab; dafür läßt sich der Beweis eben so leicht und eben so befriedigend führen.

Am deutlichsten erkennt man es wieder an einigen Artikeln, deren Inhalt man zuerst ebenfalls von mehreren Seiten höchst bedenklich fand, nehmlich an den Artikeln von der Kirche, von den Kirchen-Dienern, und von der Ordination. Nach dem ersten wollte man zugeben, daß die wahre und christliche Kirche, so oft sie im heiligen Geist versammelt — diß sollte heissen, auf einem Concilio versammelt, sey, das Recht und die Macht habe auch für den Glauben und für die Lehre entschei-

144) "Cumque virtutes et bona opera Deo placeant, *merentur* etiam praemia spiritualia et corporalia in hac vita secundum consilium Dei et majorem compensationem in vita aeterna juxta promissionem: sed — folgt gleich darauf — hoc ipso nequaquam confirmatur iste error, quod aeternam salutem dignitate operam consequamur."

scheidende Vorschriften zu geben, die von allen Christen als verbindend erkannt werden müßten [145]). In dem zweyten Artikel von den Kirchen-Dienern erkannte man ausdrücklich die Jurisdiktion und Ober-Gewalt der Bischöfe über den ganzen übrigen Klerus, und nach dem dritten erklärte man sich bereit, ihnen auch in Zukunft eben so, wie in der ehmahligen Verfassung, alle andere Kirchen-Diener zur Ordination praesentiren zu lassen. Diß schien selbst, wie erwähnt worden ist, einigen der Landstände so bedenklich, daß sie zu Leipzig noch eigene Erläuterungen darüber von den Theologen verlangten; allein kaum ließ es sich selbst Layen verzeyhen, daß sie dieser Bedenklichkeit auch nur einen Augenblick Raum geben konnten. Waren denn nicht diese drey Artikel mit einer Klausel gestellt und mit einer Bedingung verwahrt, welche auch die ängstlichste Sorglichkeit wegen aller Folgen, sichern müßte, zu denen die darinn enthaltene Bewilligungen mißbraucht werden konnten? Was

145) In dem zu Celle von den Theologen gebilligten und dem Landtag zu Leipzig vorgelegten Aufsaz lautet der Artikel von der Kirche also: Quicquid vera et christiana ecclesia quae in Spiritu Sancto congregatur, in rebus ad religionem pertinentibus decernit, constituit et docet, ea doceri et in concionibus proponi debent. S. Exp. Zz. In einem Projekt, daß die churfürstliche Kommissarien auf dem früheren Landtage zu Torgau den Theologen übergaben, hatten sie es selbst für nöthig gehalten, noch manche Einschränkungen dabey anzubringen, denn in diesem Projekt hatte der Artikel folgende Form: Quicquid vera et christiana ecclesia — constituit et docet, et veteres pii doctores servarunt, et apud alios in usu est ex iis rebus, quae sine violatione Scripturae servari possunt aut omitti, ea in concionibus usurpentur aut proponantur. S. Expos. Tt. 3. Doch diese Einschränkungen hatte man deßwegen in dem Cellischen Aufsaz nicht weggelassen, sondern nur schicklicher angebracht. Die Haupt-Einschränkung lag noch stärker in dem Zusaz zu dem Cellischen Artikel: Sicut et ecclesia nihil, quod sacrae Scripturae contrarium sit, constituere debet aut potest. Die zwey andere hatte man bequemer auf die adiaphora allein bezogen in dem beygefügten Anhang: "Similiter et in adiaphoris servari debent, quae veteres pii doctores servarunt, et apud alteram partem in usu esse non desierunt.

hatte man von der Gewalt der Lehr-Bestimmung und von dem Entscheidungs-Recht über streitige Lehr-Meynungen zu fürchten, das der Kirche eingeräumt worden war, da man nicht nur so sorgfältig bestimmt hatte, daß diß Recht nur der wahren christlichen und im heiligen Geist versammelten Kirche zustehe, sondern noch ausdrücklich hinzugesezt hatte, daß man keine Entscheidung, die der Schrift wiederspreche, von ihr anzunehmen verbunden sey? Noch bedächtlicher war dasjenige abgecirkelt, was man wegen der Bischöfe bewilligt hatte. Man sezte und sagte ja immer dabey voraus, daß die Bischöfe, denen man gehorchen wolle, von ächt-apostolischem Gepräge und dem Bischofs-Ideal ähnlich seyn müßten, das Paulus im ersten Brief an Timotheum aufgestellt habe. - Man erklärte auf das offenste, daß man keinen, der das Evangelium verfolgte und der reinen Lehre entgegen sey — diß hieß doch deutlich — keinen andern als einen lutherischen Bischof erkennen würde.[146]. Man bestand zugleich darauf, daß in der Verfassung der Kapitel, aus denen die Bischöfe bißher gewählt worden seyen, andere Einrichtungen getroffen werden müßten, damit man bessere und tauglichere Bischöfe als bißher darinn ziehen könnte[147]). Bey dem Ordinations-Recht der übrigen Geistlichen, das man ihnen

146) "*Talibus* Episcopis — heißt es ausdrücklich in dem Artikel, subjici et obedientiam praestare debent caeteri ecclesiarum ministri.

147) "Ad praebendas in collegiis ecclesiasticis deinceps docti homines produci et cooptari debent, qui in sacris literis tantum profecerint, ut ad episcopalia munera administranda — idonei sint. Neque per ea statuta et consuetudines, quae in quibusdam collegialibus ecclesiis sunt de recipiendis tantum ad Canonicatus iis, qui qualificati appellantur, id est, dignitatis alicujus praerogativam et ornamentum habent, per haec igitur statuta piorum hominum receptio, qui ad episcopalia munera gerenda idonei sunt, non impediatur: praesertim cum talia statuta et consuetudines etiam in pontificio jure sublatae sint et abrogatae, et experientia docuerit, hac ipsa re factum esse, ut collegia illa otiosorum et indoctorum hominum plena fierent.

ihnen einräumte, sorgte man hingegen sehr vorsichtig dafür, daß ihnen niemahls ein willkührliches Dispositions-Recht über die Kirchen-Aemter dadurch in die Hände gespielt werden konnte [148 a]. Unter diesen Einschränkungen hatte man sich schon in der Augspurgischen Konfession, hatte man sich in der Folge noch bey mehreren Gelegenheiten, hätte sich Luther selbst mehrmahls bereit erklärt [148 b]; das Ansehen der Kirche und die Jurisdiktion der Bischöfe anzuerkennen, denn unter diesen Einschränkungen hatte man ja wohl für das Interesse der Wahrheit und für das Interesse der Parthie von der einen so wenig als von der andern zu befürchten.

Doch bey diesen Artikeln trat noch ein anderer Umstand ein, der alles, was man darinn bewilligt hatte, noch unbedenklicher machte, weil es voraus ganz unverbindlich dadurch gemacht wurde. In dem Aufsaz, der diese Bewilligungen enthielt, behielt man sich ausdrücklich vor, daß erst noch mit den Bischöfen über dasjenige, wozu sie ausdrücklich ihre Beystimmung zu erklären hätten, gehandelt werden müsse. In dem Schluß der Landstände wurde es auch dem Churfürsten aufgetragen, diese Handlungen mit ihnen einzuleiten, also eben damit erklärt, daß man sich durch die gemachte Erbietungen nicht eher für gebunden halte, bis auch die hinzugefügte Bedingungen und Einschränkungen von den Bischöffen förmlich angenommen seyn würden. Nun ließ

148a) In jedem Entwurf, der von diesem Artikel gemacht wurde, worinn man den Bischöfen das Ordinations-Recht wieder einräumte, wurden die Rechte der Patronen, denen das Nominations- und Präsentations-Recht zustand, vorsichtig verwahrt.

148b) Als nach dem Reichstag zu Augspurg einige Schreyer ebenfalls über Melanchton tobten daß er sich im Nahmen der Parthie erboten habe, die Jurisdiktion der Bischöfe wieder anzuerkennen, so schrieb ihm ja Luther selbst: „Jurisdictionem Episcopis redditam non intelligunt, nec attendunt circumstantias adjectas. Atque utinam eam Episcopi accepissent sub istis conditionibus!" S. Collectio Epistolar. Lutheri Budd. p. 203.

ließ sich aber nicht nur mit der höchsten Wahrscheinlichkeit voraussehen, daß sich die Bischöffe niemahls dazu entschliessen würden, sondern sie hatten schon zu Pegau erklärt, daß sie gar nicht einmahl darüber handlen könnten, und hatten es auch zu Leipzig noch unfreundlicher [149]) als zu Pegau wiederholt, mithin wußte man ja mit der bestimmtesten Gewißheit voraus, daß von allen diesen Punkten keiner zur Vollziehung kommen würde.

Was endlich die äussere kirchliche Anordnungen, die gottesdienstlichen Gebräuche und Ceremonien betrift, die man aus dem Interim annehmen oder nach der Vorschrift des Interims abändern wollte, so fällt es nicht nur in die Augen, daß jeder einzelnen der Charakter der Gattung, unter die man sie bey dieser Gelegenheit brachte, der Charakter von Adiaphoris — von an sich gleichgültigen Dingen — mit dem unbestreitbarsten Recht zukam, sondern es läßt sich auch nicht verkennen, daß man sie nur mit einer Art annahm, wobey alles abergläubische und irrige, das sich in der katholischen Kirche an ihren Gebrauch angehängt hatte, auf das sorgsamste abgesondert war. Die Vorsicht, welche man deshalb anwandte, fällt am stärksten in die Augen, wenn man nur einige Artikel der neuen sächsischen Agenden, die solche äussere Ceremonien zum Vor-

149) Die Verfasser der Exp. erzählen Ddd. die Bischöffe hätten auf dem Landtage zu Leipzig den Ständen, die zuerst selbst mit ihnen handlen wollten, aliquanto durius geantwortet. Aber Melanchton und seine Kollegen rechneten auch schon voraus darauf, daß man gewiß mit den Bischöfen niemahls einig werden, also auch niemahls durch dasjenige, was man ihnen bewilligen wollte, gebunden werden dürfte. Diß sagten sie wörtlich in ihrem Schreiben an die Prediger zu Straßburg: Nec solicitudine aliqua opus est de potestate Episcoporum aut de ceremoniis, quia Episcopi semper erunt hostes nostrarum ecclesiarum, nisi *totum librum Augustanum de Missa, de invocatione mortuorum &c.* approbabimus. Et nostra deliberatio nihil eis largitur, si defendent tales abusus. S. Exp. Aa.

Vorwurf haben, mit den ähnlichen Artikeln im Interim vergleicht: doch bey mehreren darunter war nicht einmahl eine solche Absonderungs-Operation nöthig, weil alles daran so nichts-bezeichnend und nichts-bedeutend war, daß sich weder ein wahrer noch ein falscher Begriff daran anhängen konnte. Von dieser Art waren zum Beyspiel die Lichter, die man wieder auf die Altäre stellen ließ, und die gottesdienstlichen Kleider oder die Chorröcke, deren sich die Geistlichen bey dem Predigen und Administriren wieder bedienen sollten. Die äussere Ordnung des Gottesdienstes selbst hingegen, die Gebets-Formeln, und Gesänge, die dazu vorgeschrieben wurden, die Art und Weise bey der Austheilung der Sakramente — diß alles blieb fast ganz unverändert, wie es bisher in den sächsischen Kirchen gehalten worden war, — kurz alles, was durch das Leipziger Interim in dem sächsischen Kirchen-Wesen neues eingeführt wurde, lief in den vier einzigen Stücken zusammen, daß der Gebrauch der Konfirmation angenommen [150]), der Gebrauch der lezten Oelung gestat-

tet

150) Aber ohne das Chrisma oder die Ceremonie der Salbung, sondern nur als eine religiöse Anstalt, wobey die Jugend zu Erneuerung und Bestätigung des Versprechens, das bey ihrer Taufe die Tauf-Pathen in ihrem Nahmen ausgestellt hatten, angehalten, ihr Fortschritt in der Erkenntniß des Christenthums geprüft, und sie zum weiteren Wachsthum darinn, wie im Guten überhaupt, allenfals durch die Auflegung der Hände eingeseegnet werden sollte. Wenn hingegen Ge. Major in seinem angeführten Brief an M. Wankel schreibt, man hätte dabey ausgemacht, daß die Handlung der Konfirmation nicht mehr von den Bischöfen, oder nur nicht allein von den Bischöfen, welche ein ausschliessendes Amts-Recht daraus gemacht hatten, sondern von jedem Prediger verrichtet werden solle; so könnte diß nur durch Hülfe einer Mental Reservation in den Artikel hineingebracht worden seyn: denn in dem Leipziger Artikel darüber heißt es ausdrücklich: Confirmatio doceri et servari debet, inprimis ut aetas adultior ab *Episcopo suo*, *aut* quibus *ille* hoc munus *delegaverit*, audiatur de fide sua."

tet [151]), ein Paar Feyertage [152]) weiter angeordnet, und das Fasten zum Polizey-Gesez gemacht wurde [153])!

Kap. IX.

Nach diesem wird es freylich immer unerklärlicher, wie nicht nur in Sachsen sondern auch ausser Sachsen solche Bewegungen daraus entstehen konnten, welche eine förmliche fast dreissig Jahre fortdaurende Spaltung zwischen den Theologen der Parthie nach sich zogen; oder nach diesem mag man vielmehr genug vorbereitet seyn, um in der jezt zu erzählenden Geschichte der Bewegungen, die daraus entsprangen, überall das Spiel der schändlichsten Leydenschaften zu erkennen, durch welche das Feuer allein angezündet, oder durch deren Einfluß es doch allein so lange unterhalten wurde! Ausser Sachsen war es nehmlich doch nicht Leydenschaft allein, was zuerst Aufmerksamkeit und selbst argwöhni-

sche

151) Der Artikel darüber lautet so: Quamquam unctio in his terris multis jam annis in usu non fuit, cum tamen in Marco et Jacobo scriptum legatur, Apostolos hac usos — ideo hanc unctionem postea ita, ut Apostoli ea usi fuerunt, usurpare liceat." — Major konnte also in dem angezogenen Brief der Wahrheit völlig gemäß sagen: "Oleum de quo magnum certamen fuit, nostri, quasi temporum injuria victi, tandem ita approbarunt, ut, si quis eo uti velit, utatur juxta formam Apostolicam quae Marci VI. & Jacobi V. descripta est."

152) Höchstens mochten es drey oder vier Festtage weiter seyn, die man aus dem Interim annahm, wie das Frohnleichnamsfest, und die Feyertage von Maria Magdalena, Michaelis, und Pauli Bekehrung; denn die Apostel- und Marien-Tage hatte man ohnehin in Sachsen niemahls zu feyern aufgehört. Ueberdiß wurde bey dem Michaelis-Tag und den übrigen dieser Gattung ausdrücklich bemerkt, daß sie nur als feriae ecclesiasticae durch einige zum öffentlichen Gottesdienst gehörige Actus, sonst aber auf keine Art gefeyert werden sollten.

153) Es wurde aber auf eine solche Art dazu gemacht, daß es fast der Willkühr eines jeden überlassen bliebe, ob er sich dadurch gebunden halten wollte, oder nicht? Im allgemeinen wurden nehmlich von der Verpflichtung zu fasten freygesprochen alle, quos necessitas aliqua excusat, und nahmentlich alle operarii graves, peregrinatores, gravidae, puerperae, aegrotantes, aetas senilis et puerilis.

sche Aufmerksamkeit auf alles erregte, was in Sachsen aus Veranlassung des Interims vorgieng! Man muss nur wissen, dass zu eben der Zeit, da man in Sachsen so viele Berathschlagungen wegen des Interims hielt, und so viel Konvente desshalb veranstaltete, fast alle protestantische Stände in Ober-Deutschland von dem Kayser mit Gewalt zu seiner unbedingten Annahme gezwungen wurden. Er hatte selbst noch während seiner Anwesenheit in diesen Gegenden die Sache mit einem Ernst betrieben, der ihnen nicht einmahl eine Bedenk-Zeit gestattete; denn wo seine Befehle nicht sogleich Gehorsam fanden, da liess er sie durch eigene Kommissarien mit militärischer Begleitung zur schleunigen Vollziehung bringen[154]. Dabey war dann eine ganze Schaar[155] von lutherischen Predigern entweder geradezu von ihren Kirchen verjagt, oder zu ihrer freywilligen Verlassung gezwungen worden, weil sie sich entweder den an sie ergangenen Befehlen zu Einführung des Interims zu gehorchen geweigert, oder sich sonst auf eine andere Art dagegen erklärt hatten. Diesem Schiksal konnte auch nicht leicht ein gewissenhafter Prediger entgehen, von dem man die unbedingte Annahme des Interims forderte, oder dem seine Obrigkeit oder ein Kayserlicher Kommissar nur die allgemeine Frage vorlegte: ob er der kayserlichen Verordnung gehorchen oder nicht gehorchen wolle? denn wenigstens das Ganze des Interims liess sich unmöglich mit der Lehre und mit den Grundsä-

zen

154) So wurden die Städte Augspurg, Strassburg, Schwäbisch-Hall, Kostanz und noch eine Menge von andern zu der Annahme des Interims theils mehr theils weniger gewaltsam gezwungen. S. gründliche und ordentliche Beschreibung. — was zu Augspurg und auch zum Theil in andern nahmhaften Städten und Orten mit Aufrichtung des Interims geschehen — in Salig B. I. S. 583 flgd. Auch Sleidan B. XXI.

155) Nach einer Nachricht Melanchtons waren der Prediger über vierhundert, die um des Interims willen ihre Aemter und Kirchen zu verlassen gezwungen wurden. S. Epp. L. I. ep. 80.

zen vereinigen, welche man bißher in den lutherischen Kirchen als die einzig reine und als die einzig wahre vertheidigt hatte. Nur diejenige Geistliche also, denen das Einkommen ihrer Aemter theurer als ihre Ueberzeugung war, oder die keine Ueberzeugung aufzuopfern hatten, oder denen bey der Konnivenz oder dem Schutz ihrer Obrigkeiten einige verwahrende Klauseln und Einschränkungen freygelassen wurden, nur diese blieben unbeunruhigt; aber sie machten weit die kleinere Anzahl aus. Nur wenigen wurde es gestattet, daß sie sich einige Klauseln und Einschränkungen vorbehalten durften [156]: hingegen das Beyspiel so vieler edelmüthigen Bekenner, die ihrem Gewissen und ihrer Ueberzeugung alles aufopferten, würkte so mächtig, daß es auch manche, die Gewissen und Ueberzeugung allein schwehrlich dazu vermocht haben würde, zu ähnlichen Aufopferungen hinriß!

Nun kann man sich leicht vorstellen, mit welchem Auge der grössere Haufe unter der Parthie, mit welchem Auge das Volk in allen protestantischen Ländern das Interim ansehen mochte! Es wär sehr natürlich, daß die aus seiner Veranlassung vertriebene Prediger das ihrige redlich thaten, um ihm an allen Oertern, wohin

156) So wollte doch der Markgraf Albrecht von Brandenburg seine Prediger nicht zu einer ganz uneingeschränkten Annahme des Interims, sondern nur zu der Annahme einer neuen Kirchen-Ordnung bewegen, in welcher das äussere Ceremonien-Wesen nach der Vorschrift des Interims umgebildet war. Bey den Handlungen, die er darüber zu Heilbronn und zu Anspach mit ihnen anstellen ließ, war oder stellte er sich daher über den Widerstand, den er bey ihnen fand, desto erstaunter, da sie doch, wie er vorgab, und auch wohl im Ernst glauben mochte, bey demjenigen, was er von ihnen verlangte, ihr Gewissen ganz frey behalten könnten. S. Prozeß der Heilbronnischen Handlungen das kayserliche ja verfluchte Interim belangend, zusammengebracht durch Seb. Stieber, Prediger zu Heilbronn. 1548 bey Salig B. I. 597. und M. Laur. Joh. Jac. Lange, Historia turbarum ex libro Interim in Burggraviatus Norici provinciis Sec. XVI. & XVII. ortarum ex documentis archivalibus hausta. Baruthi 1786. 4.

wohin sie kamen, einen bösen Nahmen zu machen. Doch diß war nicht einmahl dazu nöthig. Ihr blosser Anblick erregte eben so allgemeinen Abscheu vor dem Interim als Mitleid mit ihrem Schiksal. Das Volk und die Menge bedurfte keinen andern Beweiß, daß es lauter papistische Gräuel enthalte, als eben den Umstand, daß es so viele seiner Prediger im Elend herumziehen sah; die sich lieber von Haus und Hof verjagen als zu seiner Annahme bewegen liessen. Die besondere Mißhandlungen, die einzelne von ihnen an einigen Oertern erfahren [157]), der auch unter dem Volk bekannte und geachtete Nahme von andern, welche diß Schiksal getroffen [158]); und andere Neben-Umstände, die eine stärkere

157) Die Ulmische Prediger z. B. waren in Ketten und Banden gelegt, und dem Kayser nach seiner Abreyse aus der Stadt als Gefangene nachgeführt worden. S. Sleidan am a. O. Melch. Adami im Leben Mart. Frechts f. 145. Ein anderer Brief Melanchtons an Aepinus in Hamburg enthält mehrere besondere Nachrichten, die vielleicht in der Volks-Sage übertrieben worden seyn mochten, aber in dieser Gestalt nur desto stärker auf die ohnehin schon erhizte Gemüther würken mußten. Certum est, schreibt er hier, in Suevia pluribus quam trecentis Pastoribus eodem tempore mandatum esse, ut cum familiis suis migrent. Inter hos, qui cito potuerunt discedere, minus crudelitatis experti sunt. Alii tardiores trucidantur ab Hispanis. Aliquorum etiam conjuges aut filiae rapiuntur. S. Arn. Greve Memoria Jo. Aepini instaur. p. 63.

158) Wie z. B. von Johann Brenz, damahls noch Prediger zu Schwäbisch-Hall, dessen hartes Schicksal auch deßwegen besonders Aufsehen machte, weil es mit mehreren rührenden Umständen verknüpft war. Der Kayser hatte von dem Magistrat zu Schwäbisch-Hall verlangt, daß ihm Brenz selbst ausgeliefert werden sollte, und dieser konnte sich kaum durch eine schleunige Flucht, wobey er eine Frau mit sechs Kindern im hülflosesten Zustand zurücklassen mußte, den Händen der spanischen Soldaten entziehen, die ihn in seinem Hause aufheben sollten. Doch muß man dazu sagen, daß ihm nicht allein seine Weigerung das Interim anzunehmen, sondern noch eine andere Veranlassung, die den Kayser besonders über ihn erbittert hatte, diß härtere Schicksal zuzog. Man hatte unter seinen Papieren einige Briefe gefunden, deren Innhalt dem Kayser auf eine sehr gehässige Art vorgetragen worden seyn mußte, denn im Unwillen darüber wollte er nicht nur Brenzen

kere Theilnahme daran erregt hatten, trieben natürlich auch den allgemeinen Abscheu vor jenem auf einen höheren Grad, und versezten allmählig auch diejenige, die sonst noch selbst darüber hätten urtheilen können, in eine Stimmung, in der sie zu einer ruhigen und unpartheyischen Prüfung durbaus nicht mehr fähig waren.

Diese unter der ganzen lutherischen Parthie dadurch verbreitete und bey dem grösseren Haufen eigentlich fanatische Erbitterung über das Interim legte sich bald in mehreren sehr auffallenden Zeichen zu Tag. Noch vor dem Ende des Jahrs, in dessen Mitte es erst zu Augspurg publicirt worden war, waren schon Schmähschriften [159]), Schand-Lieder und Schand-Predigten [160]) in zahlloser Menge dagegen erschienen, ja selbst schon Schand-Münzen darauf geprägt worden [161]). Die wahre

zen gefangen seien, sondern machte auch Anstalten auf einige seiner Korrespondenten inquiriren zu lassen. Auch der gute Veit Dietrich zu Nürnberg wurde in dem Handel verwickelt, und darüber auf eine Zeitlang von seinem Amt suspendirt. S. einen Brief von ihm an Hieronym Weller in Hommels Epistolarum-Semicentur. I. nr. 33. p. 65

159) Ein Verzeichniß davon liefern Bieck in seinem dreyfachen Interim Kap. II. §. 26. S. 123. Jo. Andr. Schmid in Historia Interimistica p. 121. flgd. Salig Th. I. 609. Unter die heftigsten dieser Schriften gehört vorzüglich die folgende: das Interim illuminirt und ausgestrichen mit seinen angebohrnen natürlichen Farben, von Augspurg einem guten Freund zugeschickt, cum scholiis marginalibus, welche nicht zu verachten. 1548. 4. Eines der Schand-Gedichte findet man in der Sammlung: Altes aus allen Theilen der Gesch. B. I. S. 618. und mehrere beysammen in den Unschuld. Nachr. für d. J. 1713. S. 711. flgd.

160) Schrieb doch selbst der ehrliche Nicol. Medler, damahls Superintendent zu Braunschweig eine Predigt gegen das Interim über das Evangelium vom Wassersüchtigen, die noch im Jahr 1548. herauskam. Es läßt sich schwehr errathen, was er aus diesem Evangelio auf das Interim anwenden konnte, aber die ganze Anwendung lief auch nur darauf hinaus, daß man dem Interim eben so wenig nachgeben sollte, als Christus bey der Heilung des Wassersüchtigen den Pharisäern nachgegeben habe.

161) Die sogenannte Interims-Thaler, auf denen ein dreyköpfigtes Ungeheuer figurirte mit der Umschrift: Packe dich Satan du Interim! Eine zweyfache Sorte solcher Thaler beschreibt Schmid Hist. interimist. p. 123.

wahre oder die angebliche. Verfasser davon, besonders Eißleben oder Agricola, dem man den grösten Antheil daran zuschrieb, wurden mit jeder Gattung von Schimpf übergossen [162]), und nicht nur zum Gegenstand der allgemeinen Verachtung, sondern der allgemeinen Verwünschung gemacht; so wie man sich auf der andern Seite nicht satt an dem Lobe der Fürsten [163]) preisen konnte, die sich auf dem Reichstage dagegen erklärt hatten, und nicht Ehren-Bezeugungen genug für die neuen Konfessoren erfinden konnte, welche um einer solchen Erklärung willen ihre Aemter verlohren hatten. Zu gleicher Zeit kamen jeden Tag neue Warnungen vor dem Interim und neue Bedenken über das Interim [164]) zum Vorschein, die nicht bloß von ein-

162) Diese Verfasser sollte eben das dreyköpfigte Ungeheuer auf den Münzen vorstellen. In allen Pasquillen, welche über sie erschienen, kam aber immer Eißleben am schlimmsten weg, der gewöhnlich nur unter dem Spottnahmen Magister Kritel darinn aufgeführt wurde.

163) Den Preiß unter allen trug doch der gefangene Churfürst Johann Friederich davon, dem man seine standhafte Weigerung, das Interim anzunehmen, mit Recht doppelt hoch anrechnete, da er sich dazumahl noch in der Gewalt des Kaysers befand. Er erhielt daher auch von dieser Zeit an den Beynahmen: der Bekenner, und ausgezeichnete Achtung verdiente er wenigstens gewiß, denn er benahm sich auf die würdigste Art. Seine Antwort auf das an ihn gebrachte kayserliche Ansinnen wegen des Interims, die in den Unschuld. Nachrichten für d. J. 1702. p. 575. aus einem Mskpt. abgedruckt ist, wird immer eines der interessantesten Aktenstücke aus der Geschichte dieser Händel bleiben. Man weiß nicht, ob man das edle der redlichen Einfalt oder das edle des Muths, der darinn herrscht, mehr bewundern soll.

164) Bedenken etlicher Prädicanten als der zu Schwäbisch-Hall, der in Hessen, und der Stadt N. N. (Nurnberg) aufs Interim ihrer Obrigkeit überreicht. 1548. in 4. Bekenntniß und Erklärung aufs Interim durch der erbaren Städte Lübeck, Hamburg, Lüneburg &c. Superintendenten, Pastoren und Prediger zu nothwendiger und christlicher Unterrichtung gestellt. 1548. 4. Diß lezte von dem Hamburgischen Superintendenten Aepinus verfaßte Bedenken kam in einen besonderen Ruf als eine der gründlichsten gegen das Interim erschienenen Schriften; aber — und diß mochte wohl eben so viel zu seinem Ruf beygetragen haben — die gesammte Ministerien fast aller niedersächsischen Städte waren

einzelnen Predigern, sondern von ganzen Prediger-Collegien, und von den gesamten Ministerien mehrerer Länder und Städte herrührten, welche sich gemeinschaftlich dazu verbunden hatten. Man schien selbst versuchen zu wollen, ob sich nicht eine förmlichere und mehr in das Grosse gehende Konfoederation gegen das Interim zu stand bringen liesse? [165]) Einige dieser Ministerien sorgten wenigstens sehr angelegen dafür, daß ihre Bedenken in weiteren Umlauf kamen, gaben nicht undeutlich zu verstehen, wie sehr sie den Beytritt von anderen und mehreren wünschten, oder machten es doch allen ihren Kollegen zur Gewissens-Sache, den Eifer des Volks gegen das Interim durch ähnliche Erklärungen oder durch andere Mittel im Feuer zu erhalten [166])!

Jezt aber denke man sich, daß unter diesen allgemeinen Bewegungen die Nachricht in Deutschland herumkam, daß man in dem Lande, von welchem die lutherische Lehre in die Welt ausgegangen war, daß man in Sachsen noch unschlüssig sey, wie man sich wegen des Interims zu verhalten habe? daß die Theologen zu Wittenberg, daß Luthers ehmalige Kollegen noch darüber mit sich handlen liessen — daß sie selbst mit katholischen

waren ihm auch beygetreten, da sie vorher einen Konvent zu Möllen deßhalb gehalten hatten. Es kam deßwegen auch zuerst in niedersächsischer Sprache noch im nehmlichen Jahr zu Hamburg und erst im folgenden zu Magdeburg in der hochdeutschen heraus. S. Arn. Greve Memoria Jo. Aepini instaurata. S. 60. 61.

165) Darauf legte es zuerst der Magistrat zu Braunschweig wenigstens in Hinsicht auf den Niedersächsischen Krayß an, denn er kommunicirte schon im Julius dieses Jahrs mit den Städten Lübeck, Bremen, Hamburg, Lüneburg, Goßlar, Göttingen, Hildesheim, Hannover und Einbeck über eine gemeinschaftliche Erklärung, die wegen des Interims an den Kayser erlassen werden sollte. S. Rethmaier Braunschweigische Kirchenhistorie P. III. c. VI. p. 184. flgd.

166) So korrespondirten die Hamburger nicht nur mit den Lemgoischen und Oldenburgischen Predigern, sondern Aepinus trommelte auch gegen das Interim nach Dännemark hinein. Man sehe seinen Brief an den dänischen Bischof Palladius Unsch. Nachr. 1717. S. 206. und dessen Antwort J. 1738. S. 260.

lischen Bischöfen darüber gehandelt hätten, und daß ein Konvent nach dem andern, ein Landtag nach dem andern gehalten worden sey, ohne daß man sich noch zu einer entscheidenden Verwerfung des Interims entschlossen habe! Es war wahrhaftig nicht nöthig, daß diese Nachrichten übertrieben, daß sie in einer feindseeligen Absicht ausgestreut, daß sie mit gehässigen Zusäzen verbreitet werden mußten, sondern in der einfachsten Gestalt, in der sie nur herumkommen konnten, mußten sie unvermeidlich bey der überall herrschenden Stimmung die auffallendste Sensation des allgemeinsten und allgemein mit Argwohn vermischten Erstaunens erregen, dessen sich gewiß selbst die wärmste Freunde der Wittenbergischen Theologen zuerst nicht erwehren konnten. Von ihrem Herrn, dem neuen Churfürsten von Sachsen war man schon vorher nur allzugeneigt, das schlimmste zu erwarten, denn die Rolle, die er im Schmalcaldischen Kriege gespielt, die Verbindungen, die er mit dem Kayser unterhalten, und auch die Gerüchte, die sich von seinem Betragen in der Interims-Sache auf dem Reichstag zu Augspurg verbreitet hatten, diß alles zusammen mußte ein höchst ungünstiges Vorurtheil wieder ihn begründen; mithin konnte man es auf der einen Seite nur allzuleicht glaublich finden, daß er bey den eingeleiteten Handlungen über das Interim nur die Absicht haben möchte, es doch zulezt seinen Kirchen auf eine hinterlistige Art aufzudringen[167]).

Auf

167) In dem endlichen Bericht und Erklärung der Theologen zu Leipzig und Wittenberg — einer Hauptschrift, die im J. 1570. herauskam, ist der Einfluß von diesem Umstand sehr richtig bemerkt. "Es möchte „wohl, sagen die Verfasser bey „der Geschichte der Interims-„Händel, verständige Leute groß „Wunder nehmen, wie doch immer durch so geringe liederliche „Dinge, die doch keinen Grund „gehabt, und nur auf Mährlein, „geheime Sagen, Träume und „verkehrte Deutung erstlich ge„sezt und gebaut gewesen sind, „ein solches grosses weitlaufen-des

Auf der andern Seite war man fast nirgends mehr fähig, das Interim mit kaltem Blut und mit ruhiger Überlegung zu prüfen. In der Hitze konnte man es sich gar nicht mehr als möglich denken, daß es doch auch einiges enthalten könnte, das ohne Verlezung des Gewissens und ohne Verläugnung der Wahrheit angenommen werden möchte [168]). Gab es doch Theologen, die zuerst selbst eine solche Auswahl des annehmlichen daraus als eine erlaubte Auskunft gebilligt, aber hernach von dem allgemeinen Eifer wieder das Interim angesteckt ihre Billigung förmlich zurükgenommen hatten [169])! Also was war natürlicher, als daß man fast überall

„des Feuer habe können angezündet werden, welches noch jeziger „Zeit weit und breit gefährlich „brennt — aber dieselbe sollen „daneben betrachten, was für „gelegene Zeit und Bequemlichkeit diese Schreyer dazumahl „gehabt haben, da Kays. Maj. „zuvor diese Lande überzogen, „und an vielen Orten Schaden „gethan, ihren Herrn gefangen „aus dem Lande weggeführt, „die Chur- und anders Herzog „Morizen zugewandt und übergeben hatten, dem es nicht viele gönnten; daraus denn diß „erfolgt ist, dieweil vieler Leute „Herzen von wegen dieses Kriegs „und dieser Veränderung wieder „Kays. Maj. und Herzog Morizen Churfürsten und alle ihre „zugethane Diener hart verbittert waren, daß nichts so giftig, ungereimt, schmählich „wider sie konnte erdichtet, geredet, geschrieben, gemahlt und „gesungen werden, dem viel „Herzen nicht wären offengestanden, dasselbige nicht mit Lust „gehört, leichtlich geglaubt, und „sich damit gekützelt und erlüstert „hätten." S. 31.

168) In dieser Stimmung konnten sich die Anspachisch-Bayreuthische Prediger auch in den Rath Melanchtons nicht finden; der sie ermahnt hatte, über die äussere an sich so gleichgültige Ceremonieen nicht allzuhartnäkkig zu streiten, die ihnen ihr Markgraf in seiner neuen Kirchen-Ordnung vorschreiben wollte. Der Brief Melanchtons findet sich in der Stieberischen Sammlung am a. O.

169) Unter diese darf vielleicht selbst Andr. Osiander, der damahls noch als Prediger zu Nürnberg stand, gerechnet werden. Die Nürnberger hatten nehmlich sogleich, nachdem ihnen der Kayserl. Minister Granvell das Interim zugeschickt hatte, den weisen Entschluß gefaßt, sich zu stellen, als ob sie dem Kayserlichen Befehl gehorchten, und doch nicht weiter zu gehen, als sie nach ihrem und vor ihrem Gewissen verantworten zu können glaubten. Diesem zufolge hatten sie im Nahmen des Kaysers das Interim von den Kanzeln herab verlesen lassen; aber in ihrem Nahmen liessen sie zu gleicher Zeit

überall wenigstens in eine höchst mißtrauische Unruhe hineingerieth, sobald man nur im allgemeinen erfuhr, daß in Sachsen erst noch über das Interim gehandelt werde!

So hat man also gewiß nicht nöthig anzunehmen, daß bey den ersten Zeichen des Unwillens, den man ausser Sachsen über die Interims-Handlungen der Sächsischen Theologen äusserte, auch schon persönliche Abneigung und geheime Eifersucht über diese oder blosse Begierde, sie zu kränken, im Spiel gewesen wäre. Aber anders verhielt es sich in Sachsen selbst; anders verhielt es sich wenigstens mit den Menschen, die hier zuerst Lärm bliesen, und so geschäftig dafür sorgten, daß auch das

Zeit eine neue Kirchen-Agende für ihre Prediger entwerfen, worinn aus dem Interim nicht mehr als die drey Punkte aufgenommen waren, daß alle Kommunikanten vorher beichten, daß die Feyertage des Interims auch in den Nürnbergischen Kirchen gehalten, und daß Freytags und Sonnabends gefastet werden sollte; wobey aber zugleich ausdrücklich erklärt war, daß auch die alte bisherige Kirchen-Ordnung immer noch in ihrer Kraft bleiben sollte. Nun hat man alle Ursache zu glauben, daß Osiander selbst diese Auskunft zuerst billigte. In einem Brief von Baumgärtner an Granvell, den Salig in einem Fascikel von Interims-Akten auf der Wolfenbüttelischen Bibliothek fand, wird er nahmentlich als einer der Prediger erwähnt, welche das Interim vorgelesen hätten. S. Salig Th. I. S. 595. aber in einem Brief an Bugenhagen in Hommels Semicentur. I. legt er selbst seine Gesinnungen auf eine Art dar, die offenbahr mehr Billigung als Mißbilligung verräth. "Nunc, schreibt er, consulitur, quibus spectris conscientiam non laedentibus oculi Caesaris ita possint perstringi, ut obediendi voluntas appareat, et pietas non laedatur: quia in deliberatione opera dabitur, ut innocenti multitudini ita consulatur, ut tamen neque doctrina vitietur, neque ulla ceremonia superstitiosa recipiatur." Nr. XVII. p. 37. Aber diß schrieb Osiander den 12. Jul. und kaum zwey Monathe darauf übergab er nicht nur dem Rath ein Bedenken gegen das Interim, worinn er mit Heftigkeit gegen alles, was man daraus annehmen möchte, protestirte, sondern er gab selbst sein Predigt-Amt in Nürnberg auf, weil man auf sein Bedenken weiter keine Rücksicht nahm. Offenbar war also der Mann umgestimmt worden, und mittelbar mochte wenigstens die allgemeine Bewegung, in die man durch das Interim gekommen war, auch dazu mitgewürkt haben.

das auswärts entstandene Geschrey immer stärker und allgemeiner, und durch die Ereignisse nur noch vermehrt wurde, die es sonst ohne ihre Dazwischenkunft höchst wahrscheinlich sehr bald gestillt haben würden! Daß man nehmlich auch nach dem Leipziger Landtag, und nachdem alle Erklärungen der Wittenbergischen Theologen in den Handlungen über das Interim bekannt geworden waren, doch immer noch über sie zu schreyen fortfuhr, diß war zuverlässig nur Würkung von dem Einfluß dieser Menschen!

Unter ihnen muß man nicht nur dem berüchtigten Matthias Flacius den ersten Plaz einräumen, sondern man darf ihn ohne Ungerechtigkeit für den Urheber und Anstifter aller Bewegungen ausgeben, die im Churfürstenthum selbst über das Interim entstanden; denn es ist erwiesen, daß sie nicht bälder anfiengen, biß er das Signal dazu gab, und es ist höchst wahrscheinlich, daß sie ohne seine Einmischung niemahls zum Ausbruch gekommen seyn würden. Diesem Urheber des ganzen Lärms darf man es aber auch am gewissesten auf den Kopf nachsagen, daß ihn kein anderer Beweg-Grund als persönliche Feindseligkeit gegen Melanchton und seine Kollegen dazu reizte, und keine andere Triebfeder als der Wunsch und die Begierde, sie um ihren guten Ruf zu bringen, dazu anfeuerte. Man kann allerdings nicht genau angeben, aus welcher Quelle diese feindselige Gesinnungen bey ihm entsprungen waren [170]. Höchstwahrscheinlich war es nur Eifersucht über den Ruhm und den Einfluß Melanchtons, und Aerger über den Schat-

170) Flacius gestand selbst in der Folge, daß sich Melanchton in den ersten Jahren seines Aufenthalts zu Wittenberg, wohin er im J. 1541. gekommen war, als einen seiner grösten Wohlthäter und Beförderer bewiesen habe. Auch geschah es gewiß nicht ohne Melanchtons Verwendung, daß er im J. 1544. als Professor der ebräischen Sprache auf der Universität angestellt wurde. S. Joh. Balth. Ritter Leben von Flacius S. 20. flgd.

Schatten, in welchem er sich selbst neben ihm erblickte [171]: aber daß er jezt nur aus dem Antrieb dieser Gesinnungen handelte, diß kann man nicht nur aus seinem ganzen Charakter, wie er sich in allen Handlungen und Auftritten seines folgenden unruhigen Lebens darlegte, sondern noch deutlicher aus der Art schliessen, wie er sich jezt dabey benahm.

Ausser diesem möchte es sich wohl immer als möglich denken lassen, daß auch selbst Flacius zu seinen ersten Bewegungen in dem Handel nur durch eine voreillige aber ehrliche Furcht vor der Gefahr veranlaßt worden seyn könnte, die der reinen lutherischen Lehre aus dem Interim zuwachsen dürfte. Er war sonst der Mann dazu, den reiner blinder Eifer für diese auch unvermischt mit einer andern Leydenschaft weit genug fortreissen konnte. Auch muß man gestehen, daß doch im Anfang mehrere Umstände zusammen kamen, die in Sachsen selbst bey einem auch nicht blinden Eiferer für die Reinigkeit der lutherischen Lehre manche Bedenklichkeiten und Besorgnisse über die häufigen Handlungen erregen konnten, welche wegen des Interims gepflogen wurden. Dem Churfürsten selbst konnten seine neue Unterthanen am wenigsten einigen Eifer dafür zutrauen. Auch war es schon kein gutes Zeichen, daß er seine Theologen und Landstände nur so oft und so schnell hintereinander wegen des Interims zusammenkommen ließ, und noch bedenk-

171) Was Flacium gerade bey dieser Gelegenheit zunächst zum Ausbruch reizen mochte, war wahrscheinlich auch Verdruß darüber, daß er zu einer Zeit, da so viel um ihn herum gehandelt und verhandelt wurde, nicht mit handlen durfte. Dem unruhigen Mann, der überall die Hand im Spiel haben wollte, mußte es einen Stich in das Herz geben, so oft man die Theologen zu einem neuen Konvent berief, zu dem er nicht zugezogen wurde. Und solche Konvente kamen in diesem Jahr alle Monathe vor.

denklicheres Zeichen war diß, daß dasjenige, was auf einigen dieser Zusammenkünfte verhandelt worden war, und besonders dasjenige, was zu Pegau bey der Zusammenkunft mit den Bischöfen [172]) verhandelt worden war, äusserst geheim gehalten wurde. Es ist daher sehr glaublich, daß sich in diesem Zeitraum noch manche eifrige und redliche Bekenner der Wahrheit unter den Predigern und unter den Layen im Churfürstenthum bey allem Zutrauen, das sie in ihre Theologen sezten, einer sehr ängstlichen Unruhe nicht erwehren, und auch wohl mancher Aeusserungen dieser Unruhe sich nicht erwehren konnten: allein daß sie bey Flacius nicht daraus entsprungen, wenigstens nicht daraus allein entsprungen war, diß ergiebt sich aus mehreren Anzeigen.

Flacius fieng ja einmahl schon zu lärmen an, da er noch gar nicht wußte, ob er nur einen scheinbaren Vorwand dazu bekommen würde, und fuhr nur desto tobender zu lärmen fort, da er schon voraussehen mußte, daß am Ende alles auf einen blinden Lärm hinauslaufen würde. Noch ehe ihm die erste Erklärungen der Theologen über das Interim zu Gesicht gekommen waren, ließ er schon die ängstlichste Sorglichkeit blicken, daß sie sich nicht standhaft und eifrig genug dagegen erklärt haben möchten, und wandte zu gleicher Zeit alles an, um die nöthigen Belege zu einer Anklage gegen sie in die Hände zu bekommen, und das Publikum auf diese Anklage vorzubereiten. Wenn auch die niedrige Künste allzugehässig geschildert wären, von denen er nach der Beschuldigung seiner Gegner [173]) Gebrauch gemacht

172) S. Expos. Mm. 3. Aber das Geheimniß war ja um der Bischöfe willen nothwendig. Doch sahen und sagten es auch die Theologen voraus, daß die Handlungen nur desto grösseres Aufsehen, und eine wiedrigere Sensation machen dürften, je geheimer sie gehalten würden.

173) "Erstlich — so erzählen „die Verfasser des endlichen Berichts — hat er, als er noch „zu

macht haben sollte, um sich in den Besiz einiger Papiere zu sezen, die zu der geheimen oder vertrauteren Korrespondenz Melanchtons gehörten, so ist es doch erwiesen, daß er sich jezt solcher vertrauten theils an Melanchton gerichteten theils von ihm herrührenden Briefe bediente, um einen künstlichen Grund zu dem Verdacht zu legen, worinn er ihn bringen wollte, daß er Auszüge daraus verbreitete, durch welche ein desto nachtheiligeres Licht auf die Denkungs-Art und den Charakter Melanchtons geworfen werden mußte, da sie nur verstümmelte und aus ihrem Zusammenhang herausgerissene Stellen enthielten, und daß er besonders seinen berüchtigten Brief an Carlwiz, den er sich sogleich durch irgend ein Mittel zu verschaffen gewußt hatte, auf eine eben so heimtückische als würksame Art zu diesem schändlichen Endzweck benuzte.

Aber es war ja fast unmöglich, daß Flacius auch nur eine Zeitlang im Ernst befürchten konnte, die Theologen möchten in Ansehung des Interims sich allzunachgebend bezeugen. Ihm konnte es nicht unbekannt seyn, wie

„zu Wittenberg gewesen, aller„ley fliegende Reden, Zeitungen, „Fabeln, ja auch die Träume „Philippi in Acht gehabt, aufge„rafft und verzeichnet, und her„nach in dessen Bibliothek gehei„me Briefe umgestört und durch„gelesen, und die so zu seinem „Kram und Fürhaben seines Er„achtens tüchtig, zu sich genom„men und gestohlen, seinen ver„schlossenen Tisch, darüber er er„griffen worden, eröffnet, auch „andere bestellt, die in seinem „Abwesen, was in des Herrn Phi„lippi Gemach und über Tisch „gesagt oder gehandelt ward, „aufschrieben und ihm zubräch„ten, und also sich mit einem „ziemlichen Vorrath der Händel „versorgt, deren Wissenschaft er „zu Vollziehung des Werks, so „er ihm vorgenommen, für nö„thig erachtet." Der sanfte Camerar, wiewohl er, so oft ihm nur der Nahme von Flacius in die Feder kam, merklich warm wurde, begnügt sich zu sagen: "Hic, sive ingenii turbulenti ferocia et ambitione, seu malitia „inserviente voluntati alienae, „uam de homine simulatore mi„rifico, in quo nihil simplex „et apertum cognosceretur, va„riae suspiciones fuere; sed qua„cunque sane re aut spe impellen„te tunc Flacius sciscitari curiose, „quid ageretur et esset in mani„bus, et clanculum scripta fictis „nominibus spargere." S. Vit. Mel. p. 245.

wie sie darüber dachten, oder doch nicht lange unbekannt bleiben. Wenn auch die erste Bedenken geheim gehalten wurden, welche sie darüber ausgestellt hatten, wenn es ihm auch nicht sogleich gelang, alles zu erfahren, was auf den ersten Zusammenkünften, die deßhalb angestellt wurden, verhandelt worden war, so konnte er sich doch, so bald es ihm darum zu thun war, leicht versichern, wie sie im allgemeinen darüber urtheilten. Daraus machten sie zuverlässig kein Geheimniß. Diß würden sie, wenn er sich selbst an sie gewandt hätte, einem Kollegen mit eben so wenig Zurükhaltung eröfnet haben, als sie es mehreren Fremden, die ihren Rath verlangten, eröfneten. Wenn er aber nur davon unterrichtet war, wenn ihm nur dasjenige bekannt geworden war, was sie den Predigern zu Straßburg, zu Frankfurt und mehreren [174]) andern auf ihre Anfragen geantwortet hatten — und diß wußte man gewiß in ganz Wittenberg — wie konnte er noch sich und andere bereden wollen, daß man von ihren Gesinnungen einige Gefahr für die reine Lehre zu besorgen habe?

Doch ohne Zweifel war für Flacius nichts von allem, was wegen des Interims verhandelt worden war, geheim geblieben. War doch eine Abschrift von dem Gutachten, das die Theologen unter dem 16. Jun. unmittelbar an den Churfürsten eingeschickt und allein für ihn bestimmt hatten, fast eben sobald, als dieser das Original erhielt, in fremde Hände gekommen, durch welche

174) Auch den Predigern zu Braunschweig und Lüneburg, D. Hardenberg in Bremen und D. Val. Rotheim in Lübeck. S. Rethmaier Braunschw. Kirch. Gesch. P. III. Beylag. p. 31. An D. Rotheim in Lübeck schrieb Melanchton wörtlich, er wollte alle Geistlichen und Rathsherrn in den Städten, weil er den grossen Herrn und dem Adel nicht traute, dringend ermahnt haben, das Interim nimmermehr anzunehmen, weil seine Annahme mit Unterdrückung der Wahrheit und Einführung einer unerträglichen Sklaverey verknüpft seyn würde. Dieser Brief ist vom 21. Jul. 1548. S. Salig S. 606.

welche sie noch vor dem Verfluß eines Monaths zu Magdeburg in Druck gebracht wurde [175])! Aus diesem Gutachten mußte er sich nicht nur überzeugt haben, daß die Theologen keine Aenderung in der Lehre bewilligen würden, sondern auch erfahren haben, wie sehr sie jeder Veränderung abgeneigt waren, die man auch nur in dem äusseren des Gottesdienstes aus Veranlassung des Interims vornehmen möchte. Sie wiederriethen doch darinn dem Churfürsten schon solche Aenderungen

auf

175) Wie es mit der Bekanntmachung dieses Gutachtens zugieng, und wer es zum Druck beförderte oder in das Publikum brachte? darüber ist man noch nicht ganz im reinen. Flacius gab zuweilen nicht undeutlich zu verstehen, daß man ihm den Dank dafür schuldig sey; ja in seiner Narratio certaminum bey Schlüsselburg im Catal. haereticor. L. XIII. p. 810. sagt er wörtlich: "quod ego ipsis insciis ad prelum Magdeburgum misi," aber die Verfasser der Expos. wollten ihm den Ruhm nicht lassen, wiewohl sie ihm leicht hätten zeigen können, daß es eine Schandthat war, deren er sich rühmte. Nach ihrer Nachricht sollte es M. Andr. Kegel, ein Tochtermann Casp. Crucigers, im Vertrauen von diesem erhalten, und zu Magdeburg haben drucken lassen. S. Expos. Aa. Indessen wäre es immer möglich, daß Flacius auch einen Antheil daran gehabt hätte, denn er konnte ja mit Kegeln und vielleicht durch diesen dabey würken; wenn er aber dabey die Haupt-Person und Kegel nur sein Werkzeug war, so darf man diß gewiß als eine der schändlichsten Handlungen seines Lebens ansehen; denn da er dem Gutachten den Nahmen Melanchtons vorsezte, und zu einer Zeit vorsezte, wo er sonst alles mögliche that, um ihn wegen einer sträflichen Nachgiebigkeit gegen das Interim in Verdacht zu bringen, so konnte er fast keine andere Absicht dabey haben, als ihm ein Verdruß von Seiten des Kaysers zuzuziehen, was auch würklich erfolgte. Uebrigens hat diß Gutachten einen seltsamen Streit über die Frage veranlaßt, ob man Melanchton, oder dem berüchtigten Casp. Aquila, der damahls Prediger zu Salfeld und einer der wüthendsten Eiferer gegen das Interim war, die Ehre zuschreiben müsse, zuerst öffentlich gegen das Interim geschrieben zu haben. S. Unsch. Nachr. für das J. 1727. S. 521. doch der Streit ist leicht zu entscheiden. Unstreitig kam diß Bedenken Melanchtons einige Wochen früher heraus, als die erste Schrift von Aquila, die erst im August des J. 1548. in das Publikum kam; allein da Melanchton sein Bedenken gar nicht für das Publikum bestimmt hatte, und über die Publicität, die es wieder seinen Willen erhielt, mehr als unzufrieden war, so kann er würklich auf die Ehre, die man ihm damit zu erweisen glaubt, keine Ansprüche machen.

auf das dringendste. Sie stellten ihm mit höchstnachdrücklichem Ernst die unglücklichen Folgen vor, die schon daraus entspringen könnten. Was konnte also Flacius für eine Absicht haben, da er doch immer noch fortfuhr, Verdacht und Mißtrauen gegen sie zu erregen, und jezt selbst noch geschäftiger als vorher daran arbeitete?

Bey diesen Umständen kann man sich selbst fast unmöglich der Vermuthung erwehren, daß auch die scheinbar-freundschaftliche Warnungen und Ermahnungen, die er um diese Zeit durch Briefe und andere Kanäle an Melanchton und seine Kollegen gelangen ließ, ihm nur als Mittel zu der gewisseren Erreichung dieser Absicht dienen sollten. Auf einen dieser Briefe, den er im Julius dieses Jahrs kurz vor dem Convent zu Meissen an D. Major und auf einige andere, die er an Melanchton geschrieben hatte, pochte er in der Folge [176]) beständig, als ob sie den unzweydeutigsten Beweiß enthielten, daß er alles mögliche gethan habe, um sie zu schonen, und es nicht zu einer öffentlichen Erklärung gegen sie kommen zu lassen. Man hat auch schon oft wenigstens einen Beweiß darinn finden wollen, daß er es bey seinen voreiligen Besorgnissen wegen des Interims redlich gemeint habe; aber man kann gewiß eben so leicht und eben so wahrscheinlich das Gegentheil daraus folgern. Der Schein von Redlichkeit, den er sich dadurch gab, konnte auch nur eine Maßke seyn, die er geflissentlich vornahm, um den Besorgnissen, die er äusserte, mehr Eingang bey andern zu verschaffen. Wozu waren die schrift-

176) Zwey dieser Briefe an Melanchton, die um diese Zeit geschrieben worden seyn sollten, sezte er seiner Apologia ad Scholam Wittebergens. B. A. voran, die er im J. 1549. herausgab. Einen ähnlichen Brief schrieb er auch an den Fürst Georg zu Anhalt während dem Konvent zu Celle. Dieser Brief findet sich in der seltenen Sammlung etlicher Briefe des ehrwürdigen Herrn Lutheri an die Theologos auf dem Reichstag zu Augspurg Ao. 1530 geschrieben von der Vereinigung Christus und Belials — als Anhang beygefügt, die er auch im J. 1549. drucken ließ.

schriftliche Ermahnungen und Warnungen nöthig, welche diese Briefe enthielten, da er sie jeden Tag und jede Stunde mündlich bey ihnen anbringen konnte [177]? Wozu waren überhaupt jene Ermahnungen und Warnungen nöthig, da er durch ihr schon bekannt gewordenes Gutachten überzeugt seyn konnte, daß sie sich bereits gegen alle Aenderungen erklärt hätten? Oder, wenn er ja befürchtete, daß sie sich durch den Churfürsten und seine Räthe noch umstimmen lassen möchten [178], und es deßwegen für nöthig hielt, sie zur Standhaftigkeit aufzufordern, wozu war diß nöthig, daß er selbst seine Warnungs-Briefe überall verbreitete, und überall Abschriften davon herumschickte, wenn es ihm nur dabey um die Schonung ihrer Ehre und ihres guten Nahmens zu thun war?

Doch wer kann in dem folgenden Benehmen des Mannes, wer kann in der Art, womit er endlich ganz gegen die Theologen zu Wittenberg loßbrach, und in den Vorbereitungen, die er dazu machte, den Geist und die Leydenschaft noch verkennen, nach deren Antrieb er handelte? Biß in den December des J. 1548. mußte er sich darauf einschränken, nur im verborgenen durch die erwähnten Künste Argwohn und Mißtrauen im Lande umher auszustreuen, und somit gleichsam die brennbare

177) Sagt doch selbst Ritter in seinem Leben, daß er gerade um diese Zeit täglich zu Melanchton gekommen sey, und wegen einer gelehrten Arbeit, die er unter der Hand hatte, beständig mit ihm konferirt habe. S. 23.

178) Aus seinem Brief an den Fürsten Georg von Anhalt erhellt, daß ihm damahls schon die Akten der Pegauischen Handlungen mit den Bischöfen durch irgend einen Kanal in die Hände gekommen waren. Es sey ihm, sagt er darinn, eine Schrift vorgekommen, neulich zu Pegau gestellt, welche auch der Fürst und der hochgelehrte Herr Melanchton hätten stellen helfen. Uebrigens war dieser Brief am künstlichsten für die Würkung berechnet, welche Flacius dabey abzweckte; denn er mußte eben so gewiß ängstliche Unruhe bey Fremden, als Erbitterung bey demjenigen erregen, an den er gerichtet war; und diß lezte war zuverlässig bey diesen Briefen ebenfalls abgezweckt. S. angef. Samml. B. ij.

bare Materie einzulegen, woraus mit der Zeit ein Feuer zusammengeblasen werden könnte [179]). Biß dahin war ja noch gar nichts wegen des Interims beschlossen worden; und es war selbst noch möglich, daß seine Verwerfung beschlossen werden konnte. Er durfte es also nicht wagen, jezt schon ganz öffentlich loßzubrechen, und selbst um seiner Privat-Absichten, aber freylich noch mehr um seiner Sicherheit willen nicht wagen; hingegen, sobald er erfuhr, worüber sich die Theologen auf dem Konvent zu Celle mit den churfürstlichen Räthen vereinigt hatten, und daraus ungefähr schliessen konnte, was für ein endlicher Schluß auf dem Landtag zu Leipzig gefaßt werden dürfte, so beschloß er auch sogleich den Anlaß zum offenen Kriege ohne weiters von diesem, wie er auch ausfallen möchte, herzunehmen [180]). Um ihn aber

179) Sehr treffend und gewiß nicht übertrieben ist die Schilderung, die in der folgenden Stelle des endlichen Berichts der Wittenberger und Leipziger von seinem Benehmen in diesem Zeitraum gemacht wird. "Da fährt „er bald an als giftige Pfeile „fliegen zu lassen viel kleine „Traktätlein, so durch Träume, „Lügen und Mährlein ausgepuzt „und gefiedert, aber durch teufelische Verläumdungen geschärft „und vergiftet waren. Dieselben „schießt er hin und wieder aus, „läuft auch selbst im Lande herum, dieselbe in die Leute zu „stecken, flicht sich allenthalben „ein durch seine gefärbte Lügen „bey den Adelspersonen, bey „den Pfarrern, bey führnehmen „ansehnlichen Bürgern und Händlern mit denen er Kundschaft „macht, ermahnet sie, daß sie „sich ja wohl vorsehen, vor den „bevorstehenden Händeln und „Berathschlagungen, es gehe „nicht recht zu, es werde etwas „sonderliches heimlich gebrauen, „dem man nicht trauen dürfe, „es sey alles dahin gericht, daß „das ganze Pabstthum wieder „angerichtet und eingeführt werde. Die Theologen seyen kleinmüthig und wetterwendisch; „der Fürst beneben dem führnehmsten Adel haben es nie „rechtschaffen mit der Religion „gemeynt, werden auch nie bey „der reinen Lehre beständig bleiben, es stecke ihnen noch Herzog Georg mit seiner Abgötterey und Pabstthum im Herzen, „darum werden alle Sachen gelenkt nach des Kaysers Willen „und Gefallen." S. H. iij.

180) Wenn Flacius, wie einige Nachrichten angeben, schon im Januar 1549. also unmittelbar nach dem Schluß des Leipziger Landtags von Wittenberg weggezogen wäre, so würde sich daraus sein vorher gefaßter Entschluß am deutlichsten ankündigen.

aber mit weniger Gefahr für seine Person führen zu können, fand er zu gleicher Zeit für gut, sich von Wittenberg und aus dem Gebiet des Churfürsten wegzubegeben, indem er seine Stelle auf der Universität mit einer Art niederlegte, die schon gewissermassen einer Kriegs-Erklärung ähnlich sah [181])!

Doch eine noch offenere Kriegs-Erklärung lag darinn, weil Flacius von Wittenberg nach Magdeburg [182]) zog! Diese Stadt hatte sich nehmlich damahls schon durch

digen. Allein die Verfasser der Expos. lassen ihn erst nach dem Konvent zu Torgau wegziehen, der den 13. Apr. gehalten wurde. S. Expos. Fff. 2.

181) Die Wittenberger warfen ihm in der Folge immer vor "daß er heimlich und ohne Abschied fortgezogen sey, und sich gewissermassen aus dem Lande und von der Universität weggestohlen habe. Auch Camerar nennt seinen Abzug abitum clandestinum. Ritter will dagegen beweisen, daß er nicht heimlich fortgegangen sey, weil er doch bey Melanchton um die Erlaubniß zu einer Reyse angehalten, seine Lektionen dem M. Aurifaber übertragen, und seine schwangere Frau in Wittenberg zurückgelassen habe: allein alle diese Umstände machen die Sache nur schlimmer. Er gieng mit dem festen Entschluß von Wittenberg — diß bewiesen alle seine nächstfolgende Schritte — nicht mehr wieder zu kommen; und suchte doch nur um die Erlaubniß an, einige Zeit über Feld reysen zu dürfen? und verfügte doch wegen seines Amts weiter nichts, als daß er einen Vicar bestellte? und ließ doch seine schwangere Frau zurück? O des schönen Vertheidigers! S. Leb. Flac. S. 29.

182) Auch hier kann man zwar mit seinem Lebens-Beschreiber sagen, daß er von Magdeburg sogleich nach Hamburg reyßte, und erst auf den Rath seiner Hamburgischen Freunde wieder in diese Stadt zurückkehrte, also noch nicht voraus beschlossen hatte, seinen Wohnsiz darinn aufzuschlagen. Diß erzählt er auch selbst in seiner Narratio certain. bey Schlüsselburg p. 815. aber diese Reyse nach Hamburg kündigt nur deutlicher an, daß er nach einem voraus entworfenen Plane handelte. Der Erfolg bewieß ja, was er in Hamburg that, und warum er also dahin gereyßt war? Es lag ihm daran, die dortige Theologen in die Verbindung gegen die Wittenberger hineinzuziehen. Er gesteht selbst, daß er mit ihnen unterhandelt habe; und noch während seiner Anwesenheit in Hamburg brachen sie ja loß. Nun gieng er nach Magdeburg zurück; und daraus wird es doch höchst wahrscheinlich, daß auch das Bleiben in Magdeburg wie die Reyse nach Hamburg in seinen Operations-Plan gehörte.

durch den Troz und durch die Heftigkeit, womit sie das Interim verwarf, eben so sehr vor allen protestantischen Ständen ausgezeichnet, als sie den Unwillen des Kaysers gereizt hatte. Es schien selbst, als ob die Magdeburger eine Ehre darinn suchten, den lezten geflissentlich zu reizen, gerade weil sie es, da er noch vom Schmalkaldischen Kriege her über sie erbittert war, am wenigsten nöthig hatten. Sie nahmen daher mehrere der heftigsten Eiferer, die an andern Oertern wegen des Interims verjagt worden waren, freudig unter sich auf[183]), rühmten sich des Vorzugs, daß diese ehrwürdige exules Christi, wie sie sich selbst nannten, eine Freystädte in in ihren Mauren gesucht und gefunden hätten, stellten sie bey ihren Kirchen als Prediger an, und liessen ihnen völlige Freyheit, ihre Erbitterung über das Interim und seine Verfasser, welche sie als ihre Verfolger betrachteten, blindlings nach allen Seiten hin ausströmen zu lassen. Aus Magdeburg flogen daher die meiste jener Schmähschriften in die Welt aus, in denen gewöhnlich von dem Schimpf, der darinn über das Interim zusammengerührt war, auch der Kayser nahmentlich seinen Antheil bekam. In Magdeburg wurden die schöne Interims-Thaler geprägt, und diese wie jene wurden nicht bloß, wie man etwa denken möchte, nur heimlich in das Publikum hineingeworfen, sondern man gab sich alle Mühe, es in ganz Deutschland ruchtbar werden zu lassen, daß sie von Magdeburg ausgegangen seyen!

Daß Flacius nach Magdeburg zog, kündigte also schon jedermann an, daß er zu einem recht heftigen Ausbruch entschlossen sey: aber dieser Ankündigung un-

ge-

183) Die vornehmste darunter waren Nicol Gallus, der von Regenspurg vertrieben worden war, und sich eine Zeitlang mit Flacius in Wittenberg und in der Nachbarschaft herumgetrieben hatte, und der von seinem Bistum zu Naumburg vertriebene Nic. Amsdorff.

geachtet mußte doch der Ausbruch, der jezt von seiner Seite erfolgte, noch allgemeines Erstaunen erregen. Es übersteigt alle Beschreibung, mit welcher Wuth der Mann und die Gehülfen, die er sich geworben hatte, Gallus, Amsdorf, Wigand, Aquila, Judex [184]), jezt öffentlich über alle Sächsische Theologen zu Witten=

184) Joh. Wigand, damahls Prediger in Mansfeld, Casp. Aquila, Superintendent oder wie sich der Mann selbst schrieb, Bischof in Salfeld, und Matthäus Judex, Diakonus in Magdeburg. Der erste zeichnete sich durch die Heftigkeit und durch die Menge der Schriften, die er unter diesen Händeln herausgab, fast eben so sehr als Flacius aus: auch werden er und Matth. Juder! noch öfter in dieser Geschichte vorkommen. Aquila brüstete sich mit dem Verdienst, zuerst gegen das Augspurgische Interim geschrieben zu haben; aber er hätte auch auf das Verdienst Ansprüche machen können, am giftigsten und wüthendsten, so wohl gegen dieses als gegen das Sächsische geschrieben zu haben, wenn ihn nicht Flacius darum gebracht hätte. Man kann diß bereits aus den Titeln seiner folgenden Schriften schliessen, von denen die zwey erste gegen das Augspurgische und die zwey andere gegen das Sächsische Interim gerichtet sind. Wieder den spöttischen Lügner und unverschämten Verläumder M. Eißleben Agricola nöthige Verantwortung und ernstliche Warnung gegen das Interim — von M. Casp. Aquila, Bischofen zu Salfeld 1548. 4.

Eine sehr hochnöthige Ermahnung an das kleine blöde verzagte christliche Häuflein, daß sie in diesem erschröcklichen und lezten Theil der Zeit Gottes ewiges Wort frölich bekennen, wider des Teufels Hinderniß, Lügen und Mord gepredigt von Casp. Aquila. Erfurt 1548. 4.

Eb. ders. von dem neuen Abgott zu Babel. 1550.

Eb. ders. Copey der schönen Vermahnung, welche bey den abtrünnigen interimistischen Christen vor der teufelischen gottlosen Opfermeß dem armen einfältigen Volk wird vorgelesen in schönem Schein; inwendig aber ist eitel Galle, Myrrhen, Aloe, Hölle, Teufel, Tod und Verdammniß mit Hönig vermischt. 1551.

Ausser diesen genannten Streitern könnten aber noch mehrere angeführt werden, die zum Theil noch eigentlich zu den geworbenen Hülfsvölkern von Flacius gehörten, wie Joh. Aurifaber, Hofprediger zu Weimar, der alte Mich. Coelius zu Mansfeldt, und Joachim Westphal von Hamburg ein furchtbarer Nahme unter den Polemikern des Jahrhunderts, zum Theil auch in dem Kriege für sich agirten wie Ant. Otto, Prediger zu Nordhausen, und Joh. Amsterdam, Prediger zu Bremen. Doch die Geschichte verliehrt wohl nichts, wenn die Nahmen von einigen vergessen werden.

tenberg und zu Leipzig, über die Landstände, die den lezten Leipziger Landtags-Schluß gebilligt, über die Prediger, welche die neuen Agenden angenommen hatten, vor allen aber doch immer über Melanchton herfielen, für den sie auch bey jedem Nebenangriff den empfindlichsten Schlag jedesmahl aufsparten. Es übersteigt alle Beschreibung, mit welcher unbändigen Frechheit sie selbst den Nahmen des Churfürsten dabey mißhandelten, indem sie ganz unverdeckt Aufruhr und Empörung gegen ihn predigten [185]. Aber es übersteigt nicht nur alle

185) Noch im J. 1548. war unter dem wahrscheinlich erdichteten Nahmen Joh. Hermanns eine Schrift mit dem Titel herausgekommen: daß man in diesen geschwinden Läuften dem Teufel und Antichrist zu gefallen nichts in der Kirche Gottes ändern soll. 4. in der wenigstens die Prediger ganz unverdeckt aufgefordert wurden, daß sie sich der Landes-Obrigkeit wiedersezen sollten, wenn diese die Publikation des Interims von ihnen verlangen würde. "So ja, heißt „es darinn, die Obrigkeit will „unsinnig seyn, und solches an„richten, so sollt dennoch ihr „Lehrer nicht so thörlich handlen. „Laßt sie selbst ihre Mandate „und Befehle durch den Markt„meister auf dem Markt ausru„fen. Des Predigers Amt er„fordert es nicht, daß er sie in „der Kirche von den Kanzeln her„ab verkündige." In den Schriften, die im J 1549. zu Magdeburg herauskamen, wurde von dem Churfürsten selten anders als von einem Mammeluken, Renegaten und Apostaten gesprochen. Als sich aber dieser sogar von dem Kayser die Vollziehung der Acht über Magdeburg übertragen ließ, und Anstalten zu der Belagerung der Stadt machte, so strömten sie ihren Grimm über ihn noch viel unbändiger aus. Flacius bewieß im J. 1551. in einer eigenen Schrift "daß alle Verfolger der Kirche Christi zu Magdeburg Christi Verfolger seyen" und sprach dabey mit der deutlichsten Bezeichnung des Churfürsten von verfluchten Kains und Brudermördern. In eben diesem Jahr bewieß er in einer andern Schrift "M Fl. Erklärung der schweren und schändlichen Sünde derjenigen, so durch das Interim und die Adiaphora von Christo zum Antichrist abfallen" — 4. daß unter dem Thier in der Offenbarung Cap. 13. niemand abgebildet sey, als die Fürsten, die das Interim begünstigt hätten. Amsdorff aber gab zu eben der Zeit eine Ermahnung an die Deutschen heraus, wovon der Schluß war, daß alle, die zu der Belagerung von Magdeburg gerathen oder geholfen hätten, nicht nur wieder Gott und sein Wort gestritten, nicht nur Christum und sein Evangelium verläugnet, sondern die Sünde wieder den heiligen Geist begangen hätten, also in Ewigkeit verflucht und verdammt bleiben müßten.

alle Beschreibung sondern auch allen Glauben, zu welchen schändlichen Mitteln von Lügen und Verläumdungen, von Erdichtungen und Verdrehungen diese Menschen dabey ihre Zuflucht nahmen, um wenigstens ihren ersten Zweck recht gewiß zu erreichen und die Sächsischen Theologen recht auffallend vor der ganzen lutherischen Welt als treulose Apostaten auszustellen. Wem sich darinn der Geist noch nicht verräth, von dem sie besessen, und die Leydenschaft nicht zu erkennen giebt, von der sie angefeuert wurden, der muß wohl sehr fest entschlossen seyn, sie nicht sehen zu wollen; doch selbst daraus gehen sie noch nicht so sichtbar hervor, als aus jenen Gründen selbst, auf welche sie alle ihre Anklagen gegen die Wittenbergische Theologen bauten, und von denen sie den Vorwand zu allen ihren Angriffen, Schmähungen und Lästerungen wieder sie hernahmen. Diß verdient allein noch beleuchtet zu werden; oder diß ist es vielmehr allein, was in der Geschichte dieser Händel Beleuchtung verdient: aber indem man sich vornimmt, nur allein dasjenige ausfindig zu machen, worüber denn eigentlich so wüthend gestritten wurde, so sieht man sich unwillkührlich gezwungen, die Schande der Menschen, die darüber so wüthend streiten konnten, nur offener aufzudecken!

Kap. X.

Am schicklichsten können alle Vorwürfe, welche Flacius und seine Gehülfen den Sächsischen Theologen machten, oder alle Anklagen, welche sie gegen sie vorbrachten, unter drey Klassen gebracht werden. Sie beschuldigten sie erstens mehrerer Lehr-Verfälschungen, welche sie unter den Handlungen über das Interim gebilligt, und in das Leipzigische Interim würklich hineingebracht — sie führten

Zweytens noch eine ganze Reyhe von andern ihrer Handlungen und Aeusserungen auf, wodurch sie sich als Verräther an der lutherischen Sache und an der lutherischen Kirche bewiesen haben sollten, und sie machten es ihnen endlich

Drittens zu einem eigenen, schon an sich unverzeyhlichen Verbrechen, daß sie auch nur zu der Annahme der an sich ganz gleichgültigen äusseren Stücke und Ceremonien, die im Interim vorgeschrieben waren, ihre Beystimmung gegeben hätten.

Die Klag-Punkte, welche in die erste und zweyte Klasse gehören, findet man in einer der giftigsten Flacianischen Schriften, nehmlich in der Antwort beysammen, die er auf die Exposition der Wittenberger herausgab [186]). Sie dürfen auch nur angeführt werden, denn die jämmerliche Nichtigkeit der ersten darf man nach demjenigen, was schon über den Inhalt des Leipziger Interims vorgekommen ist, nicht mehr ins Licht sezen, und die eben so dumme als schändliche Boßheit der andern deckt sich von selbst auf. Hingegen über den dritten Punkt müssen der Kläger mehrere gehört werden, weil in das Geschrey, das die Flacianer darüber erhoben, auch Männer einstimmten, die sonst nicht zu ihrer Rolle gehörten!

Verfälscht sollte also zuerst die reine lutherische Lehre von ihnen geworden seyn, und zwar nicht nur in dem Grund-Artikel von der Rechtfertigung, wiewohl in diesem am gefährlichsten, sondern auch in den Artikeln von der Erbsünde, vom freyen Willen, von der Busse, von den Sakramenten und von der Kirche!

Die schändlichste Verfälschung der Rechtfertigungs-Lehre erhelle, sagte Flacius, sonnenklar schon daraus allein, weil sie nicht allein den Papisten das Wörtchen Sola

186) Diese Antwort kam zu Jena heraus gedruckt durch Donat. Richtzenhayn. 1560 4.

Sola, oder den Saz: daß der Glaube allein gerecht mache; geschenkt und nachgelassen, sondern auch selbst ihnen zu gefallen etliche Jahre in ihren öffentlichen und Privat-Schriften den Ausdruck nicht mehr gebraucht hätten[187]: aber sie liege eben so deutlich darinn; weil sie dafür in einem ihrer Bedenken des Ausdrucks sich bedient hätten, daß wir führnehmlich durch Christum gerecht werden, und in eben diesem Bedenken auch eingeräumt hätten, daß zu der Seeligkeit noch andere gute Werke und Tugenden nöthig seyen. Denn "ist es, „fragte er, nicht eine ganz greuliche Verfälschung des „Artikels von der Rechtfertigung, wenn gelehrt wird, „daß es nicht möglich sey, ohne gute Werke seelig zu „werden?"

Eben darinn fand er aber auch schon einen mittelbaren Beweiß, daß sie den ächt-lutherischen Vorstellungen in den Lehren von der Erbsünde und vom freyen Willen entsagt haben müßten, hingegen einen unmittelbaren fand er darinn, weil sie ja die zwey ersten Artikel im Interim, welche davon handelten, gebilligt hätten. Diese Artikel im Interim sind, schloß er, unrein und falsch

187) "Fürwahr, sie können „nicht eine einige Schrift wei„sen, welche Anno 1547. 48. oder „49. geschrieben und ausgegan„gen, darinn die exclusiva: Sola: „ernstlich von ihnen vertheidigt „wäre." Antw. L. ij. "Aber die Wittenbergische Theologen konnten doch beweisen, daß sie diß Wörtchen: Sola: in Beziehung auf das Verdienst Christi als die einzige Ursache der Rechtfertigung mehrmahls gebraucht und selbst in jenen Aufsäzen gebraucht hatten, aus denen man diese ungerechte Beschuldigung gegen sie hernahm." So drückten sie sich in dem Aufsaz aus, der dem Konvent zu Meissen übergeben wurde: "Deus justificat hominem „— non propter sua aliqua ope„rum suorum merita — ne no„stra sit gloriatio, sed Christi — „cujus *solius* merito remissionem „peccatorum accipimus" und in dem Pegauischen Aufsaz "Certis„simum est, non esse aliam vi„am — accipiendi remissionem „peccatorum — nisi hanc *solam* „per filium Dei." S. Expos. li. 4. und Oo. 2.

falsch; wer sie also billigt, kann nicht mehr rein-lutherisch darüber denken [188]):

"Gleicherweise haben sie auch verfälscht die Lehre „von der Busse, weil sie in dem Leipzigischen Bedenken den Glauben von derselben ausgeschlossen, und „dagegen anstatt des Glaubens mit dunklen Worten die „Genugthuung hineingeflickt haben [189]), darüber „doch die vierzig Jahre her auf das heftigste mit den „Papisten gestritten worden ist".

"Dergleichen Verfälschung ist auch, daß sie in der „Lehre von den Sakramenten den Glauben ausgemustert „haben, auf gut papistisch [190])".

"Das ist endlich auch eine scheußliche Verfälschung „der wahren Religion, daß sie der Kirche, so im Geist „ver-

188) Flacius beruft sich dabey nur darauf, daß auch die Hamburger in ihrem Bedenken diese zwey ersten Artikel des Interims als falsch und unlauter anerkannt hätten. Aber die Hamburger sagten in ihrem Bedenken nur, daß der zweyte Artikel von dem Menschen nach dem Fall "in etlichen Wörtern finster, ambigue und captiose gestellt sey, sie räumten dabey ein, daß die darinn aufgestellte Grund-Ideen mit der lutherischen Lehre so vollkommen harmonirten, daß die Verfasser des Artikels mit sich selbst streiten würden, wenn sie einige verdächtige Ausdrücke darin in einem irrigen Sinn gesezt hätten, sie gestanden also eben damit, daß man auch diese verdächtigen Ausdrücke in einem guten Sinn nehmen könne, und sogar, wenn man sich keines Wiederspruchs schuldig machen wolle, nehmen müsse, den ersten Artikel aber wollten sie nach ihrem Ausdruck gar nicht anfechten. S. Bekenntniß und Erklärung der Städte rc. A. I. b. Wer, als Flacius konnte also die Stirne haben, den Wittenbergern ein eigenes Verbrechen daraus zu machen, daß sie sich über diese Artikel eben so wie die Hamburger erklärt hatten, und sich dabey selbst auf die Hamburger zu berufen.

189) In der Lehre von der Busse war der Glaube nicht erwähnt — diß hieß bey Flacius: der Glaube sey ausgeschlossen worden. Aber der Artikel war in dem Leipziger Aufsaz äusserst kurz gefaßt, und enthielt nichts, als daß die Lehre von der Busse, von der Beicht und Absolution fleissig in der Kirche vorgetragen werden sollte! Doch war hinzugesezt, daß es auch dienlich seyn möchte, das Volk in dem Beichtstuhl zum Gebet, zum Fasten und zum Almosengeben zu ermahnen, und darinn fand Flacius die Genugthuung in dunklen Worten eingeflickt.

190) Eben so wie in der vorigen Beschuldigung. Auch in diesem Artikel war der Glaube nicht ausdrücklich erwähnt; also war er ausgemustert.

„versammelt ist, das ist einem Concilio, Macht geben, „daß sie möge Decreta und Sazungen in der Religion „machen, und wollen, daß ein jeder schuldig sey, al„les [191]) zu glauben, was eine solche Versammlung „beschließt. Damit wird menschlicher Vermessenheit, „Ehrgeiz und Gottlosigkeit die Thür aufgethan, daß „sie darnach alles, was sie nur gelüstet, mögen sezen „und ordnen, auf daß die Kirche und Religion mit Men„schen-Satzungen erfüllt und verfälscht werde. Sie „haben aber denselben Artikel darum hinzuge„sezt, daß das Tridentinische Concilium, so „dazumahl für war, desto besser bewaffnet wä„re, mehr Kraft und Macht wieder unsere Kir„chen haben möchte. Deshalb haben sie uns „mit diesem einigen Decret das ganze Pabst„thum wiedergebracht".

Bey dieser letzten Anklage läßt sich wohl schwer angeben, ob die ausstudirte Boßheit in ihrer Wendung oder die krasse Lüge, worauf sie sich gründet, empörender ins Auge springt? doch die Stärke, welche Flacius in solchen Wendungen hatte, erprobt sich noch auffallender in einigen Beschuldigungen der zweyten Klasse, wobey er nichts geringeres beweisen wollte, als daß es die Sächsische Theologen geflissentlich darauf angelegt hätten, die ganze lutherische Parthie an den Pabst und die Papisten zu verrathen! Damit aber nichts davon verlohren geht, so mögen auch diese in seinen eignen Ausdrücken dargelegt werden, und diß mag auch deßwegen nöthig seyn, weil es sonst allzuleicht unglaublich scheinen könnte, daß jemahls ein Mensch auf diese Art polemisirt haben sollte.

Erstlich

191) Alles, was nicht mit der Schrift streitet — hatten die Wittenberger gesagt. Aber diese Einschränkung ließ Flacius wohlbedächtlich weg.

Erstlich also — sagt Flacius — haben sie sich dadurch als Verräther bewiesen; „weil sie die ganze Zeit „des Interims über unterlassen haben, der Pabst für „den Antichrist auszurufen — und wenn auch jemand „dazumahl etwas davon sagte, so gefiel es ihnen doch „nicht, und sie verlangten, er sollte es säuberlich, „mässig und mit Bescheidenheit machen – und wollten „also den vornehmsten Artikel der erneuerten Lehre mit „Luthero aussterben lassen. O wie hat solches so sehr „geärgert die Kirche Christi, die zuvor gesehen und ge„hört, wie Christus und seine Diener so emsig und ei„frig wider den Antichrist gestritten und geschrieen, und „dazumahl mit Herzleyd hat sehen und erfahren müssen, „daß eben an demselben Ort der Erzwolf oder aller „Wölfe Oberster gar nicht angeschrieen, noch wider „ihn gestritten wurde, ja daß ihm auch der Primat „und das Regiment über die Heerde des Herrn wie„der übergeben ward, wie aus dem Leipziger Inte„rim, und aus dem Carlwitzischen Brief zu ersehen [192].

Gleichergestalt haben sie auch zweytens der Aug„spurgischen Confession lange Zeit nicht gedacht, das [illegible] „mit [illegible]

192) Es ist der Mühe wehrt, die schöne Gradation in diesem Artikel zu bemerken. Weil Melanchton und seine Kollegen den Pabst eine Zeitlang nicht mehr als den Antichrist ausschreyen, so folgert Flacius zuerst nur daraus, daß sie diesen wichtigen Grund-Artikel der Lutherischen Lehre auf die Seite oder in Vergessenheit bringen wollen. Aber unter dem Schreiben ohne Zweifel fällt ihm ein, daß sich aus dem Umstand noch mehr ziehen läßt, und nun findet er darinn, daß sie auch gar nicht mehr gegen den Pabst streiten, und ihm also seinen ganzen kirchlichen Supremat wieder einräumen wollen. Um indessen doch zu verbergen, daß er so viel in diesem einzigen Umstand gefunden hat, beruft er sich zugleich auf das Leipzigische Interim und auf den Brief Melanchtons an Carlwiz; aber in dem ersten kommt keine Sylbe von dem Pabst, und in dem andern sagt Melanchton weiter nichts, als was er schon auf dem berühmten Konvent zu Schmalkalden öffentlich erklärt, und auch in einigen der ersten Bedenken über das Interim wiederholt hatte, daß er über das menschliche Recht des Päbstlichen Supremats und der Bischöflichen Jurisdiktion mit niemand streiten wolle.

„mit sie genug anzeigten, daß sie dieselbige hatten „fallen lassen".

„Zum dritten — Sie sind abgewichen von dem rechten „Proceß, den Lutherus und alle unsere Kirchen und Für„sten in Religions-Sachen gehalten haben. Hieher gehört, „daß sie die Appellation und Protestation haben fallen „lassen, welches sie alles damit gethan, daß sie die „Augsp. Confession verlassen, daß sie wieder die vorige „Protestationes in das Tridentische Concilium, und in „das Interim gewilligt, neue Verträge und Verglei„chungen eingeräumt haben".

„Indem sie aber von dem nüzlichen Proceß, Ap„pellation und Protestation abgewichen sind, damit ha„ben sie nicht allein die Wahrheit in die äusserste Ge„fahr geführt, sondern haben auch Lutherum, die pro„testirenden Stände und alle unsere Kirchen verdammt, „als die nur Lust zu Zank gehabt, und als die zuvor „unter dem Nahmen der Gottseligkeit, ohne alle Noth „und Ursach muthwilliglich über so einen harten und „schweren Proceß mit grosser Verhinderung gemeines „Friedens gehalten und nicht davon haben weichen wol„len [193]".

„Zum

193) Man begreift schwehr, wie Flacius auf diesen Klagpunkt kam, wenn er sich ihm nicht allein dadurch empfahl, weil er sich so hämisch drehen ließ. Es wird darinn, wie es scheint, dem Churfürsten und den Sächsischen Landständen zum Verbrechen gemacht, daß sie nicht auch bey dieser Gelegenheit, wie die Parthie vorher so oft gethan habe, an ein freyes und christliches Concilium appellirt und gegen ein Päbstliches protestirt, oder den Theologen zum Verbrechen gemacht, daß sie nicht dazu gerathen hätten. Aber was hätte bey diesem Anlaß eine solche Appellation helfen, oder wie hätte man nur vernünftigerweise darauf verfallen können? Der Kayser wollte ja selbst sein Interim nur so lange gehalten haben, biß das Concilium, an das man so oft appellirt hatte, entschieden haben würde. Von seiner Verordnung konnte man also nicht auf das Concilium provociren, sondern man konnte nur verlangen, und die Sächsischen Stände konnten es nach der Versicherung, die er ihnen gegeben hatte, mit dop-

"Zum Vierten — Sie haben auch damit das gott„lose Pabstthum gestärkt und unsere Kirchen vernich„tigt, daß sie oft mit Mund und Feder unsere Kirchen„Ordnung und von Gott aus sonderlicher Gnade ge„gebene Reformation gestraft und getadelt haben".

"Sie sagen oft in ihren Rathschlägen, daß in der „erst viel Dings in unseren Kirchen übel zerstört, ver„wirrt, und manch nützliches verworfen worden sey".

„In der Epistel an die Frankfurter, so nichts an„ders ist, als eine Vermahnung zur Veränderung, „und dazumahl von Philippo selbst weit ausgesprengt „wurde, schreibt er von unserer Kirchen-Reformation „also: Laßt uns bekennen, daß wir Menschen sind, „und daß wir auch etwas unbedachtsam und unvorsich„tiglich haben thun können, und so des etwas ist, das „wollen wir gerne und ohne Weigerung wieder ändern „und bessern".

"Was lauten diese Wort anders, denn daß durch „das heilige Buch Interim die freventlichen und unbedacht„samen Aenderungen in unsern Kirchen sollen geheilt „und gebessert werden? Was haben sie damit anders „gethan, denn daß sie den Papisten das Schwerdt wi„der uns in die Hände gegeben, welche allerwegen un„sere Kirchen-Reformation als eine freventliche und „teufelische Verwüstung der Kirche Gottes ausgerufen „haben".

"Hieher gehört auch, daß sie vielmahl so sehr ge„schrieen und geklagt haben von der geschwächten Zucht

„und

doppeltem Recht verlangen, daß er den Religions-Zustand der Protestanten biß zu der Entscheidung des Conciliums ungeändert lassen sollte. Diß war es auch, was sie zuerst thun wollten, diß war es allein, was die übrigen Stände thaten, die für gut fanden, das Interim ganz zu verwerfen: aber keinem kam es in den Sinn, die Appellation an ein christliches Concilium bey dieser Gelegenheit wieder anzubringen, oder eine neue Protestation gegen das Tridentinische einzulegen, da weder zu dem einen noch zu dem andern ein Grund vorhanden war.

„und Disciplin; und hoffen, es werde aus dem Leipzi„ger Interim Gleichförmigkeit, Zucht, gute Ordnung, „Wohlstand und Zier der Kirchen und Religion fol„gen".

"Was ist doch das anders gesagt, als: Es man„gelt unseren Kircheu an guter Ordnung, Zucht, Zier „und Wohlstand: darum ist ihre erste Reformation „mehr eine teufelische Verwüstung gewesen, als eine „heilsame Reformation des heiligen Geistes. Aber „das heilige Interim das wird uns fein reformiren und „fromm machen!"

"So darf auch als Beweiß ihrer Verrätherey an„gesehen werden zum fünften, daß sie ja das Interim „nicht verdammt haben, weder mit gedruckten Schrif„ten noch in ihren öffentlichen Lektionibus und Predig„ten, wie sie dann nicht ein Blättlein fürbringen kön„nen, das sie in den drey Jahren, da das Interim „am meisten in der Kirchen Gottes wüthete und tobte, „wider das Interim geschrieben hätten, der Meynung „daß es sollte gedruckt werden".

"Wie könnten sie aber gewaltiger ihres Abfalls „und ihrer Verläugnung überwiesen werden, als da„durch, daß sie sechstens sich dem Pabst und den Bi„schöfen wieder unterworfen haben, wider welche als „Verführer sie so viele Jahre gestritten hatten — denn „hiemit sind sie wieder offenbar zu ihrer Mutter der „Römischen Hure, wollt sagen, Kirche übergetreten, „und haben alle ihre Gräuel gebillig, und die luthe„rische Religion verläugnet. Haben sie doch noch da„zu den gelindesten Weg und Mittel gestellt, darauf sie „sich und die ganze Kirche Gottes dem alten Beerwolf „und seinen Mitwölfen wieder übergeben und verrathen „wollen. Denn also sagen sie in ihrem Buch: Wir „verheissen aber, daß wir das Ansehen und Autorität „der Bischöfe wollen ehren und in Würden halten,

„auch

„auch daß wir ihnen als Bischöfen wollen unterthänig „und gehorsam seyn, wenn sie uns nur nicht ver„folgen".

"Hier sieht man, daß es den frommen Hirten der „Heerde des Herrn nur um ihre Haut und faul Fleisch „zu thun ist, daß sie die möchten ganz behalten, es gehe „der Kirche, der Religion und den Schäflein Christi wie es „wolle[194]). Welcher Teufel aber wollte so gar böß „seyn, daß er solche fromme und sehr gehorsame Kin„der verfolgen wollte, die dazumahl zehnmahl besser „und gewaltiger dem gefallenen päbstischen Reich wieder „aufhelfen, und dagegen die lutherische Lehre mit grös„serem Fleiß dämpfen hülfen, denn je die Parisische „und Lovanische Schule gethan hat".

Es mag wohl überflüssig seyn, die Frage auszudrücken, zu der man sich durch die lezte Frage in Hinsicht auf die ganze Reyhe dieser Beschuldigungen versucht fühlt, denn sie wird fast jedem Leser unwillkührlich in den Mund kommen: allein daß man über die Beschuldigungen selbst und zu ihrer Wiederlegung auch nur ein Wort verlieren dürfte, diß macht noch ein besonderer Umstand überflüssig, bey dem man auch jene Frage des Unwillens leichter unterdrücken kann. Die meisten dieser Anklagen der lezten Art — diß ist dieser Um-

194) Auch bey diesem Punkt ist ein meisterhafter Klimax in der Anklage angebracht. Die Sächsische Theologen haben den Bischöfen ihre Jurisdiktion wieder eingeräumt, also sind sie offenbar wieder zu der papistischen Kirche zurückgetreten — also haben sie alle ihre Gräuel wieder gebilligt, und somit auch die ganze Lutherische Lehre verläugnet. Aber unübertrefbar ist die Wendung, durch welche Flacius herausbringt, daß sie sich weiter gar nichts als eigene persönliche Sicherheit ausbedungen, also die ganze Lutherische Kirche den Bischöfen zur willkührlichen Behandlung preißgegeben hätten. Sie erklärten ja selbst "wir „wollen den Bischöfen gehorchen, „wenn sie uns nur nicht verfol„gen" und wen, fragt er nun, wen konnten sie unter diesem uns verstehen als sich selbst, denn warum hätten sie sonst das nur hineingesezt?

Umstand — machten doch selbst auf den größten Theil des für Flacius partheyischen Publikums einen so widrigen Eindruck, daß er sich wenigstens schämte, sie nachzusagen. Zwar verfehlten sie die Würkung nicht ganz, die ihr Erfinder dabey abzweckte. Bey hunderten der Menschen, die vom Interims-Eifer ohnehin schon erhizt, durch seine Künste und durch sein Geschrey noch mehr fanatisirt und gegen die Sächsische Theologen eingenommen worden waren, blieb doch immer etwas von diesen Verläumdungen hängen; hingegen ausser Flacius und seinen nächsten Eydgenossen [195]) machte doch fast keiner ihrer übrigen Gegner, die an dem Streit Antheil nahmen, davon einen Gebrauch.

Einigen unter diesen fehlte es gewiß auch nicht an gutem Willen, Melanchton und seine Kollegen so schwarz zu mahlen, als sie nur konnten. Sie sahen es daher wahrscheinlich nicht ungern, daß sich Flacius auch solche Mittel dazu erlaubte. Sie hatten auch wohl die Entschuldigung für ihn bereit, daß ihn doch, wenn er ja zu weit gegangen sey, nur ein löblicher Eifer zu weit geführt habe; allein sie konnten sich doch nicht entschliessen,

195) Wigand, Gallus, Juder, Amsdorff, und noch ein Paar andere von den Haupt-Streitern liessen es sich freylich nicht verwehren, alle diese schöne Beschuldigungen hundert- und aber hundertmahl zu wiederholen. Besonders arbeiteten sie die erste Beschuldigung, daß die Wittenberger den Pabst nicht mehr für den Antichrist erkennen wollten, wunderbar aus, indem sie die ganze Lutherische Kirche aufforderten, über diesen hochwichtigen Grund-Artikel, den man zu Wittenberg aufgegeben habe, desto eifriger zu halten. Diß thaten vorzüglich Joh. Wigand und Matth. Juder, der erste in in seiner: Synopsis Antichristi Romani, spiritu oris Christi revelati — der andere in einer Schrift, die er im Nahmen Gottes selbst unter dem Titel herausgab — Gravissimum et severissimum Edictum et Mandatum aeterni et omnipotentis Dei, quomodo quisque christianus — sese adversus Papatum nimirum Antichristum — gerere et exhibere debeat. Beyde Schriften, von denen besonders die lezte eine wahre Merkwürdigkeit ist findet man an einem sehr schicklichen Ort beysammen nehmlich in Schlüsselburgs Catal. haer. L. XIII. p. 256. 313.

sen, sich auch selbst solcher Waffen zu bedienen. Selbst der polemische Joach. Westphal, so hastig er sich auch vorandrängte [196]), um mit den Wittenbergern in das Handgemeng zu kommen, fand es zu schändlich, oder — zu unsicher, mit Vorwürfen dieser Art über sie herzufallen, und richtete daher, wie fast alle ausser-sächsische Theologen, die sich in den Streit einliessen, seinen Angriff nur gegen die einzige Seite hin, von der sie ihm würklich nach seiner ehrlichen Ueberzeugung eine Blösse gegeben, oder sich unter den Handlungen über das Interim eines Fehlers schuldig gemacht zu haben schienen. Dadurch wurden zulezt auch die Flacianer, sehr wieder ihren Willen gezwungen, sich ebenfalls auf diese Seite einzuschränken, und einen einzigen Punkt zum Haupt-Gegenstand des Streits zu machen, der — was sie selbst am lebhaftesten fühlten — am wenigsten dazu geeignet, oder doch zum Haupt-Gegenstand eines Streits, den sie mit solcher Wuth angefangen, und gleich bey seinem Anfang so giftig gemacht hatten, am wenigsten geignet war.

Dieser einzige Punkt betraf bloß die sogenannte Adiaphora, oder die an sich gleichgültige äussere Ceremonien, die man aus dem Interim in die neue Sächsische Kirchen-Agenden aufgenommen, also in den äusseren Cultus der Kirchen im Churfürstenthum nach dem Schluß des Leipziger Landtags eingeführt hatte. Daraus allein machte man den Sächsischen Theologen ein Verbrechen, oder diß machte man ihnen doch am allgemeinsten zum Verbrechen, und zulezt allgemein zum einzigen Verbrechen, daß sie die Einführung dieser Adiapho-

196) Auch war die Art, womit er sich zuerst in den Streit mischte, unfein genug: denn in seiner ersten Schrift, die er unter den Händeln herausgab, in seiner Historia vituli aurei Aaronis. 1549. kam Melanchton bey der Aarons-Rolle, die er ihn darinn spielen ließ, schon sehr übel weg.

phoren gebilligt, und so gar selbst geratheu hätten; da sie doch nach Pflicht und Gewissen sich aus allen Kräften dagegen hätten sezen sollen. Diß allein gab man zulezt als hinreichenden Grund aller Vorwürfe, womit man sie bestürmte, und aller Schmähungen und Lästerungen, womit man sie überhäufte, ja selbst als hinreichenden Grund der insolenten Forderung an, daß sie öffentlich vor dem Angesicht der ganzen lutherischen Kirche Busse thun müßten, ehe man ihnen das gegebene Aergerniß verzeyhen könne. Wie man nun darinn allein hinreichende Materie zum Streiten finden, oder vielmehr, wie man das wenige von Materie, das darinn lag, zu einer solchen Länge ausspinnen konnte, diß mag immer noch eine Bemerkung verdienen!

Man muß also zuerst wissen, daß der Streit über diese Adiaphora auf verschiedene Seiten hingedreht wurde. Unter dem ersten Lärm, welchen die aus Veranlassung des Interims im Sächsischen vorgenommene kirchliche Aenderungen erregt hatten, schrie man fast überall darüber, daß die Sächsische Theologen so viele Dinge unter die Adiaphora gerechnet, und für gleichgültig ausgegeben hätten, welche durchaus nicht in diese Klasse gehörten. Sie sollten — diß war es, was man an ihnen tadelte — unter dem Vorwand und unter dem Nahmen von Adiaphoris eine Menge abergläubischer, abgöttischer, und deßwegen gar nicht zu duldender papistischer Ceremonien, welche Luther nicht nur als unbrauchbaren sondern als schädlichen und verderblichen Unrath aus der Kirche geworfen habe, wieder einzuführen gerathen, und dadurch mittelbar mehrere Grund-Irrthümer des Pabstthums begünstigt, und zu ihrer unmerklichen Wiedereinführung unter das Volk ohne Zweifel vorsezlich den Weg gebahnt haben. Diß hatten die Flacianer in ganz Deutschland herumgeschrieben, noch ehe die Akten der Sächsischen Interims-Handlungen in das Publikum gekommen waren. Diß hatte man vorläufig an mehreren Orten auf ihr Wort geglaubt, wenigstens zum Theil geglaubt, weil man sich nicht vorstellen konnte, daß sie über würkliche Adiaphora ein so wüthendes Geschrey erhoben haben würden, und darüber erhoben nun bald noch mehrere Theologen ihre Stimme, welche insgesamt die Wittenberger nicht deßwegen verdammten, weil sie in die Wiedereinführung einiger an sich gleichgültigen äusseren Gebräuche gewilligt, sondern weil sie mehrere ärgerliche und anstössige Ceremonien unter dem täuschenden und ihnen gar nicht zukommenden Nahmen von Adiaphoris wiederum in die Kirche gebracht hätten!

Wie allgemein man zuerst die Sache nur aus diesem Gesichts-Punkt betrachtete, und die Sächsische Theologen nur aus diesem Grund tadlenswürdig fand, diß erhellt am auffallendsten aus einem der schäzbarsten Aktenstücke zu der Geschichte dieser Händel, aus dem Brief nehmlich, den das Ministerium zu Hamburg bald nach dem Anfang des J. 1549. an Melanchton und seine Kollegen erließ [197]). Zu diesem Brief hatte ohne Zweifel Flacius die Hamburgische Prediger veranlaßt [198]), denn er war selbst nach Hamburg gereißt, um in eigener Person Feuer bey ihnen einzulegen. Man findet auch Spuhren genug von Flacianischen Eingebungen und Einstreuungen darinn, wie wohl der Brief im ganzen mit der anständigsten und würdigsten Mässigung

197) Auch diesen Brief hat Schlüsselburg aufbewahrt, und dafür ist man ihm wahrhaftig Dank schuldig B. XIII, S. 657.

198) Er sagt wenigstens selbst in seiner Hist. certam. daß der Brief während seiner Anwesenheit in Hamburg geschrieben worden sey, und rühmt sich dabey, daß er über den Zustand der Kirche und über die Gefahr, worin die Religion damahls geschwebt sey, mehrere Konferenzen mit den Hamburgischen Predigern gehalten habe. S. am. a. O. p. 815.

gung abgefaßt war [199]). Aber in diesem Brief, der nach der Absicht seiner Verfasser eine förmliche kollegialische Straf-Predigt für die Wittenberger wegen ihres Benehmens in der Interims-Sache werden sollte, erklärten noch die Hamburgische Prediger auf das bestimmteste, daß sie gar nichts gegen die von ihnen angenommene ächte Adiaphora einzuwenden hätten, aber desto mehr über die vielen unächten erschrocken seyen, zu deren Wiedereinführung sie ihre Beystimmung gegeben haben sollten.

Sie drückten sich dabey über dasjenige, was sie selbst für ächte Adiaphora hielten, ohne die mindeste Zweydeutigkeit aus. Sie führten selbst eine ganze Reyhe von äusseren kirchlichen Anordnungen an, welche ihnen in diese Klasse zu gehören schienen, und verriethen auch dabey, daß es ihnen gar nicht darum zu thun sey, sie allzuängstlich einzuschränken [200]). Unter diesen Stücken

199) Diese Mässigung ist sogar bewunderswürdig, wenn man bedenkt, daß Flacius dabey im Spiel, und Joach. Westphal damahls eine Haupt-Person im Hamburgischen Ministerio war. Aber ohne Zweifel war Aepin der Koncipient des Briefs.

200) "Hujus generis arbitramur esse haec et similia — viros aperto, mulieres velato capite orare — in ecclesia viros docere, non mulieres — statis horis orare, docere, psallere, campanae sonitu conventus sacros cogere, sobrias et sanctas ferias decernere, decentibus vestibus in ministeriis ecclesiasticis uti, vernaculam latinamque linguam in templis certis legibus sonare, organis uti, picturas et imagines ad conservandam rerum utilium memoriam facere — matutinas ac vespertinas preces et lectiones e sacris literis desumtas decantari certis horis, vetera pia cantica et consueta sacrarum lectionum exercitia ab omni superstitione et errore repurgata servari, justa ordinatione ad sacra officia electos et vocatos admitti, mortuos honeste pio cantu et campanarum moderato sono sepeliri, memorias sanctorum sine idololatria pie conservari, moderatas ecclesiasticas censuras ad conservandam justam et necessariam disciplinam restitui, sponsum et sponsam honesto et pio ritu in templo matrimonialiter conjungi, canones de Clericorum honesta vita et conversatione condi, jejunia moderata absque superstitione praescribi, et id genus alia." S. 667. 668.

Stücken fand sich würklich das meiste von demjenigen, was man im Leipzigischen Interim als Adiaphora ausgezeichnet und angenommen hatte; und in Hinsicht auf diese erklärten sie recht geflissentlich in mehreren Wendungen, daß sie nicht nur ihre Einführung oder Wiedereinführung ganz unbedenklich fänden, sondern selbst dazu rathen würden, wenn die christliche Eintracht dadurch befördert oder der Zweck des Kaysers, eine äussere Gleichförmigkeit im Kirchen-Wesen zu erzielen, damit erreicht werden könnte [201])!

Aber — diß führten sie nun auf der andern Seite eben so stark aus — dafür würden und könnten sie auch niemahls zugeben, daß man unter dem Nahmen von Adiaphoris Einrichtungen und Gebräuche wieder in die Kirche brächte, welche weder zur Erbauung noch zu Beförderung der äusseren Ordnung oder des äusseren Anstands, sondern nur dazu dienen könnten, den Aberglauben zu nähren, die wahre Begriffe von der Natur und dem Zweck der heiligen Sakramente und des ganzen Gottesdienstes zu verwirren, die Würksamkeit des einen und der andern zu verhindern, und die Irrthümer zu begünstigen, aus denen die Mißbräuche des papistischen Kultus entspungen seyen. Als solche führten sie nahmentlich die Prozessions-Gepränge, das Ausstellen und Herumtragen von heiligen Bildern und Reliquien, die magische Ceremonien bey dem Exorcismus, das

201) "His, sagen sie, et similibus Adiaphoris — si durabilis concordia tranquillitas et conformitas in ecclesiis — constitui posset, putamus consensum ecclesiae non esse dissolvendum, nec ecclesias a pastoribus deserendas, nec certamina suscitanda aut schismata alenda — et existimamus non esse habendum pro servitute, quando libera conscientia christianae concordiae studio et propter aedificationem hominum piorum haec Adiaphora servantur. Horum etiam adiaphororum observatione, si salva nostra doctrina in omnibus nostris ecclesiis sine superstitione et metu reducendi impium Papatum conformitatem Caesar restitui vellet, non dubitamus salva conscientia ecclesias parere posse." eb. das.

das Konsecriren des Chrisma, des Weyhwassers, des Salzes, des Feuers, und anderer Dinge, die dadurch eine Art von Zauberkraft erhalten sollten, die Licht-Messen am Tage der Reinigung Mariä, die religiöse Maskeraden am Palm-Tag, am Oster- und Pfingst-Fest, und mehrere Stücke [202]) dieser Art an, durch welche der Gottesdienst so lange entstellt worden sey, und in den katholischen Kirchen noch immer entstellt würde. Wenn man diese Dinge als Adiaphora gelten lasse, so könne man, meynten sie, eben so gut das ganze Unwesen der Möncherey, des Heiligen-Dienstes, der Privat- und Seel-Messen, des Coelibats der Geistlichen, und andere papistische Gräuel unter diese Kategorie bringen: darauf aber scheine es auch würklich angelegt zu seyn [203]), und deßwegen hielten sie es für ihre Pflicht, sich nicht nur in ihrem Würkungs-Krays auf das stärkste dagegen zu erklären, sondern auch sie, die Wittenbergische Theologen, in denen bißher die lutherische Kirche ihre vornehmste Lehrer verehrt habe, zu einer ähnlichen Erklärung durch diß Schreiben aufzufordern [204])!

 Diese

202) Sie führen auch noch darunter an — "ridiculas sacrificorum in sacris, gesticulationes, „scenica spectacula — pomposam „lotionem pedum — depositionem „crucis in sepulcra — excubias, „quae aguntur circa sepulcra, cum „reliquis sepulcralibus spectacu„lis." S. 669.

203) "Omnes hos ritus at„que observationes callidi conci„liatores et mitigatores sine di„scrimine inter Adiaphora ponunt, „ut sub adiaphororum appellatio„ne ecclesiae omnes impios usus, „profanationes et corruptelas rur„sus obtrudant," atque hac astu„tia nostram doctrinam et religi„onem ex fundamento evertant, „et Papismi impietates omnes re„stituant." Im Verfolg führen sie nahmentlich Eißleben, als einen solchen conciliatorem aulicis consiliis ebrium an. S. 681.

204) "Oramus itaque, so schließt sich das Schreiben, R. P. V. per gloriam Jesu Christi et ecclesiae salutem, ut vos in hac controversia de Adiaphoris dilucide declaretis edito aliquo scripto. In vos conversi sunt omnium oculi et animi, a vestris enim judiciis bona pars christiani orbis pendet, quibus plus fidei habent, quam aliis. Externa igitur necessitas, Dei gloria, ecclesiae salus requirit a vobis ejusmodi explicationem. S. 682.

Diese Wendung in dem Brief der Hamburgischen Prediger sezt es ausser Zweifel, daß sie in dem Wahn stehen mochten, man habe im Sächsischen unter dem täuschenden Nahmen von Adiaphoris viel mehr papistisches wieder angenommen, als würklich geschehen war. Dieser Wahn, zu dem sie sehr natürlich gekommen seyn konnten, veranlaßte sie vielleicht allein zu ihrem Brief, oder machte es Flacius allein möglich, sie zum Aufstehen gegen die Wittenberger zu bewegen. Sie sezten daher auch bey allem, was sie sonst in ihrem Brief gegen die Adiaphora vorbrachten, immer voraus, daß es nur um die Einführung solcher unächten und erdichteten zu thun sey. Sie wiederlegten alle Gründe, welche man zu ihrer Rechtfertigung vorgebracht hatte oder vorbringen möchte, nur so weit, und zeigten ihre Nichtigkeit nur in so fern, als sie zur Vertheidigung solger unächten Adiaphoren gebraucht werden sollten [205]: mithin ist es gewiß nicht zweifelhaft, daß sie jezt noch das fehlerhafte in dem Betragen der Sächsischen Theologen nicht darinn suchten, weil sie in gleichgültigen Dingen, — sondern es bloß darinn fanden, weil sie in wichtigen Dingen unter dem Vorwand, als wären sie gleichgültig, so manches nachgegeben hätten.

Aus eben diesem Gesichts-Punkt sah man aber zuerst ausser Sachsen die Sache überall an. In allen Schriften, die im J. 1549. gegen die Wittenbergische Theologen herauskamen, findet man nur den Vorwurf ausgeführt, daß sie unter dem Nahmen gleichgültiger ausse-

205) So wiederlegen sie die Gründe, daß man aus zwey Uebeln das kleinere wählen müsse, daß die Prediger doch klüger und pflichtmässiger handelten, wenn sie sich die Adiaphora aufbürden, als wenn sie sich von ihren Kirchen verjagen liessen, und daß doch auch die Wiederherstellung der kirchlichen Eintracht, die dabey abgezielt werde, ein Vortheil sey, dem immer etwas aufgeopfert werden dürfe. Aber alle diese Gründe wollten sie gelten lassen, sobald von ächten Adiaphoris die Rede sey.

äusserer Gebräuche so viele papistische Mißbräuche wieder aufgenommen haben sollten. Auch Flacius und seine Gehülfen suchten ihnen zuerst nur zu beweisen, daß ihre sogenannten Adiaphora durchaus keine seyen, und machten ihnen dabey ein eigenes Verbrechen aus der falschen und verrätherischen Absicht, womit sie diese Benennung auf so viele Stücke, denen sie keineswegs zukäme, übertragen hätten. Hingegen schon im folgenden Jahr gab man diesem Klag-Punkt eine andere Wendung, durch welche der Streit darüber in einen ganz andern Gang eingeleitet wurde. Aber diß mußte man auch thun, wenn man den Streit fortführen wollte!

Die Sächsische Theologen, Melanchton und seine Kollegen fanden es nehmlich gar zu leicht, sich nicht nur gegen diese Anklage zu vertheidigen, sondern sie vollig niederzuschlagen. Sie hatten ja weiter nichts zu thun, als die ganze Beschuldigung für falsch zu erklären; denn sie konnten nicht nur jedem unpartheyischen Richter, sondern selbst einem partheyischen Ankläger ihre Falschheit unwiedersprechlich beweisen. Dazu bedurften sie weiter nichts, als der Welt das Verzeichniß desjenigen vorzulegen, was in dem äusseren Gottesdienst der sächsischen Kirchen aus Veranlassung des Interims würklich geändert worden war, und sich dabey auf die Erklärung der Hamburgischen Prediger über ächte und unächte Adiaphora zu berufen. Unter allen jenen Gebräuchen und Ceremonien, deren Einführung sie bey dieser Gelegenheit für gleichgültig und also für zulässig erklärt hatten, fand sich kaum eine einzige, die nicht von den Hamburgern ebenfals namentlich dafür erklärt worden wäre; und diese einzige, welche die Hamburger nicht darunter gerechnet hatten, nehmlich die Ceremonie der lezten Oelung war doch auch von ihnen nicht unter die unächte gerechnet, sondern sie war ganz, und wahrscheinlich absichtsichtlich, von ihnen übergangen worden [206]. Aber unter allen jenen Stücken, welche sie als unächte Adiaphora ausgezeichnet hatten, war kein einziges, das man in den Sächsischen Kirchen angenommen, ja es war kein einziges darunter, von dem nicht Melanchton und seine Kollegen beweisen konnten, daß sie mehrmahls unter den Interims-Handlungen dagegen geeifert hätten [207]. Diß ließ sich den Hamburgern, und es ließ sich der ganzen Welt aus dem sogenannten Leipzigischen Interim selbst, aus den neuen Agenden, die für die Sächsische Kirchen aufgesezt, und aus allen Bedenken, die von den Theologen in diesem Zeitraum gestellt worden waren, aktenmässig deduciren [208]: also mußte man es wohl räthlich finden, den Streit, sobald als möglich von

206) Man kann nicht glauben, daß die Auslassung bloß aus Vergessenheit herrührte. Die Ceremonie dieser lezten Oelung schien desto wichtiger, da sie von den Katholiken unter die Sakramente gerechnet wurde. Aber wahrscheinlich hatten die Hamburger schon erfahren, wie vorsichtig und bedachtsam sich die Sächsische Theologen darüber erklärt hatten, und getrauten sich nicht, sie ganz unmittelbar damit anzustechen, da es doch immer ein apostolischer Gebrauch war. Doch wollten sie eben so wenig die Handlung unter die Adiaphora rechnen, daher schwiegen sie lieber ganz davon still. Eben so und wahrscheinlich aus eben diesen Gründen erwähnten sie auch den Ritus der Konfirmation gar nicht, weil es unmöglich war, etwas würklich anstössiges in der Form wahrzunehmen, in der man ihn im Sächsischen angenommen hatte.

207) Man könnte nur sagen, daß man doch von Seiten der Sächsischen Theologen den Gebrauch des Chrisma bey der Ordination, bey der Firmlung und auch bey der lezten Oelung wenigstens stillschweigend gebilligt habe, welches die Hamburger für etwas ausgaben, das gar nicht gleichgültig sey. Aber man muß bemerken, daß sie nicht das Chrisma und den Gebrauch des Chrisma selbst, sondern bloß die gewöhnliche dabey gebrauchte Konsekrations-Förmlichkeit, die consecrationes Chrismatis für anstössig und ärgerlich erklärten, und dagegen hatten ja auch auch Melanchton und seine Kollegen ausdrücklich protestirt.

208) Mit völligem Recht konnte also Melanchton in seiner Antwort den Hamburgern sagen: Etiam nos non vocamus adiaphora magicas consecrationes, statuarum adorationes, circumgestationes panis et alia, quae aperte damnantur voce nostra et scriptis, immo ne ineptias quidem, ut excubias ad sepulchra. Talia qui odiose coacervant, ut nos exagitent

von dieser Seite abzulenken, die so leicht vertheidigt werden konnte. Nur eine, und zwar eine würkliche Blösse hatte Melanchton seinen Gegnern von dieser Seite her gegeben: aber den billigeren und menschlicheren unter ihnen verdarb er die Freude, womit sie sonst diese Blösse benuzt haben würden, dadurch, indem er sich selbst durch das offenste und demüthigste Geständniß seines dabey begangenen Fehlers allen ihren Vorwürfen preis gab.

So gewiß es nehmlich Melanchton mit seinen Kollegen in Sachsen selbst zu verhindern gewußt hatte, oder vielmehr so gewiß es ihnen hier gelungen war, durch ihre Vorstellungen noch zu verhindern, daß man um des Interims willen doch nicht weiter nachgab, und bey den neuen deshalb gemachten kirchlichen Einrichtungen nicht weiter gieng, als man ohne Verlezung der Wahrheit und der reinen lutherischen Lehre nachgeben und gehen konnte, so wenig läßt sich verhelen, daß sich doch Melanchton zuweilen auch über die Nothwendigkeit des Nachgebens etwas zweydeutig geäussert hatte. Aus einigen dieser Aeusserungen, die ihm hin und wieder entfallen waren, konnte man ohne Sophisterey herausfolgern, daß er sich wohl selbst im Nothfall hätte entschliessen können, nicht nur für sich noch etwas mehr nachzugeben, sondern auch andern dazu zu rathen, wenn man mit aller Gewalt auf mehr gedrungen hätte. Aber man durfte diß nicht nur aus seinen Aeusserungen herausfolgern, sondern man konnte zur Noth beweisen, daß er es würklich gethan hatte. So hatte er zum Beyspiel den Predigern in dem Gebiet des Markgrafen Albrecht von Brandenburg würklich den Rath gegeben, daß sie sich der neuen Kirchen-Ordnung, die der Markgraf nach dem Interim hatte auffsezen lassen, nicht allzu hartnäckig widersezen sollten: aber nach dieser neuen Ordnung sollten unstreitig mehrere von den krasseren

Mißbräuchen des katholischen Gottesdienstes, gegen deren Wiedereinführung in die katholische Kirche er selbst protestirt hatte, in die Anspachische wieder gebracht werden [209]).

So konnte man andere Bedenken von ihm anführen, in denen er fast ohne Einschränkung widerrieth, daß man über äussere Dinge als über Adiaphora nicht allzu eigensinnig streiten sollte, und sich dabey auf eine Art ausdrückte, welche deutlich zu erkennen gab, daß er auch solche Dinge darunter rechnete, mit denen man bisher in der katholischen Kirche sehr unrichtige Begriffe verknüpft, und von denen man eben deswegen den lutherischen Gottesdienst gereinigt hatte [210]).

Dabey konnte zwar Melanchton noch leicht darthun, daß er doch der lutherischen Lehre selbst nicht das mindeste vergeben, und niemand zu einer Verläugnung seiner Ueberzeugung gerathen habe. Die nehmlichen Briefe und Bedenken, aus denen sich jene zweydeutigen Aeusserungen anführen liessen, enthielten ja zugleich die stärksten Aufforderungen, sich über kein Opfer zu bedenken, das der Wahrheit gebracht werden müsse [211]);

und

tent, injuriam nobis faciunt, et suis affectibus morem gerunt. S. die Antwort Melanchtons auch bey Schlüsselburg. p. 685. und im Anhang der Strobelischen Ausgabe von Camerars Vit. Mel. p. 459.

209) So war nicht nur die Ohren-Beicht, sondern selbst mehrere Feyerlichkeiten, die zu der gröberen Form des katholischen Heiligen-Diensts gehörten, darinn angeordnet. S. die Stiebetische Nachrichten bey Salig Th. I. S. 600.

210) Diß lag wohl schon in dem Ausdruck dessen sich Melanchton meistens bediente — servitutem aliquam in adiaphoris esse tolerandam; und diß wollten ihm wahrscheinlich die Hamburger zu verstehen geben, da sie ihm in ihrem Schreiben sagten, daß bey der Annahme würklich gleichgültiger Dinge keine servitus statt finden könne, und daß er also doch nicht ganz gleichgültige Dinge im Sinn gehabt haben müsse.

211) So schreibt er selbst in dem Brief an die Prediger zu Frankfurt. — "Non solum docti et fortes, sed etiam populus anteferre debet veritatis confessionem vitae et paci in rebus veris, quarum cognitio omnibus necessaria est, ut cum praecipitur de corruptelis doctrinae recipiendis, aut de manifesto abusu Missarum aut de invocatione mortuorum.

und selbst der darinn enthaltene Rath, daß man in äusseren Dingen nachgeben sollte, war nur durch die Vorstellung motivirt, daß durch diese Nachgiebigkeit die Wahrheit und die reine lutherische Lehre selbst gewisser erhalten und gegen die Gefahr einer gewaltsamen Unterdrückung gesichert werden könnte [212]). Daraus legten sich die Gesinnungen Melanchtons sehr deutlich zu Tag. Er wünschte, daß man bey dem Nachgeben in solchen äusseren Dingen sie blos als reine äussere Dinge und unabhängig von allen jenen Begriffen aufnehmen möchte, die man bisher in der katholischen Kirche damit verbunden haben könnte. Er glaubte, daß sie alsdann für denjenigen, der diese Begriffe davon absonderte, wahrhaftig gleichgültig oder wahre Adiaphora würden, zu deren Annahme man sich ohne Verlezung des Gewissens verstehen könne, sobald sich ein rechtmässiger und würdiger Zweck dadurch erhalten lasse. Er zweifelte nicht, daß diese Absonderung jedem in der reinen lutherischen Lehre gehörig unterrichteten Menschen in eben dem Verhältniß leichter werden müsse, in welchem er fester in den Grundsätzen dieser Lehre gegründet sey, und rechnete darauf, daß sie auch dem Volk [213]) durch den Unterricht seiner Prediger möglich gemacht, und somit auch dem Schaden vorgebeugt werden könne, welcher der Wahrheit bey diesem daraus zuwachsen möchte! Doch für die Wahrheit konnte er fast keine Gefahr befürchten, denn er sezte ja immer voraus, daß man

212) "Si — heißt es in eben diesem Brief — profutura est, servitus ad hoc, ne amittant ecclesiae vocem doctrinae, nec onerentur vitiosis cultibus, pia et gravis causa est, cur servitutem quamvis duram anteferamus aliis consiliis, in qua tamen nec conscientiae vulnerentur, nec invocatio piorum turbetur."

213) Auch diß sagt er in dem Brief an die Frankfurter. "Scient — si recte docebimus — tales ritus non esse cultus Dei, sed alia majora opera, veram fidem, invocationem, dilectionem, spem, patientiam, castitatem, justitiam erga proximos et alias virtutes veros Dei cultus esse."

man sich in den lutherischen Kirchen nur in dem Fall zu der Annahme dieser äussern Dinge und nur unter der Bedingung verstehen dürfe, wenn ihnen ihre bisherige Lehre selbst und der Vortrag dieser Lehre ganz frey gelassen würde, worinn es schon eingeschlossen lag, daß alles irrige und mit dieser Lehre unvereinbare davon abgesondert werden müsse.

Ausser diesem aber hätte es Melanchton nicht so schwer werden können, auch diese Blösse, die er gegeben hatte, nicht nur durch Entschuldigungen zu bedekken, sondern geradezu abzuläugnen. Er konnte sich darauf berufen, daß er selbst in jenen Briefen und Bedenken, in denen er zum allzuweiten Nachgeben in Ansehung äusserer Dinge und Gebräuche zu rathen schien; doch noch ausdrücklich unter an sich gleichgültigen und an sich fehlerhaften Handlungen unter vitiosis und adiaphoris cultibus unterschieden habe. Er konnte selbst aus denjenigen Stücken, die er dabey als an sich fehlerhaft, als cultus vitiosus nahmhaft gemacht hatte, den Beweiß führen, daß es ihm niemahls in den Sinn gekommen sey, irgend einen Gebrauch oder eine Ceremonie für zulässig zu erklären, wenn sie nicht von der Art seyen, daß sie aus aller Beziehung mit papistischen Irrthümern gebracht werden könnten; und damit konnte er wenigstens den Streit auf die einzige nicht sehr verfängliche Frage zurückführen, ob er sich nicht bey einigen dieser Stücke in seiner Vorstellung von der Möglichkeit ihrer unschädlichen Beybehaltung geirrt habe? Doch Melanchton war zu redlich, um von einer dieser Auskünfte Gebrauch zu machen. Er war sich zwar höchst lebhaft bewußt, nach seiner vollesten Ueberzeugung zu jener Nachgiebigkeit gerathen zu haben. Er fühlte jezt noch das Gewicht der Gründe, die ihn dazu bestimmt hatten, so stark, daß er sich selbst noch nicht überreden konnte, dabey gefehlt zu haben; aber er fühlte zugleich

einer-

einerseits, daß sich über das bestimmte Maaß jenes Gewichts, das diesen Gründen beygelegt werden dürfe, nicht wohl streiten lasse, und hielt es andererseits immer auch für möglich, ja hatte vielleicht selbst eine dunkle Ahndung, daß ihn doch irgend eine Leydenschaft oder ein Umstand, dem kein Einfluß auf sein Urtheil gebührte, daß ihn seine Liebe zum Frieden, seine Furcht vor neuen Unruhen oder wohl selbst seine ängstliche Sorge für die Erhaltung ihrer Lehre getäuscht und mißleitet haben könnte: daher erlaubte er sich keine weitere Vertheidigung, als eine einfache Darstellung der Gründe; die ihn zu demjenigen, was er selbst in seiner Lage gethan und andern gerathen habe, nach seinem besten Wissen gedrungen hätten. Er gestand dabey mit der ächtesten Bescheidenheit, daß er gefehlt und geirrt haben könne. Er bat mit wahrhaftig rührender Demuth, daß man nur ihm und seinen Kollegen verzeyhen möchte, wenn man finde, daß sie gefehlt hätten; und so gab er ohne Streit seinen Gegnern zu, was wenigstens die bessere unter ihnen allein die Absicht haben konnten, von ihm zu erstreiten [214])!

Diß hätte würklich dem Streit ein Ende machen können, wenn er nicht mit allzugrosser Heftigkeit angefangen

214) "Si tali tempore, schrieb Melanchton den Hamburgern, nachdem er ihnen die von den Zeit-Umständen hergenommene Gründe vorgelegt hatte, die ihn dazu bestimmt hätten, den Anspachischen Predigern zu Annahme der neuen Kirchen-Ordnung zu rathen, si tali tempore consilium nostrum reprehenditis, ignosci nobis petimus, nec propterea nos damnari, qui vocem Evangelii eandem vobiscum sonamus, et periculo aliquanto propiores sumus quam vos." Noch rührender schrieb er in einem Brief an Hardenberg in Bremen: "Vos oro, ut si in hac servitute non facimus omnia, quae vos in libertate facitis: misericordia nostri adficiamini, non augeatis dolores nostros falsis criminationibus. S. Mel. Epp. ad Hardenberg. B. D. 6. Aber der sanftmüthige Mann konnte ja sogar Flacium bitten, daß er ihm verzeyhen möchte, wie es dieser selbst der Welt erzählte! Doch eben diß beweißt zugleich am stärksten, daß er sich selbst noch nicht bewußt war, würklich gefehlt zu haben, denn es hätte ihn ja nichts mehr kosten können, auch diß zu gestehen.

gen, und allzugeflissentlich unterhalten worden wäre. Die bessere Gegner Melanchtons ausser Sachsen, diß heißt alle diejenige, die nicht persönliche Leydenschaft sondern bloß die von den Flacianern verbreitete Nachrichten von demjenigen, was in Sachsen vorgegangen sey, und ihre ehrliche Bestürzung darüber in den Streit hineingezogen hatten, diese fanden bald, daß sie den Haupt-Punkt aufgeben müßten, um den sie allein streiten zu müssen geglaubt hatten. Sie konnten es sich, sobald sie besser unterrichtet waren, nicht verhelen, daß würklich alles, was man im Sächsischen aus dem Interim angenommen, wenigstens in der Form, in der man es angenommen habe, unter die wahrhaftig gleichgültigen Dinge und in die Klasse der wahrsten Adiaphoren gehöre, und daß sie also allzuhastig darüber aufgefahren seyen. Sie waren daher auch bald entschlossen, die erste Anklage fallen zu lassen, welche sie darüber ererhoben hatten, und wegen des weiteren, worauf sich noch eine Anklage bauen ließ, hatte gewiß das offene Geständniß Melanchtons ebenfalls stark genug auf mehrere unter ihnen gewürkt, daß sie es für ungroßmüthig hielten, ihn durch weitere Vorwürfe darüber zu kränken. Doch die Bewegung, in die man sich einmahl hatte bringen lassen, war zu stark, als daß sie sich sogleich ganz hätte legen können; daher drehte sich nur der Streit auf einen andern Punkt hin, durch den er eine ganz neue Wendung erhielt.

Man räumte stillschweigend ein, daß alle jene äussere Gottesdienstliche Anordnungen, die man in Sachsen aus Veranlassung des Interims gemacht hatte, an sich ganz gleichgültig, und wahre Adiaphora gewesen seyn möchten; aber man behauptete nun, daß man aus dieser Veranlassung und unter diesen Umständen nicht einmahl in gleichgültigen Dingen hätte nachgeben sollen, und fand schon diß unbedachtsam und bedenklich genug, um Melanchton und seinen Kollegen aus ihrer dazu gegebenen Bestimmung noch ein übergrosses Verbrechen zu machen. Die Hamburger hatten bereits in ihrem Brief zu verstehen gegeben, daß man auch diß schon bedenklich finden könnte. Man ergriff es also desto lieber, da man voraussah, daß die Wittenberger nicht sogleich bereit seyn würden, den Fehler, den sie damit begangen haben sollten, zu erkennen. Man entdeckte auch bald, daß sich die Sache aus diesem neuen Gesichts-Punkt noch immer gehässig genug darstellen lasse, und nun führte man den Streit bloß darüber fort. Die Flacianer hörten zwar nicht auf zu schreyen, daß man in Sachsen das ganze Pabstthum würklich wieder eingeführt habe, hörten nicht auf, die unschuldigste und unanstössigste Gebräuche, die von Melanchton für gleichgültig erklärt worden waren, als die entsezlichste papistische Gräuel auszurufen, mit welchen man das Mahlzeichen des Thiers und des Antichrists wissentlich und vorsezlich angenommen habe [215]). Doch wer nicht zu ihrer Rotte gehörte, der schämte sich jezt der platten Lüge, sprach nicht mehr von Mißbräuchen, die unter dem täuschenden Nahmen von Adiaphoren eingeführt worden seyen, sondern suchte nur den Wittenbergern zu beweisen, daß sie um des Interims willen nicht einmahl in die Annahme von wahren Adiaphoris hätten willigen sollen.

Hier darf dann auch nicht geläugnet werden, daß hin und wieder von den Gegnern der Wittenberger Gründe angeführt wurden, die bedeutend genug hätten scheinen, und

215) So schloß Flacius eine Schrift, die er im J. 1550. unter dem Titel herausgab: Responsio Matth. Flacii ad maledicta D. Ge. Majoris, maximi Christi et Belial conciliatoris, et novorum Interim propugnatoris. in 8. mit dem schönen Syllogismus: Quicunque est auctor Interim Lipsiensis, ille bestiam adoravit. Theologi Misnenses sunt auctores hujus Interim, ergo Theologi Misnenses Bestiam adoraverunt. B. B 2.

und wohl selbst entscheidend hätten scheinen mögen, wenn sie ihnen nur nicht durch die unnatürlichste Uebertreibung selbst geschadet hätten. Ihre besten Gründe hatten sie übrigens Melanchton und seinen Kollegen selbst zu danken. Diese hatten es am lebhaftesten gefühlt, daß jede, und selbst die gleichgültigste Aenderung, die man unter den damahligen Umständen im Kirchen-Wesen anbringen könnte, vielfach nachtheilige Folgen haben müßte. Sie hatten deßwegen mehrmahls erklärt, daß sie ihrer Ueberzeugung nach zu keiner rathen könnten. Sie hatten selbst dem Churfürsten, ihrem Herrn, das Aergerniß, das der Einfalt dadurch gegeben, die Verwirrung der Gewissen, die dadurch veranlaßt, die Möglichkeit einer Spaltung, die daraus unter ihrer eigenen Parthie entstehen könnte, auf das dringendste an das Herz gelegt [216]). Es gehörte also jezt keine grosse Kunst dazu, ihnen Betrachtungen genung vorzuhalten, welche sie hätten bewegen sollen, auf ihrer Mißbilligung jener Aenderungen beständig zu beharren [217]). Aber dabey hätte man ihnen freylich auch zeigen müssen, daß jene andere Betrachtungen, durch welche sie sich zulezt ihre Bestimmung dazu abgewinnen liessen, würklich nicht das Uebergewicht hätten, das sie ihnen zuschrieben: man hätte ihnen zeigen müssen, daß das grössere Uebel, das sie dadurch vermeiden zu müssen glaubten, entweder nicht das grössere Uebel gewesen sey, oder sie doch nicht habe berechtigen können, es durch ein anderes zu vermeiden; denn nachdem sie selbst eingeräumt hatten, daß die Annahme der Adiaphoren unter den damah-

216) S. Expos. C. 3. K. 1. T. 3. 4.

217) Die Theologen des Herzogs Johann Wilhelm von Sachsen in ihren Thesibus de Adiaphorismo sahen ein besonderes Gericht Gottes darinn, daß sie selbst hätten die Waffen hergeben müssen, mit denen sie am stärksten bekämpft werden könnten. "Ipsimet consultores cessionum adiaphoricarum conscientiae punctiones *mirabili de judicio Dei* sentientes, interdum de suis actionibus *prophetarunt*." S. die Theses bey Schlusselburg p. 518.

mahligen Umständen ein wahres Uebel geworden, so liess sich nur noch darüber streiten, ob sie nicht dennoch als ein kleineres Uebel zulässig gewesen sey? [218 a)] Doch auch diss bestritt man durch Gründe, denen es nicht an Gewicht fehlte; nur konnten die Wittenberger allzuleicht zeigen, dass es bey den meisten mehr scheinbar als würklich war.

Kap. XI.

Der Haupt-Grund, der alles umfaßte, was man gegen sie vorbrachte, lief zwar immer darauf hinaus, daß die Annahme der Adiaphoren unter jenen Umständen, unter denen sie bewilligt wurde, auch für das Gewissen nicht gleichgültig gewesen sey, und nicht ohne eine mehrfache Verlezung von diesem habe bewilligt werden können, denn diss schlug mit einemmahl alles nieder, was zu ihrer Vertheidigung vorgebracht werden konnte. Liess es sich würklich darthun, daß sie nicht ohne Verlezung des Gewissens — oder mit einem Wort nicht ohne Sünde — angenommen werden konnten, so war es entschieden, daß sie auch als kleineres Uebel nicht zulässig waren, denn diß konnten und wollten die Wittenberger gewiß nicht bestreiten, daß man auch zu Abwendung des grösten und sonst unverhütbarsten Uebels niemahls wieder das Gewissen handlen dürfe. Aber um die Behauptung zu beweisen, daß die Annahme der Adiaphoren unter jenen Umständen zur wahren Sünde geworden sey, verfiel man auf sehr verschiedene Wen-

218 a) Am besten und richtigsten faßte Joach. Westphal diesen eigentlichen Streitpunkt in einer Schrift auf unter dem Titel: Explicatio generalis sententiae, quod e duobus malis minus eligendum sit, ex qua facile quivis eruditus intelligere potest quid in controversia de Adiaphoris sequendum aut fugiendum sit. Hamburg. 1550. Man findet die Schrift auch bey Schlüsselburg Th. XIII. p. 149. flgd.

Wendungen. Den häufigsten Gebrauch machte man von den folgenden!

Das gewissenlose dabey behauptete man erstens — liege schon darinn, weil man diese Adiaphora nur um des Kaysers willen angenommen habe. Man berief sich deßhalb — und man hätte es nicht nöthig gehabt, — auf das eigene Geständniß der Sächsischen Theologen in dem Eingang des Leipzigischen Interims; hingegen worinn eigentlich das sündliche dieser auf den Kayser genommenen Rücksicht liegen sollte, diß gab man nicht immer gleichförmig an. Einige ihrer Gegner liessen sich zuweilen von ihrem Eifer so weit dahinreissen, daß sie ohne Einschränkung erklärten, man dürfe dem Kayser überhaupt nicht gehorchen, weil er ein Tyrann und ein Verfolger des Evangelii sey: diß war es doch allein, was darinn liegen sollte, wenn einige dieser Eiferer in ihrer Kraft-Sprache behaupteten: wenn einen der Teufel und der Antichrist heisse ein Vaterunser beten, so dürfe man es nicht thun [218 b]). Andere schränkten doch die Behauptung noch darauf ein, daß man in allem, was zu der Religion gehöre, weder auf den Kayser noch auf einen andern Fürsten Rücksicht nehmen dürfe [219]): zu andern Zeiten aber fand man das

218b) Diß findet man in einer Schrift von Amsdorff unter dem Titel: daß jezund die rechte Zeit sey, Christum und sein Wort zu bekennen; und auf keine andere zu warten sey. Auch etliche Sprüche, daß man den Adiaphoristen nicht trauen noch glauben soll. 1551. Der schöne Spruch gehört übrigens nicht Amsdorff selbst, sondern einem christlichen Bürger zu Zwikau, Jost Schalreuter; aber Amsdorff führt ihn doch als ein goldenes Wort an, und legt seinem Erfinder das Lob eines herrlichen, gottesfürchtigen und frommen Mannes bey.

219) "Nequaquam — sagen die Theologen des Herz. Johann Wilhelm — habet Magistratus politicus potestatem, ecclesiae Dei recte sentienti, praeter ipsius voluntatem — cerimonias suo arbitrio obtrudendi aut imperandi." Noch stärker führen diß die Koburgische Prediger in einem Bedenken vom J. 1549. aus — Unsch. Nachr. f. d. J. 1733 p. 33. flgd. aber mehr als Erstaunen

das unverantwortliche zunächst darinn, daß man aus Furcht vor dem Kayser und vor seinen Drohungen nachgegeben habe, und noch andere sezten das abscheuliche dabey darein, daß man ihm bey einer Gelegenheit gehorcht habe, wobey seine Absicht so offenbar auf die Bestärkung und Begünstigung des Pabsts und des

nen muß die Art erregen, womit man es in einem Brief Joach. Mörlins vom J. 1549 an seinen Bruder Maximil. Mörlin, damahls Prediger zu Koburg, ausgeführt findet, den man ebenfalls den Sammlern jener Nachrichten zu danken hat. Diesem Mörlin hatte sein Bruder geschrieben, daß die Landesherrschaft das Ausinnen an sie gemacht habe, den Kayser auch wieder nahmentlich in die Litaney einzuschliessen, und dafür das bisher gebräuchliche Gebett wieder die öffentlichen Feinde bey dem Gottesdienst wegzulassen. Die lezte Gebetts-Formel möchte im Schmalkaldischen Krieg in Gebrauch gekommen, oder doch unter diesem auch sehr bezeichnend auf den Kayser ausgedehnt worden seyn, und überhaupt nicht viel christliche Feindes-Liebe verrathen, denn der Hof hatte sie in seinem Ausschreiben an die Prediger ein Schmach-Gebett genannt, und dabey erinnert, daß ihr fortgesezter Gebrauch unter den gegenwärtigen Umständen das gänze Land in Gefahr bringen könnte. Nun höre man, was Joach. Mörlin darüber schreibt: "Wenn mir nicht ein „Fürstlein, sondern ein Engel „vom Himmel orationes meas „Schmach-Gebett hiesse, quas „fundo pro regno Christi et glo„ria nominis sui, ergo contra „regnum Antichristi et Satanae, „ich wollt ihm, wo ich nicht „mehr könnte, zum wenigsten „die blasphemiam in os suum „regeriren, daß er fühlen müste, „was er gethan." — "At, in„quis, Principi est in re parva „gratificandum! Ego vero re„spondeo: Pereat princeps tuus „et omnes caeteri in toto terra„rum orbe, et fiat voluntas Do„mini! Non est parva res, sic „ludere cum oratione. Ideo te „moneo, obsecro et obtestor per „sanguinem Jesu Christi, nolis „mutare unum jota in orationi„bus et verbo Dei, sive in re„bus, quas hactenus vocavimus „adiaphoris. Noli curare hypo„critas Wittebergenses, et caete„ros humana sapientia tumentes „et fascinatos philosophicis hoc „est stultis opinionibus. Noli tu „a die humano quaerere gloriam. „Sint illi mansueti, mites, tra„ctabiles, i. e. ut Christus inter„pretatur sub suavi, molli et pul„cherrima veste ovili lupi rapa„ces. Hoc nihil ad te. Si ve„ro voluerit princeps tuus, ut „plura mutes, dic eum curare „sua humana, te curaturum divi„na. Si sic te ejecerit, excute „pulverem de pedibus tuis et ve„ni ad me cum uxore et parvis „tuis liberis: dum habuero unam „micam panis, eam tecum par„tibor: si non habuero amplius, „so will ich mit dir betteln." S. Unsch. Nachr. für das J. 1735. S. 409.

Pabstthums gerichtet gewesen sey. Dabey, meynten sie, habe man sich auch seiner Absicht theilhaftig gemacht[220]), so wie man durch das Nachgeben aus Furcht die unwürdigste Schwäche, die unentschuldbarste Verfolgungs- und Kreuzes-Flucht, oder den sträflichsten Mangel an Vertrauen auf die Macht ihres höheren Beschüzers verrathen habe[221])!

Was

220) Es ist der Mühe werth, den schönen Syllogismus ganz herzusezen, aus welchem diß Flacius in seiner Schrift: De Adiaphoris: herausfolgerte: "Non est, sagt er, dubium, quin haec cohaerentia sit verissima. Primo, quicquid facit Antichristus, facit in gratiam Satanae, cujus est Vicarius et a quo agitatur. Deinde quicquid faciunt Monarchae in religione, faciunt in gratiam Antichristi et ejus sedis. Postea quicquid faciunt nostri Principes et aulae in mutationibus istis, faciunt in gratiam Monarcharum. Quarto, quicquid faciunt seniores Theologi pro hisce mutationibus, faciunt in gratiam aularum et principum. Postremo, quicquid faciunt juniores Theologi ad promovendum aut certe non impediendum hoc malum faciunt in gratiam suorum praeceptorum. Igitur omnes serviunt Antichristo et Diabolo, et cum illa magna meretrice scortantur, et de calice ejus biberunt." S. Schlüsselburg p. 173.

221) Auch darüber tobte Mörlin in seinem Brief: aber diesen Grund führte man überhaupt gewöhnlich am weitläufigsten aus, weil man dabey Gelegenheit bekam, so manche Kernsprüche von Luther anzubringen, die man sich von ihm aus vorgeblich ähnlichen Lagen zu erzählen wußte. Ließ doch Flacius deßwegen die meiste Briefe zusammendrucken, die er unter dem Reichstag zu Augspurg an Melanchton von Koburg ausgeschrieben hatte! Eine eigene Wendung gab man hingegen diesem Vorwurf dadurch, indem man die Sache so vorstellte, als ob die Sächsische Theologen die Adiaphora bloß deßwegen angenommen hätten, um einem öffentlichen Bekenntniß der wahren Religion und den Gefahren einer Verfolgung zu entgehen, welche ihnen ein solches Bekenntniß hätte zuziehen können. Nun brachte man eine Menge von Stellen aus den alten Kirchenvätern an, in denen wörtlich gesagt wurde, daß jede Handlung unverzeyhliche Sünde sey, die in der Absicht gethan würde, sich einem öffentlichen Bekenntniß des Christenthums zur Zeit einer Verfolgung zu entziehen; man bewieß auch wohl, daß man in der ersten Kirche alle, die sich dieses Verbrechens schuldig gemacht hätten, ohne Schonung in den Bann gethan habe, und schwazte sich dadurch zulezt selbst in den Kopf, man müsse in allem Ernst darauf bestehen, daß sich die Wittenbergische Theologen der öffentlichen Kirchen-Busse unterwerfen sollten. S. Joh. Brentii Libellus de Adiaphoris bey Schlüsselburg p. 562.

Was nun die Wittenberger dagegen vorbringen konnten, erräth man wohl leicht. Es war sehr edelmüthige Schonung, daß sie nur selten das unverständige Geschrey der Zeloten beantworteten, die alles ohne Ausnahme, was man aus Gehorsam gegen den Kayser thun könne, zur Sünde machen wollten; denn man konnte ihre tolle Behauptung nicht wiederlegen, ohne sie zugleich als die gefährlichste Schwärmerey zu denunciren. Den gemässigteren unter ihren Gegnern, die nur darauf bestanden, daß man sich in Religions-Sachen nichts um den Kayser bekümmern dürfe, konnte man im Nothfall selbst zugeben, daß die weltliche Macht kein Recht habe, der Kirche auch nur in Ansehung des äusseren Gottesdienstes etwas vorzuschreiben, denn man konnte ihnen zeigen, daß weiter nichts daraus folge, als daß man nicht gerade verbunden sey, ihnen in solchen Sachen zu gehorchen, aber keineswegs folge, daß es auch nicht einmahl erlaubt wäre, ihnen darinn zu gehorchen, wenn es sonst ohne Verlezung des Gewissens geschehen könne. Eben so leicht ließ sich das Geschwäß als grundloß darstellen, daß man wenigstens nicht aus Furcht hätte nachgeben sollen. Melanchton und seine Kollegen hatten nicht nöthig zu läugnen, daß Furcht vor den Folgen, die aus einer generellen und allgemeinen Verwerfung des Kayserlichen Interims entstehen könnten, einigen Antheil an ihrer Nachgiebigkeit gehabt habe. Sie hatten auch nicht nöthig, ihren hämischen Gegnern zu beweisen, daß sie nicht bloß für sich und für ihre eigene Haut, wie ihnen Flacius so giftig vorwarf [222]), sondern für das Wohl der ganzen Parthie

222) Zuweilen wollte er zugeben, daß auch Besorgniß für das Interesse der Universität zu Wittenberg auf sie gewürkt haben könnte, aber diese scheinbare Billigkeit war nur raffinirtere Boßheit. Er gab es bloß zu, um recht recht beissend ausführen zu können, daß es kein Schade gewesen seyn würde, wenn die Univ

thle und der Kirche besorgt gewesen seyen. Sie hatten eben so wenig nöthig, ihre Furcht nach andern Rüksichten, als ganz gegründet zu rechtfertigen; sondern sie durften nur darthun, daß sie einige Ursachen hatten, auch für das Wohl und für die Ruhe der ganzen Parthie, wie für ihr eigenes, besorgt zu seyn. Mochte es dann immer auch persönliche Gefahr seyn, was sie fürchteten, und mochte selbst ihre Furcht etwas übertrieben seyn, so konnte doch durch diese Furcht allein das Mittel, das sie zu Abwendung der Gefahr wählten, nicht unmoralisch oder unrechtmässig werden, wenn es an sich nichts unrechtmässiges hatte. Höchstens mochte man ihre Furcht selbst tadeln, oder das Mittel unzweckmässig[223]) finden, durch das sie dis gefürchtete Uebel entfernen wollten; nur hätte man im ersten Fall auch beweisen müssen, daß ihre Furcht aus Schwäche, aus Kleinmüthig-

Universität bey dieser oder bey einer andern Gelegenheit zerstört worden wäre. S. Flacii Scripta latina contra adiaphoricas fraudes et errores. (1550. in 8.) p. 228.

223) Weil sich Flacius am angelegensten nach allen Seiten umsah, von denen er den Wittenbergern einen Stich beybringen konnte, so entgieng ihm auch diese nicht, und man muß gestehen, daß er seine Stiche dabey nicht übel anbrachte. Er zeigte ihnen — und hinten nach konnte er diß leicht thun —. daß einmahl ihre Furcht sehr unnöthig und sehr übertrieben gewesen sey, weil sie der Kayser doch schwehrlich hätte verschlingen können, wenn sie auch die Adiaphora verworfen hätten. Dabey berief er sich auf das Beyspiel so mancher kleineren Städte und Länder, die das Mahlzeichen des Thiers nicht angenommen hätten, und doch, seinem Ausdruck nach, nicht vom Teufel gefressen worden seyen. Aber er zeigte ihnen noch beissender, daß sie nicht einmahl vernünftiger weise hätten hoffen können, die Gefahr, welche sie befürchteten, durch die Annahme der Adiaphoren abzuwenden, weil sich der Kayser gewiß nicht damit begnügt haben würde, wenn er geglaubt hätte, etwas weiter erzwingen zu können. S. eb. das. 226. Wenn man dabey bloß an Sachsen und an dasjenige dachte, was man hier von dem Kayser zu fürchten hatte, so lag darinn sehr viel wahres: allein die Sächsische Theologen hatten ja nicht allein auf ihre Kirchen, sie hatten auf die ganze Parthie gesehen, und einige schwächere Stände dieser Parthie waren doch würklich verschlungen — die Stadt Kostanz war verschlungen worden — und hätte vielleicht diß Schicksal abwenden können, wenn sie nur etwas nachgegeben hätte.

thigkeit, oder aus Furchtsamkeit entsprungen war [224]: in jedem Fall aber war es höchst unvernünftig zu behaupten, daß alles, was sie aus Furcht gethan hätten, schon deßwegen für unrecht gehalten werden müsse, weil es in dieser Gemüthsstimmung oder auf den Antrieb dieser Leydenschaft gethan worden sey [225].

Schein-

224) Daß etwas Furchtsamkeit mit unterlief, diß würde freylich Melanchton selbst am wenigsten geläugnet haben; doch wer hatte das Recht, ihn deßhalb allein zu verdammen? Eben deßwegen aber verdient hier ein Beyspiel der Billigkeit angeführt zu werden, die man doch einmahl unter diesen Händeln gegen die Witenberger beobachtete. Im J. 1560. gaben die Prediger der Grafschaft Mansfeld noch eine Confessionem contra Adiaphoristas Wittebergenses et Lipsienses heraus, und in dieser Confession, die sonst gar nicht schonend gegen die Wittenberger war, kommt doch die folgende Stelle: "Fatemur et nos, et quidem libenter, nos quoque tempore persecutionis, cum formula Augustana ingentes excitaret tumultus, longe fuisse timidiores, quam decebat nostram personam: et saepe ita fuimus angusto animo, ut, quorsum nos converteremus, incertum esset, atque ipsae mitigationes et concessiones ita nos adoriebantur, ut non dubitaremus, aliquid esse concedendum. Ac si vehementius tentati fuissemus, et ad aulicas deliberationes adhibiti, haud scimus, an non aliquid largiti fuissemus." — S. die Confession bey Schlüsselburg p. 536.

225) Es war unvernünftig diß zu behaupten, auch wenn man voraussezte, daß die Wittenberger durch ihre Nachgiebigkeit nur die Gefahr einer Verfolgung hätten vermeiden wollen, welche ihnen ein offenes Bekenntniß hätte zuziehen mögen. In der Schwärmerey des ersten Märtyrer-Eifers hatte man wohl ehemahls jedes Mittel ohne Ausnahme verdammt, bey dessen Anwendung die Absicht statt fand, sich einer Verfolgung zu entziehen; aber man hatte bald selbst eingesehen, daß diß Schwärmerey sey. Doch war nicht die ganze Voraussezung, daß man in Sachsen durch die Annahme der Adiaphoren bloß ein offenes Bekenntniß der reinen Lutherischen Lehre habe vermeiden wollen, eine eben so grundlose als hämische Lästerung? War denn nicht selbst diß, daß man aus dem Interim nur die Adiaphora annahm, und das übrige verwarf, lautes Bekenntniß der Lutherischen Lehre? Und konnte man ohne die höchste Schamlosigkeit Melanchton und seinen Kollegen diesen Vorwurf machen, da sie unter den Handlungen über das Interim die wesentliche Grund- und Unterscheidungs-Lehren des Protestantismus selbst so oft ausgezeichnet; also sich so bestimmt dazu bekannt, und so feyerlich erklärt hatten, daß sie lieber — exilia et supplicia pati — lieber das Land und Leben lassen, als nur eine davon aufopfern wollten.

Scheinbarer war es hingegen, wenn man vorgab, daß man dem Kayser wenigstens in einer solchen Sache nicht hätte gehorchen sollen, wobey seine Absicht so offenbar auf die Begünstigung des Pabsts und des Pabstthums gerichtet war; doch war es auch nicht so gefährlich, als es aussah. Hätten die Sächsische Theologen um die geheime aber damahls schon sehr weit aufgedeckte Plane der kayserlichen Politik sich bekümmert, so hätten sie ihren Gegnern leicht zeigen können, daß der Kayser bey der Publikation des Interims wahrhaftig nicht den Zweck hatte [227]), dem Pabst einen Dienst zu thun, ja sie hätten es sehr gut ausführen mögen, daß diejenige unter ihnen dem Pabst den grösten Dienst gethan hätten, die das Interim mit so wilder Heftigkeit verwarfen. Doch daran dachten sie so wenig als ihre Gegner, sondern wie diese waren sie überzeugt, daß wenigstens das Pabstthum und der papistische Lehrbegriff durch das Interim habe begünstigt werden sollen: aber war denn nicht eben diß die Ursache, warum sie so vieles daraus verwarfen? Erklärten sie nicht eben dadurch, indem sie bloß die Adiaphora annahmen, daß sie zu jener Absicht nicht mitwürken wollten? gehorchten sie ihm also in demjenigen, was zu Erreichung dieser Absicht etwas beytragen konnte? und konnten sie nicht sogar glauben, gerade durch die Auswahl, welche sie trafen, zu ihrer gewisseren Vereitelung mitgewürkt zu haben?

Anders verhielt es sich freylich, wenn man ihnen darthun konnte, daß doch auch diese Adiaphora schon an sich allein das Pabstthum begünstigten, und diß ließ sich allerdings mehrfach wahrscheinlich machen, daher man gewöhnlich einen

zweyten

226) S. diese Geschichte B. III. Th. II. S. 437.

zweyten Haupt-Grund davon hernahm, der es den Wittenbergern zur Gewissens-Sache hätte machen sollen, nicht darein zu willigen.

Einmahl waren nehmlich unter den Gebräuchen und Ceremonien, die man wieder aufgenommen hatte, doch immer einige, an welche sich in der Römischen Kirche seit Jahrhunderten eine Menge von abergläubischen Unrath angehängt hatte. Diesen Unrath hatte man zwar bey ihrer Wieder-Aufnahme davon geschieden, oder man hatte ausdrücklich erklärt, daß man ihn durchaus nicht mitzunehmen gesonnen sey: aber konnte man sicher seyn, daß ihn auch das Volk, unter das man die Sache wieder brachte, die dem Unrath so lange auch bey ihm zum Vehikel gedient hatte, ebenfals davon scheiden — konnte man sicher seyn, daß auch der grössere Haufe, für dessen Phantasie dieser Unrath so gut berechnet war, das eine ohne das andere nehmen, oder konnte man sicher seyn, daß er sich nicht wenigstens mit der Zeit auf das neue daran anhängen würde? Man hatte zum Beyspiel die Ceremonie des religiösen Salbens wieder bey mehreren gottesdienstlichen Handlungen angebracht, und sich zwar auf das förmlichste dabey verwahrt, daß man dem heiligen Oel keine besondere Kraft zuschreiben dürfe, die ihm durch die Konsekration mitgetheilt würde: allein was war nach dem alltäglichen Laufe der Dinge wahrscheinlicher, als daß der blosse Gebrauch des heiligen Oeles selbst, nur allzubald auch die seltsamen Einbildungen von einer magischen Kraft, die darinn stecken müsse, in die Köpfe des Volks zurükbringen würde? denn wer konnte hoffen, daß sich ungebildete Menschen immer nur an die ohnehin nicht so leicht aufzufassende symbolische Bedeutung davon halten würden? Konnten aber einige dieser neu-aufgenommenen Gebräuche auch nur mit der Zeit das leichtere Wieder-Aufkommen solcher irrigen und abergläubischen Ideen veranlassen und be-

befördern, konnten sie nur das Volk zu der Aufnahme von neuem Unrath dieser Art empfänglicher machen, so konnte man gewiß nicht ohne Grund behaupten, daß das Pabstthum wahrhaftig dadurch begünstigt worden sey [227])!

Doch man durfte ja ohne übertriebene Sorglichkeit es für möglich halten, daß die Annahme dieser Adiaphoren schon dadurch allein für das Pabstthum höchstvortheilhaft werden konnte, weil sie nur überhaupt den äusseren protestantischen Gottesdienst dem katholischen wieder gleichförmiger machte! Die Erfahrung hatte man doch auch in der neuen Kirche schon häufig gemacht, daß sich die Menge nur an die äussere Form hielt, und das wesentliche der ganzen Religion in die Ceremonien ihres Kultus sezte. Man mußte es daher als etwas unbestreitbares voraussezen, daß vielleicht die volle Hälfte der lutherischen Layen in allen protestantischen Ländern den Unterschied zwischen dem Pabstthum und zwischen dem Lutherthum, zwischen der alten und zwischen der neuen

227) **Auch diß führte — wie man gestehen muß — Flacius meisterhaft aus.** "Ista Adiaphora", sagt er, "dant certissimam occasionem restitutioni Papatus; nam cerimoniae sunt praecipui nervi Papatus, et in eis summa religionis apud Papistas collocatur. Nec possibile erit, positis fundamentis superstitionis, ipsas superstitiones et impietates arcere, praesertim in tanta potentia Episcoporum, quibus regimen ecclesiae iterum traditur, et furiosa cupiditate Papistarum, restituendi omnes suas abominationes. Nostri doctores vix potuerunt explodere abusus explosis abusuum fundamentis: immo nondum omnes suos auditores innatis illis abominationibus et superstitionibus liberarunt. Cum vero restituentur illarum impietatum sedes et instrumenta, multo minus illis resistere poterunt. Non est dubium, quod infiniti post illas abominationes statim iterum sint scortaturi, ut scriptura saepe de Israelitis testatur, quod quamprimum aliqua idola aut idololatriarum fundamenta et occasiones restitutae sunt, protinus multi post eas scortati sunt. Nihil est enim levius stulta multitudine quae vix potest in officio retineri, cum omnes occasiones impietatum caventur, multo vero minus retineri poterit, cum tam multarum ac nondum penitus ex omnium animis explosarum impietatum occasiones restituentur." S. am a. O. p. 199.

neuen Kirche bloß in den äusseren Kultus sezte, oder in dem äusseren Kultus erblickte, und von jedem weiteren, der sonst noch statt finden möchte, wenigstens keinen deutlichen Begriff hatte. War aber diß würklich der Fall, so ließ sich ja fast gewiß voraussehen, daß eine neue Umbildung des lutherischen Gottesdienstes nach der Form des alten bey den meisten dieser Menschen keine andere Würkung haben würde, als ihnen den Unterschied zwischen Pabstthum und Lutherthum geringer als sie ihn bißher gedacht hatten, vorzustellen, und sie eben dadurch für ihr Lutherthum gleichgültiger zu machen. So gewiß man darauf zählen durfte, daß alle Menschen dieser Art, die recht eifrige Lutheraner waren, sich einer solchen Umbildung zuerst mit der äussersten Heftigkeit wiedersezen würden, wie es auch würklich hier und da erfolgte, so gewiß mußte man darauf rechnen, daß überall, wo sie durchgesezt werden konnte, der Eifer des Volks für das Lutherthum allmählig[228]) erkalten würde; und diß war dann doch auch gewiß, daß eine Veränderung, die einen solchen Einfluß auf die Volksstimmung haben mußte, nicht ohne Grund als höchstgünstig für das Pabstthum angesehen werden konnte.

Diese Betrachtungen waren in der That von einem Gewicht, das sich die Wittenbergischen Theologen um so weniger verhelen konnten, je lebhafter sie sich bewußt seyn mußten, es schon vorher gefühlt zu haben, ehe es ihnen von ihren Gegnern an das Herz gelegt wurde.

Ohne

228) "Juvant et alia ratione restitutionem Papatus, praesentes mutationes, nempe quod languefaciunt nostros, Papistas autem confirmant — quando nos ac nostram causam condemnamus, dum ea, pro quibus tam diu tantas turbas movimus, nunc tam turpiter abjicimus. S. Flacius eb. das. p. 198. "Miserum vulgus aspicit ceremonias, quia illae incurrunt in oculos, doctrinam non, proinde cernit. Eas igitur cum videt transformari in Papatum, non dubitat jam, quin Doctores sui penitus Papatum probent." p. 218.

Ohne Zweifel war es die Aussicht auf diesen, auch von den unschuldigsten Aenderungen im äusseren Gottesdienst zu befürchtenden Schaden gewesen, was sie vorzüglich zu dem bey dem Anfang der Interims-Handlungen so oft und so stark geäusserten Wunsch veranlaßt hatte, daß man um des Interims willen gar nichts verändern sollte.[229]). Aber diesem Schaden sah man einerseits so gewiß entgegen, und andererseits schien er so bedeutend, daß man würklich zweiflen mag, ob dem Abhaltungs-Grund von allen Aenderungen, der in der Aussicht darauf lag, irgend ein anderer entgegengesezt werden konnte, dem man nach einer ruhigen und unbefangenen Schäzung nur ein gleiches Gewicht einräumen dürfte!

Indessen fehlte es ihnen doch nicht ganz an Gründen, durch welche sich wenigstens darthun ließ, daß die Bewilligung einiger gleichgültigen Veränderungen im äusseren Gottesdienst durch die Aussicht auf diese Folgen, die so wahrscheinlich daraus entspringen konnten, noch nicht gerade zur gewissenlosen und moralisch-unverantwortlichen Handlung wurde. Diese nachtheilige Folgen mußten doch nicht nothwendig, sondern sie konnten nur zufällig, und nur unter Umständen daraus entspringen, die man sich auch sehr leicht verändert denken konnte. Diese Folgen konnten abgewandt und der ganze Schade konnte verhütet werden, wenn das Volk gehörig unterrichtet wurde, wenn seine Lehrer und Prediger überall das ihrige thaten, um seine falsche Vorstellungen zu berichtigen, und es über das wesentliche der Religion besser zu belehren, und durfte man dann gar nicht hoffen, daß diß geschehen könnte? Wenn es aber geschah, so konnten die Aenderungen sogar vortheilhaft werden, denn sobald das Volk über den wahren Geist und über das innere seiner Religion besser aufgeklärt wurde,

229) Man sehe Exp. C. 5. O. 2. T. 3. 4. Y. 4. Ll. 2.

würde, so durfte man es für wahren Vortheil halten, wenn sein bißheriger Eifer für sein Lutherthum, wobey ihm der äussere von dem papistischen verschiedene Kultus das wichtigste gewesen war, etwas erkaltete: mithin konnte man doch auch dem möglichen Schaden einen möglichen Vortheil entgegen sezen, der daraus erwachsen dürfte! Doch an diesen Vortheil mochte man wohl nicht gedacht haben: aber die Theologen hatten wenigstens alles gethan, was nur von ihnen abhieng, um den zufälligen Schaden abzuwenden, sie hatten ausdrücklich erinnert, daß man die Aenderungen nicht einführen dürfe, ohne zu gleicher Zeit das Volk darüber zu belehren, sie hatten selbst ausgezeichnet, worüber es besonders belehrt werden müsse, sie hatten es allen Predigern zur Gewissens-Sache gemacht, daß sie sich diese Belehrung des Volks eifrigst angelegen seyn lassen sollten [230]) — durften sie also nicht schon um deßwillen glauben, sich wegen der Folgen äusser Verantwortung gesezt zu haben, die doch nur alsdann, wenn ihre Warnungen und Ermahnungen unbefolgt blieben, daraus entspringen konnten [231]).

Nicht einmahl auf Entschuldigungs-Gründe dieser Art hatten sie hingegen bey einer

dritten Wendung sich einzulassen nöthig, durch welche man ihnen das Unverantwortliche ihrer Beystimmung

230) Sie hatten diß auch in der Vorrede zu den neuen Agenden gethan, und in mehreren, ja fast in jedem Bedenken, das sie vorher unter den Handlungen ausgestellt hatten, ausdrücklich erinnert. Man sehe z. B. Exp. Ccc. 3.

231) Doch läßt sich nicht läugnen, daß eine Bemerkung, welche ihnen Flacius darüber an das Herz legte, oder vielmehr in das Herz drückte, treffend genug war, um einen sehr empfindlichen Stachel zurückzulassen. "Non est, sagt er darauf, quod Adiaphoristae dicant, se toties scripsisse, oportere simul doctrinam retineri, qua admoneantur homines de usu ceremoniarum. Oportet enim ceremonias tales condi, quae sua bonitate etiam juvent praedicationem verbi, et non quas sine intermissione necesse sit verbo Dei castigari. S. am a. O. p. 194.

mung zu der Annahme der Adiaphoren beweisen wollte. Diß sollte nehmlich auch daraus hervorgehen, weil sie ja ihre Beystimmung offenbar nur in der Absicht gegeben hätten, um sich den Papisten gleichzustellen, oder doch diese dadurch auf den Wahn zu bringen, daß man sich ihnen lutherischer Seits gleich gestellt habe [232]. Etwas wahres mochte zwar an dem Vorgeben seyn. Wie man es in Sachsen für möglich hielt — und dafür hielt man es würklich — daß sich der Kayser doch vielleicht durch die blosse Annahme der Adiaphoren zufrieden stellen lassen könnte, so rechnete man höchstwahrscheinlich darauf, daß er schon darinn eine Annäherung der Protestanten zu den Katholiken sehen würde, die er wohl selbst für bedeutender halten dürfte, als sie nach ihrer wahren Beschaffenheit war. Man mochte also wirklich die Absicht haben, den Kayser auf die Vorstellung zu bringen, daß man nicht ganz abgeneigt sey, sich den Katholiken wieder zu nähern; und wenn auch die Theologen nicht daran dachten, so konnte der Churfürst, ihr Herr, desto natürlicher auf diesen Gedanken verfallen: doch wenn auch die Theologen daran gedacht hätten, was war denn dabey so entsezliches? Sie konnten es sich doch nicht einfallen lassen, daß der Kayser oder sonst jemand dadurch allein, weil sie einige äussere Ceremonien des katholischen Kultus wieder annahmen, auf den Wahn gebracht werden könnte, daß sie völlig wieder zum Pabstthum übergetreten seyen [233]. Sie konn-

232) In allen bißher angeführten Schriften findet man diesen Grund vielfach und mit grossen Wohlbehagen ausgeführt, denn er ließ ja der feindseligsten Chikane den freyesten Spielraum; ganz eigen aber bearbeitete ihn auch Nic. Gallus in seiner Disputatio de Adiaphoris, et mutatione praesentis status pie constitutarum ecclesiarum. Magdeb. 1550. 8.

233) Doch sollten sie diß nach der Vorstellung von Flacius gedacht haben, denn der Mann wußte dabey noch einen Umstand zu erzählen, der es wahrscheinlicher machen sollte, daß sie recht eigentlich

konnten also nicht daran denken, ihn oder sonst jemand bereden zu wollen; daß sie sich den Papisten wieder gänzlich gleich gestellt hätten; aber sie erklärten ja selbst dabey auf das freymüthigste, daß und worinn sie sich ihnen niemahls gleichstellen würden. Die Theologen zeichneten ja nicht nur in ihren Bedenken auch die Punkte nahmentlich aus, in Ansehung deren man sich niemahls mit den Katholiken vergleichen, oder ihnen nur nähern könne; sie trugen nicht nur in diesen Bedenken ausdrücklich darauf an, daß man eher das äusserste wagen, als in diesen Punkten etwas nachgeben müsse [234]), sondern

eigentlich darauf gerechnet hatten. Melanchton, schreibt er, habe durch astrologische Rechnungen herausgebracht, daß der Kayser nur noch fünf Monathe leben würde, und sich dadurch vorzüglich bewegen lassen, darauf anzutragen, daß man sich nur bemühen möchte, ihn durch eine täuschende Nachgiebigkeit so lange hinzuhalten, weil man doch alles in so kurzer Zeit wieder zurücknehmen könne. "Quid „autem, sagt er, aliud omnino „est, per quod Caesarem sibi „placare volunt quam hoc ipsum, „ut scilicet significent, se jam dis„cedere ab illa pristina pertinacia „in impia religione, seque jam „Augustanam confessionem abji„cere. Quare adhibeant sane „Adiaphoristae omnes suas artes „et sua Sophismata, non tamen „hoc evincent, quod praesentes „mutationes non claram abnega„tionis speciem habeant. Sed „illi quidem dicunt, suum ani„mum nequaquam eum esse, quod „velint deficere a doctrina, sed „velle se aliquamdiu simulare et „tempori servire, ut hostes Chri„sti et ecclesiae sibi placent: in„terea Caesarem moriturum et „sic se iterum abolituros omnia „illa adiaphora". S. am a. O. p. 215. Ausführlicher erzählt er jene Anekdote p. 230. "Dixit „aliquis Theologus: Hoc anno „1548. erit eclipsis lunae d. 22. „Apr. inde nullum est dubium; „Caesarem mense Augusto mo„riturum. Quare nolumus in„terea constanter reclamare no„vis reformationibus, sed volu„mus omnia simulare et dissimu„lare, et adversariis nullius non „rei spem facere, ut nos missos „faciant: postea cum ille perie„rit, tum nos sine metu ac peri„culo martyrii constantes Christi „confessores esse poterimus." Daß diese Erzählung eine Lüge war, darf wohl nicht erst gesagt werden; aber sie wird selbst durch die Zeit, die dabey angegeben wird, als Lüge aufgedeckt. Zwischen dem April und August des J. 1548. war in Sachsen auch nur wegen der Adiaphoren noch gar nichts beschlossen.

234) So sagten sie noch in dem Bedenken, das sie bey den lezten Handlungen zu Celle den Commissarien des Churfürsten übergaben: Quodsi Imperator talium adiaphororum, receptione nostra

dern sie sagten es auch den katholischen Bischöfen bey den Unterhandlungen zu Pegau, die sämmtliche sächsischen Landstände sagten es diesen Bischöfen eben so unverdeckt auf dem Landtag zu Leipzig: und was konnte man wohl mehr thun, um sie und die ganze Welt zu überzeugen, daß man sich ihnen und ihrer Parthie durch die Annahme der Adiaphoren noch lange nicht gleichgestellt habe, und auch nicht einmahl zum Schein habe gleichstellen wollen? [235])

Alles wahre an dieser so hämisch gedrehten Beschuldigung lief also darinn zusammen, daß man in Sachsen die Adiaphora auch in der Absicht angenommen, oder daß die Theologen auch in der Absicht zu ihrer Annahme gerathen hatten, um den Katholiken damit einen Beweiß zu geben, daß man von ihrer Seite so geneigt als bereit sey, sich ihnen so weit zu nähern, als es nur ohne Verlezung ihres Gewissens und ihrer Ueberzeugung geschehen könne, oder sie dadurch wenigstens davon zu überführen, daß man die in der Kirche entstandene Trennung nicht aus blossen Eigensinn und Sekten-Haß, und um geringfügiger und gleichgültiger Dinge willen unterhalten wolle. Diß gestand auch Melanchton unaufgefordert ein; diß gab er selbst als einen der Zwecke an,

nostra acquiescet, est quod agamus Deo gratias: sin minus, relinquitur nobis haec consolatio, quod propter magnas et graves causas affligimur, quas manifestum est gloriam Dei attingere. Neque enim vel ad bella et vastationes avertendas in omnibus possumus concedere." S. Expos. Ccc. 3.

235) Es ist doch der Mühe werth, die hämische Antwort von Flacius auf diesen Umstand, den man ihm entgegenhielt, hier anzuführen. "Illa vero, sagt er, levior propemodum cavillatiuncula est; quam quae sit responsione digna, quod dicunt, mutationes istas non fieri propter Papistas, quia, quod nos ipsi confiteri cogamur, Papistae istis mutationibus non potuissent esse contenti. Nam cum creditor petit 10. debitor dat 7. non potest dici debitor non exponere eam pecuniam in gratiam creditoris, facit enim, ut eum placet, et creditor si non contentus est ea summa pro toto, contentus est pro parte." am a. O. p. 218.

an, die er zu erreichen gewünscht habe [236]), und wenn dieser Zweck auch nur einigermassen erreicht, wenn durch die Nachgiebigkeit, die man von Seiten der Protestanten bewieß, der Sektenhaß der Katholiken gegen sie nur um etwas vermindert, oder auch nur einzelne billigere und aufgeklärtere Menschen unter dieser Parthie zu einer gerechteren und duldenderen Gesinnung gegen sie bewogen worden wären, würde der Erfolg nicht wohlthätig gewesen seyn? Hätte doch selbst diß nur vortheilhaft für die Sache der Protestanten im Ganzen, und selbst für die Sache der Wahrheit werden können, wenn der Pöbel unter den Katholiken durch die neue Gleichförmigkeit ihres Kultus mit dem seinigen auf die Vorstellung geleitet worden wäre, daß nun aller Unterschied zwischen den Partheyen aufgehoben sey, denn wie viel leichter hätten nun ihre Grundsätze Eingang und Raum unter ihm gewinnen können!

Eben so leicht war es endlich einen

Vierten Grund niederzuschlagen, auf welchen die Hochverraths-Klage gegen die Sächsische Theologen wegen der angenommenen Adiaphoren von ihren Gegnern gebaut wurde. Diesen Grund nahm man davon her, weil sie doch nicht ohne die unbefugteste Verlezung der christlichen Freyheit hätten angenommen oder eingeführt werden können. Wahre Adiaphoren, behauptete man

236) So schrieb er in dem Brief an die Prediger in der Mark Brandenburg: "At, inquiunt, confirmamus adversarios? Minime: sed declaramus modestiam nostram — ut omnes intelligant, nos non de libertate nostra, sed de rebus necessariis dimicare." Auch in dem Brief an die Prediger zu Hamburg: "Ut igitur clare cerni possit, nos non cupiditate libertatis, non studio novitatis, non odio dissidere ab adversariis — utilius hoc moderatius consilium judicavimus, et de magnis tantum rebus ulterius pugnandum duximus, in quibus evidentia veritatis convincit saniores etiam inter inimicos." S. Schlüsselburg p. 688.

man [237]), dürfte sich die Kirche von niemand aufdringen lassen, und dürften ihr von niemand aufgedrungen werden; und dieser Grundsaz mochte auch sehr richtig seyn: aber waren sie denn der Sächsischen Kirche aufgedrungen worden? Wenn der Kayser ihre Annahme durch gewaltsame Mittel erzwungen, und wenn man alsdann in Sachsen erklärt hätte, daß man sie deßwegen annehmen wolle, weil man der Gewalt nicht wiederstehen könne, so würde man allenfals haben sagen können, daß man sich diese Adiaphora habe aufdringen lassen: aber diß war doch keineswegs der Fall gewesen. So gut die Sächsische Theologen und Landstände erklären konnten, und erklärt hatten; daß sie sich zu der Annahme mehrerer Artikel aus dem Interim niemahls verstehen würden, eben so gut hätten sie erklären können, daß sie auch die Adiaphora nicht annehmen wollten. Es stand bey ihnen, sich in Ansehung dieser so gut als in Ansehung jener den Folgen auszusezen, welche aus ihrer Weigerung entspringen konnten. Ihr Entschluß sie anzunehmen war also doch Resultat einer freyen, wenn schon durch Rücksicht auf jene Folgen motivirten Wahl; und da sie noch dazu so bestimmt erklärten, daß sie nur deßwegen darein willigten, weil es nach ihrem Urtheil Adiaphora seyen, wie konnte man nur mit einigem Schein

237) "Adiaphoricae mutationes, heißt es in einem libello supplicatorio summorum aliquot Theologorum vom J. 1561, bey Schlüsselburg p. 586. privarunt ecclesiam suam libertate, ipsi a Christo donata, in qua stare deberet vel cum omnis generis calamitatum et crucis toleratione. Nam omnes illae deformationes factae sunt ex mandato persecutorum, invita, reclamante et gemente ecclesia, ac piis doctoribus, et denique ipso Spiritu Sancto in pusillorum Christi cordibus." Diß war auch der erste Grund, aus welchem Flacius dagegen aufstand. "Primum, sagt er, non instituuntur Adiaphora ex libera voluntate a ministris, consentiente ecclesia, sed invitae per vim ac multiplices fraudes obtruduntur, in qua re violatur ecclesiae libertas, quae divinitus jubetur stare in libertate, in qua a Christo collocata est et non fieri serva hominum." p. 172.

Schein behaupten; daß sie dabey der christlichen Freyheit der Kirche etwas vergeben hätten. In jener Erklärung lag vielmehr auf das deutlichste, daß sie gerade von ihrer christlichen Freyheit dabey Gebrauch machen wollten, denn was sagte sie anders, als daß sie die Adiaphora bloß deßwegen annähmen, weil sie sich durch die Freyheit, die der Kirche in solchen Dingen zustehe, dazu befugt hielten?

Aber — sagten ihre Gegner — habt ihr dann nicht selbst die ungerechteste Gewalt gebraucht, um diejenige eurer Prediger, welche nicht in euren Rath willigen wollten, zu der Annahme dieser Adiaphoren zu zwingen? und sie hatten zugleich dafür gesorgt, daß es ihnen nicht an Belegen zu der Beglaubigung dieses Vorwurfs fehlen konnte. Flacius und seine Kreaturen hatten durch das Zeter-Geschrey, das sie erhoben, auch die Köpfe von einigen Sächsischen Predigern so erhizt [238]), daß sie sich verbunden hielten, gegen die neue von allen Superintendenten des Landes und von dem grösten Theil der

238) Es waren die zwey Torgauische Prediger Gabr. Didymus und Mich. Schulz, auch ein Prediger zu Zwickau, Leonhard Bayer, von denen sich wenigstens die zwey erste schon bey mehreren Gelegenheiten als die heftigste Brausköpfe gezeigt hatten: doch läßt sich mit Grund behaupten, daß sie erst von Flacius biß zu diesem Grad von Schwärmerey fanatisirt wurden. Man hat nehmlich noch das Schreiben, worinn ihnen Flacius und Gallus auf das dringendste riethen, lieber ihre Aemter zu verlassen, als wegen des Chor-Rocks nachzugeben, unter dem Titel: Responsio Nic. Galli et Flacii Illyr. ad quorundam Misnensium concionatorum literas de quaestione: an potius cedere quam lineam vestem induere debeant? 1549. 4. Aus diesem schönen Responso erhellt aber authentisch, daß erst eine solche Manipulation bey ihnen nöthig war, um ihren Eifer auf eine Flacianische Höhe zu treiben: Denn sie hatten selbst ihre Frage, auf welche sie das Responsum verlangten, so gestellt, daß es höchst sichtbar wurde, sie erwarteten selbst keine bejahende Antwort "Quaeritis, so wiederholt der Koncipient des Responsums, selbst ihre Frage, an, cum vobis tota doctrina, sacramenta, reprehensio abusuum et reliqua omnia libera relinquantur, solam albam vestem induere possitis, aut vero potius ecclesiam deserere debeatis?" S. A. 2.

der übrigen Geistlichen gebilligte Agenden zu protestiren. Besonders erklärten sie, daß sie lieber ihre Aemter verlassen als sich entschliessen wollten, der neuen Vorschrift gemäß in einem Chor-Rock zu predigen; und darauf beharrten sie auch so hartnäckig, daß man würklich zu ihrer Entlassung schreiten mußte [239]. Nun kann man sich vorstellen, wie die Flacianer diesen Umstand benuzten; allein begreifen kann man doch schwehrlich, wie sie daraus einen Gewissens-Zwang machen konnten. Konnte irgend ein unbefangener Mensch Gewissens-Zwang darinn sehen, wenn die Sächsische Kirche von ihren Predigern verlangte, daß sie sich einer äussern von ihr dienlich befundenen Anordnung unterwerfen sollten, die mit dem Gewissen gar nichts zu thun hatte! oder war sie wohl verpflichtet, diese Anordnung zurückzunehmen, wenn sich ein Paar einzelne Prediger in den Kopf sezten, oder sezen liessen, daß ihr Gewissen doch damit in Kollision käme? Wenn es nun sinnloß war, diß lezte zu behaupten, und selbst in dem Fall sinnloß war, wenn man die Prediger nicht als Diener der Gesellschaft sondern als ihre Repräsentanten betrachtete, wer konnte es ungerecht finden, wenn sie in einem solchen Fall, nachdem sie alles gethan hatte, um sie eines besseren zu belehren, ihnen die Wahl vorlegte, ob sie sich belehren lassen, oder ihre Aemter niederlegen wollten? Es war im höchsten Grad schaamloß, wenn die Prediger selbst diese Alternative ungerecht fanden, denn welches Recht hatten sie zu verlangen, daß sich die ganze übrige Gesell-

239) Die sämtliche Theologen zu Wittenberg hatten erst auf Befehl des Churfürsten mit ihnen handlen müssen. Man kommunicirte ihnen hernach noch den Bericht, den diese von der Handlung an den Churfürsten eingeschickt hatten, und gab ihnen selbst noch vierzehn Tage Frist, sich zu bedenken; aber sie beharrten darauf, daß sie lieber ihre Aemter verliehren, als einen Chorrock tragen wollten. S. Mel. Epp. L. II. ep. 207. Salig Th. I. p. 630.

sellschaft durch ihren Eigensinn oder auch durch ihr ängstliches Gewissen abhalten lassen sollte, nach ihrer freyeren und aufgeklärteren Ueberzeugung zu handlen?

Dieser einzig wahre Gesichts-Punkt, aus welchem die Sache betrachtet werden mußte, blieb unverrückt, wenn auch die Flacianer, um sie in ein falsches oder gehässigeres Licht zu sezen, noch so oft vorgaben, daß nicht die Landes-Kirche, sondern die Landes-Obrigkeit, oder der Churfürst die neuen Einrichtungen gemacht, und durch sein Ansehen durchgesezt habe [240]). Das Vorgeben hatte einigen Schein, weil der Churfürst würklich die neue Kirchen-Ordnung unter seinem Nahmen in das Land ausgeschrieben, und den Orts-Obrigkeiten befohlen hatte, über ihre Befolgung zu wachen, allein wenn sich die Sächsische Theologen auch nicht darauf einlassen wollten, den damahls allerdings noch neuen Grundsaz [241]) zu vertheidigen, daß jeder Landesherr das Recht habe, in Beziehung auf das äussere des Kirchen-Wesens auch durch seine Autorität einzuwürken und mitzuwürken, so konnten sie ja auf das leichteste darthun, daß der Churfürst in dieser Sache nicht allein aus Landesherrlicher Gewalt, sondern nach einem förmlichen, nicht bloß stillschweigend gegebenen oder vor-

aus-

240) So bemühten sich mit musterhafter Schamlosigkeit die Theologen des Herzogs Johann Wilhelm von Sachsen in ihrem Bedenken die Sache vorzustellen. "Nota lector, sagen sie nehmlich, „ceremonias Magistratus praescribit; eaeque Pastoribus, et „quidem tempore persecutionis „et confessionis obtruduntur, „priusquam assentiantur, sic porro suis oviculis, sine omni licentia contradictionis, quantumvis justae eas imperare et „obtrudere debent, quasi nec „pastor, nec oviculae ipsae membra ecclesiae essent, aut nemo „in eo coetu esset, qui aliquid „de hisce rebus judicare posset." S. Schlüsselburg p. 523.

241) Neu war der Grundsaz nur in der Theorie; aber in der Praxis war er schon mehrmahls unter den Protestanten selbst, zu einer Weite ausgedehnt worden, die fast keine Theorie rechtfertigen konnte.

ausgesezten Auftrag der Landes-Kirche gehandelt habe [242]). Wenn sich die Theologen und Prediger als die Repräsentanten der Kirche betrachteten, so hatten sie es ja ausdrücklich von ihm verlangt, daß er die Sorge für die Vollziehung und würkliche Einführung der beschlossenen Aenderungen übernehmen möchte. Wenn man aber, was ungleich natürlicher war, die Landes-Kirche in den gesamten Landständen sah, so hatte ja der Churfürst selbst alles erst durch diese beschliessen lassen, er hatte zu allem, was er andern lassen wollte, ihre Beystimmung verlangt und erhalten, er hatte sie eben damit für nothwendig erklärt, und dadurch hinreichend bezeugt, daß er die Aenderungen nicht bloß durch seine landesherrliche Macht durchsezen wolle; mithin war es in jeder Hinsicht falsch, daß sie der Sächsischen Kirche allein durch diese aufgedrungen worden seyen.

Nach dieser generellen Darstellung und Beleuchtung der Gründe, mit welchen der Hauptstreit von beyden Seiten durchgefochten wurde, möchte es eben so überflüssig als unangenehm seyn, in das besondere der Geschichte des Streits weiter hineinzugehen. Schon die allgemeine Darstellung mag hinreichend seyn, um ein unpartheyisches Urtheil über den Geist des Streits und über den Geist der streitenden Partheyen zu begründen, das durch eine nähere Ansicht von der besondern Art, womit

242) Die zu Grimme versammelte Theologen und Superintendenten, denen die neuaufgesezte Agenden zur Genehmigung vorgelegt wurden, hatten ihn ausdrücklich darum ersucht. S. Exp. Fff. 4. Und diesen Umstand hatten die Theologen des Herzogs Johann Wilhelm kaum vor ihrem obenangeführten Nota lector selbst angeführt! Und doch war Nicol. Gallus in einer Admonitio contra errores Majoristarum Ratisbonae. 1563. noch so frech der Welt zu erzählen. "Prodiit tandem solennissimeque promulgata est illa hyena et vitulus aureus — cui quidem tum ecclesiae ejus regionis, legationes civitatum et tota nobilitas acerrime contradixerunt."

womit der Streit geführt wurde, nur härter und bitterer für die eine Parthie, aber nicht mehr gerechter werden könnte. Sie ist nehmlich gewiß schon hinreichend, um das allgemeine Urtheil zu begründen, daß die Parthie der Sächsischen Theologen von der Parthie ihrer Gegner mit der schreyendsten Ungerechtigkeit behandelt, und bey mehreren wahren Blössen, welche sie gegeben haben mochten [243]), doch mit einer so schreyenden Ungerechtigkeit und mit einer so feindseligen Härte behandelt wurde, daß man selbst zu ihrer Entschuldigung vorauszusezen gezwungen wird, sie müsse in der Verblendung und auf den Antrieb der heftigsten und gereiztesten Leydenschaft gehandelt haben: eben deßwegen aber mag sie auch hinreichen, um die sonst ganz unbegreifliche Erscheinung schon einigermassen zu erklären, daß und wie es möglich war, aus dem Anlaß zu diesem interimistischen Streit den Stof zu mehr als zehenjährigen Händeln herauszuspinnen.

Doch diß wird sich noch mehr und am besten aus der folgenden Geschichte der weiteren Streitigkeiten aufklären, die aus der Interimistischen herauswuchsen, und zu der Adiaphorischen hinzukommen, denn bald nach dem ersten Eintritt in diese stoßt man auf einen äusseren Umstand in der Zeit-Geschichte, der das helleste Licht über den Fortgang der Händel, und vielleicht auch schon über ihren Anfang, aber auch ein sehr ungünstiges darüber verbreitet.

Eben

243) Die Blössen, welche Melanchton und seine Kollegen unter diesen Händeln gegeben, und die würkliche Fehler, deren sie sich schuldig gemacht hatten, wurden vielleicht von niemand wahrer und genauer, aber auch von niemand mit einer feineren und würdigeren Schonung ihrer Absichten, ihres Charakters und ihrer sonstigen Verdienste aufgedeckt, als von Calvin in einem vortreflichen Brief an Melanchton vom J. 1551. Auch diesen Brief hat Schlüsselburg p. 635.

Ehe man hingegen ihren Gang weiter verfolgt, muß die Entstehungs-Geschichte eines andern theologischen Streits eingeschoben werden, der zu eben der Zeit an einem der entferntesten Ende des Raumes, den der Protestantismus eingenommen hatte, sich entspann, und dennoch die ganze Kirche in Bewegung brachte. Er hatte zwar mit den interimistischen Handel nichts zu thun; doch die meiste Haupt-Personen in diesem spielten auch in dem neuen Streite die Haupt-Rollen, und spielten sie dermassen, daß man, wenn man ihnen hier zugesehen hat, durch keinen der folgenden Auftritte mehr überrascht wird.

Geschichte

Geschichte des protestantischen Lehrbegriffs von Luthers Tode bis zu der Abfassung der Konkordien-Formel.

Buch II.

Kap. I.

In dem nehmlichen Jahr, in welchem die Interims-Bewegungen in Sachsen zu ihrem völligen Ausbruch kamen, im J. 1549. nahmen zu Königsberg in Preussen die Osiandristische Händel ihren Anfang, die freylich ihrem Gegenstand nach rein-theologisch, aber wenn auch nicht zuerst aus einer eben so untheologischen Quelle, wie die Interimistische entsprungen waren, doch eben so untheologisch geführt wurden. Es war eine der Haupt-Lehren des protestantischen Lehrbegriffs, es war die Lehre von der Rechtfertigung, worüber mit Osiandern gestritten wurde. Die Geschichte des Streits möchte also auch für die Geschichte dieses Lehrbegriffs wichtiger scheinen; allein es mag gut seyn vorauszusagen, daß man sich auch nach dieser Hinsicht nicht viel voraus davon versprechen darf!

Andreas Osiander [1]) war bald nach dem Anfang des J. 1549. nach Königsberg gekommen, nachdem er um des in Nürnberg angenommenen Interims willen sein dort geführtes Predigt-Amt niederlegt hatte. Die gewisse Hoffnung einer Anstellung im Preussischen, die er aus seinen früheren Verbindungen [2]) mit dem Herzog Albrecht von Preussen schöpfen konnte, mochte wahrscheinlich auch etwas dazu beygetragen haben, daß er sich weniger bedachte, seine Stelle in Nürnberg aufzugeben [3]); in jedem Fall aber täuschte ihn seine Hoffnung

1) Osiander war zu Gunzenhausen in der Nähe von Nürnberg im J. 1498. gebohren, und im J. 1522. erster lutherischer Prediger zu Nürnberg an der Kirche des h. Laurentius geworden.

2) Als der Herzog im J. 1522. nach Deutschland auf einen Reichs-Tag zog, hatte er sich zu Nürnberg mit Osiandern über die Religion unterredet, und so viel Gefallen an ihm gefunden, daß er sich noch lange nachher des Gesprächs mit Vergnügen erinnerte, und in einer öffentlichen Schrift den Ausdruck gebrauchte, daß ihn Osiander in der reinen Lehre unterrichtet, und als sein geistlicher Vater zu vollkommener Erkenntniß des göttlichen Wortes und Willens gebracht habe. S. Ausschreiben des Herzogs v. J. 1553. bey Salig Th. II. p. 915.

3) Doch hatte Osiander, da er seine Stelle zu Nürnberg niederlegte, noch keinen Schritt gethan, um sich einen Plaz im Preussischen zu versichern. Man kann diß nicht nur daraus schliessen, weil er sich zuerst von Nürnberg nach Breßlau begab, und dort eine Zeitlang aufhielt; denn er hätte auch in der Absicht nach Breßlau reysen können, um dort mehr in der Nähe den Erfolg seiner Bewerbungen im Preussischen abzuwarten; aber man sieht aus einem Brief an seinen Tochtermann Hieron. Besold, der aus Breßlau geschrieben ist, daß man im Sinn hatte, ihn zum Prediger der dortigen Magdalenen Kirche zu berufen, und daß er den Antrag angenommen haben würde, wenn sich die Sache nicht wieder zerschlagen hätte. S. Hommel Semicentur. [illegible] p. 67. Aus eben diesem Brief erfährt man auch, daß er den 27. Dec. 1548. von Breßlau seine Reyse nach Königsberg antrat, und also im Januar des folgenden Jahrs dort anlangte, hingegen aus seinem nächsten von Königsberg aus geschriebenen Brief kann man eine andere schon geäusserte Vermuthung sehr gut wiederlegen, daß nehmlich der bekannte Joh. Funck oder Funccius an seiner Berufung nach Preussen Antheil gehabt haben möchte. Dieser Funck war ebenfalls Prediger in Nürnberg gewesen, hatte ebenfalls sein dortiges Amt wegen des Interims niedergelegt, und zeigte sich in der Folge als den eifrig-

nung nicht, denn er wurde sogleich als erster Professor der Theologie zu Königsberg angestellt, und daran hatte gewiß seine frühere Bekanntschaft mit dem Herzog mehr Antheil, als der Ruf von Gelehrsamkeit, in welchem er stand, wiewohl auch dieser in der That nicht gering war. Eben dieser Umstand aber gab vielleicht den nächsten, wenn auch nicht den einzigen Anlaß zu dem Lärm, der fast unmittelbar nach seiner Ankunft in Königsberg angieng.

Friederich Staphylus [4]), Petrus Hegemon oder Herzog und Melchior Isinder, mit denen vorher die theologische Lehrstühle auf der Universität besezt waren, konnten es nicht ganz gleichgültig ansehen, daß ihnen ein Fremder vorgesezt wurde, der sich, so gelehrt er auch seyn mochte, dennoch durch nichts besonders auszeichnete [5]). Alle drey, besonders aber der erste, der bisher

eifrigsten von den Freunden und Vertheidigern Osianders. Da er nun vor ihm nach Königsberg gekommen war, so schien es nicht unwahrscheinlich, daß er auch schon dazu geholfen haben möchte, ihn dort anzubringen: allein nach demjenigen, was Osiander in diesem Brief von der Lage erzählt, worinn sich Funck in Königsberg befand, kann man nicht mehr daran denken. S. ep. XXVI. p. 68.

4) Staphylus — weder ein Liefländer noch ein Preusse, wofür er meistens ausgegeben wurde — war im J. 1512. zu Oßnabrück in Westphalen gebohren, und im J. 1546. als Professor nach Königsberg auf Melanchtons Empfehlung berufen worden. S. Nachricht von dem Leben und Schriften Friedr. Staphyli in Strobels Miscell. St. I. S. 3. flgd. Der Empfehlung Melanchtons verdankte auch Melch. Isinder von Schweidniz seine Stelle in Königsberg. Petr. Hegemon war nur erst eine kurze Zeit Professor gewesen. S. Hartknoch Preuss. Kirchen-Gesch. p. 401.

5) Nach Saligs Erzählung Th. II. 921. hätte Staphylus Osiandern nicht nur den ersten Plaz, sondern auch seine Lektionen überlassen müssen; allein Salig erzählt diß aus des partheyischen Johann Funckens wahrhaftigen und gründlichen Bericht, wie und was gestalt die ärgerliche Spaltung von der Gerechtigkeit des Glaubens sich anfänglich im Lande Preussen erhoben 2c. Königsberg. 1553. 4. Staphylus selbst aber versichert in seiner Historia acti negotii inter Staphylum et Osiandrum contra calumnias Funccii, welche Strobel bekannt machte, daß er schon im October des J. 1548. sein akademisches Lehramt, seine functionem scholasticam niedergelegt

her die Haupt-Person zu Königsberg vorgestellt hatte, besassen dazu weder genug theologische Demuth noch philosophische Kaltblütigkeit: alle drey hatten aber auch sonst schon bewiesen, daß sie fähig waren, ihrer beleidigten Eigenliebe oder gekränkter Eitelkeit jedes Opfer zubringen; denn sie hatten kaum vorher einen ehrlichen Holländer, Wilhelm Gnapheus, der als Direktor bey dem Pädagogio angestellt war, durch die schändlichste Proceduren von Königsberg weggebissen, bloß weil er sich nicht vor ihnen schmiegen wollte [6]). Man darf also

gelegt habe, da noch kein Mensch in Königsberg von Osianders Ankunft etwas gewußt hätte. S. Miscellan. Th. 1. p. 244. Nach einer wahrscheinlicheren Nachricht bey Hartknoch war es auch nicht Staphylus, sondern Hegemon, der Osiandern seine Lektionen überlassen mußte; doch auch ohnediß war es für alle drey ärgerlich genug, daß sie dem Fremdling, der — wie sie nicht zu bemerken vergassen — nicht einmahl Doktor der Theologie ja nicht einmahl Magister war — den ersten Plaz lassen mußten.

6) Dieser Handel mit Gnapheus ist selbst in Hartknochs Erzählung, in der doch die Theologen zu Königsberg äusserst geschont sind, eine höchst häßliche Geschichte. Der fromme und biedere, nur etwas plumpe Holländer hatte sich nur einmahl die Bemerkung entfallen lassen, daß die Professoren der Universität und besonders die Theologen für die schöne Besoldungen, die ihnen der Herzog ausgesezt habe, wohl etwas fleissiger lesen könnten, und durch diese einzige Bemerkung zog er sich ihren unversöhnlichen Haß zu. Es war nur etwas schwehr für die Theologen, ihm beyzukommen, denn der Mann, der ohnehin nicht unter ihnen stand, verwaltete sein Amt mit eben so viel Ruhm als Gewissenhaftigkeit, und hatte in seinem Amt nichts mit der Theologie zu thun: allein seine Verfolger versuchten ein Mittel nach dem andern, ihn zu fassen, wovon immer eines schamloser als das andere war. Erst streute man das Gerücht aus, daß er ein Wiedertäufer sey, und stellte sogar einen Zeugen auf, der von ihm aussagte, daß er zu Beschimpfung der Taufe einmahl einen Block in das Wasser geworfen, und die Ceremonien der Taufe auf eine spöttische Art dabey angebracht habe. Es gelang ihm, die Falschheit dieser Lästerung so unwiedersprechlich als ihre Boßheit zu beweisen; aber nun verlangten die Theologen von ihm, daß er öffentlich disputiren sollte, denn sie hofften, daß dem alten Mann, dessen Fach die Theologie gar nicht war, doch irgend etwas entwischen müßte, das sich verkehren lassen möchte. Gnapheus war nach den akademischen Gesezen gar nicht dazu verbunden; dennoch mußte er der Forderung nachgeben; als er ihnen aber

so wenigstens nicht befürchten, ihrem Charakter durch die Vermuthung zu nahe zu treten, daß es auch jezt zu allernächst gereizter Ehrgeiz und erregte Eifersucht war, was sie so schnell den Kezer auswittern ließ, der in dem neu-angekommenen, ihnen vorgezogenen Fremdling stecken sollte, und daß es also auch hier zunächst eine höchst selbstsüchtige Leydenschaft war, der man den grösten Antheil an dem daraus entstandenen theologischen Krieg zuschreiben darf.

Hätten sich übrigens diese Menschen in der Geschichte mit Gnapheus, die sich erst ein Jahr vorher zugetragen hatte, nicht so bloß gegeben, so würde man in der That durch das Verfahren, das sie zuerst gegen Osiander beobachteten, nicht hinlänglich befugt seyn, jener Ver-

über einige Theses de sacrae Scripturae studio übergab, über welche er disputiren wollte, so fanden sie diese zu ihrem Aerger so vorsichtig abgefaßt, daß sie zuerst selbst keine Möglichkeit sahen, ihren Zweck dadurch zu erreichen, und deßwegen die Disputation gar nicht vor sich gehen liessen. Man sagte Gnapheus, daß er sich nicht in die Theologie zu mischen habe, und daher über eine philosophische Materie disputiren sollte: als er aber auch diß im J. 1546. ganz unanstössig gethan, und noch zwey Jahre lang keine Blösse, unter deren Vorwand sich ihm beykommen ließ, gegeben hatte, so wurden sie endlich so erboßt, daß sie sich selbst den heillosesten Vorwand dazu machten. Im J. 1548. denuncirte ihn Staphylus bey dem Herzog als einen Kezer, und ersuchte diesen, ein theologisches Inquisitions-Gericht niederzusezen, das auf seine Anklage gegen ihn zu verfahren hätte. Diese Kezer-Klage aber führte Staphylus aus einigen der von ihm übergebenen theologischen Säze, über die man ihn zwey Jahre vorher nicht hatte disputiren lassen, weil man nichts anstößiges darinn gefunden hatte. Man kann sich also vorstellen, wie jämmerlich elend das seyn mußte, was man jezt darinn fand, und welche Gewalt es gekostet haben mußte, um es erst hineinzubringen: aber der zum Inquisitor ernannte Dr. Brißmann fand doch den Angeklagten schuldig, verlangte, ohne ihn weiter zu hören, daß er wiederrufen sollte, und that ihn, da er diß verweigerte, durch einen öffentlichen Anschlag als einen verstockten Kezer in den Bann. Zugleich wurde ihm der Dienst aufgesagt; und damit der Zweck seiner Verfolger völlig erreicht, denn nun mußte er auch die Stadt und das Land verlassen, in welchem er nichts mehr zu leben hatte. S. Hartknoch p. 296. flgd.

Vermuthung Raum zu geben, und würde um so weniger dazu befugt seyn, da es auf der andern Seite mehr als wahrscheinlich ist, daß ihnen Osiander selbst noch genug andere Gründe zum Unwillen gegeben, und sie noch auf mehrfache Art gereizt haben mochte. Dieser neu-angekommene Fremdling war in einem hohen Grad aufbrausender, und in einem eben so hohen Grad aufgeblasener Mann. Er hatte treffliche Kenntnisse in der klassischen und in der theologischen Gelehrsamkeit [7]), aber er schien nie durch einen andern Beweg-Grund zu dem Einsammlen dieser Kenntnisse angefeuert worden zu seyn, als durch das Vergnügen, das ihm der Gedanke, mehr als andere zu wissen gewährte, und der rastlose Fleiß, mit dem er sein ganzes Leben hindurch sie zu vermehren fortfuhr, hatte keine andere Triebfeder als den Wunsch, sich immer mehr über die Menschen um ihn her zu erheben, um von einer grösseren Höhe auf sie herabsehen zu können. Dieser ungezähmte Stolz des Mannes hatte auf die Form, welche die gesammelte Kenntnisse in seinem Kopf annahmen, einen eigenen Einfluß. Es genügte ihm nicht, nur mehr zu wissen als andere, sondern er wollte auch das, was andere wußten, anders wissen als sie, um sich auf mehr als eine Art auszuzeichnen; daher strebte er alles, was ihm vorkam, von einer Seite aufzufassen und darzustellen, die von derjenigen, von der es andere vor ihm aufgefaßt hatten, am weitesten ablag. Zum

Glück

7) In welcher Achtung Osiander wegen seiner Gelehrsamkeit stand, erhellt am deutlichsten aus einem Zeugniß, das die Mansfeldische Prediger in einer Confession vom J. 1560. davon ablegten, in welcher sie ihn sonst mit der bittersten Feindseligkeit abschilderten. "Andreas Osiander, heißt es darinn, war unstreitig ein grundgelehrter Mann nicht nur in einer oder der andern Wissenschaft, sondern in allen Arten der Gelehrsamkeit höchstgeübt: also daß er fast von allen Dingen insgemein weißlich reden und urtheilen können." So ist er auch in denen Sprachen vortreflich gewesen, und hat eine wunderbare und sonderbare Gabe der Beredsamkeit gehabt. S. Schlüsselburg Catal. Haeret. L. VI. p. 252.

Glück sicherte ihn sein natürlich-gesunder Verstand, daß er dabey nicht auf allzuviele und allzugrosse Thorheiten gerieth, auf die ihn sonst diß seltsame Streben so leicht hätte führen können; aber bey einigen Ideen und Meynungen brachte doch endlich seine Begierde sich auszuzeichnen, auch seinen Verstand dahin, daß er sie in einer Form aufnehmen mußte, die nur sie ihnen gegeben hatte. Natürlich sezte er dann auch auf diese den grösten Werth! Natürlich waren ihm unter allen seinen Meynungen keine so wichtig, als diejenige, mit denen ihm der Versuch, sie auf eine ihm eigene Art aufzustuzen, am vollständigsten gelungen war! Natürlich ergriff er nun auch jede Gelegenheit, sie geltend zu machen, und that es meistens mit einem Stolz, der allen voraus seine Verachtung ankündigte, die sich nur noch bedenken könnten, sie anzunehmen. So hatte er sich schon bey mehreren Gelegenheiten, so hatte er sich schon zu Nürnberg mehr als einmahl gegen seine Kollegen, die dortige Prediger benommen [8]), und so fieng er jezt auch in Königsberg

8) Zum Beweiß darf man nur einen Vorfall anführen, wobey er im J. 1533. mit seinen Kollegen zu Nürnberg in Streit kam. Den Vorfall erzählt Veit Dietrich in einem Brief an Joh. Hessen in Breßlau, und er gab zugleich zu einem Brief von Luther an Link Veranlassung, woraus man dabey auch ersieht, wie gut man den Mann damahls schon von dieser Seite, und von allen seinen Seiten kannte. — "Habent, so schreibt Veit an Hessen, istinc in usu post finitas conciones publicam absolutionem, veteri more, quam scis. Ejus absolutionis forma a D. Venceslao scripta, et jam aliquot annos usurpata est ab aliis quoque ministris excepto uno Osiandro, cui quaedam in ea displicent. Ea res primo occasionem dedit aliis, ut quaererent, cur ab Osiandro omitteretur. Paulatim autem eo deductum negotium est, ut Osiander publice contradiceret, et non solum formulam illam damnaret, sed alia quaedam disputaret de potestate clavium, non nihil remota a vulgari usu, sicut hoc natura habet, ut delectent eum quae minus sunt protrita. Alii concionatores aegre ferebant hoc ejus factum, et petebant eum non solum sermonibus privatis hinc inde apud amicos, sed non nunquam in publicis concionibus ad eum alludebant. Excrevisset autem res in magnum scandalum, nisi prudentia Senatus utrisque prohibitum

berg gegen seine neuen Kollegen sich zu benehmen an! Dabey hätte man also wohl nicht nöthig, noch andere Veranlassungen zu den Händeln zu suchen, in welche sie sogleich mit ihm verwikelt wurden!

Schon in der ersten öffentlichen Disputation [9]), welche Osiander der Gewohnheit gemäs bey dem Antritt seines Amts in Königsberg hielt, hatte er nicht ermangelt, eine seiner eigenthümlichen Meynungen auszulegen, und zwar eine von jenen, mit denen er am gewissesten ein Aufsehen zu machen erwartete. Er hätte nehmlich schon längst die Lehre von der Rechtfertigung ganz anders in seinem Kopf zusammengesezt, als sie von Luthern gebildet und nach diesem von allen lutherischen Theologen vorgetragen worden war. Nach seiner Zusammensezung

tum esset, ne quam hujus negotii mentionem publice facerent, atque ita quamquam voluntates utrinque sint exacerbatae, tamen quod ad publicum ministerium tranquilla sunt omnia." Wegen eben dieses Handels schrieb hingegen Luther an Wencesl. Link, der ihm davon Nachricht gegeben hatte, folgendermassen von Osiander: "Ego te per Christum oro, ut una cum tuis sodalibus velis oculos misericordiae tuae non claudere, et hunc hominem suis opinionibus captum vel ut aegrotum agnoscere, et hoc cogitare, non quomodo publice confundatur et damnetur, ne ex scintilla ista fiat incendium, sed potius, quantum fieri adhuc potest modestia et prudentia, simul et patientia vestra liberetur et servetur. Omnino studendum est, qua ratione anima hujus lucrefiat per nos. Non credidissem ego hoc, tu vero neque jactabis neque disseminabis in publicum, istum hominem tot cogitationibus occupatum et, ut ex ejus scriptis intelligo tam procul a sinceritate nostrae doctrinae positum. Sed, ut dixi, si magis irritaretur, effunderet majora scandala, per quae, etiamsi non vinceret, tamen turbas moveret, et negotia faceret, quae melius esset praecavere." Beyde Briefe s. in Schelhorns Ergözlichkeiten aus der Kirchenhist. Th. I. p. 78. flgd.

9) Er hielt die Disputation den 5. Apr. 1549. Sie handelte aber nicht, wie Hartknoch irrig angiebt, und Walch in seiner Einleitung in die Relig. Streitigkeiten der ev. Kirche Th. I. 87. eben so irrig ihm nachschreibt, de poenitentia, sondern de Lege et Evangelio. Im folgenden Jahr gab er sie selbst mit seiner zweyten merkwürdigern unter dem Titel heraus: Andr. Osiandri, Theologiae in Schola Regiomont. Professoris primarii disputationes duae: una de Lege et Evangelio habita Nonis Aprilis 1549. altera: de Justificatione habita IX. Kal. Novembr. 1550. Regiomont. 1550. 4.

sezung schien sie auch sehr merklich von der lutherischen abzuweichen, und diß war es eben, was sie ihm am meisten empfahl; doch legte er es, so lange Luther noch lebte, nicht gerade darauf an, diesen dadurch zu reizen, wiewohl er auch nicht verbarg, daß er über diesen Artikel seine eigene Meynung habe [10]). Wahrscheinlich würde er zwar auch jezt schon nicht ungern gesehen haben, wenn jemand einen Streit darüber mit ihm angefangen hätte, und ohne Zweifel war es in manchen Augenblicken höchst kränkend für seine Eitelkeit, daß niemand von seiner eigenen Meynung Notiz nehmen wollte: allein dabey war er doch noch zu weise, um selbst jemand herauszufordern, weil er fürchten mußte, daß Luther selbst gegen ihn aufstehen möchte. Nach Luthers Tode hielt er hingegen diese Zurückhaltung für überflüssig, denn allen übrigen Theologen der Parthie hielt er sich mehr als gewachsen [11]), und mit dem bedeutendsten

10) Schon auf dem Convent zu Schmalkalden im J. 1537. sollte er sie in einer öffentlichen Predigt in Luthers Gegenwart vorgetragen haben: aber in seinen gedruckten früheren Schriften, deren Verzeichniß Salig Th. II. 917. giebt, findet sie sich doch nirgends aufgeführt: daß er sie aber schon längst aufgefaßt hatte, ist keinem Zweifel unterworfen. Jene Nachricht erzählt er selbst in seinem: Bericht und Trostschrift an alle die, so durch das falsch, heimlich Schreyen etlicher meiner Feinde, als sollte ich von der Rechtfertigung des Glaubens nicht recht halten und lehren, geärgert und betrübt worden sind (Königsberg 1551. 4.) A. 2. es wird aber auch bestätigt in: Just. Menius wieder die neue Alchymistische Theologiam Andr. Osiandri. D. 1. b. nur sezte Menius hinzu, die andere zu Schmalkalden anwesende Theologen, hätten schon damahls wohl bemerkt, daß Osiander nicht richtig lehre, und Amsdorff hätte dabey prophezeyt: Wenn dieser Geist dermaleins Zeit und Raum kriegen würde zu schwärmen, so würde aller andern Schwärmer Schwärmerey nur eitel Kinderspiel gegen ihn seyn.

11) Er sollte selbst nach Luthers Tode einmahl öffentlich gesagt haben, jezt, da der Löwe todt sey, wollte er mit den Haasen und Füchsen leicht fertig werden. Aber diß beruht nur auf der Glaubwürdigkeit Schlüsselburgs Cat. haeret. L. VI. p. 243. der es bloß von einem glaubwürdigen Zeugen, den er nicht nennt, gehört haben wollte; also könnte es sehr leicht eine Erdichtung seyn.

sten unter ihnen, mit Melanchton wünschte er sogar sehnlichst in einen Streit zu kommen, weil er ihm so wenig als Flacius verzeyhen konnte, daß er jezt allgemein für das Haupt der Parthie galt [12]). Man darf daher ohne Bedenken behaupten, daß er schon den Vorsaz, einen Streit zu veranlassen, nach Königsberg brachte; wenigstens war es gewiß nicht gegen seine Wünsche, daß die neue Kollegen, die er hier fand, schon in seiner ersten Disputation einen Anlaß dazu fanden!

Osiander hatte unter die 49. Säze, aus denen diese Disputation bestand, seine Ideen von der Rechtfertigung würklich auf eine Art eingemischt, in welcher alle Theologen, die für die Lutherisch-Wittenbergische Vorstellungs-Art in dieser Lehre zu eifern Lust hatten, bereits eine Ausforderung sehen konnten. Sie waren noch nicht so darinn ausgeführt, daß sich ihr ganzer Zusammenhang überschauen ließ, aber diß ergab sich deutlich daraus, daß seine Vorstellung von der lutherischen abweichen mußte; denn er hatte einen ganz verschiedenen Begriff von der Rechtfertigung selbst aufgestellt, und zum Theil schon dadurch, zum Theil aber auch ausdrücklich erklärt, daß er noch eine andere Grund-Bestimmung der lutherischen Lehrform darüber aufgegeben habe. Das eigenthümliche von dieser bestand nehmlich darinn, daß sie behauptete, gerechtfertigt werden heisse in der Schrift-Sprache nichts anders: als von Gott gerecht erklärt werden, und deßwegen den Aktus der Rechtfertigung eines Menschen sorgfältig von seiner Erneuerung und Heiligung, das Urtheil Gottes, wodurch er ihn um Christi willen von aller Strafe und Verschuldung freyspräche, sorgfältig von jenen Würkungen unterschied, durch welche seine eigentliche Veränderung ins bessere

12) Konnte er doch einmahl von Melanchton schreiben: Ego credo, Philippum cum omnibus adhaerentibus ipsi esse mera mancipia Satanae. S. Hommels Semicent. II. p. 81.

bessere angefangen und fortgeführt werde. Osiander hingegen wollte unter der Rechtfertigung diejenige Handlung oder Veränderung verstanden haben [13]), wodurch der vorher ungerechte Mensch würklich von Gott gerecht gemacht werde, wollte also eben das darunter verstanden haben, was die ächt-lutherische Lehrform unter dem Nahmen der Erneuerung und Heiligung begriff, und schien eben damit den Unterschied aufzuheben, den sie zwischen diesen Veränderungen und zwischen der Rechtfertigung in ihrem Sinn annahm, oder von der lezten gar nichts wissen zu wollen.

Diß war in der That damahls schon genug um Aufsehen zu erregen, ja es war schon genug, um jeden ächt-lutherischen Theologen des Zeitalters in Eifer zu bringen, wenn er noch nicht weiter mit dem Mann und mit seinen Meynungen bekannt war. Ein so direkter Widerspruch gegen die lutherische Vorstellungen mußte nothwendig auffallen, und doppelt hart in einer Lehre auffallen, die man allgemein für das Fundament des Lutherthums hielt; man kann es also nicht befremdend finden, daß seine Kollegen zu Königsberg auch sogleich gegen ihn aufstanden; aber die Art, womit sie es thaten, läßt sich freylich nicht dadurch entschuldigen.

Ein gewisser Matthias Lauterwald aus Elbingen, der sich damahls auf der Universität aufhielt, war der erste, der zum Angriff auf Osiandern hervortrat, und höchstwahrscheinlich ganz auf eigenen Antrieb hervortrat. Dieser Elbingische Magister war ein höchstseltsames Geschöpf, das nicht leben konnte, wenn es nicht etwas zu

13) So sagt er im Saz 40. "Rechtfertigen heisse in der Schrift entweder aus einem Ungerechten einen Gerechten machen, oder die Gerechtigkeit eines Gerechten durch ein Zeugniß oder ein Definitiv-Sentenz billigen: er wolle es aber im ersten Sinn nehmen.

zu streiten hatte; und daher auch in allem Stof zum streiten zu finden wußte [14]). Er drängte sich also auch herbey, um Osiandern bey seiner Disputation zu opponiren, und weil er sich nicht bloß mit der Motion dieses Tages, die ihm vielleicht nicht zum besten bekommen war [15]), begnügen, sondern an dem schönen Vorrath, den er in der Disputation gefunden hatte, noch länger zehren wollte, so schlug er den folgenden Tag öffentlich einige Theses an, die gegen Osianders Behauptungen gerichtet waren [16]), und forderte ihn nahmentlich heraus, sich darüber mit ihm einzulassen. Allein Lauterwald

14) Er kam zuletzt nach Eperies in Ungarn, wo er auch Unruhen, und zwar auch wegen der Lehre von der Rechtfertigung anfieng. S. Mel. Ep. L. I. ep. 104. Als er bald darauf starb, schrieb Melanchton an Camerar: "Matthias ὀλυλος, nuper mortuus fortassis jam in cymba cum Charonte disputat. S. Ep. ad Camerar. p. 690.

15) Nach Lauterwalds eigenen Erzählung, die in diesem Punkt glaublich genug ist, war Osiander nicht sehr höflich mit ihm umgegangen: "Hic, sagt er, furiis agitatum vidisses veteranum Theologum non assuefactum pugnae. Adeo non potuit sibi temperare ab innata linguae maledicentia. Dixit, me admodum infeliciter dedisse operam Dialecticae ac melius fuisse, nunquam me degustasse literas. S. Matthiae Elbingensis Scriptum de nova poenitentiae definitione. De luce inaccessibili et de tenebris — in Praef. Bl. B. 2. Ich weiß aber nicht, ob die Schrift gedruckt ist, denn ich habe sie nur in einer alten Handschrift vor mir, die an eine Sammlung von mehreren zu der Geschichte dieses Streits gehörigen Schriften angebunden ist. Am Ende steht: Königsberg den 18. Sept. 1549 hingegen in der Vorrede wird doch eine Schrift Osianders erwähnt, die erst den 20. Oct. ausgegeben wurde.

16) Diese Theses Lauterwalds darf man nicht, wie schon mehrmahls geschehen ist, mit andern verwechseln, die er später herausgab. Diese lezte erschienen unter dem Titel: Fünf Schlußsprüche wieder Andr. Osiandrum von Matth. Lauterwald, Elbing. gestellet und zu einem Grund gelegt seiner folgenden Schriften. Wittenberg 15. Jul. 1552. Die frühere Königsbergische Säze habe ich nirgends gefunden, aber daß es andere gewesen seyn müssen, erhellt aus der Angabe ihres Innhalts bey Wigand De Schismate Osiandri p. 102. Dieser sagt ausdrücklich, Lauterwald habe darinn Osianders Meynung von der Buße angegriffen, und dagegen behauptet, poenitentiam constare contritione et fide. Die Wittenbergische Schlußsprüche sind hingegen allein gegen seine Meynung von der Rechtfertigung gerichtet.

wald hatte in der Eile, womit er nur etwas zum Bestreiten erhaschen wollte, gewissermassen falsch gegriffen, und war bloss über die nächsten besten Stellen der Disputation, die ihm fehlerhaft schienen, hergefallen. So fand er Z. B. nichts entsezlicher, als dass Osiander in der Definition von der Busse, die er darinn gegeben hatte, den Glauben vergessen, oder bey der Angabe desjenigen, was zu der Busse gehöre, den Glauben ausgelassen habe. Da sich Osiander auf diese Ausforderung nicht mit ihm einließ, weil er ihn für keinen seiner würdigen Gegner hielt [17]), so haschte er ein Paar andere besondere Meynungen auf, die er sich in seinen ersten Vorlesungen über die Genesis hatte entfallen lassen, und neckte ihn damit bey jeder Gelegenheit so lange, biß er endlich im Unwillen auffuhr, und sich gegen ihn vertheidigte, aber ihn auch zu gleicher Zeit durch sein Ansehen erdrückte. Doch alle diese Neckereyen Lauterwalds hätten in keinem Fall Osiandern viel schaden können, denn auch alle jene Meynungen, von denen er den Vorwand dazu hernahm, waren von einer solchen Art, daß ein Streit darüber nicht leicht allgemeine Theilnehmung erregen konnte [18]). Diß fühlten Osianders nächste Kol-

17) Aber nach demjenigen, was der gute Lauterwald von sich selbst erzählt, kann man auch würklich keine hohe Meynung von seiner Streitkunst bekommen. So führt er selbst folgendes Argument als eines der stärksten an, durch das er Osiandern bewiesen habe, daß auch der Glaube zu der Busse gehöre. "Christus dicit: Nisi poenitentiam egeritis, omnes simul peribitis. Poenitentes ergo non pereunt. Si non pereunt, necesse est ut credant. Quapropter poenitentia complectitur etiam fidem. S. ang. D. Bl. 2.

18) Man sieht diß schon aus dem Titel der Schrift, die Osiander dagegen herausgab: Epistola, in qua confutantur nova quaedam et fanatica deliramenta, publice sparsa et ab aemulis ipsius contra ipsum jactata, scil. 1) quod coeli coelorum fuerint ante mundum conditum, 2) quod iidem coeli coelorum sint gloria Filii Dei, quam habuit apud Patrem ante mundum conditum, 3) quod iidem coeli coelorum, seu gloria filii Dei sint lux illa inaccessibilis, in qua Deus juxta Paulum inhabitat. Regiom. 20. Octobr. 1549.

Kollegen recht gut, daher nahmen sie sich auch Lauterwalds gar nicht öffentlich an [19]), wiewohl sie dem Lärm, den er machte, nicht ungern zusehen mochten; aber zu eben der Zeit legten sie selbst alles in der Stille darauf an, um aus dem leichter entzündbaren Brennstoff, den er hingeworfen hatte, ein anderes Feuer zusammenzublasen.

Es ist ungezweifelt, daß Staphylus und Isinder dasjenige, was Osiander in seiner ersten Disputation von seinen besondern Ideen über die Rechtfertigungs-Lehre aufgedeckt hatte, schon recht gut aufgefaßt, und das von der gewöhnlichen Lehr-Form darinn abweichende sehr wohl gemerkt hatten; denn man hat darüber ihre eigene Geständnisse [20]); aber es ist auch erwiesen, daß sie jezt noch weder eine Gelegenheit suchten noch machten, um es darüber zu einer offenen Erklärung mit ihm kommen zu lassen. Sie benahmen sich vielmehr äusserlich so gegen ihn, daß man leicht der Vermuthung Raum geben könnte, sie hätten zuerst würklich versuchen wollen, ob sich nicht der Mann mit seinen Eigenheiten ertragen liesse? und wären nur erst in der Folge durch seinen Uebermuth zu Feindseligkeiten gegen ihn gereizt worden: allein diese Vorstellung haben sie selbst unmöglich gemacht. Zu eben der Zeit — diß ist zum Unglück für ihren Charakter ebenfalls erwiesen — schrieben sie in der ganzen Welt umher, daß Osiander die gefährlichste Kezerey nach Preussen gebracht habe, und

nun

19) Lauterwald wurde von dem Herzog mit einem gewissen M. Fabian Stosser, der sich auch eingemischt hatte, von der Universität gewiesen. Sie hatten aber auch Epigramme und Pasquille über Osiandern ausgestreuet. S. Osianders Brief an Besold vom 28. Jan. 1550. bey Hommel p. 73. Ein Professor der Medicin, D. J. Bretschneider verlohr ebenfalls seine Stelle, aber aus eben diesem Brief erhellt, daß es nicht wegen dem Antheil geschah, den er an der Kabale gegen Osiander genommen hatte.

20) Man hat es wenigstens von Staphylus, denn, sagt er selbst in seinem Aufsaz bey Strobel p. 248. "ego confestim „non obscure intellexi, quid agi„taret Osiander in animo."

nun von Preussen aus in der ganzen lutherischen Kirche verbreiten wolle, daher man doch ja überall auf seiner Huth stehen möchte! Zu eben der Zeit brachten sie es in hundert Kanälen unter das Volk und unter die Bürgerschaft zu Königsberg, daß der neu-angekommene Fremdling damit umgehe, ihnen mit dem Artikel von der Rechtfertigung die ganze lutherische Lehre wieder zu nehmen! Zu eben der Zeit seufzten, klagten und warnten sie in allen ihren Vorlesungen und Predigten über die Verführung und vor dem Verführer, deren Angriffen man ausgesezt sey: und zu eben der Zeit bemühten sie sich, es auch dem Herzog von mehr als einer Seite her beyzubringen, daß es mit Osiandern gar nicht richtig, und zwar in dem Haupt-Artikel des Glaubens nicht richtig sey [21]). Diß tückische und unmännliche Verfahren, darf man ihnen nicht bloß auf die Anklagen Osianders zur Last legen, sondern der Erfolg und die Würkungen, die es hervorbrachte, deckten es am hellesten auf.

Noch vor dem Verfluß eines Jahres war ganz Königsberg in eine höchstmerkliche Bewegung dadurch gebracht. Die nachtheilige Gerüchte, die man auswärts mit weniger Zurückhaltung über Osiandern verbreitet [illegible] hatte,

21) Auch diß darf man nicht bloß auf das Zeugniß Funks in seinem Bericht, und auf die Angaben Osianders in seinen Briefen glauben; sondern es bestätigt sich ebenfalls aus den eigenen Angaben von Staphylus. Er gesteht, freylich nicht wörtlich, daß er auf der Reyse, die er im Sommer des J. 1549. nach Deutschland machte, alles gegen Osiandern aufzuhezen gesucht habe, aber er läugnet nicht, daß er überall, wo er über seine Meynung von Osiandern befragt worden sey, sie unverdeckt erklärt habe. Er läugnet nicht, daß er bald nach der Ankunft Osianders zu Königsberg dem Herzog im Vertrauen gesagt habe, der Mann scheine ihm gefährlich, und er läugnet auch nicht, daß er dem Herzog noch auf seiner Reyse geschrieben habe, er möchte ihm seinen Abschied schicken, weil er nicht gern Zeuge der Verwirrung und der Unruhen werden möchte, die Osiander in Königsberg anrichten würde. S. Strobels Miscell. St. II. p. 228.

hatte, strömten jezt alle wieder nach Preussen zurück, und verstärkten die widrigen Eindrücke, die schon von seinen Gegnern so gut vorbereitet worden waren. Man streute nun Briefe aus, die von Wittenberg, von Leipzig, von Magdeburg und von zwanzig andern Oertern gekommen seyn sollten, und auch würklich gekommen seyn mochten, worinn das unwilligste Erstaunen darüber geäussert war, daß man in Preussen zu den Kezereyen Osianders so stillschweige. Die Prediger, die sich dadurch gereizt fühlten, oder gedeckt glaubten, fingen dann auch immer lauter von der Kanzel herab davon zu sprechen an. Die Bürgerschaft in der Stadt nahm bald eben so viel Antheil daran, als die Studenten auf der Universität, und theilte sich darüber eben so wie diese in Partheyen. Die Gährung wurde mit jedem Tage grösser [22]), und stieg endlich so hoch, daß es der Herzog selbst für nöthig hielt, etwas in der Sache zu thun. Er befahl also Osiandern, daß er seine Meynung von der Rechtfertigung in einer öffentlichen Schrift ausführlich vorlegen sollte, und bewürkte dadurch wenigstens diß, daß sich nun seine Gegner zum offenen Kriege mit ihm gezwungen sahen.

Diese Wendung, welche der Herzog der Sache gab, läßt sehr deutlich erkennen, daß die günstige Meynung, die er von Osiandern hegte, durch alles, was man ihm wieder ihn beygebracht hatte, nicht vermindert worden war [23]). Er hielt wahrscheinlich alles für Verläumdungen

22) S. Funks Bericht c. 1. b. Osiander selbst fühlte aber auch würklich so viel Verdruß davon, daß er an seinen Tochtermann den 13. Sept. 1550 schrieb: Mihi tam molesta est litis nostrae protractio, ut exhorream ad ejus memoriam. S. Hommel p. 80.

23) Diß legte sich auch noch aus andern Zeichen, besonders daraus zu Tag, daß er ihn zu eben der Zeit, da seine Feinde am geschäftigsten gegen ihn arbeiteten, nehmlich zu Ende des J. 1550. nach dem Tode des Bischofs von Samland, Georg von Polenz zum Präsidenten des Bistums machte. Diß geschah wohl

dungen seiner Feinde, und nach der Art, womit sie ihm beygebracht wurden, wie nach der Kenntniß, die er sonst von ihnen haben konnte, hatte er auch gewiß Ursachen genug, sie dafür zu halten: also hoffte er, daß sie am würksamsten zum Schweigen gebracht werden könnten, wenn es durch eine offene Ausstellung der wahren Meynung Osianders an den Tag käme, daß sie ihn entweder nicht recht verstanden, oder ihm eine falsche Meynung angedichtet hätten. Doch es ist sehr glaublich, daß ihm Osiander selbst den Wunsch bezeugte, die Sache dahin eingeleitet zu sehen, und daraus erhellte freylich, wie wenig der Mann das Licht scheute! Aber es erhellt eben so deutlich daraus, und es erhellt aus der Art, womit er nun seine Meynung öffentlich darlegte, noch deutlicher, daß es ihm nicht darum zu thun war, einen weiteren Streit abzuschneiden, sondern recht angelegen darum zu thun war, es zu einem weitern, aber nur zu einem offenen, einzuleiten.

Im October des J. 1550 gab Osiander seine Disputation von der Rechtfertigung heraus[24], worinn er würklich seine Ideen darüber in dem Zusammenhang, in den sie sich in seinem Kopf geordnet hatten, mit einer Offenheit auslegte, die sich auch nicht zu der schwächsten Milderung desjenigen, was darinn anstössig seyn könnte, herabgelassen hatte. Sie waren nicht nur in dieser Disputation von der Seite dargestellt, von wel- [illegible] chen

[illegible]

wohl erst nach seiner Disputation, aber der Herzog mochte vielleicht schon früher etwas davon geäussert haben, denn Osiander schrieb schon im Junius dieses Jahrs: Quidam eo rabiosius mihi detrahunt, quia metuunt, ne fiam Episcopus. S. Hommel p. 79.

24) Den 24. Octbr. wurde sie öffentlich von ihm vertheidigt. Ausser der lateinischen schon angeführten Ausgabe kam sie im J. 1552. auch deutsch unter dem Titel heraus: Eine Disputation von der Rechtfertigung des Glaubens. 4. wornach sie Arnold in seiner Kirchen- und Kezer-Historie P. II. L. XVI. cap. 24. p. 333. und Additam. p. 1129. abdrucken ließ.

cher ihr Wiederspruch mit der bißher gewohnten Lehrform am sichtbarsten und am härtesten auffallen mußte, sondern Osiander hatte selbst hin und wieder auf diesen Wiederspruch aufmerksam gemacht, wiewohl er sich das Ansehen gab, als ob es ihm bloß um die Vertheidigung der reinen lutherischen Lehre dabey zu thun sey. Er hatte überdiß seine Vorstellungs-Art von der Rechtfertigung noch mit andern der seltsamen Meynungen, die ihm eigen waren, und schon an sich Aufsehen erregt hatten, in Verbindung gebracht, also seinen Gegnern mehr als eine Seite hingeboten, von der sie sich gereizt fühlen mußten, ihn anzugreifen; mithin läßt sich gar nicht zweifeln, daß die Disputation seiner eigenen Absicht nach nichts als das Signal seyn sollte, wodurch er seine Gegner auf den Kampf-Plaz herausforderte, und herausfordern wollte.

Diese Absicht erreichte er nun freylich sehr vollständig, und selbst vollständiger, als er gewünscht haben möchte. Der Streit wurde von jezt an offen genug geführt, denn fast die ganze lutherische Kirche nahm darinn Parthie und gegen Osiandern Parthie! Damit aber die Geschichte dieses häßlichen Streits so kurz als möglich zusammengedrängt werden kann, so wird es am besten seyn, zuerst die Punkte genau zu fixiren, über welche er geführt, oder die wahre Meynungen Osianders, worüber gestritten wurde, in ihr gehöriges Licht zu sezen. Das historische der verschiedenen Wendungen, welche der Streit nahm, darf alsdenn nur als Nebensache betrachtet und behandelt werden; durch jene vorläufige genauere Darstellung seiner Meynungen erhält man aber auch den Vortheil, daß man die Gründe, mit welchen von beyden Seiten dafür und dawieder gekämpft wurde, nicht mehr auszuführen nöthig hat. Man wird nehmlich schon dadurch am gewissesten in den Stand gesezt, das treffende und das nicht-treffende dieser Gründe,

oft

oft schon mit dem ersten Blick richtig zu beurtheilen. Eine wahre Darstellung von den Meynungen des Mannes ist hingegen allerdings durch ihn selbst, durch die mystische Dunkelheit, in die er sie zuweilen verhüllte, und durch das falsche oder doch übertriebene Ansehen von Wichtigkeit, das er ihnen gab, noch mehr aber durch die vorsezliche und unvorsezliche Verfälschungen seiner Gegner sehr erschwehrt worden: doch findet man sie schon sehr vollständig in dieser Disputation und in einer andern Hauptschrift, nehmlich in dem Bekänntniß oder in der Konfession beysammen, die er im folgenden Jahr 1551 herausgab 25).

Kap. II.

Alle Vorstellungen Osianders in der Lehre von der Rechtfertigung liefen zwar in der schon angegebenen Grund-Idee zusammen, daß der Mensch dabey nicht bloß Vergebung der Sünden erhalte, oder von Gott als gerecht und schuldlos erklärt, sondern würklich gerecht und schuldlos gemacht werde; dabey aber — diß muß zuerst gesagt werden — längnete er gar nicht, und wollte nicht läugnen, daß auch das erste mit dem Menschen vorgehe; daß er auch von Gott loßgesprochen, und allein um Christi und seines Verdienstes willen loßgesprochen werde: hingegen behauptete er dabey, daß diese Loßsprechung uns nichts helfe, biß dasjenige, was die Schrift unsere Rechtfertigung nenne, mit uns vorgegangen, daß diese lezte etwas ganz anders sey, und daß sie mit der ersten weder in einer Causal-Verbindung, noch in einer Zeit-Verbindung stehe.

Diß liegt auf das deutlichste in einer Stelle aus seinem Bekänntniß, die zugleich schon einigermassen den Un-

25) Von dem einigen Mittler Jesu Christo und von der Rechtfertigung Bekenntniß Andr. Osiander. Königsberg 1551. in 4.

Unterschied aufdeckte, den Osiander zwischen der einen und zwischen der andern annahm. „Es ist, sagt er hier, „offenbar, daß alles, was Christus als der getreue „Mittler, um unsertwillen durch die Erfüllung des Ge„sezes und durch sein Leyden und Sterben mit Gott sei„nem himmlischen Vater gehandelt hat, das ist vor „1510. Jahren und länger geschehen, da wir noch nicht „gebohren gewesen sind. Darum kann es eigentlich zu „reden nicht unsere Rechtfertigung gewesen seyn, oder „genannt werden, sondern unsere Erlösung und Ge„nugthuung für uns und für unsere Sünde. Denn wer „gerechtfertigt soll werden, der muß glauben, soll er „aber glauben, so muß er schon gebohren seyn, und le„ben. Darum hat Christus uns, die wir jezt leben „und sterben, nicht gerechtfertigt; aber erlößt sind wir „dadurch von Gottes Zorn, Tod und Hölle. — Das „ist aber wahr und ungezweifelt, daß er uns durch die „Erfüllung des Gesezes und durch sein Leyden und Ster„ben von Gott, seinem himmlischen Vater diese grosse „und überschwengliche Gnade verdient und erworben hat, „daß er uns nicht allein die Sünde hat vergeben, und „die unerträgliche Bürden des Gesezes von uns ge„nommen, sondern uns auch durch den Glauben an Chri„stum will rechtfertigen, die Gerechtmachung oder die „Gerechtigkeit eingiessen, und durch Würkung seines „heiligen Geistes, und durch den Tod Christi, darein „wir durch die Taufe einverleibet sind, die Sünde, so „uns schon vergeben, aber doch in unserem Fleisch noch „wohnet und anklebet, tödten, ausfegen und ganz ver„tilgen, sofern wir nur folgen. Darum ist nun der an„dere Theil des Amts unseres lieben und getreuen Herrn „und Mittlers Jesu Christi, daß er sich jezo zu uns „herumwendet, und mit uns armen Sündern, als mit „der schuldigen Parthey auch handle, daß wir solche „grosse Gnade erkennen, und durch den Glauben mit

„Dank annehmen, auf daß er uns durch den Glauben „von dem Tod der Sünde lebendig und gerecht mache, „und die Sünde so schon vergeben ist, aber doch noch in „unserem Fleisch wohnet und anklebet, in uns ganz und „gar abgetödtet und vertilgt werde. Und diß ist aller„erst der Handel unserer Rechtfertigung."

In dieser Stelle glaubt man wohl auch schon zu sehen, was sich Osiander unter der Rechtfertigung dachte; und im allgemeinen läßt sich sein Begriff davon würklich sehr richtig daraus abziehen; aber seine besondere Vorstellung von der Art und Weise der Rechtfertigung kann nur zum Theil daraus erkannt werden, denn eine seiner eigenthümlichen Haupt-Ideen darüber ist nicht darinn ausgedrückt. Und doch ist es diese, die über den Zusammenhang seiner Ideen, und auch wohl über den Weg, auf welchem er zu der einen nach der andern kam, das meiste Licht verbreiten kann.

Diese herrschende Haupt-Idee des Mannes über die Art und Weise der Rechtfertigung lief mit einen Wort darauf hinaus, daß es die **wesentliche Gerechtigkeit** — Justitia essentialis — Gottes selbst sey, durch welche ein Mensch gerecht, oder durch deren Mittheilung er gerecht gemacht werde. Unter dieser wesentlichen Gerechtigkeit verstand er aber nichts anders als Christum selbst, der sich durch eine Art von mystischer Vereinigung mit dem Menschen verbinde, gleichsam ganz in ihn übergehe, und ihm nicht nur sein Verdienst zueigne, sondern der Kraft und dem Wesen nach in ihm lebe und wohne, und selbst in gewissem Verstand ein Fleisch mit ihm werde. Diß, behauptete er, mache allein das wesentliche von dem Proceß aus, durch welchen der Mensch wiedergebohren und erneuert werde, denn alles, was nun weiter mit ihm vorgehe, fliesse nur unmittelbar davon aus. Indem sich Christus selbst dem Menschen mittheile, so gebe er ihm auch alles, was er selbst habe.

Durch

durch Christum, der in ihm wohne, werde nun auch der Leib der Sünde bey ihm zerstört, und der alte Mensch getödtet. Mit Christo werde ihm auch der heilige Geist gegeben, durch diesen die Liebe Gottes in sein Herz ausgegossen, und das irrdene Gefäß, in das dieser Schaz einmahl gelegt worden sey, mit überschwänglicher Kraft Gottes erfüllt. Als das Mittel oder medium, durch welches diese Mittheilung Christi und seiner wesentlichen Gerechtigkeit an den Menschen erfolge, gab er den Glauben an; aber diese Weise der Rechtfertigung selbst, sagte er, werde so deutlich und bestimmt in der Schrift beschrieben, daß derjenige gewiß den Nahmen eines Theologen nicht verdiene, und wenigstens im Herzen ein Zwinglianer seyn müsse, der in dem Wahn stehe, daß der Mensch auf eine andere Art gerecht werden könne!

Diese Vorstellung kann fast wörtlich aus den folgenden Säzen seiner Disputation gezogen werden, in denen zugleich die Schriftstellen angegeben sind, aus denen er sie geschöpft haben wollte.

S. 16. "Der Glaube, der da gerecht macht, ist allzeit mit einer Synecdoche zu verstehen, nehmlich, daß er sein Objekt, welches Christus ist, in sich schließt, der uns von Gott zur Weißheit, Gerechtigkeit, Heiligung und Erlösung gemacht ist.

S. 19. Darum macht der Glaube gerecht, nicht als eine Geschicklichkeit, auch nicht als eine relatio, auch nicht als eine Tugend mit irgend seiner Würdigkeit, sondern allein, daß er Christum ergreift und mit uns vereinigt."

S. 22. 26. 27. Die Gerechtigkeit, die uns geschenkt und dargereicht wird, heißt nicht darum Gottes Gerechtigkeit, weil sie vor Gott gälte und uns ihm angenehm machte, sondern weil sie wahrhaftig Gottes, nehmlich Christi Gerechtigkeit ist, der aus dem gerechten Vater von

von Ewigkeit her ein gerechter Sohn gebohren. Und ist die Gerechtigkeit des Vaters, des Sohnes und des Geistes einerley Gerechtigkeit, die uns in Christo mitgetheilt wird.

S. 39. In Christo wohnet die ganze Fülle der Gottheit leibhaftig, und folglich auch in denen, in welchen Christus wohnt.

S. 41. Und daß diß also geschehen soll, diß hat er uns zugesagt und versprochen: Wer mein Fleisch isset und trinket mein Blut, der bleibet in mir, und ich in ihm Joh. VI. Item: So mich jemand liebet, der wird mein Wort halten, und mein Vater wird ihn lieben, und wir werden kommen und Wohnung bey ihm machen. Joh. XIV.

S. 45. Er vermahnet uns auch fleissig, daß wir in ihm bleiben, und spricht: Ihr seyd rein um des Worts willen, das ich euch gesagt habe: Bleibet in mir, und ich in euch. Joh. XV.

S. 47. Daher rühmet sich auch der heilige Paulus und spricht kühnlich: Ich lebe, aber nun nicht ich, sondern Christus lebet in mir. Gal. II.

S. 53. Also sind wir mit seiner wesentlichen Gerechtigkeit gerecht: man wird ihn nennen, Jehova, der unsere Gerechtigkeit ist. Jerem. 23. und 33.

S. 56. Daher leben wir mit seinem wesentlichen Leben, und werden auch hinfüro leben, wie er spricht: Gleichwie mich der lebendige Vater gesandt hat, und ich lebe um des Vaters willen: also wer mich isset, derselbige wird auch leben um meinetwillen.

S. 58. Aber das Fleisch Christi essen, und sein Blut trinken, heißt an diesem Ort nichts anders, als glauben, daß er unsere Sünde an seinem Leib geopfert habe — aber also, daß wir durch diesen Glauben mit ihm ein Fleisch werden, und mit seinem Blut von Sünden gereinigt werden.

§. 59. Daher sind wir mit seiner wesentlichen Göttlichkeit herrlich, denn der da bittet: Vater! mache mich herrlich mit der Herrlichkeit, die ich bey dir hatte, ehe die Welt war! derselbige spricht auch: ich habe ihnen gegeben die Herrlichkeit, die du mir gegeben hast. Joh. 17. Denn welche er hat berufen, die hat er auch gerecht gemacht, und welche er hat gerecht gemacht, die hat er auch herrlich gemacht. Röm. VIII.

§. 65. Wir haben aber solchen Schaz in irrdischen Gefässen, auf daß die überschwengliche Kraft sey Gottes und nicht von uns. 1. Kor. IV.

§. 66. Doch der Tod Christi, in dem wir durch die Taufe gepflanzt sind, ist auch kräftig in uns zu verstören den Leib der Sünden und zu tödten den alten Menschen, wie geschrieben ist: So Christus in euch ist, so ist der Leib todt um der Sünde willen. Röm. VI. Eph. IV.

§. 67. Ein jeglicher Geist, der nun bekennet, daß Jesus Christus auf diese Weise gekommen sey, und noch komme in unser Fleisch, der ist von Gott. 1. Joh. IV.

§. 68. Und ein jeder Geist, der nicht bekennet, daß Jesus Christus auf diese Weise gekommen sey in unser Fleisch, der ist nicht aus Gott, und der ist der Geist des Antichrists, von dem ihr gehört habt, daß er kommt, und er ist schon jezt in der Welt.

§. 69. Derhalben irren die, so weit der Himmel ist, sind auch in keinem Weg des Nahmen eines Theologen würdig, so viel ihrer und so groß sie auch sind, die da meynen, wir können mit andern Dingen, denn mit demjenigen lebendigen Gott, Vater, Sohn, der Mensch ist worden, und heiligen Geist, gerecht, lebendig und herrlich gemacht werden.

§. 70. Und wer diese Weise unserer Rechtfertigung nicht hält, er bekenne gleich mit dem Munde, was er wolle,

wolle, so ist doch gewiß, daß er Zwinglisch ist im Herzen: denn es ist unmöglich, daß der sollte glauben, daß der wahre Leib Christi im Brod und sein wahres Blut im Kelch sey, der nicht glaubet, daß Jesus Christus wahrhaftiglich in dem christlichen Menschen wohne.

§. 73. Es lehren auch diejenige kältere Dinge, denn das Eiß, welche da lehren, daß wir allein um der Vergebung der Sünden willen für gerecht geachtet werden, und nicht auch zugleich wegen der Gerechtigkeit Christi, der durch den Glauben in uns wohnet.

§. 74. Denn Gott ist nicht so ungerecht, noch ein solcher Liebhaber der Ungerechtigkeit, daß er den für gerecht halte, in welchem ganz und gar von der wahren Gerechtigkeit nichts ist, wie geschrieben steht: du bist nicht ein Gott, dem gottloß Wesen gefällt. Ps. 55.

§. 75. Und solche predigen nicht die Gerechtigkeit Gottes, sondern sie liebkosen und heuchlen schändlich dem Haufen, der mit Sünden also befleckt ist, daß Gott in ihnen weder wohnen will noch soll, damit sie nicht gewahr werden, daß sie noch auf das allerweiteste von dem Reich Gottes entfernt sind.

§. 76. Denn die Gerechtigkeit Christi wird ja wohl uns zugerechnet, aber doch nicht, denn wenn sie in uns ist, wie geschrieben steht: Gott hat den, der von keiner Sünde wußte, für uns zur Sünde gemacht, auf daß wir würden in ihm die Gerechtigkeit, die vor Gott gilt. 1 Kor. V."

Zu der vorläufigen Darstellung der Osiandrischen Meynung selbst gehört jezt weiter nichts mehr, als die Erwähnung von zwey Hülfs-Hypothesen, die er wenigstens immer sorgfältig benußte, um mehr scheinbare Konsistenz in seine Rechtfertigungs-Lehre hineinzubringen, wenn er sie auch nicht absichtlich dazu erfunden hatte. Die eine dieser Hypothesen betraf die Lehre von dem Ebenbild Gottes, nach welchem der erste Mensch erschaffen worden sey; durch die andere aber glaubte er die Würkung sehr natürlich erklären zu können, die er dem Glauben in seiner Rechtfertigungs-Theorie zuschrieb.

Jenes Ebenbild Gottes, behauptete Osiander, sey nichts anders gewesen, als die ganze verherrlichte Substanz der menschlichen Natur Christi, oder das Ideal dieser Substanz, die zwar damahls noch nicht würklich, aber doch auf eine unaussprechliche Art von Ewigkeit her in dem Verstand und in der Idee Gottes gewesen sey. Daraus folgerte er dann einmahl, daß Christus auf alle Fälle entschlossen gewesen sey, Mensch zu werden, oder sich mit der menschlichen Natur zu vereinigen, und also höchstwahrscheinlich, wenn auch Adam nicht gefallen und die Sünde nicht in die Welt gekommen wäre, dennoch als Mensch erschienen seyn würde, weil ja wohl das Ideal seiner in die Verbindung mit der Gottheit aufzunehmenden Menschen-Natur in dem göttlichen Verstand auch zur Realität prädestinirt gewesen sey. Ueber dieser lezten Behauptung, daß Christus wahrscheinlich Mensch geworden seyn würde, wenn auch Adam nicht gesündigt hätte, wollte man ihn zuerst in einen eigenen Streit verwicklen, allein da er sie nur als Vermuthung vortrug, und den Gegnern, die ihn deßhalb anfielen, vordemonstrirte, daß schon vor ihm mehrere Theologen, vor deren Nahmen sie erschracken, diese Vermuthung auch geäussert hätten 26), so ließ man diesen Streit-Punkt

26) Die Hauptschrift Osianders über diese Materie, aus der die gegebene Vorstellung von seiner Meynung darüber genommen ist, erschien zu Königsberg unter dem Titel: An filius Dei fuerit incarnandus, si peccatum non introivisset in mundum? item de imagine Dei, quid sit? ex certis et evidentibus S. S. testimoniis et non ex philosophicis et humanae rationis cogitationibus depromta explicatio. Monte regio Prussiae. 1550. in 4. In dieser Schrift behauptet Osiander wörtlich: Dicit Deus, hominem facturum ad similitudinem suam &c. ut scilicet homo talis fieret, qualis

Punkt von selbst wieder fallen: Osiander aber zog ungehindert aus seiner Hypothese über diß Ebenbild Gottes noch eine andere Folge, wodurch er sie in eine nähere Verbindung mit seiner Lehre von der Rechtfertigung brachte. Wenn diß Ebenbild Gottes, schloß er nun, zu welchem und nach welchem der erste Mensch geschaffen wurde, nichts anders war, als die Substanz der durch die Vereinigung mit der Gottheit verherrlichten Menschen-Natur Christi, und wenn es jezt in dem Zustand, in den wir gerathen sind, nur darauf ankommt, daß wir nach dem Ausdruck der Schrift zu diesem durch die Sünde verlohrenen Ebenbild Gottes wieder erneuert werden müssen, so kann diß nicht anders geschehen, als dadurch, daß Christus nach seiner Substanz sich wieder mit uns ver-

qualis Christus secundum humanam naturam in mente Dei praedestinatus esset. E. 3. Imago Dei esse nulla ratione potuisset, si filius Dei homo Jesus Christus nasciturus nunquam fuisset. H. 1. Non debet imago Dei intelligi nisi de Verbo incarnato. C. 3. Aber der Mann rühmte sich dabey sogar, sese rem tantam *hactenus* a *nemine* post Apostolos recte explicatam in lucem produxisse — und sezt hinzu — Lutherum quidem vidisse aliquid, sed non serio intendisse animum ut uberius explicaret. E. 2. Er gab diese Schrift in der Absicht heraus, um die falsche Vorstellungen zu beschämen und zu wiederlegen, welche seine Feinde in Königsberg von seiner Meynung, die er hin und wieder in seinen Vorlesungen geäussert hatte, absichtlich unter dem Volk ausgestreut hatten, um ihn in einen schlimmeren Kezer-Geruch zu bringen; denn sie hatten ihm z. B. nachgesagt, daß er gelehrt haben sollte, Christus würde nicht nur Mensch geworden seyn, sondern hätte auch leyden und sterben müssen, wenn auch Adam niemahls gesündigt hätte. Diese Absicht gelang ihm nicht übel, denn in Königsberg ließ man ihn nun deßhalb in Ruhe, da er in dieser Schrift bewiesen hatte, daß schon die gelehrteste und angesehenste von den älteren Scholastikern, wie Alex. von Hales, Bonaventura, Thomas von Aquin, Gabr. Biel und auch noch Picus von Mirandola das nehmliche gelehrt und behauptet hätten: doch kam im folgenden Jahr noch eine Schrift gegen seine Meynung unter dem Titel heraus: De incarnatione Christi conclusiones quaedam contra novam inutilem et impiam opinionem Andr. Osiandri, asseverantis, Christum oportuisse fieri hominem, etiamsi Adam lapsus non fuisset, scriptae a Joanne Placotomo (Bredtschneider) Lubec. 1552. 8.

vereinigt, und durch diese Substanz, in welcher die Fülle der Gottheit leibhaftig wohnt, auch die unsrige verherrlicht, nachdem er sie vorher eben dadurch wieder gerecht und lebendig gemacht hat. Eine blosse Zurechnung seiner Gerechtigkeit würde uns jenem Bilde Gottes noch nicht wieder ähnlich machen, wenn wir nicht auch seine wesentliche Gerechtigkeit mit ihm selbst bekämen; folglich kann unsere Rechtfertigung nicht bloß in jenem, sondern sie muß auch darinn bestehen, daß uns Christus selbst, mit allem was er ist, und was er hat, mitgetheilt wird.

Dadurch kam eine Art von scheinbarem Zusammenhang in die Ideen des Mannes, die nun selbst das Ansehen einer nothwendigen Verbindung dadurch erhielten; denn sobald man seine Hypothese vom Ebenbild Gottes annahm, so konnte er schon wenigstens darauf bestehen, daß man die Art und Weise der Veränderung, welche er die Rechtfertigung nannte, doch immer unter diesem oder unter einem andern Nahmen gerade so denken müsse, wie er sie beschrieben habe. Um aber seine Vorstellung davon auch noch von einer andern Seite her zu sichern, von der sie seinem eigenen Gefühl nach am meisten abstossendes hatte, nahm er noch eine zweyte Hypothese zu Hülfe, bey der nur der schlimme Umstand eintrat, daß sie sich nicht so leicht verständlich machen ließ.

Osiander nahm es über sich, eine gewissermassen physische Erklärung auch davon zu geben, wie Christus mit seiner wesentlichen Gerechtigkeit dem Menschen mitgetheilt und zwar durch den Glauben mitgetheilt werde, denn er empfand lebhaft, daß er eine Antwort auf die natürliche Frage bereit halten müsse, wie und was der Glaube dabey würken könne? Diese Erklärung und diese Antwort fand er in folgenden Voraussezungen, die sich in seinem Kopf ohne Schwürigkeit an einander reyhten. Der Glaube, sagte er, hat es zwar zunächst mit dem

Evan-

Evangelio oder mit dem Wort Gottes in diesem zu thun: aber bey dem Evangelio muß man nicht nur das äussere und das innere Wort, sondern auch wiederum ein zweyfaches inneres Wort unterscheiden. Das äussere Wort ist nichts anders als der leere Schall, der wieder verschwindet, sobald er in die Ohren gebracht ist, der Sinn hingegen, der in diß äussere Wort eingeschlossen, die Wahrheit, die darinn gehüllt ist, kann mit Recht das innere Wort heissen, das eben so durch den Glauben, wie das äussere Wort mit dem Gehör aufgefaßt werden muß, und aufgefaßt wird. Nun ist aber mit diesem inneren Wort des Evangelii, mit den Ideen, die dadurch in unsern Verstand und mit den Wahrheiten, die dadurch in unser Herz gebracht werden, immer noch ein zweytes inneres Wort verbunden, das kein anderes, als das wesentliche Wort des Vaters, also kein anderes als Christus selbst ist, der ja eben deßwegen in der Schrift der Logos oder das Wort genannt wird. Indem nun der Glaube nach seiner Natur das eine innere Wort, oder die Wahrheiten auffaßt, die uns im Evangelio mitgetheilt werden, so faßt er durch den nehmlichen Actus auch das andere innere Wort auf, das unzertrennlich mit jenem verknüpft ist, und so wird Christus durch den Glauben in unser Herz gebracht [27]).

Was

27) Diese seltsame Meynung des Mannes liegt wenigstens wörtlich in folgenden Stellen seiner Schriften: "Wir hören erst„lich, sagt er in seinem Bekenntniß C. 3. "das äusserliche Wort „in den menschlichen Sprachen, „das da wieder verschwindet in „unsern Ohren; wenn wir aber „das innerliche Wort das dar„unter verborgen ist, verstehen, „merken und behalten, biß wir „es auch glauben, so ergreifen „wir durch den Glauben eben „dasselbe innerliche Wort, das „zugleich wahrer Gott und Mensch „ist, und es bleibet und wohnet „in uns.". "Das Wort Got„tes, sagt er in eben diesem Bekenntniß C. 4. "ist Gott selbst; „und was nicht Gott ist, das „kann auch nicht sein Wort seyn." Daß er aber doch ausser diesem inneren wesentlichen Wort Gottes noch ein anderes inneres Wort annahm, oder den Sinn,

Was jezt aus dieser Darstellung der Meynungen Osianders am sichtbarsten hervorgeht, diß ist unstreitig das, daß der Mann durch seinen Hang zum sonderbaren, und durch sein eitles Streben, sich alles von einer eigenen Seite her vor das Auge zu bringen, sehr tief in den Mysticismus hineingerathen war, so wenig er sonst Temperaments- und Geistes-Anlage dazu hatte. Diß deckt sich nicht nur aus seinen Meynungen selbst, sondern es deckt sich besonders auch dadurch auf, weil auch ihn der Einfluß des Mysticismus gegen die Logik des gesunden Menschen-Verstands allmählich so verhärtet hatte, daß er in allem Ernst glaubte, etwas undenkbares durch etwas undenkbares erklären zu können [28]). Aber eben so sichtbar geht auch das wahre Verhältniß seiner Haupt-Meynung über die Rechtfertigung zu der in der übrigen lutherischen Kirche darüber gewöhnlichen Lehrform daraus hervor, und eben so klar deckt es sich auf, daß die Verschiedenheit seiner Meynung von dieser zwar nicht ganz, aber doch grossen Theils nur in den Ausdrücken lag.

Nahm man bloß die Lehre von der Rechtfertigung allein und ausser der Verbindung, in der sie mit den übrigen Lehren von der sogenannten Heils-Ordnung stand,

der im äusseren Wort eingeschlossen liege, auch zuweilen das innere Wort nannte, diß erhellt aus einer Stelle aus der heftigen Schrift, die er im J. 1551. unter dem Titel Schmeckbier herausgab, "denn, sagt er hier „E. 3. die Stimme der Propheten „ist das äussere Wort, der Sinn „aber und der Verstand dieser „Stimme ist das innere." Am ehrlichsten unter allen Gegnern Osianders stellten wohl die Prediger zu Hamburg in ihrem Bedenken auf seine Konfession diese Meynung dar, aus der man oft gar seltsame Schwärmereyen herausgefolgert hat. S. Responsio Ministrorum ecclesiae Hamburgensis et Luneburgensis ad Confessionem Andr. Osiandri (1552.) F. 2.

28) Er glaubte es beynahe physisch erklärt zu haben, wie Christus durch den Glauben vermittelst des Worts ergriffen werden könne, mit dem er vereinigt sey, und ließ sich nicht einfallen, daß die Vorstellung von einer Vereinigung Christi mit dem Wort das undenkbarste von allem undenkbaren sey.

stand, so war allerdings der Unterschied höchstauffallend, der zwischen der Vorstellung Osianders und zwischen der Vorstellung der übrigen lutherischen Theologen darüber statt fand: allein sobald man ihre Meynungen über die ganze Heils-Ordnung mit einander verglich, so verschwand der Unterschied fast ganz, und es zeigte sich, daß sich bloß jede Parthie verschiedener Benennungen zu Bezeichnung der nehmlichen Sachen bediente.

Osiander läugnete ja nicht, daß dasjenige, was die andere Theologen Rechtfertigung nannten, ebenfalls mit jedem Menschen, der selig werden sollte, vorgehen müsse, oder schon vorgegangen sey, sondern behauptete nur, daß es in der Schrift nicht unter dem Nahmen der Rechtfertigung begriffen sey, und schicklicher durch den Nahmen der Erlösung bezeichnet werden könne.

Um etwas wich er hier allerdings auch in Ansehung der Sache selbst von der gewöhnlicheren Vorstellung ab, denn er schien anzunehmen, daß dasjenige, was die andere Theologen die Rechtfertigung nannten, nicht als eine besondere Handlung Gottes, die mit jedem einzelnen Menschen vorgenommen werde, sondern als ein das ganze Menschen-Geschlecht auf einmahl umfassender und im Augenblick des Todes Jesu vollzogener Actus betrachtet werden müsse, durch welchen alle Sünder mit einemmahl um Christi willen von ihm loßgesprochen und begnadigt worden seyen. Die gewöhnliche Theorie von der Rechtfertigung behauptete hingegen, daß die Loßsprechung und Begnadigung eines jeden einzelnen gleichsam erst in dem Augenblick erfolge, in welchem er das Verdienst Christi im Glauben ergreiffe: allein, wer konnte sich verhelen, daß seine Abweichung in diesem Punkt doch grossentheils auch nur scheinbar, und in jedem Fall sehr unbedeutend sey. Auch bey der gewöhnlichen Theorie nahm man doch ebenfalls an, daß in dem göttlichen Rathschluß die Begnadigung des ganzen Menschen-Geschlechts in dem Augenblick des Todes Jesu gleichsam vollzogen worden sey; wenn man aber dazusezte, daß man sich vorstellen müsse, dieser Begnadigungs-Rathschluß gehe bey einem jeden einzelnen Menschen erst alsdenn in seine Kraft über, wenn dieser glaubig geworden sey, so wollte man damit bloß sagen, daß man glauben müsse, um jener Wohlthat der Begnadigung würklich theilhaftig zu werden. Wenn also Osiander nur auch diß lezte einräumte, und zugleich einräumte, das uns die Begnadigung allein durch Christum und durch das Verdienst seines thätigen und seines leydenden Gehorsams erworben worden sey, so kam er doch in den Haupt-Ideen über die Sache selbst völlig mit den andern Theologen überein. Daß er aber das eine so unzweydeutig als das andere annahm, diß mußten seine Gegner selbst eingestehen [29].

Auf der andern Seite hingegen läugneten ja auch die andere Theologen nicht, daß dasjenige, was er die Rechtfertigung nannte, ebenfalls mit jedem Menschen, der selig werden sollte, vorgehe und vorgehen müsse, sondern sie behaupteten nur, daß es nicht unter dem Nahmen der Rechtfertigung in der Schrift begriffen sey, son-

29) Auch in solchen Stellen, wo Osiander seine Meynung daraber am härtesten darzulegen scheint, drückt er sich doch auf eine solche Art aus, daß das unbedeutende der Verschiedenheit zwischen seiner und der gewöhnlichen Vorstellung auffallend sichtbar wird. So sagt er zwar in seiner Confession: Magna differentia est inter redemtionem et Justificationem. F. 2. aber eben daselbst sagt er auch: Impletione sua legis, morteque sua pro peccatis nostris effecit Christus atque impetravit remissionem peccatorum, jam verbo inclusam, quam cum vera fide apprehenderimus, tunc justificamur. B. 3. An einem andern Ort drückt er sich folgendermassen darüber aus: Reconciliatio nostra et justificatio mente discernenda sunt. Aliud est, quod Christus apud Patrem suum coelestem nostro nomine egit, ut nobis peccata dimittantur. Et aliud est, quod se ad nos convertens nobiscum agit, ut peccato moriamur, et justitiam apprehendamus. S. Serm. super Rom. VI. B. 3.

sondern von dieser durch die Ausdrücke: Wiedergeburt, Erneuerung und Heiligung bezeichnet werde.

Unstreitig beschrieb zwar auch hier Osiander die Art und Weise seiner Rechtfertigung etwas anders, als sie die Art und Weise ihrer Wiedergeburt und Heiligung beschrieben. Sie nahmen nur eine ausserordentliche Würkung des heiligen Geistes als die würkende Ursache dieser Veränderungen an; er hingegen stellte sie als Folgen einer übernatürlichen Vereinigung Christi mit dem Menschen vor, wobey das innerste seiner Natur gewissermassen von der Substanz der Gottheit durchdrungen, durch diese alles böse und unreine darinn wie vom Feuer verzehrt, und das ursprüngliche Ebenbild Gottes durch eine neue Schöpfung in ihm wiederhergestellt werde. Die bildlich-sinnlichen Ausdrücke, deren er sich dabey bediente, die Redens-Arten von einer körperlichen Einwohnung Christi im Menschen, und von einem Leben Christi in seinem Fleisch konnten auch sehr leicht zu sehr irrigen und fanatischen Vorstellungen führen, wenn sie nicht mit weiser und bescheidener Enthaltsamkeit angewandt wurden [30]. Es war auch nicht unwahrscheinlich, daß die Phantasie Osianders krassere Begriffe damit verbunden hatte, als sich die vorsichtigere von Melanchton gebildete Dogmatik der übrigen lutherischen Theologen erlaubte

30) Eine höchst starke Stelle dieser Art kommt in seiner Schrift gegen Melanchton Refutat. Philip. E. 4. "Deus per fidem ex gratia habitat in uobis, tanquam in membris Christi, sicut in Christo tanquam capite nostro habitat. Et propter hanc *Unionem*, quod nos tanquam membra Christi in Christo a Deo assumti sumus, quod tam sublimi modo nobiscum unitus est et in nobis habitat, Angeli nos pro suis Dominis agnoscunt, et libenter nobis ministrant." Doch einer der Anhänger Osianders, der Prediger Sciurus (Eichorn) in Königsberg hatte sich sogar auf der Kanzel des Ausdrucks bedient: "Eben so, wie der Vater im Sohn, und der Sohn im Vater wohne, so wohne er auch in uns, weil wir Fleisch von seinem Fleisch seyen." S. Wigand de Osiandrismo p. 19.

erlaubte. Allein es waren doch immer Redens-Arten und Ausdrücke, welche er aus der Schrift selbst genommen hatte! von einer Vereinigung des Menschen mit Gott — Von einer Unione mystica zwischen Christo und den Glaubigen — hatte auch Luther oft genug gesprochen! durch den bezeichnenden Ausdruck selbst, den man für diese Union erfunden hatte, gab man deutlich genug zu erkennen, daß man dabey nicht bloß an eine moralische Verbindung gedacht haben wolle! Eine wahre und würkliche Mittheilung Christi, seines Leibes und seines Blutes an den Menschen behauptete man in der Lehre vom Abendmahl als den wichtigsten Artikel des lutherischen Lehrbegriffs! Ueberdiß war es kaum möglich, über die Begriffe zu streiten, welche man diesen Redens-Arten unterlegen müsse, ohne in ein Labyrinth zu gerathen, aus dem sich, sobald man sich einmahl hinein verlohren hatte, kein Ausgang mehr hoffen ließ [31]. Wollte man aber die eigene Vorstellung Osianders über die Art und Weise jener in dem Menschen zu bewürkenden Veränderungen bloß von der Seite des unerkärlichen und unfaßlichen angreiffen, das sie der Vernunft anböte, so konnte er sich leicht durch eine sehr gerechte Retorsion vertheidigen, denn es war wahrhaftig nicht viel erklärlicher, wie sie nach der Meynung der übrigen Theologen durch die Einwohnung des heiligen Geistes im Herzen des Menschen, als wie sie nach der Meynung Osianders durch die Einwohnung Christi in ihm bewürkt werden könnten. Auch

31) Diß fühlte selbst Flacius, daher bricht er bey diesem Punkt von Christo, als dem inneren wesentlichen Wort Gottes und von seiner Vereinigung mit dem Menschen in den Ausruf aus: "Es gehen mir die Haare zu „Berge, wenn ich nur bedenke, „was für Irrthümer aus solcher „Subtilität erfolgen mögen! „Und halte, es sey nichts bes„seres, denn daß man gar keine „Subtilität von Gott erforsche, „die in Gottes Wort nicht geof„fenbart ist, viel weniger vor „der Gemeinde davon handle!" S. Verlegung der Bekenntnisse Osiandri von der Rechtfertigung — durch Matth. Flac. Illyr. (Magdeburg 1552. 4.) N. ij. b.

Auch hierüber ließ sich also nicht viel streiten; und dieß fühlten auch die Gegner Osianders am lebhaftesten, daher nahmen sie jene andere Hypothesen, die zu seiner besondern Vorstellung von der Art und Weise seiner Rechtfertigung gehörten, immer nur gelegenheitlich mit, verweilten gewöhnlich nur bey einer darunter mit absichtlicher Ausführlichkeit, weil sich aus dieser durch eine leichte Wendung eine alte schon längst verdammte Kezerey herausdrehen ließ, und machten bloß seinen Widerspruch gegen ihren Rechtfertigungs-Begriff zum Haupt-Objekt des Streits: aber wie in aller Welt war es möglich, daß man einem Streit darüber einige Wichtigkeit, und sogar eine dogmatische Wichtigkeit beylegen konnte?

Es konnte ja — dieß ergiebt sich nun auch sonnenklar aus der gegebenen Darstellung der verschiedenen Lehrformen, für welche jede Parthie kämpfte — es konnte höchstens ein grammatisch-exegetischer, oder vielmehr allein ein exegetischer Streit seyn, der sich darüber führen ließ. Man war ja nur darüber uneinig; ob eine Sache oder eine Würkung, welche beyde Partheyen annahmen, in der Schrift-Sprache durch einen gewissen Ausdruck bezeichnet werde, oder nicht? Es war schon sehr unverständig, wenn man im allgemeinen darüber stritt, ob die Sache durch diesen Ausdruck bezeichnet werden könne oder dürfe? Es war sehr albern, wenn Osiander zuweilen behauptete, daß der Begriff, welchen die andere Theologen mit dem Wort rechtfertigen verbanden, sich gar nicht dadurch [32]) ausdrücken [illegible] lasse.

32) Es war mehr als nur albern, es war der höchste Grad der Uebereilung oder vielmehr Verblendung, wenn Osiander zuweilen vorbrachte, daß man von der uns durch Christum erworbenen Vergebung der Sünden nicht den Ausdruck der Rechtfertigung gebrauchen könne, weil ja niemand gerechtfertigt werden könne, der noch nicht gebohren, jene Vergebung aber uns schon [illegible] vor-

lasse, denn selbst wenn sie das Wort erst gemacht oder erfunden hätten, aus welchem Grund hätte er ihnen verwehren können, willkührliche Zeichen für ihre Begriffe zu erfinden, wenn sie nur nicht zu einem unverhütbaren Mißverstand Gelegenheit gaben? Aber es wäre noch alberner gewesen, wenn sie es Osiandern hätten abstreiten wollen, daß das Wort: rechtfertigen: auch so viel heissen könne, als: gerecht machen; denn wer konnte läugnen, daß der Sprach-Gebrauch auch diese Bedeutung und zwar im deutschen wie im griechischen zuließ? Also darüber allein konnte dabey gestritten werden, ob die Schrift das Wort in der Bedeutung, die ihm Osiander gab, oder in dem Sinn der übrigen lutherischen Theologen gebrauche? dieß mußte und dieß konnte allein durch die Exegese ausgemacht werden: aber wenn man es ausgemacht hatte, was war für die Dogmatik gewonnen? und wenn es der Starrkopf Osiander nach allen Gründen, die man ihm vorsagen mochte, doch nicht für ausgemacht halten wollte, was war für jene verlohren?

Damit bestimmt sich das Urtheil voraus, das man über den ganzen Streit fällen kann, aber noch mehr bestimmt sich dadurch das Urtheil, das allein über die Art, wie der Streit geführt wurde, gefällt werden kann. Dieß Urtheil kann für keine von den streitenden Partheyen günstig ausfallen; doch erkennt man aus demjenigen, was bereits von den Meynungen Osianders und von der Art, womit er sie in die Welt hineinwarf, vorgekommen ist, auch schon sehr deutlich, daß der größte Theil des Tadels theils wegen dem Streit selbst, theils wegen dem ganz falsch geleiteten Streit auf ihn zurückfallen

vor funfzehnhundert Jahren durch Christum erworben worden sey. Bey diesem schönen Argument nahm er nehmlich schon als ausgemacht an, was doch eigentlich allein bestritten wurde, daß rechtfertigen nichts anders heissen könne, als gerecht machen.

fallen muß! Einmahl war es ja Osiander, der zuerst die übrige Theologen wegen ihrem Begriff von der Rechtfertigung angriff, und zwar mit eben so viel Uebermuth als Ungerechtigkeit angrif. Er beschuldigte sie nehmlich nicht nur dabey, daß sie bey demjenigen, was sie die Rechtfertigung nennten, von dem Sprachgebrauch der Schrift abgewichen seyen; er warf ihnen nicht nur vor, daß sie dabey einen Schrift-Begriff mit dem andern verwechselt hätten, sondern er stellte zugleich die Sache so vor, als ob sie den wahren Schrift-Begriff der Rechtfertigung weder unter diesem noch unter einem andern Nahmen aufgefaßt hätten, und als ob er also nicht blos über das Wort, sondern über die Sache selbst mit ihnen kämpfen müßte, und dadurch gab er auch dem Streit schon bey seinem Anfang eine ganz falsche Wendung.

Osiander stellte sich ja, als ob er gar nicht wüßte, daß die übrige Theologen dasjenige, was er die Rechtfertigung nannte, unter dem Nahmen der Erneuerung und der Heiligung in ihrer Heyls-Ordnung hätten. Er gab sich in seiner Disputation das Ansehen, als ob er zum erstenmahl in der lutherischen Kirche die große Wahrheit gelehrt hätte, daß der Mensch nicht nur von Gott begnadigt, sondern auch gebessert werden müsse, weil er ohne das lezte eben so wenig seelig werden könne als ohne das erste: aber er gab selbst ganz unverdeckt zu verstehen, daß man bisher in der lutherischen Kirche nichts davon gewußt habe! Dieß lag auf das deutlichste in dem Vorwurf, den er der gewöhnlichen Vorstellungs-Art so oft machte, daß sie nur der Sünde schmeichle, den Sünder sicher mache, und ihm die gefährliche Hoffnung beybringe, auch ohne Besserung zur Seeligkeit gelangen zu können! 33) Dieß lag noch deutlicher in einer Stelle seines Bekänntnisses, worinn er selbst

33) Diß steht wörtlich in dem schon angeführten 74. u. 75. Saz seiner Disputation.

selbst den Punkt fixirt, über welchen zwischen ihm und seinen Gegnern eigentlich gestritten werde. Die streitige Frage zwischen ihnen sagt er hier, sey blos diese: "ob uns Gott, dieweil wir in Sünden und gottlos gebohren sind, mit der That und Wahrheit gerecht mache, und von der Sünde reinige, oder ob er uns „allein von wegen des Glaubens gerecht spreche, so „wir doch nicht gerecht sind, und er uns auch nicht ge„recht mache, sondern lasse uns bleiben, wie wir vorhin „waren, wie die falschen Richter thun?" [34]) Dieß hieß den übrigen Theologen ins Gesicht gesagt, sie hätten bisher gelehrt, daß Gott nicht nur den Menschen um Christi willen für gerecht erkläre, noch ehe er gerecht sey, sondern daß er ihn auch hernach ungerecht lasse, und dennoch seelig mache!

Zu Vorwürfen dieser Art konnte man wahrhaftig nicht schweigen; aber sehr natürlich mußte man sich desto stärker gereizt fühlen, sich dagegen zu vertheidigen, da man es mit so viel Leichtigkeit thun konnte. Selbst wenn sich Osiander nur auf das eingeschränkt hätte, worüber eigentlich allein ein wahrer Streit zwischen ihm und den übrigen Theologen statt fand, selbst wenn er sich blos das Ansehen gegeben hätte, sie belehren zu wollen, daß die Schrift den Ausdruck: rechtfertigen: in seinem und nicht in ihrem Sinn brauche, selbst dann hätte schon sehr viel Enthaltsamkeit von ihrer Seite her dazu gehört, um die Ausforderung zu einem Streit darüber abzulehnen, weil sie wahrhaftig für ihren Sinn des Worts ungleich mehr anzuführen hatten [35]), als er

34) S. Bekenntniß Andr. Os. Mm. 2. Unmittelbar darauf sagt er eben daselbst. "Sie haben die „Verneuerung des inwendigen „Menschen, so durch die Wiedergeburt geschieht, von der „Rechtfertigung hinweggeworfen." Auch in der Vorrede sagt er sehr bitter, daß die bisherige Lehrform die Menschen nur sicher und faul mache zu guten Werken.

35) Es ist unläugbar, daß die meiste Gründe, welche Osiander

er für den seinigen: allein bey den ungerechten Vorwürfen, die er ihnen machte, konnten sie sich auch leicht bereden, daß sie nicht schweigen dürften, und daß sie es nicht nur sich selbst, sondern der Wahrheit und ihrer Lehre schuldig seyen, den Kampf mit ihm aufzunehmen.

Dieß mag alle Theologen, die als Gegner Osianders in diesem Streit auftraten, hinreichend entschuldigen! Es mag selbst die Heftigkeit und die Hize, womit sie sich in den Streit einliessen, einigermassen entschuldigen. Aber dieß kann schwehrlich dadurch entschuldigt werden, daß man geflissentlich den Streit in der falschen Richtung fortführte, die er ihm gegeben hatte, weil man sie am besten gegen ihn brauchen zu können glaubte: diß kann schwehrlich dadurch entschuldigt werden, daß man sich so häufig eine eben so ungerechte Verfälschung und Verdrehung seiner Meynungen erlaubte, als er sich in Ansehung der ihrigen erlaubt hatte, und noch weniger können es mehrere der einzelnen Auftritte werden, auf die man jezt in der folgenden kurzen Geschichte des Ganges, den der Streit nahm, stossen wird.

Kap.

der für seinen Schrift-Begriff von der Rechtfertigung und gegen den gewöhnlichen vorbrachte, sehr elend und oft nichts anders, als blosse Machtsprüche waren. Was war es anders, wenn er Confess. F. 2. sagt: "Horribiliter errant, qui verbum justificare tantum intelligunt pro justum reputare et pronuntiare, et non pro eo, quod est in veritate et reipsa justum efficere. Auch blieb es immer noch blosser Machtspruch, wenn er hinzusezte: Ubi de justificatione fidei agitur, ibi verbum justificare non humano, forensi et sophistico more est intelligendum, sed divino modo. Deus enim non pronuntiat nos solum justos, sed efficit etiam re ipsa. Itaque est philosophicus, carnalis et impraemeditatus sermo, justificare esse verbum forense ac significare, reum judicio absolutum pronuntiare." Seine Ausflüchte, wodurch er den exegetischen Gründen auswich, welche seine Gegner für ihren Begrif vorbrachten, werden noch vorkommen.

Kap. III.

Mit je mehr Feyerlichkeit die öffentliche Disputation angestellt wurde [36]), in welcher Osiander seine Lehre vertheidigen, und seine Gegner nach der Absicht des Herzogs zum Schweigen und zu Anerkennung seiner Rechtgläubigkeit bringen sollte, desto weniger ließ sich hoffen, daß etwas fruchtbares dadurch bewürkt werden könnte. Daß Osiander bey einer solchen Gelegenheit auch nur zum Schein etwas nachgeben würde — wer konnte diß erwarten? daß aber seine Gegner sich von ihm überzeugen lassen würden, daran ließ sich bey der Sache, welche sie gegen ihn zu vertheidigen hatten, noch weniger denken, wenn er ihnen auch an Gelehrsamkeit oder an polemischer Gewandtheit noch so überlegen gewesen wäre! Allein unter den Gegnern, welche bey diesem Anlaß gegen Osiander auftraten, fand sich noch überdiß ein Mann, der ihm gewiß schon damahls an Gelehrsamkeit und Scharfsinn nichts nachgab, und auch in den Künsten der Dialektik, eben so geübt als er selbst war, denn unter seinen Opponenten war auch Martin Chemniz, der damahls als Bibliothecar in den Diensten des Herzogs stand. Höchstens konnte Osiander diesen überschreyen [37]); aber

36) Der Herzog war mit seinem ganzen Hofstaat gegenwärtig: und nicht nur alle Professoren der Universität, sondern auch alle Mitglieder des Ministeriums in der Stadt waren dazu eingeladen worden. S. Hartknoch p. 318.

37) Nach Mörlins Erzählung, die in diesem Punkt glaubwürdig genug ist, hätte es auch Osiander nicht daran fehlen lassen, denn er sagt, daß er sich an seinen Schimpf- und Lästerworten, die er über seine Opponenten ausgestossen, fast weniger als über sein Geschrey und über seine gräßliche Gebärden geärgert habe. S. Mörlins Historia, welchergestalt sich die Osiandrische Schwärmerey im Lande zu Preussen erhoben und wie dieselbe verhandelt ist, mit allen Actis beschrieben C. I. Osiander hingegen rühmt sich in der Vorrede seiner Konfession, daß seine Disputation auch nicht mit einem einzigen Argument, das nur einen Schein der Wahrheit gehabt habe, angefochten worden sey; und Funck erzählt in seinem Bericht, daß der ebenfalls von Osian-

aber gewiß nicht durch Gründe zum Stillschweigen bringen.

Die Unruhen in Königsberg dauerten also nach der Disputation immer noch fort, und wurden sogar noch grösser, wie das Geschrey über die Kezereyen Osianders lauter wurde. Staphylus, der bald nach der Disputation aus Deutschland zurückgekommen war, sprach nun bey jeder Gelegenheit öffentlich davon, daß man in Gefahr stehe, durch Osiander um die reine Lehre gebracht zu werden, und berief sich darauf, daß alle auswärtige Theologen diß nicht mehr bloß fürchteten, sondern würklich schon glaubten, daß ganz Preussen von ihm zum Abfall verführt worden sey. Damit war einer Menge von Menschen, die Osiander noch auf mehrere Arten als nur durch seine Meynungen zurückgestossen hatte, sehr gedient [38]; eine grosse Anzahl von andern aber erschrack aufrichtig darüber; noch andere, die vielleicht aufgeklärt oder gleichgültig genug waren, um keine Gefahr von seinen angeblichen Kezereyen zu befürchten, wurden jezt erst durch den Uebermuth, den er und seine Anhänger äusserten, so sehr geärgert oder gereizt, daß sie sich ebenfalls wieder ihn erklärten, und so kam es, daß sich in kurzer Zeit in Königsberg selbst eine Parthie gegen

Osiander zum opponiren aufgefordert, Hegemon öffentlich gesagt habe: "Ich weiß nicht, was „ich dagegen soll aufbringen. „Ihr habt eure Artikel also mit „heiliger Schrift verwahrt, daß „ich nichts weiß dagegen zu sagen; aber wir haben bißher anders gelehrt.

38) Auch die Gunst, in welcher er bey dem Herzog stand, hatte ihm am Hofe mehrere Feinde gemacht, die darauf gerechnet haben mochten, einen Theil von den Einkäuften und Gütern des vakanten Samländischen Bistums erbeuten zu können, zu dessen Präsidenten ihn der Herzog um diese Zeit machte. Daß sie mit einem Plane dieser Art umgegangen waren, kann man aus einem Brief von ihm an Besold schliessen, worinn er diesem schreibt. "Ego metuo, ne praedia episcopalia accipiat aulicus aliquis una cum titulo, et labores episcopales redundent in alios sine ullo labore." S. Hommel p. 79.

gegen ihn bildete, die ungleich bedeutender war, als er selbst und sein Beschüzer, der Herzog es jezt noch wußten oder glaubten; denn zu dieser Parthie gehörten jezt schon nicht nur alle Theologen sondern auch die meiste Räthe des Herzogs und fast der ganze Adel des Landes.

Schon zu Anfang des J. 1551. war aber doch der Lärm so groß geworden, daß Osiander durch seinen Grimm darüber zu der Herausgabe einer sehr heftigen Schrift [39]), wodurch er das Uebel nur ärger machte, verleitet, der Herzog aber genug dadurch beunruhigt wurde, um sehr ernsthaft auf ein neues Mittel zu denken, wodurch der Handel beygelegt werden könnte. Er beschloß daher einen Versuch, zu einer Vergleichung der streitenden Theologen anstellen zu lassen, und ernannte dazu zwey Kommissarien, die mit sehr viel Klugheit ausgewählt waren, denn der eine war der damahlige Rektor der Universität, Aurifaber [40]), ein Schwiegersohn Osianders, und der andere D. Joachim Mörlin, der kurz vorher als Prediger in Königsberg angestellt worden war [41]).

Mörlins

39) Den schon angeführten "Bericht und Trostschrift an alle, so durch das falsche, heimliche Schreyen meiner Feinde — geärgert oder betrübt worden sind. Königsberg 1551. 4. Die heftige Schmähungen, welche Osiander in dieser Schrift über seine Gegner ausgoß — denn er warf nicht nur darinn mit Eseln um sich, sondern er beschuldigte sie, daß sie zwinglisch und ärger als zwinglisch seyen — veranlaßten diese zu einer förmlichen Klage bey dem Herzog, der auch darauf die Publikation der Schrift Osiandern untersagen ließ. S. Hartknoch p. 322.

40) Er war zugleich Leib-Medikus des Herzogs, und stand bey ihm in nicht geringem Ansehen.

41) Mörlin, ein gebohrner Wittenberger, war vom J. 1544 an als Prediger in Göttingen gestanden, hatte aber hier durch seine Predigten gegen das Interim Unruhen erregt, die den Herzog Erich von Braunschweig veranlaßten, ihn schleunigst fortzuschaffen. Die Mutter des Herzogs, die Fürstin Elisabeth, empfahl ihn hierauf dem Herzog Albrecht von Preussen, ihrem Tochtermann, und diesem gefiel er so wohl, daß er ihn in Königsberg

Mörlins Nahme ist zwar in der Geschichte dieser Händel so berüchtigt, und, wie man in der Folge finden wird, mit Recht so berüchtigt geworden, daß man zuerst schwehrlich begreiffen kann, wie der Mann, der sich unter allen Gegnern Osianders als den wütendsten auszeichnete, jemahls zum Mittler zwischen ihm und seinen Feinden hätte taugen sollen: allein eben deßwegen muß um so mehr aufmerksam darauf gemacht werden, daß Mörlin zuerst in dem Handel eine sehr anständige Rolle spielte. Man müßte den Mann der schändlichsten Heucheley und der niedrigsten Falschheit fähig halten — und dazu hat man doch keine Gründe — wenn man das Benehmen, das er in der ersten Zeit seines Aufenthalts zu Königsberg gegen Osiandern beobachtete, für blosse Verstellung halten wollte; aber gewiß ist in jedem Fall, daß er nicht nur eine Mässigung und eine Billigkeit, sondern auch eine Nachsicht und Duldsamkeit gegen ihn zeigte, die man unter allen Theologen der Parthie ihm am wenigsten hätte zutrauen mögen. Er sah nicht nur selbst den Streit zwischen ihm und seinen Gegnern aus dem ganz richtigen Gesichts-Punkt an, daß er mehr über Ausdrücke als über Sachen geführt werde, sondern er stellte ihn auch dem Herzog in diesem Licht vor. Er verhelte ihm dabey nicht, daß sich zwar Osiander seinem Urtheil nach unrichtig oder unbequem ausgedrückt haben möchte, aber ließ sonst seinen Talenten und seiner Gelehrsamkeit volle Gerechtigkeit wiederfahren, und äusserte dabey, daß man bey einem grossen Mann die Worte nicht so genau suchen, und Gedult mit seinen Ausdrücken haben müsse, wenn nur seine Meynung richtig und rein sey [42]. Diese Aeusserungen Mörlins liessen den Herzog

berg selbst behielt, und zum Pfarrer der Domkirche am Kneiphofe machte. S. Adami Vit. Theol. p. 455. Rethmaiers Braunschweigische Kirchenhist. P. III. cap. 7. p. 207. flgd.

42) Alles diß erzählt freylich Mörlin selbst, und erzählt sogar noch dazu,

Herzog mit Recht hoffen [43]), daß er in ihm den schicklichsten Mittler zwischen den erhizten Partheyen gefunden haben dürfte, und auch diesen Auftrag nahm Mörlin noch mit einer Art an, und richtete er mit einer Art aus, welche noch die schonendste Mässigung gegen Osiandern, die aufrichtigste Begierde den Streit ohne Nachtheil seiner Ehre beyzulegen, und zugleich eine sehr musterhafte Klugheit verrieth.

Bey einer mündlichen Konferenz, welche die Kommissarien zwischen den uneinigen Theologen [44]) veranstal-

dazu, daß ihm der Herzog das Samländische Bistum angetragen, er selbst aber ihn gebeten habe, daß er doch ja dem frommen Mann, Osiander niemand vorziehen möchte. Aber die Art, wie sich der Mann gleich darauf bey dem Vermittlungs-Geschäft, das ihm übertragen wurde, benahm, und der Bericht des für Osiander so partheyischen Funck, der ebenfalls bezeugt, daß sich Mörlin zuerst höchst freundschaftlich gegen Osiander betragen habe, machen seine eigene Nachrichten höchst glaubwürdig. Doch man hat ja noch einen Brief Osianders, der am unverdächtigsten es bezeugt, wie er sich zuerst gegen ihn benommen hatte. "Incredibile dictu, schreibt er ihm darinn, quantum me delectarit integritas tua, quod maluisti ex me quaerere, quam aliis credere. Et cum intellexerim, te Christum vere cognovisse, et Lutheri γνησιαν defendere, spero amicitiam inter nos aeternam fore. S. Mörlin c. 3. Hartknoch p. 320.

43) Der Ernst des Herzogs bey der Sache erhellt schon aus der Sprache des Kommissoriale, das er unter dem 11. Febr. für Mörlin und Aurifaber ausfertigen ließ. "Er könne zwar, sagt er darinn, die Ursache der grausamen Spaltung und des Mißverstandes nicht errathen, der so grosses Ärgerniß und Zerrüttung auf der Universität, bey den Wohlgesinnten so viel Herzleyd und bey den Wiedersachern ihrer Kirche so viel Frohlocken verursachte. Aber sie möchten doch um Gotteswillen das Elend der armen betrübten Kirche beherzigen, die ihnen auf ihre Seele gebunden, und dafür sie am jüngsten Tag Rechenschaft geben müßten, und sich durch das Exempel des sanftmüthigen Heylands erweichen lassen, ihrer selbst zu schonen, den Tempel Gottes nicht zu verderben, einander zu vergeben, und sich brüderlich und freundlich zu vertragen; daher möchte besonders D. Mörlin doch allenthalben Riegel unterschiessen, und zu göttlicher christlicher Eintracht behülflich seyn." S. Herzog Albrechts Ausschreiben A. 2. b.

44) Die Konferenz fand den 13. Febr. statt. Als Gegner Osianders erschienen dabey Staphylus, Isinder, Hegemon, D. Georg Venediger, der erst kürzlich von dem Herzog angestellt worden

halteten, schlug Mörlin unstreitig den kürzesten und natürlichsten Weg zu der Beylegung des Handels ein, denn er suchte sie nur zu überzeugen, daß sie in ihren Meynungen weit weniger von einander entfernt seyen, als in ihren Ausdrücken. Auch fieng er es trefflich an, ihnen diese Ueberzeugung, oder das Geständniß davon selbst wieder ihren Willen abzunöthigen. Er hatte die ganze Lehre von der Rechtfertigung und von der Erneuerung nach dem Sinn der Gegner Osianders, oder von der Erlösung und von der Rechtfertigung nach dem Sinn Osianders in einige wenige Säze gebracht [45]), welche den reinen lutherischen Lehrbegriff mit allen seinen wesentlichen Bestimmungen darüber enthielten. Erkannten nun beyde Theile, daß in diesen Säzen, die er ihnen vorlegte, auch ihr Sinn enthalten sey, so lag es am Tage, daß sie über die Lehre selbst nicht verschiedener Meynung seyen, also jeder die verschiedene Ausdrücke des andern ohne Nachtheil ertragen könne, wozu er auch die Gegner Osianders noch besonders ermahnte; aber erkannten beyde Partheyen, daß ihr Sinn in Mörlins Säzen würklich enthalten sey, so konnte man auch hoffen, daß vielleicht der Streit über die Ausdrücke sich ebenfalls beylegen lassen möchte; und auch darauf hatte es Mörlin vortrefflich angelegt!

In seinen Säzen hatte er mit der feinsten Kunst und mit der bedachtsamsten Klugheit von den Unterscheidungs-Ausdrücken Osianders eben so viele als von den Unterscheidungs-Ausdrücken seiner Gegner anzubringen gewußt. In der einen Hälfte jedes Sazes herrschte die Sprache Osianders, und in der andern die Sprache der gewöhnlichen Wittenbergischen Lehrform, oder

den war, und die zwey Prediger, M. Joh. Tezel, und Andr. Wißling. Auf Osianders Seite war der einzige Funck. S. Hartknoch p. 323.

45) Dieser Säze waren 15. Sie finden sich bey Wigand De Schismate Osiandri p. 111.

oder wenn ein Saz ganz Osiandrisch zu seyn schien, so war meistens dafür der folgende ganz Wittenbergisch: doch war es zugleich sichtbar, daß er sich geflissentlicher nach der Sprache Osianders akkommodirt hatte [46]). Schon in dem ersten Satz behauptete er ganz in seinen Ausdrücken, daß uns Christus nicht blos zur Hälfte erlößt, oder daß wir ihm nicht allein die Vergebung der Sünden zu danken hätten. In dem zweyten Satz brauchte er die charakteristische Redensart Osianders, daß Christus unsere ganze Gerechtigkeit sey [47]), aber wußte durch ein einziges Wort einen ächt-wittenbergischen Sinn hineinzubringen, denn er erklärte die Redens-Art dadurch, daß wir durch ihn sowohl Vergebung der Sünden als seine uns zugerechnete Gerechtigkeit erlangt hätten. In den drey folgenden Sätzen glaubte man wieder Osiandern allein zu hören, denn sie enthielten die Behauptungen, daß uns diese Gerechtigkeit nicht anders als durch das Wort angetragen, daß durch dieß Wort nichts anders als Christus selbst zu uns gebracht, daß aber dieß Wort nicht anders als durch den Glauben ergriffen werde, hingegen in dem sechsten und siebenten Satz folgte wieder die Erklärung in Wittenbergischen Ausdrücken nach, daß nur durch den Glauben das Verdienst unseres Mittlers Christi einem jeden zu eigen gemacht, und somit jeder durch die Zurechnung dieses Verdienstes

46) Auch Funck erzählt in seinem Bericht, daß sich Mörlin bey dieser Gelegenheit Osianders äusserst angenommen, und treflich wohl für ihn gesprochen habe. Ja, um die Gegner Osianders vorzubereiten, hatte er sie vorher schriftlich ermahnt: "sie „möchten sichs doch ja nicht lassen irren, ob Osiander von „dem Handel so gar proprie und „bescheidlich nicht allerdings spräche, wo er nur in der Meynung mit ihnen einig wäre, „sondern wollten sich schiedlich „finden lassen, und ihn mit Gedult ertragen. S. Funck. C. 2.

47) "Christum esse universam justitiam nostram, id est, „nos per Christum habere, et „remissionem peccatorum, et justitiae imputationem.

diensts vor Gott gerecht werde [48]). Im vierzehnten Saz aber bediente sich Mörlin selbst des Worts, auf das Osiander am stärksten drang, daß wir allein durch die Gerechtigkeit Gottes gerecht würden, und fügte sogar in dem lezten eine Ursache hinzu, die so zweydeutig ausgedrückt war, daß Osiander sehr leicht auch eine Bestätigung für den Sinn darinn finden konnte, in welchem er das Wort allein genommen haben wollte [49]).

Dabey konnte sich Mörlin mit Grund schmeichlen, daß Osiander ohne grosse Mühe dazu gebracht werden könnte, nicht nur seine Säze anzunehmen, sondern auch in die Auskunft zu willigen, daß man sich in Zukunft von beyden Seiten, der von ihm vorgeschlagenen Formeln und Erklärungen, in denen doch jede Parthie ihre Meynung fände, bedienen möchte. Könnte dieß erhalten werden, so war eben damit auch der Streit über die Ausdrücke beygelegt, und zugleich auf die schonendste Art für beyde Partheyen beygelegt. Man darf also gewiß glauben, daß es dem Manne, der diesen Weg dazu einschlug, völliger Ernst war, ihn beygelegt zu sehen; auch darf ihm von dem Mißlingen des Versuchs nicht die mindeste Schuld beygemessen werden!

Bloß

48) Und zwar, sezte Mörlin im Saz 8. offenbar zu Berichtigung einiger Osiandrischen Ausdrücke hinzu — "hoc est, non „in persona justi sumus, ullis „novis qualitatibus infusis vel ac„quisitis.

49) S. 14. Justi sumus — sola justitia *Dei*. S. 15. *Quia* Christus Deus est, qui propter peccata nostra mortuus est. Diese hinzugefügte Ursache sollte in dem Sinn der andern Theologen andeuten, daß der Mensch bloß durch die ihm zugerechnete Gerechtigkeit Christi gerecht werde; welche allein in Gottes Augen gültig sey, und wegen dieser ausschliessenden von dem unendlichen Werth seines Opfers herrührenden Gültigkeit von dem Apostel Paulus δικαιοσυνη Ιεσ genannt werde. Eben so leicht und eben so natürlich konnte sie aber Osiander auf die ihm eigene Vorstellung beziehen, daß der Mensch durch die Mittheilung der wesentlichen Gerechtigkeit gerecht werde, welche Christo, als Gott, eigenthümlich sey.

Bloß der Eigensinn der Gegner Osianders war es, der den Versuch vereitelte. Osiander hatte ohne Bedenken die Säze Mörlins angenommen [50]), und auch seine Gegner hatten eingeräumt [51]), daß die reine lutherische Rechtfertigungs-Lehre, für welche sie kämpften, ganz richtig darinn vorgetragen sey, sobald die darinn gebrauchte Ausdrücke im ächten lutherischen Sinn genommen würden: aber sie behaupteten, daß sie sich nicht darauf verlassen könnten, ob Osiander diese Ausdrücke im lutherischen Sinn nähme, und sich also auch bey der blossen Erklärung seiner Annahme um so weniger beruhigen könnten, da er sich bißher in öffentlichen Schriften ausdrücklich gegen diesen Sinn erklärt habe. Zum Beweiß übergaben sie fünf sogenannte Antilogien, worinn sie aus Osianders Schriften eben so viele seiner Behauptungen ausgezogen hatten, die mit einigen wörtlich gegenübergestellten Säzen Luthers in einem direkten Wiederspruch zu stehen schienen, und bestanden darauf, daß entweder Osiander zu gleicher Zeit diese Behauptungen wiederrufen, oder doch selbst die Meynung, die er darinn habe ausdrücken wollen, auf eine Art darlegen müsse, wodurch jener Wiederspruch gehoben werde [52]).

Aus

50) Mörlin selbst erzählt, Osiander sey bey dieser Zusammenkunft so heimlich und sanftmüthig wieder seinen sonstigen Gebrauch gewesen: als hätte er sich selbst überwunden. E. 2. b. Wigand sagt, er habe die Säze angenommen — mira calliditate animum suum occultans — aber er hatte in der That nicht nöthig sich zu überwinden, oder zu verstellen, denn es war ihm wahrhaftig mehr als seinen Gegnern darinn nachgegeben.

51) Sie hatten zuerst verlangt, daß der Herzog mehrere Personen zu Untersuchung und Entscheidung des Streits ernennen möchte; doch willigten sie endlich darein, sich einzulassen, und stritten alsdenn auch gar nicht über Mörlins Säze, sondern brachten nur vor, daß Osiander bißher ganz anders gelehrt habe. Aus dem Funkischen Bericht von der Handlung ersieht man, daß Mörlin auch dabey so viel als möglich zu mildern suchte, indem er sich selbst Mühe gab, Osianders Ausdrücke nach einem Sinn zu drehen, durch den er näher mit seinen Gegnern zusammen kam.

52) Antilogiae, seu contraria do-

Aus dieser Wendung, welche sie der Sache gaben, legte sich ihre Absicht deutlich zu Tag. Osiander konnte den offenbaren Wiederspruch, in welchem seine Meynungen mit den ausgezeichneten Behauptungen Luthers zu stehen schienen, auf keine andere Art heben als durch das Geständniß, daß er seine Ausdrücke in einem ganz andern Sinn als Luther genommen habe 53), aber diß Geständniß mußte entweder ein Geständniß seines Fehlers in sich schliessen, oder es konnte auf eine mehrfache Art zu seinem Nachtheil mißbraucht werden, und das eine oder das andere war es, was seine Gegner haben wollten 54). Dabey war ihnen aber mit seiner Weigerung 55), sich auf ihre Antilogien einzulassen,

doctrina inter Lutherum et Osiandrum. Der Antilogien zeichneten sie fünf aus. Sie stehen bey Wigand De Schismate Osiandri p. 112. flgd.

53) Die ausgezeichnete Wiedersprüche waren von einer solchen Art, daß in der That für Osiandern kein anderes Mittel sie zu heben übrig war. Man sieht diß schon aus ihrem ins kurze gezogenen Innhalt. Antil. I. Lutherus negat, hominem justum esse essentiali justitia Dei. Osiander affirmat hominem justum esse non nisi essentiali Dei justitia. II. Lutherus asserit, Christum esse justitiam nostram non quia sit filius Dei justus ab aeterno, sed quia moriendo et resurgendo legem pro nobis impleverit: Osiander dicit totidem verbis, Christum non ideo justum esse quia legem implevit, sed quia ex justo Patre ab aeterno justus filius fuit natus. III. Lutherus dicit, aliam esse Dei justitiam, qua ipse sit justus, aliam qua Deus homines justificat — Osiander contra — unam justitiam esse, qua simul Deus et homo sit justus. IV. Lutherus docet, nos propter solam justitiam fidei imputatam justos esse coram Deo — Osiander reprehendit eos, qui docent, nos tantum propter meritum Christi reputari justos. V. Lutherus affirmat, justitiam fidei imputatam, qua simus justi coram Deo, esse extra nos, et nondum esse in re, Osiander videtur velle, eam jam simpliciter esse in nobis, non extra nos.

54) Diß schrieben sie auch dem Herzog sehr offen, indem sie darauf antrugen, daß Osiander angehalten werden sollte, seine Meynung zu beweisen, und die ihrige zu wiederlegen, oder aber die seinige zurückzunehmen, und zu verwerfen. Sollte es sich aber ergeben, daß sie bloß in den Ausdrücken von einander abwichen, so wollten sie zufrieden seyn, wenn Osiander erklären würde, daß er sich bißher unrichtig und unbequem ausgedrückt habe. S. Mörlin H. 1.

55) Die Heftigkeit dieser Weigerung Osianders machte ihre

sen, eben so viel gedient, denn sie konnten nun mit sehr scheinbarem Recht über seine Irrthümer zu schreyen fortfahren; hingegen wurde er seinerseits dadurch zu einem Schritt verleitet, den man ihm unter allem, was er sonst that, am wenigsten verzeyhen kann!

Osiander konnte sich nicht verhelen, wie viel ihm die Autorität des todten Luthrs schade, und so sehr auch seine Eitelkeit gekränkt wurde, so drängte ihn doch das Interesse seines gegenwärtigen Handels, in den er sich verwickelt sah, ungleich stärker als diese, und verführte ihn zu einem Versuch, jene Autorität zu seinem Vortheil zu benuzen, bey welchem er zuerst seiner eigenen Ueberzeugung die gröste Gewalt anthun mußte. Der hochmüthige Mann, der schon mehrmahls sehr deutliche Winke hatte fallen lassen [56]), daß wohl auch Luther noch

Sache noch besser, und die seinige noch schlimmer. „Er antwortete zwar Mörlin, der ihm den 17. Mart. die Antilogien seiner Gegner zugeschickt hatte, aber vermied es sehr geflissentlich, sich im besondern auf diese einzulassen, indem er sich beschwehrte, daß man ihm bloß die Autorität Luthers entgegenhalten wolle. Sie sollten wissen, schrieb er ihnen, daß sich Andreas Osiander mit des seeligen Luthers Schriften allein noch nicht zum Schwärmer oder Kezer wolle machen lassen, wenn man nicht zugleich Zeugnisse aus der Schrift wieder ihn vorbringen könne. Daß er selbst bißher Luthern zuweilen allegirt, das habe er ihnen zur Warnung und aus Herablassung gethan; aber, wiewohl er überzeugt sey, daß Luther eben so, wie er gelehrt habe, und daß seine Gegner, wie sich noch ergeben werde, auch Luther wiedersprächen, so werde er ihnen doch nicht eher antworten, biß sie seine Meynung aus der Schrift zu wiederlegen versuchten. S. Wigand p. 117.

56) Nach dem Bericht von Mörlin Ee. 4. sollte er kurz vorher an Michael Stiefel geschrieben haben, Melanchton hätte Luthern zu sehr eingenommen, und so hätten dann die beyde zusammen eine Aristotelische Theologie gekocht, die mehr nach dem Fleisch als nach dem Geist gerochen habe. Noch lauter hatten schon einige Anhänger Osianders davon gesprochen, daß er im besondern die Rechtfertigungs-Lehre reiner als Luther vorgetragen habe, denn Funck hatte öffentlich am Weyhnachts-Fest geprediget „es wäre ja wahr, daß der liebe Gott durch D. Martin Luthern seeliger einen treflichen Schaz habe aus Licht gebracht, dennoch wäre darunter ein besonderes Kleinod

noch manches von ihm hätte lernen können, suchte jezt in einer eigenen Schrift [57]) die Welt zu überführen, daß auch Luther zu jeder Zeit nicht nur eben so wie er gelehrt, sondern sich auch eben so, wie er ausgedrückt habe. Es war unmöglich, daß er sich selbst dabey täuschen konnte; denn er wußte am besten, worinn und wie weit seine Sprache von der Sprache Luthers verschieden war; also mußte er sich dabey der Absicht, andere täuschen zu wollen; bewußt seyn; und diß war desto unentschuldbarer, je leichter es einerseits war, das Volk und und die unwissende Menge darüber zu täuschen, aber je gewisser es auch andererseits war, daß nur das Volk und die unwissende Menge darüber getäuscht werden konnte!

Es kostete nehmlich gar keine Mühe eine Menge von Stellen in Luthers Werken zu finden, in welchen er von dem Einwohnen Christi in dem Menschen, von der Mittheilung Christi an den Menschen und von dem Ergreiffen Christi durch den Glauben dem Ansehen nach eben so wie Osiander gesprochen hatte [58]). Dadurch konnte

Kleinod und köstliches edles Perslein im Verborgenen geblieben, welches er wohl hätte in den Händen umgeworfen, aber noch nicht also zu Gesicht gebracht, wie nun allererst geschehen. Da wäre nun der Mann vorhanden, der es aufgewickelt und klärer gemacht, denn alle andere vor ihm.

57) Etliche schöne Sprüche von der Rechtfertigung des Glaubens, des ehrwürdigen hochgelehrten D. Martini Lutheri heiligen Gedächtniß, welche aus den vornehmsten und besten Büchern desselben zusammengezogen und verdolmetscht hat Andr. Osiander, nüz und gut wieder allerley Irrthum und Verführung, auch tröstlich in allerley Anfechtung und Verfolgung mit einer kurzen Vorrede. Königsberg 1551. 4. Noch in eben diesem Jahr gab er auch lateinisch heraus: Excerpta quaedam dilucide et perspicue dictorum de Justificatione fidei in Commentario super Epistolam Pauli ad Galatas Rev. Patris D. Martini Lutheri, quae instar lucernae lucentis in loco caliginoso esse possunt Theologiae studiosis. Regiomonti 1551. 4.

58) Osiander konnte z. B. folgende wörtliche Aeusserungen Luthers allein aus seiner Erklärung des Briefs an die Galater anführen: "Christus, durch „den

konnte jeder ungelehrte Beurtheiler auf das leichteste beredet werden, daß nicht nur zwischen der Lehre, sondern auch zwischen der Lehrform Luthers und Osianders gar kein Unterschied sey: aber dabey konnte es dem gelehrten Beurtheiler noch weniger Mühe kosten, das täuschende dieser scheinbaren Aehnlichkeit, und eben damit den unredlichen Kunstgriff aufzudecken, durch den er sie erschlichen hatte. Wo sich Luther wie Osiander ausgedrückt hatte, da sprach er von einer ganz andern Sache; denn er sprach dabey von dem ganzen Geschäft der Heils-Ordnung, oder von der Rechtfertigung in Verbindung mit diesem; wo er hingegen von der Rechtfertigung allein sprach, und sie als eigene Handlung unterscheiden wollte, da nahm er immer das Wort nur in dem Sinn, den Osiander mit so unnöthiger Heftigkeit verwarf. Diß konnte man ihm, sobald man nur wollte, aus hundert andern Stellen 59) Luthers beweisen, die deßwegen, weil er keine Notiz davon genommen hatte, nicht aus Luthers Werken verschwunden waren. Man konnte es ihm so unwiederleglich beweisen, daß er entweder gar nichts — oder was eben so wenig war — nur Schmähungen dagegen vorbringen konnte; man konnte es jeden Augenblick auch dem Volk und der Menge fühlbar machen; und er selbst müßte voraus wissen, daß man es konnte: also wie konnte er nur hoffen irgend einen

„den Glauben ergriffen, und „in unserm Herzen wohnend, „ist die christliche Gerechtigkeit, „um deren willen uns Gott für „gerecht hält, und das ewige Leben giebt." Ferner: "Christus „ist vollkommentlich gerecht, das „ist mit rechter wesentlicher Gerechtigkeit. Desselben Gerechtigkeit ist dein, und deine Sünde ist sein." Ferner: "Warum „rechtfertigt das Wort des Glaubens? Darum, daß es uns „bringt den heiligen Geist: derselbige rechtfertigt!"

59) Diese andere Stellen Luthers wurden ihm oft genug von seinen Gegnern vorgehalten, aber am sorgfältigsten findet man sie gesammelt in der: Antwort auf das Bekenntniß Osiandri von der Rechtfertigung des Menschen durch Magistrum Johannem Policarium Pfarrherrn und Superintendenten zu Weissenfels Wittenberg. 1552. 4.

einen Vortheil dadurch zu erhalten? Doch das unverzeyhlichste dabey liegt nicht in dem zwecklosen der Falschheit, die er sich erlaubte, sondern in einer andern Wendung, die er dabey anbrachte.

Zu eben der Zeit, da sich Osiander Mühe gab, die Welt zu bereden, daß seine Lehrform mit der ächten Lehrform Luthers auf das vollkommenste übereinstimme, wollte er ihr auch erklären, woher der Unterschied komme; der zwischen der Lehrform seiner Gegner und zwischen der seinigen so auffallend sey? Es war in der Ordnung, daß er dabey den Vorwurf einer Abweichung von der ächten lutherischen Lehrform auf sie retorquirte; denn sobald er die Übereinstimmung der seinigen damit behauptet hatte, so mußte er die ihrige als verschieden davon ausgeben: allein diß war nicht in der Ordnung dabey — es war selbst nicht natürlich — daß er sich so geflissentlich bemühte, die Schuld jener Abweichung und alles gehässige davon auf einen Ort zusammenzuschieben! Osiander stellte sich, als ob er es seinen Gegnern in Königsberg schon verzeyhen könnte, daß sie von der reinen lutherischen Rechtfertigungs-Lehre abgefallen seyn — und diß war wahrhaftig nicht in dem Charakter des Mannes — aber er stellte sich nur deßwegen so, um desto heftiger auf diejenige loßziehen zu können, welche sie seinem Vorgeben nach dazu verführt, oder zu dem Abfall verleitet hätten. Diß sollte niemand anders seyn, als Melanchton, den er dabey in den härtesten Ausdrücken als den vorsezlichen Verfälscher des lutherischen Lehrbegriffs der ganzen Kirche denuncirte, den er allein für alles unübersehbare Unheil, das noch daraus entstehen würde, verantwortlich machte, und über den er eben deßwegen das Ach! und Wehe! der ewigen Verdammniß mit einem Zeter-Geschrey ausrief, das kaum Flacius so wüthend erheben konnte [60])!

Nun

60) Schon in seinem Bericht und Trost-Brief hatte er die

Nun möchte zwar dieser rasende Angriff auf Melanchton sich schon hinreichend aus dem Haß erklären lassen, womit Osiander schon längst, und aus eben den Gründen wie Flacius wieder ihn eingenommen war. Er möchte sich um so leichter dadurch erklären lassen, da seine Gegner in Königsberg ihm auch sehr oft die Autorität Melanchtons und der gegenwärtigen Wittenbergischen Schule entgegenhielten, und ihn also natürlich genug darauf bringen konnten, diese, so tief es nur möglich war, herabzusezen [61]; doch macht es ein Umstand dabey nur alzu wahrscheinlich, daß ihn noch ein anderer Grund — freylich ein unaussprechlich niedriger Grund — dazu gereizt haben dürfte. Melanchton hatte sich nehmlich — diß ist jener Umstand — nicht nur noch gar nicht gegen Osiander und seine Meynung erklärt, sondern unter

härtesten Aeusserungen über Melanchton angebracht. — "Da sollte, sagte er, der Mann Praeceptor communis und Magister veritatis heissen, und seine loci Theologici ein opus sacrosanctum. Aber er wolle nicht eher ruhen, biß er bewiesen habe, daß entweder Philippi Discipel ihn nicht verstünden, oder Philippus durch seine fleischliche Gedanken und Philosophie verführt und geblendet und von Luthers Lehre abgefallen sey." A. 3. Doch am giftigsten ließ er seinen Grimm über Melanchton in einem Brief an Besold vom 21. Febr. dieses Jahrs aus. "Orsus sum, schreibt er diesem, opus de Justificatione, in quo ostendam Lutherum et me concordare, non solum inter nos, verum etiam cum Christo, Apostolis et Prophetis; Philippum autem dissentire simpliciter in omnibus membris, articulis, punctis de justificatione, ita ut praeter haec duo verba: Fide justificamur: nihil habeat christianae doctrinae. Incredibile tibi hoc videtur, sed efficiam, ut manibus palpent, quotquot a Philippo sunt fascinati. Si me audis, et auctoritas mea apud te aliquid volet, simpliciter abstinebis ab ejus libris, tanto enim artificio retinet speciem sanae doctrinae abnegata omni ejus veritate, ut non credam, pestilentiorem hominem in ecclesia extitisse jam inde a temporibus Apostolorum." S. Hommel p. 81.

61) Er war auch so toll darüber, daß er ihnen in seinem Bericht sagte, "mit den blossen, nichtigen, eselischen Worten: Unser Präceptor Philippus lehret anders: wolle er sich nicht mehr belästigen lassen. Auch sollte er um diese Zeit an Staphylus geschrieben haben: Er wolle den Kopf haben, und sich an das Haupt machen, daher müßten ihm Philippi Loci communes zuerst gestürzt werden. Mörlin Historia C. 4.

ter den Händeln, die man ihm bey seiner ersten Disputation wegen der Lehre von der Busse und hernach wegen seiner Vorstellung vom Ebenbild Gottes gemacht hatte, gewissermassen für ihn erklärt [62]). Er hatte in mehreren Privat-Briefen an seine Gegner selbst ihre Angriffe auf Osiandern mißbilligt; er hatte also diesen nicht einmahl auf die entfernteste Art gereizt, sondern sich noch eher verbindlich gemacht: auch war diß Osiandern recht gut bekannt [63]), und nun muß man doch fast um seiner selbst willen glauben, daß Rücksicht darauf seinen Angriff auf ihn wenigstens hätte mässigen müssen, wenn er nicht noch einen besondern Zweck dabey gehabt hätte: aber wer kann diesen andern Zweck nicht errathen? Osiander — diß ist leyder! nur allzunatürliche Vermuthung!

62) Diß sagt Osiander selbst in seiner Epistola, in qua confutantur nova quaedam deliramenta &c. vom J. 1549. B. 3. In den Rechtfertigungs-Handel war Melanchton zuerst nur zufällig durch Staphylus eingemischt worden, denn dieser hatte ihn um eine Abschrift einiger Aeusserungen Luthers über den Artikel von der Rechtfertigung ersucht, die durch ein Paar Fragen Melanchtons veranlaßt worden waren; Melanchton aber hatte sich begnügt, ihm bloß die Abschrift davon mitzutheilen. Aus dem Brief worinn er Camerar davon Nachricht gab, ersieht man zwar dabey, daß Melanchton damahls schon im J. 1549. recht gut merkte, worinn Osiander von der gewöhnlichen Lehr-Form abwich und abweichen wollte: denn er schreibt: "Tollit omnino imputationem ille novus hospes gentis Hyperboreae — Epp. L. IV. ep. 762. Aus einigen späteren Briefen vom J. 1551. ersieht man noch deutlicher, wie unerwartet und empfindlich ihm die rasende Ausfälle gewesen waren, die der Mann auf ihn gemacht hatte; aber doch schrieb er noch nach diesem an Camerar: De Osiandro scis me praeclare sentire. Tribuo ei eruditionem et multarum virtutum laudem. Sed est ingenio liberiore, quam ut intra septa scholastica contineri se sinat, et quo ingenii impetus quasi venti rapit; sequitur. S. Epp. L. IV. p. 84.

63) Er beruft sich auch selbst in einer kleinen Schrift darauf, die er zugleich mit seinen Sprüchen Luthers herausgab: Melanchton habe, von ihm unersucht, kürzlich an ihn selbst geschrieben: essentialem justitiam Christi in nobis efficacem esse. Der Titel der Schrift ist: daß unser lieber Herr Jesus Christus, wahrer Gott und wahrer Mensch samt dem Vater und heiligen Geist durch den Glauben in allen wahren Christen wohne und ihre Gerechtigkeit sey. Gezeugniß aus der heil. Schrift zusammengelesen. Königsberg. 1551. 4.

thung! — fiel bloß deßwegen mit solcher Wuth über Melanchton her, zeichnete ihn bloß deßwegen als das Ziel seiner rasendsten Angriffe aus, weil er sich Rechnung machte, daß er dadurch am gewissesten alle diejenige Theologen auf seine Seite bringen könnte, welche über dem Interim so unversöhnlich mit ihm zerfallen waren, und einen eben so bitteren Haß gegen ihn zu Tag gelegt hatten. Er wollte mit einem Wort den Flacianern eine Schmeicheley machen, um diese in seine Interesse zu ziehen! Freylich mag man nur ungern dieser Vermuthung Raum geben, weil sie den Mann gar zu tief herabsezt! Man mag sich daher gern bereden, daß er sich der Absicht doch vielleicht nicht ganz deutlich bewußt war: allein, wenn sie auch nur dunkel in seiner Seele lag, so war es wahrhaftig die kleinste Strafe, die er dafür verdiente, daß sie ihm auf eine für ihn so beschämende Art fehlschlug, als es würklich erfolgte!

Kap. IV.

Ein Ereigniß, das unmittelbar auf die Erscheinung dieser Schrift von Osiander eintrat, mußte ihn schon auf das kränkendste überzeugen, daß sie nichts zu seinem Vortheil gewürkt habe, denn sie zog ihm sogar einen neuen Gegner über den Hals, oder sie verhinderte wenigstens nicht, daß ein neuer Gegner wider ihn auftrat, der ungleich mehr als seine bißherige zu bedeuten hatte. Diß war Mörlin, der sich jezt öffentlich gegen ihn erklärte, und durch diese Erklärung seiner Sache eben deßwegen desto mehr schadete, weil er bißher mit so vieler und selbst mit einer für Osiander so scheinbar partheyischen Mässigung sich betragen hatte. Mörlin aber war der einzige Mensch in Königsberg, auf den seine vorgebliche Uebereinstimmung mit der reinen Lehre Luthers und sein tolles Eifern über Melanchton noch am wahrscheinlichsten zu seinem Vortheil würken konnte, denn Mörlin suchte eine Ehre darinn, recht blinder Nachbeter Luthers zu seyn, und gehörte zugleich unter die bitterste Feinde Melanchtons [64]). Es mußte daher allerdings mehrfach unerwartet für Osiander seyn, daß er sich dennoch, und daß er sich jezt zu seinen Gegnern schlug; doch war er sich vielleicht selbst bewußt, mehrfachen Anlaß dazu gegeben zu haben.

Man muß diß beynahe; aber man kann es sehr wahrscheinlich aus der Art vermuthen, womit Mörlin jezt zuerst auf den Kampf-Plaz trat, und womit ihn Osiander darauf empfieng? Ein Privat-Brief [65]), welchen Mörlin an diesen schrieb, enthält die Gründe, durch welche er sich seinem Vorgeben nach gedrungen fühlte, ihn um weitere Erklärungen über seine Lehre von der Rechtfertigung zu bitten, worüber er sich, wie er sagte, mehrerer Bedenklichkeiten nicht länger erwehren könne. Allein diese Gründe sind insgesammt so beschaffen, daß man unmöglich begreiffen kann, wie sie jezt erst diese Würkung bey ihm hätte hervorbringen können, wenn nicht noch andere Veranlassungen dazu gekommen wären. Er müsse, schrieb er ihm, jezt befürchten, daß seine Meynung wieder die Augsp. Confession seyn möchte, denn Osiander habe sich ja verlauten lassen, daß der Mensch dadurch gerecht werde, weil Christus in ihm wohne, weil dadurch seine wesentliche Ge-

64) Der Mann wußte sich nicht wenig damit, daß ihm Luther den Doktors-Huth mit eigener Hand aufgesezt habe: wie er aber gegen Melanchton gesinnt war, erhellt mehr als zu deutlich aus dem schon angeführten Brief, den er an seinen Bruder zu Coburg unter den Interims-Händeln geschrieben hatte.

65) S. Epistolas quaedam Joach. Mörlini, D. Theol. ad D. Andr. Osiandrum et Responsiones. Regiom. 1551. 8. Den ersten Brief vom 18. Apr. hat aber auch Adami in Vit. Osiandri f. 203. und deutsch findet man ihn mit Osianders Antwort bey Chyträus in Continuat. Schüz. L. XI. p. 510.

Gerechtigkeit, und jede ihm eigenthümliche Tugend auch in den Menschen ausgegossen, und damit auch die Gerechtigkeit und die Tugend des Menschen selbst werde. Seiner Angabe nach sollte diß Osiander schon sehr deutlich in seiner Antwort auf die Antilogien seiner Gegner, und ganz unverdeckt in einer Predigt und in einer öffentlichen Vorlesung erklärt haben [66]; aber nach den eigenen Ausdrücken, die er dabey von ihm aufführt, konnte er es bey der einen und bey der andern Gelegenheit unmöglich deutlicher und offener gethan haben [67], als es schon in seiner Disputation geschehen war. Aus dem Urtheil, das Mörlin nach dieser über den Streit gefällt hatte; erhellt es auch ganz sichtbar, und aus der Wendung, durch welche er ihn zuerst beyzulegen suchte, erhellt es noch sichtbarer, daß er diese Meynung Osianders

66) Mörlin gesteht dabey, daß er nicht nur in der Predigt, sondern auch in der Vorlesung Osianders gegenwärtig gewesen sey, und verhelt nicht, daß noch andere Leute da gewesen seyen, die jedes Wort sorgfältig nachgeschrieben hätten. Wahrscheinlich waren diese Leute bestellt, und mochten auch wohl nicht das erstemahl in dieser Absicht in Osianders Vorlesungen gekommen seyn, wodurch sich dann dieser natürlich genug gereizt glauben konnte.

67) In seiner Historie H. 3. erzählt Mörlin ausführlicher: "Osiander habe zuerst in seiner Vorlesung mit wenig Worten gedacht; wie Christus unser hoher Priester geworden sey, und dadurch Vergebung der Sünde für uns erlangt habe, und darauf mit diesen Worten geschlossen: diß wäre nicht mehr als ein Werk von drey Tagen gewesen: hätte darauf zum Handel gegriffen, wie wir nun vor Gott gerecht werden, und was die Gerechtigkeit sey? aber des Gehorsams Christi und seines Leydens und Sterbens mit keinem Wort weiter dabey gedacht." Aber eben so deutlich, als es durch diese Wendung geschehen konnte, hatte ja auch Osiander in seiner Disputation das Werk der Erlösung von dem Werk der Rechtfertigung unterschieden, und da Mörlin doch selbst erzählt, daß er zuerst ausgeführt hätte, wie Christus durch seine Aufopferung, also durch sein Leyden und Sterben uns Vergebung der Sünden erworben habe, so mußte er nothwendig fühlen, daß er nicht die Absicht haben konnte zu läugnen, daß jene Würkung davon, welche die lutherische Schule die Rechtfertigung nannte, würklich erfolgt sey, also, wenn er es doch zu läugnen schien, nur das Wort: gerechtfertigt werden: in einem andern Sinn nehmen mußte.

ders schon aus jener Disputation recht gut aufgefaßt hatte; also konnte sie ihm schwehrlich gewisser als vorher, sondern nur allenfalls verdächtiger als vorher geworden seyn. Aber, was sie ihm jezt erst verdächtiger machte, oder das irrige dabey so viel gefährlicher vorstellte, als es ihm bißher erschienen war, — diß läßt sich nicht mit Zuverlässigkeit angeben!

Woher es aber auch gekommen seyn mochte — etwas menschliches war wahrscheinlich mit untergeloffen [68]) — so zeigte sich doch Mörlin wenigstens in seinem Brief noch so geneigt, Osiander zu schonen, daß es diesen fast nichts hätte kosten können, ihn wieder umzustimmen. Er bewieß ihm zwar weitläuftig vor, daß seine Meynung von der Rechtfertigung unrichtig sey, und nicht nur der lutherischen Lehrform, sondern auch der Schrift wiederspreche, aber er nahm dabey ein so bescheiden-demüthiges Ansehen gegen ihn an, daß sich seine Eitelkeit immer noch mehr dadurch geschmeichelt, als durch jenes gekränkt fühlen konnte [69]). Wenn ihm nun Osiander bloß erklärt hätte, daß er seine Aeusserungen, die ihm anstössig geworden seyen, nur in einem Sinn verstanden habe, der seinen eigenen, von ihm angenommenen Säzen gemäß sey, oder ihn bloß versichert hätte, daß er

die

68) Höchstwahrscheinlich war Mörlin von Staphylus und den andern Gegnern Osianders gereizt worden; und mochte auch wohl jezt für die Reizung empfänglicher seyn, weil ihn der schlechte Ausgang der Vergleichs-Handlung, und das übermüthige Pochen Osianders in seinen neuesten Schriften ärgerlich gemacht haben mußte.

69) "Ich kann — schrieb er, „unter anderem — mit Wahrheit „sagen, daß ich in alle Wege in „herzlicher Liebe gegen euch entzündet gewesen, und euch für „einen fürnehmen Mann biß auf „diesen Tag gehalten, und vor „Augen gehabt: denn ich weiß, „was Gott der Herr nach seinem „väterlichen Willen für köstliche „Gaben in euer Gefäß gegeben." Noch sagt er, am Schluß: "Ich „armes Würmlein, Staub und „Asche vermahne, euch so vortref„lichen Mann, aber aus einem „recht aufrichtigen und getreuen „Gemüth."

die Zurechnung des Verdienstes von dem thätigen und leydenden Gehorsam Christi an den Menschen eben so wenig läugnen wolle, als er jemahls geläugnet habe, daß dem Menschen dadurch die Vergebung der Sünden erworben worden sey, so würde Mörlin höchstwahrscheinlich sich damit befriedigt, und je sanfter die Erklärung Osianders gewesen wäre, sich desto wahrscheinlicher damit befriedigt haben; da er, wie es schien, zunächst bloß durch andere gereizt war. Aber auch Osiander mußte schon vorher gereizt worden seyn; oder sich einiger Sünden gegen Mörlin schuldig wissen, wegen deren er gar nicht mehr auf Schonung von ihm rechnete, denn sonst hätte er ihm unmöglich auf diesen Brief eine Antwort schicken können [70]), die selbst den gallenlosesten Heiligen — und Mörlin war keines von beyden — aus seiner Fassung bringen mußte.

Osianders Antwort war nicht nur so ausstudirt beleidigend, daß jedes Wort die Absicht verrieth, Mörlin aufzubringen [71]), sondern er hatte sie auch in Ansehung

70) Ein Umstand, den Osiander selbst in seiner Antwort angiebt, konnte zwar ihre Heftigkeit einigermassen erklären, doch reicht er schwerlich ganz dazu hin. Osiander glaubte, daß Mörlin den Tag darauf, nachdem er ihm seinen Brief geschickt hatte, öffentlich über ihn gepredigt habe, und schrieb dann in der ersten Hize darüber seine Antwort. Aber da er doch selbst gesteht, daß ihn Mörlin nicht genannt, und da dieser versicherte, daß er nicht an ihn gedacht habe, so darf man immer zweiflen, ob es Mörlin arg genug gemacht hatte, um eine solche Antwort zu verdienen.

71) Der Brief ist kurz, also mag er hier einen Plaz finden. "Ihr habt mir heut nicht nur „eine schmerzliche sondern eine „schelmische Wunde geschlagen. „Denn niemand hat es anders „verstanden. Dazu kommt noch „euer Brief, von welchem ich „nicht weiß, ob er ungeschickter „oder wahnsinniger sey. Damit „ihr aber wisset, wie sehr ihr „mich erschröckt habt, so ist mirs „eine Freude und wünsche mir „Glück dazu, daß ich euch vielmehr zum öffentlichen Feind habe als zum ungewissen Freund. „Ich wollte auf viel anderem Wege „mit euch handlen, aber euer „Brief benimmt mir alle Hoffnung eurer Freundschaft, Einträchtigkeit und Bekehrung. Daher will ich euch antworten, „nicht wie ihr wollt, sondern „wenn

sehung der Fragen, über die er eine Erläuterung von ihm verlangt hatte, geflissentlich so abgefaßt, daß er sich, wenn er auch gewollt hätte, fast nicht mehr von dem Streit zurückziehen konnte. Er gestand mit der trozigsten Offenheit, daß er allerdings gelehrt habe, und immer zu lehren entschlossen sey; der Mensch werde auf keine andere Art gerechtfertigt, als indem er durch die ihm mitgetheilte und eingegossene Gerechtigkeit Christi gerecht gemacht werde, welche keine andere als die wesentliche Gerechtigkeit seiner göttlichen Natur, also die wesentliche Gerechtigkeit Gottes selbst sey. Er nannte dasjenige, was Mörlin und die Wittenbergische Schule unter dem Verdienst des Gehorsams und des Leydens Christi verstunden, das sie dem Menschen bey seiner Rechtfertigung zurechnen liessen, eine erdichtete Gerechtigkeit, indem er behauptete, daß man den Gehorsam und das Leyden Christi gar nicht ohne Unsinn seine Gerechtigkeit nennen könne, da es nur Folgen und Würkungen davon gewesen seyen. Er forderte ihn und alle seine Kollegen mit bitterem Hohn auf, ihm nur einen Schein-Beweis für die gedoppelte Gerechtigkeit vorzubringen, welche sie bey ihrer Meynung in Christo annehmen mußten, da sie doch nicht läugnen könnten, daß er auch eine wesentliche Gerechtigkeit habe [72]), sagte ihnen

„wenn und wie es mich eben gelegen dünkt, und will euch mit „Gottes Hülfe zu erkennen geben, vor der ganzen christlichen „Kirche in ganz Europa, daß „ein anderes sey ein gelehrter „Mann, und ein anderes ein „Wittenbergischer Doktor, welcher des Sohnes Gottes vergessen und geschworen hat, er „wolle von der Augspurg. Confession nicht weichen, da doch „alle Menschen Lügner sind, und „Philippus auch nicht ausgenommen wird. Deß seyd eingedenk, und gehabt euch wohl." Den 19. Apr. 1551. Der lateinische Brief ist aus Osianders eigener Handschrift in dem: Erläuterten Preussen oder Auserlesenen Anmerkungen zu der Preussischen Civil- und Kirchen-Geschichte T. III. p. 309.

72) "Me — sagt er in dem lezten Brief, den er mit Mörlin wechselte — "non modo hominis sed ne asini quidem nomine dignum esse fatere, quin „potius

nen aber dabey voraus, daß sie ihn nicht bloß mit den Autoritäten Luthers, Melanchtons, oder der Augspurgischen Confession abfertigen dürften, weil er auf die lezte eben so wenig als auf die Aussprüche der ersten geschworen habe 73). Aber er gab sich sogar recht sichtbare Mühe, diß in jedem seiner Briefe — denn der Brief-Wechsel zwischen Mörlin und ihm wurde biß zur Quadruplick fortgesezt 74) — noch härter, noch schneidender

„potius stipitis, candicis et trunci, aut si quid his quoque a ratione & sensu est alienius, si paterer me ista crassissima et Ægyptiacis tenebris densiore sophisticatione deludi, scilicet, cum ego quaeram de justitia, tu mihi respondeas de passione, operibus et meritis Christi, quae non sunt justitia, sed opera et fructus justitiae. Oportuit enim Christum esse justum antequam quicquam juste operaretur." Ja, schließt er endlich den Brief mit den deutschen Worten, denn im Deutschen glaubten sich oft diese Polemiker kräftiger ausdrücken zu können — "ihr müßt mir hier „alle sieben auf die einzige Frage „von eurer gedichteten Gerechtigkeit noch antworten, ehe dann „wir etwas neues anheben, oder „ich will nicht Andreas Osiander „getauft seyn. Ihr habt den „Herzog von Preussen noch nicht „also gar gefressen, daß wie ihr „meynet, wenn er gebiete, und „ihr sprechet: wir wollens nicht „thun, daß es also dabey bleiben „muß!" S. Ep. IX. Os.

73) Schon in seinem zweyten Brief hatte Osiander höchst spizig verlangt, Mörlin möchte ihm doch vor allen Dingen sagen, ob er die Augsp. Confession für kanonisch, und ihr Ansehen für heilig und unverlezlich hielte? Ob er dann noch andere Bücher Lutheri und Philippi, und was für welche? mit gleichem Respekt verehrte, daß ein Christ nicht davon abgehen dürfte? denn das müßte er vorher wissen, damit er sich solcher hochheiligen Zeugnisse, welchen kein Mensch wiedersprechen dürfe, auch bedienen könne.

74) Es wurden zusammen neun Briefe zwischen ihnen gewechselt, in deren ersten man würklich Mörlins Mässigung noch bewundern — aber jezt auch zum leztenmahl bewundern muß. Noch in dem dritten Brief, den er an ihn schrieb, also nach dem Empfang seiner ersten unartigen Antwort, bat er ihn, ihm zu vergeben, und es seiner Unwissenheit zuzuschreiben, wenn ihm selbst etwas unbescheidenes entfahren sey, wobey er ihn zugleich ersuchte, ihm doch jezt glimpflicher zu antworten. Dabey gesteht zwar Mörlin, daß ihn der Herzog, dem er den ersten hizigen Brief Osianders vorlegte, dringend gebeten habe, den Briefwechsel freundlich fortzusezen und dem schelligen Kopf Osianders etwas nachzusehen; aber nach dem folgenden Benehmen des Mannes muß man es ihm immer zum Verdienst anrechnen, daß und wenn er sich auch nur um des Herzogs willen so weit mässigte.

bender, und mit einer noch stolzeren Verachtung seiner Gegner zu wiederholen, recht als ob er befürchtet hätte, daß sie oder daß wenigstens Mörlin sich wieder von dem Kampf-Plaz zurückziehen möchten, wenn er ihn nicht durch das stärkste Gefühl von Aerger und Schaam darauf zurückhielte!

Nun brach dann freylich auch Mörlin loß, und, wie man sich vorstellen kann, mit desto grösserer Heftigkeit loß, wodurch der Streit bald eine andere Wendung erhalten mußte. Mörlin verstand sich nehmlich auf das Lärmmachen weit besser, als alle andere Gegner Osianders zusammen; verstand es besonders weit besser als sie, das Volk in den Streit hineinzuziehen, und brachte es in kurzer Zeit dahin, daß der grössere Theil von diesem, daß wenigstens alle seine Beicht-Kinder in Osiander den entsezlichsten Kezer erblickten, denn nun betrat der Mann seine Kanzel nicht mehr, ohne eine Ladung gegen Osiandern gerüstet zu haben, die er mit äusserstem Ungestümm herabdonnerte. Er gesteht selbst, daß er in einer Predigt am 6. Jun. dieses Jahrs die Leute für Osiandri greulicher Lästerung gewarnt, und die fürstlichen Räthe, die Herrn von der Universität, die drey Stadt-Magistrate öffentlich von der Kanzel herab gebeten habe, sie möchten doch um Gottes willen schleunig dazu thun, sonst würde nichts gutes daraus werden. Ausser diesem, sezt er hinzu, habe er in seinen Predigten über die Epistel an die Römer Osiandri Lehre ausführlich vorgenommen, stattlich wiederlegt, die abscheuliche Folgen davon besonders zu Belehrung der Studenten aufgedeckt, und feyerlich bezeugt, er wollte eher nicht bloß noch ein Fürstenthum, sondern die ganze Welt räumen, als zu einer solchen Gotteslästerung und einem so teufelischen Irrthum noch länger schweigen [75])! Nun

75) S. Mörlins Historia K. 2. Nach diesen eigenen Angaben

Nun war an eine Beylegung des Handels nicht mehr zu denken, denn man kann sich vorstellen, daß auch Osiander seinen Gegnern keine Schmähung schuldig blieb [76]; hingegen war es doch nothwendig, daß er auf irgend eine Art geendigt werden mußte, weil man von der Gährung, in welche die Theologen das Volk zu bringen strebten, Auftritte zu fürchten hatte, die für die öffentliche Ruhe höchstnachtheilig werden konnten [77].

Der

gaben Mörlins von seinen Predigten kann man es sehr wohl glauben, wenn Osiander in einem Brief an Casp. Zeuner, Superintend. in Freyburg von diesem Jahr schreibt: "Incredibile autem re vera, incredibile est quam furiat mendaciis et blasphemiis Mörlinus, qui per ludibrium in publica concione interrogare non erubuit, an justitia Dei nobis ante vel retro infundatur? Nuper autem pariter in publica concione dixit: me esse ipsissimum Antichristum, nec ullum alium exspectandum: denn die Welt würde mit mir beschliessen." S. Erläutertes Preussen T. III. p. 315.

76) Nach Mörlins Angaben hätte es freylich Osiander eben so toll gemacht, denn er erzählt, daß er ihn und seine übrigen Gegner öffentlich Schelme, Bösewichter und Ehrendiebe gescholten, darauf ihn selbst auf der Canzel mit Nahmen genannt, und dazu gesagt habe: Man müßte zu Spiessen und Stangen gegen sie greiffen! Auch Wigand p. 124. bestätigt es; und wenn schon Salig Th. II. 948. meynt, daß die Angaben übertrieben seyn möchten, so macht sie doch Osianders Charakter glaublich genug. Noch glaublicher werden sie aus einem andern Original-Brief Osianders, den er um diese Zeit an Artopöus in Stettin schrieb, und der eine Schilderung von Mörlin enthält, zu der ihm nur der aufgebrachteste Grimm die Fülle von Beywörtern, die er dabey anbrachte, eingeben konnte. "Mihi luctandum est super doctrina et confessione mea cum teterrimo omnium mortalium monstro, Joachimo Mœrlino, Theologiæ si Christo placet, doctore. Is enim est omnium, quos vidi, quos fando audivi, quos in historiis legi, vanissimus, impudentissimus, mendacissimus, inconstantissimus, virulentissimus, seditiosissimus, blasphemissimus, sycophantissimus, calumniosissimus. Parum dico, cum non dubitem, te ista omnia supra rerum naturam putare, sed si hic esses, faterere me parum dicere." S. Erläut. Preussen. T. III. p. 318. 319.

77) Die Gährung war schon so groß, daß Matth. Vogel in seinem Sendschreiben an Mörlin erzählt: "es wäre dadurch zwischen Vater und Sohn, Mutter „und Tochter, Bruder und „Schwester die Liebe also gar, „als ob sie einander gar nicht „kennten, aufgehoben, auch zwischen Ehleuten die höchste Uneinigkeit entstanden, gute Nachbarschaft zertrennt, bürgerli-

„che

Der Herzog glaubte also, sich einmahl ernstlicher darein mischen zu müssen, und liess daher beyden Partheyen bey Verlust seiner Gnade und bey schwehrer Strafe befehlen, dass sie sich des ärgerlichen öffentlichen Schimpfens über einander enthalten, und keiner mehr die Meynung des andern für irrig oder für kezerisch weder in seinen Predigten noch in seinen Lektionen noch viel weniger im Druck ausschreyen sollte [78]). Aber zum Unglück besass Albrecht nicht Festigkeit genug, um einem solchen Befehl auch von Theologen Gehorsam zu erzwingen, und zu gleicher Zeit leitete er den Handel in einen Gang ein, durch welchen er unfehlbar — wenigstens für ihn selbst — noch verwickelter und verwirrender werden musste. Er gab nehmlich Osiandern auf, dass er seine Meynung von der Rechtfertigung mit allen Beweisen, die er aus der Schrift dafür aufbringen könne, in ein deutliches Bekenntniss verfassen sollte, wollte hernach dieses seinen Gegnern kommuniciren, sich ihre Erinnerungen oder Gegen-Bekenntnisse ebenfalls schriftlich einreichen, und alles zusammen an auswärtige Theologen verschicken lassen, um ihre Responsa darüber einzuholen.

Nach

„che Ruhe, Zucht und Beywohnung dermassen zerrüttet, dass „man nicht allein ungegrüßt vor „einander vorbeygegangen, sondern auch übereinander ausgespieen und nachgeschrieen, und „keinem der in Osianders Predigten gegangen, etwas abkaufen oder verkaufen wollen." S. Salig. 967. Mörlin hingegen schreibt Hist. Q. 2. "Es „giengen nun Osiander und die „seinen mit gewehrter gewaffneter Hand nicht nur öffentlich „über die Gassen, sondern auch „in Senatum Academiae, boten „nicht mehr disputiren an, so „viel vertrauten sie ihrer schändlichen Sache nicht, sondern boten die Faust, hatten ihre geladene Zündbüchsen unter den „Röcken, und die Prexen an „der Seiten. Troz dem, der „die Kerle krumm oder schlimm „ansahe!"

78) Der damahlige Rektor der Universität Bartholomäus Wagner bekam den 8. Maj. von dem Herzog den Auftrag, diesen Befehl den Theologen zu publiciren. Mörlin. J. 2.

Nach mehreren Hinsichten war diß zwar der einzige Weg, der dem Herzog übrig blieb, wenn die Sache zu einem Spruch eingeleitet werden sollte. Ihm selbst fiel es nicht ein, daß er darinn sprechen könnte. Seine Theologen hatten alle Parthie genommen, und wenn schon die Gegen-Parthie Osianders die zahlreichste war, so konnte er doch, wenn er auch kein günstiges Vorurtheil für Osiandern gehabt hätte, darinn allein noch keinen Ueberzeugungs-Grund finden, daß der Mann Unrecht haben müsse. Nur von Auswärtigen konnte er also ein unbefangenes Urtheil, oder wenigstens ein solches erwarten, das er für unbefangen halten dürfte; allein wenn er dadurch dem Streit ein Ende machen wollte, so mußte er auch voraus entschlossen seyn, jede der streitenden Partheyen, gegen welche es ausfallen möchte, im Fall der Noth selbst mit Gewalt dazu anzuhalten, daß sie sich dem Urtheil unterwerfen müßte: und dazu war Albrecht nicht Manns genug, einen Entschluß dieser Art nur zu fassen, und noch weniger Manns genug, ihn auszuführen. Er hoffte vielmehr, die auswärtige Theologen würden alle auf einen Vergleich antragen, und den Streit für einen unbedeutenden Wortkrieg erklären; auch mochte er sich, wie man aus seinem folgenden Benehmen schliessen kann, auf diesen Fall vorgesezt haben, beyden Theilen die Fortsezung des Kriegs ernstlichst zu verbieten, und auch wohl die Gegner Osianders durch seine Autorität zum Schweigen zu nöthigen; allein die auswärtige Bedenken fielen gröstentheils wider seine Erwartung aus; und weil er nicht darauf gefaßt war, darnach zu handlen, so brachten sie ihn in eine Verlegenheit, worinn er sich kaum mehr zu rathen wußte.

Vielleicht mochte es ihm indessen selbst geahndet haben, daß es so kommen könnte, den nachdem er seinen Entschluß wegen der Einholung auswärtiger Bedenken bereits erklärt hatte, so versuchte er doch noch ein anderes Mittel, um seine Leute näher zusammenzubringen, verdarb sich aber den Versuch selbst, weil er in der That etwas zu viel Partheylichkeit für Osiandern dabey blicken ließ. Er verlangte nun von Staphylus, Mörlin, Hegemon und Venediger — denn Isinder hatte in der Zwischenzeit den Verstand verlohren [79]) — daß sie ihm ihre Konfessionen zu gleicher Zeit mit Osiandern einschicken sollten [80]), theilte sie alsdann unter der Hand Osiandern mit, und gestattete diesem, daß er seine Konfession im Druck herausgeben durfte, während er den andern die Erlaubniß dazu verweigerte. Schon diß schien eine Begünstigung des lezten zu verrathen, welche seinen Gegnern sehr empfindlich fallen mußte; doch es war möglich, daß eine sehr weise Absicht dabey zum Grund lag, denn es war möglich, daß der Herzog bloß deßwegen ihre Erklärungen Osiandern vorher kommunicirt hatte, damit dieser seine Konfession darnach einrichten, und so unanstössig als möglich, für sie machen konnte [81]); allein in einem Dekret, das er ihnen nachher zuschickte, ließ er einige Aeusserungen über den ganzen Streit und besonders über die Art, womit sie ihn bißher geführt hätten, einfliessen, worinn sie selbst wenigstens nichts als Partheylichkeit für ihren Gegner erblicken konnten. Er habe sich, schrieb er ihnen [82]),

durch

79) Nach Schlüsselburg war die Krankheit, in welche Isinder um diese Zeit verfiel, ein göttliches Straf-Gericht, weil er sich durch den Herzog habe bestechen lassen, von der Meynung Osianders gelinder zu denken. S. L. VI. p. 247.

80) Sie sind alle in das Ausschreiben des Herzogs eingerückt. B. 3. flgd. Es kostete aber Albrecht noch einen Befehl, biß er die Konfession von Mörlin bekam, denn dieser hatte ihm zuerst geantwortet, daß er keine andere Konfession habe, als die Augspurgische, bey welcher er immer verharren wolle.

81) Aus mehreren Stellen der Osiandrischen Konfession erhellt es auch deutlich, daß er sich auf die Bekenntnisse seiner Gegner bezog; aber freylich machte er nicht den Gebrauch davon, den vielleicht der Herzog abgezweckt hatte.

82) Unter dem 15. Jul. 1551. S. Mörlin. M. 3.

durch ihre Konfessionen selbst; jezt mehr in der Meynung bestärkt, daß der ganze bißherige Zwiespalt zwischen ihnen gröstentheils aus **Unverstand der heiligen Schrift, aus gar zu vielem Vertrauen auf Menschen-Lehre,** und aus menschlichen Affekten entsprungen sey. Weil sie aber vorgewendet, die Sache wäre nicht des Herzogs, sondern der ganzen christlichen Kirche, so sollte jezt Osianders Konfession gedruckt, ihnen eine Kopey davon gegeben und ihre bescheidene Beurtheilung darüber erwartet werden; nur müßten sie sich dabey enthalten, die Zeugnisse Doktor Luthers und anderer gelehrten Männer mit Haaren herbey zu ziehen, wodurch die Lehre nur geringschäzig gemacht und verkleinert würde. Wenn sie alsdenn zwey oder drey Schriften gegen einander gewechselt hätten, so hoffte er, würde der Sachen schon noch Rath werden; sollte aber diese Hoffnung fehlschlagen, so wollte er nun erst auch ihre Konfessionen drucken, und auswärtige Theologen darüber sprechen lassen.

Nach diesem etwas veränderten Plan schien der Herzog darauf zu rechnen, daß sich die Leute unter einander selbst müde streiten, oder biß zum Ueberdruß abzanken könnten; doch da er ihnen zugleich das gegenseitige Schimpfen und Schmähen verbot, so hätte es schon deßwegen nicht gehen können, wenn sie auch durch seinen Befehl nicht auf das neue erbittert worden wären. In ihren Konfessionen selbst hätten sie schon den entschlossensten Troz erklärt, Osiandern auch nicht in einer Sylbe nachzugeben [83]; jezt aber kehrten sie ihren Troz gegen den Her-

83) So schloß z. B. Mörlin seine Konfession mit der Versicherung, "er würde sich von „dem reinen Wort der Wahrheit „zu keiner neuen Schwärmerey „nun und nimmermehr auf diese Erden abwenden lassen, und „sollte auch er selbst ja die ganze „Welt darüber zu scheitern und „zu Trümmern gehen." Hegemons Bekenntniß aber endigte sich mit dem Trumpf: "dabey bliebe

Herzog selbst, indem sie ihm mit der frechsten Impertinenz erklärten, daß sie sich auf das von ihm vorgeschlagene schriftliche Verkehr, mit Osiandern gar nicht einlassen würden. Um sein Bekenntniß, schreiben sie ihm [84]), bekümmerten sie sich nichts, denn aus seinem Munde und aus seinen bißherigen Schriften könnten sie schon seinen Irrthum hinreichend beweisen. Mit ihm selbst hätten sie daher nicht mehr zu handlen nöthig; und würden es auch nicht thun, besonders da sie befürchten müßten, daß man, wenn es bey Privat-Handlungen bliebe, den Gegenpart unfehlbar favorisiren würde. Wollte also der Herzog die Sache doch im Lande behalten, so müßte er einen freyen Synodum versammlen, und diesem das Urtheil überlassen, wollte er aber auswärtige Theologen sprechen lassen, so müßte auch ihnen erlaubt werden, öffentlich drucken zu lassen, was sie wollten, damit diese gehörig unterrichtet würden. Indessen würden sie, wie bißher fortfahren, in ihren Predigten die Irrthümer zu strafen und zu verdammen, und die Schäflein Christi davor zu warnen, weil sie Gott mehr als Menschen gehorchen müßten.

Doch mit dieser Erklärung allein begnügten sich die Theologen nicht, sondern sie begleiteten sie mit einem Schritt, dessen Schamlosigkeit und Kühnheit so gränzenlos war, daß man ihn kaum glaublich finden kann. Sie machten dem Herzog zu gleicher Zeit bekannt, daß sie Osiandern nicht mehr als Präsidenten des Bistums erkennten, weil er eine notorisch-irrige und kezerische Meynung vertheidige, wodurch er sich selbst ipso facto seines Amts entsezt, und zu der Ausübung der bischöflichen Functionen und Verrichtungen unfähig gemacht habe. Diß — sezten sie hinzu — erklärten sie nicht bloß

„bliebe und stürbe er, achtete „auch nicht, was andere ge„schrieben hätten, oder noch „schrieben."

84) Den 21. Jul. S. Mörlin N. 2. ...

bloß als Privat-Personen sondern als Männer, denen die Kirche Gottes anvertraut und empfohlen sey; aber diß erklärten sie nicht nur, sondern sie brachten auch das schöne Absezungs-Urtheil zur Vollziehung, so weit es von ihnen abhieng. Mörlin leitete es durch seinen Einfluß auf den Adel und die Stadt-Räthe dahin ein, daß dem von ihnen abgesezten Osiander kein Kandidat zum Examen oder zur Ordination mehr präsentirt, und auch sonst keine Gelegenheit mehr zu der Ausübung einer Bischöflichen Handlung gegeben wurde, ernannte sich dafür selbst zum Interims-Bischof, oder ließ sich von seinen Kollegen dazu ernennen, und verrichtete öffentlich unter Osianders Augen alle Actus, die zu dem Amt von diesem gehörten. Ja als der Herzog diese Insolenz in einem neuen schärferen [85]) Rescript ahndete, wobey er ihnen ein Exemplar von Osianders gedrucktem Bekenntniß zuschickte, und ihre Censuren darüber abforderte, so sandten sie ihm die Schrift unentsiegelt mit Beziehung auf

85) Unter dem 12. Aug. Aber das Reskript war bey weitem nicht scharf genug, denn der Herzog ließ sich darinn noch auf Vorstellungen mit ihnen ein. "Er wüste wohl, schrieb er ihnen, daß es weder ihm noch andern gebühre, jemand wieder Gottes Wort und sein unerdichtetes Gewissen auf etwas grösses oder geringschäziges zu weisen: allein er wollte sich auch als einer Obrigkeit unter dem vermeynten Schein der Religion und des Gewissens den schuldigen Gehorsam nicht stuzig machen, oder entziehen lassen. — Von ihnen, als einer Parthey, verlangte er keinen Rath in dem Handel, sondern sie sollten thun, was er verlangte. Denn er sähe wohl, daß es etlichen von ihnen nicht so wohl um diesen hohen Handel zu thun sey, als daß sie ihn den Herzog ihres Gefallens in allen Sachen gern allein regieren, hofmeistern, führen und mitregieren wollten: er möchte ihnen aber wohl gönnen, sie liessen sich des Regierens nicht mehr, als ihnen gebührte, gelüsten. — Daß sie Osiandern von seinem Präsidenten-Amt abgesezt und degradirt, befremdete ihn nicht wenig; er wollte ihn aber schon biß zu Austrag der Sache bey seinem Stand und Würde schüzen und handhaben, und sollte Mörlin sich ja des Examinirens der Pfarrer und überhaupt des Amts ausser seiner Pfarre enthalten, wiedrigenfalls er solcher Wiedersezlichkeit mit gebührendem Einsehen begegnen müßte."

auf ihren ersten Brief zurück [86]), in welchem sie bereits erklärt hätten, daß sie sich mit Osiandern nicht weiter einlassen wollten. Sie brauchten auch, sezten sie jezt hinzu, das Urtheil der Kirche [87]) nicht erst über ihn einzuholen, denn sie hätten Gottes Wort, und durch dieses müßte selbst die Kirche sich richten lassen, daher verdienten sie aber auch den Vorwurf nicht, daß sie durch die Absezung Osianders den Proceß mit der Execution angefangen hätten, denn der Mann sey aus Gottes Wort seines Irrthums schon längst überwiesen, und sie würden es vor Gott und vor der Kirche nicht verantworten können, wenn sie einen solchen Wolf länger als Bischof erkennen wollten.

Auf einen zweyten Befehl des Herzogs, der diesem beygelegt war, und Mörlin zunächst oder doch vorzüglich angieng, antwortete dieser auf eine andere Art. Er

86) Den 15. Aug. Zum grösseren Aergerniß des Herzogs liessen sie ihm ihre Antwort nebst dem unentsiegelten Exemplar von Osianders Bekenntniß durch den berüchtigten Stancarus zurückgeben, dessen Antheil an den Händeln besonders erzählt werden muß. Er war in eben diesem Jahr von dem Herzog als Professor der Theologie angestellt und zuerst auch von ihm als Mittler zwischen Osiandern und seinen Gegnern gebraucht worden, hatte sich aber sogleich mit blinder Heftigkeit zu der Parthie der lezten geschlagen Da er nun bald merkte, daß der Herzog sich nicht dazu bringen lassen möchte, ihnen Osiandern aufzuopfern, so beschloß er seinen Abschied zu nehmen, und übergab ihm deßwegen bey eben der Gelegenheit, da er ihm die Antwort der Theologen einhändigte, die in den gröbsten Ausdrücken abgefaßte Aufkündigung seines Diensts. Sie steht bey Hartknoch p. 344. In einem neuen Decret an die Theologen vom 19 Aug verwieß es ihnen daher Albrecht besonders, daß sie ihm ihre Antwort durch den zänkischen und unbescheidenen Stancarus zugestellt, und sich nicht hätten mißfallen lassen, daß er ihm daneben einen stinkenden, welschen, glossirten und apostillirten Brief übergeben habe, worinn er und seine Räthe höchlich injurirt seyen.

87) Sie erinnerten sogar — und diß ist sehr merkwürdige Wendung — sie erinnerten den Herzog daran, daß er doch selbst das Evangelium angenommen habe, ohne die Kirche vorher zu fragen. Doch, sezten sie hinzu, wollten sie der Kirche nichts benommen haben. S. Mörlin. Q. 1.

Er hatte sich unterstanden, einige Bürger aus seiner Gemeinde, die ihm als Anhänger Osianders bekannt waren, von dem Abendmahl auszuschliessen, und so mit gewissermassen in den Bann zu thun; ja er hatte selbst von der Kanzel herab angekündigt, daß er keinen, der nur Osianders Predigten besuchte, in den Beichtstuhl, oder als Pathen bey einer Taufe zulassen würde. Diß war ihm in jenem Befehl ernstlich [88]) verwiesen worden: Mörlin aber nahm nicht nur keine Notiz davon, sondern hielt am nächsten Sontag eine Aufruhr-Predigt, die ganz Königsberg in Feuer und Flammen sezen konnte. Es ist unmöglich sich etwas von der Art, wie diese Predigt war, vorzustellen; denn selbst diß Zeitalter hat nur wenige Stücke von ähnlicher Stärke aufzuweisen. "Thut dazu — so schrie Mörlin von seiner Kanzel herab — thut dazu, liebe Kindlein! und „leydet diesen Gräuel nicht länger im Lande. Thut dazu, nicht um euer, sondern um der kleinen Kinder willen, die noch in den Wiegen liegen, und vielmehr um „deren willen, die ihr noch in den Lenden thut tragen, „daß sie nicht von dieser teufelischen Kezerey vergiftet „werden! Denn es wäre euch tausendmahl nüzer, daß „ihr im Blut wadetet bis über die Knie, daß der „Türk vor die Stadt käme, und euch alle ermordete; „ja es wäre euch selbst nüzer, daß ihr Juden und Heyden wäret, denn daß ihr solches leydet! denn ihr seyd „eben so wohl mit dieser Lehre verdammt, als die „Hey-

88) "Er sollte wissen, hieß es in dem Befehl, daß er, der Herzog, keinem Pfarrer das Verbieten, Bannen und Excommuniciren seines Gefallens in seinen Landen verstatten wolle." In dem Exemplar der Wolfenbüttelischen Bibliothek, das Salig vor sich hatte, steht bey diesem Befehl von Mörlins Hand an den Rand geschrieben: "Das „sollt D. Martinus gelesen haben!" Und diese Rand-Glosse giebt deutlich zu erkennen, wie fest die Leute noch glaubten, daß das Bann-Recht zu ihrer Schlüssel-Gewalt gehöre, von der ihnen kein Mensch etwas nehmen könne.

„Heyden! Ich will euch gewarnt haben, wer sich noch „will warnen lassen. Welcher aber nicht will, der fah„re hin zum Teufel. Ich darf sie nicht erst dem Teu„fel übergeben, denn sie sind schon zuvor sein; alle, die „diese Lehre annehmen; und ich will es wieder öffentlich „anzeigen, daß ich derselben keinen, der die Lehre an„nimt, oder in seine Predigten geht, zu dem Sakra„ment gehen lassen will, sie mögen hinlaufen, wo sie „wollen. Ihr sollt sie auch nicht grüssen, keine Ge„meinschaft mit ihnen haben, sondern fliehen als wä„ren sie der Teufel selbst [89])."

Nun konnte es freylich der Herzog nicht mehr für möglich halten, daß die streitende Parthehen zu einem Vergleich gebracht werden könnten; also säumte er nicht länger, den beschlossenen Schritt zu Einholung auswärtiger Bedenken zu thun, that ihn aber selbst noch mit einer Schonung seiner Theologen, durch deren schwache Gutherzigkeit das Betragen, das sie sich gegen ihn erlaubten, am besten erklärt wird. In dem Ausschreiben, das er unter dem 5. Octbr. 1551. an alle der Augsp. Konfession zugethane Fürsten, Stände und Städte in Deutschland erließ [90]), klagte er zwar diesen

89) Es ist Matthäus Vogel, der in seiner Antwort auf Mörlins Sendschreiben N. 3. a. die angeführte Stelle aus dieser Predigt eingerückt hat. Aber man findet dort, und bey Salig p. 966. noch mehrere die zum Theil noch empörender sind. In einer brach er sogar, nachdem er unmittelbar vorher von Osianders Gerechtigkeit nahmentlich gesprochen hatte, in den Fluch aus: "Pfuy dich an, du schwarzer Teufel! mit deiner Gerechtigkeit. (Osiander war wegen seiner Schwärze berufen!) Gott stürze dich in den Abgrund der Hölle!" Mörlin selbst aber läugnet in seiner Historie N. 3. b. nicht, daß er so heftig gepredigt habe, sondern rechtfertigt sich nur mit dem Beyspiel Eliä, der gegen die Baalitische Pfaffen auch einen solchen Feuer-Eifer gezeigt habe.

90) Auch diß Schreiben des Herzogs ist in das Ausschreiben an seine Landschaften eingerückt E. 1. a.

sen das unbescheidene, unbillige, und unchristliche Verfahren, das bißher seine Theologen in dem entstandenen Handel zu der grösten Kränkung seines Ansehens und mit der gewaltsamsten Störung der öffentlichen Ruhe beobachtet hätten, mit eben so viel Nachdruck als Wahrheit [91]); doch richtete er seine Bitte an sie nur dahin, daß sie ihm das Urtheil und die Meynung ihrer vornehmsten Theologen und Prädikanten über Osianders Konfession allein zukommen lassen möchten; da er doch mit dem grösten Recht seine Anfrage auch darauf hätte stellen können, was die Proceduren Mörlins und seiner Kollegen in jedem Fall für eine Strafe verdienten? Aber er kündigte ja sogar noch jezt in seinem Ausschreiben den Wunsch an, daß dem ärgerlichen Handel, mit so wenig Aufsehen als möglich, ein Ende gemacht werden könnte: denn er bat deßwegen die Fürsten und Stände, ihre Theologen, denen sie die Sache vorlegen wollten, dazu anzuhalten, daß sie ihr gestelltes Urtheil [92]) nach der Einsendung an ihn noch vier Monathe

91) Er hätte, schrieb er, die Sache zwar durch Kommissionen zu vertragen gesucht, und darinn sey ihm auch D. Mörlin zuerst redlich beygestanden, wäre aber hernach zum grösseren Theil abgefallen, und hätte Osiandern in Predigten verkezert, und den Herzoglichen Abmahnungen keine Folge geleistet, unter dem Vorwand, daß dem Herzog die Entscheidung der Sache nicht gebühre. Der klagende Theil hätte hierauf eine Synode verlangt, allein weil beyde Landes-Bischöfe verstorben, so könnte nicht füglich eine Synode veranstaltet, und noch weniger könnten die Ankläger als Richter über den Beklagten bestellt werden. Und da dann D. Mörlin mit seinem Anhang Osiandern eigenes Gefallens excommunicirt, verurtheilt, und unaufhörlich geschmäht, auch in keine schriftliche Handlung sich einlassen wollten. — da auch ferner zwey Professores (Stancarus und Staphylus, der auch um diese Zeit abgieng) ihren Abschied genommen, des Vorhabens, diese Theologische Irrungen in fremden Ländern noch beschwerlicher zu spargiren, und den Herzog und seine Räthe bey jedermann zu verunglimpfen, so bliebe ihm nichts übrig, als sich auswärts Raths zu erholen.

92) Er bat aber ausdrücklich dabey, daß man die Prädicanten und Theologen ihre Berathschlagung ordentlicher weise und in

nathe lang geheim hielten, damit, wie er sagte, die Execution desto geruhiger und bequemlicher möchte ins Werk gebracht und allem Unrath mit guter Bescheidenheit abgeholfen werden."

Die unnatürliche Bewegung in welche die Gegner Osianders nicht nur das Volk, sondern fast das ganze Land zu bringen gewußt hatten, machte es allerdings nothwendig, daß der Herzog diesen Weg einschlagen mußte. In dem Umstand selbst, daß er erst auswärtige Bedenken einholte, konnte man also noch keinen Beweis von Schwäche sehen, und konnte es würklich desto weniger, da er doch in der Folge bewies, daß er es mit seinen Theologen allein schon aufzunehmen wage: aber das folgende Benehmen Albrechts bewies nur allzudeutlich, daß er doch diesen Weg bloß deßwegen einschlug, um nicht jezt schon mit seiner Macht durchgreifen zu dürfen; es bewies also nur allzudeutlich, daß er sich dennoch vor dem Durchgreifen fürchtete; und diß kündigte am gewissesten an, daß der Handel auch auf diesem Wege zu keinem Ausgang gebracht werden würde.

Kap. V.

Das erste unter den auswärtigen Bedenken 93), das zu Anfang des J. 1552. in Königsberg einlief, das

in Gestalt eines Synodi möchte halten, ihr Erkenntniß aus Gottes Wort schriftlich stellen, und jeden insonderheit seinen Nahmen unterschreiben lassen. Er sorgte also recht vorsichtig davor, den Partheyen, die sich durch das Urtheil gravirt glauben möchten, jeden Vorwand zu einer Protestation oder Exception voraus abzuschneiden; aber der gute Albrecht dachte nicht daran, daß man es wohl hier und da allzuweitläufig finden dürfte, eine eigene Synode um des Handels willen zu veranstalten. Doch sandte er sein Ausschreiben nur an seine besondere Bekannte unter den protestantischen Fürsten, nehmlich an den Churfürsten von Brandenburg, an den Markgrafen Johann zu Cüstrin, an die Herzoge zu Würtenberg, Pommern, Meklenburg, an den Sächsisch-Weimarischen Hof und an einige Städte.

93) Das Bedenken war datirt

das Bedenken der Würtenbergischen Theologen, entsprach zwar den Wünschen und Erwartungen des Herzogs so vollständig, daß er sich schon der Hoffnung eines sehr glücklichen Erfolgs überließ. Die Würtenbergische Theologen, oder vielmehr Brenz, der Verfasser des Bedenkens, war unbefangen genug, um auf den ersten Blick gewahr zu werden, daß sich Osiander nicht von der lutherischen Lehre, sondern nur von den lutherischen Ausdrücken entfernt habe, und daß also bloß über Ausdrücke mit ihm gestritten werden könne. Er trug also mit einem Wort darauf an, daß sich die Leute vergleichen sollten, und bemühte sich nur zu zeigen, daß sie es recht füglich thun könnten, weil sich ja auch die Ausdrücke, deren sich jede Parthie bediente, in einem sehr wahren, von keiner Seite bestrittenen Sinn gebrauchen liessen, wenn man sie nur gegenseitig in christlicher Liebe deuten wollte!

Zu diesem Ende bewies er einerseits den Gegnern Osianders, daß doch allerdings diejenige Gerechtigkeit Christi, durch welche der Mensch gerecht gemacht werden müsse, keine andere sey, als die wesentliche Gerechtigkeit, welche Christo nach seiner göttlichen Natur zukomme, und daß man also den Ausdruck Osianders, daß Christus auch nach seiner göttlichen Natur unsere Gerechtigkeit sey, ganz ohne Anstoß gebrauchen könne; hingegen bewies er auch Osiandern, daß man eben so das durch den Glauben ergriffene und uns zugerechnete Verdienst des Leydens und Sterbens Christi, das er ja auch nicht läugne, nicht nur ohne Anstoß die Gerechtigkeit Christi — wenn schon nicht seine wesentliche Gerech-

tirt vom 5. Dec. 1551. aber es war von keinem Theologen unterschrieben worden, so wie sie auch selbst darinn schrieben, daß sie es in keiner förmlichen Synodal-Versammlung abgefaßt hätten. Der Herzog Christoph von Würtenberg begleitete es hingegen mit einem eigenen Brief an den Herzog Albrecht, wodurch es genug beglaubiget wurde.

rechtigkeit — nennen möge, sondern daß sie selbst in der Schrift mehrfach so genannt werde [94]). Eben damit gab er dem lezten deutlich genug zu verstehen, daß er am wenigsten nöthig gehabt hätte, über den gewöhnlichen Sprach-Gebrauch des Worts: rechtfertigen: zu streiten, da für diesen Sprach-Gebrauch auch der Schrift-Gebrauch angeführt werden könne; doch diß sagte er auch ganz deutlich, denn er räumte den Gegnern Osianders ein, daß sie durch seine ungewöhnliche Reden leicht genug zu dem Mißverstand hätten verführt werden können, aus welchem der Streit zwischen ihnen erwachsen sey [95]).

Hätte Brenz bey diesem Punkt Osiandern in etwas stärkeren Ausdrücken getadelt, so möchten es ihm wahrscheinlich die Gegner von diesem eher verziehen haben, daß

94) Er führte die Stellen an Röm IV. 6. 7. Röm. V. 19. Gal. V. 22.

95) Auch diß Bedenken findet sich in des Herzogs Ausschreiben F. 3. und in einem Auszug bey Salig Th. II. 975. Die wahre Vorstellung aber, die sich Brenz von dem ganzen Handel machte, findet man sehr offen in zwey Briefen von ihm dargelegt, von denen der eine an Melanchton, der andere an Camerar gerichtet ist, und durch welche zugleich das Bedenken mehrfach erläutert wird. "Nos, schreibt er an den ersten, cum Princeps a nobis sententiam nostram peteret, maluimus instituere conciliationem, quam damnatione dogmatis a me certe nondum satis intellecti animos exulceratos magis irritare et occasionem evomendi novas execrationes dare, non quod multum speraremus, nos ab istis sic affectis aliquid impetraturos, sed ut, hac occasione, si quid monstri aleretur, manifestius erumperet." Mihi, schreibt er hingegen an Camerar, ut dicam, quod sentio, reliqui videntur cum Osiandro Andabatarum more et clausis, quod dicitur, oculis pugnare. Quod in Osiandri dogmate est reprehendendum, hoc silentio propemodum praetereunt, et quod tolerabiliter dicere videtur, exagitant. Sed quid multa? Ego quia aut non intelligo dogma Osiandri aut in principali statu dogmatis vobiscum consentio, statui sustinere sententiam donec aliquid certius cognovero. De argumentis quidem Osiandri non est dubium quin aberret a veritate, et torqueat disputationem Pauli de justificatione ad suum dogma." Beyde Briefe S. in Strobels Beyträgen zur Litteratur des XVI. Jahrh. B. II. p. 118. 125.

daß er ihren Streit mit ihm für blossen Wort-Streit erklärte, aber daß er sie selbst davon hätte überzeugen können; diß machte vorzüglich ein Umstand unmöglich, der Brenzen vielleicht nicht ganz bekannt war. Der jezige Haupt-Gegner Osianders, Mörlin, hatte ja selbst zuerst diß Urtheil darüber gefällt, und konnte jezt durch keine Macht in der Welt mehr dahin zurückgebracht werden, da er sich so geflissentlich und vorsezlich in eine andere Ueberzeugung hinein gestritten hatte. Ein Versuch, ihn durch eine solche Vorstellung zu einem Vergleich mit Osiander zu bewegen, mußte ihn daher noch mehr als die übrigen Gegner von diesem erbittern [96]); denn er hätte sich selbst dabey gestehen müssen, daß er nicht nur, wie sie, durch einen entschuldbaren Mißverstand zu einem falschen Urtheil verleitet, sondern daß er erst durch sie mit weniger entschuldbarer Schwäche von seinem ersten richtigen Urtheil zu einem irrigen dahingerissen worden sey. Es war also die unnatürlichste

96) Brenz hatte ihnen aber auch würklich einige bittere Wahrheiten darinn gesagt; ja am Ende seines Bedenkens hatte er sie sogar gewarnt, da sie über der Rechtfertigung so heftig haderten, und mit solchem Grimm gegen einander eingenommen zu seyn schienen, so sollten sie ja zusehen, daß sie nicht allererst die Gerechtigkeit verlöhren, und weder die göttliche noch die menschliche zu geniessen kriegten. - Noch empfindlicher mußte ihnen eine Aeusserung, in dem Brief des Herzogs Christoph an den ihrigen seyn, denn dieser hatte unverdeckt gesagt, daß es seinem Urtheil nach wohl niemahls zu dem häßlichen Streit hätte kommen können, wenn die Königsbergische Theologen mehr auf die Ehre Gottes, auf die Erhaltung und Erbauung der Kirche und auf die Liebe des Nächsten als auf ihre Privat-Affekten gesehen hätten; auch drückte er zulezt die Hoffnung aus, daß der Herzog wohl wissen würde, wie er sich gegen diejenige unter ihnen zu halten hätte, die sich jezt nicht christlich und tugendlich zurechtweisen lassen, sondern eigenwillig auf ihrem unnöthigen Streit beharren würden. Darüber machte noch Wigand S. 132. eine sehr spizige Bemerkung: den Aerger über das Brenzische Bedenken aber liessen die Gegner Osianders in der Lüge aus, welche sie sogleich verbreiteten, daß Brenz von dem Herzog Albrecht bestochen worden sey. S. Camerar Vit. Mel. p. 319. in der Note von Strobel, und einen Bericht von Sarcerius in Hommels Semicentur. I. p. 41.

ste Hoffnung, die der Herzog einen Augenblick lang nährte, daß diß Würtenbergische Bedenken seine Theologen, wenn auch nicht zu einem Vergleich, doch zu einiger Mässigung disponiren sollte: aber sie sorgten dafür, daß er sich nicht lange damit täuschen durfte, und mit unverzeyhlicher Schwäche versäumte er den einzigen Vortheil zu benuzen, den er daraus hätte ziehen können.

Osiander äusserte sich zwar über das Bedenken mit sehr vieler Mässigung [97]. Er erkannte, daß Brenz seine Meynungen richtig genug dargestellt; nur glaubte er, daß er von seinen Wiedersachern und von ihrer Meynung allzugünstig geurtheilt, und behielt sich auch vor, bey einer andern Gelegenheit den Beweis zu führen, daß er einige von ihm angeführte Schriftstellen, in denen das Wort: Gerechtigkeit: nur das zugerechnete Verdienst des Leidens und Sterbens Christi bezeichnen sollte, unrichtig erklärt habe; aber dabey äusserte er doch, daß er mit niemand zanken wolle, der ihn nur bey seiner Meynung zufrieden liesse [98]. Ganz anders äusserten sich hingegen Mörlin und seine Kollegen. Sie behaupteten, daß der Verfasser des Bedenkens Osianders Meynung ganz unrichtig vorgestellt, und seinen Irrthum, über den sie mit ihm kämpften, gar nicht aufgefaßt, also über den ganzen Streit nicht anders als falsch habe urtheilen können. „Er scheine sich nehmlich einzubilden, daß Osiander von ihnen bloß wegen der Behauptung getadelt worden sey, daß Christus auch nach

97) Nach Wigand hatte der Herzog das Bedenken zuerst Osiandern mitgetheilt, und sich seiner Beystimmung zu versichern gesucht, quo facilius etiam accusatores ejus in ordinem possent cogi.

98) Ja er äusserte sogar, nach Wigands eigener Angabe, daß er mit niemand streiten wolle, der ihm nur seine Meynung lassen wolle, licet alias incommode loqueretur." Er wollte also auch seinen Gegnern ihre Ausdrücke lassen, wenn sie in Ansehung der Sache mit ihm übereinstimmten. S. Wigand p. 135.

nach seiner göttlichen Natur unsere Gerechtigkeit heissen könne; die wahre Meynung Osianders aber, welche sie bestritten hätten, gehe dahin, daß Christus allein nach der göttlichen Natur unsere Gerechtigkeit sey, und diß erkläre der Verfasser des Bedenkens auch selbst für irrig; mithin würde er, sobald er über jenes die gehörige Belehrung erhielte, völlig mit ihnen übereinstimmen [99]). Eben davon nahmen sie aber einen neuen Grund zu der Unterstüzung des Gesuchs her, das sie zu gleicher Zeit an den Herzog brachten, „daß er ihnen die Erlaubniß, sich in einen öffentlichen Schriften-Wechsel mit Osiandern einzulassen, nicht länger verweigern möchte: denn es sey doch klar, sagten sie, daß die Würtenbergische Theologen von der eigentlichen Streit-Frage bloß deßwegen so mangelhaft unterrichtet seyen, weil sie nur die eine Parthey gehört hätten: eben diß würde der Fall mit den meisten übrigen ausser-Preussischen Predigern seyn, deren Gutachten verlangt würden, also sey es selbst zu der Belehrung ihrer Richter nöthig, daß es auch ihnen gestattet werden müsse, ihre Wiederlegung der

99) Certamen, sagte Mörlin, nequaquam esse, ut quidem Brentius posuerit; quod Christus juxta suam divinam naturam sit nostra justitia, sed, quod Osiander posuerit, Christum esse nostram justitiam *tantum* secundum suam divinam naturam. Certamen itaque esse de exclusiva illa: tantum. Eam vero exclusivam in judicio illo non ita sine dubio extare. Aber in dem Sinn, in welchem es Osiander behauptete, daß Christus nur allein nach der göttlichen Natur unsere Gerechtigkeit sey, stand es würklich auch in dem Brenzischen Bedenken. Es war ja darinn zugestanden, daß Christus nach seiner göttlichen Natur unsere rechte, wahre und ewige Gerechtigkeit — also die wesentliche Gerechtigkeit Osianders sey; und es wurde nur zugleich von Brenz behauptet, daß man auch die Vergebung der Sünden, die der Mensch durch den Glauben an das Verdienst Christi erhielte, in einem rechten Verstand eine Gerechtigkeit nennen könne; aber wenn er ausdrücklich hinzusezte, daß die lezte doch nicht die wesentliche Gerechtigkeit sey, was hieß diß anders, als daß man diese nur allein durch die Mittheilung Christi selbst nach seiner göttlichen Natur erlangen könne.

der Osiandrischen Lehre eben so publik zu machen, als es sein Bekänntniß geworden sey 100).

Diß Gesuch konnten sie zwar selbst durch eine ausdrückliche Stelle aus dem Würtenbergischen Bedenken unterstüzen, worinn die Verfasser von diesem erklärt hatten, daß sie sich noch keinen entscheidenden Ausspruch erlauben dürften, weil sie die Gegenparthie noch nicht gehört hätten: allein da sich so gewiß voraussehen ließ, daß der Streit vollends unheilbar werden würde, wenn sie ihn in das grosse Publikum bringen, und einander gedruckte Grobheiten sagen durften, so hätte man um so eher alles anwenden sollen, um es zu verhindern, da es auf eine mehrfache Art geschehen konnte; wobey ihnen kein gerechter Grund zu einer Klage über unbillige Behandlung übrig blieb. Sie hatten kein Recht, etwas weiter zu verlangen, als daß die auswärtige Theologen, theils über ihre Meynung, welche sie gegen Osiandern vertheidigt, theils über Osianders Meynung, welche sie bestritten hatten, vollständig belehrt werden sollten; aber sie hatten in Ansehung des lezten durchaus kein Recht, darauf zu bestehen, daß diese auswärtige Theologen gerade von ihnen, und durch ihre Schriften von der wahren Meynung Osianders unterrichtet werden müßten. Wenn man also zu Erreichung des ersten Zwecks den auswärtigen Theologen ihre dem Herzog überreichte Konfessionen zuschickte, worinn sie selbst ihre Meynung im Gegensaz gegen die Osiandrische dargelegt hatten, und zum Behuf des andern nur allenfalls alle übrige Schriften Osianders mitschickte, worinn er seit dem Anfang des Streits seine Meynung dargelegt und

ver-

100) Praeterea, sezten sie hinzu, cum causa sit publicata, nomen Dei blasphematum, multae conscientiae perturbatae, ideo non locum esse amplius privatae transactioni, sed publicum scandalum publice tollendum esse. Diese Antwort der Theologen war vom 9. Febr. 1552.

vertheidigt hatte, so bekämen diese gewiß hinreichende Mittel, sich über die wahre Meynungen der einen und der andern Parthey auf das vollständigste zu belehren; und so konnten die Partheyen selbst mit desto entschiedenerem Recht angehalten werden, sich biß zu dem Austrag der Sache ruhig zu verhalten.

Aber dazu hätte sich ja der Herzog durch die Erklärung selbst, welche Osiander und seine Gegner über das Würtenbergische Bedenken ausgestellt hatten, noch mehr berechtigt halten mögen! Der erste erkannte ja, daß seine Meynung ganz richtig in dem Bedenken dargelegt sey. Die andere hingegen erkannten wenigstens diß, daß an dieser Meynung nichts, als höchstens die Ausdrücke zu tadeln seyn würden, und behaupteten nur dabey, daß es nicht die Meynung Osianders sey. Konnte ihnen nun der Herzog nicht mit dem völligsten Recht sagen, daß er durch ihre beyderseitige Erklärungen den Streit über die Lehrfrage selbst, den sie indessen geführt hätten, schon für geschlossen ansehe, da sich Osiander ausdrücklich zu einer Meynung bekannt habe, welche sie eben so ausdrücklich als unverfänglich erkannt hätten. Nach dieser Erklärung Osianders mußten sie glauben, daß er wenigstens jezt richtig lehre, wenn er diese Meynung für die seinige erkenne: sie konnten also nur noch darüber fortstreiten, ob er nicht bißher anders gelehrt habe? mithin bloß über einen Umstand fortstreiten, der allein die Person Osianders betraff, und weder für die Kirche noch für die Lehre, sondern nur für ihre Leydenschaft noch ein Interesse haben konnte — wer aber mußte nicht fühlen, daß der Herzog in dieser Lage mehr als berechtigt, daß er eigentlich verpflichtet war, es im Nothfall selbst mit Gewalt zu verhindern, daß sie das Aergerniß, das sie schon durch den Streit gegeben hatten, nicht noch mehr vergrössern, und noch weiter verbreiten konnten. So hätte er das Würtenbergische Bedenken schon vor-

läufig

läufig benuzen können; aber leyder! fühlte diß Albrecht nicht bälder, als biß es zu späth war!

Mörlin und seine Kollegen erhielten von ihm die gesuchte Erlaubniß, eine Wiederlegung der Osiandrischen Konfession herauszugeben, und benuzten sie, wie man voraussehen konnte, nur dazu, um ihn der ganzen Kirche als einen bereits verdammten und überwiesenen Kezer vorzuführen. Schon auf dem Titel [101]) ihrer Schrift nannten sie Osianders Lehre verführerisch und antichristisch; und einer der gelindesten Vorwürfe, welche sie ihm in der Schrift selbst machten, war dieser, daß er das Blut Christi mit Füssen trete. Alles aber, was sie als Irrthum des Mannes angaben, lief wieder in der einzigen, aus seinem neuen Rechtfertigungs-Begriff gefolgerten, aber schon zwanzigmahl von ihm widersprochenen Behauptung zusammen, daß er dem Leiden und Sterben Jesu, und überhaupt dem durch Jesum vollbrachten Erlösungs-Werk alle Kraft abspreche; weil er ihm ja die Kraft abspreche uns zu rechtfertigen. Diese vorsezlich-falsche Vorstellung, welche sie von seiner Meynung machten, — denn nach seinen so vielfachen Erklärungen war es in der That nicht mehr möglich, sich anders als vorsezlich darüber zu täuschen — mußte ihn fast noch empfindlicher kränken, als die Schmähungen, die sie über ihn ausgegossen hatten, und was diese Erbitterung bey dem so reizbaren und schon so vielfach gereizten Osiander würken mußte, diß zeigte sich sogleich in einer furchtbaren Explosion. Drey

Tage

101) Von der Rechtfertigung des Glaubens gründlicher wahrhafter Bericht etlicher Theologen aus Königsberg in Preussen wieder die neue verführerische und Antichristische Lehre Osianders, darinn er läugnet, daß Christus in seinem unschuldigen Leyden und Sterben unsere Gerechtigkeit sey. Königsberg. 1552. 4. Der Herzog, der sich die Bogen dieser Schrift: so wie sie aus der Druckerey kam, vorlegen ließ, und dadurch die Milderung mancher Stellen erzwungen hatte, verlangte auch die Weglassung der zwey harten Beywörter auf dem Titel; aber ungeachtet seines Befehls blieben sie stehen.

Tage nach der Erscheinung dieser Wiederlegung erschien eine Schrift von ihm [102]), worinn er es nur darauf angelegt zu haben schien, der ganzen Welt einen Beweis zu geben, daß er seinen Gegnern auch in der Kunst des derben, kräftigen und emphatischen Schimpfens eben so weit als in allem andern überlegen sey [103])!

Dadurch war dann der Handel vollends so tief hinein böse geworden, daß er durch kein Mittel mehr, und am wenigsten durch das seltsame Mittel gut gemacht werden konnte, auf das der Herzog um diese Zeit verfallen war. Er schickte an alle Pfarrer des Landes ein Formular [104]) eines neuen Kirchen-Gebets, das nach jeder Predigt vorgelesen werden sollte: aber diß Formular, das in der That eine rührend-innbrünstige Bitte um den Beystand Gottes zu Erhaltung der wahren Lehre und der Glaubens-Einigkeit in der Kirche enthielt, konnte schon deßwegen bey den Gegnern Osianders nichts würken, weil sie sich in den Kopf gesezt hatten, daß Gott darinn die Sache auf eine für Osiandern höchst partheyische Art vorgetragen werde [105]); ja Gott selbst hätte

102) Wieder den erlogenen, schelmischen, ehrendiebischen Titel auf D. Joachim Mörlins Buch von der Rechtfertigung des Glaubens zu dem er seinen Nahmen ans Licht zu sezen aus bösem Gewissen gescheut hat. Königsberg. 1552. 4. Diese Schrift erschien den 28. Maj. da die Mörlinische den 25. erschienen war; aber Osiander ließ sie nicht nur drucken, sondern auch an alle Thüren seiner Kirche und an alle Thore von Königsberg anschlagen. S. Mörlin Histor. S. 2.

103) Die Schrift betrug wohl nur anderthalb Bogen, aber sie enthielt doch — nur nach den Proben zu urtheilen, die Hartknoch p. 350 daraus anführt, den Beweis vollständig.

104) Es erschien hernach auch im Druck unter dem Titel: Bekenntniß einer christlichen Person, welche eine Zeitlang mit Unrecht beschuldigt, als sollt sie von dem Leyden, Sterben und Blutvergiessen unsers Herrn Jesu Christi nicht recht halten, Gebetsweise gestellt, darinn gebeten wird, daß uns der Herr Christus durch seine Gnade in wahrer Erkänntniß sein, und seiner Gerechtigkeit und Wahrheit erhalten und leiten wolle biß ans Ende. Königsberg. 1553. 4. 1. Bogen.

105) Allerdings sahen manche Ausdrücke darinn sehr Osiandrisch

hätte sie nicht mehr anders als durch ein Wunder nur zu einiger Mässigung stimmen können, da bald darauf einige andere Bedenken von auswärtigen Theologen einliefen, durch welche sie in der Meinung, daß das Recht im Streit auf ihrer Seite sey, bestärkt wurden!

Sie erhielten nehmlich um diese Zeit zwey von ihnen selbst sollicitirte Responsa von Wittenberg [106]), deren eines von Melanchton in seinem eigenen Nahmen und das andere von den dortigen Theologen ausgestellt war [107]). In dem ersten mit der musterhaftesten, und nur

drisch aus; doch ist es falsch, wenn Wigand p. 137. und Hartknoch p. 349. vorgeben, daß Osiander selbst das Gebets-Formular auf Befehl des Herzogs aufgesezt habe, denn Salig hat aus einem eigenen Brief Albrechts in einem Funckischen Manuskript der Wolfenbüttelischen Bibliothek bewiesen, daß es von dem Herzog selbst aufgesezt und nur sehr weniges darinn von Osiandern geändert wurde. S. Salig Th. II. p. 950. 990. Aber eine den Predigern zu gleicher Zeit zugeschickte: Vermahnung, wie man das Gebet gebrauchen sollte: rührte ohne Zweifel von Osiander her, und mußte nothwendig jede Würkung, die man davon hätte erwarten mögen, vereitlen, denn Osiander erklärte darin sehr unverdeckt, es sey bloß darauf angesehen, durch das vereinigte Gebet der Kirche Gott zu bewegen, daß er den Teufel, der in seinen Gegnern so gräßlich tobe, mit ihren Lügen und Anschlägen schleuniger zertreten möchte. Es war daher kein Wunder, daß Mörlin dem Herzog antwortete: "Also bete der Teufel, und sein Osiander, nicht ich, noch einiger frommer Christ!" aber unbegreiflich ist, wie der Herzog zugeben konnte, daß Osiander jene Vermahnung voransezen durfte.

106) Der Herzog hatte sehr geflissentlich keines von den Wittenbergern verlangt, denn die Gegner Osianders hatten es ja immer als Vorurtheil gegen seine Lehrform angeführt, daß sie der Wittenbergischen widerspreche, und Osiander selbst hatte den Widerspruch nicht geläugnet. Der Herzog hatte also Ursache zu glauben, daß Osiander ihr Urtheil gewiß rekusiren würde; mithin war es sehr in der Ordnung, daß er keines von ihnen verlangte; aber diß hielt Mörlin und seine Kollegen nicht ab, sich eben deßwegen zuerst nach Wittenberg zu wenden, weil sie von daher ein günstiges Urtheil am gewissesten erwarteten. Auch sorgten sie dafür, daß die Wittenberger gehörig instruirt wurden, denn sie schickten ihnen nicht nur Osianders Bekenntniß, sondern auch ihre Wiederlegung dazu, die damahls noch nicht gedruckt war. S. Wigand. S. 138.

107) Das lezte, das von J. Bugenhagen, Joh. Förster und Paul Eber unterschrieben war, kam

nur Melanchton [108] möglichen Mässigung abgefaßten Bedenken, hatte es zwar dieser nicht so wohl darauf angelegt, die Meynungen Osianders als irrig darzustellen, als vielmehr nur die bißherige Lehre der Wittenbergischen Schule gegen seine ungerechte Vorwürfe zu vertheidigen. Er zeigte zu diesem Ende, daß sie bißher eben das, wofür Osiander mit so unnöthiger Heftigkeit zu streiten scheine, nur in einer andern Form und in andern Ausdrücken gehabt und behauptet, und eben so, wie er, immer gelehrt hätten, daß in dem Menschen selbst eine Veränderung geschehen, daß Gott der Vater, und der Sohn und der heilige Geist selbst in der Bekehrung und Wiedergeburt Leben und Trost in ihm würken, in ihm wohnen und seyn müsse, und daß alles diß würklich erfolge, sobald das Evangelium von ihm im Glauben angenommen werde. Er räumte also eben damit ein, daß man im Grund über die Sache selbst mit Osiandern einig sey, und daß sich nur darüber mit ihm streiten lasse, ob diese Sache seiner Behauptung nach

durch

kam unter dem Titel heraus: Der Kirchen zu Wittenberg Judicium wieder Osiandrum. 1552. 4. Das erste: Antwort auf das Buch Hrn. Andreä Osiandri von der Rechtfertigung des Menschen. Philipp Melanchton. Wittenberg. 1552. 4. In der bald anzuführenden Schrift, welche Osiander dagegen herausgab, ist das Bedenken Melanchtons wörtlich eingerückt: man findet es aber auch aus einer an Hieronymus Baumgärtner gerichteten Handschrift Melanchtons abgedruckt in Strobels Beyträgen B. II. 446. flgd. Vielleicht wurde diese Abschrift Baumgärtnern vor dem Druck von Melanchton zugeschickt, weil ihn die Händel Osianders, als eines alten Bekannten, besonders interessirten.

108) Melanchton wußte recht gut, wie ihn Osiander behandelt hatte, denn Mörlin und seine Kollegen hatten gewiß dafür gesorgt, daß seine Invektiven über Melanchton zuerst nach Wittenberg gekommen waren. Er konnte es auch nicht ganz unberührt lassen; aber alles, was er darüber äusserte, bestand in folgender mehr als sanftmüthigen Erklärung. "Daß aber Osiander „mich mit hochbeschwehrlichen „Reden schmähet, daran er mir „Unrecht thut, das will ich Gott „befehlen, der aller Menschen „Herzen siehet und Richter ist. „Ich habe ihn allzeit geliebt und „geehret, wie männiglich weiß, „und wundert mich, wo diese „grosse Bitterkeit herfleußt."

durch den Nahmen der Rechtfertigung bezeichnet werden müsse, und in der Schrift immer bezeichnet werde? oder ob man hinreichende Gründe habe, die in der bißherigen theologischen Sprache durch diesen Nahmen bezeichnete Würkung von jener Veränderung noch durch einen eigenen Ausdruck, und zwar gerade durch diesen Ausdruck zu unterscheiden. Er gestand mithin, daß eigentlich nur über Worte gestritten werde, aber er führte dabey stärker und treffender aus, als es im Würtenbergischen Bedenken geschehen war, daß man doch seine guten Ursachen gehabt habe, und noch habe, über diese Worte mit Osiandern zu streiten!

Melanchton bewies nehmlich nicht nur, daß auch die Schrift diejenige Gerechtigkeit, welche der Mensch durch das zugerechnete Verdienst des thätigen und des leydenden Gehorsams Christi erhalte, unter diesem Nahmen noch von derjenigen unterscheide, durch welche er im Werk der Heiligung und Erneuerung, vermittelst der beständigen Einwürkung oder Einwohnung Gottes selbst immer mehr gerecht gemacht werde, er bewies nicht nur, daß das Wort: Gerechtigkeit und Rechtfertigung sehr oft in der Schrift auch in dem gerichtlichen Sinn gebraucht werde, in welchem es keine innere Veränderung, sondern nur den äusseren Actus unserer durch die Zurechnung des Verdienstes Christi erfolgten Loßsprechung von aller Schuld und Strafe unserer Sünden bezeichnen könne, er bewies also nicht nur, daß Osiander durch seine Abweichung von dieser Lehrform von einer schriftmässigen Vorstellungs-Art abweiche, oder durch sein Eifern gegen diese Lehrform die eigene Vorstellungs-Art der Schrift antaste, sondern er machte es sehr fühlbar, daß es wahrhaftig nicht ganz gleichgültig sey, ob man die bißherige Lehrform behalten wolle, oder nicht? indem man ein mehrfaches, und selbst ein praktisches Interesse dabey habe, den Schrift-Begriff von jener gerichtlichen aus der Zu-

rech-

rechnung des Verdienstes Christi entsprungenen Gerechtigkeit, die zunächst nur Vergebung der Sünden in sich schliesse, nicht nur nicht fallen, sondern nicht einmahl zurückstellen zu lassen [109]). Er räumte also damit den Gegnern Osianders ein, daß sie sich durch sehr starke Gründe, durch ihren Beruf und durch ihr Gewissen hätten gedrungen glauben mögen, diesen Rechtfertigungs-Begriff gegen ihn zu vertheidigen, und diß konnten sie schon vortrefflich benuzen; aber noch mehr räumten ihnen seine Kollegen die andere Wittenbergische Theologen, in ihrem besonderen Bedenken ein; denn diese nahmen es als ausgemacht an, daß Osiander damit umgehe, die hochwichtige Lehre von dem Verdienst des Gehorsams, des Leydens und des Todes Christi zu verfälschen oder doch zu verdunklen, und daß man sich ihm daher nicht eifrig genug wiedersezen könne.

Das Triumph-Geschrey, das nun Mörlin und seine Genossen, wie man sich vorstellen kann, erhoben, reizte zwar Osiandern auch zu einer Explosion, wobey er einen neuen Strom von Bitterkeiten über sie ausgoß, aber auch seine eigene Sache mehrfach schlimmer machte. Er sezte dem Bedenken Melanchtons sogleich eine Schrift entgegen [110]), die nicht nur alle Freunde Melanchtons und der Wittenberger, sondern alle Theologen der Parthie,

109) Melanchton drang besonders darauf; daß ja auch die Heilige und Fromme, in denen Gott schon wohnte, den Trost noch immer bedürften, daß ihnen ihre Sünden um Christi willen vergeben seyen. "Es bleiben, sagt er, "in diesem Leben allzeit Sünden in uns, die man „nicht gering achten muß, darum wir für und für Vergebung „der Sünden bitten, und empfangen sollen, und sollen wissen, daß wir aus Barmherzigkeit um dieses Mittlers Christi Willen und von wegen seines Gehorsams und Verdiensts „Gott gefällig sind."

110) Wiederlegung der ungegründeten, undienstlichen Antwort Melanchtons, samt D. J. Pomerani unbedachten, und D. Joh. Försters Läster-Gezeugniß wieder mein Bekenntniß zu Wittenberg ausgangen. Andreas Osiander. Röm. III. Ihr Schlund ist ein offen Grab — Es ist keine Furcht Gottes vor ihren Augen. Königsberg. 1552. 4.

thie, die nur jemahls in einer Verbindung mit Wittenberg gestanden waren, auf das heftigste wider ihn aufreizen mußte. Er stellte sie nehmlich alle zusammen als elende und kopflose Nachbeter Melanchtons vor [111]), die sich nicht unterstünden, etwas anders zu denken und zu lehren, als ihnen ihr Orakel vorgesagt habe, und sogar zum Theil recht feyerlich auf die Freyheit und auf das Recht, darüber hinaus zu denken, Verzicht gethan hätten. Bey dieser Gelegenheit führte er als Beweis an, daß ja alle, die in Wittenberg Magister oder Doktoren werden wollten, förmlich auf die Augspurgische Konfession, diß Machwerk von Philippus, verpflichtet würden, und denuncirte diese Anordnung, die er mit einer sehr starken, in jedem Fall unentschuldbaren Falschheit Melanchton allein zuschrieb, der ganzen protestantischen Kirche als eine planmässige Veranstaltung, durch welche den Wittenbergern die Herrschaft über den Glauben der ganzen übrigen Kirche auf immer versichert werden sollte [112]). Aus diesen Äusserungen aber konnten die

111) "Laß dich dünken, so schließt sich seine Schrift, "Melanchton sey ein Vorsänger an „einem Abend Reigen, und der „ganze geschworne Bundschue „stehe allda in einem Krayß, „und wie es ihnen Philippus „vorsinget, so müssen sie alle „mit einander nachsingen."

112) Diesen Wittenbergischen Doktors-Eyd rückte Osiander ganz in seine Schrift ein. Er lautete folgendermassen: "Ich „gelobe dem ewigen Gott, Va„ter unsers Herrn Jesu Christi, „Schöpfer des menschlichen Ge„schlechts und seiner Kirche, samt „seinem Sohn, unserm Herrn „Jesu Christo und dem heiligen „Geist, daß ich mit Gottes Hül„fe der Kirche treulich dienen „will, mit der Lehre des Evan„geliums ohne alle Verfälschung, „und beständiglich vertheidigen „die drey Symbola, nehmlich „das apostolische, das Nicäische „und Athanasii, und will be„ständig bleiben in der Einhel„ligkeit der Lehre, die begriffen „ist in der Augspurgischen Con„fession, die von dieser Kirchen „übergeben ist dem Kayser im „J. 1530. Und wenn finstere „und schwehre Streite vorfallen, „will ich allein nichts sprechen, „sondern zuvor rathschlagen mit „etlichen der älteren, so die Kir„che lehren, und behalten die „Lehre der Augspurg. Konfes„sion." Aus dieser Formel selbst ergiebt sich am deutlichsten, wie hämisch es war, wenn Osiander alle

die Theologen dieses Zeitalters bey der Denkungs-Art, die noch allgemein unter ihnen herrschend war, weiter nichts auffassen, als das herabsezende und geringschäzige Urtheil über die Augspurgische Konfession, das sie enthielten, und wie konnte es bey der allgemeinen Ehrfurcht, mit der man für diese eingenommen war, anders kommen, als daß sich alle schon dadurch beschimpft glauben, also gewiß auch erbittert und aufgebracht werden mußten? 113)

Doch Osiander schadete sich selbst, und seiner Sache noch auf eine andere Art durch diese Schrift! Melanchton hatte sich in seinem Bedenken mit wahrhaftig großmüthiger Schonung auf das besondere seiner seltsamen Ideen, über die Art der Mittheilung oder der Einwohnung Christi nach seiner göttlichen Natur, durch welche der Mensch gerecht gemacht würde, gar nicht eingelassen, sondern vorausgesezt, daß der Mann nichts anders damit haben wolle, als was sie bißher in dem Artikel von der Erneuerung und Heiligung ebenfalls gelehrt hätten. Daß sich Osiander dabey in einige fanatische

alle zu Wittenberg graduirte Theologen als "arme verstrickte „Leute vorstellte, mit Eydes„Pflicht in ihrem Gewissen ver„wirrt und gefangen, welche „Gottes Wort verschworen, und „auf Philippi Lehre dafür ge„schworen hätten, auch durch „ihren Eyd so geknebelt seyen, „daß sie in Sachen des Glau„bens nichts selbst beschliessen, „sondern bey der Einhelligkeit „der Augsp. Confession bleiben „müßten, wenn schon die heilige „Schrift ein anderes sagte." Aber mehr als hämisch war es, daß er diese Eyd-Formel als eine Erfindung Melanchtons angab, welche dieser erst nach Luthers Tode aufgebracht habe, denn es läßt sich fast nicht denken, wie es Osiandern hätte unbekannt bleiben können, daß die Formel schon vom J. 1533. an, also noch dreyzehn Jahre vor Luthers Tode in Wittenberg im Gebrauch gekommen war. Diß bewieß Melanchton in einer schon angeführten Schrift: Oratio, in qua refutatur calumnia Osiandri reprehendentis promissionem eorum, quibus tribuitur testimonium doctrinae. Witteberg. 1553. 8.

113) Wie allgemein es geschah, kann man am besten aus der Bitterkeit schliessen, womit Chyträus in seiner Fortsezung der Preussischen Chronik von Schüz f. 510. davon spricht.

natische Schwärmereyen hinein verwirrt hatte, wußte Melanchton recht gut; also ließ er sie gewiß nur deßwegen unberührt, um nicht einen weiteren Streit-Punkt in Bewegung zu bringen [114]); aber Osiander, der für diesen Beweg-Grund ohnehin keinen Sinn hatte, vergalt ihm diese Mässigung mit einem Undank, dessen gerechte Strafe bald auf ihn selbst zurückfiel. Er wollte zeigen, daß Melanchton über die Einwohnung der Gottheit in dem Menschen ganz und gar nicht mit ihm übereinstimme, und legte deßwegen seine eigene Begriffe davon in einer so krassen Gestalt [115]) in dieser Schrift aus, daß sich seine übrige Gegner jezt erst recht gereizt fühlten, ihn auch von dieser Seite her anzufallen, von welcher ihm in der That am leichtesten beyzukom-

114) Er sagte es auch selbst in seinem Bedenken, daß er "noch „manche disputirliche Punkte „unberührt gelassen habe, von „denen vielleicht andere reden „würden." Aber daß er gerade diesen Punkt für mehr als disputirlich hielt, und in Osianders Vorstellungen darüber reine fanatische Schwärmerey sah, diß erhellt aus einem Brief, worinn er in eben diesem Jahr den Prediger Culmann in Nürnberg vor diesen Schwärmereyen warnte, wiewohl er sich ebendeßwegen auch hier noch sehr gelind darüber ausdrückte. "Multa sunt, schreibt er, "in illis para„doxis vel aenigmata vel sophi„stica, quae populo nihil pro„sunt, etiamsi leniantur inter„pretatione, quale hoc est, quod „contendit illa Gorgo, non recte „dici: Deus vivificat renascen„tes sed vult dici: Deus est ipsa „renascentium vita. An non „vult distingui inter creatorem „et vitam creatam? An vult „Deum esse tantum Stoicam „ἐνδελεχειαν? Fac hoc leniri „posse commoda interpretatione; „nam et ego quoque ista pharmaca novi. Sed quid prodest „populo turbare res recte tradi„tas. Sunt autem alia, quae „ne possunt quidem leniri, quale hoc est: ante annos quingen„tos & mille factam esse remissio„nem, sed nunc illabi justitiam! „— Haec sunt enthusiastica, „quae obscurant tantum benefi„cia filii Dei, et delent veram „consolationem." S. Strobels Beyträge B. II. p. 129.

115) Wenn Melanchton, sagte er, E. 3. gleich die Einwohnung Christi in uns zulasse, so verstehe er es doch nicht anders als effective; wie etwa die Sonne in den Acker würke, nicht aber von einer würklichen Inwohnung des ganzen Christi in seinen unzertrennlichen Naturen. Durch diesen Gegensaz erklärte er am bestimmtesten, daß er eine substantielle Einwohnung Christi behaupten wolle.

kommen war. Diß hatte er aber gerade damahls am wenigsten nöthig, neue Blössen zu geben, denn zu eben der Zeit waren auch die Bedenken der andern auswärtigen Theologen, welche der Herzog verlangt hatte, in Königsberg angekommen; und alle diese Bedenken waren gegen ihn ausgefallen!

Kap. VI.

Eines der ersten, welche einliefen, war das gemeinschaftliche Responsum der Hamburgischen und Lüneburgischen Prediger [116]), und gewiß war es eines von jenen, die für Osiandern am nachtheiligsten wurden. Die Verfasser des Bedenkens, Aepinus und Westphal [117]) hatten in einer sehr anständigen und bescheidenen, aber doch dabey sehr ernsthaften Sprache [118]) die Abweichung Osianders von der lutherischen Lehrform in dem Rechtfertigungs-Artikel, zwar nicht als Abweichung

116) Das Bedenken war vom Februar 1552. datirt, und erschien lateinisch unter dem Titel: Responsio Ministrorum ecclesiae Christi; quae est Hamburgi et Luneburgi ad confessionem Dr. Andreae Osiandri de mediatore Jesu Christo et justificatione fidei. Magdeburgi. 1553. 4. Unterschrieben hatten es 21. Hamburgische und 12. Lüneburgische Prediger. Deutsch findet man es bey Staphorst p. 168. ff.

117) In den Akten des hamburgischen Ministerii wird es wenigstens Aepinus und Westphal gemeinschaftlich zugeschrieben. S. Arn. Greve Memoria Joann. Aepini p. 107.

118) Die Bescheidenheit und der Ernst des Bedenkens kündigen sich schon in seinem Eingang an. "Non ignoramus, sagen sie hier zuerst, litigantes nos multis modis eruditione vincere, neque nos eos esse, qui se tanquam arbitros in his controversiis debeant interponere et censores constituere. Sed cum adsciti simus, et huc tam jussu Senatus nostri quam obligatione officii pertrahamur — petimus, ut in bonam partem accipiatur, quod bono animo facimus. — Litigantes vero per eam salutem oramus, quam habemus in Jesu Christo redemtore nostro, ut serio velint inducere in animum, dona, quae habent a Deo sibi data esse ad ecclesiae aedeficationem; non destructionem, nec ad labefacienda fidei fundamenta, sed stabilienda, non ad turbandas imbecillium conscientias sed confirmandas. Quam pulcre autem hoc temerariis hisce contentionibus praestetur, judicent ipsi. B.I:

chung von der Lehre selbst, aber doch als sehr unnöthige, unentschuldbare und mehrfach bedenkliche Abweichung vorgestellt. Sie machten ihm nicht den falschen und gehässigen Vorwurf, daß er das Verdienst des Gehorsams und des Leidens Christi aufhebe oder schmählere, indem er läugnen wolle, daß der Mensch durch die Zurechnung dieses Verdienstes Vergebung der Sünden erhalte; sondern sie sezten ganz richtig das eigenthümliche seiner Vorstellung darein, daß er die Vergebung der Sünden von demjenigen, was er die Rechtfertigung nenne, getrennt haben wolle; aber schon diese Trennung wußten sie durch eine eigene Wendung, bey der sie es freylich mit der Wahrheit nicht so ganz genau nahmen, als höchst gefährlich vorzustellen. Die Verfasser des Bedenkens äusserten die Befürchtung, daß man nur allzuleicht durch die neue Lehr-Form Osianders zu der abscheulichen eingegossenen Gerechtigkeit, zu der justitia infusa und inhaerente, der Papisten, und eben damit auch zu der verderblichen Lehre, zurückgeführt werden könnte, daß der Mensch nur um seiner eigenen in der Erneuerung erlangten Tugend und Rechtschaffenheit willen vor Gott gerecht werde [119]. Diese Wendung war unstreitig sehr scheinbar, denn Osianders wesentliche Gerechtigkeit hatte würklich sehr viel von der eingegossenen Gerechtigkeit

119) Sie drehten auch diese Wendung selbst so spizig als sie konnten, denn sie brachten selbst den Teufel dabey in das Spiel. "Diabolus, sagen sie, videt Papisticum commentum de justitia legis ac operum justitiae inhaerentis et infusae sic esse confutatum nostrorum scriptis, ut Romanus Antichristus cum suis Tridentinis patribus et columnis suae sedis e scriptura sacra ne unum quidem apicem in suo vero et genuino sensu proferre possit, quo suum commentum de inhaerente et infusa justitia defendere, et rursus ecclesiae obtrudere queat. Ne tamen causa cadat, nec tamen videatur docere, nos novitate renati hominis justos esse coram Deo (ut Interimistae docent) artificiosius rem aggreditur, ponit justificationem nostram in essentiali Dei justitia, habitante in nobis per fidem."

tigkeit des katholischen Lehrbegriffs, wenn sie ja nicht ganz die nehmliche war. Auch schien es ihm recht eigentlich darum zu thun zu seyn, die Vorstellung in Aufnahme zu bringen, daß der Mensch nur durch die ihm nicht bloß zugerechnete, sondern würklich mitgetheilte wesentliche Gerechtigkeit Christi; also durch die, vermittelst dieser Mittheilung in ihm gewürkte Tugend und Rechtschaffenheit vor Gott gerecht werde, denn er führte es ja immer als Einwurf gegen den gewöhnlichen lutherischen Rechtfertigungs-Begriff an, daß man dabey annehme, Gott könne und werde den Menschen für gerecht halten, noch ehe er es würklich geworden sey. Aber deßwegen hätten doch die Hamburger recht gut wissen können — und wahrscheinlich wußten sie es auch — daß man bey der Osiandrischen Vorstellung noch eben so weit von dem anstössigen in der katholischen Rechtfertigungs-Lehre als bey der ihrigen entfernt sey; denn da doch Osiander bey seiner Rechtfertigung eben so, wie sie bey der ihrigen, den Glauben allein alles würken, und noch dazu bey seinem Rechtfertigungs-Proceß die Gottheit gewissermassen noch unmittelbarer als sie bey ihrem Erneuerungs- und Heiligungs-Proceß würken ließ, so stand man wahrhaftig nicht in Gefahr, durch seine Lehrform zu der anstössigen Idee von einem Synergismus oder von einem Verdienst zurückgeführt zu werden, das sich der Mensch durch seine Mitwürkung bey seiner Rechtfertigung machen müßte. Der Wink war also in der That etwas hämisch, den die Hamburger deßhalb fallen liessen; aber die Würkung, die sie sich davon versprechen konnten, war dafür so gewiß, daß man es der Polemik dieses Zeitalters verzeyhen muß, wenn sie der Versuchung nicht wiederstehen konnten, ihn anzubringen!

Zu dieser Verzeyhung mag man sich auch um so geneigter fühlen, da man sonst nicht findet, daß sich die Verfasser des Bedenkens noch in irgend einem Punkt

eines

eines unredlichen Vortheils gegen Osiandern bedient hätten. In Ansehung des streitigen Haupt-Punkts führten sie nur den Beweis, und führten ihn mit eben so viel Klarheit als Gründlichkeit, daß der Begriff von Rechtfertigung, gegen den Osiander mit solcher Heftigkeit eifere, vollkommen schriftmässig sey, und durch Hülfe der natürlichsten Exegese in einer Menge von Stellen gefunden werde, aus welchen der Osiandrische Begriff nur durch die gewaltsamste herausgepreßt werden könne. Dabey zeigten sie mit sehr vieler Ruhe, wie wenig man sich bey ihrer gehörig verstandenen Lehrform vor den praktisch-nachtheiligen Folgen zu fürchten habe, durch welche sie Osiander verdächtig zu machen gesucht habe 120); hingegen deckten sie ihm desto treffender das unbestimmte, und unzusammenhängende, das schriftwidrige und unbeweisbare, ja mit unter auch das schwärmerische und unverständliche mehrerer einzelnen Vorstellungen auf, aus denen sein neues System zusammengesezt sey. Sie liessen sich nehmlich bereits auch auf seine besondere Begriffe von der Einwohnung Christi im Menschen und von der Art dieser Einwohnung ein, und berührten diese Stelle zwar mit einem sehr vorsichtigen und schonenden Druck, aber doch mit einem Ernst, der Osian-

120) "Nec excusabit quenquam iste praetextus, quod doctrina nostra de Justificatione Deum arguat vel injustitiae vel inscitiae, ut qui vel injuste vel ignoranter peccatores injustos justos pronuntiet, et pietatis et justitiae studium istiusmodi pronuntiatione obruat, cum in omnium nostrorum libris planissime expositum sit, cur Deus peccatores credentes, propter solius Jesu Christi satisfactionem et meritum justos reputet et pronuntiet, et doceatur, quod novi hominis justitia sit individuus justificationis effectus, et complectatur veteris Adami instaurationem, et innovationem, et hominis innovati obedientiam erga legem Dei. Quid vero incommodi aut absurditatis habet haec doctrina? Nos peccatores gratis pura et infinita Dei misericordia per fidem in Jesu Christo absolvi, justos pronuntiari et regenerari, novosque homines fieri, conditos ad bona opera, ut in eis ambulemus, non ut illis coram Deo justificemur. B. I.

Osiandern sehr deutlich sagen konnte, daß er sie ja nicht reizen möchte, härter darauf zu drucken [121]). Damit bewiesen sie zugleich, daß sie wahrhaftig nicht darauf ausgegangen seyen, nur Materie zum Tadel aus Osianders Schriften zusammenzusuchen: doch diß bewies in der That ihr ganzes Bedenken [122]); und eben dadurch erhielt es für jeden unpartheyischen Beurtheiler ein grösseres Gewicht, das für Osianders Sache nur desto nachtheiliger war!

Unendlich vortheilhafter wurden für ihn in dieser Hinsicht die Bedenken, die von Herzoglich-Sächsischen Theologen eingekommen waren [123]), denn in diesen deckte es sich

121) Sie begnügten sich bloß auszuführen, wie und was man sich ohne Schwärmerey unter jener Einwohnung Christi denken könne, und berührten dann nur kurz, wie unhaltbar die krassere Vorstellung sey, die sich Osiander davon zu machen scheine. Diese Stelle des Bedenkens ist in der That musterhaft: "Scriptura, sagen sie J. 2. loquitur de praesentia, de efficacia, operatione et gubernatione Dei, quando in hoc sermone versatur, quod Deus habitet in credentibus. Frequenter in scripturis usurpatur haec Metaphora, quae ab hominibus sermonem, ut fit, in multis aliis transfert ad Deum. Homines habent suam societatem, habent coetus, civitates et domos, in quibus cum civibus et familiis suis conversantur; hinc scriptura sumit habitandi verbum et ad Deum transfert; et significat Dei praesentiam, familiaritatem et conversationem cum hominibus, efficaciam et operationem ejus in Sanctis. — Ibi igitur Deus dicitur habitare, ubi adest sua gratia et benevolentia, ubi agit suo Spiritu, ubi colitur, invocatur et exaudit. — Non potest autem, scripturis probari, plenitudinem Deitatis corporaliter in nobis habitare, quemadmodum in Christo habitat. Inhabitatio Dei in nobis gratiae est, non naturae, donationis non proprietatis, communicationis et participationis, non personalis unionis, ut est in Christo."

122) Mit Recht konnten sie deßwegen am Schluß ihres Bedenkens sagen, nachdem sie 14. anstössige Säze Osianders ausgezeichnet hatten: "Preterimus alias corruptelas: missas facimus cavillationes, calumnias, novas definitiones et distinctiones — etiam praedicta non recitavimus animo cuiquam iniquo, nec unum verbum hic nos scripsisse vere testamur coram Deo, studio carpendi aliena, aut traducendi aliquem, sed tuendi veritatem aeternam, et fraterne admonendi, si quis a recto deflexerit. N. 3."

123) Es erschienen nicht weniger als drey Censuren von den Herzogl. Sächsischen Theologen, die

sich auf den ersten Blick unverkennbar auf, daß es ihren Verfassern nur darum zu thun gewesen war, seine Meynungen in das gehässigste Licht zu stellen. Sie erlaubten sich daher nicht nur den unredlichen Kunstgriff, Konsequenzen daraus zu ziehen, an die er selbst nie gedacht hatte, sondern sie erlaubten sich selbst, sie ganz unrichtig vorzustellen, und wiederlegten sie dann erst nur durch solche Gründe, welche bloß dazu dienen konnten, die Einfalt und die Unwissenheit in Schrecken darüber zu sezen. So entstellten sie selbst den Grund-Begriff seiner Lehrform, denn anstatt zu sagen, daß Osiander die Versöhnung und Erlösung von der Heiligung und Erneuerung trenne, indem er den Nahmen der Rechtfertigung auf die lezte allein übertragen habe, sezten sie geflissentlich, daß er die Erlösung, Versöhnung, Genugthuung und Rechtfertigung von einander schiede, und Christi Tod und Gehorsam nicht für die Gerechtigkeit, die uns zugerechnet werde, halten wolle, wodurch die Sache das Ansehen erhielt, als ob Osiander dem Tod und Gehorsam Christi seine wohlthätige, versöhnende Würkung ganz abgesprochen hätte. Diese falsche Vorstellung aber suchten sie auch noch durch den Haupt-Grund, den sie dagegen vorbrachten, zu befestigen, denn dieser

die hernach Justus Menius zusammen herausgab unter dem Titel: Censurae der Fürstl. Sächsischen Theologen zu Weimar und Coburg auf die Bekenntniß Andr. Osiandri von der Rechtfertigung des Glaubens. Erfurt. 1552. 4. Die erste dieser Censuren war von Menius selbst abgefaßt: von der zweyten aber giebt Salig Viktor. Strigeln, und von der dritten Erh. Schnepf als Verfasser an. Alle drey Censuren waren indessen von den nehmlichen Theologen und Predigern von Weimar, Jena, Gotha und Coburg unterschrieben, ja Menius und Amsdorff, deren Nahmen in allen dreyen voranstanden, begnügten sich damit noch nicht, sondern der erste gab noch eine besondere schon angeführte Schrift: Wieder die alchymistische Theologie Osianders: Amsdorff aber einen Unterricht und Zeugniß auf Osianders Bekenntniß (Magdeburg. 1552. 4.) heraus.

dieser bestand bloß darinn, daß Osianders Lehre kein tröstliches Gewissen machen, sondern gar leicht zur Verzweiflung führen könne [124]). Eben so urgirten sie gegen die Meynung Osianders von einem äusserlichen und innerligen Wort, woraus sie einen eigenen Klag-Punkt gemacht hatten, nichts stärker, als daß diß wiedertäuferische und schon deßwegen ärgerliche Lehre sey. Aus seiner Behauptung hingegen, daß Christus nach seiner göttlichen Natur unsere Gerechtigkeit sey, brachten sie glücklich heraus; daß Osiander ein Anhänger des schon im fünften Jahrhundert verdammten Haupt-Kezers Nestorius sey, weil er ja, wie dieser die Person des Mittlers trennen, und einen gedoppelten Christus einführen wolle [125])!

Ueber die persönliche Schmähungen und Grobheiten [126]), mit denen diese Bedenken überreichlich versezt waren, durfte sich freylich Osiander nicht beschwehren, denn es war nur das Recht der Wiedervergeltung, das dabey gegen ihn ausgeübt wurde, aber Ehre machte es doch den Sächsischen Theologen auch nicht, daß sich ihre

124) S. H. 1.

125) S. B. 1.

126) Sie nannten z. B. seine Konfession eine unzeitige Geburt, die wieder die Schrift und die Augsspurg. Confession sey, und ihn selbst ein schäumendes hauendes Schwein aus Preussen, durch das der Teufel den Weinberg des Herrn gänzlich zu verwühlen und zu zertreten, im Sinn habe." Dd. 1. Am stärksten nahmen sie Osiandern wegen seinem Vorgeben mit, daß Luther gänzlich mit ihm übereingestimmt habe, denn diß sagten sie, heisse den Rand des höllischen Bechers mit süssem Honig bestreichen, und begrüßten ihn bald mit folgender schönen Apostrophe: "Ja, „lieber Osiander! lebte D. Luther noch, du würdest wohl am „Rappen ein wenig verziehen, „und mit deiner neuen Alfanz „länger dahinten bleiben. — „Er würde dir das Hütlein gewißlich rücken, und ein wenig „anders auffsezen! — Was soll „ein Biedermann von deinem „Buch halten, dem gleich im „Eingang auf der Schwelle und „unter der Hausthür ein so höllischer, unflätiger und unverschämter Diabolus calumniator, „Afterredner und Verläumder „begegnet! Nur das Kreuz „bald vor solchem Haus und „Buch gemacht, als vor der „grundbittren Hölle selbst, in „der man nichts anders denn eitel Teufel gewärtig seyn muß!" Dd. 3.

re-Bedenken gerade darinn vor allen andern auf das auffallendste auszeichneten!

So fand sich schon ungleich weniger dieser Art in dem Responso [127]), das von den Theologen und Pastoren in Pommern eingesandt wurde, wiewohl es sonst unter die unbefriedigendste Schriften gehört, die unter dem ganzen Handel zum Vorschein kamen. Man sieht nicht einmahl daraus, ob sie Osianders Meynungen richtig gefaßt hatten, denn so richtig sie diese in dem Eingang ihres Bedenkens vorlegten, so wenig nahmen sie in ihrer Wiederlegung auf dasjenige Rücksicht, was allein den Aufwand und die Mühe einer Wiederlegung rechtfertigen konnte. Osianders Irrthümer, sagten sie in jenem, bestünden darinn, "daß er einerseits die Erlösung und „Rechtfertigung trenne, und deßwegen läugne, daß wir „durch den Tod Christi vor Gott gerecht würden, anderseits aber die Rechtfertigung und Heiligung in einander menge, indem er behaupte, rechtfertigen heisse „nicht von Sünden loß und gerecht sprechen, sondern „mit der That gerecht und fromm machen, welches geschehe durch die Gottheit Christi, wenn sie den Glaubigen eingegossen wird [128])." Dabey machten sie noch einen

127) Antwort der Theologen und Pastoren in Pommern auf die Confession Andr. Osiandri wie der Mensch gerecht wird durch den Glauben an den Herrn Christum — durch D. Johann Knipstrovium, Superintendenten in Pommern. Wittenberg. 1552. 4. Unter der Zuschrift an den Herzog Philipp haben sich Rektor, Superattendenten, Professores und Pastores an der Universität und an den Kirchen, doch ohne Nahmen, unterzeichnet.

128) S. A. 2. 3. Diese Vorstellung, welche sie von Osianders Meynung gaben, war würklich nicht unrichtig, und Salig begegnete etwas menschliches, wenn er sie Th II. p. 1000. hier über einer geflissentlichen Verfälschung der Osiandrischen Meynungen ertappt zu haben glaubte. "Sie giengen, sagt er, mit Osiandern so unchristlich um, daß sie schreiben durften, er lehre, "Christus habe uns nicht durch seinen Tod gerecht gemacht, denn sein Tod sey vor 1500. Jahren erfolgt, also wären wir gerecht geweßt, ehe wir gebohren worden,

einen dritten Irrthum des Mannes auch daraus, daß er Christum bloß nach der göttlichen Natur für unsere Gerechtigkeit halten wolle, welches doch bey ihm nichts anders hieß, als daß das neue Leben in dem wiedergebohrnen Menschen durch die göttliche Kraft des in ihm wohnenden Christus bewürkt werde, also schon in dem zweyten eingeschlossen lag, oder vielmehr durch das zweyte einen Sinn erhielt, der, sobald man das fanatische darinn übersah, ganz unbedenklich war. Aber diesen ausgezeichneten Irrthümern Osianders sezten die Pommerische Prediger nichts entgegen, als einen ausführlichen Beweis "daß Christus, wahrer Gott und Mensch in einer unzertrennten Person, von Amts wegen unser Mittler, unsere Gerechtigkeit, unsere Heiligung und Erlösung sey." Diß bewiesen sie schon aus seinem Nahmen Jesus Christus, aus der Stelle Pauli I. Tim. II. 5. aus dem Charakter eines Hohen-Priesters, der ihm beygelegt werde, aus I. Kor. I. 30. wo sie den Beweis vorzüglich in dem Ausdruck fanden, daß uns Christus von Gott zur Weisheit und Gerechtigkeit gemacht sey, und aus

worden, und wären nicht als Kinder des Zorns gebohren!" Ich erschrecke, sezt Salig hinzu, wenn ich dieses lese, da doch Osiander gerade das Gegentheil behauptet, wie ganze Synoden und Universitäten einem die Worte im Munde umdrehen können!" Aber der gute Salig, der für Osiandern offenbahr etwas zu parthevisch war, hätte sich diesen Schrecken erspahren können, wenn er nur eine Linie weiter gelesen hätte, denn in dieser nächsten Linie würde er gefunden haben, daß es die Pommerische Theologen nicht als Meynung Osianders anführten, daß wir schon vor unserer Geburt gerecht gewesen seyen, sondern als Einwurf anführten, den er selbst gegen die Vorstellung vorgebracht habe, daß wir durch den Tod Jesu gerecht worden seyen. Diß hatte er aber würklich gethan, denn in seinem Bekenntniß D. 3. argumentirte er würlich so: Wenn man lehre, daß wir durch den Tod Christi gerecht worden seyen, so müsse man die Folge zugeben, daß wir vor unserer Geburt gerecht gewesen seyen, weil der Tod Christi schon vor 1500. Jahren erfolgt sey. Auch brachte er diesen Einwurf noch mehrmahls vor, und glaubte seine Gegner destomehr damit in Verlegenheit zu sezen, je gewisser er glaubte, daß sie die Folge weder zugeben würden noch zugeben könnten.

aus allen jenen Stellen, worinn unsere Erlösung und Beseeligung als eine Würkung des Opfers, des Blutes und des Todes Christi vorgestellt wird. Aber dadurch wollten sie nicht bloß erhalten, daß Osiander von dem Sprach-Gebrauch der Schrift abgewichen sey, sondern sie gaben sich das Ansehen, als ob sie ihn erst dadurch belehren müßten, daß Christus unser Erlöser und unser Seeligmacher auch durch seinen Tod, also auch nach seiner menschlichen Natur geworden sey. In ihrer Wiederlegung selbst schienen sie mit einem Wort ganz zu vergessen, daß Osiander unter der Rechtfertigung, oder unter der Gerechtigkeit, die der Mensch erhalten müsse, etwas anders verstehe, als Erlösung und Begnadigung, ohne deßwegen zu läugnen, daß er auch die lezte Christo zu danken habe; ja als sie doch zulezt auch noch von seinem besondern Rechtfertigungs-Begriff Notiz nehmen mußten, so begnügten sie sich darauf zu sagen, daß diß etwas anders sey, als die Schrift unter dem Nahmen der Gerechtigkeit verstehe, und daß es auch der selige Herr Lutherus nicht darunter verstanden habe [129]).

Ungleich scharfsinnigere, aber auch ungleich heftigere Gegner bekam Osiander an den Theologen und Predigern des Markgrafen Johanns von Brandenburg zu Cüstrin, deren Bedenken [130]) vom 16. Febr. 1552. datirt

129) "Aber, sagt Osiander, „Gerechtigkeit ist nur dasjenige, „das uns gerecht macht, Leben „giebt, und uns bewegt, recht „zu thun. Dieses thut allein „die Gottheit, darum ist die „Gottheit allein unsere Gerechtigkeit. Darauf antworten wir „also: Diese Definition redet „nicht von der Gerechtigkeit, von „der das Evangelium spricht, „daß wir Vergebung der Sünden haben, und Gott gefällig „seyen um des Herrn Christi „willen. Wie wohl nun wahr „ist, daß Gott die vollkommene „Gerechtigkeit ist, so ist uns „doch auch der Herr Christus „vorgestellt, daß wir um seinetwillen Vergebung der Sünden „haben; denn die andere vollkommene Gerechtigkeit leuchtet „noch nicht also in uns, daß „nicht Sünde noch in uns bliebe in diesem Leben." S. G. ij. b.

130) Wiederlegung der Opinion oder Bekenntniß Osiandri, wel-

datirt war. Diese hatten den eigentlichen Streit-Punkt weder verfehlt noch entstellt. Sie räumten ein, daß Osiander in der Lehre von der Erlösung und von der Versöhnung durch Christum selbst gar nicht von der übrigen Kirche abweiche, sondern nur diß eigene habe, daß er den Nahmen der Rechtfertigung, wodurch die Schrift unsere Loßsprechung von der Verschuldung und Strafe der Sünde ausdrücke, auf unsere Heiligung und Erneuerung übertragen haben wolle; aber sie zeigten ihm dabey nicht nur, daß sein Sprach-Gebrauch weit unbequemer als der gewöhnliche der Schrift gemässe, sondern daß er auch unrichtig und falsch sey, und sie zeigten ihm diß durch Gründe, die ihn in der That in Verlegenheit sezen konnten. Die Schrift, sagten sie ihm, nenne nur das unsere Gerechtigkeit, wenn wir Vergebung der Sünden erhalten, oder um Christi willen von Gott freygesprochen werden; den neuen Gehorsam aber, der hernach durch die Kraft des heiligen Geistes und die Beywohnung der heiligen Dreyfaltigkeit in uns gewürkt werde, stelle sie bloß als eine Frucht jener Gerechtigkeit, und nirgends als die Gerechtigkeit selbst vor, weil diß Wort in keiner Bedeutung

darauf

welches er nennet von dem einigen Mittler Jesu Christo und der Rechtfertigung des Glaubens von F. G. Markgraf Johannsen zu Brandenburg Theologen in gehaltenem Synodo zu Cüstrin versammelt, ausgangen. Frankfurt an der Oder. 1552. 4. Es ist von 15. Superintendenten und Predigern unterschrieben, unter denen Wenzel Kilman, Prediger und Superintendent zu Cüstrin voransteht; aber hinten ist eine Acte des Markgrafen Johann angehängt, worinn er nicht nur bezeugt, daß "die obgemeldte „Theologen in aller Gottesfurcht, „christlich, ordentlich und ohne „alle Affecten von dem ersten „Tage des Februars an biß zum „achtzehnten mit höchster Sorgfältigkeit und Mühe sich dieses „Werks beflissen, auch in solchem „Synodo weder Stancarum, noch „sonst jemand, so partheyisch „hätte mögen geachtet werden, „dazu gezogen, oder ihren Rath „gebraucht hätten," sondern auch erklärte, "daß er sich selbst hiemit dieser Confession unterwerfe, und durch Gottes Gnade „biß an seinen Tod dabey zu verharren gedenke."

darauf passen könne. Verstehe man unter dem Ausdruck: daß der Mensch vor Gott gerecht werde, nach ihrem Sinn, daß er in Gottes Augen schuldloß erscheine, so sey es ja falsch und undenkbar, daß es der Mensch durch seinen neuen Gehorsam oder durch seine Besserung werden könne; verstehe man aber unter dem Ausdruck auch im Osiandrischen Sinn, daß der Mensch durch seine innere Veränderung so umgeschaffen werde, daß er dem Auge seines gerechten Richters nichts mangelhaftes, nichts sündliches und strafwürdiges mehr darstelle; so lehre uns ja Schrift und Erfahrung, daß es mit keinem Menschen in diesem Leben so weit komme, oder daß keiner in diesem Sinn gerecht werde. Es ist also, schlossen sie, nicht nur gegen den Sprach-Gebrauch, sondern auch gegen den Sinn der Schrift, wenn Osiander den Menschen durch die Veränderung, die in der Heiligung mit ihm vorgeht, gerecht werden läßt, denn bey seiner wesentlichen Gerechtigkeit muß entweder der Irrthum zum Grund liegen, daß sich der Mensch durch seine nachfolgende Besserung Loßsprechung von der Verschuldung seiner vorher begangenen Sünden erwerben könne, oder die nach der Schrift und nach der Erfahrung unwahre Vorstellung zum Grund liegen, daß das Werk seiner Heiligung schon in diesem Leben vollendet werde [131]).

Diß

131) In der Voraussezung, daß Osiander von diesem Irrthum und vielleicht von beyden wenigstens nicht weit entfernt seyn möchte, drückten sie sich doch in einer Stelle ihres Bedenkens mit einem allzubittern Eifer aus. "Er zeigt — sagen sie S. 4. — "mit klärlichen Worten, daß der neue Gehorsam "in Ertödtung des Fleisches sey "unsere Gerechtigkeit, die uns "Gott eingießt, und durch den "heiligen Geist in uns würket; "und wenn wir nur solcher Würkung folgen wollen, so können "wir die Sünde ganz vertilgen, "das ist, vollkommlich rein und "gerecht seyn. Solches ist aber "im Grund der Wahrheit nichts "anders, denn die alte Kezerey "Pelagii De gratia, id est, novis qualitatibus a Spiritu S. effectis, die S. Augustinus gar

gr.

Diß traf würklich die Haupt-Ideen Osianders, und traf sie auf einer Seite, von der sie nur mit Mühe gedeckt werden konnten. Die Küstrinische Theologen hätten daher nicht nöthig gehabt, sich auf einige seiner Neben-Hypothesen einzulassen, die er offenbar nur dazu erfunden hatte, um einige Schein-Gründe weiter für seine Rechtfertigungs-Theorie zu bekommen, und sie hätten noch weniger nöthig gehabt, ihm Konsequenzen zur Last zu legen, gegen die er schon selbst protestirt hatte, 132); doch muß man gestehen, daß sie bey dem ersten wenigstens noch eben so viel Billigkeit und Mässigung zeigten 133), als sie in dem ganzen Ton ihrer Censur theologischen Ernst blicken liessen 134).

Unter

„gewaltiglich verlegt hat. Item: „Was die Papisten gelehrt haben de fide formata, charitate, „gratia gratum faciente, merito „condigni et congrui &c. Solche gottlose und verdammliche „Sophisterey hat D. Luther seeliger Gedächtniß gewaltig aus „der Schrift wiederlegt aber „Osiander richtet sie wiederum „auf, dienet dem Trientischen „Concilio, und führet uns „stracks wiederum in das greuliche antichristische Pabstthum, „allein daß er ein wenig subtileren, spizigeren und scheinbarlicheren Geist habe, als bißher „D. Eck, Cochläus, Emser, Faber, und andere dergleichen „Sophisten gezeigt haben, die „bloß ein A. B. C. Teufel geritten hat gegen diesen meisterlichen Teufel Osiandri." Das schlimmste in dieser Stelle ist die Aehnlichkeit, welche die gute Theologen zu Cüstrin zwischen der Meynung Osianders und der Kezerey von Pelagius fanden.

132) So war es auch sehr unnöthig, daß sie gegen seine wesentliche Gerechtigkeit schon aus dem Grund eiferten, D. 2. weil das Wort nirgends in der Schrift komme, da er doch in der Vorrede seiner Confession selbst gestanden hatte, daß er es nicht aus der Schrift genommen sondern aus Noth selbst erfunden habe, um seine Idee unzweydeutiger auszudrücken.

133) So wollten sie gegen seine Distinktion zwischen dem äusserlichen und innerlichen Wort weiter nichts vorbringen, als daß er den Ausdruck des innerlichen Worts in einem gar fremden Sinn gebraucht habe. D. 4. In der von ihm aufgeworfenen Frage: ob Christus allein nach seiner Gottheit oder allein nach seiner menschlichen Natur unsere Gerechtigkeit sey? fanden sie auch nicht gerade, wie so manche seiner Gegner, Nestorianische Kezerey, sondern nur Verwirrung und Unverstand, "denn — sagen sie, E. 1. — "es ist gerade, als wenn man fragen wollte, ob einer ein wahrer Mensch „sey, nach der Seele allein, „oder

Unter den übrigen auswärtigen Bedenken, welche der Herzog erhielt, verdient bloß noch das von den Chur-Brandenburgischen Theologen zu Frankfurt an der Oder und das von Flacius ausgestellte bemerkt zu werden. Jenes verdient eine Erwähnung, weil es das elendeste und heilloseste unter allen war, das seinen Verfasser als den jämmerlichsten und verwirrtesten Kopf ausstellte, der die lutherische Lehre die er vertheidigen wollte, eben so wenig verstand, als die Osiandrische, die er bestritt[135]: dieses

„oder nach dem Leib allein, so „doch dieser keines gänzlich einen „Menschen ausmacht — also ist „auch Christus weder nach der „Gottheit allein, noch nach der „Menschheit allein unsere Ge„rechtigkeit, sondern der ganze „Christus ists."

134) Nach der Sprache dieses Zeitalters sollte wohl selbst in der folgenden härtesten Stelle des Bedenkens nur theologischer Ernst hörbar seyn. "Daß Osiander in seinem Bekenntniß sich „rühmet, er habe bißher 30 Jahr „nach einander also gelehrt, und „niemand habe ihn jemahls dar„über bestraft; da können wir wohl „glauben, daß er so lange Zeit „mit solchen Gedanken heimlich „schwanger gegangen, und solche „giftige Basilisken-Eyer verbor„gen im Herzen getragen habe; „aber daß er es mit solchen hel„len und ausgedrückten Worten „hätte ausgeschüttet und ans „Licht gebracht, wie er jezt zu „dieser Zeit thut, können wir „keineswegs glauben, haben „auch deß gewisse Zeugen, viel „lebendiger Leute, so ihn zu „Nürnberg gehört, so ist auch „die Nürnbergische Kirchen-Ord„nung ihm ganz entgegen, wel„cher er als ein Pfarrer daselbst „Zwangs- und Amtshalber ge„mäß hat müssen predigen, und „diesen Gift daselbst auszuschüt„ten keinen Raum gehabt, son„dern so lange hat müssen stille „halten, biß er jezt einen be„quemen Ort dazu gefunden hat. „So sind auch im Wege gelegen, „die treuen Diener Christi, D. „Martinus und Vitus Theodo„rus, welche gewiß mit nichten „geschwiegen hätten, wo sie sol„che gräuliche Kezerey und Ver„kehrung des höchsten Artikels „der Rechtfertigung an ihm ge„spührt hätten. Darum ist „wahrhaftig Osiander der Hun„de, Säue und Füchse einer, „der sich bißher im Loch verbor„gen gehalten, weil D. Luthe„rus als der rechte Löwe gele„bet, und ihm gewehrt hat, „nun er aber das Haupt ge„legt, kommt dieser falsche „Fuchs hervor, verwüstet den „Weinberg Christi, und sagt „doch, er habe 30 Jahre zuvor „nichts anders gelehrt" D. 1.

135) Gründliche Anzeigung, was die Theologen des Churfürstenthums der Mark Brandenburg von der christlichen evangelischen Lehre halten und bekennen, auch worinn Andr. Osiander wieder solche Lehre unrecht lehret,

dieses hingegen muß in dieser Geschichte um so mehr genannt werden, weil es seinem Verfasser nach mehreren Hinsichten Ehre macht. Freylich konnte Flacius seine Natur, diß heißt, seine Säure, seine ungroßmüthige Art einen Gegner zu behandlen, und seine Manier, alles in das gehässigste Licht zu stellen, nicht ganz in diesem Bedenken verläugnen; aber er äusserte sie würklich nur in einem sehr mässigen Grad, und in einem desto höheren den ihm eigenen Scharfsinn [136])!

Eine

ret, welches auch in diesem Buch aus der heiligen Schrift nothdürftiglich gestraft und widerlegt wird. Frankfurt an der Oder. 1552. 4. Der Verfasser des Bedenkens war Andreas Musculus, und machte allerdings seine Sachen so schlecht, daß Salig vielleicht nicht zu viel sagte, wenn er Th. II. 997. versichert, er habe sein Tage keine schlechtere, einfältigere und dabey boßhaftere und gröbere Schrift gelesen, als diese. Eine schlechtere mochte in der That nicht gegen Osiandern erschienen seyn, doch in Rücksicht auf Boßheit und Grobheit konnten ihr wohl einige andere den Vorzug streitig machen, wiewohl Musculus sein möglichstes that, um auch hierinn den Preiß davon zu tragen. Aber der Mann war zu unwissend, um durch seine Boßheit verwunden, und zu verdächtlich, um durch seine Grobheit beleidigen zu können.

136) Diese erste Schrift, welche von Flacius in der Osiandristischen Streitigkeit erschien, hat den Titel: Verlegung des Bekenntniß Osiandri von der Rechtfertigung der armen Sünder durch die wesentliche Gerechtigkeit der hohen Majestät Gottes allein. Durch Matth. Flacium Illyr. Mit Unterschreibung Nicol. Galli, darinn der Grund des Irrthums Osiandri samt seiner Verlegung auf das kürzeste verfaßt ist. Magdeburg. 1552 4. Nach der Erzählung Ritters im Leben von Flacius sollte der Herzog Albrecht nicht nur ausdrücklich das Bedenken von ihm verlangt, sondern ihn dabey förmlich mit Uebersendung eines reichlichen Geschenks ersucht — also in aller Form zu bestechen gesucht haben, daß er doch nicht wieder Osiandern sich sezen, sondern ihn vielmehr als ein alter Freund von ihm bestens in seiner Meynung vertreten möchte. S. 52. Diß erzählt zwar Ritter nur Flacius selbst nach, der in der Histor. certam. bey Schlüsselburg L. XIII. p. 828. sagt: Invitabar ego tunc a Principe Prussiae, misso etiam largo honorario, ut potius partes Osiandri tuerer, quam oppugnarem, poteramque apud eum largam conditionem consequi, si mea commoda per nefas veritati praetulissem. Aber wenn man auch in die Angabe von Flacius selbst keinem Zweifel sezen mag, so kann man doch noch aus mehr als einem Grund zweiflen, ob Flacius vor oder nach der Erscheinung seines ersten Bedenkens in der

Sache

Eine Probe von diesem findet man schon in der sehr einfach- und natürlich-scheinenden aber doch sehr künstlich gedrehten Wendung des ersten Arguments, durch welches er, wie er sagte "die Wahrheit der gebräuchlichen Lehre von der Rechtfertigung beweisen und die Unwahrheit der neuen ungebräuchlichen verlegen will.

"Erstlich, sagt er, ist doch gewiß, daß die Erfüllung des Gesezes Gerechtigkeit ist vor Gott und vor Menschen, so daß derjenige, der das Gesez eines Menschen oder das Gesez Gottes erfüllt, nach jedem Sprach-Gebrauch gerecht heißt. Aber so spricht auch die Schrift, denn Röm. II. heißt es: Nicht die das Gesez hören, sind gerecht vor Gott, sondern die das Gesez thun, werden gerecht seyn. Hier hören wir also deutlich, daß dem Gesez Gottes vollkommentlich, von Herzen und mit der That gehorsam seyn, sey Gerechtigkeit vor Gott; ja Christus selbst sagt von seiner Taufe: Also müssen wir alle Gerechtigkeit erfüllen."

Zum andern bekennt aber doch Osiander selbst, daß Christus wahrer Gott und Mensch durch sein Thun und

Sache jenen Antrag nebst dem Geschenk von dem Herzog erhielt? und es selbst aus mehr als einem Grund wahrscheinlicher finden, daß beydes erst nachher an ihm gekommen seyn mochte. Dieses erste Bedenken von Flacius ist zwar schon dem Herzog zugeschrieben; aber in der Zuschrift findet sich nicht einmahl ein Wink, daß der Herzog nur überhaupt ihn um seine Meynung befragt, oder sein Urtheil verlangt hätte; vielmehr giebt er selbst B. ij. eine davon ganz unabhängige Ursache an, warum er sich gedrungen finde, die Schrift herauszugeben. Wäre Flacius besonders aufgefordert worden, sein Bedenken zu geben, so würde er doch höchst wahrscheinlich etwas davon erwähnt haben: hingegen läßt sich sehr natürlich auf der andern Seite erklären, wie der Herzog von der Dedication dieser Schrift den Anlaß zu einem Geschenk, das er ihm schickte, hernehmen, und aus dem gemäßigten Ton der Schrift die Hoffnung schöpfen konnte, daß doch vielleicht ein gutes Wort, das er für Osiandern einlegen möchte, eine gute Statt bey ihm finden dürfte.

und Leyden das Gesez erfüllt habe; und sagt selbst dabey, daß er es uns zu gut oder unserthalben erfüllt habe, welche Erfüllung uns zugerechnet werde, als wäre sie unser eigen. Und nun wie es gewiß ist, daß vollkommener Gehorsam gegen Gott Gerechtigkeit ist vor Gott, und zugleich gewiß ist, daß der vollkommene Gehorsam Christi ganz und gar als der unsrige betrachtet werden darf, und von Gott, wie Osiander selbst gesteht, betrachtet worden ist, folgt nicht daraus, daß nichts anders als eben derselbe Gehorsam Christi unsere Gerechtigkeit vor Gott sey [137])?

Daraus folgte in der That, daß Osiander mit sich selbst im Wiederspruch stand, wenn er einerseits einräumte, daß wir um des zugerechneten Gehorsams Christi willen von Gott für schuldlos angesehen würden, und doch andererseits nicht zugeben wollte, daß dieser Gehorsam Christi unsere Gerechtigkeit in diesem Sinn genannt werden dürfe; aber daraus folgte doch auch zu gleicher Zeit, daß Osiander nur mit sich selbst, und nicht eigentlich mit der Schrift oder mit der gewöhnlichen lutherischen Vorstellung im Wiederspruch stand, weil er doch die Grund-Idee von dieser, wenn schon nicht in ihren Ausdrücken annahm. Es ergab sich also ebenfalls daraus, daß doch in seiner Meynung keine so gefährliche Kezerey liege, und davon hatte Flacius selbst ein sehr unbehagliches Gefühl, wie man am deutlichsten daraus gewahr wird, weil er sich und die Meynung Osianders nach allen Seiten herumdrehte, biß er etwas, das in seinen Augen bedenklich genug aussah, darinn gefunden hatte.

"Es möchte [138]), sagt er selbst, leicht einer meynen, daß an diesem Osiandrischen Irrthum nicht so viel gelegen wäre, nach welchem nicht der Gehorsam Christi, sondern das Wesen der Gottheit unsere Gerechtigkeit seyn

137) S. Bedenken A. 3. 138) S. Bedenken B.

seyn soll; aber daß es ein grosser Irrthum ist, erhellt daraus, weil er uns dahin bringt, daß wir mit Gott stracks ohne Mittler handlen, oder zu der Vorstellung führt, daß wir mit Gott ohne Mittler handlen könnten, denn wir müssen ja durch Gerechtigkeit einen Zutritt zu Gott haben, und mit ihm als unserem Vater handlen. Unsere Gerechtigkeit vor Gott aber ist dasjenige, dadurch wir vor Gott bestehen können, und diß lehren wir, sey allein das Verdienst unseres Mittlers, durch den wir also den Zutritt zu ihm haben: Osiander hingegen sagt, das ewige Wesen Gottes sey unsere Gerechtigkeit vor Gott, daraus folgt, daß wir mit Gott durch sein Wesen, also ohne Mittel und ohne Mittler handlen müssen."

So lebhaft man fühlt, wie gezwungen diese Konsequenz war, und wie leicht sich Osiander dagegen vertheidigen konnte, so kann man doch nicht umhin mit Vergnügen dabey zu bemerken, daß Flacius noch mehr Schaam hatte, als mehrere andere seiner Gegner, denn er wagte es doch nicht wie diese, ihm geradehin den Vorwurf zu machen, daß er das Mittler-Amt Christi für überflüssig erkläre. Hingegen darf man behaupten, daß Flacius unter allen Gegnern Osianders theils die Gründe und Einwürfe, welche er gegen die lutherische Lehrform vorgebracht hatte, auf das befriedigendste beantwortete, und zum Theil auf das nachdrücklichste gegen ihn selbst kehrte, theils das nichtige und willkührliche, das verwirrte und sophistische, auch das fanatische und schwärmerische der Schein-Beweise und Hypothesen, auf welche seine Meynung gebaut war, mit der beschämendsten Klarheit aufdeckte, wobey er immer den Punkt, in welchem der Fehler lag, auf das glücklichste traf, ohne sich durch eine künstliche Wendung einen unredlichen Vortheil gemacht zu haben.

So beantwortet Flacius den Haupt-Vorwurf Osianders, daß in der gewöhnlichen Lehrform die Erneuerung

rung und Wiedergeburt von der Rechtfertigung hinweg: geworfen worden sey, folgendermassen[139]). "Wenn „Osiander unter diesem Wegwerfen versteht, daß wir „die Lehre von der Erneuerung und Wiedergeburt nicht „fleissig genug treiben, sondern allein die Lehre von der „Rechtfertigung, so ist das eine grobe Unwahrheit, „wie die steten Predigten der Unsern überflüssig bezeu: „gen. Wir hätten aber viel bessere Ursach über ihn zu „klagen, daß er die Wiedergeburt mit der Rechtferti: „gung vermengt, oder vielmehr die Rechtfertigung in „die Wiedergeburt sezt, weil er oft sagt, Gerechtigkeit „sey dasjenige, wodurch der Mensch in Wahrheit aus „einem Ungerechten gerecht wird."

"Diese Meynung aber ist der Schrift nicht allein un: gemäß, welche die Rechtfertigung des Sünders in Ver: gebung der Sünde und Zurechnung der Gerechtigkeit Christi sezt, sondern sie ist auch dem Gewissen schädlich. Denn etliche sichere Geister, alsbald ihnen etwa ein wenig von der Wiedergeburt träumen wird, so werden sie sich bald dünken lassen, sie seyen bereits halbe Götter geworden. Dagegen andere, die in Anfechtung und Trübsal stecken, wenn sie keine Tugend des neuen Le: bens bey sich fühlen, werden in Verzweiflung fallen, denn diese Lehre Osianders lehret stracks, an der Wie: dergeburt hangen, und auf die von Gott eingegossene Gerechtigkeit vertrauen. Darum irret Osiander, weil er er diese zwo Gerechtigkeiten in einander mengt, und nicht wir, die wir den Gewissen zum Trost einen christ: lichen Unterschied machen. Daran aber thut er ganz un: christlich, daß er unsern Lehrern eine so grosse Sünde auflegt, als sollten sie von der Wiedergeburt nichts leh: ren, sondern die Erneuerung des inwendigen Menschen hinweggeworfen haben."

Das

139) S. Bedenken J. 3.

"Daß er aber [140]) die gewöhnliche Meynung unserer Kirchen beschuldigt, daß sie die Leute sicher und faul mache zu guten Werken — dagegen sagen wir, daß diese Lehre die Leute genugsam zu christlichem Wandel und Leben bringt, indem, daß sie bald im Anfang den Leuten ernstliche Reue vorhält und Ablassung von Sünden, und darnach lehrt, daß der Glaube bey einem bösen Vorsaz nicht seyn kann, und endlich, daß sie so fleissig vermahnt, man solle nicht mehr sündigen, sondern vielmehr, sintemahl wir wiedergebohren, und mit dem himmlischen Vater versöhnt sind, daß wir ihm in solchem neuen Leben desto eifriger dienen sollen. Darum wäre es ohne alle Noth gewest, dieser Ursach halber eine neue Lehre zu erdichten, oder die gewöhnliche Lehre unserer Kirchen mit vieler Leute Aergerniß und Spott der Gottlosen zu berüchtigen."

"Aber — so dreht nun Flacius auch diesen Vorwurf auf Osianders Meynung zurück — seine Meynung macht eine grosse Sicherheit, vornehmlich dadurch, daß er ganz göttliche und in der That gerechte Menschen aus uns macht, und sagt, daß unser Thun Gottes Thun sey, der in uns wohne, welches, weil er es für die Gerechtigkeit in uns hält [141]), wodurch die Sünde vergeben werde,

140) S. Bedenken N. 2. 4.

141) Hier ertappt man freylich Flacium über einem Kunstgriff, der nicht ganz ehrlich war, denn er schiebt unvermerkt einen Zusaz ein, an den Osiander nie gedacht hatte. Allerdings hatte dieser von seiner Gerechtigkeit, oder von der Veränderung, durch welche der Mensch in der That gerecht gemacht werden müsse, den Ausdruck gebraucht: diß sey die Gerechtigkeit in uns welche allein diesen Nahmen verdiene: aber er hatte niemahls gelehrt, daß diese Gerechtigkeit in uns die Ursache unserer Begnadigung, oder der Grund werde, durch welchen Gott erst bewogen würde, uns unsere Sünden zu vergeben. Diß schrieb er so bestimmt, als es nur irgend die andere lutherische Theologen thun konnten, dem Verdienst und dem Tod Christi zu, denn eben darein sezte er ja den Unterschied, den er zwischen der Erlösung und zwischen der Rechtfertigung annahm, daß uns durch jene Vergebung der Sünden

werde, so macht es, daß wir nicht viel darnach fragen, und es nicht für nöthig halten, alle Stunden Vergebung von Gott zu bitten. Ja, dadurch kann die Meynung Osianders die Irrthümer der neuen Wiedertäufer und anderer Schwärmer sehr begünstigen. Diese geben vor, sie seyn Gottes Kinder, voll heiligen Geistes, seyn in der Wahrheit gerecht, haben keine Sünde mehr, und daher müsse alles was sie thun, und was sie geleistet, eitel Gottes und des heiligen Geistes Werke und Lüste seyn."

"Also macht uns auch Osiander schier gar zu Göttern, sagt, unser Thun sey Gottes Thun, der in uns wohnet, und wir seyen in der Wahrheit, alle gerecht worden, nicht allein durch Zurechnung der Verdienste Christi: und macht also die in uns noch übrige Sünde schier gar zu nichte."

"Doch sag ich nicht, daß Osiander ein Wiedertäufer sey, oder einige Verwandschaft mit den Wiedertäufern habe. Aber er weiß gleichwohl, wie er in seiner Konfession selbst geschrieben hat, daß der Teufel ein solcher Baumeister sey, der die Menschen übereilt und verführt, daß sie Irrthum fassen und ausstreuen, und wissen doch nicht, daß es Irrthum sey, und legen doch gleichwohl damit den Grundstein zu den allerverderblichsten Irrthümern!"

Bey Flacius muß man es wahrhaftig als etwas verdienstliches ansehen, daß er doch Osiandern noch nicht ganz zum Wiedertäufer machen wollte; aber die Mässigung, zu welcher er sich in diesem ersten Bedenken zwang, wird noch sichtbarer in der Art, womit er die mancherley schwärmerische und sinnlose, oder doch übertrie-

den erworben worden sey, durch diese aber die Gerechtigkeit in uns mitgetheilt, oder durch Mittheilung der wesentlichen Gerechtigkeit Christi gewürkt werde. Diß wußte auch Flacius recht gut, denn er führte ja selbst auch in seinem Bedenken diesen Unterschied an. M. 4.

triebene und zweydeutige Einfälle und Ausdrücke berührt, die Osiander bey der Vertheidigung seiner Meynung und bey der Bestreitung der gewöhnlichen eingemischt und angebracht hatte. Er unterließ zwar nicht, das Irrige dabey auch von Seiten der Folgen, zu denen es führen konnte, als höchst gefährlich vorzustellen, und brachte dabey manche Folgen heraus, auf die wohl schwehrlich ein Mensch verfallen seyn würde; aber dabey räumte er doch meistens auch ausdrücklich ein, daß Osiander selbst höchstwahrscheinlich nicht daran gedacht habe, und dann bemerkt man zuweilen sehr deutlich, wie er die schlimmste und die bitterste Vorwürfe, die er ihm hätte machen können, recht geflissentlich unterdrückte, oder doch recht sorgfältig milderte.

So hatte Osiander mehr als einmahl in seinen Schriften den tollen Einfall als einen Beweis für seine Meynung vorgebracht, daß unsere Gerechtigkeit niemand anders als Gott selbst seyn könne, weil man ja sonst annehmen müßte, daß unsere Gerechtigkeit eine Kreatur wäre, oder daß wir eine erschaffene Gerechtigkeit hätten. Nur ein höchstverwirrter Schwärmer konnte darauf verfallen und dabey etwas zu denken glauben, hingegen war es nicht schwehr, eine Menge eben so sinnloser als anstössiger Konsequenzen daraus abzuleiten, und die Versuchung dazu konnte in einem Gegner Osianders desto leichter aufsteigen, je mehr er sich auf diß feine Argument zu gut that. Er hatte sogar gepocht, daß es seine Wiedersächer wohl unangegriffen lassen würden, weil sie doch wohl fühlen müßten, wie viele Gräuel daraus folgen würden, wenn man unsere Gerechtigkeit für eine Kreatur, oder für eine erschaffene Gerechtigkeit erklären wollte 142). Man konnte sich also sehr stark gereizt fühlen, ihm wenigstens zu zeigen, was aus seiner Mey-

142) "Wenn — diß sind Osianders eigene Worte — wenn Gott

Meynung gefolgert werden könnte; aber Flacius, so stark er sich auch gereizt fühlte, that es doch nicht!

"Was sind es dann — begnügte er sich ihn zu fragen [143]) — was sind es dann für Gräuel, welche daraus folgen sollen, wenn man sagt, daß die Tugend und die ganze Gerechtigkeit der Kreaturen, auch eine Kreatur sey? Was ist der Engel Gerechtigkeit anders als eine Kreatur? Was wäre Adams Gerechtigkeit, so er nicht gesündigt hätte, anders gewesen als eine Kreatur? Warum sollte also nicht auch unsere Gerechtigkeit eine Kreatur seyn?"

"Es kann aber — sezte er hinzu — gleichwohl eine grosse Menge vieler unerhörter und greulicher Irrthümer daraus folgen, wenn Osiander in seinem Bekenntniß sagt, daß die wesentliche Gerechtigkeit Gottes oder die ganze Gottheit unsere Gerechtigkeit sey, und daß sie uns durch den Tod Christi erkauft sey. Wer hat sein Lebenlang je ein gröberes, krasseres und unerhörteres Ding gehört oder gelesen als diese Ausdrücke?"

"Also, weil Osiander allenthalben seltsame und unerhörte Dinge, die noch niemand eingefallen sind, aus unserer Lehre und Meynung herausgrüblen will, so fällt er selbst mit grosser Schande, in die allerunerhörteste Schwärmereyen, ohne es zu merken!"

Noch auffallender ist die Schonung, mit der Flacius seinen Gegner bey einer andern Gelegenheit behandelt, wobey er sie eben so wenig verdient hatte. Osiander hatte sich würklich oft so unvorsichtig ausgedruckt, daß man ihn seinen Worten nach mit Recht beschuldigen konnte, daß seiner Meynung zufolge Christus allein nach seiner göttlichen Natur unsere Gerechtigkeit sey. Aus dem-

Gott Vater, Sohn und heiliger Geist nicht unsere Gerechtigkeit ist, so muß nothwendig unsere Gerechtigkeit eine Kreatur seyn: daraus folgen so viele Gräuel, die meine Wiedersacher ihr Lebenlang nicht werden ausstudiren."

143) S. Bedenken N. 4.

demjenigen, was er dabey dachte, und gedacht haben wollte, konnte man aber freylich noch nicht mit Recht die Folge ziehen, die einige seiner Gegner daraus abgeleitet hatten, daß er die Naturen in Christo trennen wolle; hingegen da er so impertinent war, und sich zuweilen entfallen ließ, daß er ihnen seinerseits diese Kezerey aufbürden könnte, weil sie ja die göttliche Natur Christi von allem Antheil an der Rechtfertigung ausschlössen, und diese allein seiner menschlichen zuschrieben; so verdiente er in der That, daß man ihn nicht nach seinem Sinn, sondern nach seinen Ausdrücken richtete. Eine solche Stelle aus seinem Bekenntniß führte nun Flacius an, worinn er es für den allergröbsten Irrthum seiner Gegner, der übrigen Theologen ausgab, daß sie die göttliche Natur Christi von der Gerechtigkeit absonderten, und sich sogar des Krafts-Ausdrucks bediente, daß diese Absonderung ein Teufels-Werk sey; darauf aber begnügt sich Flacius mit folgender Antwort."

"Es ist ja wohl falsch und erdichtet, daß wir die göttliche Natur Christi von der Gerechtigkeit absondern. Wir sondern sie keineswegs ab, sondern glauben, daß der Sünder um des Gehorsams und der Erniedrigung des ganzen Christi willen, der wahrer Gott und wahrer Mensch ist, gerecht werde."

"Soll es aber ein Teufels-Werk seyn, die Naturen in Christo zu trennen, so mag Osiander wahrlich wohl zusehen, daß er solcher Sünde nicht selbst theilhaftig werde. Denn er sagt mehr denn an einem Ort, wir seyen nicht gerecht durch die Menschheit, sondern durch die Gottheit Christi allein 144)!"

Doch

144) Die Schonung, mit der Flacius Osiandern bey diesem Punkt behandelte, wird noch auffallender, wenn man sie mit der so viel rauheren Art, vergleicht, womit er von Nicol. Gallus in dem Anhange, den dieser bey der Spendirung seines Nahmens zu diesem Bedenken hinzufügte, angefahren wurde. Gallus

Doch selbst den anstössigsten und auffallendsten Punkt in der verwirrten Ideen-Reyhe Osianders, selbst seine fanatische Vorstellung von der besondern Art, womit dem Menschen die wesentliche Gerechtigkeit Christi mitgetheilt werde, selbst diese behandelte ja Flacius mit einer Gelindigkeit, die man ihm wohl nie hätte zutrauen mögen; denn er begnügte sich, ihm das unbeweisbare davon aufzudecken, ohne — wie er so leicht hätte thun können — das krasse, das ärgerliche, und das schwärmerische darinn zu rügen.

"Da — sagt er [145]) — beschreibt uns wohl Osiander, wie die wesentliche Gerechtigkeit uns mitgetheilt werde, und lehret, daß Christus mit seiner Gottheit und Menschheit in uns wohne, und weil wir sind Fleisch von seinem Fleisch und Bein von seinem Bein, derhalben, gleichwie seine Gottheit ihre wesentliche Gerechtigkeit der Menschheit mittheilt, also theile er sie auch uns mit, weil wir seines Fleisches Glieder sind. Bey dieser Beschreibung von der Mittheilung der Gerechtigkeit sollte aber Osiander zusehen, ob sich solche Weise auch reimen wollte auf die Rechtfertigung der Väter im Alten Testament. Denn ehe Christus gebohren ist, ist sein Fleisch nicht geweßt; darum hat ihnen die Gerechtigkeit Christi durch sein Fleisch, welches in der Wahrheit in ihnen hätte seyn sollen, nicht mitgetheilt werden können. Hieraus erscheinet, wie unbeständig jene Beschreibung ist, und daß, gleichwie vor Zeiten der Verdienst Christi den Gottesfürchtigen mitgetheilt worden ist, durch Zurechnung und nicht durch Eingiessung der Gottheit durch

Gallus sagte ihm nehmlich nicht nur auf den Kopf zu, daß er ein Nestorianer sey, sondern er wußte auch zu gleicher Zeit einen Eutychianer aus ihm zu machen — diß heißt — er bewieß ihm, daß er bey seiner Meynung die Naturen in Christo trenne, und sie doch auch zu gleicher Zeit vermische, und beschuldigte ihn also mit einemmahl zweyer Kezereyen, wovon nothwendig die eine die andere aufhob. S. Bedenken P. 2. 3.

145) S. Bedenken N. 2.

durch das Fleisch des Herrn in das Fleisch der Sünder; also auch jezund der ganze Handel durch lauter Zurechnung vollendet wird, und nicht mit natürlicher Mittheilung, davon Osiander disputirt, wiewohl wir wissen, daß wir doch zugleich Tempel Gottes und Christi Glieder sind."

So säuberlich war Flacius wahrhaftig in seinem Leben mit keinem Gegner umgegangen [146]), als er in diesem ersten Bedenken mit Osiandern umgieng; es verdiente also wenigstens als Beweis ausgezeichnet zu werden, daß der Mann auch billig und gemässigt verfahren konnte, wenn er wollte; aber dafür wird es bey keiner seiner folgenden Schriften in dieser Streitigkeit mehr nöthig seyn, um dieser Bemerkung willen zu verweilen!

Kap.

146) Einige harte Ausdrücke, welche sich doch auch Flacius hin und wieder entfallen ließ, darf man nicht dagegen anführen, denn diese rechneten sich die Polemiker des Zeitalters nicht so hoch auf. So war es freylich ein unfeines Gleichniß, wenn Flacius H. I. sagte: "Osiander ist „ein stolzer frecher Geist, der „durch die Schrift hin und her „läuft, wie eine Sau durch einen „wohlgebauten und sehr lustigen „Garten, und legt sie jezt also, „jezt anders aus, zerreißt, zerstümpelt und führet sie, wie „es ihn gut dünkt." Doch diß ist fast die einzige Stelle dieser Art, die in seiner Schrift vorkommt. Warum er indessen mit Osiandern so säuberlich umgieng, diß läßt sich nur vermuthen, aber sehr wahrscheinlich vermuthen. Furcht vor den Mann war es wahrhaftig nicht, was ihn dazu bewog, sondern ohne Zweifel konnte er es nicht über das Herz bringen, ihn so ganz rauh zu behandlen, weil er doch immer in seinen Augen noch das Gute hatte, daß er Melanchton und die Wittenberger eben so herzlich zu hassen schien, als er selbst. Seine Anfälle auf diese hatten Flacius gewiß manchen frohen Augenblick gemacht, und die Erinnerung daran mochte auch etwas dazu beytragen, ihn gelinder gegen ihn zu stimmen: wenigstens ein dunkles Gefühl dieser Art mußte seiner Seele vorschweben, denn sonst würde er schwerlich daran gedacht haben, es in der Dedication und in der Vorrede seiner Schrift besonders bemerklich zu machen, daß auch er gegen Osiandern aufgetreten sey, wiewohl dieser die Lehre der Wittenberger angegriffen habe.

Kap. VII.

Der Ordnung nach hätten übrigens diese Bedenken, die von allen Seiten her eingegangen waren, dem Streit wenigstens in Preussen ein Ende machen sollen. So verschieden ihre Form und ihr Geist war, so stimmten sie doch alle darinn überein, daß die neue Lehrform Osianders über die Rechtfertigung wenigstens sehr zweydeutig, mehrfach bedenklich, und von der schriftmässigen Lehrform unstreitig abweichend sey: diß einstimmige Urtheil aber war von Richtern gesprochen worden, welche man eben dadurch, daß man ihr Urtheil verlangte, voraus als sachkundig anerkannt hatte, und auch hintennach um so weniger einer Partheylichkeit beschuldigen konnte, je auffallender sie in der Hauptsache, übereinstimmten. Der Herzog Albrecht hätte sich also mehr als berechtigt glauben können, diesen Bedenken zufolge Osiandern dazu anzuhalten, und im Fall der Noth mit Gewalt zu zwingen, daß er seiner neuen Lehrform entsagen und zu der gewöhnlichen zurückkehren, oder doch aller Schmähungen über diese sich in Zukunft enthalten, und allenfalls auch seine bißherige Schmähungen durch eine Art von Ehren-Erklärung zurücknehmen sollte: damit aber hätte alsdann der Streit von selbst aufhören müssen.

Nach allen Rechts-Grundsäzen des Zeitalters war der Herzog um so mehr dazu verpflichtet, je förmlicher er diese Grundsäze schon durch seine bißherigen Schritte und durch seine eigenen Erklärungen anerkannt hatte. Er hatte es ja selbst eingeräumt, und in mehreren Briefen an Mörlin und die übrigen Gegner Osianders eingeräumt, daß er als Laye in dem theologischen Handel weder sprechen könne noch dürfe; ja er hatte eben deßwegen alle der Augsp. Konfession verwandte Stände in Deutschland ersucht, daß sie ihm das Urtheil ihrer Theologen zukommen lassen möchten, weil ihm die Entscheischeidung der Sache nicht gebühre, und dadurch sich selbst verbindlich gemacht, das Urtheil von diesen zu vollziehen. Doch selbst wenn diß nicht vorhergegangen wäre, so lag in der That schon in der Uebereinstimmung so vieler Theologen gegen Osiander ein sehr starker Grund, der den Herzog wohl hätte bestimmen mögen, sich durch ihre Entscheidung auch selbst in seinem Privat-Urtheil über den Streit leiten zu lassen. Ausser den aufgeforderten Theologen hatten noch mehrere einzelne an den verschiedensten Oertern, und in den entferntesten Gegenden zu gleicher Zeit sich gegen ihn erklärt [147]; aber auch nicht einer war, ausser den wenigen Anhängern, die er in Königsberg selbst hatte, zu seiner Vertheidigung aufgestanden. Noch war mit einem Wort in der alten und in der neuen Kirche kein Neuerer aufgetreten, gegen den sich die allgemeine Stimme aller derjenigen, die eine Stimme zu geben hätten, so entschieden vereinigt hätte, wie sie sich gegen Osiandern vereinigte; und wenn auch Albrecht Gründe haben mochte, es für möglich zu halten, daß alle diese Stimmen partheyisch seyn könnten, so mußte er es doch auch für möglich halten, daß Osiander irren konnte, und es dann selbst

147) So gab Joh. Pellicarius, Superintend. zu Weissenfels ein eigenes schon angeführtes Bedenken gegen ihn heraus. Ferner erschienen: Ant. Otto Herzberger, Prediger zu Nordhausen, wieder die tiefgesuchten und scharfgespizten aber doch nichtigen Ursachen Osianders, damit er den Artikel von der Rechtfertigung lästiget und verkehrt kläglich. Magdeburg. 1552. 4. Ein Bekenntniß und kurzer Bericht wieder die irrige Lehre Andr. Osiandri von dem Artikel der Rechtfertigung auf Anforderung etlicher von Danzig und Königsberg einfältig geschrieben (von M. Stephan Bilaw von Osthaz. 1552. 4.). Tres Disputationes de Mediatore & reconciliatione ac justificatione hominis ante seorsim — (die erste im J. 1552.) ab Alexandro Alesio propositae, nunc simul editae. Lipsiae. 1554. 8. Testimonium optimi et doctissimi Viri D. Michaelis Rotingi, unius e populo ecclesiastico contra falsam Andr. Osiandri De justificatione sententiam. 1552. 4. Etlicher jungen Prediger zu Nürnberg Verantwortung gegen Andr. Osiander. Magdeburg. 1552. 4.

selbst aus Gründen der Klugheit für das räthlichste halten, diesen wenigstens so weit zu bringen, daß er der allgemeinen Meynung nicht länger trozte!

Ob es Mangel an fester Entschlossenheit, oder Partheylichkeit für Osiandern war, was den Herzog abhielt, nach diesen Betrachtungen zu handlen? diß läßt sich bey einem Fürsten von Albrechts Charakter nicht leicht bestimmen: wahrscheinlich würkte beydes bey ihm zusammen, aber gewiß ist, daß der Mittel-Weg, den er einschlug, schon deßwegen nichts taugte, und zu keinem Ziel führen konnte, weil die Gegner Osianders offenbare Partheylichkeit für diesen darinn sehen mußten.

Albrecht hielt nehmlich nicht nur die Publication der eingegangenen auswärtigen Bedenken mehrere Monathe zurück, sondern verbarg es zulezt selbst nicht mehr, daß er sie ganz zu unterdrücken wünsche, und, so viel es in seiner Macht stehe, auch ganz zu unterdrücken gesonnen sey. Diß äusserte er selbst gegen Mörlin 148), der ihn im Nahmen seiner Kollegen förmlich um die Eröffnung und Mittheilung der eingelaufenen Bedenken ersucht hatte, und äusserte es mit einer höchstunbedachtsamen Ehrlichkeit, von welcher dieser den nachtheiligsten Gebrauch machen konnte. Er verhelte ihm nicht — was gewiß Mörlin schon vorher wußte — daß die meiste dieser Gutachten zum Nachtheil Osianders ausgefallen seyen; aber er gab ihm noch dazu sehr deutlich zu verstehen, daß er nicht bloß um Osianders Ehre zu schonen, sondern auch deßwegen keinen Gebrauch davon machen würde, weil sie ihm nach seiner Meynung ein sehr ungerechtes und übereiltes Urtheil über diesen zu enthalten schienen. Die Eröffnung der Bedenken, schrieb er ihm, könnte er deßwegen nicht für rathsam halten, weil er gefunden habe, daß sie in der Bestimmung der streitigen Haupt-

148) In einem Brief vom 15. Jul. 1552. S. Mörlin Histor. B. 2.

Hauptfrage: was die Gerechtigkeit sey? bey weitem nicht alle übereinstimmten, und daher zu befürchten stehe, daß man den Ausspruch des Psalmisten: In ihrem Munde ist nichts gewisses! auf ihre Verfasser anwenden möchte. Wenn sie auch sonst darinn einig wären, Osianders Meynung zu verdammen, so möchte er sich doch nicht erlauben, sie deßwegen allein schon für entschieden unrichtig zu halten, denn es sey ihm nicht unbekannt, daß man in Glaubens-Sachen nicht auf das Urtheil der Menge sondern auf die Schrift zu sehen habe, und daß zu jeder Zeit die gelehrteste und heiligste Männer, wie ein Athanasius, Paphnutius, ja Lutherus selbst die Wahrheit oft lange gegen einen fast allgemeinen Wiederspruch ihrer irrenden Zeitgenossen zu vertheidigen gehabt hätten. Ueber dis sey das Urtheil von einigen sehr auf Schrauben gestellt, und könnte leicht, wie zum Beyspiel die Schrift Melanchtons eben so gut für Osiandern als wider ihn gedeutet werden; bey einigen andern der eingelaufenen Bedenken hingegen möchte man billig zweiflen, ob ihre Verfasser auch Osiandern und seine Meynung richtig verstanden hätten."

Dieser lezte Umstand konnte freylich den Herzog, auch wenn er mit keinem partheyischen Vorurtheil für Osiandern eingenommen war, sehr leicht abgeneigt machen, seine eigene Meynung durch diese eingegangene Bedenken bestimmen zu lassen. Ohne partheyisch für jenen zu seyn, konnte er doch recht deutlich sehen oder zu sehen glauben, daß in einigen dieser Gutachten Osiandern Irrthümer aufgebürdet worden seyen, an die er niemahls gedacht, und Kezereyen angedichtet worden seyen, gegen die er selbst auf das feyerlichste protestirt hatte: in diesem Fall aber konnte man es noch weniger für ein Zeichen von Partheylichkeit halten, wenn er einem Verdacht gegen die Unbefangenheit oder gegen die Einsichten dieser Beurtheiler Raum gab. Allein man darf nicht ver-

verhelen, daß sich seine Partheylichkeit noch durch andere [149]) weniger zweydeutige Zeichen äusserte, worunter das entscheidendste dieses war, daß er Osiandern eine vorläufige Vertheidigung gestattete, deren Erscheinung in der damahligen Lage des Streits durchaus hätte verhindert werden müssen.

Noch im Junius dieses Jahrs 1552. ließ Osiander eine Vertheidigungs-Schrift drucken [150]), und wiederum an alle Thore von Königsberg öffentlich anschlagen [151]), worinn er über alle seine Beurtheiler auf einmahl herfiel, die ihre Bedenken gegen ihn selbst bekannt gemacht hatten. Von jenen Gutachten, die dem Herzog auf sein Ansuchen schriftlich eingeschickt und von ganzen Collegien und Synoden verfaßt worden waren, nahm er zwar keine Notiz, und durfte er auch keine nehmen, weil es das Ansehen haben sollte, als ob sie

149) Selbst in dem Brief an Mörlin ließ er sich Aeusserungen entfallen, die eine sehr offenbare Partheylichkeit verriethen. Schrieb er ihm doch sogar: "Wenn er, Mörlin und die andere Theologen Osiandern nur „hören wollten, so würden sie gewiß nicht mit ihm streiten, „wenn sie anders Gott die Ehre „geben wollten. Osiander rede „ja deutsch und deutlich; also „fehle es nur an hören wollen." Doch Mörlin hatte ja sogar Ursache zu glauben, daß Osiander selbst diesen Brief des Herzogs an ihn aufgesezt, oder doch an dem Innhalt Theil gehabt habe, denn der Herzog schickte ihn an Mörlin von Danzig aus, wohin er Osiandern mitgenommen hatte.

150) Schon der Titel dieser Schrift kündigt ihren Innhalt nur allzugetreu an. Er heißt: Schmeckbier aus D. Joachim Mörlins, Michael Rötings, aus des Nürnbergischen Uhu, aus Justi Menii, Matth. Flacii und Nic. Galli, Johannis Policarii, Alexandri Halesii, Nic. Amsdorffs und Joh. Knipstrovs Büchern. Das sind kurze Anzeigungen etlicher fürnehmlicher Stücke und Artikel, die in ihren Büchern wieder mich begriffen sind, aus denen man leichtlich ihren Geist, Glauben und Kunst kann prüfen, gleichwie man aus einem Trunk, was im Faß für Bier ist, schmecken kann. Andr. Osiander. Königsberg. 1552. in 4.

151) Den 26. Jun. ließ Osiander diese schöne Schrift anschlagen, und als sie, wie leicht zu erachten war, von seinen Gegnern und von den Anhängern Mörlins abgerissen wurde, so trieb er die Neckerey so weit, daß er eine ganze Woche lang alle Tage frische Exemplarien anheften ließ.

sie ihm eben so wenig als seinen Gegnern mitgetheilt worden seyen: nur an den Pommerischen Bedenken durfte er seinen Grimm auslassen, weil dieses von Knipstrov unter seinem Nahmen publicirt worden war: allein, Osiander wußte es schon so einzurichten, daß auch die Verfertiger von jenen ihren reichen Antheil von der Ladung, die er ausgoß, erhielten, und dabey gar nicht daran zweiflen konnten, daß er absichtlich für sie bestimmt sey!

In dieser Schrift legte es Osiander bloß darauf an, die gehässigsten Vorwürfe, die man ihm in den herausgekommenen Bedenken gemacht, und die scheinbarschlimmsten Irrthümer, die man ihm zur Last gelegt hatte, dadurch von sich abzulehnen, daß er von einem nach dem andern ausführte, wie er nur in einer von den schamlosen Lästerungen und Erdichtungen seiner Feinde, oder in der vorsezlichsten und boßhaftesten Verdrehung und Verfälschung, oder im besten Fall in einem unvorsezlichen, aber kaum der krassesten Unwissenheit verzeyhlichen Mißverstand seiner wahren Meynung seinen Grund habe. Er zeigte diß würklich in Ansehung mehrerer darunter mit einer Klarheit und Wahrheit, deren Gewalt unwiderstehlich war [152]). In Ansehung anderer machte er es wenigstens fühlbar [153]), daß sie nur

152) Mehrere dieser Vorwürfe gründeten sich aber auch würklich bloß auf höchst plumpe Lügen, die man über ihn ausgestreut hatte, und die er mit sehr leichter Mühe wiederlegen konnte. Von dieser Art waren die Beschuldigungen, daß er dem Verdienst und dem Leyden Christi alle Würkung zu unserer Beseeligung absprechen, daß er gesagt haben sollte, das Blut Christi sey längst vergossen, vertrocknet, in der Erde verweßt, und könne uns jezt nichts mehr helfen — und andere dieser Art.

153) Recht treffend zeigte er diß S. 2. in Ansehung der Konsequenz, welche Flacius in seinem Bedenken so mühsam aus seiner Meynung gezogen hatte, daß er den Menschen unmittelbar mit Gott handlen lasse, und also die Dazwischenkunft eines Mittlers für überflüssig erkläre. Eben so beschämend dekte er das ungerechte und falsche der Folgerung auf, durch welche mehrere seiner

nur durch Konsequenzen und Folgerungen aus seiner Meynung herausgepreßt worden seyen, zu denen er nicht nur keinen rechtmässigen Anlaß gegeben, sondern gegen die er sich selbst mehrmahls verwahrt habe, und diß wußte er selbst auch bey einigen, bey denen er das lezte nicht gerade beweisen, und den gegebenen Anlaß nicht ganz abläugnen konnte, durch eine künstliche Wendung [154]), durch die er seine Meynung in einen andern Gesichts-Punkt rückte, so scheinbar zu machen, daß ein unkundiger Beurtheiler leicht dadurch getäuscht werden konnte. In dieser Hinsicht war mit einem Wort die Schrift vortrefflich dazu eingerichtet, um nicht nur dem ungünstigen Eindruck zuvorzukommen, den die Bekanntmachung

seiner Gegner, besonders aber Alesius in seiner Disputation, herausgebracht haben wollten, daß seine Meynung mit der alten Papistischen Mönchs-Lehre von einer Justitia inhaerente völlig einerley sey. S. 4.

154) Einer solchen Wendung bediente sich Osiander vorzüglich, um ein Paar Vorwürfe, die ihm am meisten geschadet hatten, von sich abzulehnen, von denen er sich würklich kaum auf eine andere Art frey machen konnte. Man hatte ihn beschuldigt — unter andern auch Flacius — daß er gelehrt habe, der Mensch werde allein durch die hohe göttliche Majestät oder durch die Mittheilung der wesentlichen Gerechtigkeit Gottes gerecht; und es es war unläugbar, daß er sich oft, wenn auch nicht ganz wörtlich, doch auf eine Art darüber ausgedrückt hatte, woraus dieser Saz sehr rechtmässig gefolgert werden konnte. Geradezu durfte er es also nicht läugnen, aber dafür läugnete er, es jemahls in dem Sinn gesagt zu haben, den seine Gegner ihm andichteten, und zeigte dabey, daß sie seinen wahren Sinn deßwegen mißverstanden hätten, weil sie selbst keinen Unterschied zwischen der Rechtfertigung und Gerechtigkeit machten, also nicht darauf verfallen seyen, daß er einen machen könnte. H. I. Durch eine ähnliche Wendung entschlüpfte er dem Vorwurf, daß er die Einwohnung Gottes zur Ursache der Rechtfertigung mache, zu der man doch nach der Schrift das Leyden und das Verdienst Christi machen müsse. Auch diß konnte er nicht läugnen, denn nach dem ganzen Zusammenhang seiner Ideen sollte allerdings jene Einwohnung Gottes die causa efficiens der Rechtfertigung nach seiner Bedeutung seyn; dennoch erlaubte er sich, es im allgemeinen zu läugnen; aber bewieß sogleich dabey, daß er jene Einwohnung Gottes nirgends für die causam moventem der Rechtfertigung ausgegeben, sondern diese immer auch in das Verdienst Christi gesezt habe. E. 3.

machung der noch nicht publicirten Bedenken gegen ihn machen konnte; sondern die Würkung beynahe ganz zu vernichten, welche die Gegner Osianders davon erwarteten: allein alles, was sich der Mann dadurch hätte gut machen können, verdarb er sich gänzlich wieder durch die unnatürlichste Heftigkeit, durch die er sich dabey zu den unschicklichsten persönlichen Angriffen auf seine Gegner hinreissen ließ. Seine Vertheidigung wurde die plumpste und wüthendste Schmähschrift auf alle die Theologen, die gegen ihn geschrieben hatten; denn er führte darinn nahmentlich einen nach dem andern vor, und mißhandelte jeden mit einem Uebermaaß von Stolz und Muthwillen, das vollends alles gegen ihn aufbringen mußte[155].

Nun kann man wohl nicht zweiflen, daß der Herzog von dieser Schrift Osianders noch vor ihrer Erscheinung Wissenschaft bekam. Es ist glaublich, daß er sie von Osiandern selbst bekam, dem er wahrscheinlich auch die eingelaufene Bedenken in der Stille mitgetheilt hatte: aber es ist gewiß, daß er ihre Erscheinung hätte verhindern können[156]; und daß er diß nicht that, ja nicht einmahl eine

155) Unter dem Nürnbergischen Uhu, den er auf dem Titel seiner Schrift aufführte, meynte er den Nürnbergischen Prediger, Wolfg. Waldner, der einige Sprüche der Schrift, nebst einigen Zeugnissen von Luther, Urban Regius und Brenz gegen ihn herausgegeben hatte. Flacius und Gallus sagte er in seiner Schrift selbst die Höflichkeit: sie möchten eher Sauhirten als Seelenhirten seyn, denn er hätte in seinem Leben keine gröbere Tölpel gesehen. Halesium von Leipzig hieß er einen verjagten landflüchtigen Schotten: Amsdorff sollte durch seine Schrift gegen ihn nur bewiesen haben, daß Alter nicht vor Thorheit schüze: von Knipstrov sagte er, er habe unter allen seinen Gegnern keinen unverschämteren Esel gefunden, als ihn, der sich unterstanden habe, die Schrift einer ganzen Synode unter seinem Nahmen herauszugeben. H. 3.

156) Er sagte ja selbst in dem sogleich anzuführenden Brief an Mörlin, daß er sich das Recht der Censur und des Vorwissens ihrer Schriften nicht werde nehmen lassen: es mußte also schon bestehende Ordnung in Königsberg seyn, daß nichts ohne Vorwissen der Regierung gedruckt werden durfte.

eine scheinbare Bewegung machte, sie nur verhindern zu wollen, diß mußte der ganzen Welt, und besonders den Königsbergischen Gegnern Osianders als ein Beweis seiner Partheylichkeit für ihn auffallen, der unter diesen Umständen entscheidend war. Doch aus der Veranlassung eben dieser Schrift gab er ja Mörlin und seinen Kollegen noch einen andern Beweis davon, der ihnen gar keinen Zweifel mehr daran übrig ließ. Mörlin, der in der Osiandrischen Schrift wieder nahmentlich mißhandelt war, hatte sich bitterlich bey ihm beklagt, und ihm dabey angekündigt, daß er auch wieder eine Schrift gegen Osiandern herausgeben würde. Darauf antwortete ihm der Herzog, er wolle ihn am Schreiben nicht hindern, und ihm auch den Druck nicht verwehren, aber — sezte er hinzu — das Privilegium der Censur und des Vorwissens wollte er sich nicht nehmen lassen [157]), und dieser Zusaz enthielt den verständlichsten Wink, daß er sich doch im Schreiben mässigen müsse, der noch zum Ueberfluß durch andere Warnungen, die der Herzog in seine Antwort einfliessen ließ, verständlicher gemacht war [158]).

Nun

157) S. Mörlins Hist. T. 3.

158) Bey dem Wink wegen der Censur, sezte zwar der Herzog in seinem Brief hinzu, daß er nicht gemeynt sey, ihre Schriften zu korrigiren, weil sie bißher seine Korrektur, ob sie ihnen wohl sehr dienlich gewesen wäre, nicht hätten annehmen wollen: Aber zugleich benuzte er die Gelegenheit, über Mörlins ganzes bißheriges Benehmen gegen ihn sehr ernsthaft mit ihm zu sprechen. "Wie er — sagte er ihm unter anderen — seine Obrigkeit bißher geehrt habe, das möchte er nur sein Gewissen fragen, das sich hoffentlich noch daran erinnern werde; wie er das von dem Herzog verordnete Gebet nicht abgelesen, sogar dawieder gepredigt, auch sonst dem Herzog in sein Kollations-Recht und Amt gegriffen, und die von ihm verordnete fromme Pfarrer geschmäht und gelästert habe. Aber er möchte sich ja wohl in Acht nehmen, denn man könnte einem so den Lohn geben, daß sich keiner mehr nachzufolgen unterstünde, und wenn er sein bißheriges Bezeigen nicht änderte, so würde er, der Herzog gedrungen werden, ihm nicht allein den Predigt-Stuhl zu legen, sondern sich auch so gegen ihn zu verhalten, daß auch andere seinen Ernst sehen sollten.

Nun wär es aber auch sehr in der Ordnung, wenn dem Herzog auch sein Mittelweg fehlschlug, den er sich zu Wiederherstellung der Ruhe und des Friedens unter seinen Theologen ausgedacht hatte, denn je deutlicher er voraus merken ließ, daß es ihm dabey um die Schonung Osianders zu thun sey, desto abgeneigter mußten seine Gegner werden, zu irgend einer schonenden Auskunft die Hände zu bieten!

Dieser Mittelweg sollte nach den Hoffnungen Albrechts durch die Würtenbergische Theologen gebahnt werden, von denen man noch eine weitere Declaration ihres ersten Bedenkens, um welche man sie ersucht hatte, erwartete. Sie konnte nun alle Tage in Königsberg ankommen, und mußte wohl — wenn anders diese Theologen ihr erstes Bedenken nicht ganz zurücknehmen wollten — so ausfallen, wie sie der Herzog wünschte, um sie als ein Vergleichs-Instrument zwischen Osiandern und seinen Gegnern brauchen zu können; daher trug er um so weniger Bedenken, die eingekommene Gutachten der andern auswärtigen Theologen zurückzuhalten, weil er hernach, wenn der Vergleich zu stand käme, ihre Mittheilung als ganz überflüssig vorstellen zu können hoffte. Diß lezte hätte auch recht füglich in diesem Fall geschehen mögen; allein, wiewohl die Declaration der Würtenberger noch zu rechter Zeit, nehmlich zu Ende des Julius in Königsberg eintraf, und wiewohl sie ganz nach den Wünschen Albrechts ausgefallen war, so brachte sie doch keine von den Würkungen hervor, auf die er gerechnet hatte!

Die Würtenbergische Theologen erklärten in diesem neuen Bedenken [159], daß sie auch jezt nach der sorgfältig-

159) Diß neue Bedenken war vom 17. Jun. 1552. datirt und von 14. Würtenbergischen Theologen und Predigern unterschrieben. Es ist in das Ausschreiben des Herzogs Albrecht an seine Land-

fältigsten Prüfung aller ihnen zugeschickten Schriften Osianders und der Wiederlegungen seiner Gegner noch keine Gründe fänden, ihr erstes Urtheil über den Streit zurückzunehmen; vielmehr seyen sie nur noch mehr in der Vorstellung befestigt worden, daß im Grund bloß über Worte gestritten, und über diese nur deßwegen gestritten werde, weil beyde Theile einander nicht verstünden oder nicht verstehen wollten.

Wenn freylich Osiander — sagten sie — würklich die Meynung hätte, die ihm seine Gegner zur Last zu legen schienen, daß uns die wesentliche Gerechtigkeit Gottes auf eine solche Art mitgetheilt werde, wobey wir gleichsam selbst Götter würden, wie Christus der natürliche Sohn Gottes sey, oder wenn er mit völliger Hintansezung des Verdienstes Christi allein auf die wesentliche Getechtigkeit hinweisen und sehen wolle, so würden sie keinen Augenblick anstehen, seine Lehre für irrig und verwerflich zu erklären. Eben so wenig würden sie sich aber auch bedenken, die Meynung seiner Gegner, der andern Königsbergischen Theologen als höchstgefährlich zu verwerfen, wenn sie würklich, wie Osiander ihnen vorwürfe, dahin gehen sollte, daß wir nicht durch die göttliche Kraft des Vaters, des Sohnes und des heiligen Geistes in uns erneuert, und durch die Würkung von dieser auch wahrhaftig und im ewigen Leben vollkommen gerecht gemacht würden, sondern daß wir hier und dort für und für unsere sündliche Natur behalten, und dennoch der Seeligkeit theilhaftig werden könnten, wenn uns nur Gott einmahl für gerecht erklärt hätte. Allein sie hätten Ursache, beyden Theilen etwas besseres zuzutrauen, weil sie in den Schriften beyder Theile Aeusserungen gefunden hätten, mit denen sich die

Landstände eingerückt K. 2. und eben daselbst findet sich auch der Brief des Herzogs Christoph vom 12. Jun. von dem es begleitet war.

die Irrthümer, deren sie einander wechselsweise beschuldigten, unmöglich vereinigen liessen.

Zu diesem Ende zeichneten sie sechs Säze aus, in welchen, so viel sie erkennen möchten, beyde Partheyen vollkommen übereinstimmten: denn

Erstens — räumten doch die Gegner Osianders ein, daß der Gehorsam Christi ursprünglich von seiner göttlichen Natur komme, und eine Frucht der göttlichen Gerechtigkeit in Christo sey; dagegen räumte

Zweytens — Osiander ein, daß durch diesen Gehorsam Christi unsere Sünde gebüßt, der Zorn Gottes versöhnt, und die ewige göttliche Gerechtigkeit und Seeligkeit uns erworben worden sey. Er lehre auch

Drittens gleichförmig mit ihnen, daß wir uns dieses Gehorsams Christi in allen Anfechtungen getrösten, und uns mit Zuverlässigkeit darauf verlassen dürften, daß uns Gott deßwegen alle unsere Sünden verzeyhen wolle: dafür aber lehrten auch Mörlin und seine Kollegen ganz gleichförmig mit Osiandern,

Viertens — daß Gott in seinem und nach seinem göttlichen Wesen allein die rechte ewige Gerechtigkeit sey, daß

Fünftens — durch den Glauben in Jesu Christo Gott Vater, Sohn und heiliger Geist samt allen ihren Gütern wahrhaftig in uns wohnen, und daß uns Gott

Sechstens durch eben diesen Glauben, durch den er in uns wohne, alle die noch in uns steckende Sünde vergebe, und um des Verdienstes Christi willen nicht zurechne, also uns auch nicht für und für unerneuert und in der Sünde bleiben lasse, sondern noch in diesem Leben anfange, auch die Sünde selbst in uns auszufegen, und uns in der That fromm und gerecht zu machen.

Wenn nun aber — schlossen die Würtenbergische Theologen — wenn beyde Partheyen in diesen Säzen übereinstimmten, so sey es nicht nur augenscheinlich, daß keine die Meynung haben könne, welche ihr die andere zuschreibe, sondern es sey eben so einleuchtend, daß ihr ganzer Zwiespalt bloß ein grammatikalischer Streit sey, der nur über die Fragen zwischen ihnen geführt werde; ob man durch das Wort rechtfertigen nur den Begriff des würklichen gerecht=machens, oder nur jenen Begriff auszudrücken habe, nach welchem es auch die Loßsprechung oder Absolution eines Ungerechten bezeichnen kann? Ueber diesen Streit selbst erklärten sie sich dann, wie in ihrem ersten Bedenken dermassen, daß sie zwar unverdeckt Osiandern Unrecht gaben, wenn er in allen Schriftstellen, in denen von unserer Rechtfertigung die Rede sey, bloß die erste Bedeutung finden wölle [160]), aber auch wieder ausführten, wie unbedeu[illegible] tend [illegible]

160) Noch offener und unverdeckter führte diß Brenz in einem eigenen Bedenken aus, das er im folgenden Jahr seinem Herrn, dem Herzog Christoph über den ganzen Handel zu stellen hatte, und worinn er es im Ganzen auf eben die Art, nur faßlicher und deutlicher auch für einen Layen auseinander sezte: worinn und wie weit, beyde streitende Partheyen Recht und Unrecht haben möchten? "darinn — schreibt er zuerst — hat Osiander unseres Bedünkens recht, „daß er lehrt, Gott sey allein, „wenn man proprie und eigentlich von der Gerechtigkeit reden „will, die rechte ewige wesentliche Gerechtigkeit, von dem „alle Gerechtigkeit herkommt, „wie Gott auch allein die rechte „ewige Weisheit, Stärke, Leben und Seeligkeit ist."
"So lehret er auch darinn „nicht unrecht, haben wir anders seine Meynung recht verstanden, daß unser Herr Jesus „Christus habe mit seinem Leyden und Tod verdienet, daß „Gott mit uns versöhnet, selbst „in uns durch den Glauben wohne, sich selbst mit allen seinen „Gütern uns zum Erbtheil „schenke, und demnach, gleichwie sein Leben, seine Weisheit „und Seligkeit unser ist, also „ist auch seine Gerechtigkeit unser."
"Aber darinn thut Osiander „unsers Bedenkens der Sachen „zu viel, daß er die Schrift des „h. Apostels Paulus zu den Römern, und vornehmlich die „Wörter justitia Dei und justificari in dem ersten und dritten „Kapitel anders deutet, denn „die Hauptsache der Disputation „Pauli mit sich bringt, und will „mit denselben Sprüchen und „dergleichen seine Meynung bestätigen."
"Daher hat des Osianders „Wiederpart in diesem recht, „daß sie fest hält über dem rechten Verstand der Wörter und

Sprü-

tend der Unterschied der Meynungen selbst sey, und wie wenig sich die Heftigkeit, womit er von beyden Seiten bestritten sey, rechtfertigen lasse. Vorzüglich diß lezte war es, was sie Osiandern und seinen Gegnern zwar geflissentlich mit sehr vieler Sanftmuth, und doch dabey sehr nachdrücklich an das Herz legten.

Allerdings — sagten sie unter anderen — sollte man immer darauf dringen, daß die Sprüche der heiligen Schrift nur nach ihrem rechten und wahren Verstand ausgelegt würden. Aber manche Sprüche liessen sich doch, wegen der darin gebrauchten Tropen und Figuren, die dem einen Ausleger mehr als dem andern bekannt seyn könnten, auf mancherley Art erklären, und deßwegen wären die Ausleger, wenn sie auch schon in der Grammatik etwas versähen, oder es nicht so genau als andere träfen, nicht sogleich als Kezer und Antichristen zu verdammen, wenn sie nur in andern klaren Sprüchen die christliche Meynung hätten. Diese Gelindigkeit und

„Sprüche Pauli Röm. IV. und „III. Denn Justitia Dei heißt in „den bemeldten Stellen nicht die „wesentliche Gerechtigkeit Gottes, „sondern die Gerechtigkeit, die „vor Gott gilt, das ist, die „Vergebung der Sünde, die „der Herr Christus mit seinem „Gehorsam uns erworben hat. „Und justificari heißt daselbst „nicht wesentlich gerecht werden, „sondern von den Sünden ab„solvirt und loßgezählt, auch „für gerecht von wegen des Ge„horsams Christi gehalten wer„den."

„Sie haben auch darinn recht, „daß die Gerechtigkeit, das ist, „der Gehorsam Christi unser ist, „nehmlich in diesem Verstand, „daß Christus mit seinem Ge„horsam uns die ewige Gerech„tigkeit und Seeligkeit Gottes „verdient habe."

„Aber darinn thun sie der „Sach unsers Bedenkens zu viel, „daß sie des Osianders Meynung „von der wesentlichen Gerechtig„keit Gottes nicht allein von den „Sprüchen Pauli absondern, „(daran sie recht thun) sondern „wollen auch solche Gerechtigkeit „Gottes in justificatione pecca„toris, gar nicht ihren Raum „lassen haben." Diß Bedenken von Brenz, das wieder im Nahmen mehrerer zu Tübingen versammelten Theologen und vom 30. Jan. 1553 datirt ist, kam besonders heraus unter dem Titel: des ehrwürdigen Herrn Johannis Brentii Deklaratio von Osiandri Disputation, darinn er klar anzeigt, was er sträflich urtheilt. Wittenberg. 1553. 4.

und Duldsamkeit hätte man immer in der Kirche gegen einander bewiesen, aber diese Duldsamkeit könnten und sollten Osiander und seine Gegner desto eher gegen einander beweisen, da doch jeder Theil durch seine Auslegung eine Meynung herausbringe, die sonst in der Schrift fest genug gegründet sey, Osiander könne ja nicht läugnen, daß die Schrift mehrmahls die ganze Summe des Evangelii auf die Vergebung der Sünden stelle, und daß Paulus Röm. IV. 7. die Vergebung der Sünden selbst die Gerechtigkeit nenne. Eben so könnten es aber auch die Gegner Osianders nicht für verdammlich und kezerisch ausgeben, wenn man durch die Gerechtigkeit Gottes in andern Stellen Pauli die wesentliche Gerechtigkeit verstünde, nach welcher Gott selbst in uns wohnet und die Sünde in uns auszufegen anfängt, wofern nur die Vergebung der Sünde nicht ausgeschlossen würde, denn es sey doch auch gewiß, daß uns durch den Gehorsam und das Verdienst Christi nicht bloß die Vergebung der Sünde erworben sey, sondern daß wir auch um deßwillen würklich und ewig seelig gemacht würden. Wollten sie aber darauf bestehen, daß doch Paulus das Wort: rechtfertigen: gewiß zunächst in ihrem Sinn gebraucht habe, so möchten sie bedenken, daß Paulus mehr nach seiner ebräischen als nach anderer Sprachen Art geschrieben hätte, und durch den ebräischen Sprach-Gebrauch auf diese Bedeutung gebracht worden sey, aber eben deßwegen, wenn er wieder auferstehen und unter uns predigen sollte, gewiß lieber von seiner Bedeutung weichen, als aus dem grammatischen Streit darüber einen so feindseligen Hader erwachsen lassen würde."

Alles diß war unstreitig nicht nur treffend wahr, sondern es war auch so treflich fein zusammengesezt, daß die Wahrheit, die darinn lag, keine von beyden Partheyen erbittern konnte. Der Herzog überließ sich also um so mehr der Hoffnung, daß er durch diese Declaration der Würtenbergischen Theologen eine friedliche Beylegung des Streits zwischen den seinigen erzielen könnte, da sie allen zusammen eine Auskunft dazu anbot, wobey sich dasjenige, was jeder Theil dem andern nachgeben mußte, völlig gegen einander aufhob. Wenn nur jeder Theil erklärte, daß er mit dem andern in den sechs Punkten übereinstimme, welche die Würtenberger ausgezeichnet hatten; oder daß er wenigstens für sich diese sechs Punkte annehme, so lag darinn schon eine stillschweigende Einwilligung, daß sie den Streit aufgeben wollten, denn sie hatten ihn ja bißher ihrem eigenen Vorgeben nach bloß darüber geführt, weil jeder den andern beschuldigte, daß er einige jener Säze verwerfe. Es lag zugleich eine stillschweigende Ehren-Erklärung darinn, die jeder Theil dem andern machte, denn keiner konnte wenigstens jene Erklärung von dem andern annehmen, ohne zugleich zu gestehen, daß er bißher den andern falsch verstanden habe: das beschämende dieses Geständnisses traf aber den einen Theil wie den andern, und damit war auch die Ehre Osianders gedeckt, der doch nicht als Kezer und Irrlehrer dabey ausgestellt wurde. Diß wünschte Albrecht vorzüglich zu erhalten, und diß hätte er freylich auf diesem Wege sehr gut erhalten können, wenn nur die Gegner Osianders die Hände dazu hätten bieten wollen, aber daß diese nicht wollten, diß kann nach dem bißherigen Gang der Händel niemand unerwartet seyn!

Wenn sich Mörlin und seine Anhänger auf diese Bedingungen mit Osiandern hätten vergleichen wollen, so hätten sie schon das erste Bedenken der Würtenberger dazu benuzen können. In der Zwischenzeit aber hatte sich nichts ereignet, was sie jezt geneigter, als damahls dazu machen konnte, vielmehr hatten sie eine Menge von neuen und stärkeren Gründen bekommen,

jeden

jeden Antrag zu einem solchen Vergleich abzuweisen. Ihr Haß gegen Osiandern war indessen viel heftiger entflammt, und ihr Unwille über ihn durch Rachsucht und beleidigte Eitelkeit, durch die Erfahrung, daß sie ihm biß jezt nichts hatten schaden können, und durch die Partheylichkeit des Herzogs, der ihn so sichtbar gegen sie in Schuz nehmen wollte, vielmehr gereizt worden; hingegen waren sie selbst jezt viel gewisser als damahls gesichert, daß sie bey der Fortsezung des Streits nichts verliehren könnten, denn sie wußten ja, daß sich bereits alle andere Theologen, auf deren Ausspruch der Handel gestellt war, wider Osiandern erklärt hatten. Unter diesen Umständen ist es in der That unbegreifflich, wie es Albrecht auch nur einen Augenblick lang für möglich halten konnte, sie zu einem auf gleiche Bedingungen zu schliessenden Frieden mit Osiandern zu bereden, aber daß er es würklich für möglich hielt, diß beweißt selbst der Ernst und der Eifer, mit welchem er sie dazu überreden wollte!

Auf die dringendste Bitte [161]), mit welcher er ihnen die Würtenbergische Declaration mittheilte, daß sie sich doch verträglich darüber erklären möchten, antworteten ihm Mörlin, Hegemon und Venediger mit der trozigsten Kürze, daß sie nichts darauf zu erklären hätten, als

191) "Nun vermahnen — schrieb ihnen der Herzog unter anderem — "bitten und erinnern „wir euch um Gottes willen, ist „anders bey euch Ermahnung in „Christo, ist Trost der Liebe, „ist Gemeinschaft des Geistes, „ist herzliche Liebe und Barm„herzigkeit, und rathen getreulich „und mit Ernst, ihr wollet nun „unsere Freude erfüllen, eines „Sinnes seyn, nichts thun durch „Zank oder eitle Ehre, wollet „euch demüthigen, euren Näch„sten höher achten, als euch selbst, „und wolle keiner auf das seine „sehen, sondern auf das, das „des andern ist, und wollet „euch dermassen gegen uns er„zeigen, damit wir auch selbst „sehen mögen, daß ihr gemeiner „christlichen Kirchen euch und „uns allen aus diesem Zank „helfet, den wir auch länger „weder leyden und gedulden „können noch wollen" Das Schreiben des Herzogs war vom 9. Aug. an Venedigern, Hegemon und Mörlin gerichtet. S. Ausschreiben. N. 2.

als daß Osiander, der den Streit angefangen, und alles daraus entstandene Aergerniß angerichtet habe, seinen Irrthum öffentlich wiederrufen und verdammen müsse. Ueber die Declaration selbst äusserten sie nichts weiter, als daß sie stark wider Osiandern sey, wobey sie eben damit zu verstehen gaben, daß Osiander würklich dasjenige gelehrt habe, was die Würtenberger ausdrücklich in ihrem Bedenken für irrig erklärt, aber nicht als Osianders Meynung anerkannt hatten, und somit zugleich zu verstehen gaben, daß die Würtenberger in Ansehung der wahren Meynung Osianders sich geirrt hätten: doch diß berührten sie nur im Vorbeygehen, aber sehr geflissentlich erinnerten sie den Herzog, daß auch die Bedenken der andern Theologen producirt werden müßten, auf die er ja selbst sich berufen habe [162].

Nach dieser Antwort konnte er auf einen zweyten bestimmteren Befehl, worinn er nun von ihnen verlangte, daß sie sich besonders erklären sollten, ob sie über die sechs von den Würtenbergern ausgezeichnete Punkte mit Osiandern übereinstimmten oder nicht? — er konnte auf diesen Befehl keine andere Antwort von ihnen erwarten als er würklich eine erhielt: deßwegen ist es sehr befremdend, daß er die Frage nicht auf eine andere Art einleitete. Sie hätten ja schon in ihrer ersten Antwort vorausgesezt, daß die Würtenberger sich geirrt hätten wenn sie im Ernst glaubten, daß Osiander diese sechs Punkte gleichförmig mit ihnen annehme; also konnten sie jezt ohne Verlegenheit erklären, daß sie zwar in Ansehung dieser Punkte mit den Würtenbergern, aber nicht mit Osiandern einig seyen, und diß war es auch, was sie antworteten. Sie nähmen, schrieben sie dem Her-

162) Jeder der drey Theologen hatte besonders geantwortet, Mörlin den 11. Hegemon den 13. und Venediger den 14. Aug. aber sie hatten sich unstreitig vorher verabredet, denn ihre Erklärungen waren nicht nur dem Innhalt nach gleichstimmig, sondern auch beynahe in ganz gleichen Ausdrücken abgefaßt.

Herzog, alle Punkte der Oberländischen Theologen, aber nicht in dem Osiandrischen Sinn an. Damit behaupteten sie also, daß Osiander die Säze weder in ihrem Sinn, noch in dem Sinn der Würtenberger bißher gelehrt habe, und führten auch zum Beweis einige seiner Meynungen an, die in dem augenscheinlichsten Wiederspruch damit stehen sollten, wiewohl sie nur durch eine höchstschamlose Verdrehung seines wahren Sinnes und durch die schändlichste Konsequenzmacherey, ja nicht einmahl durch diese Künste, in einen wahren Wiederspruch damit gebracht werden konnten [163]). Hätte hingegen der Herzog erst Osiandern erklären lassen, daß er mit den Oberländischen Theologen in Ansehung jener sechs Punkte völlig einig sey, und ihnen alsdenn mit dieser Erklärung Osianders die Frage vorgelegt, worinn

163) Sie könnten — sagten sie — die Oberländische Säze nicht in dem Osiandrischen Verstand nehmen, denn sie wollten 1) die Gerechtigkeit des Glaubens und die Erneuerung nicht vermengen lassen, sondern die Gerechtigkeit Gottes müste pur und lauter allein von der fremden Unschuld und dem Gehorsam und Tod Christi verstanden werden, und so könnten sie auch 2) niemahls zugeben, daß Christus nach seiner göttlichen Natur allein, so wenig, als daß er nach seiner menschlichen Natur allein unser Mittler sey. S. Ausschreiben Z. 3. Darinn sollte also der Vorwurf liegen, daß Osiander, weil er das erste bestritten und das andere behauptet habe, die Säze der Oberländer unmögiich ohne Vorbehalt annehmen könne: allein es war die krasseste Lüge, daß Osiander jemahls behauptet haben sollte, Christus sey allein nach seiner göttlichen Natur unser Mittler, denn es konnte kaum durch die boßhafteste Konsequenz aus seiner Meynung, daß wir durch die wesentliche Gerechtigkeit Gottes gerecht würden, gefolgert werden: wenn hingegen Osiander läugnete, daß unter der Gerechtigkeit Gottes ganz allein die fremde Unschuld und das Verdienst Christi verstanden werden müsse, und doch dabey die Säze der Würtenberger annahm, so erklärte er eben dadurch auf das unzweydeutigste, daß er die Gerechtigkeit des Glaubens und die Erneuerung nicht vermenge, sondern nur dasjenige, was dem Glauben von dem Verdienst Christi zugerechnet werde, nicht ausschliessend die Gerechtigkeit Gottes genannt haben wolle, weil doch dasjenige, was uns in der Erneuerung mitgetheilt werde, auch die Gerechtigkeit Gottes in einem andern Sinn sey, welches ja die Würtenberger ausdrücklich zugegeben hatten.

inn sie jezt noch seine und ihre Meynungen abweichend fänden? so hätten sie sich wenigstens auf eine andere Auskunft besinnen müssen.

Doch am Ende würde gewiß nichts anders heraus gekommen seyn, denn diese Menschen würden sich sicherlich nicht bedacht haben, ihrem Herrn auch ganz unverdeckt zu sagen, daß sie sich mit Osiandern in keinen Vergleich einlassen wollten, wenn er sich auch jezt noch so bestimmt erklärt hätte, daß er nicht nur die Säze der Würtenberger, sondern daß er sie auch ganz in ihrem Sinn annehme! Sie würden in diesem Fall, wenn sie keine Zweydeutigkeit in seiner Erklärung hätten aufspühren können, zwar eingeräumt haben, daß er jezt zu der reinen Lehre zurückgekehrt seyn möchte, aber sie würden darauf bestanden seyn, daß er bißher anders und irrig gelehrt habe, und daß er deßwegen vor allen Dingen wiederrufen, seinen Irrthum verfluchen, und der Kirche das gegebene Aergerniß abbitten müsse. Damit schlossen sie auch würklich wiederum ihre zweyte Erklärung an den Herzog; also war weiter nichts dadurch verdorben, daß sich dieser zuerst an sie gewandt hatte; nur zog ihre Erklärung eine eben so feindselige von Osiandern nach sich, die aber auch weiter nichts verdarb, weil auch die friedlichste von seiner Seite nichts gefruchtet hätte, wenn er sich nicht zum völligen Nachgeben entschliessen wollte. Er stimme für sich, schrieb er dem Herzog, mit den Würtenbergern völlig überein 164), hingegen sey es eitel Sophisterey und Betrug, wenn seine Gegner damit übereinzustimmen vorgäben. Er behauptete

164) Er beschwehrte sich nur über die Wi tenberger, daß sie doch in ihrem Bedenken sich zuerst etwas zweifelhaft über seine Meynung ausgedrückt, und es für möglich gehalten hätten, daß er jemahls Dinge gelehrt haben könnte, die ihm nie in den Sinn gekommen seyen.

hauptete also ebenfals seinerseits, daß sich die Würtenberger in Ansehung der wahren Meynung seiner Gegner geirrt hätten; aber höchstwahrscheinlich behauptete er diß bloß, weil er ihnen gleiches mit gleichem vergelten wollte, wiewohl er in der That durch einen Ausdruck der Mörlinischen Erklärung einen sehr scheinbaren Vorwand bekam, die Wahrheit ihrer bezeugten Uebereinstimmung mit der Lehre und mit dem Sinn der oberländischen Theologen in Zweifel zu ziehen [165])!

Nun mußte aber der Herzog selbst die Hoffnung aufgeben, daß die Partheyen zu einer friedlichen Uebereinkunft gebracht werden könnten, mithin blieb ihm nur noch die Wahl übrig, ob er es zum förmlichen richterlichen Spruch in der Sache kommen lassen, oder den Handel auf irgend eine Art durch seine Autorität niederschlagen wollte. Doch so lebhaft er fühlte, daß das eine oder das andere geschehen müsse, und ohne langen Aufschub geschehen müsse [166]), so würde er sich doch schwehrlich

165) Wenn Mörlin darauf bestand, daß der Nahme: Gerechtigkeit Gottes: ganz allein von der uns zugerechneten Unschuld und dem Verdienst Christi gebraucht werden dürfe, so wiedersprach er würklich den Würtenbergern, welche in ihrem vierten Saz wörtlich behauptet hatten, daß Gott allein in seinem göttlichen Wesen die rechte und ewige Gerechtigkeit sey, deren auch der Mensch in der Erneuerung durch die Einwohnung Gottes theilhaftig werde. Diß konnte also Osiander mit völligem Recht als Beweiß anführen, daß es eitel Betrug und Sophisterey sey, wenn Mörlin mit den Würtenbergern übereinzustimmen vorgebe; aber diß hatte er deßwegen nicht nöthig zu sagen, daß seine Gegner die wesentliche göttliche Gerechtigkeit, die in Christo ist, verdammt und in den Abgrund der Hölle hinein verflucht hätten, denn diß war eine noch rasendere Konsequenz, die er aus ihrer Aeussetung zog, als sie jemahls eine aus der seinigen gezogen hatten. S. Ausschreiben Aa. Uebrigens sieht man daraus, daß der Herzog Osiandern die Erklärungen seiner Gegner über die Würtenbergische Declaration mitgetheilt hatte, welches sich aber auch schon aus dem späteren Dato der seinigen schliessen läßt, die vom 1. Sept. ist.

166) Mörlin hatte ihm ja selbst angekündigt, daß er immer fort schreyen, und immer ärger fort schreyen würde, so lange

lich so bald zu diesem oder jenem entschlossen haben, wenn nicht ein äusserer Vorfall, nehmlich der Tod Osianders, der den 17. Octbr. dieses Jahrs unvermuthet [167]) dazwischen kam, die Lage der Sachen etwas verändert hätte. Dabey hingegen wurde es desto sichtbarer, daß es vorzüglich Partheylichkeit für Osiandern, oder die Begierde, diesen zu schonen gewesen war, was den Herzog bißher so unentschlossen gemacht hatte. Jezt bedachte er sich nicht länger, mit seiner Autorität entscheidend dazwischen zu treten, da Osiander nichts mehr dabey verliehren konnte: aber selbst jezt zeigte er noch eine für die Gegenparthie so kränkende und deßwegen so unkluge Schonung für das Angedenken des todten Mannes, daß er sich noch einmahl seinen Zweck völlig dadurch verdarb. So gerecht und billig dasjenige an sich war, wozu er nun die Gegner Osianders mit Gewalt zwingen wollte, so erhielten sie doch dadurch die gröste Reizung, selbst seinem Ansehen und seiner Gewalt zu trozen, erhielten einen Vorwand, der ihnen ein sehr scheinbares Recht dazu gab, und erhielten zugleich die Mittel, welche sie in den Stand sezten, es mit dem glücklichsten Erfolg zu thun. Diß veranlaßte die lezten Auftritte in der Geschichte dieses Handels, unter denen die Gegenparthie Osianders den vollständigsten und eben deßwegen ärgerlichsten Sieg erkämpfte, den man ihr bloß um deßwillen nicht ganz mißgönnen kann, weil sie doch

lange Osiander die Freyheit behielte, seine Irrthümer auszubreiten. "Es sey — schrieb er ihm — „nicht seine Sache, sondern „Gottes Sache, und da sollte „und müste er im Schreiben, „Schreyen, Beten und Warnen „fortfahren, um Osianders Lehre mit Gottes Wort zu wehren, „damit sie ja niemand annähme; „und das wollte er auch thun, „und sagen mit dem heiligen „Paulo: wenn sie nicht allein „Apostel, sondern auch Engel „vom Himmel wären, so wären sie doch mit ihrer Lehre „verdammt." S. Mörlin. X. 3.

167) Er starb am Schlage nach dem Bericht seines Sohnes, Lucas Osianders Hist. eccl. epit. Sec. XVI. p. 556.

doch vorher nicht ganz gerecht behandelt wurde. Diese lezten Auftritte dürffen aber sehr kurz erzählt werden, weil sie fast gar nicht mehr zu dem theologischen Streit, sondern nur noch zu dem Streit der Theologen gehören.

Kap. VIII.

Es war sehr natürlich [168]), daß der Haß gegen Osiander nicht sogleich nach seinem Tode sich legen konnte; und es ließ sich deßwegen auch voraussehen, daß seine Gegner noch eine Zeitlang mit seinem Angedenken, und mit seinem Nahmen ungleich feindseliger umgehen würden, als sie in seinem Leben mit ihm selbst umgegangen waren. Sie unterliessen es auch nicht, und trieben es sogar weiter [169]), als es sich für einen theologischen Haß geziemte: aber je heftiger sie tobten, desto gewisser ließ sich hoffen, daß sie bald ausgetobt haben

wür-

168) Es war noch natürlicher, da er durch die auffallende Ehre, die der Leiche Osianders erzeigt wurde, auf das neue gereizt worden war. Der Herzog, die Herzogin, die Prinzessin und der ganze Hof begleiteten die Leiche zum Grabe; in der Leich-Predigt aber sagte der Hof-Prediger Funck von dem Verstorbenen, daß seines gleichen nie auf Erden gekommen sey und schwehrlich mehr kommen werde, und daß er zuerst die Erkenntniß des wahren Worts Gottes nach Preussen gebracht habe. S. Hartknoch 353. 354.

169) So streute man gleich nach seinem Tode aus, daß ihm der Teufel den Hals umgedreht habe — und andere erzählten, daß er ihn ganz in Stücke zerrissen habe. Die Sage kam so allgemein unter dem Volk herum, und veranlaßte unter diesem so starke Bewegungen, daß der Herzog für gut fand, den Körper durch den Altstädtischen Magistrat besichtigen, und ein visum repertum darüber ausstellen zu lassen. Nach Salig p. 1014. sollte diß nach der Beerdigung geschehen, also der Körper ausgegraben worden seyn, allein Hartknoch, auf den er sich beruft, sagt diß nicht, sondern aus seiner Erzählung wird es wahrscheinlicher, daß die Besichtigung vor der Beerdigung angestellt worden sey, denn er erzählt ja noch dazu, daß man hernach an dem Tage der Beerdigung selbst den Leichnam eine ganze Stunde lang in der Kirche in dem geöffneten Sarg ausgestellt habe, damit ihn jedermann habe sehen können. S. Hartknoch S. 353.

würden, und damit würde sich die Ruhe in Königsberg und in Preussen von selbst, und um so eher wieder hergestellt haben, da Osiander nur äusserst wenige Anhänger und Vertheidiger hinterließ. Doch unglücklicherweise wollte der Herzog diesen Zeitpunkt schneller herbeyführen; und entfernte ihn dadurch noch auf Jahre hinaus!

Mit dem Anfang des folgenden Jahrs 1553. publicirte er sein berühmtes und schon mehrmahls angeführtes Ausschreiben an die ganze Landschaft, und alle Theologen, Pfarrer, Prädicanten und Kirchen-Diener des Herzogthums, worinn zuerst die ganze Geschichte des bißher über den Artikel von der Rechtfertigung geführten Streits aktenmässig erzählt, und endlich ein Pacifications-Projekt vorgelegt war, nach welchem sich in Zukunft auf den Befehl des Herzogs alle Stände, Prädicanten und Unterthanen im Lande halten sollten. Diß Projekt lief aber nur darinn zusammen "daß hinfüro im Herzogthum von der Rechtfertigung nur nach den sechs Würtenbergischen Artikeln sollte gepredigt werden, wobey zugleich alle Prediger, sonderlich D. Mörlin als der Principal des Zwiespalts, sich alles Schmähens und Lästerns bey Verlust ihrer Aemter, und Erwartung willkührlicher und Leibes-Strafe enthalten, keine heimliche Meuterey, Aufruhr oder thätliche Handlung anrichten, des Bannes sich verziehen, der ordentlichen Obrigkeit gehorchen; alles Disputiren, Injuriren und Verläumden bey öffentlichen Gelegenheiten vermeiden, und endlich den Buchhändlern verboten werden werden müßte, keine auswärtige diese Sache betreffende Streitschrift mehr ins Land zu bringen."

Hätte der Herzog zu Anfang des Streits beyden Partheyen das gegenseitige Schmähen und Verkezern verboten, und bey Verlust ihrer Aemter, oder mit eben dem Ernst, den er jezt zeigte, verboten, so würde der Handel nicht so schlimm geworden seyn; aber sah es nicht schon höchst partheyisch aus, daß er es jezt erst, nachdem seinem Ausdruck nach der eine Principal des Zwiespalts gestorben war, dem andern verbieten wollte? Doch er hätte ihnen jezt noch das Schmähen verbieten, er hätte selbst Mörlin die mehrfache bittere Vorwürfe, wegen seines bißherigen Verfahrens, die er in sein Ausschreiben einfliessen ließ [170]), mit Recht machen mögen; wiewohl es eben so unnöthig als unweise war, daß sie ihm so öffentlich gemacht wurden, wenn es dem Herzog im Ernst um die Besänftigung der erhizten Gemüther zu thun war! Aber konnten wohl Mörlin und seine Anhänger etwas anders als eine schreyende Ungerechtigkeit darinn sehen, daß ihnen auch überhaupt alles fernere Disputiren und Streiten über dasjenige, was sie bißher als Irrthümer Osianders ausgegeben hatten, verboten wurde? Diß Verbot sezte doch voraus, daß sie bißher entweder Osiandern nur fälschlich dieser Irrthümer beschuldigt, oder doch viel mehr Lärm als sie verdienten, darüber erhoben, also bißher entweder mit Unrecht oder mit Unverstand dagegen geeifert hätten. So hatten freylich die Würtenbergische Theologen darüber geurtheilt, und so mochten vielleicht alle unpartheyische sachkundige Richter in der Welt darüber urtheilen: aber wodurch konnten sich die Gegner Osianders verpflichtet glauben, diß Urtheil für gültig zu erkennen, da sie nicht auf die Würtenberger allein kompromittirt, und die Urtheile so vieler andern Richter vor sich hatten, die für eben so sachkundig und eben so unpartheyisch als die Wür-

170) Offenbar war es auf Mörlin gezielt, wenn der Herzog in dem Ausschreiben sagte: "daß der Satan durch die „schröckliche Spaltung in dem „Artikel von der Rechtfertigung „auch mancherley andern Anhang, Verbündniß, Muthwillen, Ungehorsam und Aufruhr „zu stiften, ein neues Pabstthum wieder aufzurichten, und „durch viele Pfarrer auf dem „Lande auch sonst bey vielen allerley zu prakticiren gesucht habe." Aber schon diß war bitter genug, daß Mörlin als der Principal des Zwiespalts nahmentlich ausgezeichnet wurde.

Würtenberger gelten konnten? Anders würde es sich verhalten haben, wenn der Herzog ausdrücklich erklärt hätte, daß sie den Streit jezt deßwegen ruhen lassen sollten, weil seine längere Fortsezung nicht mehr nöthig sey, da man von Osiandern nichts mehr zu fürchten habe — die Erklärung hätte sich vielleicht geben lassen, ohne daß die Ehre des Mannes völlig preiß gegeben werden mußte, und sie hätte sich noch dazu mit völliger Wahrheit geben lassen — aber das Ausschreiben des Herzogs enthielt nichts dieser Art, es enthielt im Gegentheil deutliche Winke, daß sie dem Mann immer zu viel gethan hätten [171]), es enthielt also in dem Befehl, daß sie von jezt an schweigen sollten, zugleich das Ansinnen, daß sie selbst gestehen sollten, bißher ohne Grund oder ohne Recht gestritten zu haben: und wer konnte erwarten, daß sie diesem Ansinnen sich unterwerfen würden?

Durch die Art, womit sie sich wiedersezten, erhielt nun freylich — und darauf war vielleicht gerechnet — der Herzog einen sehr gerechten Grund, sich einige von ihnen, und zwar zuerst den Principal des Zwiespalts, wie er ihn genannt hatte, ganz vom Hals zu schaffen. Den zweyten Sonntag nach der Publikation des Ausschreibens trat Mörlin auf seine Kanzel, und hielt dem Ausschreiben eine Lobrede, die den Herzog hinreichend berechtigen konnte, ihn sogleich von der Kirche aus über die Gränze bringen zu lassen. Er forderte nehmlich darinn nach seiner eigenen Erzählung, die ganze Bürgerschaft auf, dem unter dem Nahmen des Herzogs ausgegangenen Mandat bey Gottes ewiger Ungnade und Ver-

171) War es ihnen doch bitter darinn vorgeworfen, daß sie selbst den todten Mann in seinem Grabe noch verfolgten; hingegen von diesem todten Mann sagte der Herzog ausdrücklich in dem Ausschreiben, daß er zuerst durch ihn zu der Erkenntniß des wahren Worts Gottes gekommen sey.

Verliehrung zeitlicher und ewiger Wohlfahrt nicht zugehorchen, weil es — vom Teufel selbst eingegeben sey [172]). Daß er dann hierauf die Weisung erhielt, sogleich die Stadt zu räumen, diß mochte vielleicht ihm selbst nicht ganz unerwartet seyn [173]), wiewohl er schwehrlich gefürchtet hatte, daß es zur Ausführung kommen dürfte: aber es kam nicht nur dazu, sondern der Herzog entsezte gleich darauf noch ein paar der unruhigsten Lärmer [174]) ihrer

172) "Damit, sagte er, die „Zuhörer auch wüßten, was die „fürnehmste Stücke in dem Mandat wären, und wie gar unbescheiden man mit der öffentlichen Gewalt darein fahren „wollte, so wäre das der Handel: Man billigte und liesse „zu, daß die Schrift den Gehorsam Christi unsere Gerechtigkeit „hiesse; aber man befehle doch „zu gleicher Zeit in dem Mandat, daß man diß nicht mehr „glauben, und auch nicht mehr „öffentlich predigen sollte, welches doch alles nicht vernünftig „und menschlich, sondern (er wollte hier mit keinem Fürsten reden) des Teufels Angeben „selbst wäre. Darum sollten sie „sich hüten, und thun, wie er „thun wollte: nehmlich weichen „wolle er nicht, das Mandat „wolle er nicht annehmen, sondern unerschrocken dawieder reden und predigen, so lange er „noch seinen Mund regen könne!" S. Mörlin Hist. Z. 2.

173) Er erklärte wenigstens in seiner Predigt, daß er auch darauf gefaßt sey. "Wollte ihm „seine liebe Obrigkeit darüber „das Leben nehmen, so wäre er „da? Wollte sie ihm Weib „und Kind, seine Habe und seine Armuth nehmen, so wollte „er es fahren lassen, und den „lieben Gott für ihre Schwachheit bitten! Wollten sie ihn „im Lande nicht länger dulden, „so wollte er sich seinem frommen Gott befehlen und davon ziehen!" — Aber Aeusserungen dieser Art gehörten zum Pathos des damahligen Kanzel-Stils, und wurden sehr oft auch bey Gelegenheiten angebracht, wo der Redner nicht so viel Ursache zu der Befürchtung hatte, daß er bey seinem Wort genommen werden könnte!

174) Der Herzog reyßte an dem nehmlichen Tage aus Königsberg ab, hinterließ aber den Befehl, daß D. Mörlin sogleich die Weisung gegeben werden sollte, sich aus der Stadt und aus dem Lande zu packen; weil er unfehlbar, wenn er ihn bey seiner Wiederkunft noch fände, ganz anders mit ihm verfahren würde. Dabey blieb es auch, ungeachtet der Bittschrift, welche die ganze Gemeinde bey dem Rath und der Rath bey dem Herzog bey ihm eingab; ja die Erklärungen des Herzogs wurden so ernsthaft, daß es seine Anhänger für gut fanden, ihn noch in der nehmlichen Woche aus Königsberg fortzuschaffen, und vor der Hand nach Danzig in Sicherheit zu bringen. Zu gleicher Zeit entließ der Herzog M.

ihrer Aemter: doch aus der Sensation, welche diß Verfahren nicht nur in Königsberg, sondern in ganz Preussen erregte, konnte er sich schon voraus prophezeyen, daß sich auch auf diesem Wege nichts mehr ausrichten lassen würde. Aus der allgemeinen Bewegung, welche darüber entstand [175]), wurde es höchst sichtbar, daß der Handel, den er jezt mit Gewalt unterdrücken wollte, nicht mehr Parthie-Sache sondern Volks-Sache; also für jede Gewalt ununterdrückbar war: und diß legte sich bald darauf noch in mehreren Zeichen zu Tag!

Von allen Städten auf dem Lande hatte nur eine einzige, in welcher der Prediger zu Osianders Parthie gehörte [176]), das Herzogliche Mandat angenommen, in Königsberg selbst aber, das in drey Städte getheilt war, hatten sogleich zwey dagegen protestirt. Zu Ende des Februar gab der gesamte Adel des Landes eine sehr starke Vorstellung dagegen ein [177]); und als der Herzog

M. Bartholom. Wagnern und Wolffgang von Köteriz, auch M. Johann Hoppe, der dem Paedagogio vorstand, von ihren Stellen, und zwang den D. Pontanus das Rectorat der Universität das er führte, niederzulegen, und es Aurifabern, dem Schwiegersohn Osianders zu überlassen. Hartknoch. 362. und, die Nachricht von D. Joachim Mörlins Enturlaubung aus Preussen in den Actis Boruss. T. I. p. 165. ff.

175) Ein Aufzug von ganz eigener Art, durch welchen der Herzog das erstemal, da er nach Mörlins Abzuge wieder nach Königsberg kam äusserst überrascht wurde, konnte ihn über die allgemeine Volks-Stimmung am besten belehren. Ueber vierhundert Frauen aus den besten Häusern von Königsberg versammelten sich mit ihren Töchtern und mit ihren unmündigen Kindern vor dem Schloß, und thaten vor ihm einen Fußfall, indem einige unter ihnen eine Bittschrift für Mörlin überreichten. Als er sich aber geweigert hatte, sie anzunehmen, gieng der ganze Haufe in Procession im Schloßhof herum, und sang die Lieder ab: Ach Gott vom Himmel sieh darein! und "Es woll uns Gott genädig seyn!" S. Wigand p. 171. Mörlin Aa.

176) Das Städtchen Rastenburg, in welchem M. Albrecht Meldius Prediger war.

177) Die Vorstellung des Adels wurde den 28. Febr. übergeben. Hartknoch. S. 357.

zog dazwischen hinein einige Gegner Osianders unter den Professoren der Akademie ihrer Aemter entsezt hatte, so übergaben ihm die vornehmste Räthe eine noch stärkere, worinn sie ihn sehr ernsthaft vor der Gefahr eines allgemeinen Aufstands warnten, den sein Vorhaben, das ganze Land mit Gewalt Osiandrisch zu machen veranlassen könnte [178]: Eine nicht unbeträchtliche Anzahl von Predigern hingegen versammelte sich selbst zu Osterrhode, nahm das Ansehen einer Synode an, und faßte einen Concilien-Schluß gegen das Herzogliche Ausschreiben ab, der nicht nur die entschlossenste Widersezlichkeit dagegen, sondern zugleich die verächtlichste Geringschäzung des Herzoglichen Ansehens ankündigte.

Das neue Mandat — sagten sie in ihrem schönen Synodal-Dekret — sey zwar an alle Stände und Unterthanen des Herzogthums gerichtet, aber es sey doch sichtbar, daß sie die Prediger, am meisten dabey interessirt seyen [179]), daher müßte es ihnen auch nach göttlichen und menschlichen Recht freystehen, sich gemeinschaftlich über dasjenige zu berathen und zu erklären, was sie dabey nach ihrem Amt und Beruf theils für ihr eigenes Gewissen, theils für das Gewissen der ihnen anvertrauten Seelen, für welche sie Gott Rechenschaft geben müßten, zu bedenken fänden. Sie fanden aber, daß das Mandat durchaus nicht angenommen werden könne, und zwar aus folgenden Haupt-Gründen.

Erstlich — das Mandat beziehe sich auf die Entscheidung der auswärtigen Theologen, auf deren Ausspruch der Handel gestellt und die ausdrücklich um ihr Gutachten ersucht worden seyen; in dem Ausschreiben des Herzogs sey aber nur allein das Würtenbergische Be-

178) S. eb. das. p. 363.

179) "Cum — sagen sie — negotium hoc pacto ad nos quoque devolvitur, et de nostro corio, quod dicitur, laditur, summa nos urget necessitas, ut tandem expendamus illud Mandatum nostrasque sententias conferamus." S. Acta Synodi Ostherodensis bey Wigand p. 322.

Bedenken erwähnt und eingerückt, und doch wisse man, daß alle übrige ausdrücklich wider Osiandern entschieden hätten. Eben dadurch seyen also in dem Ausschreiben die Censuren, Urtheile und Wiederlegungen so vieler auswärtigen Kirchen für verdächtig, partheyisch oder ungegründet erklärt worden, und daran glaubten sie nicht ohne Gefahr ihres Gewissens Antheil nehmen zu können [180]).

Zweytens — das Gutachten der Schwäbischen Theologen tauge an allerwenigsten, um ein Urtheil über den Streit zu begründen, denn sie hätten ja selbst nicht die Absicht gehabt zu entscheiden, sondern nur zu mittlen gesucht, und deßwegen ihre Artikel so gestellt, daß sie von beyden Theilen angenommen werden könnten. Eben deßwegen seyen aber ihre Artikel auch zweydeutig, dunkel und verwirrt ausgefallen, daher könne um so weniger jemand gezwungen werden, sie anzunehmen. Aber — sagten sie —

Drittens — aus dem ganzen Ausschreiben leuchte ja die äusserste und unverholenste Partheilichkeit für Osiandern herfür, und fast jedes Wort verrathe die Absicht, seine Irrthümer nicht nur zu bedecken und zu bemäntlen, sondern sie würklich der Kirche unter und mit den Schwäbischen Artikeln aufzudrängen. Deßwegen habe man ja in dem Ausschreiben noch selbst die Ordnung dieser Artikel verkehrt, und diejenige vorangesezt, welche die Irrthümer Osianders zu begünstigen schienen. Deßwegen habe man alles mit grossen Buchstaben gedruckt, was die Würtenberger noch sonst zu seinem Vortheil

180) "Proinde absque periculo non potest quisquam illi Scripto seu mandato obsecundare — cum nulla alia censura praeter hanc unicam, et eam quidem privatam et ancipitem Mediationem quae ad utramque partem accommodari potest — sit scripto principis comprehensa — quo ipso reliquae tot ecclesiarum Censurae, confutationes et judicia, quae quidem omnia definitivam sententiam contra Osiandrum tulerunt, pro suspectis habentur et proclamantur. ib. 323.

theil gesagt hätten [181]); ja deßwegen habe man selbst den Herzog darinn sagen lassen, daß er erst durch Osiandern zu der rechten Erkänntniß des göttlichen Worts und der Wahrheit gekommen sey. Wer nun aber wisse, in welche Abgründe von Irrthum und Gotteslästerung die Meynung Osianders hineinführe, der müsse vor dem Mandat erzittern und erschrecken, denn er könne nichts anders als ein Mittel darinn sehen, durch das die Kirche hinterlistiger weise um die augspurgische Konfession und um die Lehre Luthers, um die ganze Bibel und den Glauben, ja selbst um Christum gebracht werden sollte [182]). Doch — sezten sie

Viertens hinzu — auch schon darinn könne und dürfe man sich dem Ausschreiben nicht gehorsam erzeigen, daß man nur aufhörte, die Irrthümer, durch welche die Kirche verwirrt worden sey, zu strafen, und die angerichteten Aergernisse zu rügen, denn durch das blosse Schweigen darüber würde man sich der fremden Sünden theilhaftig machen. Hätte er selbst noch seine Irrthümer erkannt und bereut, und das gegebene Aergerniß abgebeten [183]), so möchte es damit anders seyn; aber da

er

181) "Articuli sex in suo ordine pervertuntur et primi fiunt novissimi, ut videantur Osiandrum justificare: verba, quae videntur pro Osiandro facere, in margine notis insigniuntur, in textu rubrica et literis majusculis imprimuntur, declarantur, exaggerantur, inculcantur, in gratiam partis Osiandricae, et invidiam alterius, id quod parum facit ad sanandas mentes et concordiam stabiliendam, immo potius partialitatem prodit, totamque actionem suspectam efficit, quasi sub nomine alieno et quidem nostrae fidei conjunctorum, Osiandri dogma callide et vi quadam sit statuendum." ib. 327.

182) Die Verfasser des Dekrets hatten die Gradation umgekehrt, und Christum voran, die Augspurgische Konfession aber zulezt gesezt. p. 330

183) Hier kommt eine schöne Aufzählung der Osiandrischen Sünden: "Breviter, Osiander „blasphemavit nostra Biblia, nostramque Confessionem; Locos „communes prorsus conatus est „nobis eripere, multosque infirmiores hac ratione in dubitationem conjecit, nostramque doctrinam de merito Christi tanquam unica nostra justitia, „haereticam insaniam, haereticos „furores

er in der Verstockung gestorben sey, so möchten nun seine Anhänger und er das Gericht tragen, dem sie heimgefallen seyn; sie selbst aber dürften nicht aufhören, der falschen Lehre zu widersprechen, die er ausgestreut, und das Unrecht zu verdammen, durch das er so viel geschadet habe. Also — so schloß sich das Dekret — wollten sie den Herzog ermahnt haben, daß er sich selbst nicht von jedem Wind der Lehre hin und her treiben lassen sollte: zu Wiederherstellung des Friedens und zu künftiger Erhaltung der Einigkeit im Lande gebe es hingegen keinen andern Weg, als daß diejenige, welche gefehlt hätten, ihren Irrthum erkennen und bußfertig bereuen, daß hierauf der Handel mit Osiandern begraben, und für die Zukunft bey dem Bekenntniß der im Lande gepflanzten reinen Lehre, bey der eingeführten Kirchen-Ordnung und bey der Augspurg. Konfession unverrückt geblieben werden müsse [184]).

Unter

„furores et spiritum Antichristi „in publicis disputationibus et „praefationibus proclamavit: Nostrum quoque illustrissimum Principem, Patrem Patriae, ob pietatem in ecclesiam Christi olim „celebrem, nunc in senecta decepit, atque in detestandum „errorem pertraxit, damnationem „rectae doctrinae, et atrocem „sincerorum doctorum persecutionem concitavit! Id nemo unquam vel coram Deo vel coram „ecclesia excusare poterit. Quomodo igitur cum tali aut ejus „sociis pacem colere poterimus, „nisi agnoscat et deprecetur. „Jam vero, donec vixit, hoc „non fecit nec potuit adduci, ut „faceret. Jam vero poenitere „non amplius potest. Ferat igitur ipse et omnes ejus asseclae „judicium! Nos vero tantorum „peccatorum scientes et volentes „nos non faciemus participes, „sed contradicemus, et tantos „errores, tantaque peccata damnabimus." ib. 332.

184) "Proinde illustrissimum „Principem monemus, idque „propter Ipsius Celsitudinis et „ecclesiae salutem, ne quolibet „vento sese hinc inde raptari sinat. — Statuimus autem nullam rectiorem et expeditiorem „ad concordiam et tranquillitatem viam esse posse, quam ut „agnoscatur stultitia et agatur „poenitentia, tum vero totum „negotium sepultum apud Osiandrum relinquatur." ib. 335. Diß Synodal-Dekret war von 15. Predigern unterschrieben, und vom Freytag nach Philippi und Jacobi, also vom 5. und nicht, wie Salig angiebt, vom 1. Maj. 1553. datirt.

Unter diesen innern Bewegungen, welche das Ausschreiben des Herzogs veranlaßte, traf nun auch zur ungelegensten Zeit für Albrecht die seltsame sächsische Gesandschaft in Königsberg ein, die seinen Operations-Plan vollends in Unordnung brachte.

Der ehmahliche Churfürst, Johann Friederich, der im vorigen Jahr aus seiner Gefangenschaft zurückgekehrt war, wollte den Herzog, mit dem er immer eine besondere Verbindung unterhalten hatte, durch einen ächten Gevatters-Dienst überraschen, und schickte ihm deßwegen ungebeten ein paar seiner Theologen, durch welche er den seinigen die Köpfe zurechtsezen lassen könnte [185].

Wahrscheinlich kannte Johann Friederich den Charakter des Herzogs, und schloß daraus, daß er sich in keiner kleinen Verlegenheit befinden möchte, in welcher ihm fremde Hülfe so willkommen als nöthig seyn würde: vielleicht hielt er es aber auch für nöthig, dem allzustarken Einfluß entgegenwürken zu lassen, den Osiander auf ihn gehabt zu haben schien, und schickte ihm aus wahrer und ehrlicher Besorgniß für das Heil seiner Seele seine Theologen, bloß in der Absicht, daß sie ihn von dem Irrweg zurückbringen sollten, worauf ihn Osiander geführt

185) Die Theologen waren Just. Menius, Superintendent in Gotha, und der Weimarische Hof-Prediger Johann Stolzius, aber der Churfürst gab ihnen auch noch zwey weltliche Räthe, Friederich von Wangenheim, und den Doktor Christoph Elephas zu. Was diese dabey zu thun hatten, ist schwehr zu begreifen; aber man begreift überhaupt nicht gut, was die ganze Gesandtschaft in Preussen zu thun hatte. Verlangt hatte sie der Herzog gewiß nicht; also durfte auch Johann Friedrich nicht darauf rechnen, daß er die Reyse-Kosten für sie bezahlen würde; was aber ihn selbst, der doch gewiß damahls kein Geld wegzuwerfen hatte, was ihn selbst bewegen konnte, sich die unnöthige Kosten zu machen, diß läßt sich, wie gesagt, schwehr oder gar nicht begreifen. Man möchte daher sich gern bereden, daß der theologische Zweck der Gesandtschaft bloß der angebliche und ostensible gewesen sey, der irgend eine politische geheime Unterhandlung verdecken sollte: allein was konnte Johann Friedrich mit Albrecht und besonders damahls zu verhandlen haben!

führt haben könnte. Wenigstens mußte ihm der Herzog fast nothwendig diese Absicht zuschreiben, denn es war klar, daß die Theologen, die er ihm geschickt hatte, höchstens dazu etwas taugen konnten, weil sie unter allen, auf die man hätte verfallen mögen, zu der Einleitung einer friedlichen Vermittlung des Handels am wenigsten brauchbar waren. Johann Stolz, der Hof-Prediger des Churfürsten, war als einer der hizigsten Eiferer berufen, und Justus Menius als der Verfasser des heftigsten Bedenkens, das von den Sächsischen Theologen gegen Osiandern eingelaufen war, bekannt.

Mann kann sich vorstellen, wie willkommen dem Herzog diese unerwartete Gesandschaft seyn mochte, die den 6. Apr. in Königsberg eintraf: doch da er sich ihrem Herrn in jedem Fall für seine unverkennbar-freundschaftliche Absicht verbunden erkennen mußte, so entschloß er sich doch einen Versuch zu machen, ob nicht durch ihre Vermittlung, die durch sein Ausschreiben so sehr erhizte Gemüther einigermassen besänftigt werden könnten; aber ihr erster Antrag benahm ihm schon alle Hoffnung, daß sie sich dazu brauchen lassen würden. Sie erboten sich in diesem Antrag, ihm — Osianders Irrthümer zu zeigen! Auf diß Erbieten gab er ihnen freylich zu verstehen, daß sie sich um deßwillen die Reyse nach Königsberg hätten erspähren können [186]; doch suchte er noch einige Handlungen mit ihnen einzuleiten, durch welche sie seiner Absicht nach wenigstens zu der Erklärung vermocht werden sollten, daß es nicht mehr nöthig sey, über Osian-

ders

186) In der Erzählung, die er ihnen von der ganzen bißherigen Geschichte des Streits machte, sagte er ihnen unverholen, daß ihm der ganze Handel bloß aus Mißgunst und Eifersucht entstanden zu seyn schiene, welche die Verdienste Osianders und vielleicht auch die Gunst, worinn er bey ihm gestanden sey, bey seinen Gegnern erregt hätten. S. Hartknoch p. 360. Nach Wigands Erzählung p. 197. sollte er geradezu gesagt haben, daß er sehr zweifle, ob man Osiandern eines Fehlers oder Irrthums überführen könne.

ders Meynungen zu streiten, weil sich in Königsberg nichts gefährliches und bedenkliches davon erhalten habe. In dieser Absicht mußten Funk und Sciurus, die man für die eifrigste Vertheidiger Osianders hielt, eine Konfession aufsezen [187]), die man den Sächsischen Theologen in die Censur gab, und diese Konfession war so vorsichtig gefaßt, daß selbst das spähende Auge des Argwohns nur mit Mühe etwas darinn finden konnte, was von der Lehrform der übrigen Theologen abzuweichen schien. Am stärksten hatten sie sich darinn gegen jene Irrthümer erklärt, welche man Osiandern am häufigsten zur Last gelegt, und als Konsequenzen aus seiner Meynung gezogen hatte [188]); ja sie hatten auch selbst ausdrücklich darinn zugegeben, daß das Wort: rechtfertigen in der Schrift zuweilen in der Bedeutung des blossen

187) Wigand will wissen, daß Funck selbst dem Herzog gerathen habe, die Sache so einzuleiten — "ut nimirum hac arte Legatorum conatus, qui significaverant, se se ex scriptis Osiandri indicaturos esse errores, eluderetur. Nam — sezt er hinzu — hoc est semper omnibus praestigiatoribus familiare, novas confessiones objicere reprehensoribus suis, quibus veluti vepribus irretiantur, ut, si nihil habeant quod reprehendant, praestigiatores illi alta voce clamare queant, nihil in sua doctrina culpari et non necessaria certamina moveri." Aber die Vermuthung ist so einfältig als boßhaft, durch die er dabey ihre Absicht bestimmen will. Wenn Menius und Stolz einmahl ihren Kopf darauf gesezt hatten, daß sie Osianders Irrthümer aus seinen Schriften beweisen wollten, so konnten sie es ja doch thun, was sie auch in der neuen Konfession finden mochten!

188) Gegen die Irrthümer, daß er dem Verdienst und dem Tod Christi alle Würkung abgesprochen, und daß er die göttliche Natur Christi von seiner menschlichen Natur getrennt habe. Credimus — sagen sie daher wegen des ersten — "filium Dei incarnatum, sua passione et obedientia homines reconciliasse, omnibusque credentibus propter hoc unicum beneficium peccata remitti. Und wegen des Zweyten: Quod asserimus, Christum Deum et hominem juxta suam divinam naturam, esse nostram Justitiam, non volumus intelligi extra suam humanam naturam, sed ita, quod cum Christus sit Deus et homo, nos fide personam amplectamur, quae secundum carnem pro nobis est mortua, et per divinam suam naturam nos vivificat, nempe sapientes, justos, sanctos et fortes efficit. S. Confessio Funccii bey Wigand p. 199.

blossen Loßsprechens gebraucht werde [189]): nur hatten sie — und diß mußte in dem Auge ihrer Censoren alles wieder verderben — an dem Ende ihres Bekenntnisses versichert, daß Osiander ihres Wissens und nach ihrer besten Ueberzeugung niemahls etwas anders gelehrt habe, als was diese Konfession enthalte, und daß sie sich also ohne Verlezung ihres Gewissens nicht von seiner Lehre loßsagen könnten [190])!

Wäre es indessen den Sächsischen Gesandten nur einigermassen darum zu thun gewesen, zu der schnelleren Beendigung der Verwirrung in Preussen etwas beyzutragen, so hätten sie, ohne ihrem Haß gegen das Angedenken Osianders etwas zu vergeben, selbst diese Wendung dazu benuzen können. Sie hätten erklären mögen, daß sie mit dieser Konfession der Osiandristen zufrieden seyen, alsdenn aber zeigen mögen, daß Osiander selbst wahrhaftig anders gelehrt, oder die Irrthümer würklich gehabt habe, von denen darinn seine Freunde sich loßsagten [191])! Möchten dann Funk und Sciurus wieder dagegen excipirt haben, so ließ sich nun leicht fühlen, daß der Streit allein noch über die historische Frage geführt werde: ob Osiander diese oder jene Meynungen, in deren Verwerfung man übereinstimmte, gehabt oder nicht gehabt habe? Und noch leichter ließ sich fühlen, was für ein Vergleich darüber statt finde? Nur darüber konnte und mußte man sich hier vergleichen, daß jede Par-

189) Sie hatten selbst zugegeben, daß Paulus Röm. V. das Wort in diesem Sinn brauche. eb. das. 200.

190) Doch hatten sie auch hinzugesezt: Admittemus tamen institutionem, sicubi lapsi sumus, et si quis nos non recte intellexit, ut quidem hactenus plurimis mendaciis gravati sumus, ulterius nostram sententiam exponemus.

191) Diese Irrthümer hatten sie ihm ja indessen zur Last gelegt; also mußten sie sichs wohl zutrauen, immer noch beweisen zu können, daß er sie gehabt habe.

Parthie der andern ihr Privat=Urtheil über Osiandern lassen wolle: aber darüber mußte man sich um so eher vereinigen, da es am Tage lag, daß keine berechtigt und keine im Stand war, der andern ihr eigenes Urtheil aufzuzwingen. Ueber die historische Frage — was Osiander gedacht habe? — durfte sich keine das Recht einer auch für die andere verbindenden Entscheidung anmassen, wenn sich nicht lutherische Theologen herausnehmen wollten, was sich biß jezt selbst die Päbste noch nicht herausgenommen hatten, und nur in der Folge unter den Jansenistischen Händeln, aber gegen den heftigsten Wiederspruch ihrer eigenen Kirche herausnahmen! Die Gegner Osianders durften also seine Freunde nicht zwingen, hingegen diese durften es jenen auch nicht verwehren, Osiandern zu verdammen; für den theologischen Streit war hingegen kein Gegenstand mehr da, denn auch die Freunde Osianders räumten ja ein, daß die Meynungen selbst, wegen deren seine Gegner ihn verdammten, verwerflich und irrig seyn, und behaupteten nur, daß er sie nicht gehabt habe [192].

Doch den Sächsischen Theologen war es nicht damit gedient, die Sachen auch nur von ferne zu einer leichteren Beendigung des Streits einzuleiten, daher richteten sie ihre Censur über die Funkische Konfession gerade so ein, als ob sie ihn von seinem Anfang an wieder durchspielen müßten. Aus den unverfänglichsten Aeusserungen preßten sie mit der unnatürlichsten Gewalt Osiandrisches Gift heraus, das ihrem Vorgeben nach darunter versteckt seyn sollte [193], widerlegten in den Tag hinein,

192) Ganz eben so, wie in der Folge unter den Jansenistischen Händeln, die Jansenisten zugaben, daß die fünf verdammte Propositionen würklich in dem Sinn irrig seyen, in welchem sie der Pabst verdammt habe, aber nur läugneten, daß sie Jansenius in diesem Sinn in seiner Schrift behauptet habe.

193) So war es mehr als unnatürliche Gewalt, wenn sie aus dem ersten Artikel der Funkischen Confession herausbrachten,

ein die Irrthümer, zu denen sie führen könnten, wenn schon diese Irrthümer in andern Artikeln der Konfession selbst verworfen waren, und fällten das Urtheil, daß die ganze Konfession ein heilloses und auf den Betrug eingerichtetes Machwerk sey. Funk und Sciurus vertheidigten sich natürlich gegen ihre Vorwürfe. Diß veranlaßte einen Schriften-Wechsel unter ihnen 194), der zulezt auch von Seiten der ersten immer bitterer wurde, da sie sich von ihren Gegnern, die es darauf anlegten, sie zu reizen, immer weiter hineinführen liessen, und diß war alles, was die schöne Gesandschaft in den fünf Monathen that, welche sie in Königsberg zubrachte. Erst

ten, daß er den Irrthum Osianders, nach welchem der Mensch vor dem Fall durch die wesentliche Gerechtigkeit Gottes — also nicht durch eine ihm anerschaffene — gerecht gewesen sey, habe darunter verbergen wollen. Von Irrthum konnte ohnehin bey dieser Behauptung gar nicht; sondern wenn sie Osiander so verstanden hätte, wie sie ihn beschuldigten, nur von Unsinn die Rede seyn: aber mochte es Irrthum oder Unsinn seyn, so war es die allerschamloseste Wendung, durch welche sie es in diesen Artikel hineintrugen. Funck hatte gesagt: Credimus hominem initio conditum esse ad imaginem Dei et ornatum sapientia, justitia et aliis virtutibus. Hier stand kein Wort von einer justitia essentiali! Es war nicht der entfernteste Wink gegeben, daß man dabey nur an eine sapientiam und justitiam essentialem, und an keine concreatam denken dürfe; und doch behaupteten die feine Censoren: occultari in hoc articulo errorem Osiandri, quod homo ante lapsum essentiali Dei justitia fuerit justus. Woran aber hatten sie den verborgenen Irrthum erkannt? oder womit bewiesen sie die Beschuldigung, daß Funck dabey nur an die Osiandrische Justitiam essentialen gedacht habe? — Damit allein, weil ja Funck doch sonst Osianders Lehren vertheidige! S. Wigand p. 262.

194) Die Sächsische Theologen wollten sich nehmlich durchaus auf keine mündliche Konferenz einlassen, sondern als Funck nach dem Empfang ihrer Censur mit der Vorstellung darauf antrug, daß man wahrscheinlich durch eine persönliche Unterredung leichter und näher zusammenkommen würde, so lehnte Menius den Antrag sogleich unter dem seltsamen Vorwand ab, sie hätten keinen Befehl sich mündlich einzulassen. Auch liessen sie sich nur einmahl während ihres ganzen Aufenthalts in Königsberg dazu bewegen, da der Fürst Poppo von Henneberg, der auch um diese Zeit nach Preussen gekommen war, darauf drang. S. Hartknoch p. 361.

Erst im August reisten sie wieder ab, nachdem sie dem Herzog eine ausführliche Wiederlegung der Osiandrisch-Funkischen Konfession übergeben hatten, die sich mit der impertinenten Ermahnung schloß, daß er sich doch hüten möchte, ein Verfolger der Wahrheit und ihrer Vertheidiger zu werden, deren Seufzer um Rache über ihn schreyen würden [195]).

Es läßt sich schwehr begreiffen, warum sich der Herzog die Leute nicht bälder vom Hals schafte, von denen er doch so gewiß wußte, daß sie ihm nur seine Projekte verdarben: doch ausser der Rücksicht, die er auf ihren Herrn den alten Churfürsten nahm, mochten ihn vorzüglich zwey Betrachtungen vermögen, seinen Unwillen zurückzuhalten. Einmahl hatte sein Ausschreiben auch ausser Preussen ein Aufsehen erregt, auf das er nicht gerüstet war, denn in ganz Deutschland hatte sich darüber die Sage verbreitet, daß man nun in Preussen den Osiandrismus mit offenbarer Gewalt einführen wolle. Diese Sage verbreitete niemand eifriger als die Theologen, deren Gutachten gegen Osiandern er keiner Achtung gewürdigt hatte, und die jezt noch mehr durch die Erklärung aufgebracht wurden, daß keine gegen Osiandern gerichtete Streit-Schriften mehr in das Land gebracht werden dürften: denn dadurch schienen besonders Flacius und Gallus so gereizt zu seyn, daß sie es jezt eigentlich darauf anlegten, die Welt mit den wüthendsten Schmäh-

195) Sie gaben nehmlich den Osiandristen schuld, daß sie den Herzog aufhezen wollten, die äusserste Gewalt gegen ihre Gegner zu gebrauchen und schämten sich dabey nicht, dem Herzog die elende Klatscherey vorzutragen, daß Osiander nicht lange vor seinem Tode einmahl gesagt haben sollte: er habe drey A. für sich, die ihn und seine Sache schon schüzen würden, nehmlich Gott den Allmächtigen, den Herzog Albrecht von Preussen, und den Scharfrichter Adam in Königsberg. Davon nahmen sie dann den sehr schicklichen Anlaß her ihn dringend zu ermahnen, daß er keine Blutschulden über das Land und über seinen Kopf bringen möchte. S. Wigand 252.

Schmäh-Schriften gegen ihn zu überschwemmen [196]. Dadurch war nach der Herzog in einen gar üblen Ruf gekommen, der dem redlichen Albrecht nichts weniger als gleichgültig war; aber noch verwirrender war für ihn auf einer andern Seite der allgemeine Wiederstand, der sich im Lande selbst gegen sein Ausschreiben und gegen seine Befehle erhob: denn nach solchen Ausbrüchen davon, wie sich die Prediger auf der Synode zu Osthe-rode und bey andern Gelegenheiten erlaubt hatten, ließ sich leicht voraussehen, daß dieser Wiederstand nur durch die gewaltsamste Mittel besiegt werden könne. Zu der Anwendung von diesen konnte sich aber Albrecht nicht entschliessen, und — was man zu seiner Ehre dazu sagen muß, — nicht bloß deßwegen nicht entschliessen, weil sie mit Gefahr verbunden war: daher beschloß er lieber, dem Handel eine Zeitlang seinen Gang zu lassen, ohne sich darein zu mischen, wozu ihm dann selbst die Anwesenheit der Sächsischen Gesandten einen sehr scheinbaren Vorwand gab [197].

Daß

196) Ausser dem schon erwähnten Bedenken gaben Flacius und Gallus vom J. 1552. biß 1555. noch 14. Schriften gegen Osiandern heraus. Die heftigste darunter, deren Geist und Innhalt sich meistens schon aus dem Titel darlegte, waren folgende: Wieder die Götter in Preussen, daß nur eine einzige wesentliche Gerechtigkeit Gottes sey, die in den zehn Geboten enthalten ist. Ein kurzer, heller und klarer Bericht von der Gerechtigkeit Christi. (1552.) 4. Antidotum auf Osiandri giftiges Schmeckbier durch Matth. Flacium und Nicol. Gallum 1553. 4. Ermahnung an alle Stände der christl. Kirche in Preussen Osianders Lehre halben, durch Flacium und Gallum. 1553. 4. Beweisung, daß Osiander hält und lehrt, daß die Gottheit eben so in den Rechtgläubigen wohnt, wie in der Menschheit Christi selbst, und daß weiter daraus folge, daß die Christen eben also wahre Götter seyen und angebetet werden müssen, wie der Mensch Jesus selbst. Magdeburg. 1553. 4. Einige andere werden noch vorkommen; das ausführlichere Verzeichniß davon findet man aber bey Salig Th. II. p. 1008. 1009.

197) Auch eine Reyse, die er in diesem Sommer nach Warschau zu den Vermählungs-Feyerlichkeiten des Königs von Pohlen machte, zog ihn etwas von den Händeln ab.

Daß wenigstens jene Umstände zusammen den Herzog in eine sehr stark gefühlte Verlegenheit sezten, diß erhellt am sichtbarsten aus dem neuen Versuch, durch den er sich herauszuziehen strebte, und aus dem Aufwand eines neuen, ganz seltsam ausgedachten Mittels, zu dem er sich dabey beredete, oder bereden ließ.

Er verfiel noch einmahl darauf, daß ihm die Würtenbergische Theologen, daß ihm besonders der weise und sanftmüthige Brenz am besten aus der Noth helfen könnte, wenn er ihn nur an Ort und Stelle hätte. Von ihm hoffte und wußte er am gewissesten, daß er auf allen Seiten auf das treulichste zum Frieden rathen und helfen würde. Auch auf die Würkung rechnete er nicht wenig, die seine Gegenwart selbst, die der Anblick des ehrwürdigen, und die gewinnende Beredsamkeit des gelehrten Mannes auf seine Leute haben müßte; am meisten aber zählte er darauf, daß die Achtung und das Ansehen, in welchem Brenz überall stand, dem Friedens-Werk, das er stiften sollte, am unfehlbarsten die Billigung aller auswärtigen Theologen verschaffen, und das ärgerliche Geschrey, daß man in Preussen von der Augsp. Konfession abgefallen sey, am nachdrücklichsten beschämen müsse. Weil ihm diß lezte am nächsten an dem Herzen lag, so nahm er auch in dem besonderen Pacifications-Plan, den er entwarf [198]), am meisten darauf Rücksicht. Eine neue Konfession, die er selbst auffsezte, sollte zuerst von Brenz gebilligt, und durch seine Autorität sollten hernach einerseits alle seine Leute in Preussen zu ihrer Annahme bewogen, andererseits

198) Zu diesem neuen Plane soll dem Herzog Johann Aurifaber gerathen haben, den er von Rostock aus, wo er vorher Professor und Prediger war, an Osianders Stelle berufen hatte. Doch diß ist wohl nur Vermuthung, denn Albrecht konnte eben so leicht selbst darauf verfallen, uud es ist sogar wahrscheinlicher, daß er selbst darauf verfiel, denn Aurifaber scheint Einsicht und Klugheit genug gehabt zu haben, um sich nicht viel von dem Projekt zu versprechen.

seits aber die ganze auswärtige lutherische Kirche überzeugt werden, daß der Herzog und die Preussische Kirche niemahls von der reinen Lehre der Augsp. Konfession abgewichen sey. Das neue Bekenntniß wurde also Brenzen schon vorläufig mit der Einladung geschickt [199]), worinn ihn der Herzog auf das dringendste ersuchte, wo möglich selbst nach Königsberg zu kommen, oder wenn er ja nicht abkommen könnte, wenigstens einige seiner Kollegen, die zu dem Geschäfft taugten, mit den nöthigen Instruktionen und Anweisungen zu schicken!

Wie es möglich war, daß der Herzog und seine Rathgeber den einzigen Umstand übersahen, an welchem ihr neues Projekt unfehlbar scheitern mußte, den Umstand übersahen, daß die Würtenberger überhaupt und Brenz im besondern alles Zutrauen bey den Gegnern Osianders in Preussen und ausser Preussen verlohren hatten? [200]) davon kann niemand Rechenschaft geben; aber

199) Bey dieser Gelegenheit schickte der Herzog Brenzen den Ring für seine Frau, der in der Folge zu dem Geschrey Anlaß gab, daß sich Brenz habe bestechen lassen. Aber es war wahrhaftig nicht mehr als billig, daß der Herzog dem Mann die Mühe und den Verdruß bezahlte, die er ihm schon gemacht hatte, und durch den Ring waren sie gewiß noch nicht bezahlt! An Bestechung konnte dabey kein Mensch denken, der noch ein Gefühl von Billigkeit und von Schaam hatte, denn Brenz urtheilte ja nach dem Empfang des Rings nicht anders, als er vorher geurtheilt hatte.

200) Die Gegenparthie Osianders in Preussen war besonders über Brenzen durch sein leztes schon angeführtes Bedenken aufgebracht worden, das er zu Anfang des J. 1553. seinem Herrn, dem Herzog Christoph über den Handel ausgestellt hatte, und das in diesem Sommer nach Königsberg gekommen war. Ihre Wuth darüber ersieht man am besten aus einem Brief Mörlins in den Actis Boruss. T. I. S. 193. worinn er die pöbelhafteste Grobheiten über Brenz ausschüttet. Die angeführte Ausgabe des Bedenkens, die aber es nicht ganz vollständig enthält, kam zu Wittenberg heraus: zu gleicher Zeit liessen es Flacius und Gallus zu Magdeburg mit Scholien, worinn sie zeigen wollten, daß es ganz wieder Osiandern sey, aber auch mit einer an die Preussische Kirchen gerichteten Vorrede drucken, in welcher sie diese auf das dringendste ermahnten, sich um Gottes willen die Lehre Osianders

aber noch weniger davon, wie der Herzog nach einem neuen Auftritt, den ihm seine Prediger unmittelbar vor der Ankunft der Würtenbergischen Gesandten spielten, noch einige Hoffnung, etwas bey ihnen auszurichten, behalten konnte!

Im May des J. 1554. hatten sich nehmlich alle Prediger, die in das Salfeldische Archidiaconat gehörten, eigenmächtig auf einer neuen Synode versammelt, und sich auf dieser zu mehreren Schlüssen vereinigt, deren gränzenlose Frechheit eine Stimmung ankündigte, die zu allem, wozu sie der wütendste Haß begeistern konnte, fähig war [201]. Nur der äusserste Grad von diesem konnte sie wenigstens fähig machen, die Vorstellung von Osianders Meynungen zu entwerfen, welche sie in ihr Synodal-Dekret einrückten, denn so sinnlose und got-

ders von ihrem Herzog nicht aufzwingen zu lassen. Im April des folgenden Jahrs 1554. wurde es alsdann auch zu Königsberg selbst gedruckt. Zu gleicher Zeit ergriffen aber auch die Flacianer in Deutschland, besonders Gallus und Stolz, jede Gelegenheit, um die Brenzische Orthodorie in einen schlimmen Geruch zu bringen, denen er daher eine eigene "Ehren-Rettung wieder die üble Nachrede einiger Sächsischen Theologorum entgegensezte. S. Pfaff Acta et Scripta publica eccles. Würtenberg. p. 370. flgd.

201) Die Synode kam den 29. Maj. zusammen; und bestand meistens aus eben den Predigern, welche schon die Synode zu Osterode gehalten hatten; nur waren jezt 22. also sieben weiter als zu Osterode gegenwärtig. Man kann sich daher nicht recht darein finden, daß sie jezt schon wieder zusammenkamen; aber die grössere Frechheit der Schlüsse, welche sie jezt abfaßten, und der insolentere Ton, den sie sich gegen ihren Herrn erlaubten, erklärt sich recht gut, aus der Würkung, welche die Aufhezereyen auf sie haben mußten, die von Deutschland aus so vielfach an sie gebracht wurden, und vielleicht auch durch die Sächsische Gesandtschaft, durch Stolz und Menius an sie gebracht worden waren. Hatte ihnen doch Flacius in seiner Vorrede zu dem Brenzischen Bedenken erst kürzlich gesagt "sie sollten doch bedenken, „daß sie als Unterthanen auch „ihr Recht vor Gott gegen die „Obrigkeit hätten, und ihr nicht „so unterworfen wären, wie die „Schaafe dem Mezger, daher „sie wohl auch wiedersprechen, „oder doch daran denken dürften, „wie sie doch, wenn ihnen ihr „Herr auch die Wolle nähme, „noch Haut und Beine, und „sonderlich das ewige Leben erhalten möchten."

gotteslästerliche Rasereyen hatte doch noch keiner seiner heftigsten Gegner in seinem System gefunden, als diese Prediger hier herausbrachten, und geradezu für seine Lehren ausgaben. Sie scheuten sich nicht, ganz ohne Einschränkung zu sagen, daß Osiander die ganze Genugthuung, und das ganze Verdienst Christi; ja sein ganzes Mittler-Amt und Erlösungs-Werk ganz und gar umgestürzt und verworfen habe [202]). Sie schämten sich nicht, ihn geradezu der Gotteslästerung anzuklagen, weil er gelehrt habe, daß auch der Vater und der heilige Geist Mensch geworden, auch der Vater und der heilige Geist Christus seyen [203]): ja bey der Rüge seiner unbedachtsamen Aeusserungen über die wesentliche Einwohnung der Gottheit in dem Menschen, machten sie ihm nicht nur den Vorwurf, daß er eine Vergötterung der Menschheit anzunehmen scheine, sondern sie behaupteten in seine Seele hinein, daß er gern gesagt haben würde: jeder glaubige werde durch die Einwohnung der Gottheit selbst zum Jehovah: wenn er es nur gewagt hätte [204]).

Doch wozu sie der fanatische Haß, der ihnen diese Vorstellung eingegeben hatte, noch weiter führen konnte, diß kündigten die Schlüsse selbst am deutlichsten an, die sie darauf faßten. Der erste dieser Schlüsse lautete wörtlich folgendermassen: "Weil der Herzog, unser gnädigster Herr auf den Antrieb von Menschen, die ein „gebrandmarktes Gewissen haben, leyder! damit um„geht

202) "Dogma Osiandri, quo duas in Christo Salvatore nostro unico naturas divellit — justitiam fidei seu evangelii penitus solvit, hoc est totam Christi satisfactionem et meritum, immo universum officium et opus redemtionis, ad quod ipse Diabolus contremiscit, prorsus evertit." S. Synod. Salfeldens. bey Wigand p. 340.

203) "Doctrina Osiandri omnes tres personae Pater, Filius et Spiritus Sanctus efficiuntur Christus, quia — omnes tres personas pariter constituit nostram esse justitiam." p. 344.

204) "Non audet dicere: Jehova: sicut videtur in animo habuisse."

„geht, die irrige, gottlose und verfluchte Lehre Osianders durch mehrere Mittel, wie durch neue vorgeschriebene Gebets-Formeln, Katechismen, und andere hinterlistige Wege in unsere Kirchen einzuführen, so beschliessen wir, daß nichts dieser Art, was uns in Zukunft von ihm zukommen wird, von einem unter uns angenommen, noch viel weniger befolgt oder bekannt gemacht, sondern von uns allen als irrig und kezerisch verworfen werden soll[205]." Zugleich aber vereinigten sie sich durch einen zweyten Schluß, daß sie, wenn eine Visitation ihrer Kirchen vorgenommen werden sollte, durchaus keinen Visitator annehmen wollten, der ihnen nicht vor allen Dingen die feyerliche Versicherung ausstellen werde, daß er der verdammten Lehre Osianders nicht nur nicht beystimme, sondern niemahls beygestimmt habe[206]. Doch — was die Frechheit am be-

205) "Judicamus atque decernimus ista omnia tanquam ab haereticis et praestigiatoribus principi nostro suggesta, acceptanda non esse, neque in ea, licet ad nos miffitentur, consentiemus, multoque minus publicabimus, sed pro erroneis habebimus."

206) Dabey erklärten sie zugleich, daß sie durchaus nichts von solchen Visitatoren annehmen wollten, sive illud bonum sit sive malum — und zwar aus dem Grund — quia sunt haeretici et bonum ipsum, quod prae se ferrent, merito esset suspectum. Dieser Schluß ging aber zunächst gegen Joh. Aurifabern, den der Herzog erst kürzlich nach Königsberg berufen, und, wie sie richtig vermutheten, auch zum Präsidenten des Samländischen Bistums bestimmt hatte, und der dann, wie sie glaubten, sein Amt zuerst mit einer Visitation seiner Kirchen antreten würde. In dem Schreiben, mit welchem sie dem Herzog ihre Synodal-Schlüsse zuschickten, sagten sie diß gerade heraus, denn sie gaben es darinn für ein grosses Skandal aus — si ab Osiandrino dogmati addictis Episcopus non consulta ecclesia imponeretur; und baten es sich daher vorläufig aus, daß man sie nicht zwingen möchte — illis obtemperare Episcopis seu Praesidentibus suspectis de falso isto dogmate Osiandri, qui quidem de facto ipso sunt excommunicati. Zu der Vermuthung, daß der neue designirte Präsident durch Osianders Freunde am Hofe in Vorschlag gebracht worden seyn möchte, hatten sie übrigens einen sehr natürlichen Grund, denn Johann Aurifaber war ein Bruder von Osianders Toch-

bedenklichsten machte — diese Synodal-Schlüsse schickten sie nicht nur ebenfalls dem Herzog mit einem höchstbeleidigenden Schreiben zu, sondern sie schickten sie auch an alle Prediger in den andern Archidiakonaten herum; sollicitirten ihre Unterschriften [207]), und suchten auf diese Art eine allgemeine Vereinigung aller Kirchen, oder doch des ganzen Klerus im Herzogthum gegen ihren Herrn zu Stande zu bringen.

Diß gieng aber zu eben der Zeit in Preussen vor, da die neue aus Würtenberg verschriebene Mittler schon auf dem Wege nach Königsberg wären [208]), und doch ließ man sie kommen, um — wie der Herzog nun öffentlich erklärte — an der Konkordie zu arbeiten! Nach diesem kann wohl keiner der folgenden Auftritte mehr unerwartet seyn, oder sollte man wenigstens durch keinen mehr überrascht werden; doch übertrafen die Preussische Prediger — diß muß man ihnen nachsagen — noch jede Erwartung, die man sich von ihnen machen mag!

Brenz war nicht selbst gekommen, denn er hatte in Würtenberg mehr zu thun, aber er hatte den Tübingischen Theologen, D. Jacob Beurlin an seiner Stelle geschickt, und ihm an D. Ruprecht Dürr noch einen Gefährten zugegeben, der ihm von D. Heerbrandt, welchen er zuerst zu der Reyse hatte bereden wollen, vorgeschlagen worden war. Die Leute waren nicht übel ausgesucht wie sie durch ihr ganzes Benehmen, und gleich nach ihrer Ankunft durch die Klugheit erprobten, womit sie nach erlangter näherer Kenntniß von der Lage der Sachen

Tochtermann; hingegen diß war etwas sehr neues und weitgreifendes, daß sie verlangten, der neue Bischof sollte nicht "absque scitu et approbatione ecclesiae" ernannt werden. S. Wigand 352.

207) Würklich unterschrieben auch noch acht andere Prediger.

208) Nach Hartknoch p. 364. wären sie damahls schon in Preussen gewesen, denn er läßt sie den 12. Maj. in Königsberg ankommen. Aber die Angabe ist unrichtig, denn die Briefe, die ihnen Brenz mitgab, sind von diesem Tage datirt. Sie kamen den 13. Jul. an.

Sachen und von der Stimmung der Gemüther sich selbst, zum Theil gegen ihre Instruktion, in die Umstände richteten. Nach dieser Instruktion, die ihnen Brenz mitgegeben hatte, sollten sie zwar ihre Bemühungen vorzüglich dahin richten; daß nur zuerst nach dem neuen von Brenz gebilligten Plane des Herzogs, die von ihm aufgesezte neue Konfession von allen Partheyen angenommen und gebilligt würde [209]), dann aber sollten sie auch mit den Gegnern Osianders ein Wort in besondern sprechen, ihnen ein Register der absurden Konsequenzen und der abscheulichen Kalumnien vorlegen, welche sie in ihren Schriften Osiandern aufgebürdet hätten [210]); und darauf bestehen, daß auch sie die lezten wiederrufen, und sich über die ersten erklären müßten. Diß war als Retorsion der Wiederrufs-Forderung, die man an die Vertheidiger Osianders machte, gut genug ausgedacht: aber alles, was Beurlin schon in den ersten Tagen seines Aufenthalts in Königsberg hörte und sah, überzeugte ihn auf das lebhafteste, daß es die äusserste Unklugheit seyn würde, sich nur etwas davon merken zu lassen. Er sah voraus, daß er allein seinem Verstand, alle

209) Man sollte, schrieb Brenz an Aurifabern, Osianders Nahmen zuerst gar nicht erwähnen, des Herzogs Confession allein vor die Hand nehmen, alles dunkle, zweydeutige und anstössige darinn ausbessern, und sie die Preussische, nicht die Osiandrische Konfession nennen. S. Salig Th. II. 1029. Den ganzen Brief hat Strobel abdrucken lassen in den Beyträgen zur Litteratur des sechszehnten Jahrh. B. II. p. 136. ff.

210) Daß Brenz über den ganzen Streit und über alle einzelne Punkte, in die er hineingeführt worden war, noch eben so dachte als vorher, diß beweißt der angeführte Brief, den er bey dieser Gelegenheit an Andreas Aurifaber schrieb. Der Brief kann für ein eigenes neues Responsum gelten, das er Aurifabern ausstellte, denn er enthielt als Beylage eine Antwort auf neun sehr specielle Fragen, welche ihm dieser vorgelegt, und gelegenheitlich auch sein Urtheil über die Akten der von Sachsen aus nach Königsberg gesandten Theologen, die er ihm mitgetheilt hatte. Einen Auszug aus dieser Beylage, welche nie gedruckt wurde, giebt Salig 1030. flgd.

alle seine Geduld, und wohl noch manche Künste dazu nöthig haben würde, um sie nur zu der Annahme der neuen Konfession zu bringen; und er sah ganz richtig voraus; denn nicht einmahl diß konnte er durchsezen!

Die neue Konfession des Herzogs war zwar mit der bedachtsamsten Vorsicht abgefaßt, und noch von Brenz und seinen Kollegen so sorgfältig durchkorrigirt worden; daß es selbst einem Flacius unmöglich oder doch äusserst schwehr war, etwas irriges oder von der lutherischen Lehre abweichendes mehr darinn zu wittern [211]. Die Häupter der Osiandrischen Gegenparthie in Königsberg selbst, die zwey Theologen, Hegemon und Venediger hätten

211) Die Konfession umfaßte vorzüglich die drey Artikel von der Person Christi, von seinem Amt und von der Erneuerung; aber am Ende erklärte sie sich auch über die eigenen Ausdrücke Osianders, die den Haupt-Anlaß zu dem Streit gegeben hatten, und legte den ganz unverfänglichen Sinn dar, in welchem sie der Herzog allein genommen haben wollte. "Quando dicimus — heißt es hier — Deum, aut essentiam divinam vel justitiam divinam in Christo esse nostram justitiam, non est ea sententia: Essentiam fieri nostram essentiam aut naturam, aut Deum personaliter nobiscum uniri, aut quod Deus extra Chrstum, aut ab eo separatus sit nostra justitia, sed Deus in Christo est nostra justitia, hoc est, Dei filius unigenitus, qui est ipsemet Deus, et natura essentialis justitia est, is ex gratia fit etiam nostra justitia, quia nobis a Patre donatur, et propter ipsum sumus accepti et placemus Deo, quia in Christo cum humana natura personaliter unitus et propter eam unionem, cum et per humanam naturam omnia passus est atque egit, quae ad nostram redemtionem erant necessaria. Et propter naturam divinam in Christo omnis obedientia et passio hujus personae tantam habet vim, ut sit sufficiens pro peccatis totius mundi satisfactio." Durch diese Erklärung waren alle jene gehässige Konsequenzen von einer Trennung der Naturen Christi und von einer Vergötterung des Menschen rein abgeschnitten, welche man in der Osiandrischen wesentlichen Gerechtigkeit gefunden hatte: aber am Ende der Konfession protestirte der Herzog noch überdiß "er wolle weder Osiandern noch einem andern, der jenen Ausdruck in einem andern Verstand nehmen möchte, Beyfall geben, also auch Osiandern und seine Anhänger, wenn sie anders gelehrt hätten, nicht vertheidigen noch entschuldigen, sondern liesse sie vor Gott und der Christenheit ihrer Handlung Rechenschaft geben. Bey diesem Glauben aber wolle er biß an sein Ende verharren, und bäte jeden, seine Unschuld, wieder alles Afterreden retten zu helfen. S. Wigand p. 358. Salig. 1028.

hatten sich daher nicht entbrechen können, sich, da man sie ihnen zuerst vorlegte, zu ihrer Annahme und Unterschrift bereit zu erklären; mithin hatte man keine Ursache, von der grossen Versammlung der übrigen Prediger des Landes, oder von der General-Synode, die der Herzog nach Königsberg berief, einen allzuheftigen Widerspruch dagegen zu befürchten: allein diese liessen es eben deßwegen, weil sie der Konfession nicht widersprechen konnten, gar nicht dazu kommen, daß man nur mit ihnen davon sprechen durfte!

Auf den Antrag, durch welchen der Herzog den 3. Sept. die Synode in seiner Gegenwart eröffnen ließ, welcher nur dahin gieng, daß über die Fürstliche Konfession berathschlagt, und ein gemeinschaftliches Synodal-Bedenken darüber entworfen werden sollte, fiel schon in der ersten Sizung der fast einstimmige Schluß der ganzen Versammlung dahin aus, daß man die Konfession auf sich beruhen, oder wie man sagte, in ihren Würden bleiben lassen, hingegen unverrückt dabey beharren wolle, daß der Herzog die Judicia der auswärtigen Kirchen über Osianders Lehre, auf welche er sich selbst berufen habe, publiciren und exequiren lassen müßte [212]. Auch Venediger und Hegemon nahmen ihre Deklaration zurück, welche sie schon über die Konfession ausgestellt hatten, oder erklärten doch, daß sie nicht zum Präjudiz der übrigen auf der Synode versammelten Kirche gereichen sollte; die lezte aber ließ sich durch keine Vorstellung zu einer Aenderung ihres Schlusses bewegen. Umsonst suchte sie zulezt D. Beurlin nur dahin zu bringen,

212) "Decernimus — ad ipsius causae decisionem nullum alium modum aut viam esse posse, quam ut secundum ordinarium et *constitutum a Principe* processum nunc juxta publicata ecclesiarum judicia fiat executio. Quando autem — sezten sie hinzu — in executionem fuerit consensum, et judicia ecclesiarum publicabuntur, *tum demum*, et *non citius*, nostra judicia de Confessione Illustrissimi Principis proferemus ea fide, de qua coram Deo et ecclesia reddemus rationem." Wigand p. 362.

gen, daß sie wenigstens über die Konfession deliberiren möchten; indem er ihnen sagte, es sey des Herzogs Meynung gar nicht, daß sie die Konfession unterschreiben und sich damit selbst darauf verpflichten sollten, sondern er wünschte nur ihr Urtheil darüber zu haben, und wollte sich gern von ihenen weisen lassen. Umsonst gab man noch dem insolenten Ungestümm nach, womit sie darauf bestanden, daß einige als Anhänger Osianders bekannte Prediger sich aus der Versammlung entfernen müßten. Umsonst versuchte Beurlin sogar, sie durch eine Predigt zu bestechen, worinn er ausdrücklich von Osiandrischen Irrthümern sprach [213]). Alles was er dadurch bewürkte, bestand bloß darinn, daß sie sich noch einmahl zu bedenken versprachen; aber nach vier [214]) Tagen erklärten sie wieder, daß sie von ihrem ersten Schluß nicht abweichen, und sich von der Forderung, daß die auswärtige Judicia vollzogen werden müßten, nicht abbringen lassen könnten. Wenn man, sagten sie, diese Vollziehung verweigere, so heisse diß nichts anders, als den heiligen Geist in den Männern, die ihre Judicia eingeschickt hätten, Lügen strafen, und Christum verläugnen. Von diesen Urtheilen führte aber die Konfession ab, daher würden sie sich desto weniger darauf einlassen, je deutlicher sie merkten, worauf es damit angelegt sey! Dafür

213) Ueberhaupt hätte sich, wenn man Wigands Nachrichten ganz trauen dürfte, Beurlin fast etwas allzustark nach diesen Eiferern akkommodirt, und, um sie zu gewinnen, mehr Sympathie mit ihnen affektirt, als gerade nöthig und schicklich war, denn Wigand erzählt, daß der Herzog zulezt selbst über die Schwäbische Theologen ungnädig geworden sey, und sie mit Unwillen gefragt habe, warum sie mit seinen Pfarrern zusammenhielten? Die während der Synode gehaltene Predigt, in welcher Beurlin von Osiandrischen Irrthümern sprach, konnte indessen doch einen guten Zweck haben, denn sie war wahrscheinlich darauf berechnet, die nachtheilige Würkungen einer anderen Predigt wieder gut machen, in welcher Funck ein Paar Tage vorher mit der unzeitigsten und unklügsten Hefftigkeit über Osianders Gegner sich ausgelassen hatte.

214) Den 6. Sept. S. Wigand 365.

Dafür deliberirte hingegen die Synode aus eigener Autorität sehr eifrig darüber[215]), wie weit die Vollziehung jener auswärtigen Urtheile ausgedehnt worden, oder worinn sie eigentlich bestehen müßte? und faßte auch darüber einen eigenen Schluß ab. Alle Osiandristen, beschloß man, müßten zu einem öffentlichen Widerruf angehalten werden[216]). Sie müßten auch alle Schrif-

215) Die Geschichte hat hier einiges dunkle, das aber wahrscheinlich absichtlich von Wigand hineingebracht wurde. Er erzählt, die Würtenbergische Gesandte hätten den 7. Sept. der Synode den Befehl des Herzogs mündlich überbracht, daß sie nun über die Art und Form der beschlossenen Execution berathschlagen sollte; dieser Befehl sey mit grosser Freude aufgenommen worden, als man ihn aber auch schriftlich zu haben verlangt habe, so sey eine Bedingung hinzugesezt worden, von welcher zuerst die Würtenbergische Gesandte nichts erwähnt hätten, nehmlich die Bedingung, daß vorher die Herzogliche Konfession angenommen werden, müsse. Doch diß läßt sich in der That nicht so leicht glauben. Allem Ansehen nach wollte man die Synode zu der Annahme der Konfession durch die Hoffnung bewegen, die man ihr machte, daß alsdenn auch zu der von ihr verlangten Execution Anstalten gemacht werden sollten. Man sagte ihr also gewiß deutlich genug, daß die erste vorhergehen müsse, wenn sie die lezte beschleunigt sehen wolle, und gewiß überhörte sie es auch nicht im mündlichen Vortrag der Würtenbergischen Gesandten, denn warum hätte man sonst verlangt, den Befehl auch schriftlich zu bekommen? Der Auftrag über die Art und Weise der Execution zu deliberiren, wurde mithin der Synode ohne Zweifel schon zuerst nur unter einer Bedingung gegeben, da sie aber die Bedingung verwarf, und sich doch auf den Punkt einließ, so bleibt es gewiß, daß sie darinn eben so eigenmächtig als wiederrechtlich handelte.

216) Die zwey Königsbergische Theologen Hegemon und Venediger hatten der Synode einen Aufsaz übergeben, der schon die Formel der Revocation enthielt, zu welcher die Osiandristen angehalten werden müßten. Die Formel wurde von der Synode genehmigt, und begriff im besondern folgende vier Punkte: 1) fateantur, sese cum Osiandro injuste contendisse: Redemtionem et justificationem non esse idem sed distincta: agnoscant autem et profiteantur, quod sint idem — agnoscant, ecclesiam recte pronuntiasse, neutrum ab altero sejungendum esse. 2) fateantur, fidem justificare non eo, quod divinam Christi naturam, adeoque et Patrem et Spiritum Sanctum complectitur et corde percipit, sed eo, quod Christum complectitur in passione et morte sua, qua nobis remissionem peccatorum paravit — 3) claris et disertis verbis revocent et damnent, quod hactenus blasphe-

Schriften Osianders, alle ihre eigene, und überhaupt alle, worinn seine Irrthümer vertheidigt oder versteckt seyen — und unter dieser Klasse erwähnte man nahmentlich das Ausschreiben des Herzogs und das von ihm vorgeschriebene neue Kirchen-Gebet — eben so öffentlich verwerfen und verdammen.[217]); zu gleicher Zeit aber sollten sie ihrer Dienste entsezt, oder doch so lange suspendirt werden, biß man von der Aufrichtigkeit ihrer Busse überzeugt sey[218]). Dieser Schluß wurde würklich den Würtenbergischen Theologen mitgetheilt, daß sie ihn dem Herzog vorlegen sollten, und mit der Aeusserung mitgetheilt: "Wenn sich der Herzog weigern würde,

blasphemarunt passionem sanguinis effusionem et nortem Christi, item, quod dixerunt: Perfectam illam obedientiam Christi in carne pro nobis praestitam non esse nostram justitiam — 4) fateantur, haec verba: Justitia Dei: in disputationibus Pauli — non significare Deum ipsum vel essentialem ejus justitiam, sed remissionem peccatorum, morte Christi acquisitam. Die Synode zeichnete aber doch noch einige besondere von den Osiandristen bißher gebrauchte formulas et phrases loquendi aus, welche in die Revokations-Formel noch eingerückt, oder ebenfalls ausdrücklich von ihnen verdammt werden müsten. S. Wigand 375-377.

217) Nach dem Vorschlag der Synode sollten sie auch noch dazu verbrannt werden: aber so wie dieser Artikel bey Wigand vorkommt, ist doch das herzogliche Ausschreiben und das neue Kirchen-Gebet nicht nahmentlich darinn erwähnt, sondern nur Salig bemerkt den Umstand aus geschriebenen Akten, die er vor sich hatte. S. 1036. Indessen stehen doch auch bey Wigand — die Mandata, Osiandro et Funccio impellentibus summa severitate proposita unter den Schriften, welche verbrannt werden sollen S. 377. und darunter war wenigstens das herzogliche Ausschreiben gewiß begriffen.

218) "Minimum ad tempus suspendantur aut deponantur, nec absque *judicio et consensu* ecclesiae restituantur. Reliquas personas — sezten sie hinzu — seducentes et seductas, quae non versantur in publico docendi officio, nihil publice scripserunt aut divulgarunt, nec de tetris calumniis convinci possunt, relinquimus suis Pastoribus, confessiones ipsorum audientibus — eos vero, qui neutrales nunc fiunt, errorem, quem hucusque defenderunt, profiteri nolentes, judicamus etiam adigendos, ut sese ingenue declarent, confessionem non recusent, errores damnent, id vero si recusaverint, ut ab officio docendi, si tamen in eo versentur, deponantur."

„de, diß Urtheil zu vollziehen, so sollte bald die ganze „Welt erfahren, daß es noch Christen im Lande Preus„sen gebe, die durch Gottes Geist getrieben, dem Teu„fel selbst in den Bart greifen dürften [219]), wenn auch „Himmel und Erde darüber brechen sollten." Als man ihnen aber von Seiten des Hofes auf diesen Antrag keine Antwort gab, weil der Herzog immer noch hoffte, daß sie wenigstens zu einiger Mässigung zurückgebracht werden könnten [220]), so machten sie den 19. Sept. einen lezten Receß, worinn sie die Synode eigenmächtig aufhoben, oder für geschlossen erklärten, aber zugleich erklärten, daß Osiander und sein Anhang von ihnen als ipso facto excommunicirt angesehen werde, und von jedermann dafür anzusehen sey [221]).

Nun

219) S. Wigand p. 367.

220) Die Würtenbergische Gesandten thaten wenigstens alles mögliche, um sie zu einiger Mässigung ihrer Forderungen zu bewegen, und wahrscheinlich bey dieser Gelegenheit liessen sie sich auch absichtlich etwas davon entfallen, daß doch die Osiandristen wegen so mancher ungerechten und falschen Verläumdungen, womit man sie überhäuft, und vielleicht auch wegen so mancher unbedachtsamen und nicht ganz richtigen Behauptungen, die man ihnen in der Hize des Streits entgegengesezt habe, auch einen Wiederruf von ihren Gegnern fordern könnten, wenn man so hartnäckig darauf bestünde, daß sie revociren müßten. Es findet sich zwar weder in den Akten der Synode bey Wigand etwas davon, noch muß Salig in den Handschriftlichen, die er vor sich hatte, etwas gefunden haben; aber etwas dieser Art muß vorgekommen seyn, und auch in den Akten, welche die Preussische Prediger bald darauf an einige auswärtige Theologen verschickten, gestanden haben, denn in den Gutachten von diesen findet man ja diesen Punkt besonders erwähnt.

221) Den ganzen Receß hat Wigand S. 380. ff. Er enthält eine weitläuftige Erzählung der bißherigen Handlungen, und eine sehr gehässige neue Darstellung der Osiandrischen Lehren, woraus der Herzog, wie sie sagen, ersehen sollte, daß der Streit zwischen ihnen nicht so klein sey, als ihn seine Ohrenbläser machen wollten. Der Schluß lautet folgendermassen: "Weil „dann Osiandri Lehre aus Got„tes Wort erstlich, darnach von „aller Kirchen ordentlichen Judi„ciis verdammt ist; also sollen „und können wir sie mit keinen „Conciliationibus justificiren oder „rechtsprechen, sondern verdam„men sie auch weiter Amtshal„ben

Nun mußte die Synode entlassen werden, denn nun mußte der Hof und der Herzog überzeugt seyn, daß sich die stärkere Parthie in der Kirche und im Lande niemahls anders, als auf ihre eigene Bedingungen zu einem Vergleich mit der schwächeren bequemen würde, und daß man sie also, wenn man Ruhe haben wollte, entweder mit Gewalt zu einem andern zwingen, oder ihr mit guter Art nachgeben müßte. Zu dem ersten war Albrecht der Mann nicht, und es hatte auch in der That seine Schwürigkeiten, die es mehrfach bedenklich machten; weil er sich aber auch zu dem lezten noch nicht ganz entschliessen konnte, so schlug er einen neuen Mittelweg ein, der noch weniger als alle seine bißherige taugte. Er entließ nun seine Prediger mit einem Abschied 222), der die folgende Punkte enthielt. Weil sie seine Konfession nicht hätten annehmen wollen, so sollten sie sich nun in Zukunft der Konfession der Würtenbergischen Kirche, und ihrer Declaration, die der Augsp. Konfession nicht zuwider sey, gemäß verhalten, und auf der Kanzel und in den Schulen darnach lehren, "daß zwar "die Vergebung der Sünde, durch Christi Leiden erworben, des armen Sünders Gerechtigkeit vor Gott sey, "daß aber die mit Gott versöhnten und gerechtfertigten, "auch sollen verneuert werden, ihr Leben nach allen Geboten Gottes einzurichten, welches geschieht, durch "Gott

"ben, wie wir vor Gott schuldig, und halten die Personen, "welche sie vorsezlich vertheidigen "pro ipso facto excommunicatis, "nach der Regel Christi: Höret "er die Gemeine nicht, so halte "ihn vor einen Heyden oder Zöllner! und St. Pauli: Einen "kezerischen Menschen meide! "und unsern eigenen bischöflichen "Dekreten, welche auf Befehl "Ew. Fürstl. Durchl. selbst gestellt, daß, wer etwas wieder "die Augsp. Conf. lehren würde, "der soll excommunicirt seyn, "und wo er nicht wiederruft, "aus der Kirchen ganz verworfen werden!" Den Receß unterschrieben nach Hartknoch 91. nach Salig aber 112. Prediger: denn Wigand hat die Unterschriften weggelassen.

222) Den 24. Sept. der Abschied S. Wigand. 393. ff.

„Gott Vater, Sohn und heiligen Geist, welche mit „aller ihrer Gerechtigkeit, Weisheit und Heiligkeit in den „Glaubigen als ihren Tempeln wohnen, und sie auch „fromm und heilig zu machen, hier anheben." Um diese Lehre fruchtbarlicher zu führen, sollten sie sich ferner von allem unnöthigen ärgerlichen Lästern und Personen injuriren; auch aller Herzens-Verbitterung enthalten, ihren Pfarr-Kindern ein gutes Exempel geben, und die Liebe mit Verzeyhung beweisen; daher sollten auch die Präsidenten, Erz-Priester und Archidiakonen fleissig auf die Uebertreter acht-haben, damit sträflich gegen sie procedirt werden könnte. "Betreffend „aber die Execution der auswärtigen über Osianders „Lehre eingegangenen Urtheile, so sollte ihnen diese be„willigt seyn, nur wollte der Herzog erst die Judicia „einiger auswärtigen Kirchen über die Form ihrer Voll„ziehung noch einholen [223])!"

Offenbar war es nichts anders als Zeit, was der Herzog dadurch zu gewinnen hoffen konnte; aber was konnte ihm ein kurzer Aufschub helfen, den er damit gewinnen mochte? Diese Auskunft mußte ihn ja am Ende nur desto gewisser zu eben der Form der Vollziehung führen, welche er vermeiden wollte, denn wer sah nicht voraus, daß die Urtheile der auswärtigen Kirchen darüber eben so ausfallen würden, wie der Vorschlag seiner Synode? Der Aufschub hingegen, den er suchte, mußte unvermeidlich seine Leute auf den Verdacht bringen, daß er damit umgehe, ihre Forderungen ganz zu eludiren [224]; mußte sie also nur hitziger und hartnäckiger

223) "Quod ad executionem attinet, nos quidem in eam consensimus: verum cum in judiciis ecclesiarum forma executionis non sit expressa, primo quoque tempore ecclesiarum consensionem de utraque exquiremus. Quicquid autem decretum fuerit exequemur."

224) Sie sagten ihm diß deutlich genug in der Protestation gegen seinen Abschied, welche

ger bey ihrer Behauptung machen, mußte in der Zwischenzeit die Gährung unter ihnen eben so wie die allgemeine Erwartung des Ausgangs auf einen immer höheren Grad treiben, und mußte ihm also unfehlbar am Ende nur grösseren Verdruß und mehr Aerger bereiten! Da diß so leicht vorauszusehen war, so gereicht es nicht zu seiner Entschuldigung, daß ihm die schwäbische Theologen zu der Auskunft garathen haben mochten [225]; diesen hingegen kann man den nicht ganz ehrlichen Rath schon verzeyhen; denn wer kann ihnen übel nehmen, daß sie sobald als möglich mit ganzer Haut aus Preussen fortzukommen wünschten? darauf aber war unstreitig von ihrer Seite die Auskunft berechnet.

Kap. IX.

Sobald nun die Synode auseinander gegangen war, thaten die Preussische Prediger einen Schritt, der gar nicht mehr zweiflen ließ, was aus dieser Auskunft herauskommen würde, durch die man die Beendigung des Han-

che sie noch in Königsberg aufsetzten. In dieser Protestation erklärten sie, "sese quidem hanc „dimissionem tam subito datam, „et Confessionem Würtenbergicam, ad quam sese refert ista „dimissio, non recusare, sed tali tantum pacto, quantum Confessionem istam Augustanae Confessioni non esse contrariam, „aut istius controversiae decisioni „et ejus executioni non esse impedimento, ab ecclesiis, quae „formulam executionis componunt, concorditer judicabitur — „et quatenus pars adversa hanc „loquendi formulam: Deus est „nostra justitia: de aeterna et „essentiali justitia postea non interpretabitur aut detorquebit. „Nisi enim hoc omissum fuerit, et „*nisi executio et publica revocatio* „*sequatur*, sed oblivioni tradetur „et impedietur, necesse foret „nos partem adversam prorsus „vitare atque rejicere." S. Wigand 396.

225) Sie trugen wenigstens auf der Synode einmahl darauf an, ob nicht die Prediger die Urtheile auswärtiger Kirchen über die Vollziehung abwarten wollten. S. 369. In dem bald nach dieser Synode erlassenen neuen Mandat des Herzogs wird aber ausdrücklich gesagt, daß er auf den Rath der Würtenbergischen Theologen die neue Bedenken eingeholt habe.

Handels aufgeschoben hatte. Weil der Herzog angekündigt hatte, daß er über die schicklichste Form der Vollziehung der auswärtigen über die Lehre Osianders eingegangenen Urtheile erst auf das neue auswärtige Bedenken einholen wolle, so beschlossen sie auch ihrerseits, sich fremde Responsa darüber stellen zu lassen, wandten sich an die Magdeburgische und Braunschweigische Ministerien 226), diß heißt an Flacius und Mörlin, und erhielten von Flacius und Mörlin zwey Gutachten, die mehr als hinreichend waren, ihnen die Köpfe vollends zu verrücken.

Die Magdeburger billigten zuerst in ihrem Bedenken höchlichst die standhafte und männliche Tapferkeit, welche sie auf der Synode zu Königsberg bewiesen, und besonders die weise Beharrlichkeit, womit sie ihren Beytritt zu der Herzoglichen Konfession, welche doch immer noch einen heimlichen Abweg zu Osianders Irrthümern in sich halte, verweigert hätten. Auch versicherten sie, daß sie alle Christen-Seelen dafür rühmen und preisen würden, weil sie in ihrem Vorschlag zu Vollziehung des Urtheils darauf bestanden seyen, daß alle Schriften Osianders verbrannt werden müßten, "massen darinn so viele Kirchen-Lehrer wären gelästert worden" aber zugleich schickten sie ihnen eine neue viel härtere Revokations-Formel 227), die den Osian-

226) Auch an die Lübeckische und Lüneburgische mußten sie ihr Schreiben geschickt haben. Es war überschrieben: Rev. et Clarissimis Viris, D. Matthiae Illyrico caeterisque Dominis et Pastoribus ecclesiae Magdeburgensis et finitimarum Saxonicarum ecclesiarum. Vielleicht hatten sie es aber auch Flacius überlassen, an welche Ministerien er es herumschicken wollte; denn aus dem Schluß, welchen sie faßten, zwey Deputirte aus ihrer Mitte selbst damit in Deutschland herum zu schicken, scheint doch nichts geworden zu seyn, weil der Herzog, sobald er Nachricht davon erhielt, mit einem sehr ernstlichen Verbot dazwischen kam. S. Salig 1041. Wigand. 397.

227) Die Formel, welche man ganz bey Wigand findet, enthielt nicht nur 14. Punkte, wie

Osiandristen vorgelegt, und liessen sich in nähere Bestimmungen des Verfahrens ein, das nach der Verschiedenheit der Personen mit ihnen vorgenommen werden müßte.

Alle Osiandristische Prediger sollten nach ihrem Vorschlag wenigstens auf zwey oder drey Jahre suspendirt werden, biß sie eine wahre Besserung von sich spühren liessen. Zu gleicher Zeit müßte aber der Irrthum von den rechtschaffenen Lehrern beständig auf der Kanzel verdammt, und kein verdächtiger zum heiligen Abendmahl gelassen werden, der nicht gegen seinen Beicht-Vater den Irrthum verdammt hätte. Wollten sich aber solche Menschen darum nichts bekümmern, und nach zwey- oder dreymahliger Erinnerung nicht zum Wiederruf verstehen, so sollte man sie einhelliglich mit dem Anathema belegen, sie dem Teufel übergeben, und nach Johannis Befehl nicht einmahl grüssen, auch dergleichen allen andern Zuhörern befehlen, damit sie sich ihrer Sün-

wie Salig angiebt, sondern 17. Die Magdeburger forderten aber auch darinn einen besondern Wiederruf für jeden einzelnen Irrthum, den Osiander und Funck — denn auf Funcks Nahmen war die Formel gestellt — gelehrt haben sollten, und nahmen es dabey so genau, daß sie einen und eben denselben Irrthum zwey biß dreyfach wiederrufen haben wollten, wenn er sich in verschiedenen Formen und Ausdrücken in Osianders Schriften fand. So lautete z. B. der Art. II. "Damno, quod Osiander et ego docuimus, passionem et mortem Christi non esse nostram coram Deo justitiam, sed essentialem Dei justitiam in nobis habitantem. Der Art. III. hingegen: Damno, quod Osiander et ego asseruimus, justitiam Dei in locis S. Pauli non significare remissionem peccatorum propter mortem Christi, sed essentialem Dei justitiam: und wieder Art. VIII. Damno, quod docuimus, Verbum *justificare* in locis S. Pauli non significare, absolvere justum pronunciare aut reputare, sed re ipsa justum facere. S. Wigand 261. ff. Nach dieser Hinsicht war also die Formel feindselig genug zugeschnitten: aber wenn Salig sagt: "sie sey so entsezlich, daß „die päbstische Kirche jeden, der „zu ihr übertritt, keine härtere „und unchristlichere Formel vorlegen könnte," so war es ihm wohl nur darum zu thun, etwas recht starkes darüber zu sagen.

Sünden nicht theilhaftig machten: nur sollte man ihre Weiber, Kinder und Gesinde (eine liberale Klausel!) von dem Bann ausnehmen, doch also, daß sie gegen sie die Osiandristische Irrthümer verabscheuten. Diß Verfahren müsse vorzüglich gegen solche Osiandristen beobachtet werden, die keine Prediger seyen, aber zum Theil, wie z. B. Andreas Aurifaber, der Medicus, mehr Schaden, als mancher unberühmte Prediger angerichtet hätten. Auch diese müßten ohne Gnade zum Wiederruf angehalten, oder für anathemata erklärt werden: was hingegen die Form des Wiederrufs bey solchen Personen betreffe, so möchte es am schicklichsten also damit zu halten seyn, daß man sie zuerst in der Beichte ihre Irrthümer bekennen und absagen liesse, hernach aber kündigte der Prediger bey der Kommunion der ganzen Gemeinde an, daß es ein bußfertiger Osiandrist sey, der heute kommuniciren, und sich mit der Kirche wieder aussöhnen wolle. Diß würde zwar, sezten die Magdeburger hinzu, etwas schwehr in das Werk zu richten, und bey einigen Personen möchte es sogar gefährlich seyn, darauf zu dringen, allein es sey nothwendig, und Gott hätte seinen Geist dazu verheissen, denn Luc. X. 19. habe Christus selbst die Prediger dazu instruirt, alle Scorpionen, und Schlangen zu zertreten, sie aber auch versichert, daß sie nichts beschädigen sollte [228]).

Der Innhalt und der Geist des Braunschweigischen von Mörlin aufgesezten und auch von Chemniz unterschrie-

228) Das Bedenken war vom 10 Jan. 1555. datirt, und zuerst von Wigand, als Superintendenten zu Magdeburg unterschrieben. Flacius hingegen hatte unmittelbar vorher eine: Christliche Warnung und Vermahnung an die Kirche Christi in Preussen den lezten Abschied belangend Magdeburg. 1555. in 8. herausgegeben, die ein ungefordertes, aber mit diesem völlig übereinstimmendes Responsum enthielt, daher es auch ausdrücklich in diesem angeführt wurde. Nur erlaubte sich darinn Flacius, weil er allein in seinem Nahmen sprach, mehr persönliche Schmähungen, denn Aurifabern z. B. nannte er darinn immer den Hunds-Doktor.

schriebenen Bedenkens, gab natürlich dem Magdeburgischen nichts nach [229]: und wenn sich die Lübeckische und Lüneburgische Ministerien, in ihren Gutachten über die auch an sie gebrachte Frage etwas gemässigter ausdrückten, so stimmten sie doch in der Hauptsache mit allen übrigen darinn zusammen, daß von den Osiandristen ein öffentlicher Wiederruf ihrer Irrthümer nach Recht und Ordnung gefordert werden müsse [230]. Doch darinn stimmten ja auch die Bedenken zusammen, die der Herzog von den Oertern her bekam, wo er selbst darum nachgesucht hatte. Die jüngeren Herzoge zu Sachsen schickten ihm ein Responsum ihrer Theologen, das eben so harte Vorschläge, als das Magdeburgische, und zugleich eine heftige Censur des Abschieds enthielt, womit er die Königsbergische Synode entlassen hatte [231]. Diß mochte er zwar von diesen nicht anders erwartet haben, daher hatte er sich ohne Zweifel sehr absichtlich zu gleicher Zeit an den Churfürsten von Brandenburg gewandt, von dessen laxeren Theologen er sich unfehlbar ein ungleich gelinderes versprach, das dem Sächsischen entgegen gesezt werden könnte; allein auch von dieser Seite her

229) Das Mörlinische Bedenken ist vom 8 Maj. 1555. S. Wigand 256. ff. Mörlin war indessen Superintendent in Braunschweig geworden.

230) S. Wigand S. 264.

231) Das Responsum war folgenden Innhalts: Der Herzog müßte Osianders Irrthum erst deutlich ausdrücken, verdammen, und öffentlich wiederrufen, die Osiandrische Bücher und Redensarten abschaffen, und die Osiandrische Prediger und Anhänger verjagen lassen. Mit der Verweisung auf die Würtenbergische Declaration könne nichts gutes gestiftet werden, denn diese beschöne ja nur die Osiandrischen Irrthümer und steche die Sächsischen Theologen ohne Beweiß an, als ob sie von der Gerechtigkeit Gottes nicht recht lehrten: also tauge auch der Abschied nichts, weil er Osianders Lehre mit keinem Wort verdammen, sondern die Leute bereden wolle, als ob man bißher in Preussen weder gegen die Epistel Pauli an die Römer, noch gegen die Augspurg. Konfession gelehrt hätte, so doch das Gegentheil klar wäre. S. Wigand 265. ff. Salig 1052.

her wurde seine Erwartung nicht ganz erfüllt. Ihr Bedenken, das seinen Wünschen gemäß von dem bekannten Agricola aufgesezt wurde, fiel zwar dahin aus, daß der Handel auf die anständigste Art geendigt werden könnte, wenn sich beyde Partheyen über eine gegenseitige Amnestie vergleichen wollten: aber darinn trat Agricola — denn wie könnte er die Ausfälle vergessen, die Osiander wegen des Interims auf ihn gethan hatte? — darinn trat er den Preussischen Predigern bey, daß Osiander mehrfach irrig gelehrt habe, daß aus der Vermittlung der Würtenbergischen Theologen nichts gutes habe herauskommen können, und daß sie das Recht hätten, einen öffentlichen Wiederruf von den Osiandristen zu fordern [232]!

Nun schien es fast unmöglich, daß der Herzog den Schritt länger verzögern konnte, den er durch alle jene Wendungen, die von seiner Seite dem Streit gegeben worden waren, nur unvermeidlicher gemacht hatte. Fast durch jede hatte die Osiandrische Gegenparthie ein neues Recht bekommen, darauf zu dringen, daß der Handel durch ein förmliches Verdammungs-Urtheil der Osiandrischen Irrthümer entschieden, mithin auch alle, die sich als Vertheidiger dieser Irrthümer ausgezeichnet hatten, wenigstens zu einem öffentlichen Wiederruf angeges

232) Und doch sezt Wigand dabey an den Rand: Schneislebii consilium politico-theologicum perniciosissimum de sancienda lepida et concinna amnestia, cujus vox in ecclesia, ubi de doctrinae puritate agitur, ne audiri quidem debet. S. 267. Ausser diesen zwey Bedenken hatte sich der Herzog um diese Zeit noch ein drittes stellen lassen, das er aber, wie er selbst fühlte, nicht produciren durfte, wiewohl es unstreitig unter allen mit der grösten Wahrheit, Weisheit und Unpartheilichkeit abgefaßt war. Es rührte von den zwey Aeltesten und Lehrern der Böhmischen Brüder-Gemeine in Preussen Matthias Czervenka und Job Laurentius her, tadelte beyde Partheyen so wohl wegen ihrer Lehre als wegen ihres Benehmens gegen einander, und machte vorzüglich dem Herzog fühlbar, daß keine Vereinigung zwischen ihnen möglich sey, weil es beyden Partheyen nur um das Zanken und Streiten zu thun sey. S. Hartknoch. 379. ff.

gehalten werden müßten. Jeder an sich noch so gerechte Machtspruch, durch den er eine andere Entscheidung einleiten mochte, wurde eine wahre Ungerechtigkeit für diese Parthie; aber jeder andere Machtspruch wurde zugleich zu der größten Unklugheit, weil sich doch unfehlbar voraussehen ließ, daß er sich gegen die Macht dieser Parthie nicht behaupten lassen, daß er sie nur zu wüthenderen und doch dabey scheinbar-gerechteren Ausbrüchen reizen, und am Ende wieder zurückgenommen werden müßte. Dennoch begieng Albrecht die unkluge Ungerechtigkeit, und begieng sie vielleicht aus lauter Gerechtigkeit, weil er noch immer überzeugt war, daß Osiander und seine Lehren ungerechter weise verdammt worden seyen, — aber deßwegen schlug sie nicht besser aus!

Unter dem Vorwand, daß seine Prediger dem der lezten Königsbergischen Synode ertheilten Abschied zuwider, die Unruhen im Lande fortdaurend genährt und unterhalten, mit der sträflichsten Verachtung seiner Befehle ihre gesezwidrige Zusammenkünfte und Konventikel, ihr Schmähen und Lästern und persönliches injuriren, selbst ihre Verläumdungen gegen seine eigene Person nicht nur nicht eingestellt, sondern immer weiter getrieben, und sich auch im Lehren und Predigen nicht nach der in jenem Abschied ihnen vorgeschriebenen Norm gerichtet hätten, ließ er unter dem 11. Aug. 1555. ein neues Mandat in das ganze Land ausgehen, das in der Sprache des unwilligsten Ernstes abgefaßt und recht sichtbar zum Schröcken eingerichtet war [233]). Er erneuerte darinn den Befehl, daß in allen Kirchen des Landes und von allen Predigern der Artikel von der Rechtfertigung bloß nach dem wörtlichen Innhalt der in dem Abschied vorgeschriebenen Formel vorgetragen, alles weitere Streiten darüber unterlassen, und alles Verkezern und Verdammen derjenigen, die bißher an-

ders

233) S. Wigand S. 268. ff.

ders gelehrt hätten, eingestellt werden sollte: alle weltliche Beamte und Obrigkeiten erhielten dabey den Auftrag, jeden Prediger zu denunciren, der sich in Ansehung des einen oder des andern ungehorsam erzeigen würde, und dem denuncirten, der des Ungehorsams überführt werden könnte, wurde die strengste Bestrafung angekündigt [234]): aber zugleich erklärte der Herzog, daß von keiner weiteren Execution oder Vollziehung eines andern Urtheils gesprochen werden dürfe. Er hätte nehmlich — hieß es in dem Befehl — die angesehensten [235]) Kirchen darüber zu Rath gezogen, und das Gutachten von diesen sey dahin ausgefallen, daß von allen denjenigen, welche nur sich verbindlich gemacht hätten oder sich verbindlich machen würden, nach der Augsp. Konfession und nach der Vorschrift des lezten Abschieds zu lehren, nichts weiter gefordert, vielmehr mit ihnen nach der Regel Pauli verfahren, ihrer Schwachheit geschont, und somit eine vollkommene Amnestie oder gegenseitige Vergessenheit des vergangenen erzielt werden sollte. Es diene zu nichts — sagte er dabey — auf einen Wiederruf zu dringen, denn wer sich bekehre und von jezt an der Wahrheit gemäß lehre, der thue ja in der That Busse, und eben damit auch einen Wiederruf, wenn er vorher irrig gelehrt habe!

Mit

234) "Qui deinceps nostro Mandato contumaciter se opposuerit, nec ita se gesserit, aut contra docuerit — eos nos non tantum cum inclementia ex ecclesiae officio removebimus, sed etiam pro delicti ratione ex nostro Ducatu relegabimus, neque hac in parte cuiquam parcemus."

235) "Ex clarissimarum ecclesiarum deliberatione et consiliis deprehendimus — hieß es in dem Befehl, und dieß war die unverzeyhlichste Schwachheit, die sich der Herzog bey dieser Gelegenheit zu schulden kommen ließ, daß er sich nicht schämte, öffentlich — zu lügen. Die clarissimae ecclesiae, die ihm dazu gerathen haben sollten, schränkten sich auf die einzige Kirche zu Berlin ein. Selbst diese hatte nicht so unbedingt dazu gerathen; hingegen wußte man allgemein, daß das Urtheil der Sächsischen ganz anders ausgefallen war!

Mit dem Entschluß zu der Erlassung dieses Befehls schien sich aber Albrecht auch zugleich entschlossen zu haben, von seinem Ansehen und von seiner Gewalt biß zu ihrer äussersten Anstrengung Gebrauch zu machen, um ihm Gehorsam zu erzwingen; denn er bewies es sogleich mit der That. Alle Prediger, die sich weigerten, sein Mandat von der Kanzel zu publiciren, wurden auf der Stelle ihrer Aemter entsezt und aus dem Lande gewiesen. Der freywilligen Auswanderung mehrerer andere, die ihrer Verjagung zuvorkamen [236]), sah er unbekümmert zu, ohne sich an das Aufsehen zu kehren, das im ganzen Lande darüber entstand: eine Vorstellung aber, welche ihm die Landstände gegen sein Mandat übergaben, wies er mit Ausdrücken des höchsten Unwillens

236) Fast alle Prediger in den Aemtern Brandenburg, Rastenburg, Gilgenburg weigerten sich, das Mandat abzulesen, und wurden daher ihrer Aemter entsezt, oder verliessen sie freywillig. Einige von den lezten übergaben vorher noch dem Herzog eine Vorstellung, worinn sie nicht weniger als 12. Gründe ausführten, die es ihnen unmöglich machten, sein Mandat anzunehmen, und besonders in die darinn befohlene Amnestie zu willigen. Der erste Grund war, weil das Mandat eine gottlose unchristliche Vergleichung zweyer wiederwärtigen Lehren nehmlich der Augsp. Confession und der Würtenbergischen Declaration in sich faßte, und auf einen Affenschwanz führte. Besonders merkwürdig ist aber auch ihr siebenter Grund, nach welchem das Mandat wieder ihr Amt, ihren Bind- und Löse-Schlüssel seyn sollte, welche durch die Amnestie entkräftet würden. Die Vorstellung schließt sich mit der Ankündigung, daß nun, da sie davon zögen, das ganze Land unter dem Bann bliebe, und so lange bleiben müßte, als Osiandristen darinn geduldet würden, also mit einem wahren Interdikt. S. Salig 1053. In einer andern Vorstellung, welche Wigand S. 276. ff. eingerückt hat, drückten sie sich über die Amnestie folgendermassen aus: Amnestiam admittentes Pseudo-prophetae, Vigiles caeci et muti, Adulatores, Molligradi, Leiseltreter, merito proclamaremur, qui propter ventris commoda, lupos pateremur in ecclesia Dei grassari, impoenitentibus coelum aperiremus, lupis ovile, pertinaces confirmaremus, imbecilles opprimeremus, judicia ecclesiarum conculcaremus, omnium scandalorum rei fieremus. Non igitur justificare possumus, quos Deus damnat. Non possumus cum diabolo inire amicitiam. In rebus politicis potest interdum sanciri Amnestia, sed nunquam in divinis!

willens zurück 237). Selbst die Vorstellungen und Intercessionen seines neuen Tochtermanns, des Herzogs Johann Albrecht von Mecklenburg 238), der zu Anfang des J. 1555. seine einzige Princessin geheyrathet hatte, konnten ihn nicht zu der Zurücknahme seines Mandats bewegen, und noch weniger konnte es das Zeter-Geschrey, das die Flaciusse und Mörlins in Deutschland darüber erhoben 239). Nur als der Herzog von Mecklenburg im J. 1556. selbst nach Königsberg kam, ließ er sich endlich ein Opfer abdringen oder abschmeichlen, das dem unversöhnlichen Haß der Feinde Osianders gebracht werden möchte. Im Februar dieses Jahrs wurde eine neue Synode zu Riesenburg versammelt, auf welcher Funk zu einem förmlichen Wiederruf angehalten wurde 240). Er mußte zugleich vor der versam-

237) Er sprach in seiner Antwort von einer Zusammen-Verschwörung, die auf Hochverrath ausgehe. S. Salig 1054. aber es schien auch, als ob ihn die Stände mit Fleiß desperat machen wollten, denn sie hatten in ihrer Vorstellung nicht nur darauf angetragen, daß er sein Mandat zurücknehmen, sondern auch daß er Mörlin zurückrufen möchte. S. Wigand. S. 281.

238) Den Herzog von Meklenburg trieb vorzüglich Flacius zu diesen Vorstellungen an, denn diesem schien um diese Zeit nichts als der Osiandrische Handel im Kopf zu liegen. Er war deßwegen selbst nach Wißmar im härtesten Winter zu Fuß gewandert, als dort die Hochzeit des Herzogs gefeyert wurde, und hoffte bey dieser Gelegenheit auf den Herzog Albrecht selbst würken zu können: aber er mußte unverrichteter Dinge wieder abziehen, denn man wieß ihn mit allen seinen Anträgen zu einer Disputation mit Aurifabern, und zu dem Beweiß der Osiandrischen Irrthümer, wozu er sich erbot, sehr kaltsinnig ab. S. Schütz in Vita Dav. Chytraei P. I. p. 93.

239) Mörlin hatte sogleich zwey Schriften drucken lassen: Treuliche Warnung und Trost an die christliche Kirchen in Preussen. Magdeburg. 1555 4. daß Osianders Irrthum mit keiner Vergessenheit zu belegen und zu stillen sey. 1555. 4. von Flacius erschienen noch mehrere: Flacius Illyr. von dem Weichen oder Fliehen der Prediger in der Verfolgung 1555. Trost und Unterricht an die verfolgte Christen in Preussen. 1555. 8. Gallus aber schrieb: daß das Preussische Mandat den 11 Aug. dieses Jahrs ausgegangen, betreffend die Amnestia oder Vergessenheit der Osiandrischen Kezerey, nicht mag angenommen werden, gründliche Ursachen. 1555. 4.

240) Man hat die Geschichte der Verhandlungen dieser Synode

sammelten Synode in die Hände der beyden Herzoge das Versprechen ablegen, daß er nicht nur in Zukunft die Augspurgische Confession und Melanchtons Locos communes für recht und christlich erkennen, sondern auch vor seiner Gemeinde noch einmahl öffentlich widerrufen wolle 241). Der Herzog von Mecklenburg übernahm selbst dabey

de in einem Brief, in welchem der Herzog von Mecklenburg Flacius davon Nachricht gab. Flacius beförderte ihn sogleich zum Druck unter dem Titel: Ein Sendbrief des Durchlauchtigsten und Hochgebohrnen Fürsten und Herrn Johann Albrechten von Mecklenburg an Illyricum geschrieben, von der Osiandrischen Kezerey, wie die ist durch sonderbare Gnade in Preussen gestillt worden, aus dem lateinischen ins Deutsche übersezt. Nürnberg. 1556. 4. Das meiste aus dem lateinischen Brief hat auch Wigand S. 291. ff.

241) Der Herzog giebt sich in seinem Brief das Ansehen, als ob er allein durch seine Vorstellungen Funcken zu seinem Wiederruf, und die Synode zu dem Entschluß gebracht hätte, auf der Forderung dieses Wiederrufs zu bestehen; doch erkennt man selbst aus seinen Wendungen, daß bey Funcken noch etwas mehr als nur Vorstellungen angewandt worden seyn mochten. "Ille autem, schreibt er von ihm, cum et contentione graviore quam unquam antea rem agi videret, et plus *aliquanto autoritatis* afferri sensisset, hac illaque se versare, modo rem concilio judicandam permittere, modo potestatem scriptis se defendendi postulare, ad extremum Mandatum Principis urgere, ejusque, ne *injustam vim* pateretur, opem implorare. Ac fuit in eo ipso Mandato, et *lenibus* nonnullorum Theologorum de hac controversia et *ambiguis* sententiis, difficultas rei transigendae non minima, nobisque non parum molesta. Non enim tam ab illis erroris defendendi ratio, quam penitus tacite sepeliendi occasio quaesita est, et hanc se hoc Mandato adeptos esse laetabantur. Cum autem a nobis magnitudo erroris, incommoda ecclesiae, periculum religionis, aliorum abalienationes, judicia ecclesiarum et capita erroris, quae consignata ex Funccii libris habebamus, urgerentur, istique se elabi nunc quidem posse diffiderent, est ab ipsis de communi eorum sententia, ut Funccius coram nobis de erroribus suis manifeste fateretur, decretum. Quo facto iste prodiit, et multis verbis aperte de suis erroribus confessus per Deum nos omnes de venia impetranda obsecravit. Hic nos cum homine astuto et vario caute satis egimus. Nam et errores ei palam ostendimus, et eum singularibus verbis: num poeniteret? num doctrinam Aug. Confessionis, et Locorum communium Philippi probaret? et in posterum probaturus esset? num idem publice in ecclesia sua domi confessurus esset? rogavimus. Quae omnia cum fateretur, esse vera, seque ex animo dolere, in posterum, etiam sanitatem chri-

daben die Rolle des Fiscals, und diktirte auch Funken die Revokations-Formel; er hielt ihn auch noch dazu an, daß er die versammelte Theologen um Verzeyhung bitten mußte, und da sich diese höchstgutwillig mit ihm aussöhnten — was sehr leicht zu erhalten war, weil die meiste der anwesenden niemahls unter die erklärten Feinde Osianders gehört hatten — so schmeichelte sich Johann Albrecht, nicht nur die Ruhe in Preussen wiederhergestellt, sondern auch das Skandal gehoben zu haben, das die auswärtige Kirchen an dem bißherigen Streit genommen hatten. Aber kaum war er abgereyst, als sich alles wieder umänderte!

Der alte Albrecht hatte, wie es sich jezt auswies, zu den Riesenburgischen Auftritten bloß deßwegen seine Einwilligung gegeben, weil es ihn weniger kostete, auf einige Zeit nachzugeben, als das persönliche Andringen seines Tochtermanns durch eine persönliche Weigerung zurückzuweisen; aber er hatte daben wider seine Neigung oder wider seine Ueberzeugung nachgegeben, und sich deßwegen vorbehalten, wiederum nach dieser zu handlen, sobald er wieder sein eigener Herr seyn würde. Er hielt sich daher am wenigsten für verbunden, für die gänzliche Vollziehung des Schlusses zu sorgen, den man zu Riesenburg gefaßt hatte. Er dachte nicht daran, den seinem Urtheil nach schon hart genug behandelten Funk zu der Erfüllung des Versprechens anzuhalten, nach welchem er auch öffentlich vor seiner Gemeinde widerrufen sollte: vielmehr bemühte er sich, ihm durch täglich neue Beweise seines Vertrauens und seines Wohl-

christianae, doctrinae quae est in Confessione Augustana amplexurum esse, et de suis erroribus, ut publicis et ad multos pertinentibus publico scripto testaturum, polliceretur, idemque nobis in manus bis promitteret, etiam a caeteris suis collegis, quicquid in religionem et in ipsos deliquisset, jussimus deprecari. Itaque Theologi caeteri, hoc perfecto, cum Funccio in gratiam plane redierunt, nosque ipsum, ut in sententia hac et bona mente perseveraret, graviter admonuimus."

Wohlwollens, die er ihm gab, den Verdruß der unangenehmen Augenblicke zu vergüten, die er ihm zu Riesenburg gemacht hatte. Das Ansehen des Mannes, und der Einfluß, den ihm der Herzog gestattete, stieg nun mit jedem Tage auf einen höheren Grad, und wurde nicht nur von ihm dazu benuzt, um sich und seine Parthie immer mehr zu verstärken [242]), sondern auch mit der äussersten Unbedachtsamkeit dazu benüzt, um sich in einen ihm ganz fremden Würkungs-Krays hineinzudrängen, der ihm zu eben der Zeit tausend neue Feinde zuzog, da er den Grimm seiner alten in die unversöhnlichste Wuth brachte. Er begnügte sich nicht damit, alle geistliche Stellen nach und nach mit lauter Osiandristen, oder doch mit solchen Männern zu besezen, die unter den bißherigen Streitigkeiten zu der gemässigten Parthie gehört hatten: sondern der schwache Mann gebrauchte die Gewalt, die ihm der noch schwächere Albrecht über sich einräumte, um sich auch eine politische Wichtigkeit und einen Antheil an der Landes-Regierung zu verschaffen. Er ließ sich von ihm den Land-Ständen zum Troz zum Rath, und von der Herzogin zu ihrem Schazmeister ernennen [243]), mischte sich unter

242) Er wußte nach und nach auch die meiste Theologen zu Königsberg, die sich als die heftigste Gegner Osianders gezeigt hatten, theils fortzuschaffen, theils zum freywilligen Abzug zu veranlassen, wodurch er für sich und seine Freunde mehr Raum bekam. So gieng D. Georg Venediger noch im Jahr 1556. von Königsberg weg, und nahm einen Ruf nach Rostock an: Hegemon aber wurde auf eine Zeitlang von seinem Amt suspendirt.

243) Er behielt aber doch dabey sein Predigt-Amt bey, und mußte das Predigen besonders noch fleissig genug treiben, denn der Herzog hatte sich zulezt von seinem Schloß aus einen bedeckten Gang in seine Kirche bauen lassen, damit er seinem Vorgeben nach öfter in die Predigten seines Beicht-Vaters kommen könnte. Dieser Gang wurde hernach von der Bürgerschaft als eine sehr bedenkliche Sache angesehen, und bey der Kommission denuncirt: Funck selbst mochte aber doch über seinen weltlichen Geschäften seine geistliche

ter diesem Charakter auch unmittelbar in die Händel, welche zwischen den Ständen und dem Herzog schon seit geraumer Zeit obwalteten, und gab diesen Ursachen genug zu der Vermuthung, daß er nicht nur die Erbitterung des Herzogs gegen sie absichtlich genährt, sondern ihm selbst zu mehreren der gewaltsamen, Landes-Verfassungswidrigen, und mit unter auch höchstunklugen Schritte gerathen habe, gegen welche sie so manche fruchtlose und mit Verachtung oder Unwillen aufgenommene Vorstellung übergeben hatten [244]). Diß trieb er biß zum J. 1566. aber in diesem Jahr flog die Mine auf, die ihm schon längst gegraben, und von ihm selbst gefüllt worden war. Sie flog auf, und unter dem Schutte, den sie um sich warf, wurde zugleich alles begraben, was in Preussen Osiandrisch war, weil es auf eben dem Grund und Boden stand, der dadurch gesprengt werden sollte!

In diesem Jahr würkten die Preussische Stände, die durch den Herzog, oder vielmehr durch seine neue Räthe — denn Albrecht war vor Alter ganz kindisch geworden — auf das äusserste gebracht waren, eine Pohlnische Commission aus, welche ihre Beschwerden untersuchen,

liche hin und wieder zurücksezen, denn bey der folgenden Untersuchung über ihn wurde ihm auch mehrfache Versäumniß seines Predigt-Amts zur Last gelegt, und er excipirte nur gegen die Klage, daß sie nicht vor die Kommission, sondern vor den Rath der Gemeinde gehöre, bey welcher er als Prediger gestanden sey.

244) Am meisten war man über ihn aufgebracht, weil man ihn im Verdacht hatte, daß er die tolle und landverderbliche Wirthschaft, die der berüchtigte Abentheurer Paul Scalichius vom J. 1562. am Hofe trieb, begünstigt, zu der Entlassung der meisten alten Räthe des Herzogs, die zu den ersten Familien des Land-Adels gehörten, mitgewürkt, und an dem Projekt Antheil gehabt habe, nach welchem der Herzog Johann Albrecht von Mecklenburg zum Gouverneur von Preussen nach Albrechts Tode bestimmt werden sollte. S. Chytraeus in der Fortsezung der Sächsischen Chronik f. 513. und die Aktenmässige Historie von Funk, Schnell, Horst und Steinbach in den Actis Borussicis T. III. 217. 311. 471. ff.

chen, und ihre Händel mit der Regierung mit oberlehns-herrlicher Autorität schlichten sollte. Hätten sie nun auch nicht von jeher zu der Gegen-Parthie Osianders gehört, so würde sie allein schon Haß gegen Funken auf diese Seite gezogen haben: aber da sie von Anfang mit dem heftigsten, und ohne Zweifel gröstentheils blinden Eifer gegen den Osiandrismus sich erklärt, da sie Funken schon längst, noch ehe er ihnen so viel neue Ursachen zum Haß gab, auch als Osiandristen gehaßt hatten, und da sie jezt seinem beschlossenen Untergang durch nichts einen so gerechten Schein in dem Auge des Volks und des Auslands geben konnten, als durch die Vorstellung, daß er das Haupt der Osiandrischen Rotte gewesen sey, so war es sehr natürlich, daß sie die Gelegenheit benuzten, auch eine Veränderung im kirchlichen Zustand des Herzogthums durchzusezen, wiewohl man gewiß die Kommission nicht zunächst um dieser willen ausgewürkt hatte. Der unglückliche Funk wurde zwar nicht wegen der Kezerey allein, die er begünstigt haben sollte, sondern wegen seiner Theilnehmung an mehrern angeblich-landverrätherischen Anschlägen vor der Kommission von ihnen angeklagt, doch wurde es auch als eigener Artikel gegen ihn vorgebracht, daß er den Osiandrischen Irrthum von jeher vertheidigt, und dadurch die Preussische Kirche in mannigfaltige Verwirrung gestürzt habe [245]). Darinn fanden auch die Richter, denen ihn die

245) In dem übergebenen Klag-Libell der Landschaft vom 7. Sept. 1566. wurde Funck gemeinschaftlich mit Schnell, Horst und Steinbach im allgemeinen beschuldigt "daß sie tanquam „novatores et publicae pacis perturbatores perniciosissimi sich vorlängst unterstanden hätten und „noch unterstünden, alle christliche „wohlhergebrachte, und mit ge„meiner Landschaft Rath und Be„willigung vor Alters gestellte „und aufgerichtete gute Kirchen„und Regiments-Ordnungen in „diesem Lande zu turbiren und „aufzuheben.", Dann aber wird darinn gegen Funken im besondern vorgebracht: "und daß es „wahr sey, so ist offenbar und „notorium, daß, M. Johann „Funck sich vor etlichen Jahren dem

die Kommissarien übergeben, oder vielmehr überlassen hatten [246]), Gründe genug, ihn zum Tode zu verdammen [247]). Die Landstände aber zwangen dem Herzog,

„dem HauptKezer Osiandro anhängig gemacht, seine kezerische „Lehre mit Gewalt helfen treiben und verfechten, darüber „auch mit Rath und That dahin „gearbeitet, auch dasselbige helfen ins Werk richten, daß viel „rechtschaffene, fromme, unschuldige Kirchen-Diener und „Lehrer des Kirchen-Amts entsezt, und aus dem Lande verwiesen seyn. Zudem hat er „helfen rathen und thaten, daß „die alte Kirchen-Ordnung, die „mit aller Stände gemeiner „Landschaft Rath, Wissen und „Belieben angenommen, zerrissen, und ohne der Landschaft „Vorwissen eine neue aufgerichtet, darinn eine neue hochärgerliche Ordnung des heiligen „Sacraments der Taufe gemeiner Landschaft und den Kirchen-„Dienern aufgedrungen, und „die es nicht annehmen wollen, „darüber verfolgt, auch mit Gefängniß bestraft und des Landes „verwiesen worden sind." S. Acta Boruss. T. III. p. 349.

246) Die Beklagte wurden von den Pohlnischen Commissarien dem Kneiphofischen Gericht übergeben, und diß Gericht bestand größtentheils aus ihren erklärten Feinden. Auch die Appellation nach Pohlen wurde ihnen nicht zugelassen. S. eb. das. 488.

247) Von den besondern Klag-Punkten, die man gegen Funck in Gemeinschaft mit den drey andern Inquisiten vorgebracht hatte, war kein einziger so weit bewiesen worden, daß ein unpartheyischer Richter einen Grund zu einem Todes-Urtheil gegen ihn darinn hätte finden können. Eben deßwegen aber richtete man es ohne Zweifel geflissentlich so ein, daß er in den Proceß der andern hinein verflochten, und eine gemeinschaftliche Klage gegen alle geführt wurde, weil man wohl voraussah, daß man gegen ihn allein nicht Beweise genug würde aufbringen können. Höchstens möchte man den einzigen Artikel in der Anklage auch in Hinsicht auf Funcken für erwiesen annehmen, daß er dem Herzog gerathen haben sollte, sich aus Preussen oder doch aus Königsberg fortzubegeben. Er gestand wenigstens zulezt selbst, daß er von dem Anschlag zu dieser Entweichung des Herzogs gewußt, und sie nicht gerade widerrathen habe: allein gesezt auch, daß er selbst dazu gerathen hätte, was doch weder durch sein Geständniß noch durch Zeugen erwiesen war, hatten die Landstände das Recht, ihn deßwegen als Landes-Verräther zu denunciren? Er stand als Rath des Herzogs in den Pflichten und in den Diensten von diesem. Wenn er also dem Herzog rieth, sich durch eine zeitige Entfernung der Beschimpfung und den Kränkungen zu entziehen, welche er nach der Ankunft der Pohlnischen Kommissarien zu erwarten und zum Theil schon erfahren hatte — denn erst um diese Zeit wurde davon gesprochen — so war diß ein Rath, der ihm Anhänglichkeit

Herzog, der nun völlig in ihrer Gewalt war, schon den 4. Oct. 1566. einen Vergleich ab, in welchem die gänzliche

lichkeit an seinen Herrn, sehr natürlich eingeben konnte, und der deßwegen nicht schlechter wurde; wenn auch Sorge für seine eigene Sicherheit daran Theil hatte. Die besondere Anklage gegen Funck wegen seiner Begünstigung der Osiandrischen Kezerey und wegen der Einführung einer neuen Kirchen-Ordnung konnte aber freylich noch weniger ein Todes-Urtheil begründen An der neuen Kirchen-Ordnung, die vorher von dem Herzog den theologischen Facultäten zu Wittenberg, zu Tübingen und zu Leipzig zur Approbation zugeschickt, und auch von diesen approbirt worden war, hatten selbst die wüthendste Eiferer im Lande nichts zu tadeln gefunden, als daß sie — zum Kalvinißmus führen könne, weil sie den Exorcißmus unter den Tauf-Ceremonieen weggelassen habe. Osiandern und seine Meynungen hatte der Mann allerdings vertheidigt und begünstigt, aber ausserdem, daß der Osiandrißmus doch noch nicht rechtlich zu einer Kezerey gestempelt war, konnte Funck beweisen, und bewieß es auch; daß er noch nach dem J. 1556. den Herzog mehrmahls ersucht habe, ihn aus seinen Diensten und aus dem Lande zu entlassen, weil sich seine Meynungen nicht mit der allgemeineren Volks-Meynung vertrügen, und er konnte noch dazu beweisen, daß er vom J. 1558. an sich von dem irrigen in Osianders Lehre loßgesagt, und darüber von den Theologen zu Leipzig und Wittenberg ein förmliches Attestat seiner Rechtglaubigkeit erhalten habe. Doch diß fühlten seine Richter selbst, die ihn gewiß um dieses Punkts allein willen nie zum Tode verdammt haben würden, und jezt unstreitig bloß deßwegen verdammten, weil sie in ihrem Gewissen von seiner — wenn schon nicht rechtlich erweißbaren Theilnehmung an den Verbrechen der andern Inquisiten überzeugt waren. Aber daß doch eben so gewiß auch Haß gegen den Osiandristen auf sie einwürkte, und vielleicht stärker, als sie es selbst wußten, auf sie einwürkte, diß müß man nothwendig aus zwey in der Geschichte dieses Prozesses vorkommenden Zügen schliessen, die am stärksten beweisen, wie allgemein und wie lebhaft der Abscheu vor Osianders Meynungen damahls noch in Königsberg war. Dieser Abscheu ergrif selbst den mit Funcken gefangenen Horst wenige Tage vor ihrer Hinrichtung so mächtig, daß er ihm aus seinem Gefängniß einen Brief schrieb, worinn er ihn um des Heyls seiner Seele willen bat, sich doch noch vor seinem Ende von dem verfluchten Irrthum Osianders zu bekehren, und auch wo möglich noch zu der Bekehrung des Herzogs etwas beyzutragen: ja dieser Abscheu schien zulezt noch Funcken selbst zu ergreifen, denn am Tage seiner Hinrichtung legte er noch das Bekenntniß ab, daß er in dieser Sache geirrt, und durch seine Lehren und Predigten, fast mehr Schaden als Osiander selbst angerichtet habe. S. Acta Boruss. T. III. p. 530. und den Brief von Horst an Funcken eb. das.

 p.

liche Ausrottung des Osiandrismus aus dem Lande eine der Haupt-Forderungen ausmachte, die er ihnen bewilligen mußte. Auch gieng es jezt damit nicht nur ohne Widerstand, sondern mit einer Leichtigkeit, die einen neuen Beweis gab, daß der Haß gegen Osianders Nahmen von jeher Volks-Sache gewesen, und auch indessen geblieben war. Mörlin und Venediger wurden wieder zurückberufen, und der eine zum Samländischen, der andere zum Polenzischen Bischof bestimmt. Der Herzog selbst arbeitete zulezt eifrig daran 248a), den ersten zu der Rükkehr zu bewegen, die ihm einen selbst für die Demuth eines Heiligen gefährlichen Triumph bereitete,

p. 398. ff. Der neueste Preussische Geschichtschreiber vermuthet zwar, daß Horst seinen Brief bloß in der Absicht geschrieben, und Funk sein Bekenntniß bloß in der Absicht abgelegt hätte, um ihre Richter, wo möglich, noch dadurch zu besänftigen. In Ansehung Funckens ist auch die Vermuthung gewiß nicht unnatürlich; aber der schwache Charakter des Mannes und der Geist des Zeitalters macht es doch beynahe eben so wahrscheinlich, daß auch Funk eben so wie Horst, der Laye, noch von einem wahren Schauer vor dem so allgemein verdammten Osiandrißmus ergriffen worden seyn könnte. S. Geschichte Preussens von Ludw. von Baczko. B. IV. p. 312.

248a) In dem ersten Brief, den ihm der Herzog in der Sache schrieb unter dem 30 Nov. 1566 glaubt man zwar noch den Zwang zu sehen, den sich Albrecht selbst dabey anthun mußte, besonders bey der Erinnerung an die alte zwischen ihm und Mörlin vorgefallene Auftritte, die er nicht wohl vermeiden und ganz unberührt lassen konnte; aber in einem zweyten Brief vom 31. Jan. des folgenden Jahrs lag er ihm würklich so dringend an, und schlug die Bedenklichkeiten, die er geäussert hatte, so ernstlich und eifrig nieder, daß man fast nicht anders denken kann, als daß sich seine Gesinnungen würklich geändert haben mußten. Aus diesen Briefen allein dürfte es freylich nicht ganz sicher geschlossen werden, denn sie waren gewiß nicht von Albrecht selbst koncipirt; aber theils ist es an sich glaublich genug, denn wie leicht konnte nicht der alte Mann umgestimmt werden? theils bestätigt es sich aus einem gleichzeitigen Brief des damahls schon in Preussen wieder angekommenen Venedigers, in welchem er Mörlin auf das dringendste bittet, den Ruff nach Preussen auch um des Herzogs willen anzunehmen, "qui nunc, postquam peccatum diu sopitum revixit, cum mala bestia, conscientia inquieta luctatur, et varias tentationes experitur, et quem nemo Te melius posset consolari, erigere, confirmare. S. die Briefe in Act. Boruss. T. I. 557. ff.

reitete, denn, sobald man ihn wieder im Lande hatte, überließ man ihm fast uneingeschränkte Macht, das ganze Kirchen-Wesen des Landes nach seinem Wohlgefallen anzuordnen, und die neue Reformation darinn so weit zu treiben, als er wollte 248 b). Diß war nur das Werk eines Monaths. Mörlin sezte eine neue Lehr-Formel auf 249), in welcher die angebliche Osiandrische

248 b) Man hatte zwar mit Mörlin auch Chemniz aus Braunschweig kommen lassen, aber gleichsam nur als seinen Gehülfen, welches auch Chemniz in Braunschweig war; doch mochten die alte Verbindungen, welche Chemniz in Königsberg hatte, und die Gunst, worinn er einst wegen seiner Astrologischen Kenntnisse bey dem Herzog gestanden war, auch ihren Antheil daran haben. Beyde hingegen kamen jezt zuerst nicht in der Absicht, um in Preussen zu bleiben, sondern bloß zu Wiederherstellung der Ruhe im Lande mitzuwürken, und alsdann nach Braunschweig zurückzukehren, wo sie ihre Aemter nicht aufgegeben hatten. Auch liessen sie sich durch alle Vorstellungen, Anträge und Erbietungen der Landstände jezt noch nicht zum Bleiben bewegen, sondern reyßten im Frühling des J. 1567. nach Deutschland zurück: die Stände und der Herzog aber handelten jezt so lange mit dem Rath der Stadt Braunschweig, biß er ihnen Mörlin überließ. S. eb. das. 571. ff.

249) Man wollte zwar den Ausdruck und das Ansehen geflissentlich vermeiden, daß eine neue Lehrformel aufgestellt und vorgeschrieben worden sey. In dem Gutachten, das Mörlin und Chemniz den Landständen übergaben, erklärten sie deßwegen "sie erachteten es für rathsam, daß man keine neue „Konfession stelle, sondern bey „der angenommenen, in Gottes „Wort gegründeten Augsp. Confession, deren Apologie und „Schmalkaldischen Artikeln, wie „dieselbe ferner in den Scriptis „Lutheri erklärt, verharrlich bleibe, nur aber, weil nach der „Zeit, da die gedachte Confession „gestellt worden, mancherley Irrthum eingerissen, hielten sie es „dienlich zu seyn, daß man dieselben Artikel, darinn Irrthum „vorgefallen, vornehme, und die „Corruptelas mit Nahmen klar „und deutlich aus ihren Fundamentis refutire, verdamme und „verwerfe." Aus eben diesem Grund wurde auch die neue Formel bloß: Repetitio corporis doctrinae christianae genannt, wobey man unter dem corpore doctrinae, das darinn wiederholt werden sollte, nichts anders als die Augsp. Conf. nebst ihrer Apologie und die Schmalkaldische Artikel verstand; also war es sehr gegen die Absicht ihrer Verfasser, daß die Formel in der Folge den Nahmen: Corpus Doctrinae Prutenicum: selbst erhielt, der in der That nicht darauf paßte. Der Titel, unter dem sie sogleich gedruckt erschien, ist

sche Irrthümer mit so präciser Deutlichkeit verdammt waren, daß ihren Vertheidigern kein zweydeutiger Vorbehalt mehr übrig und keine Klausel mehr anwendbar blieb[250]). Die Formel wurde auf einer neuen Synode zu Königsberg von allen Preussischen Predigern angenommen[251]), und zum ewigen Symbol der Preussischen Kirche gestempelt[252]), die dadurch auf immer gegen

ist folgender: Repetitio corporis doctrinae christianae, oder Wiederholung der Summa, und Innhalt der rechten allgemeinen christlichen Kirchenlehre wie dieselbe aus Gottes Wort, in der Augspurg. Confession, deren Apologie und den Schmalkaldischen Artikeln begriffen, und von Fürstl. Durchl. zu Preussen, auch allen deroselben getreuen Landständen und Unterthanen, Geistlichen und Weltlichen, einhellig und beständiglich eingewilligt und angenommen, zusammen verfaßt. Zum Zeugniß einträchtiger, beständiger Bekenntniß reiner Lehre wieder allerley Korruptelen, Rotten und Sekten, so hin und wieder unter dem Scheindeckel der Augsp. Conf. die Kirchen zerrütten. Gedruckt zu Königsberg in Preussen bey Joh. Daubmann. 1567. fol. Eine lateinische Ausgabe davon erschien eb. das. im J. 1570. in 8. S. Acta Boruss. T. I. 482. ff. Hartknoch 424.

250) In der neuen Formel waren 10. besondere Artikel ausgeführt, wovon besonders bey dem ersten von der heiligen Schrift und dem Wort Gottes, bey dem dritten von der persönlichen Vereinigung der Naturen in Christo und von der communicatione idiomatum, und bey dem sechsten von der Rechtfertigung des Menschen vor Gott auf die irrige Meynungen Rücksicht genommen war, die Osiander gelehrt haben sollte, und würklich zum Theil gelehrt hatte. Dabey war auch meistens der Nahme des Mannes ausdrücklich genannt: hingegen ergriffen die Verfasser der Formel die Gelegenheit, auch die neu aufgekommene Ketzereyen der Synergisten, der Majoristen, der Antinomer, und einige andere, denen man unter den fortdaurenden Streitigkeiten mit den Wittenbergischen Theologen in der Zwischenzeit eigene Nahmen geschöpft hatte, im Preussischen verdammen zu lassen; doch hatten sie dabey noch die Bescheidenheit, nur die angebliche Irrthümer selbst ohne Erwähnung ihrer vermeynten Urheber und Vertheidiger zu rügen. Ohne Zweifel war es Chemnitz, von welchem diß herrührte: aber dadurch zog er der ganzen Formel den bitteren Tadel Conrad Schlüsselburgs zu, der sich in der Vorrede zu L. I. Catal. Haeret. schwehr daran ärgerte.

251) Den 6. Maj. war die Formel dem Herzog übergeben worden, der auf den 26. Maj. die Synode nach Königsberg ausschrieb.

252) Auf das förmlichste wurde sie durch den Receß dazu

gegen die Gefahr einer neuen Ansteckung durch Osiandrisches Gift gesichert werden sollte. Es wurde zugleich ausgemacht, daß alle Osiandristen ihrer Aemter entsezt werden sollten, aber — man fand fast keine, weil die bißherige Proceduren bereits alle bekehrt hatten; der Schluß wurde also nur an wenigen vollzogen, die sich durch ihre Verbindungen mit Funken oder durch andere Umstände den Volks-Haß am meisten zugezogen hatten [253]), oder die man deßwegen auf die Seite schaffen

zu gestempelt, der den 7. Jul. 1567. zwischen dem Herzog und der Landschaft darüber errichtet wurde, denn der Innhalt von diesem lautet wörtlich wie folgt: "Dieweil auch im nächst-versammelten Synodo einhellig „eine Kirchen-Ordnung oder ein „Corpus Doctrinae verfaßt und „beschlossen worden, welches „nunmehr gedruckt wird, so sollen dabey alle Einwohner hohes und niedrigen Standes „hinfort und zu ewigen Zeiten „bleiben, und ungehindert gelassen werden. So wollen Ihro Fürstl. Durchl. bey demselben in Gnaden jedermann, „aber keinen, der sich solchem „wiedersezen würde, beschüzen. „Dazu soll auch niemand sowohl „zu Hofe als in denen Städten „und auf dem Lande zu irgend „keinen geistlichen und weltlichen Aemtern genommen oder „darinn gelitten, sondern derselben entsezt werden, der „solchem einhelligen Schluß und „Corpori Doctrinae wiedersprechen würde." S. Act. Boruss. T. I. p. 510. Von jezt an wurden auch alle Prediger eydlich darauf verpflichtet. S. die neue Eyd-Formel für die Preussische Prediger bey Hartknoch p. 444.

253) Nach Mörlins eigener Erzählung in einem Brief an Wigand klagte die Majorität der Preussischen Prediger auf der Synode zu Königsberg selbst drey ihrer Mitglieder als Osiandristen an, und bestand darauf, daß sie als solche abgesezt werden müßten, wiewohl sie sich zu der Unterschrift der neuen Formel bereit erklärten. Von dem bedeutendsten darunter, dem Professor M. Nicol. Jagenteuffel erzählt er, daß er bey Gott und bey allem, was er nur heiliges gewußt habe, versichert hätte "se Osiandrino dogmati per omnem vitam nunquam addictum fuisse" aber doch selbst nicht hätte läugnen können, daß er zu dem Verdacht des Osiandrismus sattsamen Anlaß gegeben habe, weil er in dem vertrautesten Umgang mit Osiandristen gestanden sey. Darinn fand man dann einen hinreichenden Grund, ihn dennoch fortzujagen; der zweyte der angeklagten Prediger war ein Tochtermann Osianders, und mußte deßwegen fort: den dritten hingegen ließ man endlich in seinem Amt, nachdem er einen förmlichen Wiederruf gethan hatte. S. Wigand p. 315.

fen wollte, um wiederum für einige der Eiferer Plaz zu bekommen, die einst wegen ihrer Widersezlichkeit gegen das Mandat vom J. 1556. ihre Aemter verlohren hatten; er wurde doch auch auf solche Osiandristen, die in weltlichen-Aemtern standen, ausgedehnt [254]), und dadurch sicherte man freylich die Erhaltung der Ruhe für die Zukunft am gewissesten, aber dadurch gab man auch am deutlichsten zu erkennen, daß es nicht die Mässigung der siegenden Parthie gewesen war, die sich mit so wenigen Opfern begnügt, sondern Mangel an Opfern gewesen war, der sie zu der Mässigung gezwungen hatte!

So endigte sich der Streit in Preussen auf eine Art, die seines Anfangs und seines Fortgangs würdig war, denn er endigte sich ja nur damit, daß man durch das neue Symbol jedermann die Verpflichtung auflegte, das Unrecht, das man Osiandern unter dem bißherigen Streit zugefügt hatte, als Recht anzuerkennen. Unstreitig hatte er zwar allein sich selbst jenes Unrecht zugezogen. Unläugbar hatte er seine Gegner eben so ungerecht, und vielleicht noch ungerechter behandelt, als er von ihnen behandelt worden war: aber deßwegen blieb es doch von ihrer Seite nicht weniger ungerecht, daß sie ihm als Irrthum anrechneten, was von seiner Seite bloß Mißverstand, wenn schon unentschuldbarer Mißverstand, und zur Kezerey machten, was höchstens ein Fehler gegen die Exegese oder eine Sünde gegen den gesunden Menschen-Verstand gewesen war [255])!

Doch

254) Diß war nicht nur in dem angeführten Receß zwischen dem Herzog und der Landschaft ausgemacht worden, sondern es wurde auch an einigen, die in den ersten Hof-Aemtern standen, wie z. B. an dem Ober-Hofmeister des jungen Prinzen Jacob von Schwerin, den Mörlin selbst virum nobilitate generis non magis, quam doctrina et eloquentia clarum nennt, und noch an mehreren andern vollzogen. S. eb. das.

255) Diß ist das gelindeste Urtheil, das man über den Artikel

Doch wer kann sich wundern, daß der Streit in Preussen auf diese Art beendigt wurde, da er schon seit zwölf

tikel von der Rechtfertigung, so wie er in der neuen Formel abgefaßt war, fällen kann. Mörlin goß darinn den lezten Rest seiner Galle über Osiandern aus, und besprüzte auch noch die Würtenberger mit ein Paar Tropfen, von denen gelegenheitlich auch der Herzog seinen Theil abbekam. Man schließe nur aus folgender Probe in dem Eingang des Artikels auf das übrige. "Als nun unsere Kirchen über „diesem Artikel von der Rechtfertigung schon von allen Orten, von innen und aussen, „von Freunden und Feinden, „von den Interimisten und Papisten gestürmt und geängstiget „würden, da ist noch Osiander „darein gekommen, und hat alle seine Kraft und Vermögen „darein gesezt, daß er nach seiner gar neuen Art diesen Artikel verkehren möchte. Ob „nun wohl solch sein verkehrter „Sinn und Fürnehmen, aus „Gottes sonderlicher Schickung „und Gnade durch die Judicia „ecclesiarum mit gutem festen „Grunde der Schrift wiederlegt „und verdammt worden ist, so „hat man doch dasselbige anfänglich mit wenig Dank von Gott „angenommen, sondern immer „versucht, wie man den eingeführten schädlichen Irrthum, „nicht zwar als verdammt möchte abschaffen, den armen Gewissen verleibigen, und sie dafür warnen, wie man schuldig „war, sondern vielmehr, daß „man denselbigen möchte schmüken, durch ein Stillschweigen „rechtschaffener Diener Christi, „denselben das Strafamt niederlegen und nehmen, oder „doch, daß man es für ein „schlecht Wortgezänk und geringschäzigen Hader, da einer den „andern nicht verstünde oder „verstehen wollte, ansehen und „verächtlich halten sollte. Diß „ist unsere fürnehme schwehre „Sünde vor Gott in diesem „Lande, die uns eine Zeitlang „auf dem Halse gelegen und gedruckt, und für welche wir an „jenem Tage müssen schwehre „Rechenschaft geben, wo wir dieselbige sollten mit uns nehmen, „und nicht zuvor dermassen ablegen, daß wir von Herzen „uns der liessen gereuen, derselbigen Feinde würden, dafür „Busse thäten, und durch herzliches Vertrauen zu Gott im „Glauben Vergebung derselben „suchten. Deßwegen ist aber „sonderlich dieses Orts die hohe, „grosse und unvermeidliche Nothdurft, weil viel tausend armer „Seelen damit verführt und „irre gemacht sind, die liebe „Kirche betrübt und der Nahme „Gottes gelästert worden ist; „daß solche irrige Lehre öffentlich mit klaren Worten verworffen und verdammt werde; „damit alle die verführten wiederum zurecht gebracht, und „die liebe Kirche versöhnt werde, „und wir alle mit der That vor „Gott und vor der ganzen Welt „bekennen und bezeugen, daß „wir solcher irrigen Lehre nach „Gottes Wort auch von Herzen „feind sind." Nach diesem folgt nun eine Aufzählung der Osiandrischen Irrthümer in der Lehre von der Rechtfertigung, wobey die Meynung Osianders durchaus

zwölf Jahren an allen andern Oertern, wo man einigen Antheil daran genommen hatte, auf eine völlig gleiche Art beendigt worden war? Dieser Oerter gab es zwar äusserst wenige in Deutschland, in welchen der Osiandrismus einen eigenen Streit veranlassen, oder in welchen es zu einem eigenen Streit darüber kommen konnte, denn alle deutsche Theologen hatten sich ja fast ganz einstimmig schon bey dem Anfang der Händel gegen Osiandern erklärt. Nur in zwey einzigen Kirchen, in der Stettinischen in Pommern und in der Nürnbergischen war im J. 1555. eine innere Bewegung darüber entstanden, da man in jener in dem Prediger Peter Artopäus und in dieser in dem Prediger Leonhard Culmann einen Osiandristen entdeckt zu haben glaubte. Der eine und der andere war wenigstens in sehr engen, und Culmann wahrscheinlich in persönlichen Verbindungen mit Osiandern gestanden [256]). Beyde waren auch in so-

fern

aus in das falsche Licht gestellt ist, als ob er die Sache selbst, die man durch den Ausdruck der Rechtfertigung bißher bezeichnet hatte, völlig verworfen, gar keine Begnadigung des Sünders um des Verdiensts Christi willen zugelassen, keine durch das Leyden und Sterben Christi erworbene Vergebung der Sünden anerkannt, sondern alles allein auf die wesentliche Gerechtigkeit Christi, die dem Menschen in der Erneuerung eingegossen werden müsse, gesezt hätte. Allerdings darf man diß nicht für ein vorsezlich begangenes Falsum ansehen, denn es ist möglich und denkbar, daß die Verfasser der Formel es in allem Ernst glaubten: aber sie konnten doch wissen, und sie wußten es gewiß, daß es damahls nicht nur in Preussen, sondern auch ausser Preussen noch Menschen gab, welche es für ein Falsum hielten, denn Brenz und die Würtenbergische Theologen lebten noch, welche von jeher erklärt hatten, daß diese Vorstellung von Osianders Meynung historisch falsch sey; sie hätten es deßwegen um so eher für möglich halten sollen, daß es in Zukunft noch mehr Menschen geben könnte, die in ihrer Vorstellung von demjenigen, was Osiander gelehrt haben sollte, ein historisches Falsum finden dürften, und sie hätten sich deßwegen um so mehr enthalten sollen, diß Falsum symbolisch zu machen, und die Leute zum Glauben daran zwingen zu wollen, je weniger es zu ihrem Zweck nöthig war. S. Repetitio corporis doctrinae eccles. (nach der Ausgabe, die zu Eißleben herauskam) H. ff.

256) M. Peter Artopäus (Becker) Ober-Pastor an der Stifts-

fern erklärte Osiandristen, daß sie in Osianders Meynungen nichts irriges und kezerisches sehen wollten; nur schien Artopäus weiter nichts behaupten zu wollen, als daß man Osiandern nicht recht verstanden, und ihm Irrthümer, die ihm nie eingefallen seyen, aufgebürdet habe[257]; hingegen Culmann begnügte sich nicht die Osiandrische Lehr-Form von der Rechtfertigung gegen den Mißverstand zu vertheidigen, der so viel gefährliches darinn sah, sondern behauptete ihre Vorzüge mit einem Eifer, der bey ihm eben so wie bey Osiandern, einen sehr groben Mißverstand der gewöhnlicheren Lehr-Form

Stifts-Kirche zu Stettin hatte mit Osiandern, seit er in Königsberg war, einen vertrauten Briefwechsel geführt, wie man aus einigen schon angeführten Briefen Osianders an ihn sattsam schliessen kann Eine persönliche Bekanntschaft fand wohl nicht zwischen ihnen statt, weil Artopäus schon über dreyssig Jahre in Stettin gestanden war: hingegen zwischen Leonh. Culmann und Osiandern schrieb sich die Bekanntschaft ohne Zweifel noch von Nürnberg her, wo Culmann noch neben ihm als Prediger gestanden war. S. Zeltners Paralipomenon Osiandrinum s. Leonhardi Culmanni Vita et fata. Altorff. 1710.

257) Diß erhellt schon aus einem von Salig aus einem Manuskript angeführten Gutachten, das Artopäus wahrscheinlich dem Herzog Albrecht von Preussen auf sein Verlangen über Osianders Lehre gestellt haben mag. Das Gutachten ist mit sehr vieler Wärme für Osiandern geschrieben, denn Artopäus sagt sogar darinn, er danke Gott täglich für das neue Licht, das er durch Osiandern aufgesteckt habe; doch zeigt er vorzüglich nur diß darinn, daß seine Gegner entweder seine Meynungen nicht recht verstanden, oder vorsezlich entstellt hätten, und schließt deßwegen: equidem testor, bono illi viro facere injuriam, quotquot ejus bene scripta invidiose rapiunt in calumniam. Salig Th. II. p. 1045. Daß wenigstens Artopäus die Meynungen Osianders nicht ganz in dem irrigen Sinn aufgefaßt hatte, den seine Gegner darinn fanden, diß gab er sehr deutlich in der Unterredung zu erkennen, die er nach seiner Abreise von Stettin mit Wigand zu Magdeburg hielt, und wovon dieser die Erzählung in seine Geschichte des Osiandrißmus eingerückt hat. S. Wigand S. 407. ff. Hingegen ist es dabey um desto gewisser, daß der Mann bey diesen Gesinnungen die Händel leicht genug hätte vermeiden können, die er mit seinen Kollegen zu Stettin darüber bekam, wenn nicht auch etwas Eigensinn und Troz von seiner Seite dazu gekommen wäre. S. Cramer Grosse Pommerische Kirchen-Chronik L. III. c. 43. f. 123. ff.

Form ankündigte, gegen welche sie eiferten 258). Doch der allgemeine Haß gegen den Nahmen Osianders bereitete beyden ein gleiches Schicksal, das bey dem ungleichen Kampf, in den sie sich einliessen, auch sehr bald entschieden war 259). Artopäus mußte Stettin räumen,

258) Diß muß man schon aus dem Eifer selbst schliessen, mit welchem der Mann die Osiandrische Lehr-Form aufnahm, und Proselyten dafür zu werben suchte, ja zulezt, da er keine machen konnte, sich selbst von der Gemeinschaft mit den andern Nürnbergischen Predigern, seinen Kollegen zurückzog, die er nicht undeutlich für Irrlehrer ausgab. Aber der gute Kulmann war ein schwärmerischer und verwirrter Kopf, dem es an gelehrten wie an geordneten Kenntnissen nur allzusehr fehlte. Diß Urtheil fällte schon Melanchton über ihn, nachdem er ihm zu Anfang des J. 1553. seine erste Konfession geschickt hatte. "Culmannus magnum volumen mihi misit, quod nominat Confessionem suam. Rhapsodia est, in qua videtur miscere utramque sententiam. Credo esse honestum hominem, sed ἀκυρολογίαι multae sunt in ejus sermone et fortassis in his certaminibus non multum versatus est. S. Strobels Beytr. T. II. 132.

259) Den Streit mit Artopäus verlängerte nur die Gunst um etwas, in welcher er bey dem Herzog Barnim von Pommern stand. Schon im J. 1554. hatten ihm seine Kollegen zu Stettin eine Konfession abgefordert, und zugleich von ihm verlangt, daß er Osianders Lehre öffentlich auf der Kanzel verdammen sollte. Da er sich weigerte, diesem Ansinnen nachzugeben, so fiengen sie nun selbst ihn öffentlich zu verdammen an, allein, da Unruhen darüber unter dem Volk entstanden, das an Artopäus hing, so schickte der Herzog beyden Partheyen einen Befehl zu, daß sie über Osianders Meynungen schweigen sollten: hingegen wurde er jezt selbst von allen Seiten her so bestürmt, daß er im J. 1555. in die Versammlung einer Synode willigen mußte, die den Handel beylegen sollte. Auf dieser Synode beschloß man das Urtheil Melanchtons und der Wittenbergischen Theologen einzuholen, der Herzog aber ergriff, um in der Zwischenzeit Ruhe zu erhalten, das sehr weise Mittel, daß er Artopäum nach Wollin an seinen Hof holen ließ, und ihm biß zu Austrag der Sache da zu bleiben befahl; doch der eigensinnige Mann vereitelte seinen Zweck, und machte dadurch seine eigene Sache zu gleicher Zeit schlimmer. Artopäus gieng heimlich nach Stettin zurück, gab dadurch zu dem Ausbruch neuer Unruhen unter der Bürgerschaft Anlaß, und reizte damit auch den Herzog, daß er ihn einer neuen Synode, die im J. 1556. zusammen kam, überließ. Diese zwang ihn, 34 Artikel zu unterschreiben, in welchen Osianders Lehren verdammt waren, und als er doch nachher überführt wurde, diesen

Artikeln

räumen, und Culmann wurde seines Amts in Nürnberg entsezt 260). In allen Protestantischen Kirchen zwei-

Artikeln zuwieder gepredigt zu haben, so schaffte ihn der Herzog aus Stettin weg. Dazu hatte auch Melanchton in einem Bedenken gerathen, nur hatte er dabey den Wunsch geäussert, daß man ihn nicht ohne Versorgung lassen, und allenfalls an eine andere Stelle versezen möchte. S. Cramer am a. O. f. 125. 126. Melancht. Consil. p. 158.

260) Eigentlich hatte Culmann sein Predigt-Amt selbst aufgegeben, aber freylich nur in so fern selbst aufgegeben, als er sich nicht zu der Bedingung eines Wiederrufs verstehen wollte, unter der man ihn in seinem Amt hatte lassen wollen. Eben so und aus eben dem Grund hatte mit ihm noch ein anderer Nürnbergischer Prediger, Johann Vetter, Diaconus an der Laurenzius-Kirche seine Stelle verlassen; wiewohl man aber diß nicht ganz freywillig nennen kann, so muß man doch gestehen, daß beyde gar nicht unbillig, sondern noch mit merklicher Schonung behandelt worden waren. Zwey Jahre lang hatte man die andere Nürnbergische Prediger, welche sich darüber beschwehrten, daß Culmann nicht nur Osiandrisch von der Rechtfertigung predige, sondern auch bey jeder Gelegenheit von ihrer Lehre höchst schmählich und verächtlich spreche, von Seiten des Raths bey Gedult erhalten, und indessen hatte sich Melanchton, der von ihm ersucht worden war, zwischen ihnen zu mitteln, alle Mühe gegeben, um Culmann wenigstens dahin zu bringen, daß er das Schmähen über die gewöhnliche Lehrform unterlassen möchte. Zwey Briefe von ihm an Culmann in Strobels Beyträgen. T. II. p. 127. 133. enthalten den Beweiß davon, und zugleich eine höchst anziehende Probe der herablassendsten Sanftmuth, womit er den wunderlichen und reizbaren Mann behandelte. Als alles diß nichts half, so drangen endlich die Prediger auf ernstlichere Maaßregeln; aber noch jezt suchte Melanchton, der auf das Ersuchen des Raths selbst nach Nürnberg gekommen war, ihm die Annäherung zu seinen Kollegen, die man von ihm fordern mußte, so leicht als möglich zu machen, denn er richtete den kurzen Entwurf einer Lehr-Formel über den Rechtfertigungs-Artikel, durch deren Annahme er sich mit den übrigen Prediger vereinigen, und seine Glaubens-Einigkeit mit ihnen bezeugen sollte, geflissentlich so ein, daß ihre Unterschrift von seiner Seite fast nichts von dem Aussehen eines Wiederrufs bekam. Diese Lehr-Formel wurde hernach unter dem Titel gedruckt: daß der Mensch in der Bekehrung zu Gott in diesem Leben gerecht werde vor Gott, von wegen des Gehorsams des Mittlers, durch Glauben, nicht von wegen der wesentlichen Gerechtigkeit. Geschrieben zu Nürnberg und unterschrieben von den Personen, deren Nahmen am Ende verzeichnet sind. 1555. 4. Angehängt ist eine Predigt Jacobi Rungii Pomerani (des Pommerischen Abgeordneten, den man an Melanchton

zweifelte nun kein Mensch mehr, daß Osiander ein Kezer gewesen sey: der Abscheu vor seinen Irrthümern aber erhielt

lanchton in der Sache Artopöi geschickt, und den Melanchton mit sich nach Nürnberg genommen hatte) von der Gerechtigkeit, und die Anrede Melanchtons an die Nürnbergische Prediger. Nach diesem mußte er aber doch noch einmahl in der Sache mittlen. Culmann war nehmlich nach der Niederlegung seines Amts doch in Nürnberg geblieben, und hielt sich nun als Laye zu der Kirche, bey der er vorher als Prediger gestanden war, wiewohl er durch die verweigerte Unterschrift der neuen Lehrformel seinen Dissensum von der Lehre der andern Nürnbergischen Prediger sehr unzweydeutig bezeugt hatte. Wahrscheinlich mochte er diesen auch sonst nicht verhelen, daher kam es nun in Bewegung, ob wohl der Mann noch ferner in der Gemeinschaft der Kirche geduldet, und nicht wenigstens vom Abendmahl ausgeschlossen, oder auch wohl gar aus der Stadt gewiesen werden sollte? Die Sache kam wieder an Melanchton, und dieser stellte ein Bedenken darüber, das mit den bisherigen vorgekommenen Auftritten einen allzuseltsamen und zugleich für die Empfindung eines jeden Lesers allzuwohlthätigen Kontrast machen muß, als daß man nicht einen Auszug daraus noch mit Vergnügen hier sehen sollte. "Wenn — schrieb Melanchton den Nürnbergischen Predigern — „wenn sich Culmannus nicht vernehmen läßt öffentlich, also „daß man ihn überführen kann, „daß er eure Lehre für unrecht „halte, und will doch ein Mit„glied seyn eurer Kirche, so „wollte ich, daß ihr mit ihme „als mit einem bedruckten und „verwirrten Mann Gedult hät„tet und liesset die Sache unge„regt. Und ob er gleich bey et„lichen seiner Gesellen etwas „rühmet und vorgiebt, er kön„ne diese Sache viel subtiler „handlen als ihr, und er sey „keines Irrthums überwiesen, „so ist doch dieses Rühmen auch „Thorheit und Blödigkeit, und „ist gar nicht vonnöthen, daß „wir uns aller thörigten Reden „annehmen. Wo nun aber die „Prädicanten nicht mit ihm, „als mit einem schwachen Mann „Gedult haben wollten, wel„ches ich doch lieber wollte, so „kann man nicht Frieden haben, „als durch diesen andern Weg: „Dieweil gleichwohl Culmannus „sich selbst ungedrungen von der „andern Prediger Einigkeit ab„gesondert und darauf auch un„gedrungen das Predigt-Amt „verlassen hat, und damit ange„zeigt, daß er ein Mißfallen ha„be an der andern Personen „und Lehre, und auch noch um„hergeht und rühmet, er sey „keines Irrthums überwiesen: „so ist er vorzufordern vor die „Verordnete des Raths in Kir„chen-Sachen, und ist ihm in „Beyseyn von vier Predigern „folgendes vorzuhalten: dieweil „er sich selbst von den andern „Prädikanten abgesondert habe, „und auch noch recht haben wol„le, so habe man Verwunderung „daran, warum er zu ihrer „Communion gehe, und begehre „von ihm zu wissen, ob er ihre „Lehre für recht oder unrecht „halte

erhielt sich noch lange Zeit hindurch so lebhaft, daß man es doch noch für nöthig hielt, sie in der Koncordien-Formel ausführlich zu verdammen, nachdem in zwanzig Jahren niemand mehr zu ihrer Vertheidigung aufgestanden war.

Kap. X.

Aus dieser Osiandrischen Streitigkeit keimte aber eine andere hervor, deren Geschichte am schicklichsten hier angehängt werden kann, da sie sich ohnehin sehr kurz zusammenfassen läßt. Auf die Osiandrische Händel hatte sie weiter keinen Einfluß, und stand selbst nur so weit damit in Verbindung, als sie auf ihre Veranlassung zum Ausbruch kam. Fast unmittelbar nach ihrem Ausbruch zog sie sich auch auf einen ganz andern Schauplaz, der von den deutschen protestantischen Kirchen zu weit entfernt war, als daß diese einen besondern Antheil daran hätten nehmen können; doch veranlaßte sie auch einige eigene Bestimmungen in ihrem theologischen Lehrbegriff, und deßwegen darf sie hier nicht ganz übergangen werden.

Franciscus Stancarus [261]) — denn es ist die Geschichte des von ihm erregten Streits, welche hier noch an-

„halte laut des unterschriebenen „Büchleins? So er nun antwortet, daß er dieselbe Konfession nicht annehmen wolle, „oder spricht, er halte sie für „Unrecht, so ist ihm klar zu sagen, er solle führohin nicht zu „ihrer Kommunion gehen. So „er nicht categorice antwortet, „daß er die Konfession für recht „halte, so ist ihm ebenfalls zu „sagen, daß er von ihrer Kommunion wegbleiben soll. So „er aber categorice spricht, er „halte die Lehre für recht, so „ist er zu der Kommunion zuzulassen, und ist nicht noth, ihm „darüber einen weiteren öffentlichen Wiederruf aufzulegen, „denn diß sein Bekenntniß vor „den Richtern ist öffentlich. „So ist auch christlich, mit ihm „als einem betrübten Mann Gedult zu haben, und Maaß zu „halten.“ S. Strobels Beyträge B. II. 154 ff.

261) Stancarus — aus Mantua in Italien gebürtig, hatte als Anhänger und Vertheidiger der Reformation aus seinem Vaterland

anzuhängen ist — war im J. 1551. aus Pohlen nach Königsberg gekommen, und von dem Herzog bey der Universität angestellt worden, weil er die Hoffnung von ihm hegte, daß er sich als Fremder weder allzuschnell noch allzuleydenschaftlich in den Streit zwischen Osiandern und den übrigen Theologen mischen würde. Der Fremdling täuschte aber, wie schon vorgekommen ist, seine Hoffnung auf das äusserste, denn er legte es eigentlich darauf an, sich allen Gegnern Osianders voranzudrängen, und das Oberhaupt seiner Gegen-Parthie zu werden; fuhr mit blinder Heftigkeit auf ihn loß, und rannte in dieser so weit über alle Gränzen hinaus, daß er selbst in eine Kezerey hineingerieth, die man damahls auf den ersten Anblick dafür erkennen und noch entschiedener als die Meynung Osianders dafür erkennen mußte. Um die Osiandrische Grund-Behauptung, daß Christus allein nach seiner göttlichen Natur unsere Gerechtigkeit sey, recht von Grund aus umstürzen zu können, behauptete Stancarus, daß er gar nicht nach seiner göttlichen Natur, sondern allein nach seiner menschlichen Natur unsere Gerechtigkeit genannt werden könne, weil er allein nach seiner menschlichen Natur unser Mittler und Erlöser geworden sey. Die Idee wurde ihm immer wichtiger, je mehr sie Wiederspruch fand; daher vertheidigte er sie immer eifriger, so wie er sie zugleich immer härter und auffallender darlegte: man wurde aber auch, so wie man sie länger bestritt, immer mehr irriges und gefährliches darinn gewahr, daher wurde der Nahme von Stancarus in kurzer Zeit eben so verrufen, als der Nahme Osianders!

Man

terland fliehen müssen, war darauf Professor der ebräischen Sprache an der Universität zu Cracau, aber bald auch von dem dortigen Erzbischof verjagt, und zu Pinczow von einem evangelischen Magnaten Lesczinsky aufgenommen worden, biß er im J. 1551. als Professor der Theologie und der ebräischen Sprache zu Königsberg angestellt wurde.

Man hat schon behaupten wollen, daß der Mann diese eigenthümliche Meynung, durch welche er sich auszeichnete, nicht erst unter seinem Streit mit Osiandern aufgefaßt, sondern längst vorher aus den Schriften der Scholastiker, besonders aus den Sentenzen Lombards aufgelesen, und bereits mit sich nach Preussen gebracht habe [262]. Hätte sich diß würklich so verhalten, so würde es wohl dadurch am besten erklärt seyn, warum er sich mit solcher Hitze in den Streit mit Osiandern hineinwarf, denn er würde in diesem Fall noch ein stärkeres Interesse als alle seine übrige Gegner dabey gehabt haben. Die Vermuthung kann auch nicht geradezu weggeworfen werden, denn es ist gewiß, daß er seine Meynung in den Sentenzen Lombards hätte auflesen können [263]: doch dürfte auch selbst seine eigene Aussage noch nicht ganz hinreichend seyn, sie völlig zu beglaubigen. Er konnte immer Gründe haben, sich das Ansehen zu geben, als ob er seine Meynung weder selbst erfunden, noch erst unter dem Streit mit Osiandern gefunden hätte, wenn auch das eine oder das andere würklich der Fall gewesen war; diß konnte aber wahrhaftig nur allzunatürlich statt gefunden haben [264]!

Wie

262) Diß behaupten nicht nur Wigand De Stancarismo L. II. p. 64. und Schlüsselburg L. IX. p. 38. sondern auch die Prediger zu Zürch in ihrem zweyten Brief an die pohlnische Kirchen. S. Schlüsselburg S. 221.

263) S. Sentent. L. III. Distinct. XIX. p. 264. (nach einer Pariser Ausgabe von 1575. in 8.) Hier konnte es allerdings Stancarus wörtlich finden, — Christus mediator dicitur secundum humanitatem, non secundum divinitatem — und wieder: — Mediator est ergo, in quantum homo, et non in quantum Deus. Aber Lombardus hatte dabey bloß die Ideen der alten Väter im Kopfe, nach welchen der Mittlers-Nahme nicht in Beziehung auf das ganze Erlösungs-Werk gebraucht werden, sondern das eigenthümliche der Person Christi ausdrücken sollte, nach welcher er gleichsam zwischen Gott und dem Menschen in der Mitte stehe — secundum quam inter Deum immortalem et hominem mortalem medius est Deus et homo.

264) Am wahrscheinlichsten mag es seyn, daß Stancarus die

Wie es sich aber damit verhielt, so war es noch natürlicher, daß Osiander sogleich in der Meynung von Stancarus eine Kezerey wittern mußte; hingegen ob auch die übrige Königsbergische Theologen, ob auch Mörlin und die andere Gegner Osianders sogleich Notiz davon nahmen und Lärm darüber machten, diß ist auch noch nicht so ganz ausgemacht, als man in der Folge vorzugeben für gut fand [265]). Indessen zog Stancarus noch vor dem Verfluß eines Jahrs wieder von Königsberg

die Meynung würklich schon vorher in den Schriften der Scholastiker, aus denen er zuerst die Theologie im Kloster studirte, aufgelesen, aber wohl nicht viel Werth darauf gesezt haben möchte, biß er sie im Streit gegen Osiander brauchen zu können glaubte. Wigand und Schlüsselburg berufen sich zwar auf Spuhren, die sich schon in seinen früheren Schriften davon finden sollen, und von diesen ist mir keine zu Gesicht gekommen; auch läßt sich nach dem Verzeichniß davon, das Salig Th. II. p. 715. und Conr. Geßner in Bibliotheca Simleriana f. 245. gegeben hat, nicht wohl errathen, in welcher seiner wenigen früheren Schriften diese Spuhren sich finden könnten: allein vielleicht dachten sie bloß an seine Disputation De Trinitate, die er in Königsberg bey dem Antritt seines Amts herausgab, und den 20. Jun. 1551. vertheidigte.

265) Wigand erzählt zwar, daß auch Mörlin und die andere Theologen zu Königsberg sich sogleich gegen seine Meynung erklärt hätten; allein sonst weißt man kein Wort davon. Es ist zwar glaublich, daß sie vielleicht im vertrauten Umgang dem wackren Kollegen, der es so treulich mit ihnen gegen Osiander hielt, eine freundschaftliche Warnung gegeben haben mögen, daß er sich nicht allzuweit von seinem Eifer hinreissen lassen möchte; allein wahrscheinlich hielten sie den Irrthum, wenn sie ja Notiz davon nahmen, für sehr verzeyhlich, weil er, wie sie dachten, nur aus Eifer gegen Osianders Irrthümer, also aus einer so guten Quelle entsprungen war. Zu einer öffentlichen Erklärung kam es wenigstens nicht von ihrer Seite, so lange Stancarus in Königsberg war; vielmehr schienen sie biß zu seinem Abzug in dem besten Vernehmen mit ihm geblieben zu seyn, denn sie trugen es ja noch ihm auf, dem Herzog ihre Erklärung auf Osianders Confession in ihrem Nahmen zu übergeben. Unbekannt konnte ihnen aber die neue Meynung von Stancarus unmöglich geblieben seyn, denn Osiander faßte sie ja sogleich auf, und machte, wenn man der Aussage Stancari in seiner Schrift De Trinitate et Mediatore (Cracoviae 1562.) K. 7. b. glauben dürfte, so viel Aufhebens davon, daß man schon damit umgieng, ihm als einem Kezer den Proceß zu machen, und von lebenslänglicher Gefangenschaft sprach, die ihm zuerkannt werden müßte.

nigsberg ab, und trieb sich von jezt an meistens in Pohlen, Siebenbürgen und Ungarn herum [266]). Es hätte daher leicht geschehen können, daß man ihn in Preussen unter den Osiandrischen Bewegungen vergessen, und in Deutschland wegen der Entfernung nicht viel von ihm erfahren hätte; ja diß würde sehr wahrscheinlich erfolgt seyn, wenn nicht sein kurzer Aufenthalt in Frankfurt an der Oder, ihn auch mit den dortigen Theologen in Streit gebracht [267]), und die protestantische Kirchen in Pohlen seiner Meynung nicht so viele Wichtigkeit durch die auswärtige Urtheile, die sie darüber einholten, gegeben hätten. Durch das erste wurde aber selbst Melanchton veranlaßt, ein Bedenken darüber auszustellen [268]); durch die andere wurden besonders die Schweizerische Kirchen und Kalvin zu der Theilnahme an dem Streit bewogen [269]), und dadurch wurde der

266) Vom J. 1554 biß 1558. hielt er sich meistens in Siebenbürgen auf, wo er sich zu den Reformirten hielt, aber durch seine Meynung, und noch mehr durch seine Unverträglichkeit und durch seine Einmischung in alle Händel bey allen Partheyen so verhaßt wurde, daß er in dem lezten Jahr das Land räumen und wieder nach Pohlen ziehen mußte. Hier starb er im Jahr 1574.

267) Nach seinem Abzug aus Königsberg wurde er von dem Churfürsten zu Brandenburg auf der Universität zu Frankfurth an der Oder angestellt; wo er aber sogleich wegen seiner Meynung mit Andreas Musculus in Streit kam.

268) Der Churfürst von Brandenburg hatte gewünscht, daß Melanchton und Bugenhagen selbst nach Frankfurth kommen möchten, um mit Stancarus zu disputiren; diß fand aber nicht statt, hingegen schickte Melanchton ein Bedenken ein, das noch im nehml. Jahr unter dem Titel herauskam: Responsio de controversiis Stancari scripta ao. 1553. Lips. 1553. in 8. Auch Schlüsselburg hat es eingerückt L. IX. p. 163. ff.

269) Von den Predigern zu Zürch, an welche die Pohlnische Kirchen einen eigenen Abgeordneten wegen des Handels geschickt hatten, erschienen: Epistolae duae ad ecclesias Polonicas, Evangelium Jesu Christi amplexas scriptae a Tigurinae ecclesiae ministris de negotio Stancariano et mediatore Dei et hominum Jesu Christo, an hic secundum humanam naturam duntaxat, an secundum utramque mediator sit. Tiguri. 1561. 8. Auch diese Briefe hat Schlüsselburg p. 184. ff. Calvin hatte herausgegeben: Responsum ad Fratres Polonos, quomodo Christus sit mediator, ad refutandum Stancari errorem. Genev. 1561. 8.

Lärm darüber groß genug, da sich Stancarus gegen jeden, der ihn angriff, mit äusserster Heftigkeit vertheidigte[270]!

Doch die Geschichte des mit ihm geführten Streits ist dem ungeachtet höchst einfach; denn sie läuft bloß darinn zusammen, daß der Mann und seine Meynung von allen Seiten her einstimmig verdammt wurde! Wichtiger und anziehender ist deßwegen die Untersuchung über seine Meynung selbst, über dasjenige, was würklich daran irrig war, und was man darinn irrig fand, wie über die Gründe, von denen er zu ihrer Vertheidigung und seine Gegner zu ihrer Bestreitung Gebrauch machten, denn man hat Ursachen genug, voraus zu glauben, daß sich einer unbefangenen Prüfung auch hierüber manches ganz anders darstellen muß, als man es unter dem Streit darüber erblickte, und erblicken konnte!

Was dann die Haupt-Frage betrifft: worinn eigentlich das irrige der Vorstellung lag, die Stancarus vertheidigte, so legte sie zwar der Mann immer auf eine solche Art dar, daß nicht nur ihre Abweichung von der orthodoxen Vorstellung, sondern auch der besondere Punkt, in welchem sie von dieser abwich, dem Ansehen nach jedem Auge sogleich auffallen mußte. Er behauptete in den bestimmtesten Ausdrücken, daß Christus nur nach seiner menschlichen Natur der Mittler und Erlöser der Menschen gewesen sey, oder daß alles, was zu dem von

270) Nach seinem Abzuge aus Preussen gab Stancarus zuerst eine Apologiam contra Osiandrum heraus: seine Haupt-Schrift in dem Handel erschien aber unter dem Titel: Franc. Stancari, Mantuani, De Trinitate et Mediatore D. N. I. C. adversus Heur. Bullingerum, Petr. Martyrem et Joh. Calvinum et reliquos Tigurinae et Genevensis ecclesiae ministros, ecclesiae Dei perturbatores — ad Magnificos et generosos Dominos Polonos Nobiles ac eorum Ministros a variis Pseudo-Evangelicis seductos. Cracoviae. 1562. Von den Zürchern erschien dagegen noch eine Replik: Responsio ad maledicum Fr. Stancari libellum adversus Tigurinae ecclesiae ministros de Trinitate et Mediatore, auctore Josia Simlero, Tigurino. Tiguri. 1563. 8.

von ihm vollbrachten Erlösungs-Werk gehöre und gehört habe, nur allein seiner menschlichen Natur zugeschrieben werden dürfe [271]): also war, oder schien es unmöglich, daß er die von dem fünften Jahrhundert an in der Kirche symbolische Lehre von der persönlichen Vereinigung der Naturen in Christo annehmen konnte, auf welcher allein die Vorstellung beruhte, daß die göttliche Natur Christi eben so viel Antheil an dem Erlösungs-Werk als die menschliche gehabt habe. Zunächst war es zwar nur diese Vorstellung, welche er zu bestreiten schien; aber da sie nothwendig aus jener unzertrennlichen Vereinigung der Naturen in Christo floß, und in das theologische System nur als Folge von dieser gekommen war, so konnte er sie dem Ansehen nach unmöglich bestreiten, ohne die Naturen-Vereinigung zu läugnen, und man durfte auch nicht ohne Grund vermuthen, daß er vorzüglich die Absicht haben müsse, diese lezte zu bestreiten, weil er sonst durch seinen Wiederspruch gegen die erste auf der Welt nichts auszurichten hoffen konnte.

So schien es sich auf den ersten Blick aufzudecken, wodurch eigentlich die Meynung von Stancarus, daß Christus allein nach seiner menschlichen Natur unser Mittler geworden sey, kezerisch wurde, nehmlich bloß dadurch, weil sie mit der kirchlichen Lehre von der persönlichen Vereinigung der Naturen Christi unvereinbar schien. Sie schien zwar noch nach mehreren Beziehungen irrig zu seyn; denn indem er behauptete, daß uns Christus allein nach seiner menschlichen Natur erlößt habe,

271) "Christus Deus et homo, secundum alteram naturam *tantum*, nempe humanam, non autem secundum divinam Mediator est — Christus secundum Divinam naturam *non potest* esse Mediator, sed *tantum* secundum humanam — Christum secundum divinam naturam esse Mediatorem, haereticum est." Diese drey Säze kommen wörtlich in seiner Schrift adv. Tigur. B. 6. C. 4. K. 4.

be, so schien er auch alle die schönen Gründe umzustürzen, durch welche sich die kirchliche Orthodoxie sonst zu beweisen wußte. daß und warum auch die göttliche Natur an der Erlösung nicht nur Antheil genommen habe, sondern Antheil habe nehmen müssen. Indem er dieser allen Antheil daran absprach, so schien er auch zu läugnen, daß das Opfer Christi, durch das die Erlösung zu Stand gebracht und vollendet worden sey, den unendlichen Wehrt gehabt habe, wodurch der göttlichen Gerechtigkeit allein eine vollkommene Genugthuung geleistet werden konnte. Er schien also auch nicht anzunehmen, daß die göttliche Gerechtigkeit nothwendig ein solches Opfer hätte haben müssen, oder nur durch ein solches Opfer von unendlichem Wehrt versöhnt werden konnte, und so wich er also bey seiner Meynung noch von mehreren Ideen der kirchlichen Orthodoxie ab. Doch wem konnte es dabey entgehen, daß auch alle diese weitere Irrthümer, die in seiner Meynung lagen, erst dadurch Irthümer wurden, weil sie die Naturen-Vereinigung in der Person Christi aufhoben? denn wem konnte es entgehen, daß auch alle jene andere Ideen, die durch seine Meynung umgestürzt wurden, erst dadurch ihre Wahrheit erhielten, wenn man die Naturen-Vereinigung als Thatsache voraussezte, und nur durch diese und um dieser willen in das System gekommen waren. Jedem gelehrten Theologen, der als Gegner wider Stancarus auftrat, mußte es wenigstens auffallen, daß sein Grund-Irrthum in der Verwerfung jener Voraussezung liege; daher war es dann so weit ganz in der Ordnung, daß man ihn auch allgemein von dieser Seite her angriff.

Zu dieser Vorstellung, daß Stancarus würklich die Vereinigung der Naturen in Christo aufheben wolle, indem er die göttliche von allem Antheil an dem Erlösungs-Werk ausschloß, bekam man aber noch mehr

Gründe

Gründe durch einige der Beweise, die er zu Unterstützung seiner Meynung von Zeit zu Zeit vorbrachte: denn schon die Form von diesen kündigte jenes dem Ansehen nach auf das deutlichste an. Stancarus sprach ja dabey nicht nur von der göttlichen und menschlichen Natur Christi, sondern von dem Menschen Christus und von dem Sohn Gottes, die man unterscheiden müsse. Er brachte zum Beyspiel mehrmahls das seltsame Argument vor, Christus könne nicht nach seiner göttlichen Natur als Mittler gedacht werden, denn sonst würde er ja Mittler und Parthie zugleich, oder er würde Mittler zwischen sich selbst und zwischen den Menschen, oder er würde der beleidigte Theil und doch zugleich Mittler gewesen seyn [272]); damit aber schrieb er offenbar der göttlichen Natur in Christo eine eigene von der menschlichen abgesonderte Persönlichkeit, und umgekehrt auch der menschlichen Natur eine eigene zu, weil er zugleich behauptete, daß alle jene angebliche Widersprüche wegfallen würden, wenn man Christum bloß nach seiner menschlichen Natur als Mittler betrachtete. In der That hatte man also, sobald man nur von diesen Aeusserungen des Mannes ausgieng, Gründe genug zu glauben, daß er in eben den Irrthum verfallen sey, den schon die Synode zu Ephesus vom J. 431. unter dem Nahmen von Nestorius verdammt hatte, und somit auch Gründe genug, über den neuen Kezer zu schreyen, der den alten Irrthum wieder in die Kirche bringen wollte, denn auch in den protestantischen Kirchen hatte man ja schon mehrmahls die Entscheidungen jener Ephesinischen Synode und ihre Bestimmungen in der Lehre von der

272) Si Christus — schloß Stancarus — esset Mediator secundum divinam naturam — Mediator esset sui ipsius — Apol. contr. Osiand. B. 1. Mediator esset et simul unus dissidentium — advers. Tigur. B. 7. Mediator esset et offensus. ib. B. 8.

der Naturen-Vereinigung in Christo als verbindend anerkannt. Nach diesen war Stancarus ein formeller Kezer, wenn er würklich die Naturen in Christo trennte; trennen mußte er sie aber, wenn in seinen Meynungen nur ein Schatten von Konsistenz und Zusammenhang seyn sollte; mithin war es bald entschieden, wie jedes von einem theologischen Richterstuhl über ihn eingeholte Urtheil ausfallen mußte. Daher kam es auch ohne Zweifel, daß alle diese Urtheile, die von den Theologen der verschiedensten Partheyen über ihn gefällt wurden, so vollkommen harmonirten, und daß sich die Wittenberger und die Zürcher, daß sich Kalvin und Wigand so einträchtig zu seiner Verdammung vereinigten: aber doch — that man ihm Unrecht; denn Stancarus dachte eben so wenig daran, die Naturen in Christo würklich trennen zu wollen, als ehmahls Nestorius daran gedacht hatte!

Diß kam nicht erst alsdenn an den Tag, nachdem man ihm einmahl diese Kezerey an den Hals geworfen, und ihn zur Verantwortung darüber gezogen hatte. Die Protestationen, die er jezt erst dagegen einlegte, hätten verdächtig scheinen mögen, denn es hätte scheinen mögen, als ob sie ihm erst durch die Anklage abgepreßt worden wären; allein schon bey den ersten Aeusserungen seiner Meynung hatte er sich auf eine Art ausgedrückt, die selbst die argwöhnischste Polemik darüber hätte beruhigen mögen. Man konnte, wenn man gewollt hätte, recht deutlich sehen, wie gut es Stancarus fühlte, daß er bey seiner Meynung an der Lehre von der Naturen-Vereinigung anstossen könnte, und wie viel Vorsicht er anwandte, um ohne Anstoß an dieser Klippe vorbey zu kommen; daraus aber ergab sich wenigstens diß sehr deutlich, daß er sie nicht bestreiten wollte! Einmahl brauchte ja Stancarus von Christo auch mehrmahls den Ausdruck: Gottmensch: der schon die

Vor-

Vorstellung einer persönlichen Naturen-Vereinigung in sich schloß. Er sagte wörtlich, daß Christus Gott und Mensch sey. Aber — was ganz entscheidend war — er erklärte zugleich auf das bestimmteste, daß er durch seine Behauptung, nach welcher Christus allein nach seiner menschlichen Natur unser Mittler seyn sollte, durchaus nicht die göttliche Natur von der Person Christi, sondern nur von seinem Mittler-Amt ausschliessen wolle [273]). Nach seiner Vorstellung gehörte also auch die göttliche Natur Christi zu der Person; und wie konnte er unzweydeutiger erklären, daß er nicht die Absicht habe, die Naturen zu trennen, als dadurch!

Allein wenn doch Stancarus in der That durch die Meynung, die er vertheidigte, die Vereinigung der Naturen in Christo aufhob, oder wenn es ihm durch eine logisch-richtige Folgerung gezeigt werden konnte, daß sie durch seine Meynung aufgehoben werde, durfte man ihm nicht dennoch, seiner Erklärungen ungeachtet, jene Kezerey mit völligem Recht zur Last legen? Nach der Moral wenigstens, nach welcher man sich ehmahls erlaubt hatte, Nestorium wegen dieser Kezerey zu verdammen, konnte man es sich bey Stancarus mit ungleich weniger Bedenken erlauben, denn es ist unstreitig, daß die Kezerey unendlich-scheinbarer aus seiner Meynung als aus jener gefolgert werden konnte, die ehmahls Nestorius vertheidigte: doch wenn man es sich auch nach jeder Moral hätte erlauben mögen, so hätte man es deßwegen unterlassen sollen, weil es zu nichts dienen, und

273) Excludo — sagt er ausdrücklich in der Schrift advers. Tigur. F. 5. "excludo naturam divinam ab *officio* Sacerdotii et Mediationis Christi, sed *non* a *persona* ejus. Eben diß wiederholt er: In hac propositione: Christus est Mediator secundum humanam naturam *tantum*, haec exclusiva *tantum* non excludit divinam naturam in persona Christi, sed ab officio Mediationis ejus. Deutlicher konnte wenigstens nicht gesagt werden, daß er die Naturen nicht trennen wolle.

und weil man auch ohne diß mit dem Mann fertig werden konnte!

Da Stancarus selbst darauf bestand, daß er eine persönliche Vereinigung der Naturen in Christo annehme, und daß eine solche angenommen werden müsse, so war es wohl am natürlichsten, ihn dabey zu fassen, und ihn eben daraus zu überführen, daß die andere Meynung, die er vertheidigte, nothwendig sinnlos oder falsch seyn müsse, weil sie mit dieser von ihm selbst behaupteten Naturen-Vereinigung im Wiederspruch stehe. Wenn sich diß lezte darthun ließ, so mußte er nothwendig das eine oder das andere zugeben, oder es mußte ganz deutlich an den Tag kommen, daß der Mann etwas anders haben wollte, als man nach seinen Ausdrücken zuerst schliessen mochte, und daß also sein Irrthum entweder anderswo, oder vielleicht nur darinn liegen dürfte, daß er sich ungewöhnlich oder unschicklich ausgedrückt hatte. In diesem Fall würde es auch bald klar geworden seyn, daß man nicht nöthig hatte, sich so sehr über ihn zu ereifern; aber daß diß würklich der Fall war, hätte man noch dazu sehr leicht wahrnehmen können.

Wenn Stancarus behauptete, daß Christus allein nach seiner menschlichen Natur als unser Mittler betrachtet werden müsse, so wollte er damit nicht mehr und nicht weniger sagen, als daß alle jene Verrichtungen, die zu dem Erlösungs-Werk gehört hätten, zunächst auf seine menschliche Natur bezogen werden müßten. Er wollte behaupten — was freylich kein Mensch läugnete — daß Christus zunächst als Mensch oder in seiner menschlichen Natur das Gesez erfüllt, als Mensch anstatt der Menschen gelitten, sein Blut für sie vergossen, und sein Leben für sie geopfert habe; aber er wollte dabey den Antheil gar nicht läugnen, den auch seine göttliche Natur wegen ihrer innigsten Vereinigung mit der

der menschlichen daran genommen habe. Diß erhellt sonnenklar aus allen jenen andern Gründen, von denen er zu der Vertheidigung seiner Meynung noch häufiger als von den schon angeführten Gebrauch machte.

Wenn zum Beyspiel Stancarus den Schluß so oft wiederholte: der Mittler mußte sterben, Christus aber konnte nur nach seiner menschlichen Natur sterben, also konnte er nur nach seiner menschlichen Natur Mittler seyn: oder wenn er dem nehmlichen Schluß die Form gab: Wir sind durch das Blut Christi versöhnt worden; das Blut gehört aber nur der menschlichen Natur, mithin ist Christus bloß nach dieser unser Mittler 274), wie konnte es nur einen Augenblick lang zweifelhaft seyn, was er haben wollte? War es nicht billig, vorauszusezen, daß er weiter nichts behaupten wollte, als was aus diesen Prämissen folgte, und daß er sich nur in der Konklusion falsch ausdrückte? sobald man aber diß annahm, so lag es auch am Tage, daß der Mann nur über Worte stritt, und daß man auch nur über Worte mit ihm streiten konnte. Man mochte ihm auf seinen zweyten Schluß entgegenhalten: das von Christo vergossene Blut habe nicht seiner menschlichen Natur allein sondern der Person gehört, in welcher die göttliche und die menschliche Natur auf das innigste vereinigt seyen, also folge daraus, daß man das Mittler-Amt nicht allein auf die menschliche Natur, sondern auf die ganze Person beziehen dürfe; aber wenn er seinerseits darauf behauptete, daß doch das Blut der Person nur nach ihrer menschlichen Natur gehört habe, und daß man also deßwegen die Person nur in ihrer menschlichen Natur als

274) Er brachte diesen Schluß noch in zehnerley andern Formen vor, aber es war immer der nehmliche. Christus — sagte er — sanguinem effudit — vitam obtulit — supplicavit — legem implevit — intercessit — satisfecit pro nobis — haec omnia pertinuerunt ad officium Mediatoris, sed pertinuerunt etiam ad humanam naturam; ergo &c.

als Mittler erkennen dürfe; wenn er dabey erklärte, daß er nur diß habe sagen, und das Mittler-Amt nicht von der Person habe wegnehmen [275]), sondern nur ihrer menschlichen Natur deßwegen habe zueignen wollen, weil die Person die Haupt-Verrichtungen des Amts nur nach dieser habe erfüllen können, so war es augenscheinlich, daß er in der Hauptsache von der kirchlichen Orthodoxie in dieser Lehre gar nicht abwich, sondern sich nur ungewöhnlich und unbequem ausdrückte!

Daß aber Stancarus würklich nichts weiter als diß behaupten, und daß er im besondern jenen allgemeinen Antheil gar nicht bestreiten wollte, den die göttliche Natur; in sofern sie mit der menschlichen zu einer Person vereinigt war, daran genommen habe, diß wird noch durch mehrere Anzeigen beglaubigt. Wie konnte er auch daran denken, da er nicht nur wahrhaftig eine göttliche Natur in Christo annahm, sondern selbst die orthodoxe Vorstellung von dieser göttlichen Natur eifrigst gegen die socinianische Unitarier, die damahls aufgetreten waren, und gegen die neue Arianer und Photinianer vertheidigte, die sich in Pohlen in eigene Partheyen zu bilden angefangen hatten? [276]) Er kämpfte selbst gegen diese dafür, daß

275) Allerdings drückte sich Stancarus zuweilen so aus, als ob er das Mittler-Amt würklich von der Person wegnehmen wollte. In der Apologie gegen Osiander sagte er einmahl wörtlich: Persona Christi non potest esse Mediator, und suchte es durch einen höchst seltsamen Schluß besonders zu beweisen. Der Mittler, sezte er voraus, muß nothwendig geringer als der Vater seyn: die Person Christi aber ist nicht geringer als der Vater, also kann die Person nicht Mittler seyn. Allein eben daraus würde es ja am sichtbarsten, daß sich der Mann nur verwirrt ausdrückte; denn wie konnte er im Ernst behaupten wollen, daß die Person nichts mit dem Mittlers-Amt zu thun hätte, da er zu anderen Zeiten selbst wörtlich sagte: daß der Gottmensch, Christus, der Mittler sey.

276) Er hatte diß auch den Schweizern in seiner Schrift De mediatore gesagt — propositam quaestionem de Mediatore non esse certamen infrugiferum, sed hoc tempore commodissimum, quando

daß es die wahre göttliche Natur sey, die sich in Christo mit der menschlichen vereinigt habe; also konnte er unmöglich bestreiten wollen, was nothwendige Folge dieser Vereinigung war, und wenn er es zu bestreiten schien, so konnte es nur ein Mißverstand der theologischen Sprache darüber oder Unbekanntschaft mit dieser seyn, was ihn dazu verleitete. Er bildete sich ein, man wolle der göttlichen Natur noch einen andern Antheil an den Mittlers-Verrichtungen der menschlichen Natur zuschreiben, als bloß jenen, den sie durch ihre Vereinigung mit ihr daran genommen habe, denn er stellte sich wahrscheinlich vor, daß man durch den Ausdruck einer communicatio idiomatum per ἰδιοποιησιν, woraus die theologische Kunstsprache jenen Antheil erklärte, noch etwas mehr andeuten wolle. Aber deßwegen erbot er sich ja sogar zulezt, auch seinerseits einzuräumen, daß der göttlichen Natur noch ein besonderer Antheil daran zustehe 277), und erbot sich nur deßwegen dazu, weil er in

quando summopere laborandum sit, ut novi Ariani et retegantur et opprimantur. Darauf hatten sie ihm mit sehr treffendem und sehr anständigen Ernst geantwortet: Audiat ille a nobis, contra: Non deerunt aliae viae commodae, planae et faciles, ad illud praestandum, citra piorum offensionem? Quid oportuit certamen atrocissimum de illo dogmate movere, quod minime cum Scripturis pugnat? Egregiam sane laudem Stancarus tandem reportabit, quod in suis hisce rixis primarios viros et reformatarum ecclesiarum columnas haereseos damnarit, ecclesias omnes Polonicas, germanicas et multas alias ut Arianas, vel Eutychianas et Sabellianas notarit et improbarit. S. Epist. alt. Tigurinor. p. 223. Aber wenn sie es ihm hier selbst glaubten, daß es würklich seine Absicht sey, die wahre göttliche Natur Christi zu behaupten und zu vertheidigen, und wenn sie sich dabey, wie es sehr deutlich erhellt, selbst nicht verhelen konnten, daß es nur ein heilloser Wort-Streit sey, den er angefangen habe, warum begnügten sie sich nicht, ihm diß recht beschämend zu zeigen, und warum sagten sie ihm vorher p. 210. er sey ein so "convictus Nestorianus, ut difficillimum sit, eum a Nestorio internoscere?

277) Er wollte zugeben, daß man die göttliche Natur autoritative mediatricem nennen möchte, quia tanquam autor et causa primaria Christum quoad naturam humanam incitaverit, moverit et corroboraverit. S. eb. das. p. 202.

in dem Wahn stand, daß man sich nicht mit jenem allgemeinem, bloß aus der Vereinigung der Naturen ausgeflossnen begnügen wolle!

Nach diesem läßt sich kaum mehr zweiflen, daß auch der Streit mit Stancarus, blosser Wort-Streit und die Verschiedenheit der Meynungen, über welche dabey gekämpft wurde, bloß scheinbar war. Stancarus behauptete zwar dem Ansehen nach gerade das Gegentheil von demjenigen, was seine Gegner erhalten wollten. Er behauptete den Worten nach, daß das Mittlers-Werk nur allein der menschlichen Natur Christi zugeschrieben werden dürfe, und sie bestanden darauf, daß Christus nach seiner göttlichen und nach seiner menschlichen Natur unser Mittler geworden sey. Allein damit wollten sie nicht mehr sagen, als, daß das Mittler-Amt und alle Mittlers-Verrichtungen der aus zwey Naturen bestehenden Person [278]) zugeschrieben wer-

278) Schlüsselburg selbst faßte seine ganze Wiederlegung des Stancarischen Irrthums darinn zusammen, daß er nur Rationes et testimonia Scripturae anführte, quae indicant, nomina officii Christi ad *totam personam* et utramque naturam pertinere. S. 152. ff. Diß entscheidet gegen die sonst scharfsinnige Vorstellung, die der Verfasser einer im J. 1768. zu Greiphswald unter dem Vorsiz Hrn. D. Schuberts herausgekommene Disputation: De judicio Joannis Calvini et Tigurinorum in causa Stancaristica — Frider. Joann. Braschen — von der Meynung Stancars und von dem Gegenstand des mit ihm geführten Streits macht. Nach dieser Vorstellung wollte Stancarus nicht die Vereinigung der Naturen in Christo, sondern nur ihre communicationem idiomatum archematicam und apotelesmaticam bestreiten. Da nun bekanntlich Kalvin und die Zürcher diese ebenfalls nicht annahmen, so folgert der Verf. daraus, daß sie im Grund nicht von Stancarus abwichen, sondern entweder seine Meynung nicht verstanden, oder geflissentlich verdacht hätten. Allein es ist unwiedersprechlich erweißlich, daß Kalvin und die Zürcher völlig auf gleiche Art, wie die Lutherische Theologen gegen Stancarus argumentirten, daß auch die lezte wie die erste nur darauf bestanden, daß um der Vereinigung der Naturen willen die nomina officii immer auf die ganze Person bezogen werden müßten, und deßwegen, nicht um der neuen Idiomen-Communikation willen, auch mit Recht

werden müßten; und diß läugnete Stancarus nicht, und hatte er niemahls läugnen wollen, indem er bloß den eigenthümlichen Antheil der einen Natur dabey unterschieden haben wollte, den auch seine Gegner nicht läugneten [279]). Worinn lag also die Verschiedenheit, als in den Ausdrücken?

Geht man nun davon aus, daß Stancarus nicht mehr als diß haben wollte, so erkennt man freylich auf das deutlichste, daß der Streit, der von ihm veranlaßt wurde, zuerst aus einem Mißverstand von seiner Seite entsprungen war, der bloß in dem Mangel einer genaueren Bekanntschaft mit der Sprache des theologischen Systems seinen Grund hatte: dabey erkennt man aber noch deutlicher, wie er, in diesen Mißverstand einmahl verwickelt, seiner Meynung so viele Wichtigkeit beylegen, so eifrig dafür kämpfen, und auch die Gründe, womit er sie vertheidigte, in allem Ernst für unwiderleglich halten konnte. Dieser lezte Umstand, der Stolz, zu dem er sich dadurch verleiten ließ, und der höhnische Uebermuth, mit dem er alle seine Gegner behandelte [280]), macht es dann wohl auch sehr begreiflich,

Recht auf jede Natur bezogen werden dürften, und daß auch die lezte wie die erste den Irrthum von Stancarus bloß darein sezten, weil er das lezte nicht zugeben wolle, also die Vereinigung der Naturen, woraus es nothwendig folge, bezweiflen müsse.

279) Die Schweizer selbst gestanden, daß gar kein Anlaß zum Streiten vorhanden seyn würde, wenn Stancarus nichts weiter als diß sagen wollte. "Atque etiam — sagen sie daher in ihrem zweyten Brief — qui „nunc tam acerbe de ista contro„versia contendunt, rem pateren„tur ad hunc modum componi; „ut nimirum divinitati nudae ac „simplici non tribuatur ut sit „mediatrix, et carni seu natu„rae humanae tantummodo ad„scribantur ea — quae ad eam „pertinent sinendo interea divini„tatem filii ad rationem et offici„um mediatoris concurrere, „*quatenus* humanitati *jungitur!*" S. p. 221. Aber wie war es möglich zu übersehen, daß Stancarus würklich nichts anders haben wollte?

280) Schon in seiner Apologie gegen Osiander hatte er sich ein Ansehen von stolzer Verachtung aller seiner Gegner gege-

lich, warum man sich mit so viel mehr Hitze, als nöthig war, in den Streit mit ihm einließ, und anstatt ihm zu zeigen, daß er die Leute nicht verstanden habe, wie man allein hätte thun sollen, nnd wie auch Melanchton that [281]), ihn lieber selbst zum Kezer machte: hingegen kann doch diß lezte nie ganz dadurch entschuldigt werden. Man hätte ihm zeigen mögen — diese Demüthigung hatte der Mann verdient — wie leicht man ihn zum Kezer machen könnte, wenn man ihn bloß nach seiner Sprache und nicht nach seinem Sinn beurtheilen wollte! Man hätte ihm zeigen mögen, wie viel leichter und natürlicher aus seiner Art sich auszudrücken eine Nestorianische Trennung der Naturen, als aus dem gewöhnlichen orthodoxen Sprach-Gebrauch eine Eutychianische [282]) Vermischung der Naturen gefolgert werden könne! Aber daß man ihm würklich auf den Kopf nachsagte, er habe die Naturen getrennt, diß war

gegeben, das man in Deutschland und in der Schweiz dem Fremdling am wenigsten verzeyhen konnte. Er erklärte fast ohne Ausnahme alle zusammen für Ignoranten; ja in seiner Schrift De Mediatore K. 5. sagte er allen Lutheranern und Reformirten ins Gesicht "der einzige Lombardus sey mehr werth, als hundert Luthers, zweyhundert Melanchtons, dreyhundert Bullingers nnd vierhundert Kalvine, denn so man auch alle zusammen in einem Mörser zerstiesse, so würde man doch nicht eine Unze wahre Theologie herausbringen.

281) Melanchton beurtheilte aber auch den Mann das erstemahl, daß er von seinen Händeln etwas hörte, sogleich mit treffender Richtigkeit. Als ihm der Churfürst von Brandenburg die Akten des Streits zwischen Stancarus und Musculus zu Anfang des J. 1553. geschickt hatte, schrieb er an Baumgärtner in Nürnberg: "Marchio misit nobis suorum controversias, in quibus δυσκωφω δυσκωφος ἐριζει." S. Strobels Beytr. B. II. 132.

282) Der seltsame Mann begnügte sich nicht bloß, seine orthodoxe Gegner des Eutychianißmus zu beschuldigen, sondern in der Dedication seiner Schrift de Mediatore an die Pohlnische Magnaten A, 4. versicherte er diese, quod Tigurini et Genevenses Arianam, Eutychianam, Apollinaristarum, Timotheanorum, Acephalorum, Theodosianorum, Gajanitarum et Macarianorum haereses pro fide catholica ad ipsos miserint, welches sie in seiner Schrift handgreiflich bewiesen finden würden.

war und diß blieb unentschuldbar ungerecht, weil es so augenscheinlich war, daß er nie daran gedacht hatte, und nach dem ganzen Zusammenhang seiner Ideen nie daran denken konnte!

Eben deßwegen aber konnte auch der Streit mit ihm bloß über diesen Punkt geführt werden. Stancarus gab seinen Gegnern keine Gelegenheit, ihn noch von andern Seiten her anzugreiffen. Er bezeugte mehrmahls auf das bestimmteste, daß er durch seine Behauptung, daß Christus allein nach seiner menschlichen Natur unser Mittler sey, die Erlösung selbst ganz und gar nicht für ein Werk ausgeben wolle, das auch allein durch die menschliche Natur ausser der Vereinigung mit der göttlichen hätte vollbracht werden können. Er bestand selbst so eifrig darauf, als die Orthodoxie nur irgend darauf bestehen konnte, daß nur Christus, der Gottmensch, der Erlöser der Menschen habe werden können, und er bestand aus eben den Gründen darauf, aus welchen sie von jeher die Nothwendigkeit davon bewiesen hatte [283]; denn diese Gründe hatte ja auch Lombardus in Schuz genommen. Von dieser Seite her konnte man ihm also nicht besonders beykommen, wenn man es auch, um mehr Stoff zum Streiten zu bekommen, noch so gern gethan hätte. Nur aus ein paar andern Aeusserungen, die er sich gelegenheitlich über einige besondere Bestimmungen der scholastischen Dreyeinigkeits-Lehre entfallen ließ, konnte der scharfsichtige Wigand noch ein paar Kezereyen weiter herauswittern [284]; aber er selbst schien

283) Auch diß erkennen die Zürcher in ihrem zweyten Brief, indem sie sein eigenes Geständniß anführen, quod natura humana nihil fuisset profectura moriendo, nisi efficacia vel efficientia divinae naturae intervenisset. S. p. 203.

284) Stancarus hielt sich darüber auf, daß einige Theologen auch die Sendung und Menschwerdung unter die proprietates personales des Sohnes gerechnet hatten. De Trinitate & Mediatore A. 6. 7. Ausser diesem behauptete er auch, daß der

schien zu fühlen, daß sich einem eigenen Streit darüber kein Interesse geben ließ, wer hingegen muß nicht jezt fühlen, daß auch der Punkt, der den Haupt-Gegenstand dieser Händel mit Stancarus ausmachte, nicht das mindeste hatte?

der heilige Geist nicht secundum essentiam, sed secundum effectum, operationem et manifestationem gesandt werde. eb. das. A. 7. Beydes fand Wigand De Stancarismo S. 153. ff. sehr anstössig und bedenklich: aber weder aus dem einen noch aus dem andern konnte er eine formelle Kezerey herauszwingen.

Geschichte

Geschichte
der
protestantischen Theologie
von
Luthers Tode bis zu Abfassung der Konkordien-Formel.

Buch III.

Kap. I.

Unter diesen Bewegungen, welche Osiander und Stancarus veranlaßten, hatten indessen in Deutschland selbst die Händel, die man den Chursächsischen Theologen wegen des Interims und wegen der Adiaphoren gemacht hatte, nicht nur nicht aufgehört, sondern sie waren mit steigender Hitze fortgeführt, und in mehrere besondere Zweige ausgesponnen worden, aus denen der Streit-Geist immer neue Reizung und immer neue Nahrung zog. Wegen der Adiaphoren fuhr man immer noch fort, sie alle zusammen, vorzüglich aber Melanchton in Anspruch zu nehmen: hingegen wegen der Lehr-Irrthümer, die in den Leipzigischen Interim stecken, oder deren sich die Chursächsische Theologen verdächtig gemacht haben sollten, fieng man einerseits mit D. Georg Major von Wittenberg, und andererseits mit D. Pfeffinger in Leipzig einen eigenen Streit an. Der arme Major mußte theuer dafür büssen,

sen, daß man in jenem Interim eine gewisse Nothwendigkeit der guten Werke eingeräumt hatte, denn man verdammte von jezt an diese Meynung bloß unter seinem Nahmen, oder bloß unter dem Nahmen des Majorismus, weil er sie etwas allzueifrig vertheidigt hatte. Pfeffinger gab Gelegenheit, daß man ihm besonders wegen dem darinn angeblich versteckten Semipelagianismus in der Lehre vom freyen Willen beykommen konnte, und darüber giengen die sogenannte synergistische Händel an. Aber daß auch diese besondere Streitigkeiten aus einer und eben derselben Quelle mit den interimistischen geflossen, und Früchte des nehmlichen Geistes waren, der jene erzeugt hatte, diß wird schon aus der Geschichte ihrer besondern Veranlassung so unverkennbar, als aus der so ganz gleichen Art, womit sie geführt wurden!

D. Major — denn mit diesem brachen die Händel zuerst aus — war zu Anfang des J. 1552. von Wittenberg nach Eißleben berufen worden, um die Inspektion über die Manßfeldischen Kirchen eine Zeitlang zu übernehmen [1]). Die Prediger der Grafschaft, an deren Spize Joh. Wigand stand, hatten sich bißher als die heftigste Eiferer gegen das Interim ausgezeichnet, und machten also Schwürigkeiten, den Wittenbergischen Theologen, der es im Chursächsischen hatte einführen helfen, als ihren Superintendenten zu erkennen; doch wi-

1) Georg Major, ein gebohrner Nürnberger war vom J. 1536. an Professor und Prediger in Wittenberg, auch nach der Wiederherstellung der Akademie nach geendigtem Schmalkaldischen Krieg unter den ersten gewesen, welche wieder dahin zurückkamen. S. Adami Vit. Theol. p. 468. Sein Ruf nach Eißleben zu dem Inspektorat der Mansfeldischen Kirchen mochte jezt auch dadurch veranlaßt worden seyn, weil er schon im J. 1535 einige Zeit als Superintendent in Eißleben gestanden war; er nahm aber auch jezt den Ruf auf ein Jahr an, und wurde gleichsam bloß von dem Churfürsten, in dessen Dienst er blieb, den Grafen von Mansfeld so lange geliehen, wie diß schon öfters mit Wittenbergischen Theologen der Fall gewesen war.

widersezten sie sich seiner Anstellung nicht weiter, nachdem sie das Versprechen erhalten hatten, daß in ihrem bißherigen kirchlichen Zustand nichts durch ihn geändert werden sollte [2]. Aber vorbehalten schienen sie sichs zu haben, sich bey der nächsten Gelegenheit seiner wieder zu entledigen; denn diß ist man fast aus dem Erfolg zu schliessen gezwungen!

Major hatte würklich nicht die mindeste Bewegung gemacht, irgend eine Veränderung in dem Kirchen-Wesen der Grafschaft auch nur in Ansehung der unbedeutendsten Ceremonien durchzusezen; aber er hatte bald nach seiner Ankunft in Eißleben einen sehr natürlichen An-

2) Nach der Erzählung Hieronymus Menzels, der im J. 1565. Superintendent zu Eißleben war, hatten die sämtliche Prediger des Eißlebischen Districts eine Protestation eingelegt, nach welcher sie Majorn nur unter folgenden Bedingungen als Inspector erkennen wollten, "si certo et bona fide promitteret, quod nihil in ecclesiis nostris sit mutaturus, aut novorum rituum introducturus — neque apud nos interimisticam aut aliam doctrinam falsam sparsurus, et de accusatione publica responsurus, et piis vera excusatione et declaratione sententiae suae — quod a doctrina Lutheri nunquam discesserit; satisfacturus esset." S. Censura Hieronymi Mencelii de Georg. Majoris falsa doctrina bey Schlüsselburg Catal. Haeret. L. VII. p. 290. Die Prediger des Mansfeldischen Distrikts, unter denen Coelius und Wigand die vornehmste waren, wollten sich hingegen nicht einmahl auf Bedingungen mit ihm einlassen; doch liessen sie sich endlich auch gewinnen, denn Salig führt mehrere handschriftliche Briefe von Wigand an ihn an (B. I. 639) und auch in die Erzählung Menzels bey Schlüsselburg ist einer eingerückt, worinn er ihn als Superintendenten erkannte. Wahrscheinlich liessen sie sich auch deßwegen leichter gewinnen, weil Major bey ihnen und bey den Flacianern in dem Ruf stand, daß er sich bey dem interimistischen Unwesen in Sachsen am wenigsten thätig bewiesen, also sich nur einer schwachen Nachgiebigkeit gegen die Meynungen anderer dabey schuldig gemacht habe. Diß erzählt noch Nicol. Gallus in einer Schrift vom J. 1562 (Necessaria admonitio de cavendis crassis et plus quam papisticis erroribus Georg. Majoris. Ratisbonae. 4.) und erzählt dabey einige Anekdoten, aus denen man deutlich ersieht, daß sich Major selbst damahls einige Mühe gegeben hatte, der Parthie der Eiferer und besonders Flacius und Gallus diese Meynung von sich bey zubringen.

Anlaß bekommen, eine persönliche Fehde mit dem alten Amsdorf anzufangen, der sich damahls in Magdeburg aufhielt. In einer Schrift von diesem, die zu Ende des J. 1551. herauskam, war er nahmentlich auf das härteste angegriffen worden 3), und dazu glaubte er vielleicht selbst um der neuen Lage willen, in die er gekommen war, desto weniger schweigen zu dürfen, da ihm Amsdorf nicht nur die Begünstigung des Adiaphorismus, sondern auch Irrthümer in der Lehre, und besonders in der Lehre von der Rechtfertigung vorgeworfen hatte 4). Es ist möglich, daß ihn zunächst auch Achtung für den alten Mann, und der aufrichtige Wunsch, sich nicht nur gegen ihn sondern auch bey ihm zu rechtfertigen, veranlaßt haben mochte, ihm zu antworten; denn aus dem ganzen Tone der Antwort Majors leuchtet die lezte Absicht höchst deutlich hervor. Sie war sichtbar darauf eingerichtet, den heftigen Amsdorf zu besänftigen, denn Major behandelte ihn darinn mit der bescheidensten Schonung und sogar mit der gewinnendsten Ehrerbietung 5). Selbst die Art der Verthei-

3) Daß D. Pommer und D. Major Aergerniß und Verwirrung angericht. Nicol. Amsdorff. Exul. Christi. Magdeburg. 1551. 4.

4) Er sagt selbst in seiner Antwort, "daß ihn die hohe Noth und vieler hohen und christlichen Leute ernstliches Anhalten bewogen habe, Hr. Amsdorffen zu antworten, weil durch Amsdorffs Schrift sein Amt, und zugleich Gottes Wort und Nahme geschändet worden sey." Nach der angeführten Erzählung Menzels waren die christliche Leute, die am stärksten in ihm drangen, die Mansfeldische Prediger, denn diese hatten ihm das Versprechen abgefordert, daß er sich auf die publicam accusationem, worunter sie die Amsdorfische Schrift verstanden, auf eine befriedigende Art erklären wolle. Seine Antwort erschien unter dem Titel: Auf des ehrenwürdigen Herrn Niclas von Amsdorffs Schrift, so jezund neulich Mense Novembri 1551. wieder D. Majorn öffentlich im Druck ausgegangen. Antwort Georg Majors Wittenberg 1552. 4.

5) "Er habe, sagte er im Eingang seiner Schrift, mit hochbetrübtem Herzen gelesen, wie der ehrwürdige Herr Niclas von Amsdorff, sein lieber Herr Gevatter und Vater, welchen er über dreyssig Jahr als für seinen

theidigung, wovon er gegen ihn Gebrauch machte, war darnach berechnet, denn er stritt gar nicht mit ihm über das tadlendswürdige der Vergehungen und Verirrungen selbst, die er ihm in seiner Schrift zur Last gelegt hatte, sondern bemühte sich nur zu zeigen, daß sie ihm mit Unrecht zur Last gelegt worden seyen [6]). Nur bey ei-

nem

seinen lieben Vater und Präceptor stets gehalten, und auch ferner halten wolle — durch falschen Bericht so heftig wieder ihn bewegt worden sey." A. ij. Nach Anführung der Amsdorfsischen Klag-Punkte, wiederholt er A. 4. "er wolle in seiner Antwort auf diese zornige und ungestüme Punkte des ehrlichen Geschlechts und Alters des ehrwürdigen Herrn Amsdorffs, seines lieben Vaters und Gevatters, wie billig verschonen, und bittet ihn voraus dienstlich und fleissig um Verzeyhung, wenn er ihm aus menschlicher Schwachheit irgend zu viel thun sollte. Am Ende aber E. ij. bittet er ihn um Gottes und Christi willen, er möchte sich doch durch Flacium und andere nicht bewegen lassen, sie unerkannter Sachen halber also zu verdammen, sondern sich zuvor mit ihnen, die ihn immer in allen Ehren gehalten, freundlich und christlich durch Schriften oder in Person zu unterreden, wobey er gewiß erfahren würde, daß sie sich weisen lassen wollten, wenn er etwas sträfliches an ihnen vermerken möchte."

6) Die Amsdorffische Haupt-Klage war, daß Major mit Aufrichtung des Interims und der neuen Ordnung in Sachsen groß Aergerniß, Trennung und Spaltung habe anrichten helfen, und Majors Verantwortung darauf, lief bloß darauf hinaus, "daß er zwar leyder! auch zu „manchen Berathschlagungen wegen des Interims gezogen worden sey, was er lieber überhoben geweßt wäre, doch bey jenen, denen er beygewohnt, nicht gemerkt habe, daß man etwas unchristliches aufzurichten und einzuführen gedenke." Aber — setzte er B. ij. hinzu — "Was zu Pegau, zu Jüterbock und zu Leipzig auf dem Landtag gehandelt worden, da bin ich nicht beygewesen, darum ich auch nicht schuldig, solches zu verantworten, und geschieht mir Gewalt und Unrecht, daß mir — solche Händel, gut oder böse, wie sie sind, aufgelegt werden, und kann mit beständiger Wahrheit sagen, daß ich die Leipziaische Handlung, welche sie das junge Interim nennen, nie nicht ganz gesehen oder gelesen habe, biß sie zu Magdeburg im Druck ausgangen. Darum laß man mich mit solchen Interim zufrieden: wer es gestellt, gemacht, oder bewilligt hat, der mag es verantworten!" Nach diesem konnte er die meiste besondere Anklagen Amsdorffs, daß er dem Antichrist, dem Pabst, und den Bischöfen die Jurisdiktion wieder eingeräumt, daß er zu Wiedereinführung der Messe mitgerathen, und an der Verfolgung der rechtschaffenen um des Chorrocks willen verjagten Prediger Theil genommen habe, sehr leicht auf eben die Art von sich ablehnen.

nem einzigen Punkt der Amsdorfischen Anklage glaubte er dasjenige selbst vertheidigen zu können, was den Gegenstand der Anklage ausmachte; aber eben dadurch gab er auf eine Art, die ihm bey dem Bewußtseyn seiner Absichten zuverlässig selbst am unerwartesten war, den Leuten nur die Gelegenheit, welche sie suchten, um einen eigenen Handel mit ihm anzufangen.

Amsdorf hatte ihm unter anderem den Vorwurf gemacht, daß er wohl an der Verfälschung der Rechtfertigungs-Lehre im Leipziger Interim einen vorzüglichen Antheil haben möchte, weil er sich auch schon in seinen eigenen Schriften höchstverdächtig darüber geäussert habe; und zum Beweis hatte er angeführt, daß er irgendwo geschrieben haben sollte, er wolle über das Wörtchen Sola oder über die Formel, daß der Glaube allein gerecht mache, nicht streiten; daß in einer andern seiner Schriften der höchstbedenkliche Ausdruck vorkomme, "der Glaube mache fürnehmlich selig" und daß er endlich mehrmahls ausdrücklich gelehrt habe, gute Werke seyn nöthig zur Seligkeit. Die erste von diesen Beschuldigungen läugnete nun Major auf das bestimmteste ab. Er berief sich auf alle seine Schriften, und forderte jedermann auf, ihm eine Stelle darinn nahmhaft zu machen, worinn jene Aeusserung über das Wörtchen Sola vorkomme 7): aber nun glaubte er

auch

7) "Darauf geb ich kürzlich zur „Antwort, da der Herr Amsdorff darf oder jemand auf mich „aus meinen Schriften solches „beweisen kann, muß ich solches „leyden, bin aber sicher und gewiß, daß ihm solches unmöglich, und daß er das Wort „(Sola) Allein) wenn ich von „dem Glauben und der Rechtfertigung rede, allzeit und gemeiniglich mit grossen Buchstaben gedruckt finden wird. Als „in meiner deutschen Auslegung „des Glaubens in der Präfation „an den König von England steht „es achtmahl, und hernachmahls „in einer Wiederlegung der „Messe zwölfmahl hintereinander. — Mir geschieht also „ungütlich, daß mir aufgelegt „wird, als habe ich geschrieben, „daß ich über das Wort sola „nicht streiten wolle: hat aber „jemand solches geschrieben, der „wird es wohl verantworten; „aber mir soll es nicht aufgelegt „werden." E. j.

auch nicht mehr nöthig zu haben, das lezte abzuläugnen, das jezt nichts weiter gegen ihn beweisen konnte, und ließ sich eben deßwegen in der gewissen Vorstellung, daß er nicht mehr zu viel darüber sagen könne, desto freyer und stärker darüber aus.

Das, sagte Major, "das bekenne ich aber, daß „ich also vormahls gelehrt habe, und noch lehre, und fürder „alle meine Tage so lehren will, daß gute Werke zur „Seligkeit nöthig sind, und sage öffentlich und mit kla„ren Worten, daß niemand durch böse Werke selig wer„de, und daß auch niemand ohne gute Werke seelig werde, und sage noch mehr, daß wer anders lehret, auch „ein Engel vom Himmel, der sey verflucht!"

Offenbar war diß nichts anders, als freyeres Aufathmen des Mannes, der aus einer Enge, worinn er sich gar nicht wohl befand, in das offene Feld gekommen zu seyn glaubte, denn diß sieht man auf das deutlichste, daß sich Major bey der Beantwortung der übrigen Vorwürfe Amsdorfs wegen seiner Theilnehmung an den Interims-Handlungen überhaupt sehr unbehaglich beklemmt fühlte. Dabey fiel es ihm sicherlich nicht ein, daß man in seiner eifrigen Vertheidigung der Redens-Art, daß gute Werke zur Seligkeit nöthig seyen, irgend eine besondere Absicht sehen könnte, und am wenigsten konnte es ihm einfallen, daß man eine der Lehre von dem **allein** rechtfertigenden Glauben nachtheilige darinn sehen könnte, da er sich unmittelbar vorher so stark darüber erklärt hatte. Doch durch die geflissentlich ausgesuchten Ausdrücke selbst, in denen er hier den Saz vortrug, gab er ja am deutlichsten zu erkennen, daß kein Gedanke an eine solche Absicht in seine Seele gekommen sey, und überdiß verwahrte er sich noch ausdrücklich, daß er niemahls den guten Werken ein Verdienst bey der Rechtfertigung zugeschrieben habe und zuschreiben werde, als welche **allein** durch den Tod unsers einigen Erlö-

sers

sers und Mittlers uns erworben, auch allein durch den Glauben empfangen werden müsse [8]). Aber alles diß half dem guten Major nichts; sondern unmittelbar nach der Erscheinung seiner Schrift wurde nicht nur das allgemeinste Kezer-Geschrey, sondern ein wahres Zeter-Geschrey über ihn erhoben, durch das er sogleich von Eißleben weggestürmt wurde.

Amsdorf, Flacius, und Gallus forderten noch im nehmlichen Jahr 1552. jeder in einer eigenen Schrift [9]) alle Theologen der ganzen lutherischen Kirche, und die zwey lezte in einem eigenen Schreiben noch besonders die Ministerien von Hamburg, Lübeck, Lüneburg und Magdeburg auf, daß sie doch schleunigst zu Vertheidigung der reinen Lehre aufstehen, und den neuen Kezer, der sich so gröblich verrathen habe, durch ihre Censuren niederschlagen möchten. Die Prediger zu Hamburg und

Lübeck

8) C. ij. Auch C. iij. wird es noch einmahl wiederholt "daß „wir Vergebung der Sünden, „Gerechtigkeit, den heiligen „Geist und ewiges Leben haben, „diß hat uns allein Christus „durch sein heilig Leyden und „Sterben verdient, und diese „Güter empfahen wir allein „durch den Glauben. Daher gehört hieher der Spruch Christi: „wenn ihr alles werdet gethan „haben, so sprecht: wir sind „unnüze Knechte! nehmlich die „Gerechtigkeit und Seeligkeit zu „verdienen, die wir allein haben „aus Gnaden durch das Verdienst „Christi."

9) Ein kurzer Unterricht auf D. Georgen Majors Antwort, daß er nicht unschuldig sey, wie er sich tragice rühmet. Niclas von Amsdorff. Basel 1552. in 4. Wieder den Evangelisten des heiligen Chorrocks, D. Geitz Major. Matth. Flacius Illyr. Basel. 1552. 4. Auf des Hrn. D. Majors Verantwortung und Declaration der Leipzigischen Proposition, wie gute Werke zur Seeligkeit nöthig sind, zum Zeugniß seiner Unschuld, daß er mit der Leipzigischen Handlung nichts zu thun habe. Antwort Nicol. Galli. Basel. 1552. 4. Diese drey Schriften wurden zu Basel gedruckt, weil Magdeburg dazumahl belagert wurde; es war aber eine höchst hämische Vorstellung, wenn Flacius in seiner Schrift Majorn und den Wittenbergern Schuld gab, daß sie jezt erst ihre Irrthümer zu vertheidigen anfiengen, weil sie meynten, es werde nun in der Welt kein Ort mehr seyn, da man wieder ihre und ihrer Gesellen Verfälschungen etwas druken lassen dürfe. Daraus läßt sich schon schliessen, daß die Schrift von Flacius die bissigste war; doch hatte er einigen Grund dazu, weil ihn Major nahmentlich als den Haupt-Urheber und Anstifter des ganzen Lärms angegeben hatte.

Lübeck liessen sich diß nicht zweymahl sagen, sondern fertigten auf der Stelle ein stattliches Responsum aus, worinn Major in aller Form verdammt war. Die Lüneburger schickten ein ähnliches ein; und die Magdeburger sezten zum Zeichen ihrer Beystimmung ihre Nahmen unter das Hamburgische [10]; die Mansfeldische Prediger aber hatten die Aufforderung nicht abgewartet, um sich gegen ihren kezerischen Superintendenten zu erklären. Sobald seine Schrift gegen Amsdorf erschienen war, stellten sie ihn besonders darüber zu Rede, indem sie ihm vorwarfen, daß er dadurch das Versprechen gebrochen hätte, nach welchem er sich verbindlich gemacht habe, ihre Lehre und ihren Gottesdienst ungeändert zu lassen [11]. Im Unwillen darüber ließ er sich zu der Unklugheit verleiten, die Lehre, die sie für so anstössig ausgaben, auch auf seine Kanzel zu bringen, und von dieser herab zu vertheidigen [12]. Dadurch hielten sie

10) Alle diese Bedenken mit den Adhäsions-Akten gaben Flacius und Gallus nebst ihren eigenen Briefen zusammen heraus unter dem Titel: Sententia Ministrorum Christi in ecclesia Lubecensi, Hamburgensi, Luneburgensi et Magdeburgensi de corruptelis doctrinae Justificationis, quibus D. Georg. Major asserit, bona opera necessaria esse ad salutem &c. Magdeburgi 1553. Das Hamburgische Bedenken war von 21. Predigern aus Hamburg selbst unterschrieben, und 19. Lübeckische adhärirten ihm durch ihre Unterschrift in der Antwort, die sie an Flacius und Gallus erliessen. Die Lüneburger antworteten für sich selbst in einem kurzen Bedenken, dem 12. Prediger subscribirten. Die Magdeburger aber an der Zahl 17. sezten ihre Nahmen unter die ganze Sammlung mit einer hinzugefügten eigenen Adhäsions-Akte. Diese Bedenken hat auch Schlüsselburg eingerückt S. 561. ff. aber jenes eigene Adhäsions-Instrument hat er nicht, das Amsdorff besonders unter dem Titel herausgab: Unterschreibung Niclas Amsdorffs der Sächsischen Kirchen Censuren und Meynung wieder D. Ge. Majors antichristische Lehre von guten Werken als zur Seeligkeit nöthig. 1553. 4.

11) "Nos illam, erzählt Menzel, datae fidei ac conditionum, sub quibus in vocationem ejus consensissemus, admonuimus. Schlüsselburg. 292. Auch führt Salig mehrere Briefe an, die er von Wigand deßhalb erhielt.

12) Es ist leicht zu glauben, daß sich Major auch bey dieser Gele-

sie sich auch ihrerseits befugt lauter zu schreyen, und als er darauf sogar eine der Predigten, worinn er seine Meynung vertheidigt hatte, zu Leipzig drucken ließ [13]), so würde ihre Erbitterung über ihn so heftig, daß sie die erste Gelegenheit, die sich ihnen anbot, benuzten, um ihn ganz fortzudrängen Diese Gelegenheit bot sich ihnen noch eher an, als die Predigt herauskam. Der ältere Graf Albrecht von Mannßfeld war eben damahls aus der kayserlichen Gefangenschaft zurückgekommen, in die er mit dem ehmahligen Churfürsten Johann Frie-derich gerathen war. Der alte Herr war aber so ortho-dox-

Gelegenheit nicht so ganz scho-nend über die Menschen, die ihn verkezerten, ausgedrückt ha-ben mag, aber die Ausdrücke, welche ihm Menzel und die Mans-feldische Prediger in ihrem Be-denken über seine Meynung, das im J. 1553. herauskam D.3 in den Mund legen, mögen doch vielleicht eine kleine Wendung durch sie bekommen haben. Doch Menzel erzählt ja selbst, daß Major auf ihre Vorstellung so-gleich erkannt habe, daß er in der Hize zu weit gegangen sey, und sich nicht nur alles, was zu dem Nachtheil seiner Kollegen von ihm gesagt scheinen könnte, öffentlich zurückzunehmen erboten, sondern es auch würklich in sei-ner nächsten Predigt gethan ha-be.

13) D. Ge. Majors Sermon von Pauli Bekehrung. Leipzig. 1553. 4. Die Predigt war von Major würklich gehalten worden, aber sie enthielt keine Schmä-hung gegen seine Kollegen, son-dern nur eine Auslegung seiner Meynung, worinn er sich sicht-barlich bemüht hatte, das an-stössige zu mildern, das man darinn gefunden hatte. Den-noch wiederrieth ihm Wigand, dem er sie vorher in der Ab-schrift mittheilte, in einem Brief vom 29. Oct. 1552. sehr dringend ihre Bekanntmachung, und zwar mit einer Art, die würklich kei-ne Absicht ihn zu erbittern, ver-rieth. Wigand verhelte ihm nicht, daß er seine Meynung oder seine Art, sich auszudrük-ken, auch in der gemilderten Form, in der sie jezt von ihm vorgelegt werde, noch immer für unrichtig und bedenklich hal-te; aber er bat ihn nur, zu be-denken, daß sie unfehlbar noch mehreren so erscheinen, und daß also eben so gewiß durch seine Vertheidigung der Handel nur schlimmer und das Aufsehen grösser werden würde, das schon dadurch erregt worden sey. "Itaque, schrieb er, si miseri ho-„muncionis preces ponderis ali-„quid apud te haberent — sup-„plicarem, ut librum istum ec-„clesiae condonares, ne eam „perturbaret. Id in his aerum-„nis et miseriis solatium aliquod „praeberet, quod nulla alia ra-„tione, quam suppressione fieri „posse, pro mea simplicitate „judico." S. Schlüsselburg 297.

dor- lutherisch als der Churfürst; es kostete also keine Mühe ihn zu bereden, daß der in seiner Abwesenheit angestellte Wittenbergische Doktor die reine Lehre der Manßfeldischen Kirchen zu vergiften gesucht, und dadurch alles in Unruhen und Sorgen versezt habe; sobald aber der alte Herr davon überzeugt war, so besann er sich nicht lange, was zu thun sey. Ohne Majorn vernommen oder gehört, ohne ihm eine Klage mitgetheilt, oder sonst das mindeste mit ihm gehandelt zu haben, ließ er ihm sagen, daß er sich auf der Stelle von Eißleben fortmachen und die ganze Grafschaft räumen sollte; und der Befehl wurde Majorn noch dazu auf eine solche Art insinuirt, daß es der Klugheit gemäß fand, ihm mit einer Eilfertigkeit zu gehorchen, die seinem Abzug das völlige Aussehen einer Flucht gab [14].

Kap. II.

Die genaue Bestimmung desjenigen, was eigentlich zwischen Major und seinen Gegnern streitig, oder Gegenstand des Streits war, hat keine grosse Schwürigkeit. Die lezten hielten sich immer an den wörtlichen Innhalt der drey Säze, welche seiner ersten Schrift gegen Amsdorf eingerückt waren, daß gute Werke zur Seligkeit nöthig seyen, daß noch niemand durch böse Werke selig geworden sey, und daß man unmöglich ohne gute Werke selig werden könne. Diese Säze erklärten sie in jedem Sinn, besonders aber in dem Sinn, in welchem sie Major genommen habe, für irrig und schäd-

14) "Quo nuntio, erzählt Menzel, tanta trepidatione occupatus est D. Major, ut etiam pene noctu ex Islebia discedens in fugam se conjiceret." Aber er gesteht auch selbst, daß ihm der Graf dabey mit anderen Prozeduren habe drohen lassen, wenn er nicht augenblicklich abziehen würde, und die Erfüllung dieser Drohung ließ sich nur allzunatürlich von einem Herrn erwarten, der in dem Verfahren; das er sich würklich gegen ihn erlaubte, gar nichts ungerechtes zu sehen schien.

schädlich; diesen Sinn hingegen hatte Major schon in dieser Schrift sehr offen und unzweydeutig dargelegt.

Er hatte nehmlich einerseits auf das bestimmteste erklärt, daß durch gute Werke weder die Gnade Gottes noch das ewige Leben verdient werden könne, also auf das bestimmteste erklärt, daß unsern guten Werken keine necessitas meriti zugeschrieben werden könne, andererseits aber eben so deutlich die Beziehungen angegeben, in welchen und nach welchen sie dennoch als nothwendig zur Seligkeit erkannt werden müßten, oder doch mit völliger Wahrheit erklärt werden dürften. Diese Beziehungen fand er einmahl darinn, weil immer mit dem Glauben auch gute Werke nothwendig verbunden seyn, oder vielmehr unausbleiblich daraus entspringen müßten [15]), und dann zweytens darinn, weil man ja auch aus Gehorsam gegen Gott, oder durch die Verbindlichkeit diesem zu gehorchen, dazu verpflichtet sey [16]); also war es mit zwey Worten eine necessitas conjunctionis, und eine necessitas debiti, die er ihnen beygelegt haben wollte. Doch in seiner zweiten ausführlicheren Schrift, in seiner Predigt von der Bekehrung Pauli, worinn er seine Meynung gegen die ersten Angriffe von Amsdorf und Flacius vertheidigte, schränkte er sich geflissentlich nur auf die Vertheidigung der ersten ein, und gab dadurch wenigstens zu verstehen, daß er über die zweyte nicht streiten wolle [17]); die Art aber, womit

15) Darum es unmöglich, daß ein Mensch ohne gute Werke könnte seelig werden, denn es unmöglich, daß ein Mensch wahren Glauben, und nicht zugleich allerley gute Werke habe, gleich wie die Sonne ohne Glanz und Schein nicht seyn kann. Denn wo Christus und der heilige Geist im Menschen wohnen durch den Glauben, so muß auch der Glaube leuchten durch allerley gute Werke. E. ij.

16) "Gute Werke müssen auch, nicht als Verdienst, sondern als schuldiger Gehorsam gegen Gott vorhanden seyn; denn ja alle Menschen schuldig sind, Gott ihrem Herrn und Schöpfer zu gehorsamen." E. 3.

17) Schon in der ersten Schrift gegen Amsdorff hatte er

mit er sich hier erklärte, machte vollends jeden Mißverstand unmöglich.

Wenn du nun also — diß sind seine eigene Worte aus dieser Predigt — "allein durch den Glauben ge„rechtfertigt, und ein Kind und Erbe Gottes geworden „bist, und nun Christus und der heilige Geist durch „solchen Glauben in dir wohnen, alsdenn sind dir die „gute Werke nicht zu der Seligkeit zu erlangen (die du „aus Gnaden ohne alle Werke allein durch den Glau„ben an den Herrn Christum allbereit hast) sondern um „die Seligkeit zu behalten, und nicht wiederum zu ver„liehren, also hoch von nöthen, daß, da du sie nicht „thust, es ein gewisses Zeichen ist, daß dein Glaube tod und falsch, gefärbt, und eine erdichtete Opinion ist [18]."

Wenn also mit Majorn darüber gestritten werden sollte, so mußte ihm entweder gezeigt werden, daß die Redensart: gute Werke seyen nöthig zur Seligkeit: auch in dieser Beziehung falsch sey, oder es mußte zweifelhaft gemacht werden, ob er sie würklich nur in dieser unbedenklichen Beziehung vertheidigt habe? Diß lezte aber schien fast unmöglich; daher blieb nur das erste übrig: doch wie hätten die Gegner Majors der Versuchung widerstehen können, ihn auch von dieser Seite anzugreifen, von welcher ihm gerade die gefährlichste Wunden beygebracht werden konnten!

Ams-

er diese zweyte Beziehung nur kurz berührt, und auch zulezt, da er die Gründe für seine Meynung noch einmahl zusammenfaßte, nicht mehr darauf Rücksicht genommen. "Diß al„les wird gesagt, nicht daß „man durch gute Werke soll ge„recht werden, denn durch den „Glauben an Jesum wird man „allein gerecht, sondern wenn „du nun gerecht und ein Kind „Gottes bist worden, daß du „dann solchen deinen Glauben „durch gute Werke beweisest, „und vor den Menschen leuchten „lassest; wenn du aber nicht „das thust, so ist dein Glau„be falsch, und du wirst nim„mermehr seelig." C. 4.

18) S. Majors Sermon D. 3.

Amsdorf wenigstens übernahm es sogleich zu beweisen, daß Major aller seiner Erklärungen ungeachtet den guten Werken doch keine andere Nothwendigkeit, als die wahre papistische necessitatem meriti beygelegt haben wolle, und führte den Beweis mit einer Frechheit, die einen sehr unterhaltenden Anblick gewährt, weil man dabey so deutlich gewahr wird, wie sich der Mann selbst nur nach und nach in die Ueberzeugung davon hineinarbeitete. Er fürchte, sagte er zuerst nur, daß Major ohne es selbst zu wissen, einen Pelagianer oder Papisten in seinem Herzen tragen möchte. Nach diesem findet er es bedenklich, daß Major gerade den Ausdruck gebraucht habe, es sey noch niemand durch böse Werke selig geworden, denn diß, sagt er, soll doch nur so viel heissen: niemand habe noch durch böse Werke den Himmel verdient; und damit gebe er klärlich zu verstehen, daß man im Gegensaz durch gute Werke den Himmel verdienen könne. Dann aber fällt ihm ein, daß Major überhaupt gar nicht nöthig gehabt hätte, davon zu sprechen, ob man gute Werke thun oder nicht thun sollte, weil der Streit zwischen ihnen gar nicht darüber, sondern bloß über die Frage geführt worden sey: ob der Mensch neben dem Glauben durch gute Werke die Seligkeit verdienen müsse? wenn also Major, schließt er, dennoch an diesem Ort und in diesem Zusammenhang, davon spricht, so kann er nichts anders als diß behaupten wollen. "Und deßwegen" — fährt er nun heraus — "deßwegen sage nun ich, Niclas von Amsdorf, wer „diese Wort, wie sie an diesem Ort stehen: gute „Werke sind nöthig zur Seligkeit: lehret und prediget, „daß derselbe ein Pelagianer, ein Mammeluck, ein „Verläugner Christi und ein zweyfältiger Papist ist. „Denn die Papisten, Cochläus, Wizel und andere, „diese Worte in eben der Form und Gestalt, wie Georg Major wieder uns führen und gebrauchen — darum

„um auch G. Major mit der Papisten Geist ganz be„sessen ist, dieweil er hier ohne alle Noth mit solchem „Troz und Frevel der Papisten Worte versicht und ver„theidigt. — Und ob er sich schon hernach lenket und „erkläret, so ist das nur ein Spiegelfechten, wodurch „er sich ausser Verdacht sezen will; daß er das Leipzi„gische Interim gewilligt und angenommen habe 19).“

Doch schien Amsdorf selbst noch einmahl zu fühlen, daß diese Anzeigen wohl nicht hinreichen möchten, um seine Anklage gegen Major zu begründen; daher bemühte er sich noch andere aufzutreiben, die er endlich alle folgendermassen zusammenfaßt. „Der natürlichste Sinn „der Worte: gute Werke sind nöthig zur Seligkeit, „drückt nach der Art und nach dem Gebrauch der Spra„che eine necessitatem meriti aus. In diesem Sinn „sind sie bißher immer von den Papisten gebraucht wor„den, die eben damit ausdrücken wollten, daß der Glau„be nicht allein, sondern der Glaube und die Werke zu„sammen den Menschen gerecht und selig machten. Da „man nun zu Wittenberg den Meßpfaffen das Wort „Sola schon eingeräumt, und nachgelassen hat, daß „man nicht mehr darüber mit ihnen streiten wolle, da „es noch dazu klärlich in dem neuen Interim, in einer „Stelle der Pegauischen Handlungen geschrieben steht, „daß uns der Glaube fürnehmlich gerecht mache, und „da nun D. Major noch dazu darauf dringt, daß gute „Werke nöthig seyen zur Seligkeit, so können diese drey „Stücke zusammen nichts anders anzeigen, als daß „man uns die papistische Lehre aufdrängen will, daß „der Glaube und die Werke gemeinschaftlich mit einan„der den Menschen gerecht und selig machen.“

Bey

19) S. Amsdorffs Unterricht auf Majors Antwort. B. ij. iij.

Bey dieser schönen Streit-Art hatte Amsdorf nicht nur nicht nöthig, Majorn zu beweisen, daß sein Satz auch in der Beziehung, worinn er ihn seiner Erklärung nach allein genommen haben wollte, irrig und falsch sey, sondern er wollte sich wahrscheinlich geflissentlich nicht darauf einlassen, um sich selbst und seine Leser nicht mehr auf die Vermuthung kommen zu lassen, daß doch vielleicht Major würklich an etwas anders als an das, was er ihm schuld gab, gedacht haben könnte. Er führte also auch gegen die Nothwendigkeit der guten Werke keinen andern Grund aus, als solche, die gegen eine Nothwendigkeit des Verdienstes gerichtet waren, bewies nur, daß die Behauptung einer solchen Nothwendigkeit wider die Schrift und wider die Apostel Paulus streite [20]), aber gab sich doch dabey das Ansehen, als ob er diese Nothwendigkeit in jedem denkbaren Sinn niedergeschlagen hätte.

In dieser Hinsicht zeigte doch Flacius noch etwas mehr Schaam als Amsdorf, denn er nahm es wenigstens noch als möglich an, daß Major keine papistische Nothwendigkeit der guten Werke behaupten wollte. Er unterließ zwar nicht ebenfalls zu bemerken, daß man mit der Redens-Art: Gute Werke sind nöthig zur

20) "Zudem — sagt Amsdorff, und diß ist der einzige besondere Grund, den er gegen Majors Säze in seiner Schrift vorbringt, denn durch alles übrige suchte er bloß zu beweisen, daß sie Major in dem papistischen Sinn genommen habe — "Zudem ist der Saz: gute „Werke sind nöthig zur Seeligkeit: wieder Gott und die „heilige Schrift, sonderlich „wieder den heiligen Paulum, „der klärlich sagt, daß der „Mensch gerecht oder seelig „werde allein durch den Glauben, ohne alle Werke: daraus unwiedersprechlich folgt, „daß man der Werke zur Seeligkeit nicht bedarf, denn der „verheissene Seegen wird, wie „Paulus sagt, gratis, umsonst, „aus lauter Gnade gegeben." B. ij. Von dem Geist dieser Amsdorffischen Schrift kann man sich schon daraus einen Begriff machen, aber freylich noch nicht von dem hämischen, bissigen und giftigen Ton, der durchaus darinn herrscht, denn dieser geht über jede Vorstellung hinaus.

zur Seligkeit: nicht leicht einen andern als den papistischen Sinn verbinden könne, besonders wenn man einmahl das Wörtchen Sola aufgeopfert und zugegeben habe, daß der Mensch nicht allein durch den Glauben selig werde 21): aber er brachte doch auch einen Grund, oder eine Instanz vor, durch welche Major überzeugt werden sollte, daß sein Satz in jedem Sinn und in jeder Beziehung falsch sey. "Sind nehmlich — sagte er — „die guten Werke in irgend einem Sinn zur Seligkeit „nöthig, und soll es nicht möglich seyn, daß jemand „ohne sie selig werde, so sage an D. Major, wie will „der selig werden, der all sein Lebenlang biß auf den lez„ten Athem sündlich gelebt hat, und nun, so er jezt „sterben soll, Christum ergreiffen wollt, wie vielen auf „dem Todbett und am Galgen geschieht? Wie will „Major nun solchen armen Sünder oder Sünderin „trösten?"

Durch diese Instanz bekam freylich Flacius noch kein Recht zu dem Ausruf, den er hinzusezte: "Ist das „nicht eine verfluchte, gottlose Lehre, und den Gewissen „verderblich?" Major konnte noch leicht genug auf seine Fragen antworten, und ihm ohne Schwürigkeit zeigen, daß sich die Nothwendigkeit der guten Werke in

seinem

21) "Es ist aber gewiß, daß „diese Rede, so man sagt: das „ist zu diesem oder jenem Werk „nöthig: eben so viel bedeutet, „als wenn man sagte: diß ist „eine Ursache des Werks: oder: „durch diß oder jenes richtet „man diß oder jenes Werk aus. „Darum, wenn sie den Papisten zu gefallen, in ihrem Interim sagen, nicht der Glaube „allein, sondern auch die Werke sind nöthig zur Seeligkeit, „so ists eben so viel als wenn „sie sagten: wir werden auch „durch die Werke seelig. So „wird auch das Wörtlein sola „bloß deßwegen von ihnen verworfen, auf daß diese Rede: „gute Werke sind auch zur Seeligkeit nöthig: solchen Verstand „haben könne. Ich will aber „diese Deutung der Rede fahren „lassen, und jezund nur davon „sagen, daß Major sezt: gute „Werke sind zur Seeligkeit nöthig: er mag diesen Spruch „verstehen, auf welche Meynung „er will." S. Flacii erste Schrift gegen D. Geitz Major. E.

seinem Sinn recht gut mit der Möglichkeit der Bekehrung und Rechtfertigung eines Menschen in dem von ihm angenommenen Fall vereinigen lasse. Er konnte noch leichter das heillose und ungerechte der hämischen Konsequenzen ins Licht sezen, die Flacius noch weiter aus seiner Meynung herauspreßte, und ihm geradezu aufbürdete [22]: aber etwas war es doch immer, das Flacius damit gegen die unverfälschte Meynung seines Gegners vorgebracht hatte; es war etwas, das bey dem Volk und bey den Layen ein sehr grosses Gewicht haben, und diese am gewissesten dagegen einnehmen mußte, ja es war selbst etwas, wodurch vielleicht würklich — die Meynung Majors zwar nicht als unrichtig — aber doch seine Art, sie auszudrücken, als unschicklich und bedenklich dargestellt werden konnte.

Eben daher fieng auch Flacius in seiner zweiten Schrift, die er auf Majors Predigt herausgab [23]), wieder damit an, wobey er sich aber die schreyendste Ungerechtigkeit gegen ihn erlaubte. Weil nehmlich Major in dieser Predigt so ganz bestimmt gesagt hatte, daß er gute Werke bloß in dem Sinn und deßwegen für nothwendig erkläre, weil doch der durch den Glauben schon gerechtfertigte und wiedergebohrne Mensch nothwendig gute Werke thun müsse, also eben damit auch so bestimmt gesagt hatte, daß Glaube und Rechtfertigung den guten Werken noch vorangehen müsse, so war es nicht nur unmöglich, daß man ihm länger vor-

werfen

22) "So wird uns nun auch „D. Major weiter sagen müssen „und berechnen, wie viel Loth „oder Pfund guter Werke einer „zum wenigsten haben müsse „zur Seeligkeit. Er wird dem „Sünder auch eine gewisse „Stunde bestimmen müssen, „darinn er hat angefangen, gu„te Werke zu thun, damit er „gewiß sey, daß er doch etliche „gute Werke habe. Und so „werden wir dann wieder auf „die alte Stricke der Gewissen „kommen." C. I. b.

23) Eine kurze Antwort Flacii Illyr. auf das lange Comment D. Ge. Majors von guten Werken. Magdeburg. 1553. 4.

werfen konnte, er halte gute Werke in irgend einem Sinn für nöthig zu der Rechtfertigung, sondern auch auf den Einwurf von Flacius lag schon eine Antwort darinn, die sich dieser selbst am besten entwicklen konnte. Um sich ihn also doch noch brauchbar zu erhalten, behauptete er mit mehr als Amsdorfischer Schamlosigkeit, daß sich Major durch diese Erklärung seiner Meynung selbst widerspreche, und daß man daher von dieser Erklärung gar keine Notiz nehmen, sondern seine Säze bloß so nehmen müsse, wie er sie in seiner ersten Schrift gegen Amsdorf ausgedrückt habe 24). Auch nahm er würklich keine Notiz davon, bewies in den Tag hinein, daß man durchaus nicht sagen könne, gute Werke seyen nöthig zur Seligkeit, ohne zugleich zu läugnen, daß der Glaube

24) "Es richte allhier, wer „da immer will, oder richten „kann, oder wer nur die gemei„ne Sprach ein wenig versteht, „ob nicht der Text Majors (in „der Schrift gegen Amsdorff) „und die Glossa (in seiner Pre„digt) einander gerade entgegen „sind. Die Glossa sagt: wenn „du ohne deine gute Werk durch „den Glauben an Christum ge„recht und seelig worden bist, „alsdenn sollst du erst gute Wer„ke thun. Hinwiederum aber „sezt und schreyet der Text kürz„lich: Gute Werke sind dir nö„thig zur Seeligkeit, und ist „unmöglich, daß jemand ohne „gute Werke könne seelig wer„den; welches eben so viel ge„sagt ist, als: willst du seelig „werden, so must du zuvor gu„te Werke gethan haben, sonst „ist es unmöglich, daß du see„lig werden könntest. — Der„halben, auf daß D. Major sich „ein wenig ermuntere und be„denke, was er in seinem vori„gen Buch geschrieben habe, so „will ich nur wieder zurück auf „sein voriges Buch weisen, sei„ne dort gestellten Sprüche zu„sammennehmen und halten, „und hören, was ihr rechter, „natürlicher, unglossirter Ver„stand und Innhalt sey." A. ij. So künstlich hier Flacius den Wiederspruch ins Licht sezte, der zwischen den Säzen Majors in seiner ersten Schrift und zwischen der Erklärung in seiner Predigt statt finden sollte, so fand er doch für gut, sich und seinen Lesern zu verhelen, daß Major schon in seiner ersten Schrift in einer bereits daraus angeführten Stelle seine Meynung völlig auf die nehmliche Art und fast in den nehmlichen Ausdrücken, wie in seiner Predigt erklärt hatte, denn daraus hätte man ja sehen müssen, daß sich Major — nicht wiedersprochen habe.

Glaube allein gerecht und selig mache 25), und wiederholte noch am Schluß seiner Schrift, daß durchaus nichts anders als diß in Majors Ausdrücken liegen könne 26).

Diß empört desto mehr, je deutlicher man die gehässige Absicht davon gewahr wird. Flacius sah recht gut, daß er zur Noth nur beweisen konnte, Major habe sich unschicklich und gegen den gewöhnlichen Sprachgebrauch ausgedruckt. Er sah eben so gut, wie er selbst die Erklärung Majors dazu benuzen konnte, denn er that es würklich auch bey dieser Gelegenheit, und that es mit einigen sehr treffenden und scharfsinnigen Wendungen 27); aber wenn er sich bloß darauf einschränkte,

25) Sein erstes Argument war wieder diß "Wer behauptet, daß es unmöglich sey, ohne gute Werke seelig zu werden, der muß auch behaupten, daß junge Kinder und die, so sich in ihrer lezten Stunde bekehren, seelig werden können, denn diese haben ja keine gute Werke gethan und thun können; also muß er auch läugnen, daß man allein durch den Glauben seelig werde. A. 3. Sein zweytes Argument sollte das irrige und das ungereimte der Behauptung Majors zu gleicher Zeit aufdecken, daher gab er ihm die folgende Wendung: Seeligkeit ist nichts anders als Vergebung der Sünden. In dem Saz, daß es unmöglich sey, ohne gute Werke seelig zu werden, liegt also auch, daß es unmöglich sey, ohne gute Werke Vergebung der Sünden zu bekommen. Diß ist aber nicht nur falsch, weil nach der Schrift nur der Glaube allein rechtfertigt, sondern es ist auch ein oppositum in adjuncto, denn wie kann der arme verlohrne Sünder, der erst Vergebung der Sünden erhalten soll, gute Werke haben?"

26) "Daraus folgt nun „nothwendig, daß die Lehre D. „Majors: es sey unmöglich ohne „gute Werke seelig zu werden: „die guten Werke sezet vor der „Vergebung der Sünden, oder „vor der Seeligkeit: ja diese „Redensart: gute Werke sind „nöthig zur Seeligkeit: sezt „nicht allein gute Werke bey „Vergebung der Sünden oder „Seeligkeit, sondern schleußt in „sich, daß gute Werke sehr nüzlich und dienstlich seyen, die „Seeligkeit zu erlangen." B. ij.

27) "Wenn Major behauptet, sagt er, gute Werke seyen nöthig zur Seeligkeit, weil der Glaube, durch den man allein selig werde, sich durch gute Werke beweisen müsse, so ist diß eben so gesprochen, als wenn man sagen wollte: das Fahren oder Schiffen ist nöthig zu einem Wagen oder Schiff, und es ist unmöglich, daß ein Wagen oder Schiff kann gemacht werden ohne Fahren oder Schiffen." A. 4.

schränkte, so konnte Major nicht verkezert werden, so muſste er einräumen, daſs in dem Sinn, in welchem Major seine Säze genommen haben wollte, nichts irriges liege, und am Ende war nichts weiter erhalten, als daſs der Mann gegen die Grammatik oder gegen den philosophischen Sprachgebrauch gesündigt habe. Höchstens ließ sich noch dabey zeigen, daſs man die von ihm gewählten Ausdrücke um so weniger gebrauchen sollte, je leichter und ungezwungener ein ganz falscher Sinn hineingelegt werden könnte, aber dabey muſste wieder anerkannt werden, daſs er selbst an diesen Sinn nicht gedacht habe. Dabey hätte zwar allem Ansehen nach der Streit sogleich beygelegt werden können, denn Major würde wahrscheinlich keine Schwürigkeit gemacht haben, seine Redens-Art aufzugeben, wenn man ihn nur aus diesem Grund dazu aufgefordert hätte: allein diſs war den Polemikern des Zeitalters unmöglich, einen Gegner, den sie einmahl gefaſst hatten, so leicht wegkommen zu lassen. Major sollte ein Kezer bleiben: daher bewies ihm Flacius nicht nur, daſs man nach dem Sprachgebrauch keinen andern, als einen irrigen Sinn mit dem Saz, daſs gute Werke zur Seligkeit nöthig seyen, verbinden könne, sondern folgerte auch daraus, daſs er selbst, aller seiner Erklärungen ungeachtet, keinen andern damit habe verbinden wollen.

Fast möchte man sagen, daſs Gallus etwas billiger mit ihm umgieng! Er hielt sich zwar im Anfang seiner Schrift lange genug bey der hämischen Vermuthung auf, daſs Major und seine Kollegen jezt nur dasjenige, was sie den Papisten unter den Interims-Handlungen nachgegeben hätten, beschönigen wollten, und führte mit feindseliger Bitterkeit aus, warum man ihnen nicht dabey nachsehen, sondern durchaus auf einen Wiederruf von

von ihrer Seite bringen sollte [28]). Er behauptete auch, wie Flacius, daß Major durch die in seiner Predigt gegebene Erklärung seiner Säze sich selbst widersprochen habe [29]); aber er nahm doch diese Erklärung an, die Major gegeben hatte, und bemühte sich, ihm zu

28) "Das können und sollen wir in keinem Weg geschehen lassen, daß sie oder andere nachher diesen Bastart im Ehbruch mit der Babylonischen Hure erzeugt, (das Leipziger Interim) für eine keusche heilige Geburt in das Erbe Christi einschieben wollten, das ist, daß ihre damahls mit dem Römischen Antichrist gemachte Vergleichungen in der christlichen Kirche aufkommen, und von jedermann müßten angenommen werden. Wie wir sie dann desselben Verdachts nicht können erlassen, weil ihre Entschuldigungen mit Fleiß nach der Gelegenheit der jezigen Zeit bloß dahin gerichtet sind, daß sie dieselbige Vergleichungen nicht wollen gemacht haben, sondern die Schuld auf andere schieben: daß sie sie aber für unchristlich mit uns sollten verdammen, damit wollen sie gar nicht heraus, und geben damit genugsam zu verstehen, daß sie, wenn es bey dem vorigen wäre geblieben, da sie die Frucht gezeugt haben, oder wieder dazu sollte kommen, daß sie alsdann keine Scheu haben würden, sich als Väter zu dem Kind zu bekennen." S. die Antwort von Gallus A. ij. "Beruht es aber — fährt er gleich darauf fort — bloß darauf, daß die Baumeister desselben Interims sich nur schämen, mit David das peccavimus zu sprechen, und es deßwegen von sich ablehnen wollen, daß sie es gemacht hätten, so wollen wir deßhalb auch nicht weiter in sie dringen, und aus Liebe zur Einigkeit gern wissentlich nicht wissen oder sagen, wer der Vater zum Kind sey, und mag also unserthalben ohne Vater seyn biß an den jüngsten Tag. Aber das sollen sie gleichwohl mit uns sagen und bezeugen, daß es ein Hurenkind sey, das ist, solche mit dem Antichrist gemachte Vergleichung mit uns verdammen, und das aus dieser Ursache, weil diese Vergleichungen in ihren Kirchen und unter ihrem Nahmen sind entstanden, dazu seyd ihr noch weiter schuldig, weil ihr mit euren öffentlichen Schreiben die christliche Kirche gräulich habt geärgert und verwirrt, daß ihr auch solche Schreiben zu Abwendung dieser Aergerniß, und Errettung euer und vieler Gewissen öffentlich retractiret." B j.

29) "Diß sind wahrlich solche Worte, wodurch Major seine Aeusserungen in der Antwort auf Hr. Amsdorffs Schrift entweder wissentlich aber doch heimlich wieder aufhebt und korrigirt, oder unwissentlich wieder sich selbst redet: denn hier urtheile wer da urtheilen kann, ob nicht diese zwey stracks wieder einander sind, dort, da er sagt: Gute Werke müssen dennoch auch zur Seeligkeit nicht als ein Verdienst

zu beweisen, daß sich auch in der von ihm angegebenen Beziehung den guten Werken keine Nothwendigkeit zur Seligkeit zuschreiben lasse. Freylich that er diß auf eine höchst heillose Art, indem er noch eine sehr grobe Verdrehung der Meynung seines Gegners zu Hülfe nahm. Er gestand, daß man Majorn nach seiner Erklärung nicht mehr beschuldigen könne, daß er gute Werke dazu für nöthig halte, um die Seligkeit durch ihr Verdienst zu erlangen [30]), aber er sezte voraus, daß er ihnen jezt eine Nothwendigkeit des Verdienstes zum Behalten der durch den Glauben erlangten Seligkeit zuschreiben wolle. Diese Meynung war es wenigstens allein, die er zunächst widerlegte, denn er hielt ihm bloß entgegen, daß man nicht schliessen könne: durch böse Werke verliehrt man die Seligkeit, also wird sie durch gute Werke erhalten, und daß nach der Versicherung der Schrift auch unsere beste Werke zum Verdienst der Seligkeit viel zu wenig und zu gering seyen [31]). Nun konnte offenbar weder das eine noch das andere Majorn treffen, wenn man nicht annahm, daß er gelehrt habe, durch unsere gute Werke werde Gott bewogen, uns die aus Gnaden geschenkte Vergebung der Sünden und Seligkeit zu lassen, wie er durch böse Werke veranlaßt werde, sie dem Menschen wieder zu entziehen:

dienst, sondern als ein schuldiger Gehorsam gegen Gott vorhanden seyn: und hier: da er sagt; sie sind dir nicht von nöthen, die Seeligkeit zu erlangen, die du aus Gnaden ohne alle Werke allein durch den Glauben allbereit hast." B. 3.

30) Doch konnte er sich bey diesem Geständniß nicht enthalten, ihm und den Wittenbergern noch einen sehr hämischen Stich zu geben: denn nachdem er die Worte Majors angeführt hatte, daß Vergebung der Sünden und Seeligkeit allein durch den Glauben um des Verdiensts Christi Willen empfangen werde, sezt er hinzu: "das ist recht: „das wollten wir für eins in „diesem Artikel haben, haben „es aber kaum mit unsern Läster„schriften wiederum von euch „erzwingen können, und hätten „es wohl vielleicht noch nicht „wieder heraus, wenn sich das „Wetter am Himmel nicht ge„ändert hätte."

31) S. B. 3. K. 4.

hen: aber daß ihm diß nicht in den Sinn gekommen war, diß konnte kein Mensch verkennen, der es nicht absichtlich verkennen wollte.

Es gereicht daher auch Gallus nicht zur Entschuldigung, daß doch Major würklich in seiner Predigt den Ausdruck gebraucht hatte, gute Werke seyen nöthig, um die Seligkeit nicht zu verliehren, oder zu behalten. Da der Mann, wie es sonnenklar war, nichts anders damit sagen wollte, als "daß gute Werke deßwegen nothwendig seyen, weil ohne gute Werke kein wahrer und lebendiger Glaube vorhanden seyn könne, oder, wie er sich selbst ausdrückte "weil ihr Mangel das gewisseste Zeichen sey, daß der Glaube tod und falsch sey," so war der Ausdruck höchstunschicklich und unglücklich gewählt. Es lag am Tage, daß er auch bey dem Behalten oder nicht-verliehren der Seligkeit alles zunächst dem Glauben zuschrieb, und die Werke nur als nothwendige Früchte des Glaubens betrachtete. Nun war es höchstseltsam und verwirrt, wenn man sagen wollte, daß gute Werke nöthig seyen, um die Seligkeit nicht zu verliehren, weil sie den wahren Glauben nothwendig begleiten müßten; aber je leichter sich diß zeigen ließ, je treffender es auch Gallus selbst gelegenheitlich zeigte [32]), und je schneller er damit, wenn er nur auf diesem Punkt bestanden wäre, dem Streit ein Ende machen konnte, desto unentschuldbarer war der vorsezliche Mißverstand der Meynung seines Gegners, den er affektirte,

32) "Da du gute Werk nicht „thust, sagt Major, ist es ein „gewisses Zeichen, daß dein „Glaube todt, falsch, und gefärbt ist. Das bekennen wir „wahrlich eben mit ihm gleich. „Aber muß er nicht hinwieder „mit uns auch bekennen, daß „ein solcher Heuchler oder Schand„christ, weil er keine gute Werk „und also auch keinen rechten „Glauben hat, gleichergestallt auch „keine Seeligkeit habe. Hat er „nun keine, so kann er keine wie„der verliehren; und redet also „Major allenthalben in diesem „Stück entweder unrecht oder „wieder sich selbst." B. 4.

sektirte, denn er verrieth desto sichtbarer, daß es ihm eben so, wie Flacius nur darum zu thun sey, ihn gefährlicher zu verwunden!

Dafür muß man hingegen gestehen, daß Gallus am Ende seiner Schrift die Gründe sehr gut zusammenfaßte, und mehrere starke Gründe zusammenfaßte, welche unter den damahligen Umständen jeden nur etwas bedächtlichen Theologen abhalten mußten, die Redens-Art, daß gute Werke zur Seligkeit nöthig seyen, zu gebrauchen, wenn sie auch durch irgend eine Deutung noch vertheidigt werden könnte. Diese Gründe liefen kürzlich darinn zusammen, daß sie doch für jeden unverfänglichen Sinn, den man hineinlegen möchte, höchstunpassend sey, daß man im Gegentheil nur allzuleicht jenen irrigen Sinn, gegen den Major selbst protestirt habe, darinn finden, also nur allzuleicht Verwirrung und Aergerniß oder ein gefährlicher Mißverstand dadurch veranlaßt werden könnte, und daß man endlich, wenn auch diß nicht zu befürchten wäre, schon allein um der Papisten willen, die Formel nicht gebrauchen sollte, worinn sie bißher eine ihrer Unterscheidungs-Lehren ausgedrückt hätten, und gerade jezt am wenigsten gebrauchen sollte. Bey der Ausführung des lezten Grundes bekamen zwar die Verfasser des Leipzigischen Interims noch ein paar Stiche; und selbst gegen die Wendung, die ihm Gallus gegeben hatte, konnte noch mehrfach excipirt werden [33]: aber wenn er sich nur sonst keine hämischere erlaubt hätte, so möchte man sich leicht geneigt fühlen, ihm diese zu verzeyhen!

Fast

33) "Schon allein, weil die Papisten solcher Rede brauchen in dem Verstand meriti et causae, und sie deßhalb von uns in ihrer Vergleichung wollen haben, so können und sollen wir sie noch zweyer Ursachen halber in unsern Kirchen desto weniger leyden. Eine Ursach ist, daß das Ewangelium Christi dadurch bey den einfältigen und auf unsere Nachkommen verfälscht und mit pharisäischem

Fast nichts hat man hingegen den Manßfeldischen Predigern zu verzeyhen, die im J. 1553. bald nach Majors Abzug von Eißleben mit einer gemeinschaftlichen Schrift gegen ihn auftraten [34]), die ihnen nach demjenigen, was zwischen Majorn und ihnen vorgegangen war, einerseits doppelt Ehre, aber freylich auch andererseits ihre Proceduren mit ihm doppelt unbegreiflich macht. Diese Menschen, die ihn von Eißleben fortgebissen hatten, giengen jezt ungleich billiger und gerechter, als kein einziger seiner übrigen Gegner mit ihm um. Sie sezten es in ihrem Bedenken als ungezweifelt voraus, daß Major selbst mit der von ihm vertheidigten Redens-Art, daß gute Werke zur Seligkeit nöthig seyen, keinen irrigen und bedenklichen Sinn verbinde. Sie liessen sich nicht den entferntesten Wink entfallen, daß sie in die Aufrichtigkeit seiner Erklärung darüber einigen Verdacht sezten. Sie beschuldigten also auch ihn selbst keiner Abweichung von der reinen lutherischen Lehre [35]), sondern sie führten bloß zwanzig

Gründe

schem Sauerteig vermengt wird. Die andere, daß es jezt in dieser Vergleichung mit dem Römischen Antichrist und seinen Bischöfen eine wahrhaftige Verläugnung Christi und Abgötterey ist, der Rede in diesem höchsten Artikel mit den Papisten also zu gebrauchen, die vorhin bey ihnen allein, und bey niemand in unsren Kirchen in öffentlichen Brauch ist gewesen. D. 3.

34) Bedenken, daß diese Proposition oder Lehre nicht nüz, noth, noch wahr sey, und ohne Aergerniß in der Kirche nicht möge gelehrt werden: daß gute Werke zur Seeligkeit nöthig sind, und daß es unmöglich sey, ohne gute Werke seelig zu werden. Gestellt durch die Prediger zu Mansfeld, und unterschrieben von andern Predigern derselben Herrschaft. Magdeburg. 1553. 4.

35) In dem ganzen Bedenken ist Major nicht einmahl genannt, sondern bloß in dem Anhang dazu, der höchstwahrscheinlich nicht von dem Verfasser des Bedenkens, ohne Zweifel Wigand, sondern von dem Herausgeber, der wahrscheinlich Flacius oder Gallus seyn mochte, hinzugethan wurde. Vielleicht — und daraus möchte sich auch der gemässigte Ton des Bedenkens am besten erklären lassen — vielleicht war es schon im J. 1552. so lange noch Major in Eißleben war, von Wigand im Nahmen der

Pre-

Gründe aus, welche den Gebrauch seiner Redens-Art, und ihre Einführung in die kirchliche Sprache als unschicklich und bedenklich widerrathen mußten, und unter diesen zwanzig Gründen waren mehrere von nicht geringem Gewicht [36].

Die

Prediger zu Mansfeld aufgesezt, und in der Absicht aufgesezt worden, daß es Majorn übergeben werden sollte. Nachher wurde es von ihm auch Flacius und Gallus mitgetheilt, und von diesen zum Druck befördert. Diß könnte sich immer noch mit der Versicherung der Mansfeldischen Prediger vereinigen lassen, welche in einem andern, sogleich anzuführenden Bedenken von ihnen vorkommt, daß sie zu der Herausgabe von diesem erst durch die Publikation der Predigt Majors veranlaßt worden seyen.

36) Um die runde Zahl von zwanzig herauszubringen, zählten sie freylich einige ihrer Gründe doppelt und mehrfach, indem sie ihnen nur eine etwas veränderte Form gaben. So kommt der Grund, den sie von der Zweydeutigkeit der Redens-Art und von der leichten Möglichkeit eines dabey eintretenden Mißverstands hernahmen, wenigstens viermahl in verschiedenen Ausdrücken vor. Auch finden sich unter denen, die jezt noch übrig bleiben, einige gar klägliche, die man würklich nicht einmahl für gut genug zum Ausfüllen halten kann. Man höre nur zum Beyspiel den 9. 10. und 11. "Zum neunten — Wenn „man solche Wort gebrauchen, „und in der Kirche lehren soll, „so wissen wir nicht, wie der „Unterschied des Gesezes und des „Evangelii will erhalten werden, „denn man declarire daran, wie „und was man kann, so bleibt „es doch eine legalis propositio, „und soll gleichwohl nöthig seyn „zur Seeligkeit, da doch das „Evangelium sagt: Unum est necessarium. — Zum zehenden. „Es muß ja ein Unterschied seyn „zwischen der Juden, Türken „und Papisten Glauben, und „unserem heiligen wahren christlichen Glauben, sonderlich in „dem fürnehmsten und wichtigsten Stück, das ewige Leben „belangend. Nun bekennen und „sagen Juden, Türken, Papisten und alle Heyden: gute „Werke sind nöthig zur Seeligkeit: aber wir Christen sagen, „daß wir durch den Glauben an „Christum ohne Zuthun unserer „Werke seelig werden. Zum eilften „— Skt. Paulus sagt, das Evangelium sey ein Wort des Creuzes, „ärgerlich den Juden und eine „Thorheit den Heyden; und eifert hart gegen die falschen Lehrer, welche den Juden zu gefallen die Gerechtigkeit des Gesezes lehrten, nnd also hierdurch das Kreuz fliehen und „Wiederwärtigkeit vermeiden „wollten. Und das geschieht „nun eben auch durch diese Worte: Gute Werke sind nöthig zur „Seeligkeit: denn dagegen haben „Juden, Türken und Papisten „und der Teufel nichts einzuwenden; allein das können sie nicht „leyden, daß man ohne gute „Werk allein durch den Glauben „seelig werden soll." B. 2. 3.

Die wichtigsten darunter lieffen zwar auch nur darinn zusammen, daß doch die Proposition: Gute Werke sind nöthig zur Seligkeit: der Grund-Pfeiler des Pabstthums sey, daß man so viel Mühe gehabt habe, sie in diesem gefährlichen papistischen Sinn aus der Kirche zu bringen, und daß man es, wenn man sie jezt wieder einführte, durch keine Deutung und Erklärung würde verhindern können, daß nicht die schwache und unwissende wieder auf diesen Sinn dadurch zurückgeführt würden, weil er allznatürlich darinn liege, und jeder andere nur durch einen ungewöhnlichen Sprachgebrauch hineingelegt werden könne. Aber dabey waren sie nicht nur so billig, daß sie freywillig einräumten, die Absicht, in welcher Major diese Redens-Art wieder aufgenommen haben wolle, möge und könne sehr gut seyn [37]), sondern sie erklärten selbst am Ende ihres Bedenkens, daß sie gar nichts dagegen hätten, wenn man über die Proposition: Gute Werke sind nöthig zur Seligkeit: in

37) "Ob man — heißt es B. 1. — auch sagen wollte, es möchte nüzlich seyn, die Redensart in Gebrauch zu bringen, um das gemeine Volk dadurch zum Fleiß in guten Werken zu bewegen, so ist das wohl eine gute Meynung." Auch im Anfang des Bedenkens räumte es der Verfasser ein, daß man wohl Ursache haben möchte, eifrig darauf zu dringen "daß alle Christen gute Werke thun sollen, und schuldig seyen, sich in einem neuen Leben und Gehorsam gegen Gott zu halten: aber wenn er dabey ausführt, daß es doch weniger schaden möchte, wenn man hier zu wenig, als wenn man zu viel thue, so möchte man wohl nicht so geneigt seyn, sich von ihm überzeugen zu lassen. Indessen ist sein Grund den er anführt, ächt-lutherisch. "Es ist wohl, sagt er, keines „gut, den Werken zu viel oder „zu wenig zu geben; doch wo „in einem sollte übertreten „werden, so wäre es doch besser, den Werken zu wenig denn „zu viel zuzuschreiben. Denn „so man ihm zu wenig thut, so „erkennt man auch natürlich, „was Unrecht ist, und sind dazu „verordnet Gesez, Recht und „Obrigkeit der Land- und Haushaltung, die da solches können „und mögen strafen. Wenn „man aber den Werken zu viel „giebt, so erkennt es die menschliche Vernunft nicht, ist niemand da, der es strafe, als der „heilige Geist, vielmehr achten „es die Menschen für köstlich „Ding, machen daraus Gottesdienste, und beten an ihrer „Hände Werk, welches die gröste Gotteslästerung ist." A. 3.

in den Schulen der Theologen disputiren wollte, und sich nur gedrungen glaubten, davor zu warnen, daß man sie nicht in die allgemeine Kirchen-Sprache aufnehmen, und bey dem Volks-Unterricht Gebrauch davon machen möchte [38].

Doch für den Zwang, den sie die Mässigung, welche sie in diesem Bedenken bewiesen, kosten möchte, hielten sich die Mansfeldische Prediger bald darauf mit einem höchstunchristlichen Wucher schadlos, da sie eine Gelegenheit bekamen, wobey sie sich vor Gott und vor der Welt entschuldigt glaubten, wenn sie ihre Galle Maaß ausströmen liessen. Ein Prediger aus ihrer Mitte, Stephan Agricola, hatte sich zum Vertheidiger Majors aufgeworfen, und eine eigene Apologie der so verschrieenen Redens-Art, daß gute Werke zur Seligkeit nöthig seyen, herausgegeben [39]. Dieser Gegner verdiente nun freylich nicht viel Schonung, denn es war höchst sichtbar, daß ihn weder Liebe zur Wahrheit noch der Drang seiner Ueberzeugung, sondern bloß der Kizel einer jugendlichen Neuerungs-Sucht, und vielleicht noch mehr die Begierde, seine Kollegen zu necken, zu seiner Einmischung in den Streit gereizt hatte. Der Mann zeigte

38) Doch wollen wir nicht streiten, daß die Proposition: Bona opera sunt necessaria ad salutem: in lateinischer Sprache von den Gelehrten in den Schulen möge disputirt und etlichermassen glossirt werden, wenn man aber die Proposition vor den einfältigen in unserer Volks-Sprache also lehren soll, so ist es unmöglich, daß es ohne Aergerniß kann abgehen, denn der einfältige Mann versteht die Worte nicht. D.

39) Die Schrift kam ohne Nennung eines Druck-Orts unter dem Titel: Schlußsprüche von Stephanus Agricola, Pfarrer zu Helbra 1553. heraus. Da sich der Verfasser nicht verbarg, so war es ein sehr gesuchter Spott, wenn die Mansfeldische Prediger in ihrer Antwort von dem weggelassenen Druckort Gelegenheit hernahmen zu sagen, daß man nicht wisse, ob die Schrift in Utopia gedruckt sey? Aber der Spott hätte ihnen bitter vergolten werden können, denn auch in ihrer Antwort war der Druck-Ort, ohne Zweifel aus Versehen, vergessen worden.

zeigte sich noch überdiß in seiner Streitschrift als höchstjämmerlichen Polemiker [40]; daher mußten Wigand und die alte Prediger der Grafschaft noch mehr über den höhnischen Stolz aufgebracht werden, womit er sich dabey das Ansehen ihres Lehrers gab, und deßwegen möchte man auch für ihn die Lauge nicht zu scharf finden, womit sie ihn in einer Antwort begossen, welche sie noch in diesem Jahr seiner Schrift entgegensezten [41]. Noch mehr mußten und konnten sie sich mit Recht dadurch gereizt fühlen, weil Agricola so unwissend oder so boßhaft gewesen war, den Streit-Punkt, so wie er von ihrer Seite stehen sollte, in ein ganz falsches aber höchstgehässiges Licht zu sezen, indem er ihnen Schuld gab, daß sie die Nothwendigkeit der guten Werke überhaupt verworfen, und Majorn bloß deßwegen, weil er diese behauptete, verkezert hätten [42]. Aber daß sie nun diß

40) Zur Probe mögen bloß folgende von seinen Schlußsprüchen dienen. Erste Schlußrede. Ein wahrer Glaube ist nöthig zur Seeligkeit. Ein wahrer Glaube hat folgende, mitemfallende und nachfolgende gute Werke nöthig zur Seeligkeit. Dritte Schlußrede. Die Wiedergeburt ist nöthig zur Seeligkeit. Gute Werke sind die Wiedergeburt. Also ꝛc. Vierte Schluß-Rede. Was vom ewigen Feuer errettet, ist nöthig zur Seeligkeit. Gute Werke erretten vom ewigen Feuer. Also ꝛc.

41) Der Prediger in der Herrschaft Mansfeld Antwort auf Stephani Agricolä, Pfarrers zu Helbra ausgegangene Schluß-Reden und Schmäh-Schriften, die neue Lehre in unsern Kirchen, daß gute Werke zur Seeligkeit nöthig seyen, belangend. 1553. 4. Die Lauge, welche sie in dieser Antwort über den Mann ausgossen, war doch fast etwas zu scharf: denn diß schien selbst der Verfasser der Antwort, vermuthlich Wigand, etumahl zu fühlen. Aber er verhärtete sich sogleich wieder, und sagte trozig: "da muß nichts „an liegen, ob es dem guten „Kerl nicht gefällt. Es soll nicht „sanft thun, wenn man einem „auf den Schienbeinen fiedelt." E. I.

42) "Es ist — sagen sie deßwegen in ihrer Antwort — "es „ist ein mächtig böse und giftig „Ding in den neuen Lehrern, „daß sie fein zu Beschönung ih„rer Sachen mit den Papisten „schreyen, man streite, ob gute „Werk nöthig seyen? Davon „ist aber nicht der Kampf, denn „solches hat kein Christ wieder„fochten. Gute Werke sind nö„thig: das ist gewißlich wahr. „Sondern von dem Anhang und

„Re-

diß auch Majorn selbst büssen liessen, und in dieser Schrift mit der bittersten Heftigkeit auch über ihn herfielen, diß ist desto unentschuldbarer, je mehr man Ursachen hat zu glauben, daß sich Agricola ganz ungebungen und ungebeten von ihm zu seinem Vertheidiger aufgeworfen hatte [43]).

Kap.

„Klebelappen erhebt sich der „Streit: zur Seeligkeit: und „da sagen alle Gottesfürchtige „davon, daß es ein schädlicher, „ärgerlicher, verdammlicher papistischer Anhang sey." C. 3.

43) Der Verfasser der Antwort giebt zwar zuerst zu verstehen, daß der neue Majorist in dem Mansfeldischen "nicht ohne das Anstiften Majors selbst" aufgestanden sey: A. 2. aber. C. 1. giebt er selbst den Grund an, worinn man "ihn billig deßhalb in Verdacht ziehen dürfe," und dieser Grund liegt bloß darinn, „weil er dem leichtfertigen Schreyer bißher nicht gewehrt habe." Sonst findet man auch keine Spuhr, daß Major noch eine Verbindung mit Agricola unterhalten, oder sich seiner angenommen hätte; selbst Menzel in seiner Erzählung bey Schlüsselburg sagt kein Wort davon, und Menzel hätte es unstreitig am besten wissen können. Dabey darf man wohl den Nachrichten kein Gewicht beylegen, welche die Sächsische Theologen in ihrer viel späteren Konfession gegen Majors Irrthümer vorbrachten, und um so weniger beylegen, da sie selbst nur eine darunter mit einiger Gewißheit, und die übrigen höchst zweydeutig in die Welt schrieben. Major, erzählen sie, hätte laetus de applausore, den jungen Agricola studiose konfirmirt. Nach seiner Vertreibung aus dem Mansfeldischen im J. 1554. in welchem er von einer Synode abgesezt wurde, habe ihm Major dazu geholfen, daß er in Wittenberg Magister geworden sey. Von Wittenberg sey er nach Merseburg gekommen, wo er sich durch die Ausbreitung seiner Majoristischen Lehre bey dem Merseburgischen und Naumburgischen Bischof in die gröste Gunst gesezt habe, und diß sey unter den Augen Majors geschehen, der doch nicht das geringste gethan habe, um ihn von dem Irrweg, auf den er gerathen sey, zurückzubringen. Nun sind sie zwar so billig, ihm keinen weiteren unmittelbaren Antheil an den ferneren Verirrungen des Mannes zuzuschreiben, der ihrer Erzählung nach nach Rom gereyßt, den lutherischen Glauben förmlich daselbst abgeschworen, und sich zulezt in das Adriatische Meer gestürzt haben soll: aber es sey doch immer, meynten sie ein exemplum memorabile de fructu dogmatis Majoristici. S. Confessio Theologorum Saxonicorum de erroribus Georg. Majoris bey Schlüsselburg p. 116.

Kap. III.

Der Innhalt des Hamburgischen, wahrscheinlich von Joach. Westphal [44]) aufgesezten Bedenkens gegen Major zeichnet sich ebenfalls durch eine herbe Bitterkeit aus, die man freylich nicht unerwartet finden, aber er zeichnet sich zugleich durch eine nichtssagende Redseligkeit aus, die man weniger erwartet haben möchte. Zu der ersten bedurften sie wohl nicht erst eine Reizung: doch Flacius und Gallus hatten in dem Schreiben, worinn sie sich ihr Gutachten ausbaten, ihr möglichstes gethan, um sie gewisser in die Stimmung zu bringen, in welcher das Gutachten recht ihren Wünschen gemäß, diß heißt recht bitter ausfallen mußte [45]). Auch hatten

44) Mehrere Gelehrte, wie Joh. Moller in seiner Isag. ad hist. Chers. Cimbr. P. IV. p. 467. und Staphorst in dem Bekenntniß der Kirchen zu Hamburg Vorr. §. 3. auch Stark in der Lübeckischen Kirchenhistorie p. 115. schreiben zwar das Bedenken Aepinus zu: aber ausser dem von Greve in Mem. Æpin. p. 113. angeführten Umstand, daß Westphal in den Akten des Hamburgischen Ministerii ausdrücklich als Concipient der Antwort an die Magdeburger genannt wird, streitet besonders noch eine andere Anzeige für diesen. In jenen Akten wird doch Westphal nur als Concipient der Antwort genannt, und darunter könnte auch bloß das ausführliche Schreiben verstanden seyn, mit welchem man das Responsum selbst begleitete, mithin könnte dieses dennoch von einem andern Verfasser herrühren; allein an Aepinus kann man am wenigsten denken. Dieser war gewissermassen persönlich in den Handel mit verwickelt worden; denn Major hatte sich in einer Stelle seiner ersten Schrift auf ihn berufen, als ob er sich schon ganz gleichförmig mit ihm erklärt hätte. Aepinus hielt es daher für nöthig, seiner Unterschrift des Responsi eine Note beyzufügen, worinn er sich ausdrücklich dagegen verwahrte. Er bemühte sich auch sonst sehr ängstlich, jeden Verdacht einer Uebereinstimmung mit Majorn von sich abzulehnen: also darf man gewiß glauben, daß er jezt absichtlich die Abfassung des Bedenkens einem andern seiner Kollegen, und wohl am liebsten, Westphaln überließ, um nicht den entferntesten Anlaß zu einigem Argwohn zu geben.

45) Sie bemerkten es deßwegen ganz besonders, daß sich Major unterstanden habe, sich auf das Zeugniß des ehrwürdigen Herrn Aepinus zu berufen, und sagten den Hamburgern selbst, daß sie dadurch eine mehrfache Aufforderung bekommen hätten, ein recht öffentliches Zeug-

ten sie die Frage, worüber sie das Gutachten verlangten, geflissentlich so gestellt, daß die von ihnen erbetene Richter, wenn sie sich genau daran halten wollten, fast nicht anders als ihren Wünschen gemäß sprechen konnten [46]): allein diese hätten doch nicht nöthig gehabt, sich daran binden zu lassen, wenn ihnen nicht selbst damit gedient gewesen wäre. Flacius und Gallus hatten ihrem Schreiben ausser ihren eigenen Schriften gegen Major doch auch die Schriften von diesem beygelegt, worinn die streitige Säze von ihm vertheidigt worden waren. Daraus hätten sich die Hamburger leicht überzeugen können, daß dem Streit eine ändere Wendung gegeben, und die Streit-Frage ganz anders gestellt

Zeugniß gegen die verderbliche Lehre abzulegen. Die Lübeckischen Prediger hingegen erinnerten sie, daß der Irrthum Majors, den sie ihnen denuncirten, der nehmliche sey, den sie selbst im vorigen Jahr an einem ihrer Kollegen, Lorenz Mörßke verdammt hätten, der ihre Kirche damit beunruhigt habe. Diß leztere müßte besonders auf die Lübecker mächtig würken, denn die Händel, welche durch Mörßke angerichtet worden waren, hatten eine höchstbittere Gährung unter ihnen veranlaßt, wiewohl Mörßke nichts weiter gethan, als dagegen geeifert hatte, daß man nicht immer vom Glauben allein sprechen, sondern das Volk auch erinnern müsse, daß mit dem Glauben gute Werke verbunden seyn müßten. Aber selbst diß benuzten Flacius und Gallus, um sie mehr aufzureizen, denn sie sagten ihnen, daß es Mörßken weit nicht so schlimm als Major gemacht habe. "Nam iste, quamquam indoctior, paulo tantum modestius vel etiam timidius suum errorem inculcavit. Solitus enim est, quantum nobis refertur, dicere, fidem salvantem debere habere opera bona seu testimonium operum bonorum, alioqui in judicio Dei eam subsistere non posse. Nec etiam penitus negavit salutem miseris peccatoribus in extrema hora conversis, sed dixit tantum se eam certo eis promittere non posse." B. 3.

46) "Ideo vos oramus, ut nobis vestram sententiam — inprimis de ista Majoris doctrina quod bona opera sint necessaria ad salutem, quod nemo umquam sine bonis operibus salvatus sit, quodque plane impossibile sit, sine bonis operibus quemquam salvari — vicissim exponatis, putetisne ei resistendum esse, an vero assentiendum vel istum errorem in ecclesia dissimulandum?" B. 4. Also sie wollten nur darüber ein Responsum haben, ob man diese Redensarten Majors verwerfen, billigen, oder dazu schweigen sollte?

stellt werden müsse, als ihm Flacius und Gallus gegeben, und als sie diese gestellt haben wollten. Sie konnten es auch nicht verbergen, daß sie davon überzeugt waren, aber in ihrem Bedenken selbst nahmen sie keine Rücksicht darauf, denn ihnen selbst war mit der Ueberzeugung nicht gedient!

Die Hamburger fühlten es recht gut, daß nach der Erklärung Majors in seiner Predigt der Streit blosser Wortstreit geworden sey. Sie waren auch ehrlich genug, es selbst zu sagen, daß man mit Majorn nur über Worte streiten könne, sobald er die gute Werke nur allein deßwegen und in der Beziehung für nothwendig zur Seligkeit halte, weil sie unausbleiblich aus dem Glauben entspringen müßten [47]); daß aber nur diß seine Meynung sey, und daß er nie eine andere gehabt habe, diß hatte er in seiner Predigt mit einer Unzweydeutigkeit erklärt, die keinem Zweifel mehr Raum ließ. Hätten also die Hamburger konsequent handlen und sprechen wollen, so hätten sie nur zeigen müssen, ob? und in wie fern man Ursache habe, die von Majorn vertheidigte Redens-Arten doch für bedenklich zu halten, wiewohl sie in dem Sinn, in welchem sie von ihm genommen worden seyen, nichts irriges enthielten! Sie hätten, wie die Manßfeldische Prediger in ihrem ersten Be-

47) "Qui pugnant — so bestimmen sie selbst in einer Stelle ihres Bedenkens C. 3. was allenfalls Major gemeynt haben könnte, aber bestimmen es freylich so, als ob es ihnen nicht ganz gewiß wäre, was er gemeynt habe — "qui pugnant pro „operibus ad salutem necessariis, „aut sentiunt, partim fidem, partim opera iustificare, et aliud „tacite occultant, quam fictis verbis pronuntiant: aut vere sentiunt, et sincere ex animo docent, sola fide hominem iustificari. Si ex parte salutem fidei „adscribunt, ex parte operibus, „omnes pii iustam habent occasionem contradicendi et pro „anathemate damnandi sacrilegi „erroris autores. Si in hac sunt „sententia solam iustificare et salvare fidem, opera vero sequi „tanquam fructus — (diß aber „hatte Major auf das bestimmteste für seine Meynung erklärt) rixantur de verbis ambiguis et periculosa logomachia ecclesiam perturbant, et non levibus scandalis fenestram aperiunt".

Bedenken, zeigen mögen, daß man sich allerdings durch sehr starke Gründe gedrungen fühlen könne, gegen ihre Einführung in die kirchliche Sprache zu protestiren. Sie hätten ausführen mögen, wie leicht sie zu einem höchstgefährlichen Mißverstand Anlaß, wie viel Aergerniß sie der frommen aber unwissenden Einfalt geben, und wie schwehr es werden dürfte, jenem Mißverstand und diesem Aergerniß durch irgend eine Erklärung hinreichend und völlig zuvorzukommen. Sie hätten dann, um die ganze Würde unpartheyischer und einsichtsvoller Richter zu behaupten, sie hätten dann mit anständigem und sanftmüthigen Ernst Majorn ersuchen mögen, daß er sich doch, da er in seinen Meynungen völlig mit ihnen und mit den übrigen Theologen der Kirche übereinstimme, auch in den Ausdrücken wieder mit ihnen vereinigen, und durch die längere Vertheidigung einer doch immer ungewöhnlichen und zweydeutigen Redens-Art keine Gelegenheit zu weiteren Unruhen und Zwistigkeiten geben möchte; aber sie hätten es auch mit gleichem Ernst den Gegnern von Major, sie hätten es auch Amsdorf, Gallus und Flacius sagen mögen, daß sie niemahls, und am wenigsten nach der Erklärung Majors ein Recht gehabt hätten, ihn selbst zu verkezern, sondern sich bloß dazu hätten befugt halten dürfen, den Gebrauch der von ihm vertheidigten Redens-Arten für bedenklich und deßwegen für verwerflich zu erklären! Hingegen was thaten die Hamburger? Sie bewiesen aus noch mehreren Gründen, als die Manßfelder, daß es im höchsten Grad irrig sey, wenn man den guten Werken eine solche Nothwendigkeit zur Seligkeit zuschreibe, welche mit der Schrift-Lehre von dem allein rechtfertigenden und seligmachenden Glauben im Widerspruch stehe. Diß war es allein, was aus ihren Gründen folgte oder folgen konnte [48]): wenn sie sich aber dabey

48) Es folgte wahrhaftig nicht aus allen, denn einige ih-

das Ansehen gaben, als ob sie den Beweis geführt hätten, daß man in keinem Sinn und in keiner Beziehung gute Werke für nothwendig zur Seligkeit ausgeben könne, ohne jener Schrift-Lehre zu widersprechen, wenn sie nicht nur bewiesen haben wollten, daß die Redens-Art: gute Werke sind nöthig zur Seligkeit: in einem mehrfach-irrigen Sinn genommen werden könne, sondern daß sie in gar keinem andern, als in einem irrigen Sinn genommen werden könne: so nahmen sie eben damit wieder zurück, was ihnen selbst zuerst Billigkeit gegen Major abgedrungen hatte, nehmlich das Geständniß zurück, daß sie nach seiner Erklärung keinen irrigen, sondern nur einen unschicklich und zweydeutig ausgedrückten Sinn in sich halte. Doch man bemerkt ja nur allzudeutlich, wie ungern 49) sie sich diß Geständniß abdrän-

rer Beweise waren ebenfalls heillos genug. Man nehme zum Beyspiel nur den ersten, den sie selbst allen andern vorsezten: Christus docet: Unum est necessarium ad salutem. Luc. x. 41. Contradicit ergo Christo, quicunque affirmat, opera ad salutem esse necessaria. Nam si opera necessaria sunt, jam non unum est necessarium, et Christus insimulatur mendacii, qui unum esse necessarium pronuntiavit! Hämischer und elender dazu konnte nichts seyn, als diß; aber Major hätte noch überdiß ein Recht gehabt, sie als Schrift-Verfälscher zu denunciren: denn ihr: ad salutem: war ein Zusaz, den sie eigenmächtig den Worten Christi beygefügt hatten. Auch war es solcher Theologen, wie die Hamburgische Prediger seyn wollten, sehr unwürdig, daß Geschwäz von Flacius nachzubeten, daß die behauptete Nothwendigkeit der guten Werke die Gewissen nothwendig in Verzweiflung stürzen, und jedem seine Begnadigung zweifelhaft machen müsse. Cap. 4.

49) Sie gestanden es nicht einmahl ausdrücklich; denn sie sagten nicht, daß Major jene Meynung habe, sondern nur, wenn er jene Meynung habe, so laufe die Sache auf einen Wortstreit hinaus: aber dabey suchten sie es geflissentlich zweifelhaft zu machen, ob es würklich seine Meynung sey. Unmittelbar darauf sagen sie nehmlich: *Quicquid sentiant*, certe haec doctrina, quod sine operibus nemo potest salvari, simillima est Pseudoapostolorum doctrinae, *si non ipsissima* est Pseudoapostolorum doctrina. Haec enim erat propria nota, hoc artificium, haec moderatio Pseudoapostolorum, praedicantibus veris Apostolis solam fidei justitiam, addere opera fidei, eaque necessaria facere ad salutem. "C. 3. Doch im Verfolg

drängen liessen; und wie geflissentlich sie es vermieden, daß es ihnen nicht mehr als einmahl entwischen konnte: aber kann man diese unwürdige Streit-Art Männern verzeyhen, bey denen man doch nicht leicht, wie bey Amsdorf und Flacius, dem Einfluß einer persönlichen Leydenschaft [50]) etwas zuschreiben und zur Last legen, oder zu gut halten darf?

Doch wie könnte man die Hamburger besonders deßhalb anklagen, da man nun zwanzig Jahre hindurch, biß über das J. 1570. hinaus den Streit bloß auf diese Art fortgeführt sieht. Unter allen Theologen, die in diesem Zeit-Raum gegen Majorn auftraten, und darunter waren doch nicht nur Nachbeter von Flacius und Amsdorf, sondern auch Männer, wie Chemniz [51]) aber

folg ihres Bedenkens sagen sie es einmahl mit der schaamlos-positivsten Bestimmtheit, es sey bey der neuen Lehre Majors auf nichts anders abgesehen, als den Werken ein Verdienst zu zuschreiben". Differunt plurimum hujusmodi Orationes, cum quis dicit in justificatis et fide consecutis salutem esse necessaria bona opera, et cum quis addit, ad salutem esse necessaria. Nam haec appendix indicat causam et meritum. De *merito salutis* defensores justiae operum *intelligunt et intelligi volunt*, cum clamitant, bona opera ad salutem esse necessaria". D. 1. b.

50) Den Lübeckischen Predigern mag man es aus diesem Grund leichter verzeyhen, daß sie den Hamburgern so gern beytraten, denn sie waren durch die kaum vorhergegangene Auftritte mit Mörßken gewaltig erbizt und erbittert worden. Auch muß man gestehen, daß sich Mörßken, der im Hospital zum H. Geist Prediger war, bey der Art, womit er die Majoristische Redens-Arten vertheidigte und unter das Volk brachte, mit einem Mangel an Klugheit und Sanftmuth benommen hatte, wodurch seine Kollegen eben so viel Anlaß zur Besorgniß als zum Unwillen über ihn erhielten. S. Salig Th. III, p. 40. Starks Lübeckische Kirchen-Geschichte Th. II, p. 103. Beyl. Nr. 2. Den Lüneburgischen Predigern darf es hingegen desto höher aufgerechnet werden, daß sie noch besonders in ihrem Nahmen das entscheidendste Verdammungs-Urtheil über die Säze Majors aussprachen, ohne auch nur mit einem Wink anzudeuten, daß und wie sich Major darüber erklärt habe.

51) Man hat von Chemniz eine Confessionem de Majorismo, die ihm freylich nur Schlüsselburg nachgeschrieben haben wollte. Cat. Har. L. VII, p. 518. aber eben das. p. 534 findet man dasjenige, was er selbst in die

aber unter allen war keiner so edelmüthig oder nur so gerecht, daß er ganz offen erklärt hätte, Major sey nach seinem Urtheil nicht von der reinen lutherischen Lehre selbst, wenn schon von ihren Ausdrücken abgewichen. In allen Schriften, welche in diesem Zeitraum gegen ihn herauskamen, sollte nicht nur bewiesen werden, daß er sich undeutlich, unschicklich und gefährlich ausgedrückt, sondern daß er unrichtig gelehrt habe, denn in allen diesen Schriften, selbst in den Chemnizischen wurde immer nur ausgeführt, daß die Redensart: gute Werke seyen nöthig zur Seligkeit: in jedem Sinn, in welchem sie genommen werden möchte, mit der Schrift-Lehre von dem allein seligmachenden Glauben zu streiten scheine; und wenn man schon dabey nicht ausdrücklich sagte oder zu verstehen gab, daß sie Major in einem solchen Sinn genommen habe, oder genommen haben wollte, so nahm man doch auch keine Notiz davon, daß er sich auf das förmlichste und feyerlich dagegen verwahrt habe!

Diß hatte aber Major vom J. 1554. an nicht nur in allen den Schriften, die er von jezt an herausgab, wiederholt; sondern er hatte in jeder die sichtbarste Mühe angewandt, seine Meynung unverfänglicher darzulegen, und gegen jeden möglichen Mißverstand sorgfältiger zu verwahren. Allerdings bestand er dabey noch immer darauf, daß man doch in der von ihm angegebenen Beziehung den guten Werken mit Recht eine Nothwendigkeit zur Seligkeit zuschreiben, also seine so verkezerte Redens-Art auch in einem wahren Sinn nehmen könne; aber

Braunschweigische Confession und in die Schrift: de controversiis horum temporum über den Majorismus einrückte. Ueberdiß ist es nicht zweifelhaft, daß die folgende Schrift von ihm herrührt: christliches Bedenken des Ministerii der Kirchen zu Braunschweig auf D. Majors Repetition und endliche Erklärung belangend den Streit, ob gute Werke zur Seligkeit nöthig sind. 1568. 4. S. Rhetmeyers Braunschw. Kirchen-Historie P. III. p. 306.

aber diß mußte er — wenn auch Eigensinn und Rechthaberey keinen Antheil daran hatten, den man doch gewiß nach solchen Reizungen sehr entschuldbar finden konte — diß mußte er zu seiner Vertheidigung behaupten, weil es seine Gegner geläugnet hatten, daß man sie in diesem Sinn nehmen könne, um es damit zweyfelhaft zu machen, ob auch er sie würklich in diesem Sinn genommen haben wollte. Allerdings verwickelte er sich bey der Vertheidigung dieses Sinnes auch noch hin und wieder in neue Schwürigkeiten, und bediente sich zuweilen solcher Ausdrücke dazu [52]), von denen man, wenn sie aus der Verbindung mit seinen übrigen Ideen gerissen

52) Am höchsten rechnete man ihm auf, daß er sich zuweilen den Ausdruck hatte entfallen lassen; zu der Gerechtigkeit oder Rechtfertigung gehöre Glauben und Erneuerung. So kam schon in seiner Predigt von der Bekehrung Pauli die nach dem Vorgeben seiner Gegner höchstanstössige Stelle: Seligkeit in diesem Leben und Gerechtigkeit ist 1) Vergebung der Sünden und 2) angefangene Erneuerung zum Bilde Gottes. D. 3. Eben so sagte er in seiner Dispositio Epist. ad Roman. "Justitia fidei complectitur duo, cordis fidem, et oris confessionem cum caeteris fructibus fidei, seu novitate vitae. Fol. 52". In dieser Beziehung aber äusserte er sogar einmahl in Th. II. seiner Homilien über die Sontags-Episteln: Fol. 56. "Justitia et salus, quae in hac vita ex sola fide est, exclusis operum meritis omnibus, est justitia et salus primo imputata, deinde inchoata, abscondita, revelanda, imperfecta, nondum prorsus apprehensa". An dieser Stelle ärgerte sich besonders Chemniz in einem Brief an D. Meyendorf. s. Schüsselburg p. 204.

aber er zog auch Folgen daraus, an die Major gewiß nicht gedacht hatte, denn dieser wollte weiter nichts damit sagen, als daß der durch den Glauben gerechtfertigte Mensch auch gebessert werden müsse, und daß auch diß zu seiner Beseligung gehöre, die aber eben deßwegen in diesem Leben noch unvollendet bleibe, weil seine Besserung noch unvollkommen bleibe. In dieser Beziehung unterschied auch Major zuweilen zwischen justitia und salus, zwischen Rechtfertigung oder Begnadigung und zwischen Beseligung, was ihm aber von seinen Gegnern als neuer Irrthum angerechnet wurde. Dadurch verhinderten diese — und diß war vielleicht die nachtheiligste Folge dieser Händel — daß es noch länger als ein Jahrhundert anstand, biß man die höchstfruchtbare, auch von Major selbst noch nicht ganz deutlich erkannte Idee auffaßte, daß der Mensch selbst durch Begnadigung von Seiten Gottes nicht selig gemacht werden könnte, wen er nicht zugleich ins bessere verändert würde.

sen wurden, neuen Anlaß zu Anklagen gegen ihn hernehmen konnte: aber da er doch immer dabey davon ausgieng und dahin zurückkam, daß er der Lehre von dem allein rechtfertigenden Glauben nicht das geringste entziehen wolle, so wurde es ja damit hinreichend von ihm bestimmt, wie auch jene Ausdrücke seiner Absicht nach allein erklärt werden dürften. So hatte er sich schon im J. 1554. in seiner Erklärung des Briefs Pauli an die Philipper über das Verhältniß des Glaubens und der Werke auf eine solche Art geäussert, daß sich selbst Amsdorf zufrieden damit bekennen mußte. Im J. 1559. gab er ein eigenes "Bekenntniß [53]) von der Justification" heraus, worinn er nicht nur die Lehre von dem allein seligmachenden Glauben so ächt und stark lutherisch, als es irgend einem Amsdorf möglich war, vortrug, sondern auch auf das feyerlichste kontestirte, daß er niemahls anders darüber gelehrt und gedacht habe. Da die Flacianer immer noch fortfuhren, über ihn zu schreyen [54]), so erklärte er bald darauf, um nur von einigen Seiten her Ruhe zu bekommen, daß er bereit sey, die Ausdrücke fahren zu lassen, die so viel Gezänk und Anstoß erregt hätten [55]). Da man ihn noch nicht

53) Bekenntniß D. Ge. Majors von dem Artikel von der Justification, das ist, von der Lehre, daß der Mensch allein durch den Glauben, ohne alle Verdienst, um des Herrn Christi willen Vergebung der Sünden habe, und für Gott gerecht und Erbe der ewigen Seligkeit sey, und von guten Werken, welche dem wahrhaftigen Glauben als Früchte der Gerechtigkeit folgen sollen. Wittenberg. 1559. 4.

54) Diß Geschrey trieben die Manßfeldische Prediger am stärksten, die im J. 1560. eine neue sententiam et confessionem de corruptela articuli de Justificatione contra D. Majorem herausgaben — s. Schlüsselburg p. 223. ff.

55) Er erklärte diß in der Vorrede zu seinen lateinischen Homilien über die Sontags- und Fest-Evangelien, die er im J. 1562. absichtlich besonders und zwar auch in deutscher Sprache drucken ließ. Aber in dieser Vorrede hatte er freylich zu gleicher Zeit sein Herz über Flacius, und seine übrige Haupt-Gegner in vollem Maaße ausgeleert, und diß reizte diese zu neuen äusserst heftigen Angriffen. Von den Schriften, die dagegen herauskamen,

nicht in Ruhe ließ, so appellirte er im J. 1567 in einem neuen Bekenntniß [56]) an den Richterstuhl Gottes, des allwissenden Herzenskündigers, und wiederholte diese Appellation in seinem Testament, daß er im J. 1570. drucken ließ. Aber was bewürkte diß alles? — die Theologen zu Jena gaben auf das Testament D. Majors eine christliche und in Gottes Wort gegründete Erinnerung heraus [57]), worinn sie die Welt warnten, daß sie kein Wort von allen seinen Versicherungen glauben sollte, und zwar am Ende noch Gott baten, daß er den armen alten Mann bekehren möchte, damit er nicht ohne Busse dahinfahre, aber doch dabey die Vermuthung äusserten, daß ihm als einem verstockten nicht mehr zu helfen seyn möchte [58]). Flacius hingegen schloß eine andere Schrift, die

kamen, sind folgende zwey die heftigste: Verzeichniß der beschwehrlichen Punkten in D. Ge Majors Vorrede über die neue Postill der Sonntags-Evangelien, darinn auch gründlich und mit Wahrheit aus seinen selbst eigenen Büchern erwiesen wird; daß sie der Lehre halber von D. Luther sehr und gar zu weit abweichen, und darüber andere unbillig schmähen. Regenspurg. 1562. 4. De D. Ge. Majoris Praefatione — in der Confessio et sententia Ministrorum Mansfeldensium. Islebiae. 1565. 4.

56) Repetitio, Wiederholung und endliche Erklärung der Bekenntniß D. Georg Majors von dem Artikel der Justifikation ꝛc. und von guten Werken. Wittenberg. 1567. 4. Eine ähnliche Confession rückte er auch in eine Rede ein, die er in diesem Jahr zu Wittenberg öffentlich hielt, und hernach in seiner Commonefactio historica de statu ejus temporis, quod Evangelii lucem praecessit ꝛc. Opp. T. I. f. 1199. drucken ließ. Aber auf diese Repetition seines Bekenntnisses erschien sogleich im folgenden J. 1568. das schon angeführte christliche Bedenken des Ministerii der Kirchen zu Braunschweig auf Majors endliche Erklärung, und: Erinnerung von der neuen Busse, D. Majors Repetition, Wiederholung und endliche Erklärung seiner Bekenntniß genannt. Joh. Wigandus. Lübeck. 1568. 4.

57) Testamentum D. Georgii Majoris. Nürnberg. 1570. in 4. Vom Testament D. Majors christliche und in Gottes Wort gegründete Erinnerung durch die Theologen zu Jena. Jena. 1570. 4.

58) "Gott bekehre — so schließt „sich die schöne Schrift — den armen Mann, D. Major, nach „seiner grossen Barmherzigkeit, „daß er nicht ohne Busse dahin „fahre und selig werde. Amen. „D. Mart. Luther aber im Sermon von der Sünde wider den „heiligen Geist schreibet also: wenn

die er dem Testament des alten Mannes entgegensezte, mit dem liebreichen Seufzer, daß doch Christus zur Ehre seines Nahmens und zum Heil der Kirche — auch dieser Schlange bald den Kopf zertreten möchte [59])!

Doch — und diese Erscheinung verdiente schon an sich bemerkt zu werden, wenn sie auch nicht nach andern Hinsichten zu der Geschichte dieser Majoristischen Streitigkeiten wesentlich gehörte — unter der Parthie der Zeloten selbst, die bißher die reine lutherische Lehre gegen die Wittenberger bewacht hatten, trat doch ein Mann auf, den die Ungerechtigkeit, womit man Majorn behandelte, so im innersten empörte, daß er sich öffentlich für ihn verwandte, selbst gegen Amsdorf für ihn verwandte, und sich selbst darüber dem wüthendsten Angriff von diesem aussezte. Diß war Justus Menius, Superintendent und Pfarrer in Gotha, also einer der herzoglich-sächsischen Theologen, und eben der Menius, der unter den Osiandristischen Händeln den Eiferer mit so unweiser Heftigkeit gespielt hatte, da er zum mittlen nach Königsberg geschickt worden war. Diß ist ja wohl eine überraschende Erscheinung; aber sie hätte fast eine Entwicklung herbeygeführt, die noch überraschender seyn würde, wenn sie völlig zu ihrer Reife gekommen wäre!

Kap.

„wenn einer dahin geräth, daß „er nichts hören und sehen will, „dazu seine Lästerung und Bosheit vertheidigen, so ist ihm „nimmer zu rathen noch zu helfen. Darum hab ich oft gesagt, „daß nie erfahren ist, so viel ich „Exempel gehört und gelesen habe, daß ein Rottenmeister und „Haupt einer Kezerey bekehrt „worden sey. Ach! Gott helfe! „Amen".

59) "Dominus Jesus conterat etiam in hac parte caput istius tortuosi et mendacis serpentis, ejus errores et mendacia ex doctrina sinceri Evangelii et domo Domini ceu maximum quoddam venenum expurgando, penitusque ejiciendo, ad gloriam nominis sui, miserorumque hominum salutem. Amen". S. Censura de Testamento D. Majoris. M. Flacii Illyr. 1570. auch bey Schlüsselburg p. 266.

Im J. 1554. wollte Amsdorf, der wieder in herzoglich-sächsische Dienste getreten war, aus Veranlassung einer neuen Visitation der Thüringischen Kirchen, die ihm in Gemeinschaft mit Menius aufgetragen war, ein Verbot oder wenigstens ein Ausschreiben an alle Prediger des Landes ergehen lassen, worinn sie vor einigen adiaphoristischen, und nahmentlich vor den Majoristischen Schriften gewarnt, und diese als irrig und unchristlich verdammt werden sollten. Nach Amsdorfs Absicht sollte ohne Zweifel das Ausschreiben unter dem Nahmen und der Autorität der Regierung erlassen, also eine recht feyerliche und öffentliche Verdammung Majors werden: auch würde er keine Schwürigkeit dabey gefunden haben, da die zwey andere Theologen, Schnepf [60]) und Stolz, die ihnen zugegeben waren, völlig mit ihm übereinstimmten: aber zu seinem äussersten Erstaunen machte Menius Schwürigkeiten [61]), dem Vorschlag beyzutreten, und erklärte zulezt freymüthig, daß er Majorn nicht für einen Kezer halten, und seine Schriften nicht als unchristlich verdammen könne. Er erinnerte dabey Amsdorf und Stolz, daß sie selbst gestanden hätten, man könne mit der Erklärung zufrieden seyn, welche Major in seiner Auslegung des Briefs Pauli an die Philipper gegeben habe: und bald darauf übergab er ihnen einen Aufsaz, worinn er den ganzen Streit-Punkt über die Frage: ob gute Werke zur Seligkeit nöthig seyen? dermassen aufzufassen, und in ein solches

60) Erhard Schnepf, der von Tübingen aus Veranlassung des Interims vertrieben, und in Jena als Professor angestellt worden war, hatte sich gleich zuerst unter den Gegnern Majors vorangedrängt, und schon im J. 1552. eine Refutationem Majorismi herausgegeben. Auch diese Schrift hat Schlüsselburg p 162. ff.

61) Nach seiner eigenen Erzählung lehnte er zuerst eine Erklärung unter dem Vorwand ab, daß er Majors Schriften noch nicht gelesen habe, aber ohne Zweifel war diß nur Vorwand, denn sie hatten ja damahls schon Lärm genug gemacht.

solches Licht zu stellen gesucht hatte, daß es sichtbar werden sollte, wie sie auch in einem wahren, der lutherischen Lehre völlig gemässen Sinn, folglich ohne Irrthum bejaht werden könne [62]).

Ob es nun blosses und reines Billigkeits-Gefühl war, was Menius zu dieser Vertheidigung Majors veranlaßte? diß möchte sich wohl nicht mit voller Gewißheit bestimmen lassen [63]). Vielleicht hatte das Bewußtseyn daran Antheil, daß er sich selbst zuweilen in seinen Predigten und in seinen Schriften der Ausdrücke bedient hatte, die man jezt auf einmahl so anstössig und ärgerlich fand; doch in diesem Fall würde es immer noch ein wahres Billigkeits-Gefühl gewesen seyn, das ihn aufforderte, sich Majors anzunehmen: allein man könnte fast vermuthen, daß auch die blosse Begierde, dem

62) De quaestione, an Bona opera sint necessaria ad salutem, Disputatio sive collatio Justi Menii 1554. M. Novembri in 110. Propositionibus redacta et Visitationibus oblata. Diesen Aufsaz übergab aber Menius nur seinen Kollegen, ohne die Absicht zu haben, daß er jemahls bekannt werden sollte. S. Salig Th. III. p. 46.

63) Flacius und Amsdorf machten ihm in der Folge oft den Vorwurf, daß er sich schon in der Interims-Sache nicht ganz richtig gezeigt, und von jeher bey jeder Gelegenheit nur den Wittenbergern zu hofiren gesucht habe. Man führte auch zum Beweis davon an, daß er eben damahls seine Söhne in Wittenberg studiren ließ, und zog den Schluß daraus, daß er Majorn nur deßwegen nicht habe verdammen wollen, um es nicht mit den Wittenbergern zu verderben. Etwas mochte dann vielleicht auch daran seyn, daß er sich ihnen jezt wieder nähern wollte; aber daß er ihnen von jeher, und daß er ihnen besonders in der Interims-Sache hofirt haben sollte, diß war eine sehr einfältig-boshafte Verläumdung, weil sie sich so leicht aktenmässig widerlegen ließ. Es waren ja Bedenken über das Interim vorhanden, die Menius aufgesezt und Amsdorf selbst unterschrieben hatte; aber es waren noch mehr Schriften von Menius vorhanden, worinn er sich eben so heftig und eben so hart als die Amsdorfe und Flacius über die Sächsische Interimisten und Adiaphoristen erklärt hatte. Mußte doch Flacius selbst gestehen, daß er sich vorher in seiner Schrift gegen die Widertäufer, in seiner Uebersezung des lutherischen Kommentars über den Brief an die Galater und in einem Brief an Melanchton auf das heftigste gegen sie, und nahmentlich auch gegen Major erklärt habe. S. Flacius histor. certam. bey Schlüsselburg L. XIII. p. 830.

dem alten Amsdorf durch den Sinn zu fahren, etwas dabey gethan haben möchte. Es läßt sich leicht genug denken, daß der Einfluß, den Amsdorf am Weimarischen Hofe erlangt hatte, Menium schon mehrfach zur Eifersucht gereizt, und damit auch zu dem Entschluß gebracht haben konnte, sich von Zeit zu Zeit den Unternehmungen des neuen Hof-Theologen zu widersezen, damit er nicht allzuweit um sich greiffen möchte 64). Es läßt sich noch leichter denken, wie und wodurch er sich besonders bey dieser Gelegenheit dazu versucht fühlen konnte: aber in jedem Fall darf man doch als gewiß annehmen, daß der Unwille, den er über die gegen Major erhobene Verfolgung fühlte und äusserte, nicht allein aus einer solchen Quelle entsprungen war!

Daß hingegen Amsdorf glauben mußte, Menius habe sich bloß, um ihm zu trozen, oder ihn zu necken, zum Vertheidiger Majors aufgeworfen, diß sollte man fast aus der Verfolgung schliessen, die er nun gegen ihn selbst erregte, so wie man wiederum aus der Leichtigkeit, womit es ihm gelang, den Hof dazu aufzureizen, am besten auf den mächtigen Einfluß schliessen kann, den er sich schon zu verschaffen gewußt hatte. Die drey Visitatoren berichteten durch Amsdorf an den Herzog, daß Menius ein erklärter Majorist geworden sey, der in allen seinen Predigten die Lehre von der Nothwendigkeit der guten Werke zur Seligkeit vorbrächte; und der Herzog, Johann Friederich der mittlere, zeigte sich gar nicht abgeneigt, einen förmlichen Kezer-Proceß gegen ihn instruiren zu lassen. Er ließ ihm wenigstens sogleich

64) Aus dem Erfolg muß man fast schliessen, daß Amsdorf seinen Einfluß bey Hofe schon gebraucht haben mochte, um jenen zu schwächen, den Menius bißher gehabt hatte, denn es läßt sich schwehr glauben, daß er jezt den Herzog so plözlich zu solchen Maaßregeln gegen ihn hätte bringen können, wenn er nicht schon vorher seine Meynung von ihm etwas ungestimmt hätte.

gleich auf eine höchstkränkende Art damit drohen, ohne ihn nur erst gehört zu haben 65), verwehrte ihm mit Gewalt die Bekanntmachung einer Vertheidigungs-Schrift, die er aufgesezt hatte 66), und zwang ihm doch noch dazu ein eydliches Versprechen ab, daß er ohne sein Vorwissen und seine Bewilligung das Land nicht verlassen wolle! Diese Proceduren aber erlaubte man sich gegen den Mann, noch ehe man irgend einen Beweis gegen ihn vorbringen konnte, daß er sich auch nur einmahl, ausser in der Schrift, die er seinen Kollegen übergeben hatte, Majors öffentlich angenommen oder seine Lehre auf der Kanzel vertheidigt habe. Selbst in seiner Vertheidigungs-Schrift, die man aus der Druckerey hatte holen lassen, fand man nichts, das nur eine scheinbare Anklage gegen ihn begründen, oder seine Orthodoxie verdächtig machen konnte: also mußte man ihn in Ruhe lassen 67), biß er im J. 1556. selbst eine

Gele-

65) Schon im Januar 1555. ließ er ihm durch einen seiner Räthe entbieten, daß er von der Vertheidigung des Majoristischen Irrthums abstehen sollte, sonst würde er, der Herzog gedrungen seyn, solchen Ernst zu gebrauchen, dessen er seinethalben lieber entübrigt seyn wollte. Dieser und die folgende Umstände sind aus der eigenen Erzählung Menii genommen, haben aber die volleste Glaubwürdigkeit, weil ihnen keiner seiner Gegner widersprach. Sie finden sich in folgenden Schriften des Mannes: Verantwortung auf Matth. Flacii giftige und unwahrhafte Verläumdung und Lästerung, 1556. 4. Kurzer Bescheid, daß seine Lehre, wie er die vor der Zeit geführt und noch führet, nicht mit ihr selbst streitig noch widerwärtig, sondern allenthalben einerley, und der Wahrheit des Evangelii vollkommen gemäß sey. Wittenberg. 1557. 4. Bericht der bittren Wahrheit auf die unerfindlichen Anklagen Flacii Illyr. und des Herrn Nicol. von Amsdorf. Wittenberg. 1558. 4.

66) Entschuldigung Justi Menii auf die unwahrhaftige Verläumdung, darinn ihm aufgelegt wird, als sollt er von der reinen Lehre des Evangelii abgefallen seyn. 1555. Die Herzogliche Regierung ließ die Schrift zu Erfurt, wohin sie Menius zum Druck geschickt hatte, aus der Druckerey holen, und diß war desto beleidigender für ihn, da man ihm erst ein Handgelübd abgenommen hatte, daß er sie selbst von der Presse aus der Regierung einliefern, und sie nicht ohne ihre Erlaubniß publiciren wolle. Er ließ sie aber hernach ganz in seine bittere Wahrheit einrükken.

67) Und doch hatte man schon im

ganzen

Gelegenheit gab, welche Amsdorf zu seiner Unterdrückung benuzen zu können glaubte.

In diesem Jahr hatte Menius eine Schrift von der Bereitung zum seligen Sterben, und eine Predigt von der Seligkeit herausgegeben [68]), wovon er gewiß nicht befürchtete, daß sie ihm Amsdorf von neuem auf den Hals ziehen könnten. In der einen wie in der andern war die reine lutherische Lehre von dem allein seligmachenden Glauben höchst unzweydeutig und ausführlich vorgetragen; denn besonders in der Predigt hatte er im zweyten Theil allein davon gehandelt, daß und warum kein Mensch durch das Gesez und durch Werke selig werden könne, und dagegen im dritten Theil gezeigt, daß und warum man allein durch den Glauben an Christum selig werden müsse? wie solches geschehe? und welches die Ursache davon sey? Diß läßt beynahe vermuthen, daß Menius diese Schriften in der Absicht herausgab, um das Geschrey dadurch niederzuschlagen, daß er jemahls den Irrthum, dessen man Majorn beschuldigte, von einer verdienstlichen Nothwendigkeit der guten Werke vertheidigt haben sollte. Er hütete sich daher auch sorgfältig nur überhaupt von der Nothwendigkeit guter Werke zu sprechen, um niemand durch diesen Ausdruck an Majorn zu erinnern: aber — seine Vorsicht half ihm nichts! Er konnte es zum Unglück nicht vermeiden, die Ausdrücke — nothwendig — Nothwendigkeit — hin und wieder zu gebrauchen, und diese waren schon hinreichend, um Amsdorf und Flacius auf die Spuhr des Majoristen zu bringen!

In

ganzen Lande das Gerücht unter das Volk gebracht, daß Menius ein Papist geworden sey; ja es war ihm selbst ein Brief zugekommen, worinn sich der Magistrat des Städchens Weida nach der Wahrheit des Gerüchts erkundigt hatte, daher er auch diesem seine Vertheidigung dedicirte.

68) Auch in Erfurt. 1556. 4.

In seiner Schrift von der Bereitung zum seligen Sterben kam die Behauptung vor "daß diejenige, welche selig werden wollen, immerdar büssen, und ihr Leben in steter Busse hinbringen müßten". In eben dieser Schrift hatte er gesezt, "daß der heilige Geist anfahe „in den Glaubigen Gerechtigkeit und Leben, welcher Anfang in diesem Leben, so lange wir in dem sündlichen „Fleisch wandlen, zwar ganz schwach und unvollkommen, aber doch zur Seligkeit vonnöthen sey, und „künftig nach der Auferstehung vollendet werde". In seiner Predigt von der Seligkeit aber hatte er in dem ganzen vierten Theil davon gehandelt, "daß denjenigen, „so ohne alles Gesez und Werke allein durch den Glauben an Christum selig geworden sind, doch vonnöthen „sey, sich vorzusehen und zu hüten, daß sie die Seligkeit, so ihnen ohne alles Verdienst aus Gnaden widerfahren ist, durch öffentliche Sünde wider Gott und „ihr Gewissen nicht widerum verliehren, sondern sie vielmehr in reinen Herzen, guten Gewissen und ungefärbten Glauben erhalten, und darinn bestehen und bleiben „mögen".

In diesen Aeusserungen fand Amsdorf so klares Majoristisches Gift, daß er nun keine weitere Belege zu einer neuen Anklage zu bedürfen glaubte, die er sogleich bey den Herzogen wieder gegen Menius anbrachte. Um die Denunciation würksamer zu machen, mußte ihm Flacius den Freundschafts-Dienst erzeigen, und zu gleicher Zeit in einer Schrift einige Winke über den Majorismus von Menius fallen lassen [69]). Diß benuzte er, um

69) Am Schluß einer Schrift, die Flacius in diesem Jahr herausgab, brachte er den Seufzer an: "Es regen jezt Major und „Menius in ihren gedruckten Büchern wiederum den Irrthum, „daß gute Werke zur Seeligkeit „nöthig seyen!" Und doch hatte er die Frechheit, in der Antwort, die er im J. 1557. auf die Verantwortung Menii herausgab, sich höchlichst zu beschwehren, daß er von diesem angegriffen worden sey, da er doch nie gegen ihn geschrieben habe.

um seinen Herrn vorzustellen, daß sich das von Menius gegebene Scandal schon überall verbreitet habe, und brachte sie dadurch in einen solchen Eifer, daß sie sich um ihrer eigenen Ehre willen verbunden hielten, den äussersten Ernst von ihrer Seite bey dieser Gelegenheit blicken zu lassen. Menius wurde daher wieder auf das unwürdigste behandelt. Man machte nun würklich Anstalten, inquisitorisch gegen ihn zu verfahren, denn man suspendirte ihn von seinem Amt, verbot ihm die Kanzel zu betreten, und nahm ihm ein neues Handgelübd ab, daß er vor Ausgang der Sache nicht entweichen wolle. Endlich wurde er nach Eisenach citirt [70], wo er von einer theologischen Commission verhört, und entweder zu einem Widerruf seiner angeblichen Kezereyen gebracht, oder nach Urtheil und Recht verdammt werden sollte!

Die Verhandlungen dieser Kommission, denen der Herzog Johann Friderich selbst mit seinen Räthen beywohnte, schlugen aber nur zu der äussersten Prostitution Amsdorfs aus. Um einen Schein von Billigkeit zu erhalten, hatte man Amsdorf und Schnepf bloß in der Qualität als Kläger oder als Gegner von Menius bey der Kommission zulassen können; wenigstens spielten sie bloß diese Rolle dabey: die Haupt-Rolle aber hatte man Viktorin Strigeln, den man von Jena kommen ließ, übertragen, hingegen Strigel war ein Tochtermann von Schnepf, also ein Richter, von dem man gewiß keine Partheylichkeit für Menius zu befürchten hatte [71]. Sei-

70) Aber es wurde ihm dabey verboten, daß er biß dahin weder öffentlich noch ingeheim mit einem Menschen von seiner Sache sprechen dürfte. Selbst das Gesuch um einen Beystand oder Advokaten, das er in der Angst über diese Vorbereitungen an den Hof gelangen ließ, wurde ihm abgeschlagen, und nur mit Mühe erhielt er, daß er einen Diaconus von Gotha mit sich nach Eisenach bringen dürfte. S. Bittere Wahrheit N. 2.

71) Die übrige Beysizer der Kommission, die eine Art von Synode

Seinem sonstigen Charakter nach möchte man zwar auch nicht glauben, daß er sich jezt zum Werkzeug einer ungerechten Verfolgung gegen ihn würde haben brauchen lassen; denn Strigel hatte nichts vom Zeloten: doch Menius erspahrte ihm jede Verlegenheit, in die er bey dieser Gelegenheit hätte kommen können; denn er erklärte sich über alles, was nicht nur sein Schieds-Richter, sondern selbst seine Gegner von ihm verlangen konnten, so befriedigend und doch zugleich so ungezwungen, daß es zwischen ihm und diesen nicht einmahl zu einer Replik kam, also auch für einen Schieds-Richter fast gar nichts zu thun gab.

Schon auf den Vorhalt, den man ihm wegen der angeblich-anstössigen Ausdrücke in seiner Schrift von der Bereitung zum Sterben und in seiner Predigt von der Seligkeit machte, vertheidigte er sich auf eine Art, die seinen Gegnern kaum noch eine Möglichkeit übrig ließ, einen Gebrauch davon wider ihn zu machen. Er forderte sie auf, ihm zu beweisen, daß er sich auch nur einmahl in diesen Schriften, oder auch bey einer andern Gelegenheit der Redens-Art bedient habe, daß gute Werke zur Seligkeit nöthig seyen: warum er aber in jener Predigt gesagt habe, es sey dem Menschen vonnöthen, sich zu hüten, daß er die ihm geschenkte Seligkeit nicht durch vorsezliche Sünden wieder verliehre, diß — sagte er — gehöre doch gewiß zu der Heils-Ordnung, die er seinen Zuhörern nach ihrem ganzen Umfang vorzutragen verbunden sey, läugnete aber nicht, daß er sich noch durch mehrere Ursachen dazu gedrungen gefühlt habe.

Synode vorstellte, waren die Pfarrer und Prediger der benachbarten Städte und Dörfer. Eröffnet wurde die Synode den 5. Aug. Ihre Akten und Schlüsse, oder vielmehr die lezte allein gab Flacius zuerst heraus in seiner Schrift: De voce et re fidei deque justitia christiana. (1563. 4) p. 191. Aber die Geschichte ihrer Verhandlungen lieferte erst Salig aus Handschriften der Wolfenbüttlischen Bibliothek Th. III. p. 50.

be [72]). Als ihn hierauf Amsdorf und Schnepf dennoch nöthigten, sich auf die Frage über die Nothwendigkeit der guten Werke zur Seligkeit einzulassen, weil er sie doch, wie sie höchsthämisch vorgaben, in seinen den Visitatoren übergebenen Säzen vertheidigt habe [73]), so äusserte er seine Meynung auch darüber mit einer Unzweydeutigkeit, und Unbefangenheit, die eben so wenig einen Zweifel an der Orthodoxie seiner Meynung als an der Aufrichtigkeit seiner Aeusserung übrig ließ. Er bezeugte, daß er es für den gefährlichsten Irrthum halte, wenn man gute Werke für nothwendig zur Rechtfertigung ausgeben wollte, und daß die Redens-Art durchaus nicht — wie sich die Leute ausdrückten — in foro justificationis gebraucht werden dürfe. Er räumte auch ein, daß es zu Verhütung jedes möglichen Mißverstandes besser sey, wenn man auch in foro novae obedientiae keinen Gebrauch davon machte, wiewohl man gewiß ohne Anstoß lehren könne, und auch bißher unter ihnen

72) Er habe es, sagte er, für nöthig gehalten erstlich um der Papisten willen, die den Lutheranern Schuld gäben, sie verachteten alle gute Werke, und lehrten, der Mensch könne schon seelig werden, wenn er auch in allen Sünden und Lastern lebte, zweytens, um der Antinomer willen, die alles Gesez aufhebten, drittens, um der Osiandristen willen, welche so laut geklagt hätten, daß man den Artikel von der Erneuerung allzukaltsinnig treibe, viertens, gegen das Interim, welches die eingegossene Gerechtigkeit erhübe, fünftens, wider die Fanatiker, welche vorgäben, wenn einer glaubig geworden wäre, so seyen alle böse Lüste nicht mehr sündlich und schädlich, weil sie der Geist schon geheiligt habe, und sechstens auch um des gemeinen Volks willen, das die Freyheit des Glaubens nur allzusehr mißbrauchte.

73) Amsdorf brachte nicht weniger als 178. sogenannte Propositiones contra Justi Menii Theses, Schnepf aber 31. Themata ad Menii opinionem de justitia operum ad salutem necessaria vor. Sie bezogen sich dabey auf die Propositionen, die ihnen Menius im J. 1554. übergeben hatte; aber dieser hatte die gültigste Ursache sich darüber zu beschwehren, daß man aus einer Privat-Schrift, die er weder zur Publication bestimmt, noch jemahls publicirt, sondern nur seinen Kollegen in vertraulicher guter Meynung mitgetheilt habe, wider ihn handlen wolle. Salig. Th. III. p. 55.

ihnen gelehrt habe, daß sich der Mensch nach der Rechtfertigung guter Werke befleissigen müsse, damit er den Glauben und die Rechtfertigung behielte, oder nicht wieder verlöhre 74). Nur bestand er darauf, daß man in der gesezlichen Beziehung und in der Lehre vom Gesez; daß man abstractive und in der idealischen Vorstellung der ursprünglichen Verhältnisse des Menschen gegen Gott die guten Werke gewiß für nothwendig zur Seligkeit erklären dürfe.

Da es nun unmöglich war, daß diß von irgend einem der anwesenden Theologen geläugnet werden konnte, so konnte Strigel nicht umhin, die Handlung für geschlossen zu erklären: die Verfolger von Menius aber konnten sich nicht einmahl selbst schmeichlen, daß sie ihm nur einen Widerruf abdisputirt oder abgeschröckt hätten. Selbst in seinem Erbieten, daß er sich des Ausdrucks: gute Werke seyen nöthig zur Seligkeit: enthalten wolle, lag kein Widerruf, denn er hatte ihn ja bißher niemahls gebraucht; hingegen aus allen seinen übrigen Aeusserungen wurde es sonnenklar, daß der Mann niemahls anders, als er sich jezt erklärte, gedacht habe; mithin, da man nichts daran tadlen konnte, auch sonnenklar, daß der Lärm, den man seinethalben angefangen, und die Proceduren, die man mit ihm vorgenommen hatte, höchst ungerecht gewesen waren. Diß verriethen die Leu-te

74) Menius führte dabey einige Stellen aus Luthers und selbst aus Schnepfs Schriften an, worinn sie wörtlich gesagt hatten, man müßte sich guter Werke befleissigen, damit man die Seeligkeit nicht wieder verlöhre. Nun hatte er zwar den Ausdruck gebraucht: "damit man die Seeligkeit behielte: aber die Frage "war sehr natürlich: was für ein Unterschied zwischen dem nicht Verliehren und dem Behalten sey? Doch da ihm Strigel einen Unterschied angab, nach welchem man sich wenigstens denken konnte, daß das Behalten eine efficaciam in sich fasse, das nicht Verliehren aber nur eine Folge oder Konsequenz anzeige, so erklärt er sogleich; daß er nichts als das lezte damit habe ausdrücken wollen.

te selbst am deutlichsten dadurch, weil sie ihren Grimm über diesen Ausgang so gar nicht verbergen konnten. Amsdorf wußte in der Wuth gar nicht mehr, was er schwazte, beschuldigte Menium, daß er sich durch Zweydeutigkeiten helfen wolle; und behauptete, daß die Proposition: gute Werke seyen nöthig zur Seligkeit: auch in foro legis und in der gesezlichen Beziehung falsch sey [75]). Einige der anwesenden Pfarrer und Prediger, die man zu der Handlung gezogen hatte, sahen darinn ein Signal, daß sie sich ebenfalls noch unbefriedigt stellen müßten, und trugen auf Vorschläge an, die auf das allersichtbarste bloß dazu ausgedacht waren, um dem mißhandelten Mann nur noch einige Kränkungen weiter zu bereiten [76]). Man leitete auch würklich zulezt die Sache so kränkend für ihn ein, als es nur ohne die schreyendste Ungerechtigkeit möglich war, denn man legte ihm einen Aufsaz zur Unterschrift vor, der geflissentlich so abgefaßt war, daß seine Unterschrift die Form eines Widerrufs bekommen sollte [77]). Er machte auch noch

75) "Er besorge, sagte Amsdorf; sie wären mit Menio eben so eins, wie die Arianer mit dem Nicäischen Concilio. Man müßte ihn zwingen, eine runde Erklärung auszustellen, was er zugäbe, und was er abträte, und das müßte in eine Schrift gefaßt werden, sonst würde man nie mit ihm in das reine kommen.

76) Maximil. Mörlin von Koburg stimmte zuerst Amsdorf bey, man müßte Menio ja kein Loch lassen, wodurch er entwischen könnte, sondern auf eine öffentliche Schrift antragen, worinn er sich demjenigen, was bey der Handlung vorgekommen sey, gemäß zu erklären hätte. Der Pfarrer von Jena, Hugelius, wollte ihn noch überdiß angehalten haben, daß er eine Glosse oder eine Declaration über seine anstössige Schrift von der Seeligkeit herausgeben, die Pfarrer von Eisenach und Heldburg aber meynten, daß die ganze Schrift korrigirt und umgedruckt werden müßte, damit das dadurch angerichtete Scandal gehoben würde. Salig. S. 52.

77) In diesem Aufsaz war alles, was auf dem Kolloquio angeblich ausgemacht worden war, in sieben Artikel zusammengefaßt, von denen man aber jedem eine besondere Erläuterung beygefügt hatte. Diese sieben Artikel mit ihrem Kommentar machten also den Abschied der Synode aus, den Flacius in der angeführten Schrift bekannt gemacht hat; die Ar-

noch seinen Gegnern die Freude, sie sehen zu lassen, daß er sich dadurch gekränkt fühlte [78]): aber da er doch unterschrieb, und auch würklich unterschreiben konnte, ohne im Grund etwas von demjenigen, was er als seine Meynung vorgelegt hatte, zurückzunehmen [79]); so erreichten

Artikel ohne den Kommentar findet man aber auch in den Unsch. Nachr. f. d. J. 1701. p. 271, und hier mag es ebenfalls hinreichend seyn, sie allein anzuführen. Sie lauten folgendermassen: I. Etsi haec Oratio: Bona opera sunt necessaria ad salutem in doctrina legis *abstractive* et *de idea* tolerari potest, tamen multae sunt graves causae, propter quas vitanda et fugienda est non minus, quam haec Oratio: Christus est creatura. II. In foro justificationis haec propositio nullo modo ferenda est. III. In foro novae obedientiae post reconciliationem nequaquam bona opera ad salutem, sed propter alias causas necessaria sunt. IV. Sola fides justificat in principio, medio et fine. V. Bona opera non sunt necessaria ad retinendam salutem. VI. Synonyma sunt et aequipollentia, seu termini convertibiles, Justificatio et Salvatio, nec ulla ratione distrahi aut possunt aut debent. VII. Explodatur ergo ex ecclesia cothurnus papisticus propter scandala multiplicia, dissensiones innumerabiles et alias causas, de quibus Apostoli Actor. XV. loquuntur. Unter diesen sieben Propositionen standen die fünfte und sechste in einem dem Ansehen nach wörtlichen Wiederspruch mit einigen Stellen in der Predigt von Menius; dieser aber hatte sich unter den Handlungen so darüber erklärt, daß man seinen Sinn für völlig orthodox erkannte. Es hätte also jezt durch irgend eine hinzugefügte Bestimmung zu diesen Sätzen bemerkt werden sollen, daß man sie nicht in dem Sinn verdamme, in welchem er sie genommen habe: aber gerade diß vermied man geflissentlich, denn sonst würde seine Unterschrift gar nichts von dem Aussehen eines Wiederrufs gehabt haben.

78) Er unterschrieb den Abschied nicht sogleich, sondern bat sich einige Zeit zum Bedenken aus, und übergab hernach zuerst eine Vorstellung dagegen, worinn er sich besonders über die Form, die man der fünften und sechsten Proposition gegeben hatte, und auch über die erste und lezte beschwehrte, die mit demjenigen stritten, worüber man sich doch ausdrücklich mit ihm verglichen habe. Es sey ihm, behauptete er, von Strigeln selbst eingeräumt worden, daß man guten Werken im Foro des Gesezes eine Nothwendigkeit zuschreiben müsse; und nun erklärte man sich doch so vorsezlich zweydeutig darüber, als ob man auch diß zurückgenommen haben wollte. S. Salig. am a. O. S. 55.

79) Menius unterschrieb in folgender Form: "Ego, Iustus „Menius hoc meo chirographo „profiteor, hanc Confessionem veram et orthodoxam esse, eamque „me pro dono, mihi divinitus „collato, hucusque voce et scriptis publice defendisse, et porro „defensurum esse. Cum autem „eam verborum formam, qua „de necessitate novae obedientiae „reconciliatorum, in libello meo „de

reichten sie nichts dadurch, als daß der ganzen Welt die feindselige Absicht offener aufgedeckt wurde, welche die Triebfeder ihres ganzen Verfahrens gegen Menius gewesen war [80])!

Doch diß hätte die Welt immer sehen mögen, ohne daß sich Amsdorf darum bekümmert hatte, wenn er nur seine Absicht selbst hätte erreichen können! Aber daß er nun Menium in Ruhe lassen, und daß ihm der gottlose Majorist, den er so gewiß fassen zu können geglaubt hatte, doch noch entwischen sollte [81]), diß brachte den alten Mann in eine Wuth, in welcher er seiner gar nicht mehr mächtig war, und verleitete ihn zu einem Ausbruch, durch den er allen seinen Gegnern die vollesste Genugthuung verschaffte, die sie nur wünschen konnten, weil er sich selbst dadurch auf immer in der theologischen

„de Beatitudine recens edito usus „sum, in diversam sententiam „accipi a nonnullis intelligam, „polliceor me totum illum locum „retexturum, ita que sententiam „explicaturum esse, ut piae con„fessioni per omnia consentanea fu„tura, nihilque habitura ambigui„tatis aut scandali sit". S. Flacius l. c. p. 205. Darinn lag würklich nichts von einem Wiederruf; selbst das darinn enthaltene Versprechen enthielt nichts dieser Art; aber doch verbreitete man in ganz Deutschland, daß Menius gezwungen worden sey, zu widerrufen, und auch Flacius führte diese Formel unter dem Nahmen: Revocatio Iusti Menii auf.

80) Doch erreichten sie noch etwas dadurch, wovon sie bald selbst erfuhren, daß es — kein Gewinn war. Sie hatten um Menius empfindlicher zu kränken, darauf angetragen, daß er die versprochene Umarbeitung seiner Schrift erst den Theologen zu Jena zur Censur vorlegen müßte, ehe sie gedruckt würde. Die Regierung genehmigte den Antrag; aber machte es zu gleicher Zeit zum allgemeinen Gesez, daß ein jeder Superintendent und Pfarrer im Lande, wenn er von der Religion etwas wollte drucken lassen, es erst nach Jena zur Censur einschicken müßte.

81) Unter den Handlungen zu Eisenach verbreitete sich schon in der Nachbarschaft das Gerücht, daß Menius von der Kommission zum Tod verurtheilt worden sey. S. Menii Brief an Thom. Titterich Pfarrer zu Zelle vom 26 Aug. 1556 in den Unsch. Nachr. für d. J. 1702. p. 1044. Im Hennebergischen hatte man ausgestreut, daß Amsdorf auf der Synode gesagt habe, wenn er Landesfürst wäre, so würde er Menio den Kopf abschlagen lassen. S. bittere Wahrheit O. 4. Diß lezte mochte immer falsch seyn, aber es bewies doch, was man von dem orthodoxen Eifer des alten Amsdorfs erwartete.

gischen Welt mundtodt machte. Er begnügte sich nicht damit, auf Menium selbst so lange hineinzuhacken, biß er ihn doch noch von Gotha weggebissen hatte [82]), sondern fiel nun auf seine eigene Freunde, auf Schnepf und Strigel, und auf alle die Theologen loß, die an den Eisenachischen Handlungen Theil gehabt hatten; und führte dadurch einen Zwischen-Auftritt herbey, bey dem man sich wahrhaftig unter dem bittersten Unwillen einer Anwandlung zum Lachen nicht ganz erwehren kann. Amsdorf denuncirte sie alle zusammen als Majoristen, und denuncirte sie in aller Form bey dem Ministerio zu Erfurt, von dem er sich einen Spruch darüber ausbat [83]). Auf dem verwünschten Kolloquio zu Eisenach — aber er verschwur es auch, daß er in seinem Leben an keinem mehr Theil nehmen wolle [84]), — hätten

82) Er benuzte dazu den Vorwand, daß Menius seine ärgerlichen Schriften nicht ganz seinem Versprechen gemäß verbessert, und sich neuerlich wieder in Predigten gar bedenklich ausgedruckt haben sollte. Weil sich nun die Herzoge ganz von Amsdorf leiten liessen, so sah Menius beständigen Neckereyen entgegen, deren er sich gar nicht erwehren konnte; daher hielt er es für das beste, sich ganz von Gotha wegzumachen. Diß that er im J. 1557. und erhielt dann wahrscheinlich nicht ohne Verwendung Melanchtons, eine Stelle in Leipzig, wo er aber schon im J 1558 starb. S. Adami Vitae Theol. p. 319. Salig 67.

83) S. Salig 56. Dieser Schritt Amsdorfs gab auch Anlaß, daß der Abschied der Eisenachischen Synode nicht sogleich publicirt wurde, denn er drohte, daß er öffentlich dagegen protestiren wolle.

84) Man hat Briefe von Amsdorf, die unter den neuen Händeln geschrieben wurden, welche er gegen Menius erregen wollte, und seinen Unwillen über das Eisenachische Gespräch in der Sprache des äussersten Aergers ausdrücken, die eben dadurch unterhaltend wird. "Nunc — schreibt „er in dem ersten an Johann Aurifaber — cognosces, me in Synodo vera praedixisse, quod „posteriora prioribus erunt pejora. ‚Haec ex colloquiis habemus: „et nisi Menius errorem publice „agnoverit, tum omnia frustra „acta et facta sunt in Synodo, „sed cum magno scandalo ecclesiae. Ergo cogitate et consulite, „quid cum Menio, victoriam gloriante sit agendum et faciendum! „So geht es, wenn man persuasibilibus humanae sapientiae verbis colloquirt, diese hört, annimmt, denselben folgt, und „Gottes Wort fahren läßt! Maledicta ergo sint omnia colloquia „cum

hatten sie sich alle," behauptete er, nicht nur von Menius bethören lassen, daß sie ihn für unschuldig erkannt, sondern auch so jämmerlich verblenden lassen, daß sie selbst seinen Irrthum angenommen und sanktionirt hätten: denn in der ersten Proposition, worüber man sich mit Menius verglichen habe, sey ihm ja eingeräumt worden, daß die Redens-Art: gute Werke seyen nöthig zur Seligkeit in den Foro des Gesezes geduldet, und in abstracto als wahr angenommen werden möge!

Hier muß man nun zuerst auf die Vermuthung kommen, daß Amsdorf nicht verstanden habe, was man mit dem foro legali und mit den Ausdrücken in abstracto oder in idea sagen wollte! Es war ihm zwar weitläufig genug vorgesagt worden, daß diß nichts anders heissen sollte, als: das Gesez Gottes mache dem Menschen gute Werke zur Pflicht; und wenn der Mensch in abstracto, wenn er in seinen ursprünglichen Verhältnissen

„cum adversariis!" Non enim „possunt fieri sine injuria fidei et „veritatis. War es nicht ein „Wunderding auf dem Synodo, „daß das Gewäsch vom concreto „und abstracto jedermann so wohl „gefiele, welches doch niemand „verstand, und verstehen kann. „Darum möcht ihr glossiren und „deuten mit euren Wäschern, „was ihr wollt: ich will bey Got„tes Wort, ohne alles Glossiren „bleiben, das da klar sagt: sine „operibus, gratis, seyd ihr fromm, „gerecht und seelig! — denn das „sagen: man könne den usum le„gis nicht anzeigen, man lehre „dann; daß die opera legis seyen „necessaria abstractive, das ist ein „lauter somnium et figmentum „humanae sapientiae. — Darum „sind es Worte und Federn, quae „dixerunt et scripserunt. — Uti„nam non sub scripsissem me!" S. Bericht von der bitteren Wahrheit O. 1. Den zweyten Brief schrieb Amsdorf um eben diese Zeit an Magister Zötel, worinn er diesem auftrug," die Herzoge in seinem Nahmen um Gottes willen zu bitten, daß sie es doch zu keinem zweyten Colloquio mit Menius kommen lassen sollten: "denn sobald es zu einem „Kolloquio kommt, so deutet und „glossirt sichs, daß wir im Deu„ten und Glossiren unter einem „schönen Schein Christum und „sein Wort verliehren, wie wir „in dem nächsten Kolloquio unter „dem schönen unnützen Gewäsch vom decreto und concreto die „Wahrheit gewißlich verlohren ha„ben. Gott erbarm sich mein, und „helf mir! Ich will, ob Gott will, „unter kein Kolloquium mehr mich „unterschreiben!" S. Unsch. Nachr. J. 1702. p. 1129.

nissen gedacht werde, in welchen er sich durch Gehorsam gegen Gott seines Wohlgefallens hätte würdig machen können und sollen, so würden ihm gute Werke zur Seligkeit nöthig geworden seyn: aber es läßt sich doch immer noch eher fassen, daß er diß nicht begriffen haben, als wie er es läugnen, oder etwas irriges darinn finden konnte. Auch wenn er es nicht verstand, so bleibt das Geschrey, das er darüber anfieng, doch noch unsinnig genug, denn die Theologen zu Eisenach hatten ja doch den Gebrauch der Redens-Art auch in dieser Beziehung mißbilligt. Sie hatten bloß nachgelassen, daß sie in diesem Sinn geduldet werden könnte, aber ausdrücklich dazu gesezt, daß sie wegen vieler schwehren Ursachen dennoch vermieden werden sollte: also war kein Schatten von einem Grund vorhanden, der eine Besorgniß deßhalb veranlassen konnte. Doch man hat Ursache zu glauben, daß Amsdorf würklich die Beziehung richtig aufgefaßt hatte, in welcher die Theologen zu Eisenach gute Werke zur Seligkeit zwar für nöthig erkennen, aber doch nicht dafür erklärt haben wollten, und daß er dennoch vom Streit-Geist so besessen, oder von seinem Grimm so verblendet war, um auch darinn eine Kezerey zu finden. Wenigstens einer der Eiferer, die er zum Mitschreyen bewogen hatte, legitimirte sich vollkommen, daß er recht gut wußte, worüber er schrie!

Das ganze Ministerium zu Erfurt ließ sich wohl nicht so tief ein, als Amsdorf gewünscht haben mochte, denn es schickte nur ein Responsum ein [85]), worinn es bloß im allgemeinen seinen herzlichen Abscheu vor den gottlosen Neuerern Major und Menius bezeugte "die in „der Mitte der evangelischen Kirche die heilsame Lehre „wie-

85) Das Responsum richteten sie an "den hochwürdigen und hochgelehrten in Gott Vatern, Nicolaum von Amsdorf, Bischof von Nauenburg samt dem ganzen Synodo zu Eisenach, ihre lieben Herrn Brüder in Christo". S. Salig. 57.

„wieder verfälschten, die Werke mit dem Glauben ver„mischten, den Grund zu einem neuen Pabstthum legten, „und die Papisten in ihrer Gotteslästerung bestärkten". Diß Bekenntniß, sagten die Erfurtische Prediger, hielten sie sich um so mehr öffentlich abzulegen verpflichtet, da die ärgerliche Schrift Menii von der Menschen Seligkeit in ihrer Stadt zum Druck befördert worden sey; aber es gieng im generellen bloß dahin, daß sie bey der Augspurgischen Konfession in allen ihren Stücken und Artikeln blieben, und deßwegen alle Nothwendigkeit der guten Werke zur Seligkeit verwürfen. Darinn konnte zwar liegen, daß sie diese Nothwendigkeit auch im Foro des Gesezes verwärfen, wie es Amsdorf haben wollte, aber man konnte eben so gut eine Beystimmung zu der ersten Eisenachischen Proposition darinn finden, mithin würde diesem nur wenig damit gedient gewesen seyn, wenn es nicht ein einzelner von den Erfurtischen Predigern übernommen hätte, die Meynung seiner Kollegen deutlicher zu erklären, und offener darzulegen.

Andreas Poach, Prediger und Pfarrer zu den Augustinern in Erfurt fügte [86]) ein eigenes Bedenken über die erste Eisenachische Proposition bey, worinn es ganz unverdeckt gesagt war, daß man sich mit diesem irrigen, anstössigen und für fromme Ohren höchstübel-lautenden Saz gröblich habe bethören lassen. Er unternahm es zu beweisen, daß auch in der Lehre vom Gesez, daß in abstracto eben so wenig als in concreto, daß von einer idealischen Nothwendigkeit der guten Werke zur Seligkeit

86) Poach mochte wahrscheinlich eine besondere Instruktion von Amsdorf haben, worinn er angewiesen war, an wen er sich mit seinem Bedenken wenden sollte. Scripsi — so schreibt er wenigstens selbst an den Prediger Anton Otto von Nordhausen — ad aliquos in aula meum judicium privatim: (nam à *fermento Jenensium caveamus;*) et monui, ne ista edant in publicum, nisi prius probe deliberata, judicata et examinata ab hominibus doctis et piis, ne scandalum, in ecclesia propter Majorismum exortum, fiat deterius. eb. das.

keit eben so wenig als von einer würklichen gesprochen werden dürfe, und griff dabey würklich den wahren Sinn und die wahre Meynung des Sazes an. Er versuchte nehmlich zu zeigen, daß sich kein Zustand und kein Verhältniß denken lasse, in welchem der Mensch durch Gehorsam gegen das Gesez oder durch gute Werke die Gnade Gottes und die Seligkeit hätte verdienen können, oder der Absicht Gottes nach hätte verdienen sollen. Er stellte es als ganz falsche Voraussezung vor, daß der Mensch, wenn er im Stande der Unschuld geblieben wäre, auf diesem Wege zur Seligkeit hätte gelangen mögen; und diese Behauptungen gründete er vorzüglich darauf, weil einmahl das Gesez seiner Natur nach nur verdammen könne, und auch nirgends in der Schrift die Verheissung des ewigen Lebens habe, indem sich keine Erklärung Gottes in der Schrift finde, daß er denjenigen, die das Gesez vollkommen erfüllen würden, die Seligkeit schenken wolle. Zum Beweis aber, daß es ihm mit diesen Behauptungen Ernst sey, führte er sie bald in einer eigenen Schrift noch weiter aus [87]).

Nun war es unvermeidlich, daß auch die Urheber der Eisenachischen Proposition, daß auch Strigel und Schnepf zu ihrer Vertheidigung aufstehen mußten, und damit wurde dann die Parthie der Zeloten selbst mit einer förmlichen Spaltung und mit einem inneren Kriege bedroht. Dieser Krieg schien sogar zuerst sich in das weite zu ziehen, und recht bitter werden zu wollen. Die Jenenser zogen Flacium mit in das Spiel hinein, und Flacius bewog auch Wigand, daß er sich gegen Amsdorf und die Erfurter erklärte [88]). Die Hamburgische

Pres-

87) Propositio: Bona opera sunt necessaria ad salutem: non potest consistere in doctrina legis, neque lex ullas habet de aeterna vita promissiones etiam perfectissime impleta. Auctore Andr. Poach 1556.

88) Beyde gaben noch in eben dem Jahr eine gemeinschaftliche Schrift unter dem Titel heraus: Sen-

Prediger aber, und alle diejenige, welche das Hamburgische Bedenken über den Majorismus unterschrieben hatten, mußten sich selbst als angegriffene Parthie ansehen, denn es war unverhelbar, daß die Behauptung, gegen welche Amsdorf und Poach mit so wilder Heftigkeit eiferten, schon in ihrem Bedenken und zwar wörtlich in diesem stand [89]). Darauf hatte sich Menius schon bey den Handlungen zu Eisenach berufen; und wenn es schon Amsdorf in der ersten Ueberraschung zu läugnen versucht hatte [90]), so mußte er es doch zulezt glau-

Sententia M. Iohann. Wigandi et Flacii Illyr. de scripto Synodi Isenacensis. 1556. Sie ist der Flacianischen Schrift De voce et re fidei angehängt p. 208. ff.

In dieser Erklärung, welche sie ihrer eigenen Angabe nach aufgefordert ausstellten, drückten sie sich über die in Streit gekommene Frage sehr unzweydeutig aus. "Nos quidem sentimus „istam sententiam: opera sunt „necessaria ad salutem: in lege „veram esse, atque etiam istam „hanc continentem: Integra et „perfecta obedientia est necessa„ria ad salutem, sive integerrima „et perfectissima impletio legis. — Quod vero — sezen sie zwar hinzu — illam sententiam ne in lege quidem ferendam aliqui putant, „ne detur profugium aliquod lu„bricis errorum patronis, Majo„ristis et Papistis, neve in suis er„roribus confirmentur — ne illud „quidem valde improbamus. Ve„rum — sagen sie dennoch — ita „tantum credimus sententiam il„lam: Bona opera sunt necessa„ria ad salutem: in praedicatione „legis omitti posse, ut nihilomi„nus retineatur illa ipsam conti„nens: Integra impletio legis est „necessaria ad salutem". Und nun führen sie selbst sieben Gründe aus, warum diese Proposition behalten werden müsse. 209. ff.

89) "Doctrina — sagten die Hamburger wörtlich — legis est, quod ad salutem necessaria sint bona opera, et quod sine his nemo possit salvari: sicut illa est sententia legis: si vis ad vitam ingredi, serva mandata! Hoc fac, et vives. Pro legis doctrina tolerari queat, si sano intellectu proponatur in doctrina legis seu concione poenitentiae, et cum Evangelio et fide non misceatur in causa salutis". S. sententia Hamburgens. C. 4

90) Nach der Erzählung von Menius benahm sich Amsdorf wie ein völlig unkluger Mann, da zu Eisenach davon gesprochen wurde, daß auch die Hamburger in ihrem Bedenken die Redensart in foro legis für zulässig erklärt hätten. Er fiel ihm in die Rede, und schrie öffentlich, das löge Menius als ein loser, schändlicher, erlogener Mann: denn wenn diß in dem Bedenken stünde, so würde man es nicht zu Magdeburg gedruckt haben; auch wolle er sich den Kopf abschlagen lassen, wenn es darinn gefunden würde.

glauben; daher forderte sie nun Poach selbst mit sehr determinirter Kühnheit auf, daß sie entweder widerrufen oder sich in den Streit mit ihnen einlassen sollten [91]). Doch erbittert durch diese Insolenz, und empört durch den Unsinn, zu dem sich diese Eiferer hinreissen liessen, vielleicht auch geschröckt durch die Folgen, welche aus ihrem unverständigen Eifer erwachsen, und ärgerlich über den Triumph, den er den Majoristen und den Wittenbergern bereiten könnte, traten noch an mehreren Oertern die bedeutendste Männer, traten selbst Mörlin [92]) und Chemniz gegen sie auf, indessen fast niemand ausser dem stürmischen Anton Otto von Nordhausen öffentlich ihre Parthie nahm.

Doch dieser Umstand selbst machte das Zwischenspiel, das sie veranlaßt hatten, folgenlos, oder vereitelte wenigstens die Würkung, die es auf den Gang der Haupt-Händel hätte haben können. Amsdorf und die wenigen Hyper-Zeloten, die es mit ihm hielten, wurden bald von der Menge, welche sie gegen sich hatten, überschrieen. Zum Schweigen konnte freylich Amsdorf nicht gebracht werden, denn er gab noch im J. 1559. seine seltsamste Schrift heraus, worinn er nicht nur noch einmahl bewies, daß man in keinem Sinn und in keiner Beziehung gute Werke zur Seligkeit für nöthig halten könne, sonder

91) In einem Brief an Westphal bey Salig p. 59. Der Brief schließt sich mit der Ausforderung: Debetis igitur aut mea attingere aut cedere, cum quaeratur veritas, et salus ecclesiae et nihil aliud.

92) Mörlin drückte sich sogar sehr stark aus: "Ich halte davor, und bin gewiß, gleich wie es des Satans Lehre ist, zu sagen, daß einem Menschen nach dem Fall die Werke zur Seeligkeit, es sey auf was Art es wolle, nöthig seyen, also ist es auch des Satans Lehre, daß das Gesez nicht lehren sollte: gute Werke sind nöthig zur Seeligkeit. Beyde heisset das Evangelium Christi mit Füssen treten, und das Gesez gar abschaffen. Also folgt ein Uebel aus dem andern, und wird alles immer schlimmer, biß wir endlich durch das Zanken gar die Wahrheit verliehren, wie die gottlose Undankbarkeit der Welt wohl verdiente". S. Salig. 58.

dern sogar den Beweis führte, daß der Saz: gute Werke sind schädlich zur Seligkeit: eine rechte, wahre und christliche Proposition sey [93]). Allein da man sich einmahl gegen ihn erklärt hatte, so ließ man ihn forteifern, ohne weiter auf ihn zu hören; denn von seinem Eifern hatte man keinen Schaden mehr zu befürchten; hingegen den Majoristen würde man nur zu einer gottlosen Freude Gelegenheit gemacht haben, wenn man ihn weiter getrieben hätte [94]). Anstatt also auch bey ihm darauf zu dringen, wie die Flacianer bey jedem darauf drangen, den sie eines Irrthums überführt zu haben vorgaben, daß er öffentlich widerrufen, und Kirchen-Büsse thun sollte, vermied man es sorgfältig, ihn weiter zu reizen [95]), suchte seine Uebereilung in Vergessenheit zu bringen, und stürmte nun wieder desto heftiger auf den armen Major ein, dem Flacius in einer eigenen Schrift vordemonstrirte, daß noch ein unermeßlicher Unterschied zwischen seiner kezerischen, und zwischen der von ihnen vertheidigten Nothwendigkeit der guten

93) Daß die Propositio: gute Werke sind zur Seeligkeit schädlich: eine rechte, wahre, christliche Proposition sey, durch die Heilige Paulum und Lutherum gelehrt und geprediget. Niclas von Amsdorf. 1559. 4.

94) Flacius hätte es deßwegen gern gesehen, wenn die Sache nicht einmahl so weit gekommen wäre. In einem der ersten Briefe, die er deßhalb an Otto von Northausen schrieb, ersuchte er daher diesen, es ja nicht laut werden zu lassen, daß sie unter sich selbst verschiedener Meynung seyen; ne denuo Majoristae triumphent. Salig. 67.

95) Diese partheyische Schonung Amsdorfs muß desto mehr auffallen, je stärker Flacius und Wigand noch in ihrem Bedenken über den Abschied der Eisenachischen Synode darauf gedrungen hatten, daß man Menium nicht ohne einen förmlichen Widerruf durchschlüpfen lassen sollte. "Illud, sagen sie hier, in tota actione maximopere videndum est, ut omnibus constet, errorem istum non tantum vestra auctoritate, sed ipsius etiam Menii ore damnatum esse, quo seducti, qui eum magnifaciunt, etiam ipsius ore in viam revocentur, et ipse sese excusandi et at errorem redeundi aditum occasionemque nullo modo habeat. Nam amnestia confirmat, non tollit errores". S. am a. D. p. 217.

ten Werke sey 96). Es ist nicht unwahrscheinlich, daß Flacius dabey mit die Absicht hatte, durch die erneuerte Mißhandlung Majors Amsdorfen gewisser zu besänftigen, und somit möchte man fast befugt seyn, auch in diesem Zwischen-Auftritt eine der Ursachen zu finden, welche dem ganzen Majoristischen Streit so viel Nahrung gaben, daß er sich so unnatürlich lange, nehmlich biß zum Tode Majors hinauszog.

Kap. V.

Ueber die Geschichte dieses Streits im allgemeinen mögen jezt nur noch folgende Bemerkungen zweckmässig seyn, um nicht nur über das Moment seines Gegenstandes, sondern auch über die Art und über den Geist, womit er geführt wurde, ein unpartheyisches Urtheil zu begründen. Sie mögen wahrhaftig dazu nöthig seyn, denn das Urtheil, das man nach einem bloß allgemeinen Ueberblick von dem Gange des Streits darüber zu fällen geneigt seyn mag, möchte doch einige Modifikationen bedürfen, die ihm nur durch das längere Verweilen und unter der näheren Ansicht einiger Umstände zuwachsen können, auf welche die Aufmerksamkeit besonders gerichtet werden muß.

Erstens muß zwar ein Umstand bemerkt werden, der nur auf den ersten Anblick das ungerechte des gegen Major erhobenen Streits heller aufzudecken scheint, und auch würklich heller aufdecken mag. Schon vor Major — diß ist dieser Umstand — war die Redens-Art, die man in seinem Munde so gottlos und ärgerlich fand, die Redens-Art, daß gute Werke zur Seligkeit nöthig seyen, mehrmahls in der lutherischen Kirche gehört

96) Discrimen sententiae Saxonum, aliorumque orthodoxorum, et Majoris ac Menii de operum necessitate ad salutem. 1557. Nach Salig. p. 61. war diß ebenfalls eine gemeinschaftliche Schrift von Flacius und Wigand.

hört worden, und sie war selbst, so lange Luther noch lebte, mehrmahls gehört worden, ohne daß dieser darüber aufgefahren wäre, oder sonst irgend ein Mensch ausser einigen Schreyern, die man nicht achtete, Anstoß daran genommen hätte. In einigen der früheren Schriften Melanchtons, also in den Schriften, die am gewissesten in alle Hände kamen, und die theologische Sprache der Parthie eigentlich bestimmten und fixirten, fand sich jener Ausdruck mehr als einmahl, ja fand sich sogar wörtlich der Saz [97]): daß niemand ohne gute Werke selig werden könne. Wer aber etwas bedenkliches darinn sah, dieß waren nur Menschen, wie Conr. Cordatus und Razenberger [98]), denn selbst als Amsdorf etwas

97) In den Locis communibus nach der zweyten Haupt-Ausgabe von 1535. findet sich in dem Artikel von guten Werken die folgende Stelle: "derhalben wird „das ewige Leben nicht gegeben „wegen der Würdigkeit unserer „guten Werke, sondern aus Gnaden um Christi willen, und ist „doch dieser neue geistliche Gehorsam nöthig zum ewigen Leben, „dieweil er auf die Versöhnung „mit Gott folgen muß". S. Loci communes — verdeutscht durch Just. Jonas. (Wittenberg 1536. 4.) S. 75. In der dritten Hauptausgabe dieser Locorum vom J. 1543. handelte er diese Materie noch ausführlicher ab, denn der Locus de bonis operibus nimmt darinn nicht weniger als 41 Blätter ein; und hier sind bey der Ausführung der besondern Frage: cur bona opera facienda sint? die folgenden Ausdrücke von ihm gebraucht: "Multae sunt causae, cur bona opera facienda sint. — Necessitas, dignitas, praemia. — Necessitas iterum multiplex: mandati, debiti, *retinendae fidei*, et vitandae poenae. — In reconciliatis autem cum bona opera placeant fide propter mediatorem, *merentur* praemia spiritualia et corporalia in hac vita et post hanc vitam." S. Strobels Versuch einer Litterär-Geschichte von Ph. Melanchtons Locis theologicis (Nürnberg 1776. 8.) S. 88 148. ff.

98) Conrad Cordatus aus dem Oesterreichischen war im J. 1528 nach Wittenberg gekommen, und auf die Empfehlung Luthers erst in Zwickau, hernach in Niemeck, in der Nähe von Wittenberg als Prediger angestellt worden. Der Anfang der Händel, die er Melanchton wegen seiner Lehre von den guten Werken machte, fällt in das J. 1536. Den Anlaß dazu nahm er aber nach der Erzählung Razenbergers (Geheime Geschichte S. 15.) nicht von demjenigen, was er in der neuen Ausgabe von seinen Locis vom J. 1535 darüber gesagt hatte, sondern von einer mündlichen Aeusserung her, wobey Melanchton den Ausdruck gebraucht haben sollte,

was später aus Veranlassung des Regenspurgischen Kolloquiums und der Kölnischen Reformations-Handlungen schon Feuer bey Luthern einzulegen, und ihm die Orthodoxie Melanchtons in der Rechtfertigungs-Lehre verdächtig zu machen gesucht hatte [99]), selbst da fiel es doch weder ihm noch viel weniger Luthern ein, daß Melanchton schon durch den Gebrauch jener Ausdrücke Anlaß zu dem Verdacht gegeben haben könnte.

Doch

sollte, daß gute Werke in Beziehung auf Rechtfertigung und Seeligkeit zwar nicht causa efficiens, aber doch causa, sine qua non seyen. Das Geschrey, das Cordatus darüber erhob, machte indessen nirgends eine Sensation, ausser bey der Parthie, die sich damahls schon in Wittenberg und an dem Hofe Johann Friederichs gegen Melanchton zu bilden anfieng: doch machte es Melanchton Verdruß genug, wie man aus mehreren seiner Briefe aus den Jahren 1536 und 1537 an Veit Dietrich, an Camerar, und an Cordatus selbst ersiebt Epp. Mel. Tom. Lugd. p. 444. 446. 448. und es wurde auch laut genug; also kann man doch nicht mit Walch in der Einleitung in die Religions-Streitigkeiten in der lutherischen Kirche. Th. I. S. 100. sagen, daß damahls gar niemand Melanchton widersprochen habe, weil man allgemein überzeugt gewesen sey, daß er in der Lehre von der Rechtfertigung keinen Irrthum hege.

99) S. Camerar. Vit. Melancht. p. 240. Melanchton selbst führt in einem vertrauten Briefe an Veit Dietrich Tom. Lugdun. p. 479 aus der Censur Amsdorfs über die Cöllnische Reformation die Hauptpunkte an, an denen er Anstoß genommen habe; aber es findet sich nichts von seinen Aeusserungen über die Nothwendigkeit der guten Werke darunter. "Fatetur initio censurae „Amsdorfius doctrinam libri congruere cum nostris ecclesiis, sed „quaedam verba obscurius posita „esse: deinde calumniose quaedam exagitat de libero arbitrio, „reprehendit et hoc, quod dixi, „amitti gratiam propter lapsus „contra conscientiam. Tandem „dicit, de coena Domini non satis explicate dici. Haec sunt „capita censurae; quantum ego „rescivi." Einen andern Beweiß, daß auch Amsdorf selbst zuerst keinen Anstoß an der Art, womit sich Melanchton über die Nothwendigkeit der guten Werke ausdruckte, genommen haben mochte, findet man in einem Brief Melanchtons, der von ihm an die sämmtlichen Theologen zu Wittenberg gerichtet wurde. Epp. L. V. p. 14. "Non, sagt er in diesem Brief, in welchem er ihnen die Streitfrage wegen der guten Werke, die Kordatus in Bewegung gebracht hatte, zur Beurtheilung vorlegte, non defugio vestrum iudicium, ne quidem Amsdorfii. Amsdorf mußte also doch in diesem ersten Streit darüber noch nicht Parthie gegen ihn genommen haben, wiewohl es auch schon damahls bekannt genug seyn mochte, daß er nicht zu seinen Freunden gehörte und gehören wollte.

Doch Major konnte ja selbst auf mehrere Aeusserungen von Luthern, konnte selbst auf mehrere Stellen in seinen Schriften sich berufen, worinn er sich über die Nothwendigkeit der guten Werke, die der gerechtfertigte Mensch thun müsse, um nicht wieder aus dem Stand der Gnade zu fallen, eben so stark und eben so bestimmt, wenn schon nicht ganz in eben der Form ausgedrückt hatte [100]. Daß er sich noch öfter und noch stärker gegen ihre verdienstliche Nothwendigkeit erklärt hatte, und daß sich gegen eine Stelle seiner Schriften, worinn er von ihrer Nothwendigkeit sprach, zehen andere fanden, worinn sie von ihm in jener Beziehung für völlig wehrtlos und unnöthig erklärt wurden; diß hatte Major gar nicht zu läugnen nöthig, denn er stimmte ja hierinn ganz mit ihm überein, und erklärte sich willig und bereit, es selbst eben so oft dabey zu sagen, daß sich die Rechtfertigung und die Seligkeit keineswegs durch Werke verdienen, sondern allein durch den Glauben erlangen lasse!

Nun wußte zwar Flacius eine Geschichte zu erzählen, nach welcher Luther im J. 1538. bey einer Disputation zu Wittenberg öffentlich behauptet haben sollte, daß der Saz: gute Werke sind nöthig zur Seligkeit: in jedem Sinn und in jeder Beziehung untauglich und verwerflich sey. Die Geschichte mochte auch wahr seyn,

100) Diß hatte er besonders in den Schriften gethan, die er in den J. 1539. 1540. unter den Antinomistischen Händeln mit Agricola herausgab; denn Agricola hatte auch ausdrücklich behauptet, daß man den guten Werken gar keine Nothwendigkeit zuschreiben dürfe. S. Schriften gegen die Antinomer in Luthers Werken. Hall. Ausg. Th. XX. p. 2014-2071. Eine dieser Schriften, eine Predigt vom Gesez, schickte Melanchton an Camerar, und schrieb ihm dazu: Ego plecterer, si hanc concionem scripsissem. S. Epp. ad Camer. p. 292. Von eben dieser Predigt schrieb er an Veit Dietrich: Mitto concionem Lutheri de Lege propterea, ut videas, eum etiam de lege et nova obedientia diserte eadem dicere, quae ego defendi, et propter quae plagas accepi ab indoctis. S. Epp. L. IV. p. 38. 40.

seyn[101]), wiewohl sich ein historisches Zeugniß anführen läßt, das gerade den Haupt-Umstand, auf den es dabey ankommt, sehr zweifelhaft macht. Unter den Handlungen zu Eisenach legte nehmlich Menius eine geschriebene Nachricht von dieser Disputation vor, die von Myconius herrührte, und in dieser Nachricht fand sich, daß Luther dazumahl nicht den Saz: gute Werke sind nöthig zur Seligkeit: sondern diesen Saz: gute Werke sind nöthig zur Rechtfertigung: für ganz verwerflich erklärt hatte[102]). Doch er mochte immer von dem ersten gesprochen haben; denn es läßt sich wahrhaftig leicht glauben, daß Luther auch dem ersten nicht hold war; aber was folgte daraus, wenn sich Luther einmahl in der Hize einer Disputation so erklärt hatte? In seiner Erklärung lag weiter nichts, als der stark ausgedrückte Wunsch, daß man auch durch den Gebrauch dieser Redens-Art niemahls mehr Anlaß zu der Wiedereinführung des Irrthums von der verdienstlichen Nothwendigkeit guter Werke geben möchte! Wenn man also nur diesem Irrthum nicht dabey zu nahe kam, oder sich

101) Daß sich Luther in dem genannten Jahr bey einer öffentlichen Disputation sehr stark gegen die Nothwendigkeit der guten Werke zur Seeligkeit, oder zur Rechtfertigung, erklärt haben mochte, kann man auch aus einem Brief Melanchtons an Veit Dietrich Tom. Lugd. p. 454. sehr wahrscheinlich schliessen. Aber aus diesem Brief ergiebt sich, daß es zunächst nur der von Melanchton gebrauchte Ausdruck der causa sine qua non war, den Luther anstössig fand; und diß bestätigt auch Ratzenberger, nach dessen Erzählung die Disputation bloß gegen diesen Ausdruck gerichtet war. „Die Phrasis, sagt „er, kam auch für den Herrn Lutherum. Demselben gefiel sie „gar nicht in ecclesia zu gebrauchen, und konfutirte sie hernach „in publica disputatione, daß sie „bald fiel, und ward hernach vergessen". S. 18.

102) Ein häßlicher Umstand, den Menius dabey erzählt, giebt diesem Zeugniß oder diesem Document noch mehr Gewicht. Als sich Menius auf der Eisenachischen Synode darauf berufen hatte, so bestand man darauf, daß er es produciren müßte. Diß geschah von seiner Seite; und die Synode erkannte auch die Handschrift von Myconius; das Document aber wurde nun auf die Seite gebracht, daß es Menius nicht wieder erhielt. S. Menius Bericht von der bittern Wahrheit M. 3.

sich sogar, wie es Major gethan hatte, so sorgsam und förmlich dagegen verwahrte, so hatte man immer noch Gründe zu glauben, daß Luther selbst nichts dagegen haben würde, da er sich ja mehrmahls ähnlicher Ausdrücke selbst bedient hatte. Doch Menius producirte ja sogar ein Dokument, aus welchem erhellte, daß Luther in eben dem Jahr, in welches jene Disputation fiel, bey einer andern ungleich wichtigeren Veranlassung förmlich nachgelassen hatte, daß man von dieser Redens-Art Gebrauch machen dürfte und möchte [103]!

Von dieser Seite her trat also wahrhaftig kein Grund ein, durch welchen der Lärm, den man über Major erhob, und das allgemeine Auffahren gegen ihn nur einigermassen entschuldigt werden konnte: aber nun muß Zweytens — noch dazu bemerkt werden, daß man auch durch das Interim, und durch dasjenige, was unter den Verhandlungen über dieses vorgegangen war, keinen Grund dazu bekommen hatte. Wohl nahmen die Urheber des Lärms immer ihren ersten und scheinbarsten Vorwand davon her; aber jemehr Schein sie ihm zu geben, und je leichter und glücklicher sie die Unwissenheit dadurch zu täuschen wußten, desto grösser war nur die Ungerechtigkeit, die sie dadurch gegen Major

103) Diß andere Dokument war eine Instruction, welche im J. 1538 von den Wittenbergischen Theologen für Myconius aufgesetzt worden war, da er den Gesandten, die man von Seiten der protestantischen Parthie nach England schickte, zugegeben wurde. In dieser Instruktion war ihm vorgeschrieben, was? und wie er mit den Englischen Bischöfen und Theologen wegen der Lehre handlen sollte, und sie enthielt unter andern die ausdrückliche Weisung, daß er mit den Engländern über die Redensart, daß gute Werke zur Seeligkeit nöthig seyen, nicht streiten sollte, wenn sie nur darinn mit ihm übereinstimmten, daß der Mensch durch den Glauben allein gerechtfertigt werde. Diese Instruktion legte Menius ebenfalls in der eigenen Handschrift von Myconius der Synode zu Eisenach vor; aber bekam sie auch nicht wieder zu sehen. S. a. a. O.

jor begiengen. Allerdings war es einer der ausgezeichneten Säze, wodurch sich der alte katholische Lehrbegriff von dem neugebildeten lutherischen unterschied, daß gute Werke zur Seligkeit nöthig seyen. Allerdings sollte er auch in dem Sinne des alten Systems der protestantischen Grund-Lehre entgegengesezt seyen; daß der Glaube allein mit Ausschluß aller Werke und ihres Verdienstes den Menschen selig mache: und allerdings hatten sich demungeachtet die Sächsische Theologen in jenem Aufsaz, über den sie sich zu Pegau mit den Bischöfen verglichen, diesen Saz anzunehmen erboten. Allein war es nicht zu gleicher Zeit auf die unzweydeutigste Art von ihnen erklärt worden, daß sie ihn durchaus nicht in dem Sinn des alten Systems annähmen und annehmen wollten? ja war es nicht so deutlich und so bestimmt von ihnen erklärt worden, daß die Katholiken ihren Aufsaz unmöglich annehmen konnten, ohne eben damit jene Nothwendigkeit der guten Werke aufzuopfern, welche sie bißher behauptet hatten.

Es war also höchstschändliche Verläumdung, wenn die Flacianer in die Welt schrieben, daß sich Melanchton und seine Kollegen damahls erboten hätten, den Katholiken die bißher von ihnen behauptete Nothwendigkeit der guten Werke nachzulassen. Nur dazu hatten sie sich erboten, ihnen den Ausdruck, daß gute Werke nothwendig zur Seligkeit seyen, nachzulassen; aber nur unter der Bedingung erboten, wenn sie den Sinn aufgeben würden, den sie bißher damit verbunden, und über den man bißher allein mit ihnen gestritten hatte. So war es nicht einmahl ein Vergleich, zu dem sie sich in Ansehung des eigentlich streitigen Punkts bereitwillig erklärt hatten, sondern sie bewilligten nur etwas, worüber man niemahls streiten wollte, und niemahls allein gestritten haben würde; sie bewilligten nur den Gebrauch eines Ausdrucks, den Luther selbst bloß in einer Bezie-

hung

hung für irrig, und in allen andern höchstens für unbequem und weniger tauglich erklärt hatte; wenn sie aber dadurch erhalten konnten, daß man auch von Seiten ihrer Gegner aufhörte, ihn in jener irrigen Beziehung zu gebrauchen, welcher Theil war es wohl, der dem andern etwas nachgegeben hatte?

Eben daher war es eine gleich schändliche Verläumdung, wenn die Flacianer jezt vorgaben, daß Major die Vertheidigung der anstössigen Behauptung von der Nothwendigkeit der guten Werke zur Seligkeit bloß deßwegen übernommen habe, um die sträfliche Nachgiebigkeit zu beschönigen, welche er und seine Kollegen unter den Interims-Handlungen in Ansehung dieser Lehre gegen die Papisten gezeigt hätten. In dem Vorgeben lag eine doppelte Lüge. Man wollte dabey die Welt bereden, als ob sich Major absichtlich in seinen Schriften viel gelinder darüber erklärt, und den Widerspruch, worinn sie mit der Lehre von dem allein-rechtfertigenden Glauben stehe, feiner, als es im Leipzigischen Interim geschehen sey, zu verstecken, aber eben damit diese lezte Lehre nur gefährlicher zu untergraben gesucht habe. Allein es war falsch, daß sich Major in seinen Schriften gelinder, als die Verfasser des Pegauischen Aufsazes ausgedrückt haben sollte, ja man konnte eher finden, daß er sich härter und stärker ausgedrückt hatte. Es war falsch, daß er der Lehre von dem allein-rechtfertigenden Glauben dem Schein nach weniger als jene vergeben haben sollte; denn er hatte es nicht stärker gesagt, daß diese Lehre durch die behauptete Nothwendigkeit der guten Werke nicht das geringste verliehren dürfe, als es schon von jenen gesagt worden war. Er konnte also auch nicht die Absicht haben, dasjenige zu beschönigen, was man damahls nachgegeben habe, denn er wußte am gewissesten, daß man nichts nachgegeben, wenigstens in Ansehung jener lutherischen Grund-Lehre

nichts

nichts nachgegeben hatte: er konnte höchstens zeigen wollen, daß man nichts nachgegeben habe: wenn ihn aber seine Gegner dennoch beschuldigten, daß auch er von jener Grund-Lehre abgefallen sey, so war diß desto schreyender ungerecht, denn nun schloß die Beschuldigung zugleich den Vorwurf der schändlichsten Heucheley und des vorsezlichsten Betrugs in sich, da sie dabey anerkannten, daß er sich dem Schein nach in den stärksten Ausdrücken dafür erklärt habe!

So konnte der Umstand, daß Major jezt so öffentlich als Vertheidiger der guten Werke und ihrer Nothwendigkeit auftrat, unmöglich ein bedenklicheres Aussehen durch dasjenige erhalten, was im Sächsischen aus Veranlassung des Interims verhandelt worden war. Wer nur von dem lezten gehörig unterrichtet, und nicht von Parthie-Geist völlig verblendet war, der mußte vielmehr in der Verbindung, die er zwischen dem einen und zwischen dem andern wahrnehmen mochte, nur einen Grund finden, sich jeder Besorgniß wegen des ersten und jedes Verdachts wegen des andern vollständiger zu entschlagen. Hingegen ist es allerdings gewiß, daß diese Verbindung nur allzunatürlich bey der nicht unterrichteten Menge den ungünstigsten Eindruck und das widrigste Vorurtheil gegen Major erwecken konnte. Wer sich einmahl hatte bereden lassen, oder sich selbst beredet hatte, daß die Theologen zu Wittenberg unter den Handlungen über das Interim die Nothwendigkeit der guten Werke zur Seligkeit in dem katholischen Sinn angenommen, und eben damit den Papisten zu gefallen, die lutherische Grund-Lehre von dem allein-seligmachenden Glauben zwar nur stillschweigend aber doch würklich aufgegeben hätten; wer es einmahl für ausgemacht hielt, oder nur unter dem Interims-Lärm selbst dafür gehalten hatte, daß man damahls den Papisten alles nachgelassen habe, was sie nur nachgelassen haben wollten,

ten, der mußte nun freylich zuerst darauf verfallen, daß der Wittenbergische Theolog, der sich mit den Katholiken über die Nothwendigkeit der guten Werke verglichen hatte, sie jezt schwehrlich in einem rein-lutherischen Sinn vertheidigen werde, oder die Behauptung ihrer Nothwendigkeit mußte ihm wenigstens in seinem Munde viel anstössiger klingen, als er sie in jedem andern hätte finden mögen. Jenes aber war unstreitig durch die Betriebsamkeit von Flacius und seinen Gehülfen nachgerade Volks-Glaube geworden; es war auch von den meisten auswärtigen Theologen und Predigern der lutherischen Kirchen so blindlings aufgefaßt, und von einer Menge unter ihnen schon so oft und so zuversichtlich nachgesagt worden, daß sie jezt zum eigenen Prüfen gar nicht mehr fähig waren: also erklärt sich wohl daraus recht gut, warum man jezt so allgemein gegen Major aufstand; aber es kann nicht dadurch entschuldigt, und noch weniger gerechtfertigt werden! Jezt hingegen darf man es

Drittens desto weniger unbemerkt lassen, daß doch auch Major selbst seinen Gegnern mehr als eine sehr starke Reizung zum Widerspruch, und noch überdiß manche Veranlassungen gab, durch welche der Streit, den man mit ihm anfieng, ungleich bitterer wurde, als er sonst vielleicht geworden seyn würde. Trug er doch schon in seiner ersten Schrift gegen Amsdorf seine drey Säze mit einer solchen Art vor, als ob er sie gegen die ganze Welt zu vertheidigen hätte, aber auch die ganze Welt zum Angriff gegen ihren Vertheidiger herausfordern wollte [104])! In seinen folgenden Schriften wurde sein

104) Schon in seiner ersten Schrift hatte er nicht nur seinen Säzen das Anathema angehängt: "Wer da anders lehret, auch ein Engel vom Himmel, der sey verflucht!" sondern auch unmittelbar darauf die Anrede an die Flacianer hinzugefügt: "Wohlan, „wie gefällt euch das? oder was „könnt ihr hierinn strafen? denn „ich

sein Ton noch reizender, und schneidender 105), und gerade dadurch desto reizender, je deutlicher man bemerken konnte, daß er doch nichts anders haben wollte, als was noch kein Mensch geläugnet hatte, und kein Mensch läugnen wollte. Wenn Major würklich nichts anders zu behaupten im Sinn hatte, als daß gute Werke nothwendig aus dem wahren Glauben entspringen oder unausbleiblich darauf folgen müßten, so war es doch wahrhaftig ärgerlich, daß er dafür so gewaltig eiferte und eifern zu müssen glaubte, denn wer hatte noch daran gezweifelt! Wie leicht aber konnte man sich im Aerger darüber versucht fühlen, sich nach einer Seit umzusehen, von der man ihm doch beykommen konnte, und die Fehde mit ihm anzufangen, die er zu wünscher schien, dann aber auch diese Fehde so zu führen und einzuleiten, daß er Ursache bekam, seinen geäusserter Wunsch darnach zu bereuen!

Doch wie kann man sich verbergen, daß die übrig Theologen nicht nur in der Art, womit Major seine Sache vertheidigte, sondern auch in der Sache selbst, di er vertheidigte, Gründe genug finden konnten, wodurch sie sich zum Streit mit ihm gedrungen fühlten? Allerdings hatte man Ursache, sich zu wehren, daß die Säze, für welche er kämpfte, nicht in der von ihm gebil

deter

„ich weiß, daß diß die rechte prophetische und apostolische Lehre ist, so sie recht verstanden wird: und so ihr anders lehrt, so haltet ihr nicht Lutheri Lehre, deren ihr euch so hoch rühmet!" S. E. ij.

105) In seiner Predigt von der Bekehrung Pauli wiederholte er nicht nur das Anathema gegen alle anders lehrende, sondern er schloß sie mit folgender äusserst bittern und höhnischen Ausforderung. "Hiewider mögen nun Amseln oder Trosseln singen oder schreiben, Hahne krähen oder gatzen, verlaufen und unbekannte Wenden ode Wahlen lästern, die Schrift ver wenden, verkehren, kalumni ren, schreyen und malen, wi sie wollen, so bin ich doch ge wiß, daß diese Lehre so in di sem Sermon steht, die recht göttliche Wahrheit ist, wide welche auch alle höllische Pfor ten nichts beständiges und gründ liches können aufbringen, wi böse sie sich auch machen".

deten Form in den Lehr-Begriff eingeführt, und nicht in die Kirchen-Sprache aufgenommen werden sollten! Dasjenige, was er damit sagen wollte, mochte immer richtig seyn; aber die Ausdrücke taugten nichts, in denen er es gesagt haben wollte. Diese Ausdrücke waren nicht nur fremd und ungewöhnlich in der lutherischen Kirche, denn sie waren doch bißher nur selten gebraucht worden [106]), sondern sie waren nach mehreren Rücksichten

106) Ratzenberger hatte würklich recht, wenn er in der angeführten Stelle sagt, daß die Phrasis bald wieder gefallen und vergessen worden sey: aber Melanchton hatte auch selbst dazu mitgewürkt, wie aus einem seiner Briefe an Veit Dietrich in der Leydner Sammlung erhellt. In diesem Briefe äussert er seine Unruhe darüber, daß sich Dietrich in einer im J. 1538 herausgegebenen Schrift die Ausdrücke — causa sine qua non — causa secunda — habe entfallen lassen, die ihm selbst so übel ausgelegt worden seyen. Der Nahme — causa secunda — möchte, sagt er, in der That unpassend seyn, und sich nicht leicht auf etwas übertragen lassen, was der Mensch bey dem Werk seiner Beseeligung zu thun habe. Man begehe wenigstens dabey eine Sünde gegen den Sprachgebrauch — ein erratum ὑποσολοικον — und so verzeyhlich auch diß seyn möchte, so befürchte er doch, daß man darüber einen neuen Lärm anfangen dürfte; und deswegen habe er seit einiger Zeit geflissentlich davon geschwiegen — ego silentium pythagoricum certo consilio aliquando praestiti, ne praeberem occasionem tumultibus". S. Epp. p. 454. Es ist also auch sehr glaublich, daß Melanchton den Eifer nicht billigte, mit welchem Major seine Sätze vertheidigte, und wohl selbst auch zuweilen eine wahre Mißbilligung seiner Art sich auszudrücken äussern mochte. Diß erzählt wenigstens Simonis Pauli in seiner Sententia et confessio de Propositionibus Majoris bey Schlüsselburg p. 137. "Dominus Philippus saepe in lectionibus suis et „publicis disputationibus hanc additionem "ad salutem" reiiciebat, inquiens: "non dico ad „salutem" vel ad eum, ex quo „quaerebat: an vera esset propositio: Bona opera sunt necessaria? dicebat: "Non dic: ad salutem!" Addebat hoc quoque, „se nunquam ea propositione velle uti, cohortabaturque nos suos „discipulos et auditores, ne ea „uteremur." Mörlin hingegen in seiner Widerlegung der Vorrede D. Majors erzählt sogar, Melanchton habe im J. 1557 zu den Sächsischen Theologen gesagt: "Ich lobe es, und ihr thut „recht, daß ihr Majors Proposition widerfechtet, und ihm „nicht lasset gut seyn." Doch in seinen Responsionibus ad articulos Bavaricos vom J. 1559 erklärte er ja selbst sehr unzweydeutig, daß, und wie weit er den Ausdruck Majors mißbillige. "Ego, sagt er in der Antwort auf Art. XXIII.

sichten eben so unschicklich als unbequem. Unschicklich waren sie würklich auch schon deßwegen, weil es Unterscheidungs-Ausdrücke der Katholiken waren, die bißher einen von der ganzen lutherischen Kirche und von Majorn selbst für irrig erklärten Sinn damit verbunden hatten, und wie es bey den Handlungen über das Interim an den Tag gekommen war, noch immer damit verbanden. Noch unschicklicher wurden sie dadurch, weil sie gerade für diesen irrigen Sinn so passend waren, daß man immer zuerst darauf verfallen mußte. Daraus entsprang die Unbequemlichkeit, daß man sich immer bey ihrem Gebrauch durch eine Erklärung zu verwahren, und vor diesem irrigen Sinn zu warnen gezwungen, oder der Gefahr eines nach der damahligen Denkungs-Art höchstgefährlichen Mißverstands ausgesezt war. Aber am unschicklichsten und am unbequemsten wurden sie dadurch, weil sie durchaus nicht anders, als mit einer sehr unnatürlichen Gewalt, die dem Sprach-Gebrauch angethan werden mußte, für jenen Sinn, den Major hineinlegen wollte, passend gemacht werden konnten!

In dem Gebrauch jeder Sprache — darinn hatten die Gegner Majors unstreitig Recht — bezeichnete die Redens-Art, daß eine Sache zu einer andern nothwendig sey, eine Causal-Verbindung, die näher oder entfernter zwischen ihnen statt finden soll [107]). Major selbst

XXIII. non utor his verbis: „Bona opera sunt necessaria ad salutem, quia hac additione: *ad salutem:* intelligitur meritum. Sed hanc propositionem adfirmo veram esse et contra Antinomos constanter retinendam: novae obedientiae inchoationem necessariam esse, quia hic ordo divinus et immutabilis est, ut creatura rationalis Deo obediat." S. Mel. Opp. T. I. f. 376.

107) Eben weil Melanchton diß fühlte, bediente er sich des Ausdrucks, daß gute Werke eine causa sine qua non seyen, gab aber dabey von demjenigen, was eine causa sine qua non seyn sollte, eine solche Definition, durch welche alles Anstössige des Ausdrucks

selbst wollte aber durchaus an keine Causal-Verbindung zwischen den guten Werken eines Menschen und zwischen seiner Seligkeit gedacht haben, denn er wollte die Grund-Lehre von dem allein seligmachenden Glauben ganz unverrückt lassen; also in welchem Sinn er auch behaupten mochte, daß gute Werke zur Seligkeit nöthig seyen, so wich er immer vom Sprach-Gebrauch ab.

Es war wenigstens eine ganz ungewöhnliche Art sich auszudrücken, wenn er gute Werke deßwegen für nothwendig zur Seligkeit erklären wollte, weil sie nothwendig aus dem seligmachenden Glauben fliessen müßten. Wem war es noch eingefallen, behaupten zu wollen, daß die Wärme nothwendig sey, um Tag zu machen, weil sie eine nothwendige Würkung der Sonnen-Strahlen sey, durch deren Verbreitung es Tag werde?

Aber Major und Menius fühlten selbst das gezwungene des Ausdrucks in dieser Beziehung, denn offenbar nur, um es zu verbergen, zogen sie sich zulezt dahin zurück, daß doch gute Werke zum Behalten der Seligkeit — ad retinendam salutem — nöthig seyen?

In eben dieser Absicht sprach man zulezt im allgemeinen öfter davon, daß der neue Gehorsam, die Erneuerung oder die Besserung eines Menschen überhaupt zur Seligkeit nothwendig sey [108]: aber weder durch das

drucks völlig eingeräumt wurde. "Causa sine qua non, sagt er in seinen Erotematibus Dialectices (Witteb. 1550. 8.) p. 276. — "nihil agit, nec est pars constituens, sed tantum est quiddam, sine quo non fit effectus, seu quod si non adesset, impediretur, agens, eo quod illud non accessisset. Nach dieser Definition ließ sich gewiß unbedenklich sagen, daß die guten Werke bey der Beseeligung eines Menschen eine causa sine qua non seyen; aber wodurch wurde es unbedenklich als dadurch, weil durch die Definition selbst erklärt war, daß an kein würkliches Causalitäts-Verhältniß dabey gedacht werden dürfe? deßwegen taugte der Ausdruck allerdings nicht für den allgemeinen Gebrauch, weil man immer erst gewarnt werden mußte, ihn nicht eigentlich zu nehmen.

108) Schon in der Predigt von der Bekehrung Pauli hatte

das eine noch durch das andere wurde dem Uebelstand ganz abgeholfen. Nur wenn Major Muth oder Einsicht genug gehabt hätte, frey herauszusagen, daß Rechtfertigung und Seligkeit unterschieden werden müßten, daß es etwas anders sey von Gott begnadigt, und etwas anders sey, beseligt zu werden, daß Begnadigung von Seiten Gottes allein den Menschen noch nicht selig mache, daß also, wenn es auch noch so gewiß sey, daß der Glaube allein gerecht mache, doch noch nicht daraus folge, daß er auch allein selig mache, und daß würklich zu dem lezten auch die Besserung des Menschen unnachläßliche und nach der Natur der Sache nothwendige Bedingung sey, — nur dann hätte Major seine Art sich auszudrücken als grammatisch und philosophisch richtig vertheidigen können. Man würde ihn zwar ohne Zweifel auch darüber verkezert haben; aber dabey würde er nicht schlimmer als jezt daran gewesen seyn, denn er hätte immer noch zeigen können, daß seine Behauptung mit dem wahren Geist der lutherischen Lehr-Form von der Heils-Ordnung in keinem Widerspruch stehe; also auch zeigen können, daß man keine Ursache habe, sich so eifrig dagegen zu wehren, oder so heftig darüber aufzufahren. Doch es ist nur allzugewiß, daß Major selbst diese Vorstellung, so nahe er auch oft daran hinkam, niemahls ganz aufgefaßt, und die Gründe, auf welche sie gebaut werden mußte, bey weitem nicht in gehöriger Klarheit erkannt hatte[109]. Auch hier war

sich Major so ausgedrückt: Die Wiedergeburt ist der neue Gehorsam, und die guten Werke in den Glaubigen, und der Anfang des ewigen Lebens, und die sind nöthig zur Seeligkeit. Y. 3. Ebendas. Y. 4. "Das neue Leben, welches in guten Werken steht, ist nöthig zur Seeligkeit." Hingegen in einer Predigt vom J. 1552 über Joh. I. bediente er sich schon auch der andern Wendung: Gute Werke sind also zur Seeligkeit vonnöthen, nicht die Seeligkeit zu erlangen, sondern zu behalten, und nicht wiederum zu verliehren." C. 4.

109) Major unterschied allerdings mehrmahls unter Beseeligung und Rechtfertigung — salus aeterna

war die Abweichung seiner Meynung von der Meynung seiner Gegner nur scheinbar; und gerade diß war es, was

aeterna und iustificatio; aber aus der verwirrten und verschiedenen Art, wie er sich dabey ausdrückte, wird es höchst sichtbar, daß ihn nur das Interesse seiner Polemik auf den Unterschied gebracht hatte. Bald schien er anzunehmen, daß die Rechtfertigung nur ein Theil unserer Beseeligung sey, wie in der Stelle aus seiner Predigt von der Bekehrung, Pauli: "Seeligkeit in „diesem Leben ist erstlich Vergebung der Sünden, und zweytens angefangene Erneuerung „zum Bilde Gottes, Iten Gerechtigkeit, heiliger Geist und „ewiges Leben". Bald drückte er sich, um das nehmliche zu sagen, solchergestalt aus, als ob er salvificatio und iustificatio für einerley hielte, wobey er aber zu dem einen wie zu dem andern, jene zwey Stücke erforderte: wie in Dispositione Epist. ad Roman. f. 56. "Duplex salvificatio seu iustificatio est: una in hac vita, altera in aeterna. Quae in hac vita est salvificatio, constat primo remissione peccatorum, et imputatione iustitiae, secundo donatione Spiritus Sancti, et spe vitae aeternae. Haec *Salvificatio et iustificatio* tantum est inchoata et imperfecta. Daraus ergiebt sich sehr klar, wie dunkel die Haupt-Idee, die allein ein wahres und fruchtbares Licht auf die streitigen Fragen verbreiten konnte, damahls noch in Majors eigener Seele war, aber noch nicht einmahl eine Ahndung davon konnte in die Seele der Theologen gekommen seyn, die zu Eisenach dem guten Menius die Unterschrift ihrer Artikel abzwangen, worinn sie unter andern auch ausdrücklich erklärt hatten, daß man durchaus zwischen Beseeligung und Rechtfertigung nicht unterscheiden dürfe. Noch weniger war nur ein Schein davon in Schlüsselburgs Seele gekommen, der unter den 27. Kezereyen, die er aus Majors Schriften zusammenbrachte, die zwey ganz besonders aufzählte, daß er gelehrt habe "novitatem nostram esse partem salutis" und "discrimen esse inter iustitiam et salutem, et hominem esse sola fide iustum, sed non sola fide salvum." S. 41. Bey dem letzten Zusaz begieng Schlüsselburg noch dazu eine Ungerechtigkeit gegen Major, denn dieser hatte nirgends wörtlich gesagt, quod homo sit sola fide justus, sed non sola fide salvus, weil er würklich die große Wahrheit, die darinn lag, selbst nicht deutlich aufgefaßt hatte; aber Schlüsselburg hatte so ganz keinen Sinn dafür, daß er den Saz bloß deßwegen als eine Konsequenz aus Majors sonstigen Aeusserungen zog, weil er ihm eine recht auffallende Kezerey zu enthalten schien. Hingegen verdient hier eben deßwegen bemerkt zu werden, daß Flacius und Wigand in ihrer sententia de scripto synodi Isenacensis mit der sechsten Eisenachischen Proposition, nach welcher gar kein Unterschied zwischen salus und justitia statt finden sollte, gar nicht zufrieden waren, und wenigstens von einer Seite her dem wichtigen Grund-Begriff, daß die Besserung des Menschen die Hauptsache bey dem Werk seiner Beseeligung sey, sehr nahe kamen. Sie wollten zwar vor-

was diesen das gegründetste Recht gab, seine Art sich auszudrücken, zu tadlen, und sich ihrer Einführung in die kirchliche Sprache zu widersezen. Sobald man es in ihrem Sinn glaubte und annahm, daß der Glaube allein gerecht und selig mache, so war es unschicklich zu sagen, daß gute Werke zur Seligkeit nöthig seyen; es war gegen jeden Sprachgebrauch, die Nothwendigkeit, die man ihnen zuschreiben mochte, in dieser Sprach-Form darzulegen; es war eben deßwegen fast unmöglich, einen Mißverstand dabey zu verhüten, und darinn konnte man doch Aufforderungen genug finden, sich dagegen zu wehren.

Dazu aber um den Gegnern Majors die volleste Gerechtigkeit wiederfahren zu lassen, welche sie fordern können, dazu mag jezt noch

Viertens bemerkt werden, daß sie sich über dasjenige, was er durch seine neue und ungewöhnliche Art sich auszudrücken seinem Vorgeben nach erreichen wollte, sogleich in ihren ersten Erklärungen gegen ihn auf eine solche Art geäussert hatten, wodurch ihm jeder Vorwand, noch länger darauf zu bestehen, benommen wurde. Major hatte bald nach dem Anfang des Streits, sich mit sehr vieler Wärme herausgelassen, daß er es für dringendes Zeit-Bedürfniß halte, die Lehre von der Nothwendigkeit der guten Werke unter dem Volk zur Sprache zu bringen, um dem Schaden vorzubeugen, der durch die Lehre von dem allein-seligmachenden Glauben so häu-

fig

vorzüglich nur deßwegen zwischen salus und justitiá unterschieden haben, weil salus im eigentlichen Sinn vitam aeternam et futuram glorificationem bedeute, was doch gewiß von der justitia imputata verschieden sey — aber sie sagten dabey ausdrücklich, daß die Beseeligung eines Menschen, so weit sie noch in diesem Leben angefangen werde, vorzüglich in der Veränderung ins bessere bestehe, die mit ihm vorgehe. "Non minima pars salutis seu vitae aeternae est certe — instauratio corrupti hominis — quae hic tantum in tenui initio, ibi vero perfecte habebitur, ipsissimaque salus et felicitas erit". S. Flacius De voce et re fidei p. 215.

sig unter ihm angerichtet worden sey, und noch fortdaurend angerichtet werde [110]). Auch Menius hatte sehr ernsthaft davon gesprochen, daß dem Mißbrauch gesteuert werden müsse, den der gemeine Mann unter ihnen von der Lehre vom Glauben und von der Freyheit des Glaubens mache; und wohl mochte diß nöthig seyn [111]), ja wohl mochte es um deßwillen selbst der Mühe werth seyn, die ganze Lehr-Form zu verändern, wenn dem Uebel auf keine andere Art geholfen werden konnte: aber hatten nicht Wigand, und Flacius und die Hamburger schon in ihren ersten Bedenken gegen Major auf das überzeugendste dargethan, daß sich mit Beybehaltung der bißherigen Lehrform eben so leicht und eben so gewiß und dabey ganz unbedenklich helfen lasse, oder daß vielmehr die Hülfe gegen diß Uebel schon in der bißherigen Lehr-Form liege, sobald sie nur gehörig angewandt werde!

Sie wollten ja nicht nur zugeben, daß man auf die Nothwendigkeit der guten Werke in den Religions-Unterricht dringen, und dem Volk vorsagen dürfe, daß gute Werke nothwendig seyen, sondern sie behaupteten selbst, daß man es ihm nicht oft und nicht stark genug sagen könne. Diß — sagten sie, und konnten es auch leicht beweisen — diß habe Luther selbst von allen treuen Lehrern und Predigern oft verlangt und gefordert. Diß hätten sie für ihren Theil immer nach Vermögen

110) "Solcher Verführer — sagte Major schon am Schluß seiner Predigt von der Bekehrung Pauli — "sind zu dieser Zeit viele, welche immer schreyen: der „Glaube macht allein gerecht, und „gehören die Seeligkeit zu erlangen gar keine gute Werke".

111) Eine Geschichte, die Melanchton in der angeführten Antwort auf die Articulos Bavaricos erzählt, beweißt am stärksten, wie viel hier und da durch die Unwissenheit und den Unverstand der Prediger selbst dabey verdorben werden mochte. Er hatte einen Prediger gefragt, was er von den guten Werken lehre? und erhielt von ihm anstatt der Antwort die verweisende Abfertigung: Deus non curat opera! S. am a. O. f. 375.

mögen gethan, und diß würden sie auch noch ferner zu thun fortfahren: also wenn hier und da das unwissende Volk aus ihrer Lehre von dem allein-seligmachenden Glauben die Folge gezogen habe, daß es nicht nöthig habe, sich um gute Werke zu bekümmern, so dürfe die Schuld nicht ihrer Lehr-Form und nicht ihrer Lehr-Art, sondern nur einer Abweichung von dieser beygemessen, mithin auch das Mittel dagegen nicht in einer Veränderung von — sondern in der Rükkehr zu dieser gesucht werden.

Diß darf in der That um so weniger verschwiegen werden, da man es schon mehrmahls in der Geschichte dieser Händel auf eine unentschuldbare Art übersehen oder doch ins dunkle gestellt hat, wodurch ein ganz falsches Urtheil über die Beschaffenheit und über das Moment des eigentlichen Streit-Punkts dabey eingeleitet werden mußte. Wenigstens von einigen der Gegner Majors, von Amsdorf und von den Erfurtischen Predigern, glaubte und sagte man es mehrmahls, daß sie ihn schon deßwegen, weil er überhaupt gute Werke für nothwendig erklärt habe, verkezert, also jede Nothwendigkeit der guten Werke bestritten hätten: aber die Vorstellung war eben so unrichtig als ungerecht [112]). Auch Amsdorf und Poach, auch die wilde und blinde Eife-

112) Auch Salig machte sich hin und wieder dieser Ungerechtigkeit schuldig; ja die unrichtige Vorstellung hattte sich in seinem Kopf so festgesezt, daß er sie zuweilen durch Umstände und Beweise bestätigen zu können glaubte, die gerade am lautesten und bestimmtesten dagegen zeugten. So giebt er Th. IV. p. 57. den Innhalt des Schreibens der Erfurtischen Prediger an die Eisenachische Synode ganz richtig an, und hebt sogar wörtlich den Schluß des Schreibens aus, worinn sie sich feyerlich verwahrten, daß sie die Nothwendigkeit der guten Werke durchaus nicht bestritten, sondern vielmehr eine gedoppelte, eine necessitatem mandati und eine necessitatem consequentiae annähmen: am Rande aber faßt er nun doch den Innhalt dieses nehmlichen Schreibens in die Worte zusammen: "die Erfurter verwerfen alle Nothwendigkeit der guten Werke".

Eiferer, von denen sich zulezt Flacius und Wigand selbst absondern mußten, um sich nicht mit ihnen zu prostituiren, auch sie erboten sich, so oft und so stark man es haben wollte, zu lehren und zu predigen, daß gute Werke nothwendig seyen. Auch sie wollten also nicht ihre Nothwendigkeit überhaupt, sondern nur ihre Nothwendigkeit zur Seligkeit bestreiten, mithin war es auch um ihretwillen nicht nöthig, wenigstens aus dem von Majorn angegebenen Grunde nicht so sehr nöthig, auf der Vertheidigung der lezten so hartnäckig zu bestehen!

Diß kann man sich nehmlich unmöglich dabey verhelen, daß dasjenige, wozu sich die Gegner Majors erboten, zu der Abwendung des Schadens, der unter dem Volk durch die mißverstandene oder mißbrauchte Lehre von dem allein-rechtfertigenden Glauben angerichtet werden konnte, gewiß schon hinreichend war. Wenn es nur dem Volk gesagt wurde, daß gute Werke nothwendig seyen, so fand wahrhaftig von dieser Seite her kein Bedürfniß mehr statt, auf die besondere Bestimmung zu dringen, daß sie zu Erlangung der Seligkeit nothwendig seyen. Major hätte daher, sobald sich seine Gegner so bestimmt darüber geäussert hatten, mit voller Ehre erklären können, daß er es für überflüssig halte, über jene besondere Bestimmung länger zu streiten. Er hätte selbst mit voller Ehre gestehen mögen, daß es besser sey, wenn man den zweydeutigen Ausdruck entbähren könne, und damit hätte der Streit sein Ende gehabt: aber da er sich erst so späth dazu entschloß, und auch nach den Erklärungen seiner Gegner noch so oft wiederholte, daß man dem Volk den verderblichen Irrthum benehmen müsse; als ob an guten Werken gar nichts gelegen wäre, so war es in der That höchst natürlich, daß sich diese immer mehr gegen ihn gereizt und erbittert fühlten, denn nun sah es gerade aus, als ob er

 die

die Welt absichtlich auf den Glauben bringen wollte, daß sie diesen Irrthum begünstigten [113].

Daraus mag sich wohl ein etwas billigeres Urtheil über die Geschichte dieser Streitigkeit bilden, als man sich gewöhnlich zu fällen geneigt fühlt, wenn man bloß auf die Art, womit sie geführt wurde, Rücksicht nimmt. Diese Art bleibt zuverlässig immer unentschuldbar, denn es bleibt entschieden, daß man Majorn in der Hauptsache mit der schreyendsten Ungerechtigkeit behandelte: aber man erblickt doch von diesem Stand-Punkt aus auch noch etwas von Recht auf der Seite seiner ungerechten Gegner; man sieht doch, daß und wie sich selbst die Amsdorfe und die Flaciusse bereden konnten, durch sehr starke Gründe zum Streit mit ihm gedrungen zu seyn; man sieht mit einem Wort, daß doch ein Gegenstand da war, über den sich streiten ließ, und über den man zu streiten Ursache hatte: und wer wird sich nicht gern

113) Von dieser Absicht kann man würklich Majorn nicht ganz freysprechen, und daraus erwächst der gerechteste Vorwurf, der ihm wegen seiner Art, den Streit zu führen, gemacht werden mag. Mit dem bittersten Ernst legten ihm diß die Mansfeldische Prediger in der folgenden Stelle ihrer Konfession an das Herz, in der sie die kleine Künste, deren er sich zu Erreichung jener Absicht bediente, auf das nachdrücklichste rügten. "Hac Sophistica, sagten sie, utitur etiam in Praefatione sua, cum ait: Adversarios suos et maxime Flacium Illyricum disputare: an nova obedientia sit necessaria? De quo, quantam tum Flacio, tum omnibus, qui hactenus contra ipsum pro veritate pugnarunt, injuriam faciat, nihil attinet, multa dicere. Omnes enim hoc mendacium manifestum, et calumniam plusquam sycophanticam esse norunt. Nam non de necessitate bonorum operum, sed *de necessitate ad salutem disputatum cum eo est hactenus.* Hanc, cum in praefatione sua minime abjiciat, sed rursus insigniter demonstrare, et quod semper rectissime senserit et docuerit de operibus bonis, evincere velit, *omissa quidem vafre* usitata sua appendice: *ad salutem*: pro stabilienda tamen perpetua sententia adducit haec dicta: Quisquis solverit unum ex mandatis hisce minimis, et docuerit sic homines, minimus appellabitur in regno coelorum. Item: Qui bona fecerunt, abibunt in vitam aeternam. Et addit Major: haec ut murum aheneum in omnem aeternitatem stare. At quis hoc negaverit? aut quis unquam hoc disputavit? Flacius ne an alii? S. P. 123. 124.

gern daran halten, um den Unwillen und das Aergerniß zu mildern, zu dem man sich sonst so vielfach durch die Geschichte dieses Streits gereizt fühlt? Es mag auch um so weiser seyn, diesen Gebrauch davon zu machen, wo man kann, da man in der Geschichte der folgenden Händel selten mehr Gelegenheit dazu bekommt: wenigstens in der nächsten, die nun an die Reihe kommt, in der Geschichte der synergistischen Händel dürfte diß schwehrlich der Fall seyn!

Kap. VI.

Die Theorie, welche man unter dem Nahmen des Synergismus zum Gegenstand dieser besondern Streitigkeit machte, gehörte schon länger als zwanzig Jahre zu der unterscheidenden Lehr-Art Melanchtons, war in dieser Zeit auszeichnende Eigenheit seiner Schule, und war als solche gewiß auch deßwegen allgemeiner bemerkt und bekannt geworden, weil ihre Abweichung von der eigenthümlichen Lehrart Luthers jedem auffallen mußte, der das eigenthümliche von dieser nur einmahl aufgefaßt hatte.

Bekanntlich war Luther durch den Drang und den Einfluß der Umstände, die bey dem Anfang seiner eigenen Untersuchungen über den Lehr-Begriff, und bey dem ersten Ordnen seiner neuen religiösen Ueberzeugungen am stärksten auf ihn würkten, nur zu dem reinen Augustinischen System zurückgeführt worden. Es konnte auch ohne die Mitwürkung der äusseren Umstände, nicht leicht anders kommen, sobald er sich nur einmahl von den Grund-Begriffen des herrschenden Zeit-Systems lossagen zu müssen glaubte; aber daß er sich selbst so ganz und so hastig in den Augustinismus hineinwarf, diß wurde unverkennbar durch mehrere äussere Ursachen, und besonders durch den Streit veranlaßt, in den er mit Erasmus verwickelt wurde. Er wollte ja in diesem Streit das Grund-Prinzip der Augustinischen religiösen Anthropologie, die Lehre von dem gänzlichen Unvermögen des Menschen zum Guten gegen Erasmus vertheidigen; aber dieser bewies ihm, daß der konsequente Augustin nicht nur seine ganze Theologie auf diß Prinzip gebaut habe, sondern daß sie würklich nothwendig daraus fliesse, und daß er also gezwungen sey, entweder den ganzen Augustinismus anzunehmen, oder sich schon hier etwas davon zu entfernen. Luther sah wenigstens damahls keine andere Auskunft: Haß gegen Erasmus ließ ihn keinen Augenblick über die Alternative zweifelhaft; und in diesem Augenblick goß sich die ganze Masse seiner Ueberzeugungen in die Form des von dem alten Afrikanischen Bischof gebildeten Systems.

Unter diesen Umständen war es eben so natürlich, daß besonders die Grund-Lehre von dem gänzlichen Verderben der menschlichen Natur für Luthern und alle seine Anhänger ein ganz eigenes Moment erhielt, als daß sie es bey jeder Gelegenheit zu erkennen gaben, welchen Wehrt sie darauf sezten. Man kann es daher nicht befremdend finden, wenn man in allen Schriften Luthers, die in den zehn ersten Jahren nach dem Anfang der Reformation herauskamen, auf Beweise davon stoßt; desto gewisser aber darf man glauben, daß es weder Luthern, noch einem andern der Theologen, die seine Parthie genommen hatten, entgehen konnte, da Melanchton sich zum erstenmahl wieder davon entfernte. Doch diß konnte um so weniger unbemerkt bleiben, je auffallender dabey die Veränderung war, die in den eigenen Ueberzeugungen Melanchtons vorgegangen seyn mußte!

Auch Melanchton hatte zuerst nur den reinen Augustinismus aufgefaßt, und mit einer ungleich helleren Einsicht in seinen Zusammenhang aufgefaßt, als Luher zuerst haben mochte. In der ersten Ausgabe von einen Locis fand man die leitende Ideen dieser Theorie noch deutlicher von ihm dargelegt, und alle Folgen, die daraus flossen, mit einer noch determinirteren und furchtloseren Bestimmtheit entwickelt [114]), als in der Schrift Luthers gegen Erasmus. Auch in seinen Schriften aus den sechs oder acht nächsten Jahren, welche auf die Erscheinung von dieser folgten, finden sich noch keine Anzeigen, daß sich seine Denkungsart darüber gedreht hätte; vielmehr enthält selbst die von ihm verfaßte Augsp. Konfession und ihre Apologie mehrere Beweise vom Gegentheil [115]): aber in der zweyten Haupt-Ausgabe

114) Die Nothwendigkeit aller menschlichen Handlungen und das gänzliche Wegfallen aller Willens-Freyheit hatte Luther weit nicht so bestimmt daraus abgeleitet, als es Melanchton in diesen ersten Ausgaben seines Lehr-Buchs in der folgenden Stelle that, die sich in dem Locus de libero arbitrio findet. "Quandoquidem omnia, quae eveniunt, necessario juxta divinam praedestinationem eveniunt, nulla est voluntatis nostrae libertas. — Quid igitur, inquies, nulla ne est in rebus, ut istorum vocabulo utar, contingentia? nihil casus, nihil fortuna? — Omnia necessario evenire, scripturae docent. Voluntati nostrae per praedestinationis necessitatem omnem libertatem adimit scriptura. Ja, sezt er sogar hinzu: Utinam contingat mihi Sophista, qui haec calumnietur, ut possim illam impiam, stultam male philosophicam de voluntate sententiam justo volumine et integra disputatione confutare.

115) In der Konfession enthält zwar der Artikel von der Erbsünde nur die Beschreibung "homines, secundum naturam propagati nascuntur cum peccato, hoc est sine metu Dei, sine fiducia erga Deum, et cum concupiscentia: aber in der Apologie erklärt er ausdrücklich, daß dadurch dem natürlichen Menschen nicht nur der timor und die fiducia erga Deum, nicht nur der actus selbst, sondern auch die potentia seu dona efficiendi timorem et fiduciam erga Deum, also auch das Vermögen dazu abgesprochen werden sollte. Doch verdient bemerkt zu werden, daß er sich hier und in dem Artikel de libero arbitrio mit einer vorsichtigen Unbestimmtheit ausdrückte, aus der man beynahe schon eine Veränderung seiner Ueberzeugungen schliessen möchte. Er räumte wenigstens jezt schon ein, quod humana voluntas habeat aliquam libertatem ad efficiendam civilem justitiam, et deligendas res rationi subjectas: aber er läugnete im Gegentheil nur, quod habeat vim sine Spiritu sancto efficiendae justitiae spiritualis — et quod sit idonea in iis, quae ad Deum pertinent, sine Deo aut inchoare

gabe von seinen Locis, die im J. 1535. erschien, deckt es sich schon so vollständig auf, daß kein Mensch daran zweiflen konnte!

In dieser Ausgabe nahm Melanchton nicht nur förmlich einige der harten Folgen zurück, die er in der ersten aus der Augustinischen Vorstellung von dem gänzlichen Verderben der menschlichen Natur gezogen, sondern er nahm selbst diese Vorstellung zurück, die er vorher so eifrig vertheidigt hatte. Er erklärte mit unumwundener Freymüthigkeit, daß es irrig sey, wenn man sich den Menschen in dem Grad verdorben denken wolle, daß er die Freyheit des Willens zum Guten, oder das Vermögen zum Guten und für das Gute bestimmt zu werden, gänzlich verlohren habe [116]. Er eiferte nun selbst, und zwar in nicht gelinden Ausdrücken gegen die Meynung derjenigen, die den Menschen im Verhältniß gegen das Gute ganz todt und unfühlbar und als eine völlig leblose Bildsäule sich vorstellten [117]; ja er behauptete ganz unverdeckt, daß besonders bey dem Bekehrungs-Werk eines Menschen oder bey seiner Veränderung ins bessere sein eigener Wille eben so nothwendig eine gewisse Thätigkeit äussern müsse, als es gewiß sey,

inchoare aliquid, *aut certe* peragere.' Diß aut certe war schwehrlich seiner Feder nur zufällig entschlüpft, und blosse Vergessenheit war es wohl auch nicht, daß er in der diesem Artikel angehängten Antithese, nur die Meynung der Pelagianer und derjenigen verwarf, qui docent, quod sine Spiritu Sancto *solis* naturae viribus possimus Deum super omnia diligere et praecepta Dei facere.' Aber alles diß paßte so gut zu der neuen Theorie, die er in der Folge aufstellte, daß er dabey ohne den mindesten Zwang von allen diesen Ausdrücken Gebrauch machen konnte.

116) Valla, heißt er hier in dem Locus De libero arbitrio seu de viribus humanis "et alii plerique non recte detrahunt voluntati hominis libertatem, ideo quia fiant omnia decernente Deo, atque ita in universum tollunt contingentiam".

117) Non probo, sagte er eben daselbst, deliramenta Manichaeorum, qui prorsus nullam voluntati actionem tribuebant, nec quidem adjuvante Spiritu Sancto, quasi prorsus nihil interesset inter voluntatem et statuam.

sey, daß er sie äussern könne [118])! Feyerlicher als auf diese Art konnte er sich nicht von der Augustinischen Theorie lossagen; denn diß wußte jedermann, daß die Vorstellung, die er jezt so eifrig bestritt, keine andere als die Augustinische war: aber zugleich sagte er sich von allen andern Unterscheidungs-Bestimmungen des Augustinischen Systems und zunächst von derjenigen los, auf welche Luther bißher das gröste Moment gesezt hatte. Bloß deßwegen — diß darf man ohne Bedenken behaupten — bloß deßwegen hatte dieser jene Augustinische Theorie von dem gänzlichen Unvermögen des menschlichen Willens zum Guten so hastig aufgenommen, und so hartnäckig bißher vertheidigt, weil er darinn die stärkste Bestätigung der von ihm für so wichtig gehaltenen Idee fand, daß Gott bey der Besserung und Beseeligung eines Menschen alles allein würke, also der zu allem Mitwürken unfähige Mensch keinen Schatten von einem Verdienst dabey sich erwerben könne. Dennoch war es diese Lieblings-Idee Luthers, gegen die sich Melanchton zugleich ausdrücklich erklärte, indem er nicht nur dem Willen des Menschen bey dem Werk seiner Bekehrung eine wahre Thätigkeit zuschrieb, sondern diese Thätigkeit förmlich als eine von den Ursachen angab, durch deren vereinigte Würkung die Veränderung allein zu stand gebracht werden könne.

Aber von jezt an änderten sich Melanchtons Ueberzeugungen über diesen Punkt nicht mehr, sondern biß an seinen Tod trug er sie bey jeder Gelegenheit in gleicher Form, und mit gleicher Freymüthigkeit vor. Es mag zwar zweifelhaft seyn, ob er, wie man wohl schon vermuhtete, eine der Aenderungen in der Augsp. Konfession,

118) Er behauptete nehmlich, daß bey der Bekehrung eines Menschen drey Ursachen als zusammen-würkend, tres causae concurrentes angenommen werden müßten. Verbum, Spiritus Sanctus et voluntas hominis, non sane otiosa, sed repugnans infirmitati suae. eb. das.

fession, die er in der Ausgabe vom J. 1540. anbrachte, gerade in der Absicht vorgenommen hatte, um sich auch hier seinen neuen Ueberzeugungen gemässer auszudrücken [119]; hingegen gewiß ist, daß er sie in alle folgende Ausgaben von seinen Locis aufnahm, daß er sich in diesen vom J. 1543. und noch mehr vom J. 1548. an immer stärker und bestimmter gegen die Augustinische Vorstellung erklärte [120], daß er auch unter den Hand-

119) Aus der Veranlassung dieser Aenderung, welche Melanchton im Art. XVIII. de libero arbitrio angebracht hatte, brachte Flacius zuerst auf dem Kolloquio zu Weimar vom Jahr. 1560. das Geschrey auf, daß Melanchton die Augsp. Konfession verfälscht habe. Auch mehrere Theologen unseres Jahrhunderts, wie Joh. Georg Walch Introd. in lbr. symb. p. 770. und Crist. Franz Wilh. Walch Breviar. theol. symb. p. 106. ja selbst Salig Th. I. p. 652. sahen noch in der Aenderung eine Verfälschung, denn sie sahen deutlich synergistisches Gift darinn; aber wenn nicht Melanchton schon vorher die angebliche synergistische Kezerey geäussert hätte, so würde ein eigenes Auge dazu gehört haben, um sie hier zu finden. Die ganze Aenderung, die er hier anbrachte, bestand ja nur in dem Zusaz, den er einrückte: Efficitur spiritualis justitia in nobis, quum adjuvamur a Spiritu Sancto. Aus diesem *adjuvamur* folgerte man den Synergismus heraus, weil es eine eigene Würkung von Seiten des Menschen voraussetze, welcher nur durch den heiligen Geist nachgeholfen werde: aber wenn man ihn daraus allein folgen zu dürfen glaubte, warum fand man ihn nicht auch schon in dem Original-Aufsaz der Konfession, worinn ebenfalls der Ausdruck gebraucht war, daß der Mensch nicht ohne die Hülfe des heiligen Geistes gerecht oder bekehrt werden könne? und sprach denn nicht, wie Semler in Appar. ad libr. symb. p. 96. treffend bemerkt, die Augustinische Schule von jeher von auxiliis gratiae?

120) In die Ausgabe vom J. 1545. rückte er zuerst in den Artikel de libero arbitrio den folgenden Zusaz zu der Erklärung desjenigen ein, was er darinn von der voluntas non otiosa als einer causa conversionis gesezt hatte. "Sciendum est, Spiritum Sanctum esse efficacem per Verbum, nempe per vocem Evangelii auditam seu cogitatam. — Cumque ordimur a Verbo, hic concurrunt tres causae bonae actionis: Verbum Dei, Spiritus Sanctus, et voluntas humana assentiens, nec repugnans verbo Dei. Posset enim excutere, ut excutit Saul sua sponte, sed cum mens audiens et se sustentans non repugnat, non indulget diffidentiae, sed adjuvante jam Spiritu Sancto conatur assentiri, in hoc certamine *voluntas non est otiosa*. Hier war wenigstens die Abweichung von der Augustinischen Theorie und von einer ihrer Grund-Bestimmungen handgreiflich; denn Melanchton

Handlungen über das Interim, und in seinen Bedenken über dieses [121]), daß er noch in späthereren Schriften über das Jahr 1550. hinaus, wie in seiner Widerlegung der Bayerischen Artikel, seine mildere Meynung mit der unverdecktesten Offenheit auslegte, und daß also seine Abweichung von dem Augustinismus, und zwar von dem lutherischen Augustinismus in dieser Lehre niemand unbekannt seyn konnte. Aber eben so gewiß ist, daß er fast zwanzig volle Jahre lang von keinem Menschen darüber nur angesprochen, oder zur Rede gestellt wurde!

Es

ton behauptete ja wörtlich, daß es in der Kraft des menschlichen Willens stehe, nicht zu widerstehen dem Einfluß des Geistes und der Wahrheit, und erklärte das adjumentum Spiritus Sancti nur dazu für nöthig, um es bey ihm zum vollen assensus zu bringen: In dem Augustinischen System hingegen war es Fundamental-Begriff — quod homo non possit nisi resistere. Doch am unverdecktesten legte Melanchton seine neue Theorie in einem langen Zusaz vor, den er zum erstenmahl in die neue Auflage einrückte, die im J. 1548. zu Leipzig gemacht wurde, und in allen folgenden beybehielt, so wie er auch in demjenigen Abdruck, der in das Corpus doctrinae kam, beybehalten wurde: denn in diesem Zusaz brachte er wörtlich die Definition des liberi arbitrii an, worüber Luther mit Erasmus gestritten hatte — liberum arbitrium esse in homine facultatem applicandi se ad gratiam. Auch kam darinn die Stelle vor: "Cum promissio Dei sit universalis, nec sint in Deo contradictoriae voluntates, necesse est *in nobis* esse aliquam discriminis causam, cur Saul rejiciatur, et David accipiatur: id est: necesse est, esse *aliquam actionem dissimilem* in his duobus". Es wäre wohl sehr natürlich, zu vermuthen, daß Melanchton diesen Zusaz absichtlich nicht eher als nach Luthers Tode eingerückt habe, und zwar nicht, weil er sich vor Luther fürchtete, sondern weil er ihn schonen wollte: allein Strobel in seiner Litter. Geschichte von Melanchtons Locis hat p. 130. die Entdeckung gemacht, daß der Zusaz schon für die Ausgabe vom Jahr 1544. bestimmt war, und daß höchstwahrscheinlich ein blosser Zufall seine Einrückung in diese verhinderte. Er fand den kleinen aber zu der Charakter-Schilderung Melanchtons nicht unwichtigen Umstand in einem Brief von ihm aus dem J. 1544. an Veit Dietrich in Nürnberg. Epp. L. IV. p. 205.

121) "Tamen — hieß es in einem dieser Bedenken — non est in homine efficax tanquam in trunco nihil agente; sed ita hominem trahit ac convertit, ut in adultis et intelligentibus aliquam velit esse voluntaris actionem, quae suam efficaciam comitetur". S. Act. Synod. II. 4.

Es findet sich keine Spuhr, daß Luther auch nur einmahl, daß er nur in einem von den Augenblicken des Unwillens und des Argwohns, dem er gegen Melanchton zuweilen Raum gab, einen Wink des Mißfallens darüber geäussert, oder einige Sorglichkeit darüber bezeugt hätte; ja es findet sich fast keine Spuhr, aus der man schliessen könnte, daß nur die Menschen, denen es so angelegen darum zu thun war, jenen Unwillen und Argwohn Luthers beständig zu unterhalten, jemahls auch davon einen Anlaß dazu hergenommen hätten [124]. Die Cordatus und Amsdorfe, hinter denen wohl zulezt auch Flacius stehen mochte, die sich in ihrem Gewissen so gedrungen fanden, ihn auf die Irrthümer Melanchtons in der Rechtfertigungs- und in der Nachtmahls-Lehre

122) In jenem berüchtigten Protocoll vom J. 1537. bey Cyprian S. 162-165. findet sich allerdings eine Spuhr, daß man Melanchton auch deßwegen in Anspruch nehmen wollte, aber findet sich zugleich die noch deutlichere Spuhr, daß die Menschen, die darauf ausgiengen, ihn mit Luthern zu entzweyen, noch selbst nicht recht wußten, ob es ihnen auch damit glücken würde, oder ob sie auch diß dazu brauchen könnten? Item — so lautet ein Artikel darinn — "sollen sie auch „des freyen Willens halben et„was einer andern Meynung seyn, „wiewohl Se. Churfürstlichen „Gnaden noch nicht eigentlich „wüßten, noch vermerkt hätten „worauf dieselbe Zweyung eigent„lich stünde". Man hatte also dem Churfürsten nur im allgemeinem vorgesagt, daß Melanchton auch in der Lehre vom freyem Willen von Luthers Meynung abgewichen sey: aber man hatte ihn nicht vermerken lassen, worinn hier der Unterschied ihrer Meynungen eigentlich liege, weil man bey dem bißherigen Stillschweigen Luthers darüber doch nicht ganz gewiß war, ob ihm auch mit der Berührung dieses Punkts gedient seyn möchte? Es schien daher, als ob man jezt nur einen Versuch machen wollte, ob nicht Luther auch darüber Feuer fangen würde; aber man hat alle Ursache zu glauben, daß der Versuch gänzlich fehlschlug. In den vertrautesten Briefen, die Melanchton um diese Zeit an Camerar und besonders auch an Veit Dietrich schrieb, findet sich keine Anzeige, daß es nur zwischen Luther und ihm zu einer Erklärung über diesen Punkt gekommen wäre, zu der es doch damahls zwischen ihnen über mehrere andere kam; diß beweißt aber desto mehr, da man aus eben diesen Briefen ersieht, daß es Melanchton selbst erwartete und wünschte, es möchte auch über diesen Punkt zu einer Erklärung zwischen ihnen kommen. S. Mel. Epp. ed. Lugd. p. 444.

Lehre aufmerksam zu machen, schienen kaum zu bemerken, daß er auch hier von der Vorstellung ihres Meisters abzuweichen sich erlaubt habe, oder wenn sie es ihm auch bemerklich machten, so war doch ihre Mühe verlohren, denn Luther beharrte darauf, es nicht bemerken zu wollen!

Dadurch wird man gewiß mehr als hinreichend zu der Vermuthung, und vielleicht zu etwas mehr, als nur zu der Vermuthung berechtigt, daß in Luthers eigenen Ueberzeugungen eine Veränderung über diesen Punkt vorgegangen seyn dürfte. Es ist undenkbar, daß er sonst so stillschweigend hätte zusehen können, wie Melanchton in seiner Nähe und unter seinen Augen eine Theorie aufstellte, die mit der so eifrig von ihm vertheidigten Augustinischen in direktem Widerspruch von mehreren Seiten stand, wenn ihm nicht selbst diese Theorie zweifelhafter, oder doch gleichgültiger und unwichtiger, als sie ihm ehmahls war, geworden wäre. Darinn läßt sich wenigstens allein ein psychologisch-wahrscheinlicher Grund seines Stillschweigens finden; aber zu dieser erklärenden Vermuthung wird man noch mehr dadurch berechtigt, weil es sich auch noch so psychologisch-natürlich erklären läßt, wie die Veränderung in seinen Ueberzeugungen allmählig Raum und Fortgang gewonnen haben konnte.

Was Luthern zuerst wider seine Natur gegen die von seiner Theorie abweichende Aeusserungen Melanchtons in der zweyten Ausgabe von seinen Locis so tolerant machte, oder was ihn abhielt, darüber aufzufahren, diß war ohne Zweifel ganz vorzüglich der Umstand, daß er dabey gar keine Gefahr für seine Lieblings-Idee von der Rechtfertigung und Beseligung des Menschen als einer blossen, durch keine Verdienste des Menschen motivirten Gnaden-Sache erblickte. Ihm entgieng es gewiß am wenigsten, daß sich Melanchton in der

Lehre von dem natürlichen Verderben des Menschen von seiner Augustinischen Vorstellung entfernt hatte; aber es entgieng ihm auch nicht, daß er sich dabey noch immer in einer Entfernung von der pelagianischen und semipelagianischen Meynung zu halten gewußt hatte, wobey er gar nicht genöthigt war, dem Menschen irgend ein würkliches Verdienst bey seiner Beseligung zuzuschreiben. Nach der neuen Theorie Melanchtons sollte zwar der Mensch die Freyheit des Willens nicht ganz verlohren, aber doch so weit verlohren haben, daß er ohne den Einfluß der Gnade und ohne die Einwürkung des heiligen Geistes seine Thätigkeit in Beziehung auf das Gute nicht mehr äussern könnte [123]). Nach dieser Theorie konnte und mußte also der Wille auch bey dem Bekehrungs-Werk des Menschen thätig seyn; aber er konnte es nur dann und nur so weit, wenn und als er durch die Einwürkung des heiligen Geistes dazu excitirt und gleichsam in Bewegung gesezt wurde. Nach dieser neuen Theorie war mit einem Wort dem Willen des Menschen von seiner ursprünglichen Beschaffenheit nur noch das Vermögen oder die Fähigkeit übrig geblieben, durch den Einfluß einer besonders hinzukommenden göttlichen Einwürkung zum guten und für das gute bestimmt zu werden, und so gewiß diß mehr war, als ihm Augustin, so gewiß es auch mehr war, als ihm Luther bißher gelassen hatte, so war es doch nicht so viel, daß irgend ein Verdienst dadurch begründet werden konnte, das dem Menschen daraus zuwachsen möchte. Da nun Luther jene Augustinische Vorstellung von dem gänzlichen Verlust des freyen Willens bloß deßwegen aufgefaßt oder doch bloß deßwegen so viel Moment darauf gesezt hatte, weil sie den Irrthum, vor dem er sich am meisten fürchtete, am gewissesten ausschloß, so war es sehr

natür-

123) Er nahm ja an, daß er schon zu dem conamine assensus den Beystand des heiligen Geistes nöthig habe.

natürlich, daß er sich nicht gerade gereizt fühlte, über eine Abweichung davon aufzufahren, wobey man doch noch eben so weit von jenem Irrthum entfernt bleibt!

Noch natürlicher aber war es, daß auch jene Augustinische Theorie selbst in Luthers Augen unmerklich etwas von der Wichtigkeit verlohr, die sie bißher für ihn gehabt hatte, sobald er nur einmahl die Entdeckung gemacht hatte, daß es auch noch eine andere unschädliche und unbedenkliche geben könne. Er mochte sich zwar schwehrlich sobald geneigt fühlen, die neue Theorie Melanchtons selbst anzunehmen. Er mochte selbst eine Zeit lang manchen kleinen Anstoß daran nehmen: aber da er sich nicht verhelen konnte, daß man doch in der Hauptsache nichts wesentliches dabey verliehre, so konnte er sich auch nicht entbrechen, daraus zu folgern, daß an der rein-Augustinischen, oder doch an einigen ihrer Bestimmungen nicht so viel gelegen seyn könne, als er indessen geglaubt hatte. Doch zuverlässig stand es nicht allzulange an, biß Luther auch noch die Entdeckung machte, daß man sich durch die Hülfe der neuen Theorie eine Konvenienz machen könne, von welcher er zulezt selbst nur allzugern profitirt hätte!

Nur durch die Hülfe der neuen Theorie war es möglich, von dem empörenden absoluten Rathschluß Augustins und von seinem Prädestinations-System wegzukommen, ohne an den Klippen des Pelagianismus und des Semipelagianismus allzuhart anzustossen. Bloß der Wunsch und die Begierde davon wegzukommen, hatte Melanchton darauf gebracht, weil er das unhaltbare jenes Systems eben so lebhaft als den unauflößlichen Zusammenhang einsah, in welchem es mit den Augustinischen Grund-Begriffen von dem natürlichen Verderben des Menschen und von der Beschaffenheit dieses Verderbens stand: aber wer kann zweiflen, daß auch Luther wieder davon wegzukommen wünschte, sobald nur die Hize etwas abgekühlt war, womit er sich unter seinem Streit mit Erasmus so blindlings hineingestürzt hatte? Er vermied es ja in allen seinen folgenden Schriften mit sichtbarer Geflissenheit, sich jemahls wieder so bestimmt darüber zu erklären! Er drückte sich im Gegentheil bey andern Gelegenheiten über die Universalität der göttlichen Berufung und der göttlichen Gnaden-Würkungen auf eine solche Art aus, die mit den Augustinischen Prädestinations-Ideen in dem merklichsten Widerspruch stand. Es war also sichtbar, daß auch er davon abgekommen, und vielleicht weiter, als er es selbst wußte, davon abgekommen war [124]: aber wenn er auch nur ein dunkles Bewußtseyn davon hatte — und diß hatte Luther gewiß — so war diß schon hinreichend, um es auch ihn als wahren Vortheil der neuen Theorie fühlen zu lassen, daß man sich durch sie ohne Inkonsequenz davon weghelfen konnte. Er enthielt sich also zuverlässig auch deßwegen, sich dagegen zu erklären, weil ihm etwas in seinem inneren sagte, daß er vielleicht selbst noch genöthigt werden könnte, seine Zuflucht dahin zu nehmen, wenn er sich jemahls von aussen oder von ihnen gedrungen finden sollte, ein freyes und lautes Geständniß seiner veränderten Ueberzeugungen in Beziehung auf das Augustinische Prädestinations-System öffentlich abzulegen.

Mit dieser Stimmung Luthers läßt es sich recht gut vereinigen, daß er doch in seinen spätheren Schriften immer noch fortfuhr, den natürlichen Zustand des durch die Sünde verdorbenen Menschen auf eine Art zu beschreiben, die der rein-augustinischen Theorie ungleich näher

124) Davon war auch Melanchton überzeugt; daher wünschte er eben zu einer Erklärung mit Luthern darüber zu kommen. Scis me, sagt er deßwegen, in dem angeführten Brief an Dietrich p. 444. "quaedam minus „horride dicere de praedestinatione, de assensu voluntatis — sed „de his omnibus scio re ipsa Lutherum sentire eadem".

näher als der neuen gemilderten zu kommen schien. Man kann diß nicht läugnen, wenn man auch wollte. Noch in den Schriften, die er in den lezten Jahren seines Lebens herausgab, finden sich Stellen, worinn er die angebohrne Zerrüttung des Menschen und ihre Folgen ganz augustinisch schilderte, worinn er noch wörtlich behauptete, daß er dadurch gänzlich um alle Freyheit des Willens gekommen sey, und worinn er sich besonders auch über das Verhalten des Menschen bey dem Werk seiner Bekehrung noch auf eine Art äusserte, die den totalen Verlust jener Freyheit nothwendig voraussezte [125]). Aber man hat auch nicht nöthig, diß zu läugnen, denn es streitet nicht mit den Anzeigen, aus denen man doch eine in seiner Denkungs-Art vorgegangene Veränderung schliessen kann. An jene Ausdrücke und Beschreibungen war Luther einmahl gewöhnt. Sie konnten immer auch, wenn sie nicht gerade premirt, oder ganz wörtlich genommen wurden, der neuen Theorie angepaßt werden. Ueberdiß erstrekte sich ohne Zweifel die Veränderung, die in seinen Ueberzeugungen vorgegangen war, nicht so weit, daß er ganz und mit deutlichem Selbstbewußtseyn zu der neuen Theorie übergegangen wäre; also war es auch desto natürlicher, daß er sich niemahls wörtlich dazu bekannte, je weniger das Zurücktreten in irgend einem Fall in seiner Natur war.

Die

125) Man kann sich vorstellen, wie sorgfältig die Vertheidiger des lutherischen Augustinismus unter den synergistischen Händeln diese Stellen Luthers sammelten. Die meiste findet man bey Schlüsselburg beysammen L. V. p. 165. 183. 191. f. f. der sich auch die Hauptstelle nicht entgehen ließ, die in der lutherischen Erklärung des Ps. 90 sich findet, welche aber schon im J. 1534. von ihm geschrieben wurde. "In geistlichen und göttlichen „Sachen, was der Seelen Heil „betrifft, da ist der Mensch wie „die Salz-Säule, wie Loths Weib, „ja wie ein Kloz und Stein, wie „ein todt Bild, das weder Augen „noch Mund, weder Sinn noch „Herz braucht".

Die Veränderung hingegen, deren er sich selbst bewußt war, gab er schon dadurch auf das unzweydeutigste zu erkennen, weil er stillschweigend zusah, da Melanchton unter seinen Augen die neue Theorie aufstellte, und auch nicht einmahl ein Zeichen von Mißbilligung dabey blicken ließ!

Nun darf man kaum noch fragen, wie die übrige Theologen der protestantischen Parthie in Ansehung dieser Theorie gestimmt seyn mochten. Unstreitig war die Vorstellung Melanchtons die allgemeinere geworden, denn in allen Schulen der Parthie wurde ja die Theologie nur nach seinem Lehrbuch vorgetragen. Freylich mochten sie sehr viele von ihm angenommen haben, ohne es zu wissen oder zu vermuthen, daß sie dabey von der Meynung Luthers abgeführt worden seyen, denn es gehörte mehr Scharfsinn und Gelehrsamkeit dazu, als man bey den meisten voraussezen darf, um die feineren Divergenz-Punkte der beyden Theorieen aufzufassen. Es mochte daher auch manche geben, die noch ganz unverrückt an der ächt-augustinischen hiengen, so wie sie sich aus Luthers Schriften und aus seinem Unterricht ihnen eingedrückt hatte, die sich aber eben so wenig träumen liessen, daß Melanchton eine andere aufgestellt habe, oder aufstellen wolle. Doch fanden sich gewiß unter den eigentlich gelehrten Theologen der Sekte auch mehrere, die es recht gut wußten, wo und wie weit sich Melanchton davon entfernt habe, und auch sehr richtig zu schäzen wußten, was und wie viel von dem Unterschied der Meynungen abhieng: unter diesen aber hatte sich wenigstens die volle Hälfte mit Ueberlegung und Sachkenntniß für die Meynung Melanchtons entschieden, und die andere fand es ihrer Konvenienz am gemässesten, sich gerade so dabey zu verhalten, wie sich Luther verhielt. Sie wollten sehr gerne neutral bleiben, um sich auf keinen Fall auszusezen; aber sie hatten

nichts

nichts dagegen, wenn die Lehrart Melanchtons bey dem Stillschweigen Luthers allmählig die Oberhand behielt, und diß war das gewisseste Zeichen, daß auch in ihrer Ueberzeugung die nehmliche Veränderung wie in der seinigen vorgegangen war, oder daß auch ihre Anhänglichkeit an den Augustinismus wenigstens etwas von ihrer starren Steifheit verlohren hatte.

Diß kann noch durch mehrere Erscheinungen in der folgenden Geschichte bestätigt werden: aber diß kündigt allerdings auch am deutlichsten voraus an, wo man die nächste Veranlassung der Händel darüber, die erst zehen Jahre nach seinem Tode zum Ausbruch kamen, zu suchen hat.

Kap. VII.

Der eigentliche Ausbruch dieser Händel war nicht einmahl mit den Interims-Bewegungen gleichzeitig, so natürlich auch diese Gelegenheit dazu hätten geben können, wenn man damahls schon entschlossen gewesen wäre, eigene Händel darüber anzufangen. In dem Leipzigischen Interim war die Theorie Melanchtons auf das unverdeckteste vorgetragen, denn es stand wörtlich darinn, daß sich der Mensch und der Wille des Menschen bey dem Werk seiner Bekehrung nicht bloß leydend — nicht mere passive — verhalten könne und dürfe. Die Gegner dieses Interims hatten auch hin und wieder Miene gemacht, als ob sie sich besonders darauf einlassen wollten; allein sie begnügten sich, bloß zu verstehen zu geben, daß sie auch hier eine Kezerey aufspühren könnten, wenn sie Lust hätten, und eilten meistens wieder davon, ohne sich dabey aufzuhalten. So kam es unter den Interims-Händeln niemahls zu einer eigentlichen Erörterung über diesem Punkt; sondern erst, nachdem der Streit darüber bey einem andern Anlaß angegangen war, fieng man auch zu bemerken an, daß der Irrthum, den man daraus gemacht hatte, schon im Interim enthalten sey [126]).

Es war eine akademische Streit-Schrift, welche D. Pfeffinger zu Leipzig im J. 1555. herausgab [127]), in der man zuerst den angeblichen Irrthum in einer so entsezlichen Gestalt erblickte, daß man sich besonders dagegen aufzustehen gedrungen fand; und der alte Amsdorf war es, der auch hier den ersten Schrey that. In einer seiner heftigsten Schriften, die er im J. 1558. ausgehen ließ [128]), führte er nahmentlich und mit Beziehung auf diese Disputation D. Pfeffingern als einen von den Haupt-Anführern der neuen Rotte auf, "welche ganz frech und vermessen behauptete, daß der „Mensch aus natürlichen Kräften seines freyen Willens „sich zur Gnade schicken und bereiten könne, daß ihm „der heilige Geist gegeben werde, gerade so, wie es „auch die gottlose Sophisten Thomas von Aquin, Scotus, und ihre Schüler behauptet hätten". Auf diß von Amsdorf gegebene Signal fielen sogleich Johann Stolz und Flacius ein [129]). Pfeffinger konnte nicht umhin,

126) In allen Schriften, in denen man nach dem J. 1557. noch gegen das Interim polemisirte — und diß geschah noch in sehr vielen — findet man daher den synergistischen Irrthum jedesmahl pflichtlich ausgezeichnet, der darinn vertheidigt worden sey.

127) Propositiones de libero arbitrio. D. Ioh. Pfeffinger. Lips. 1555. 4.

128) Oeffentliche Bekenntniß der reinen Lehre des Evangelii und Confutatio, der jezigen Schwärmer durch Nicl. von Amsdorf. Jena. 1558. 4.

129) Ioann. Stolzii, Concionatoris aulici Ducum Saxoniae Refutatio propositionum Pfeffingeri de libero arbitrio, cum praefatione M. Ioann. Aurifabri. 1558. 4. Matth. Flacii Refutatio Propositionum Pfeffingeri de libero arbitrio, und eb. deß. Disputatio Ienensis de libero arbitrio cum sua defensione et contrariorum Sophismatum resolutione. Ien. 1558. 4. auch in den Act. Disput. Vinariens. p. 367. 429. Nach der Angabe von Flacius in Histor. certam. bey Schlüsselburg p. 832. sollte die Schrift von Stolz gegen Pfeffinger noch vor der Amsdorfischen erschienen seyn: aber Flacius mag sich vielleicht in dem Umstand geirrt haben: denn die Amsdorfische Confutation erschien gewiß zu Anfang des J. 1558. und

umhin, sich zu vertheidigen. Die Wittenberger konnten noch weniger umhin, sich seiner anzunehmen. Auch Melanchton selbst mußte auftreten, und sich an die Spize der angegriffenen Parthie stellen; der Plan zu dem Angriff aber war so angelegt, und Zeit und Umstände so dazu gewählt, daß sich die angreiffende Parthie fast mit der gewissen Hoffnung, ihren Zweck zu erreichen, schmeichlen konnte. Dieser Zweck war kein anderer, als der Universität zu Wittenberg und Melanchton im besondern unter dem neuen Handel den lezten und entscheidenden Stoß beyzubringen: deßwegen brach man mit diesem Punkt, und deßwegen brach man jezt erst, nachdem alles nöthige zu dem Effekt vorbereitet war, damit loß!

Auch die Schrift von Pfeffinger, von der man den Vorwand zum Ausbruch hernahm, war ja schon zwey Jahre alt, als sie Amsdorf wegen der neuen Kezerey, die darinn stecken sollte, denuncirte. Bey Amsdorf konnte es zwar sehr leicht durch einen Zufall sich fügen, daß er nicht früher darauf aufmerksam wurde; denn in den Jahren 1556. und 1557. hatte er ja mit dem Majorismus von Menius sein eigenes Geschäft. Selbst jezt mochte ihn vielleicht nur der neue Haß aufmerksam darauf gemacht haben, der sich von dem Augenblick an gegen die Leipziger bey ihm angesezt hatte, da Menius in Leipzig angestellt worden war: aber daß jezt Flacius, den von ihm in Bewegung gebrachten Punkt, an dem man zehen

und wurde noch im J. 1557. von ihm geschrieben, wie man selbst aus der gegen Pfeffingern gerichteten Stelle darinn ersieht, in welcher gesagt wird, daß seine Disputation vor zwey Jahren erschienen sey. Ueberdiß erwähnte Pfeffinger in seiner Antwort auf die Amsdorfische Schrift der Stolzischen mit keiner Sylbe, woraus man wieder am natürlichsten schliessen kann, daß sie ihm noch nicht bekannt, also wohl später erschienen war.

hen Jahre lang stillschweigend vorbeygegangen war [130]), sogleich auffaßte; diß gehörte zuverlässig zu einem Plane, dessen Zusammenhang sich sehr leicht durchschauen läßt.

Er hieng nehmlich unverkennbar mit einem schon seit längerer Zeit angelegten Entwurfe zusammen, der erst jezt zur Ausführung gekommen war, mit der Errichtung und Einrichtung der neuen Universität zu Jena, mit der man nicht eher als um diese Zeit fertig wurde. Die Anlage dieser neuen Universität hatte noch Johann Friederich, der ehmahlige Churfürst beschlossen, und offenbar in der Absicht beschlossen, um Wittenberg zu stürzen, das seinem Hause entrissen, und unter die Herrschaft des neuen Churfürsten gekommen war. Diese Absicht schien sich unfehlbar und auf dem kürzesten Wege erreichen zu lassen, wenn man nur Melanchton von Wittenberg nach Jena ziehen konnte, denn es war höchst wahrscheinlich, daß er die meiste und bedeutendste von den übrigen Lehrern, und es war gewiß, daß er die größte Anzahl der dortigen Studirenden nach sich ziehen würde. Man wandte daher alles an, um sich seiner zu versichern; als aber dieser Anschlag fehlschlug, so gab man deßwegen an dem neuen Herzoglichen Hofe den Entwurf nicht auf, sondern suchte nur die Ausführung auf einem andern Wege einzuleiten. Der mißlungene Anschlag selbst hatte Johann Friederich und seinen Söhnen Wittenberg nur noch verhaßter gemacht, und den Vorsaz, es, wo möglich zu vernichten, tiefer in ihrer Seele befestigt. Die neue Universität sollte daher dennoch

130) Und den man selbst noch im J. 1557. unter den schönen Friedens-Handlungen zu Koswick nur so weit berührte, daß man sich gleichsam bloß das Recht, einen eigenen Streit noch in Zukunft darüber anzufangen, vorbehielt. Als daher auch Viktor. Strigel auf dem Kolloquio zu Weimar im J. 1560. mehrmahls fragte, warum man indessen darüber geschwiegen, u. noch auf dem Kolloquio zu Worms vom J. 1557. davon geschwiegen habe, so antwortete ihm kein Mensch darauf. S. Act. Disp. Vinar. p. 38.

noch errichtet, aber Krieg mit Wittenberg sollte vom ersten Augenblick ihres Daseyns an ihre Losung und ihre Bestimmung werden. Weil die Vorbereitungen dazu einige Zeit erforderten, so legte man vor der Hand im J. 1548. nur ein Gymnasium in Jena an: hingegen kein Mittel ließ man in der Zwischenzeit unbenuzt, um die Parthie, die sich schon gegen Wittenberg gebildet hatte, zu verstärken und aufzumuntern, und als man im J. 1556. mit den Vorbereitungen nahehin fertig war, so trug man kein Bedenken mehr, der ganzen Welt den entworfenen Plan aufzudecken, denn — man berief Flacium auf die neue Universität [131])!

So war es dann nur Folge dieses Planes, daß mit der Eröffnung der neuen theologischen Schule zu Jena der Krieg mit Wittenberg neues Leben und einen neuen Schwung bekommen mußte [132]): warum man aber den Vorwand dazu von dem synergistischen Irrthum hernahm, den Pfeffinger zu Leipzig vertheidigt haben sollte, und somit einen Zank-Apfel aufgriff, den man sich so lange zu berühren gescheut hatte, diß hatte mehrere sehr gute Gründe, die sich ebenfalls zunächst darauf

131) Schon im J. 1556. erhielt Flacius den Ruf, und nahm ihn auch an; nur bat er sich einen Aufschub von einem halben Jahr aus, um in dieser Zeit noch einige der Arbeiten vollenden zu können, die er während seines Aufenthalts zu Magdeburg angefangen hatte. Im J. 1557. kam er dann würklich zu Ende des Aprils in Jena an, wo die neue Universität schon eröffnet war, wenn schon die feyerliche Inauguration erst im folgenden Jahr 1558. zu Anfang des Februars vor sich gieng. S. Leb. Flac. p. 81.

132) Diesem Plane zufolge waren, wie noch besonders gezeigt werden wird, die Handlungen zu Koßwick, wobey eine Aussöhnung zwischen den Wittenbergern und ihren Gegnern vorgeblich erzielt werden sollte, auf eine Art abgerissen worden, die nothwendig beyde Partheyen zu unversöhnlicherem Haß reizen mußte. Vieleicht waren sie selbst nur diesem Plane zufolge angestellt worden, damit sie auf diese Art zerrissen werden sollten; wenigstens darf man gewiß annehmen, daß auf diesen Ausgang gerechnet war.

darauf bezogen. Bey diesem Zank-Apfel war man am gewissesten, daß ihn auch die Wittenberger — gern oder ungern — aufgreiffen mußten. Man konnte darauf rechnen, daß auch Melanchton selbst auf den Kampf-Plaz treten, oder daß er doch von jedem Schlage, der unter dem Streit fallen möchte, gewiß mitgetroffen werden mußte. Ausser diesem aber hatte der Gegenstand selbst, den man zum Zank-Apfel machte, für Menschen, denen es bloß um das Streiten zu thun war, ein paar unwiderstehlich einladende Seiten, die seinen bedenklichen Seiten mehr als die Waage hielten. Es ließ sich doch immer unwidersprechlich beweisen, daß die Vertheidiger des Synergismus von der Lehre Luthers abgewichen waren. Es konnte sogar durch eine leichte Wendung wenigstens dem Volk und der Menge recht überzeugend dargethan werden, daß sie auf eine Meynung gerathen seyen, gegen welche Luther mehrmahls mit dem heftigsten Eifer, als gegen den grundverderblichsten Irrthum sich erklärt hatte. Man konnte hundert der scheinbar-entscheidendsten Stellen aus Luthers Schriften anführen, welche unfehlbar das ungünstigste Vorurtheil wider die Wittenberger bey dem nicht unterrichteten Theil des Publikums erregen, und ihnen den allgemeinsten Unwillen nur desto gewisser zuziehen mußten, wenn sie es ihrerseits wagten, sich auf das Stillschweigen Luthers zu berufen. Von denjenigen Theologen hingegen, die sich bißher absichtlich bey der schon längst bemerkten Verschiedenheit zwischen der Lehrart Luthers und Melanchtons neutral gehalten hatten, war schon ein grosser Theil unter den bißherigen Händeln über die Adiaphora und über den Majorismus zu der Gegen-Parthie Melanchtons herübergezogen, also schon im Streit mit ihm verwickelt; daher war es wahrscheinlich genug, daß mehrere unter ihnen, wenn es jezt zum Kriege darüber kommen sollte, auch hier wieder

der ihn Parthie nehmen. daß eben so viele aus Aengstlichkeit oder Bequemlichkeit ihr neutrales Stillschweigen noch sorgsamer als bißher beobachten, und daß selbst von denjenigen, die sich in der Stille bereits mehr zu der Lehrart Melanchtons geneigt hatten, nur die wenigste edelmüthig und freymüthig genug seyn würden, ihre Gesinnungen ganz offen darzulegen!

Unter diesen Umständen und nach diesen Vorbereitungen konnte man in der That durch die synergistische Streitigkeit mehr als durch alle bißherige zum Nachtheil Wittenbergs zu bewürken hoffen; und wenn man nun in der Geschichte der Streitigkeit selbst findet, wie meisterhaft die eine und die andere dazu benuzt wurden, wer kann sich der Vermuthung erwehren, daß auch voraus darauf gerechnet war?

Der erste Angriff, den man durch Amsdorf auf Pfeffingern thun ließ, und die Art, womit dieser den neuen Streit dabey eröffnete, schien zwar der angreiffenden Parthie nicht sonderlich viel Glück zu versprechen. Amsdorf hatte nach seiner Weise viel zu grob in die Welt hineingeschrieen, und es eben dadurch Pfeffingern höchst leicht gemacht, sich gegen ihn zu vertheidigen, denn er hatte ihm den gerechtesten Anlaß gegeben, ihn einer vorsezlichen Verfälschung seiner Meynung nicht nur zu beschuldigen, sondern zu überführen. Von dem meisten was er ihm als neue Kezerey aufgebürdet hatte, stand kein Wort in seiner Disputation, sondern es war nur von Amsdorf durch Konsequenzen herausgebracht worden, wie wohl er sich das Ansehen gab, als ob er es wörtlich darinn gefunden hätte 133); aber Pfeffinger konnte

133) Er trug die Meynung Pfeffingers in einer Verbindung vor, aus der jedermann zuerst schliessen mußte, daß er sie wörtlich und in einem unzertrennten Zusammenhang aus seiner Schrift ausgezogen habe. Auch schloß er zulezt mit der Formel — Haec ille! — und sezte nur noch wie verlohren hinzu — si recte memini.

Dieser

konnte noch über diß darthun, und that es auch in einer eigenen Antwort, die er ihm sogleich entgegensezte [134]), daß eben so viel Unwissenheit als Bosheit dazu gehörte, um es nur aus seinen Aeusserungen herauszufolgern.

Nach Amsdorfs Anklage sollte ja Pfeffinger gelehrt haben "der Mensch könne sich aus natürlichen „Kräften seines freyen Willens zur Gnade schicken und „bereiten, daß ihm der heilige Geist gegeben werde" also gelehrt haben, daß es in der Kraft des Menschen stehe, sich vor aller Einwürkung der Gnade und des heiligen Geistes durch eine eigene Thätigkeits-Aeusserung seines Willens zu der Aufnahme von jener geschickter und würdiger zu machen, und sich somit ein scholastisches meritum de condigno oder doch de congruo zu erwerben. In Pfeffingers Disputation hingegen wurde wörtlich behauptet: "Der Mensch sey seines Willens nicht so frey, noch sein selbst so mächtig, daß er „in ihm selbst einen geistlich guten Gedanken, oder Neigung zu geistlichen Werken erwecken oder anregen könne, geschweige dieselbige zu vollbringen, und zu vollenden, sondern der heilige Geist müsse uns in dem allen zuvorkommen, Herz, Sinn und Muth zu guten Werken erwecken und anregen, und dadurch den „ersten

Dieser Zusaz überführt beynahe Amsdorf der wissentlichen Verfälschung, denn er konnte diß — si recte memini — bloß in der Absicht beyfügen, um sich auf alle Fälle eine Entschuldigung vorzubehalten: also fühlte er voraus, daß er eine Entschuldigung nöthig haben könnte.

134) Antwort D. Joh. Pfeffingers, Pastoris der Kirche zu Leipzig auf die öffentliche Bekenntniß der reinen Lehre und Confutation der jezigen Schwärmerey. Nicl. von Amsdorf. Wittenberg 1558. 4. In dieser Antwort gedachte Pfeffinger, wie schon bemerkt worden ist, sonst keines Gegners, der gegen ihn aufgetreten wäre, als Amsdorfs. Er nannte zwar auch Flacium, aber nur im allgemeinen als denjenigen, "der notorisch der Rädleinsführer und aller der öffentlichen „Lügen, damit die Kirchen und „Schulen der Chursächsischen Lande nun in das zehente Jahr „fälschlich und verrätherisch begeifert worden seyn, fürnehmster „Anfänger, Vater und Stifter sey. f. 1".

„ersten Stein zu dem Werk unserer Besserung legen": Durch diese einzige Stelle [135]) konnte Amsdorf als höchst boßhafter Verfälscher überführt werden; und nur der gelehrte Beurtheiler konnte bey einer Vergleichung dieser Stelle mit seiner Anklage noch zweiflen, ob mehr Unwissenheit oder mehr Boßheit dabey im Spiel seyn mochte. Am deutlichsten mußte nehmlich dieser daraus ersehen, daß Amsdorf gar nicht wußte, worüber eigentlich bey der Frage, die er aus eigenem oder fremden Instinkt aufgerührt hatte, gestritten werden konnte!

Diß konnte keinen guten Effekt machen; daher mochten vielleicht diejenigen, denen am meisten damit gedient war, hinten nach selbst wünschen, daß es möglich gewesen seyn möchte, Amsdorf besser zu instruiren: doch weil es Amsdorf war, der sich dabey prostituirt hatte, so konnte es auch für ihre Absicht keinen allzuschlimmen machen; denn es erregte kein grosses Aufsehen mehr, wenn sich der alte Mann in einem solchen Fall prostituirte; da es seit kurzem so oft geschehen war. Hingegen erhielten sie durch den Unschick selbst, den er gemacht hatte, einen Vortheil, der für ihre Plane gar nicht unwichtig war. Der Mißgriff, durch welchen Amsdorf den Synergißmus der Wittenbergischen und Leipzigischen Schule, den er denunciren sollte, mit dem Pelagianismus der älteren Scholastiker verwechselt hatte, zog die Folge nach sich, daß man früher, als wohl sonst geschehen seyn würde, zu dem Punkt hinkam, über den man eigentlich den beschlossenen Streit führen wollte!

Pfeffinger legte nehmlich in der Vertheidigung, die er auf die Anklage Amsdorfs herausgab, eben jene Vorstellung, die man verkezert haben wollte, mit so unverdachtloser Offenheit aus, daß man weiter keine Erklärung und kein Geständniß von ihm nöthig hatte. Er mochte

135) S. Pfeffingers Antwort. C. 4.

mochte vielleicht würklich nie daran gedacht haben, daß man in dieser Vorstellung, die er für die seinige bekannte, etwas irriges oder bedenkliches suchen könne; daher fiel es ihm auch jezt gar nicht ein, daß er einige Ursachen haben könnte, damit zurückzuhalten. Wahrscheinlich wurde seine Sicherheit durch den Umstand selbst noch vermehrt, daß Amsdorf vor einer so ganz andern Thüre bey ihm angepocht hatte, und er trug auch deswegen weniger Bedenken, diejenige selbst anzuzeigen, hinter welcher er zu finden sey. Doch was ihn auch dazu verleiten mochte — bestimmter und deutlicher hätte er sich nicht zum Synergißmus bekennen können, wenn ihm auch Flacius dia Worte in den Mund gelegt hätte, als er es freywillig und unaufgefordert in dieser Schrift that.

"Wiewohl — diß war die Erklärung, welche Pfeffinger hier von seiner in der bestrittenen Disputation ausgeführten Meynung gab, — "wiewohl des Menschen „Wille zu keinen geistlichen guten Werken sich selbst erwecken noch anregen kann, sondern muß vom heiligen „Geist dazu erweckt und angeregt werden, so wird er „doch von solchen des heiligen Geistes Werken nicht allerdings ausgeschlossen; daß er nicht auch dabey „seyn, und das seine nicht auch dabey thun müsse.

"Denn es würket und handelt der heilige Geist nicht „mit dem Menschen wie ein Bildschnizer mit einem „Block, oder wie ein Steinmeß mit einem Stein, wel„che nicht wissen, verstehen, noch fühlen, was man mit „ihnen macht, können auch dasjenige, so der Werk„meister aus ihnen machen will, gar nicht weder för„dern noch hindern, auch hilft sie nichts, ob das Werk „wohl gerathe, noch schadet es ihnen, ob es gleich ver„dirbt: denn es gerathe oder verderbe, so sind und blei„ben sie in ihrem Wesen ein todter Stein oder Block „in dem einen Fall, wie in dem andern".

"Also

"Also aber ist es mit dem heiligen Geist und mit „dem Menschen nicht, denn wenn der heilige Geist in „und mit dem Menschen würken will, so will er also in „und mit ihm würken, daß der Mensch durch solche „Würkung in seinem Wesen geändert und gebessert wer„de — zündet im Herzen neues Licht an — erwecket in „ihm neue Lust und Neigung zu allerley geistlichen Tu„genden — und würket diß alles durch kein ander Mit„tel oder Werkzeug, denn durch das göttliche Wort, „dadurch er das Herz rühret, erwecket und beweget".

"Wenn aber des Menschen Herz vom heiligen Geist „also gerührt, erweckt und bewegt ist, also dann muß „der Mensch nicht wie ein todter Stein oder Kloz seyn, „der dessen gar keines fühlen noch achten, und sich nichts „bewegen lassen wollte, viel weniger muß er sich dem, „dazu er vom heiligen Geist angeregt und bewegt wird, „widersezen, sondern ihm gehorchen und folgen. Und „ob er da gleich seine grosse Schwachheit, dagegen aber „wie stark die Sünde in seinem Fleisch dagegen strebt, „empfindet, so muß er doch darum nicht ablassen, son„dern Gott um Gnade und Hülfe wider die Sünde und „Fleisch anrufen und bitten".

"Denn so geht es mit allen Heiligen, daß die Sünde „in ihrer Natur dem heiligen Geist widerstrebet, dawi„der sie kämpfen, beten, und sich allein der göttlichen „Gnade und Hülfe des heiligen Geistes getrösten müssen".

"Und ist kein Unterschied zwischen den Heiligen und „Gottlosen, denn dieser einzige; ob sie wohl gleich Sün„der sind von Natur, daß die Heiligen in die Sünde „nicht willigen, aber in den Trost, den ihnen der „heilige Geist giebt: das ist: sie erkennen ihre Sünde „und Schwachheit, lassens ihnen leyd seyn, und neh„men die Verheissung mit Glauben an, dadurch ihnen „um Christi willen zugesagt wird, welches die Gottlo„sen nicht thun".

"Gott ist kein Ansehe der Person, daß er gegen „einen Menschen anders handlen wollte, als gegen ei„nen andern, sondern, weil sie von Natur und Wesen „alle gleich sind, so will er auch gegen den einen wie „gegen den andern gleich handlen, nehmlich, weil von „Natur alle gleich Sünder sind, so beschliesset er auch „alle Menschen gleich unter die Sünde, wie Röm. III. „geschrieben steht".

"Und gleichwie er alle Menschen ohne Unterschied „gleich unter die Sünde beschließt, so läßt er auch allen „Menschen ohne Unterschied gleiche Gnade und Verge„bung durch das Evangelium anbieten um Christus wil„len, also, daß alle die solche angebotene Gnade anneh„men, gewißlich selig werden".

"Und ist keine andere Ursache, warum etliche selig „und etliche verdammt werden, denn diese einzige, daß „etliche, wenn sie vom heiligen Geist angeregt werden, „ihm nicht widerstehen, sondern ihm gehorchen, und die „angebotene Gnade und Seligkeit annehmen; etliche „aber wollen es nicht annehmen — sondern widerstreben „dem heiligen Geist, und verachten die Gnade" [136].

Aus dieser Erklärung, und besonders aus der lezten Bemerkung, gieng es ganz ungezweifelt hervor, daß Pfeffinger dem Willen des Menschen ein natürliches, ihm immer noch eigenthümliches Vermögen zuschrieb, durch welches er bey seiner Bekehrung selbst mitwürken könnte und mitwürken müßte. Er behauptete nicht nur, daß es noch von ihm abhänge, dem Antrieb und der Anregung der göttlichen Gnade zu widerstehen oder nicht zu widerstehen — und schon diß war nach dem rein-augustinischen Lehrbegriff klare Kezerey — sondern es schien ihm selbst eine Kraft, wenn schon eine schwache Kraft übrig zu lassen, die er zum eigenen Kampf wider das Fleisch und die entgegenstrebende Sünde verwenden könnte.

136) S. Pfeffingers Antwort. D. 1. 2.

könnte. Diß folgte selbst aus seiner Behauptung, daß nur der von dem heiligen Geist angeregte und in Bewegung gesezte Wille diese Thätigkeit äussern könne, denn es lag eben darinn, daß doch die Kraft dazu noch im Menschen liege, und ihm nicht erst mitgetheilt, oder durch eine eigene Würkung des heiligen Geistes in ihm wieder neugeschaffen, sondern nur excitirt werden dürfe [137]). Diß war es aber gerade, worüber man jezt zu streiten beschlossen hatte: also erhielt man durch diesen Umstand und durch die Offenheit Pfeffingers den Vortheil, daß man sich nicht mehr bey der vorläufigen Frage aufhalten durfte, ob auch das Objekt des Streits würklich vorhanden sey.

Diß benuzte Flacius trefflich, der nun die Haupt-Rolle im Streit sogleich übernahm, aber ihn auch sogleich dahin drehte, wo er ihn haben wollte. Nicht mit Pfeffingern, sondern mit der ganzen Schule Melanchtons und mit Melanchton selbst sollte die neue Fehde geführt werden; daher stach er nicht nur diesen in der ersten Schrift, die er zu Jena herausgab nahmentlich an [138]), sondern er trug die Meynung, die er widerlegte,

137) Diß wiederholte er noch wörtlich am Schluß seiner Antwort: "Ich sage, daß der heilige Geist dem Willen des Menschen zuvorkommen, und denselben anregen, und daß der Wille des Menschen dem heiligen Geist nicht widerstreben müsse". Pfeffinger schrieb also nicht bloß dem Widergebohrnen sondern dem natürlichen Menschen einen Willen zu, der nur eine Anregung des heilgen Geistes nöthig habe, um für das Gute in Bewegung gesezt zu werden. Dafür stellt aber Salig Th. III. p. 408. seine Meynung ganz unrichtig vor, wenn er ihn behaupten läßt: "der Mensch könne wohl aus eigener Kraft etwas gutes vornehmen, aber nicht ausführen - und vollbringen". Diß wäre reiner Semipelagianismus gewesen, von dem Pfeffinger sehr entfernt war; doch der gute Salig verlohr sich in der Geschichte dieser Händel mehrmahls in dem Gewirr der Meynungen, über welche gestritten wurde.

138) Bey der Anführung der von Melanchton gebrauchten Formeln und Redens-Arten, die er widerlegte, nannte er ihn nicht; aber bey der Auslegung der ächt-lutherischen Vorstellung machte

legte, in lauter Formeln und Ausdrücken vor, deren sich Melanchton lange vor Pfeffinger bedient hatte [139]; so wie er hingegen die angeblich-orthodoxe Vorstellung in vier Säze faßte, von denen jeder mit der Lehrart Melanchtons in dem auffallendsten und direktesten Widerspruch stand!

Diese vier Propositionen, in denen Flacius alles zusammenschloß, was er mit dem glücklichsten Erfolg, diß hieß für ihn, zum größten Nachtheil der Wittenberger, bestreiten und vertheidigen zu können hoffte, waren folgende:

Erstens — der durch die Erbsünde verdorbene Mensch kann in Beziehung auf Gott und Religion schlechterdings nichts gutes aus eigener Bewegung leisten oder hervorbringen, sondern sein Wille ist nach dem Ausdruck der Schrift völlig todt und erstorben zum Guten, weil er alle gute Kräfte und Neignungen gänzlich verlohren hat. Aber der verdorbene Mensch ist

Zweytens nicht nur aller Kräfte zum Guten beraubt, sondern seine ganze Seele, und vorzüglich sein Verstand, sein Wille und seine Leydenschaften sind von allen Kräften der Finsterniß durchdrungen, und mit überwiegender Neigung zu allem Bösen gegen Gott und die Religion erfüllt worden [140]. Drit-

et bemerklich, daß auch Melanchton *in primis locis* — in den ersten Ausgaben seiner locorum — sich wie Luther ausgedrückt habe. S. Flacii Refutatio Propositionum Pfeffingeri p. 370. auch in der Disputation p. 436.

139) "Perperam ergo olim senserunt recentiores Pelagiani, et multi alii scriptores Sophistae et Papistae et nunc Adiaphoristae, qui contendunt tres esse causas concurrentes in homine convertendo, Scriptum Sanctum, verbum et voluntatem. p. 280. Magis etiam Pelagianizat illa definitio: Liberum arbitrium est facultas se applicandi ad gratiam, quam olim Erasmus contra Lutherum defendit, et Lutherus potenter oppugnavit, ac postremo mortuo Luthero, isti per suos locos in usum, Scholam et ecclesiam perniciose et malitiose revocarunt." p. 282. In der Refutation der Pfeffingerischen Säze hatte er gesagt: Ista definitio mox post mortem Lutheri a primario Adiaphorista est restituta — S. 371.

140) Est pessimis viribus et in-

Drittens — Gott allein ist es also, der durch sein Wort, durch die Sakramente und durch den heiligen Geist den Menschen bekehren, ziehen, erleuchten, ihm den Glauben schenken, ihn rechtfertigen und erneueren, oder das Bild des Teufels in ihm auslöschen, und dafür sein eigenes auf das neue in ihm schaffen und wiederherstellen muss [141]. Aber selbst dadurch wird

Viertens — das Verderben unserer Natur in diesem Leben noch nicht ganz gehoben, weil auch nach der Bekehrung und Erneuerung unser eigener, natürlicher, fleischlicher, von Adam geerbter Wille, oder wir selbst, insofern wir Fleisch sind, Gott und seinem Willen noch immerfort widerstreben, woraus sich einerseits die entsezliche Grösse des Verderbens zu Tag legt, aber auch anderseits nothwendig fliesst, dass selbst in bekehrten und widergebohrnen Menschen alles gute nur durch Gottes Kraft und nicht durch die ihrige bewürkt wird [142].

Jedes

inclinationibus ad *omne* malum contra Deum et ejus religionem instructissimus — seu est ad imaginem Satanae transformatus, ejus charactere signatus, ac veneno penitus infectus — p. 286.

141) "Quomodo enim non solius Dei opus nostra conversio esset, nostra diabolica malitia carnis aut liberi arbitrii non tantum non cooperante, aut se tractabilem pure passive habente, sed etiam reluctante et repugnante. p. 288.

142) Ex hac igitur efficaci potentia reliquae malitiae in renatis cognoscatur, quanta sit ejus vis ante mortificationem in non renatis, ubi sola plenum dominium hominis obtinet. Quam horribiliter plane et penitus corruptus sit homo, etiam inde apparet, quod Spiritus Sanctus vult simpliciter totum veterem hominem aut animalem exui mortificari et aboleri, tanquam plane nihil boni habentem et insanabilem, et contra novum hominem generari ac condi, qui sit ex semine Dei, non ex voluntate aut synergia carnis aut viri. — Hoc igitur — schliesst er endlich — sententiarum ordine 1) omnis bona et spiritualis vis, animali homini adimitur, 2) omnes pessimae potentiae et inclinationes ei tribuuntur, 3) omnis bona vis ac dos, ac tota conversio hominis soli Deo in solidum adscribitur, 4) ulterius etiam renato homini tribuitur, quod secundum carnem serviat peccato, et militet ac concupiscat contra Deum ejus spiritum ac Verbum. Ubi nunc philosophica-theologica Synergia"? p. 289.

Jedes Wort in diesen Säzen, die Flacius in einer zweytägigen Disputation öffentlich zu Jena vertheidigte, enthielt eine so reizende Ausforderung für die Wittenberger, daß ihm gewiß die Absicht, sie in einen eigenen Streit darüber hineinzuziehen, zu keiner Zeit mißlingen konnte: aber unter den damahligen Umständen durfte er mit der größten Zuverlässigkeit auf die Würkung davon zählen. Sie hatten sichs schon vorher sehr deutlich abmerken lassen, daß die Gedult endlich erschöpft sey, womit sie fast zehen Jahre lang die unaufhörliche Kränkungen und Neckereyen ihrer Gegner ertragen hatten [143]). Freylich waren auch in den lezten Jahren diese Kränkungen immer weiter getrieben, das schöne politische Interesse, daß man dabey abzweckte, war zulezt so deutlich aufgedeckt [144]), und durch die Berufung von Flacius nach Jena war ihnen die Fortsezung der Feindseligkeiten und die Fortdauer des Krieges so offen angekündigt worden, daß es eben so unweise schien, als es unmöglich war, sich länger bloß leydend zu verhalten, oder nur in den Gränzen der Selbst-Vertheidigung zu bleiben. Man hatte daher, sobald Flacius nach Jena gekommen war, auch zu Wittenberg und zu Leipzig eine

143) Einzelne von den Wittenbergischen und Leipzigischen Professoren, die von den Flacianern mehrmahls nahmentlich angegriffen wurden, wie Ziegler, Major, und Pfeffinger, hatten sich zwar bey ihrer Vertheidigung nicht immer so ganz sanftmüthig bewiesen: aber zu einer gemeinschaftlichen Vertheidigung hatte man sich noch nie gegen sie vereinigt, und Melanchton, der, wie die ganze Welt wußte, das eigentliche Ziel aller ihrer Angriffe war, Melanchton, über den seit zehen Jahren alles strohmweis ausgegossen worden war, was der gereizteste Haß nur hämisches, bitteres und giftiges auskochen konnte, Melanchton hatte sich öffentlich noch kein bitteres Wort gegen Flacius entfallen lassen.

144) Das erste war besonders unter den schönen Friedens-Handlungen zu Koßwick, und das andere unter dem Kolloquio zu Worms geschehen. Die Geschichte der einen und des andern fällt in das Jahr 1557. aber sie muß und wird in einem andern Zusammenhang angebracht werden, weil sie hier die Aufmerksamkeit von dem Gegenstand des synergistischen Streits allzuweit abziehen würde.

eine andere Sprache angenommen; die den gefaßten Entschluß ankündigte, ihm mit Hintansezung jeder andern Rücksicht bey jeder Gelegenheit mit gleicher Bitterkeit zu begegnen [245]), und diesem Entschluß zufolge kam man ihm auch jezt bey der neuen Fehde die er in Gang bringen wollte, auf halben Wege entgegen. Die Säze über die Lehre vom freyen Willen, die er zu Jena vertheidigt hatte, würden sogleich zu Wittenberg und zu Leipzig widerlegt [146]), mithin sein Wunsch da- [illegible] bey

145) Zu Anfang des J. 1558. erschien ein Ausschreiben und Ermahnung beyder Universitäten zu Wittenberg und Leipzig an alle christliche Stände ausgegangen. Wittenb. 4. worinn schon sehr stark mit Flacius gesprochen wurde: aber zu gleicher Zeit erschien die berüchtigte Epistola Scholasticorum Wittenbergensium, oder, wie der Titel der deutschen Uebersezung heißt: Wahrhaftiger, beständiger und klarer Bericht von dem Anfang, Grund und Aufkommen der schädlichen aufrührischen Zerrüttung, welche der verloffene undeutsche Flacius Illyr. in den christlichen Kirchen deutscher Nation erregt hat. Wittenb. 1558. 4. Es war ein strenges Wiedervergeltungs-Recht, das in dieser Schrift gegen Flacius ausgeübt wurde: doch bald darauf ließ man von Wittenberg aus noch eine Menge von andern in die Welt fliegen, worinn er in allen möglichen Formen und Gestalten zur Schau gestellt, und zum Ziel des beissendsten und muthwilligsten, aber freylich auch mit unter des plumpsten und rohesten Spottes gemacht war. Die Titel der meisten kündigen ihren Innhalt an, wie z. B. Encomium Matth. Flacii scriptum versibus graecis etc. Carmen de natalibus, parentibus, vita moribus, rebus gestis Flacii Illyr. etc. Idyllion de Philomela; Asinus Noae oppositus asinis Flacianis etc. Ein Lied von dem neuen wendischen Guckuck ꝛc. Eine der wizigsten dieser Schmähschriften kam aus der Feder Joh. Majors, der damahls Professor der Poesie zu Wittenberg war, unter dem Titel: Synodus avium depingens miseram faciem ecclesiae propter certamina eorum, qui de primatu contendunt, cum oppressione recte meritorum. Man findet sie in den Actis litterar. von Struve Fascic. IV. Die Titel von mehreren aber bey Salig Th. III. 410.

146) Man disputirte zu Wittenberg öffentlich gegen die Säze von Flacius, daher fügte er in der Folge seiner Disputation einen Anhang unter dem Titel: Contra solutiones Philippi bey, worinn er die Einwürfe zu entkräften suchte, durch welche Melanchton bey diesem Anlaß seine Vorstellung bestritten haben sollte. S. 334. Auch erschien zu Leipzig eine Schrift ohne Nahmen des Verfassers, worinn sie ebenfalls mit ernsthaft-gelehrten Gründen widerlegt wurde. Daher sein zweyter Anhang contra adulteratorem Lipsiensem. S. 342.

bey sehr bald erfüllt: aber indem er nun sogeich zu einem höchst kühnen, aber sehr gut überdachten Schlage gegen die Wittenberger ausholen wollte [147]), fühlte er mit Erstaunen, daß ihm der Arm von einer Seite her gehalten wurde, von welcher er sich am sichersten geglaubt hatte. Flacius fand in Jena selbst einen Gegner, der wieder seine Theologie aufstand, und diß neue höchst unerwartete Zwischenspiel brachte zwar nur mehr Feuer und Leben in den synergistischen Streit, der jezt erst seinen wahren Anfang nahm, aber es brachte so viel unerwartete Abwechslungen hinein, daß die Geschichte davon höchst anziehend wird, und — was sie am anziehendsten macht — diese Abwechslungen brachten allmählig so viel Feuer hinein, daß sich zulezt Flacius selbst dabey verbrannte!

Kap. VIII.

Auf den Rath von Flacius hatten sich die Herzoge von Sachsen nach im J. 1558. entschlossen ihre Theilnehmung an den bißherigen theologischen Händeln der ganzen Welt durch einen Schritt aufzudecken, der das all-

147) Flacius hatte sich zwar bey dem Ueberfall der Wittenberger nichts weniger als leydend verhalten. Sobald das Ausschreiben der zwey Universitäten, und die Epistola Scholasticorum Witenbergens. gegen ihn erschienen war, so gab er zwey Schriften heraus, worinn er sich vorgenommen zu haben schien, seine Gegner zu überführen, daß er ihnen im kräftigen Schimpfen doch noch weit überlegen sey. Auf das Ausschreiben der zwey Universitäten Invectivam Scholasticorum Antwort Flacii Illyr. Darinn die Adiaphoristen aus ihren eigenen Schriften und Zeugnissen ihrer greulichen Buhlerey mit der Babylonischen Hure überwiesen werden. Jena. 1558. 4. Necessaria Defensio M. Flacii Illyr. contra famosam chartam titulo Scholasticorum Wittebergensium editam. Ienae. 1558. 4. Doch als man von Wittenberg aus auf seine Antworten sogleich replicirte, und zugleich zehen neue Ladungen von Invektiven über ihn ausgoß, so zog er sich etwas zurück, gab sich eine Art von Märtyrers-Ansehen, und grub in der Stille desto eifriger an der Mine, von deren Explosion er sich einen grösseren Effekt versprach.

allgemeinste Aufsehen erregen mußte. Unter ihrem Nahmen wollten sie eine öffentliche Schrift ausgehen lassen, welche eine feyerliche Verdammung aller Irrthümer und Korruptelen, die man hin und wieder dem reinen lutherischen Lehr-Begriff beyzumischen versucht habe; oder eine förmliche Protestation dagegen in sich halten, und zugleich das Symbol der Orthodoxie für alle Kirchen ihres Gebiets werden sollte [148]): unter diesen Irrthümern aber sollte jede der angeblichen Verfälschungen einen eigenen Plaz bekommen, welche den Wittenbergern unter den interimistischen und majoristischen Händeln, und jezt neuerlich wegen des Synergismus, von ihren Gegnern zur Last gelegt worden waren. Es war einem Halbblinden sichtbar, daß es eigentlich allein darauf abgesehen und angelegt war [149]): aber darüber sezte man sich leicht an dem Gothaischen Hofe hinweg, wenn nur die Wittenberger recht empfindlich gekränkt werden konnten, und dazu schien sich kein besseres Mittel erdenken zu lassen. Eine solche öffentliche im Nahmen aller Kirchen

148) "Ego — erzählt Flacius selbst in seiner Histor. certam. p. 834 adductis multis rationibus illustrissimis Principibus suasi, ut juberent publico nomine conscribi confutationes tot undique exorientium errorum, quas ipsi etiam publico edicto confirmarent, subditisque commendarent, et contrarios errores damnarent et prohiberent, ne illis eorum regiones contaminarentur".

149) Aber die Wittenberger wußten es auch schon lange, wie man aus einer sehr nachdrücklichen Stelle ihres Ausschreibens ersieht. "Das — sagen sie B. I. „— liegt am Tage, daß es Flacio, er rühme gleich, was er „wolle, und wie hoch er wolle, „nicht um die Wahrheit und die „Kirchen, daß diese rein und im „Frieden erhalten würden, son„dern um was anders zu thun „ist, und was das sey, wird er „selbst am besten wissen. Ob es „ein Zelus oder einScelus mit „ihm sey, und wem er damit „zu Dienst und Gefallen oder „auch zum Verdrieß und Wi„derwillen hofire und handle, „und was er endlich suche und mey„ne, daß er einen solchen Lärm „in aller Welt wider uns, unsere „christlichen Kirchen und Schulen, „und wider keine andere in an„dern Landen erregen und anrichten wollen, das lassen wir „einen jeden nach seinem Ver„stand erkennen und richten".

chen eines ganzen Landes gegen sie erlassene Erklärung mußte nicht nur unfehlbar höchst kränkend für sie werden, sondern wenn es irgend möglich war, sie ganz um ihr Ansehen zu bringen, so konnte es nur durch ein solches Mittel geschehen. Und warum hätte diß auch der Erfinder des schönen Mittels, warum hätte es Flacius nicht für möglich halten sollen, da er am besten wußte, wie viel er sichs seit zehen Jahren hatte kosten lassen, um es nach und nach dahin einzuleiten?

Nun weiß man aber nicht, wie es kam, oder wie es sich fügte, daß gerade dem Urheber des Anschlags zuerst kein Antheil an der Ausführung gelassen wurde. Die Herzoge von Sachsen ertheilten zwar, wie es scheint, den sämmtlichen Theologen zu Jena den Auftrag, die beschlossene Konfutations-Schrift zu entwerfen; wenigstens wurde der erste Entwurf dazu gemeinschaftlich von Schnepf und Strigel, den Kollegen von Flacius ausgearbeitet, welche sogar den Pastor Hugelius von Jena mit dazu zogen, hingegen Flacius bekam nichts dabey zu thun, und machte sich auch nichts dabey zu thun, biß die Schrift fertig war [150]). Wie diß gekommen

150) Salig hat hier eine seltsame Verwirrung in die Geschichte hineingebracht. In seiner histor. certam. erzählt Flacius selbst den Hergang der Sache eben so, wie er hier erzählt worden ist — "Placuit eorum Celsitudini consilium, itaque injunctum fuit *nobis* Theologis Jenensibus, ut formulam talium Confutationum conscriberemus. Conscripserunt eam sine me Victorinus, Schnepfius et Hugelius Pastor. p. 834. Nach der Erzählung von Salig hingegen Th. III. 475. 476. sollte Flacius den Herzogen einen schon fertigen Entwurf der Konfutations-Schrift vorgelegt, oder ihnen wenigstens geschrieben haben, daß er schon fertig bey ihm liege, und dieser Flacianische Aufsaz sollte hernach unter ihrem Nahmen oder unter ihrer Autorität erschienen seyn, daher er auch an andern Stellen wie Th. I. 651. die Konfutation geradezu für ein Werk von Flacius ausgiebt. Salig beruft sich dabey auf eigene Original-Briefe von Flacius an die Herzoge, die er in der Wolfenbüttelischen Bibliothek fand, und führt selbst aus einem die eigene Worte von Flacius an — Tales refutationes Dei beneficio jam habemus paratas — dennoch läßt sich nicht anders denken, als daß

kommen seyn mochte, läßt sich in der That schwehr errathen, aber aus dem folgenden Benehmen des Mannes läßt sich höchst wahrscheinlich vermuthen, daß er sich empfindlich dadurch gekränkt fühlte, denn nur die Aeusserung seiner Empfindlichkeit darüber führte das seltsame Zwischenspiel herbey, durch das jezt die Welt überrascht wurde. Als nehmlich die fertige Konfutations-Schrift einer Versammlung von mehreren Theologen und Superintendenten des Herzogthums zur Censur und Approbation vorgelegt wurde, so machte sich Flacius ein eigenes Geschäft daraus, den Aufsaz zu tadlen, und seine Verfertiger wegen jedem Punkt zu chikaniren, bey dem sich nur eine Chikane anbringen ließ [151]). Sein stärkster und bitterster Tadel aber mochte

daß sich Salig bey den Schlüssen, die er aus diesen Briefen zog, übereilte. Flacius konnte immer eine schon fertige Konfutations-Schrift den Herzogen angeboten und diese demungeachtet für gut gefunden haben, die Verfertigung einer neuen den sämtlichen Theologen zu Jena zu übertragen. Vielleicht aber wollte Flacius gar nicht von einem eigenen Aufsaz, den er schon bereit habe, sondern von den vielfachen Wiederlegungen der Irrthümer sprechen, die bereits erschienen seyen; oder — was noch wahrscheinlicher ist — sein Brief, dessen datum Salig nicht bemerkt hat, gehört in das J. 1559. und war in der Absicht geschrieben, um den Hof zu der schleunigen Publikation der damahls schon fertigen, und auf dem Konvent zu Weimar nach den damit vorgenommenen Veränderungen approbirten Konfutations-Schrift aufzufordern. Die Dokumente, die Salig beygebracht hat, streiten also nicht mit dem von Flacius anderswo erzählten Umstand, daß er an dem ersten Entwurf dieser Schrift keinen Antheil gehabt habe; auch wird dieser Umstand durch andere Zeugnisse noch mehr ausser Zweifel gesezt; aber er erhält durch jene Dokumente noch mehr befremdendes und unerklärliches. Wenn Flacius, wie daraus erhellt, die Sache von Anfang an so eifrig betrieb, wie konnte es kommen, daß er von den ersten Verhandlungen darüber ausgeschlossen wurde?

151) Diß geschah auf einem Konvent zu Weimar, der noch im J. 1558. veranstaltet wurde. Daß Flacius recht gerüstet und vorbereitet zum Tadel und Wiederspruch auf diesen Konvent kam, gesteht er selbst sehr ehrlich, denn er erzählt, daß er darauf gedrungen habe, man sollte die Verfasser des Entwurfs nicht bey den Berathschlagungen zulassen — futurum enim, ut vel nos non libere sententiam dicamus auctorum reverentia, vel illi sua semper defendendo occasionem dissidio praebeant. S. Hist. cert. p. 835.

mochte den Artikel von dem freyen Willen, und die Form treffen, in welche man diesen gefaßt, und seinem Vorgeben nach so sorglos oder so verrätherisch gefaßt hatte, daß der gefährlichste Irrthum darinn, der Synergismus der Wittenbergischen Schule unverdammt geblieben war. Ueber diesen Artikel kam er wenigstens mit den Verfassern der Schrift am härtesten zusammen, denn erbittert durch seinen Tadel, sezte nun auch Viktor. Strigel, von dem vielleicht der Artikel herrühren mochte, seinen Kopf darauf, ihn in keinem Punkt Recht behalten zu lassen, übernahm gegen ihn die Vertheidigung des Synergismus, den er mit Gewalt verdammt haben wollte [152]), und denuncirte dafür seine eigene Theorie als finstere, hyperorthodoxe Schwärmerey!

Diß mag am wahrscheinlichsten der Gang gewesen seyn, den die Händel zwischen Flacius und Strigel bey ihrem ersten Ausbruch nahmen, denn die Geschichte hat hier einige Lücken, die sich nur durch Vermuthungen ausfüllen lassen. Man weißt aus Mangel an genauen Zeit-Bestimmungen nicht ganz gewiß, ob sich nicht Strigel schon vorher, ehe noch von der Verfertigung der Konfutations-Schrift die Rede war, in der Lehre vom freyen Willen gegen die krasse in der Flacianischen Disputation ausgelegte Vorstellung erklärt [153]), und sich

152) Strigel habe ihn nicht nur, erzählt Flacius, auf das heftigste angefallen, sondern auch dem Herzog eine Schrift übergeben, worinn er ihn angeklagt habe — quod falso Adiaphoristas de erroribus accusavisset. S. Epistola Flacii ad Consiliarios Saxonicos hinter den Actis Vinariens. p. 383.

153) Flacius wiederspricht sich selbst in seinen Angaben über die Zeit, wenn sich Strigel zuerst feindselig gegen ihn erklärte. In dem angeführten Brief ad Consiliarios Saxonicos klagt er Strigeln an, daß er schon im J. 155 bald nach seiner Ankunft in Jena eine epistolam acerbissimam gegen ihn ausgestreut habe: aber in der histor. certam. sagt er: "Jenae eo anno 1557. satis tranquillae fuerunt res inter me et Victorinum, sed sequenti coeperunt paulatim scintillae quaedam dissidiorum suscitari. S. 833. Is nach

sich daher geflissentlich in der Konfutations-Schrift über die Wittenbergisch-synergistische schonender und gemässigter ausgedrückt hatte. Man kann auch nicht mit Sicherheit angeben, ob Strigel nicht schon längst der gelinderen Wittenbergischen Vorstellung zugethan war, und bloß aus gewohnter Anhänglichkeit an diese die Flacianische so anstössig fand [154]), oder ob ihn erst Aerger und Unwille über Flacius [155]) seine Meynung anstössiger

nach einer andern Stelle S. 835. hätte Strigel erst nach dem Weimarischen Konvent die Feindseligkeiten gegen ihn angefangen. Hier giebt er nehmlich ausdrücklich an, daß er erst nach Schnepfs Tode inceperit, in lectionibus suis contra me declamitare: Schnepf aber war noch auf dem Konvent, und starb erst den 1. Nov. 1558.

154) Auch diß wird durch die Angaben von Flacius selbst am meisten ungewiß gemacht. Unter dem Gespräch zu Weimar im J. 1560. machte er Strigeln den Vorwurf, daß er einst zu Erfurt, wo er sich vor seiner Anstellung in Jena aufhielt, also vor dem J. 1548. den Ausdruck gebraucht habe: Synergia nostrarum virium in conversione est quiddam pertenue, si ad operationem divinam conferatur; und wiewohl Strigel sonst mehrmahls läugnete, daß er den Ausdruck synergia gebraucht hätte, so sollte er doch auf diesen Vorwurf blos geantwortet haben: "Non de omnibus verbis possum reddere rationem, quae non sunt expressa typis." Actor. Vin. p. 97. Hingegen in der Epist. ad Consiliarios Saxon. beruft er sich darauf, daß Strigel bey dem Anfang des synergistischen Streits im Jahr 1557. noch völlig gleich mit ihm gedacht habe; und beweißt daraus, daß also der Handel nicht ex odio Victorini aut cujusquam alii, wie die böse Welt schon vermuthet habe, von ihm angefangen worden sey. S. 382.

155) Wahrscheinlich hatte sich bald nach der Ankunft von Flacius in Jena eine Kälte zwischen ihm und Strigeln erzeugt, die allmählig in Erbitterung übergieng, und erst nur durch kleine gegenseitige Neckereyen sich äusserte. Es liegt nichts daran, daß man die besondere Veranlassungen dazu nicht weißt, denn wer kann sich nicht hundert Veranlassungen denken, die zwey Menschen von diesem Charakter unfehlbar von einander abstossen mußten, sobald sie sich nahe genug kamen, um einander zu berühren? Dadurch wird es auch sehr glaublich, daß Strigel, noch ehe Flacius nach Jena kam, in einem Brief an ihn die Befürchtung, ob sie sich auch wohl neben einander würden vertragen können? und zugleich den Wunsch geäussert haben sollte, daß er den Ruf nach Jena ablehnen möchte; auch würde Strigel weiter nichts dabey verlieren, wenn man es glaubte, denn es würde noch gar nicht daraus folgen, was Ritter im Leben von Flacius p. 91. daraus folgert, daß nur sein

stössiger und die Wittenbergische erträglicher finden ließ. Doch aus allen Umständen und aus allem, was man von Strigels Charakter weiß, wächst unstreitig der Vermuthung die größte Wahrscheinlichkeit zu, daß er wohl zunächst nicht aus Gefälligkeit gegen die Wittenberger, sondern nur in der Absicht Flacium zu kränken, und aus Begierde, diesem zu widersprechen, die Vertheidigung ihres Synergismus gegen ihn übernahm, oder ihm wenigstens die Freude nicht lassen wollte, ihn so feyerlich, als er wünschte verdammt zu sehen, sich aber doch dabey auch dadurch zum Widerspruch gegen ihn gegen ihn gereizt fühlte, weil er diesen Synergismus von jeher sehr annehmlich, oder doch nie gefährlich gefunden hatte 156).

Doch

sein Ehrgeiz und seine Eifersucht die Händel zwischen ihm und Flacius veranlaßt habe. Doch die Geschichte dieses Briefs wird ohnehin durch andere Gründe sehr zweifelhaft. Man findet nirgends eine Nachricht davon, als in Speners Conf. Theol. P. III. cap. 17. p. 187. Spener selbst hatte den Brief nie gesehen, sondern nur davon gehört, Flacius aber, so oft er auch in der Folge sein Herz über Strigeln ausleerte, spielte niemahls auch nur mit einem entfernten Wink darauf an.

156) Diese Vermuthung wirft allerdings auf den Charakter Strigels einen sehr häßlichen Schatten, denn sie setzt voraus, daß er, bey aller seiner Ueberzeugung von der Unbedenklichkeit des Wittenbergischen Synergißmus doch schwehrlich die Parthie der Wittenberger gegen Flacius genommen haben würde, wenn er nicht geglaubt hätte, diesen gerade dadurch auf das empfindlichste kränken zu können: allein das ganze bißherige Benehmen des Mannes unter den Händeln der theologischen Partheyen läßt fast nichts anders von ihm erwarten. In der That gehörte er seiner Denkungs-Art, seinem Geist und seinem Herzen nach nicht zu den Flacius und Amsdorffs: aber von dem J. 1548. an, in welchem er nach Jena kam, findet man ihn doch immer auf eben der Seite, auf welcher sie standen. Zwar spielte er unter ihrer Parthie keine Haupt-Rolle; und zeichnete sich auch bey jenen, die er mitspielen mußte, wie in dem Handel mit Menius noch sehr auffallend von ihnen aus: doch wurde es dabey sichtbar genug, daß er nicht leicht fähig war, eine seiner unwürdige Rolle ganz abzulehnen, wenn es etwas dabey zu wagen gab. Es ist sogar sehr wahrscheinlich, daß er bißher in seinem Cirkel zu Jena und an dem Hofe seiner Herrn den Gegner der Wittenberger

eifriger

Doch wie es gekommen seyn mochte, daß das Jenaische Reich über diesem Punkt selbst unter sich uneins wurde, so ist gewiß, daß die Uneinigkeit bald zu einem förmlichen innern Krieg ausschlug, der eben so heftig als öffentlich geführt wurde. Strigel trat nun bey jeder Gelegenheit als erklärter Gegner von Flacius auf, den er als den Urheber einer neuen Theologie ausschrie, durch welche er die ächt-lutherische, für deren Reinigkeit er zu eifern vorgebe, absichtlich verdrängen wolle [157]; und wenn man den Angaben Flacii von den Bemühungen glauben dürfte, die er eine geraume Zeit hindurch angewandt haben wollte, um ihn zu besänftigen [158], so

eifriger gespielt und einen stärkeren Haß gegen sie affektirt haben mochte, als er gerade vor der Welt auszulegen für gut fand; denn sonst dürfte er schwehrlich das Zutrauen seines Hofes so lange behalten haben: hingegen noch auf dem Kolloquio zu Worms im J. 1557. hatte er auch der Welt deutlich genug gezeigt, daß es ihm nicht darauf ankomme, sich von seinen Herrn selbst zu den heftigsten Schritten gegen sie gebrauchen zu lassen; und so ließ er sich ja auch zu der Verfertigung der Konfutations-Schrift gebrauchen, deren wahrer allein gegen Wittenberg gerichteter Zweck ihm am wenigsten unbekannt seyn konnte. Man kann daher fast nicht zweiflen, daß sich Strigel jezt eben so wenig zu ihrem Vertheidiger aufgeworfen und zu dem Verdacht einer Harmonie mit ihnen Anlaß gegeben haben würde, wenn ihn nicht eine Leidenschaft dazu hingerissen hätte, die alle andere Betrachtungen bey ihm überwog. Aber er wußte gewiß, daß er Flacium durch nichts so sehr in seinem innersten ärgern konnte, als wenn er sich ihm bey dem neuen Streit, den er mit ihnen anfangen wollte, unerwartet in den Weg stellte. Er hoffte dabey, seine anti-wittenbergische Orthodoxie immer noch an seinem Hofe legitimiren zu können, wenn er sich schon in diesem einen Punkt mit dem hyper-orthodoxen Flacius nicht gegen die Wittenberger vereinigte; und so war es ohne Zweifel zunächst Erbitterung über diesen, was ihn zum Vertheidiger des Synergismus machte, wiewohl es sehr wahrscheinlich ist, daß er diese Theorie auch schon vorher für die wahrere gehalten haben mochte.

157) "Clamitare coepit — sagt Flacius — me esse architectum novae Theologiae, et aliis etiam conviciis proscindere et juventutem contra me inflammare." S. Hist. cert. 835.

158) Integrum annum — erzählt er wieder selbst — in publicis lectionibus eum laudavi — acerbissime ab eo objurgatus semper

so könnte man daraus am besten schliessen, daß er selbst in ihm einen sehr furchtbaren Gegner fand. Doch diß ist bey dem Geist und bey den Talenten, die Strigel besaß, bey dem Ansehen, in welchem er stand, und bey den Vortheilen, die ihm seine Verbindungen in Jena, wo er schon seit zehen Jahren lebte, über den neu angekommenen Flacius verschafften, ohnehin glaublich genug; allein bey dem allen schien es doch bald entschieden, daß der lezte die Oberhand behalten würde, und diese vorauszusehende Entscheidung erfolgte sogar mit Umständen, die seinen Sieg auffallender machten, als er vielleicht selbst gewünscht haben mochte.

Schon auf der Versammlung zu Weimar, auf welcher der Entwurf des Konfutations-Buchs revidirt wurde, behielt Flacius die Oberhand über seinen Gegner, denn die Veränderungen und Zusäze, die er damit vorgenommen und darinn angebracht haben wollte, wurden gegen den heftigsten Widerspruch Strigels von der Majorität der Versammlung angenommen und gebilligt. Dabey ließ sie sich besonders gern die Form gefallen, in welche er den Artikel gegossen hatte, worinn die in die Lehre vom freyen Willen eingeschlichene Irrthümer und Korruptelen gerügt und widerlegt waren, also die Verdammung des Wittenbergischen Synergismus gefallen, den er darinn am kennbarsten ausgezeichnet, und mit dem härtesten Anathema belegt hatte[159]).

Das

per lenissime respondi — egi in Synodo Vinariensi an. 1558. per Stoesselium — egi antea per Hugelium et alias per alios, de amice dirimendis controversiis, offerens me ad durissimas conditiones. S. Epist. ad Consiliar. Sax. p. 383.

159) Hätte man den Aufsaz noch in der ursprünglichen Form, worinn er von Schnepf, Strigel und Hugelius verfaßt, und der Versammlung zu Weimar vorgelegt worden war, so müßte sich daraus über den ersten Gang der Händel zwischen Strigel und Flacius ein mehrfaches Licht verbreiten lassen. Aus einer noch anzuführenden Vorstellung, welche Strigel in der Folge gegen die geänderte und publicirte Konfutations-Schrift übergab, und aus einer herausgekommenen besondern

Dadurch ließ sich zwar Strigel nicht zum Schweigen bringen, denn er hielt sich nicht für verpflichtet, seine Meynung der Meynung dieser Majorität zu unterwerfen. Er sprach vielmehr jezt nur desto stärker von der Gefahr, die man im Lande von der neuen Flacianischen Theologie zu befürchten habe, durch welche bereits der grössere Theil der Land-Geistlichkeit verführt worden sey, und erhielt dadurch würklich, daß man sich an dem Weimarischen Hofe mit der Bestätigung und Sanktionirung der veränderten Konfutations-Schrift nicht so sehr beeilte, als vielleicht sonst geschehen seyn möchte. Die Parthie und die Freunde, die er am Hofe hatte, thaten wohl auch das ihrige dabey, worauf auch ohne Zweifel von seiner Seite gerechnet war. Sie thaten so viel, daß der Herzog Johann Friederich der mittlere dem Ansehen nach selbst auf einen Augenblick zweifelhaft wurde, auf welche Seite er sich neigen sollte, und deßwegen eine eigene Handlung anstellte, wobey ein Versuch zu Vereinigung der uneinigen Theologen gemacht wurde [160]: aber Flacius hatte doch nur wenig Kunst nöthig, um ihn sehr bald nach seinen Wünschen zu stimmen. Er durfte nur in der Seele des Herzogs den Verdacht erregen, daß es Strigel mit den Wittenbergern halte,

sondern Konfutation dieser Vorstellung, und aus mehreren Aeusserungen von Flacius erhellt deutlich, daß man zu Weimar den Aufsaz der Theologen nicht allein in dem Artikel von freyen Willen, sondern noch in mehreren korrigirt und reformirt hatte; doch ergiebt sich zugleich aus der ersten eben so deutlich, daß es die in jenem Artikel vorgenommene Aenderung, und die darinn angebrachte Verdammung des Synergismus war, gegen welche Strigel schon zu Weimar mit dem größten Eifer protestirt hatte. Man kann daraus schliessen, daß der ganze zweyte Theil, den der Artikel in der publicirten Konfutations-Schrift hat, in dem ersten Entwurf gefehlt haben, und erst zu Weimar hinzugekommen seyn mag.

160) Die Unterhandlung wurde noch im J. 1558. in Gegenwart des Herzogs und des Canzlers Christian Brück angestellt, die selbst deßwegen nach Jena gekommen waren. S. Ritter Leben Flac. p. 99.

halte, und seinen Widerspruch gegen die veränderte Konfutations-Schrift als Folge einer Koalition vorstellen, in die er sich mit diesen eingelassen habe, so war diß mehr als hinreichend, um Johann Friederich zu allem zu bestimmen, was man von ihm haben wollte. Daß er aber, zu eben der Zeit, da er öffentlich nur in den Herzog drang, daß er die von allen Kirchen des Landes approbirte Konfutations-Schrift sanktioniren und bekannt machen möchte — daß er auch von diesem Mittel Gebrauch machte 161), und wohl am Weimarischen Hofe ebenfalls seine Leute fand, die ihm treulich dabey halfen 162) — wer wird nach dem Erfolg daran zweiflen?

Mit dem Anfang des J. 1559. erschien die Konfutations-Schrift in öffentlichem Druck, und zwar gewisser-

161) In diese Zeit, in die lezte Monathe des J. 1558 mochten die von Salig angeführten Briefe fallen, in denen Flacius den Herzogen so dringend anlag, die Publication des Konfutations-Buchs nicht länger zu verzögern. In diese Zeit fällt wenigstens derjenige gewiß, worinn er sagt "refutationes Dei beneficio jam paratas habemus, denn er führt ja an, daß sie ihnen der Herzog bey seiner lezten Anwesenheit in Jena habe vorlesen lassen, und damit konnte er wohl nichts anders meynen, als den neuen nach den Erinnerungen des Weimarischen Konvents in Ordnung gebrachten Aufsaz der Konfutations-Schrift, den ihnen wahrscheinlich der Herzog bey der Gelegenheit kommuniciren ließ, da er zwischen Strigeln und Flacius mittlen wollte. In diese Zeit passen aber auch die Gründe am besten, durch welche er den Herzog in andern Briefen dazu aufforderte, indem er ihm schrieb, daß es dringend nothwendig sey, manche Prediger im Lande, die sich biß jezt als stumme Hunde und Heuchler gezeigt hätten, durch das Konfutations-Buch aufzuwecken, und noch nöthiger sey, den Studenten in Jena einen rechten christlichen Haß gegen alle Kezereyen einzuflössen, damit sie einst als tüchtige Werkzeuge gebraucht werden könnten. Daß sich aber dabey Flacius gewiß auch manche Winke von der bedenklichen Harmonie zwischen Strigeln und den Wittenbergern und von Umständen entfallen ließ, aus denen man eine weitere Verbindung zwischen ihnen vermuthen könnte; diß darf man am zuverlässigsten daraus schliessen, weil er es ja in der Folge selbst in die Welt schrieb, daß Strigel die Händel mit ihm nur den Leipzigern und Wittenbergern und besonders Melanchton zu gefallen angefangen habe. S. Hist. cert. p. 833.

162) Man darf sich nur erinnern, daß Amsdorf der Hof-Theolog der Herzoge war.

sermassen in der Form eines Manifestes, das die Herzoge von Sachsen, und besonders der Herzog Johann Friederich der zweyte unter seinem Nahmen in sein Land und in die Welt ausgehen liess [163]). Ein langer Eingang enthielt die Ursachen und Gründe, wodurch er dazu bewogen worden sey, und diese liefen bloss darinn zusammen, dass er sich gedrungen gefühlt habe, seine Unterthanen vor dem Gift der Irrthümer zu warnen und zu verwahren, die man seit einiger Zeit der reinen lutherischen Lehre so häufig und so verführerisch beygemischt, und gegen den Gräuel der Verwüstung zu zeugen, den man selbst an die heilige Stätte ihres Geburts-Orts gesezt habe [164]). Ein eben so langer Epilog ermahnte

163) Noch zu Ende des J. 1558. hatten Maxim. Mörlin von Koburg, Joh. Stössel und der neue nach dem Tode von Schnepf in Jena angestellte Theolog, D. Simon Musäus den Auftrag erhalten, alle Censuren und Monita zusammenzutragen, welche auf dem Konvent zu Weimar und von mehreren Oertern her gegen den ersten Entwurf der Schrift eingebracht worden waren. Im Januar des folgenden Jahrs sezte man hernach Joach. Mörlin, den man von Braunschweig und Sarcerium, den man von Eißleben geholt hatte, zu Weimar mit Flacius und Joh. Aurifabern zusammen, und durch diesen erhielt nun die Konfutations-Schrift vollends die Form, in der sie hernach unter dem folgenden Titel publicirt wurde. Illustrissimi Principis ac domini, Joannis Friderici secundi — suo ac Fratrum D. Joannis Wilhelmi, et D. Joannis Friderici Junioris nomine solida et ex Verbo Dei sumta Confutatio et Condemnatio praecipuarum corruptelarum, Sectarum et errorum hoc tempore ad instaurationem et propagationem regni Antichristi, Romani Pontificis, aliarumque fanaticarum opinionum ingruentium et grassantium contra veram, Sacrae Scripturae, August. Confessionis et Schmalcaldicorum Articulorum religionem — ad suae Celsitud. et Fratrum suorum subditos cujuscunque Ordinis scripta et edita. Iena. 1559. 4.

164) Quae — heißt es in dieser Vorrede — post miserabilem Domini et Parentis nostri cladem et captivitatem — quamque tetrae vacillationes, mutationes, perniciosa scandala et ruinae praeter omnem opinionem in religione consecutae sint — quam multiplices etiam contra expressum Verbum Dei conciliationes Christi et Antichristi, Interim, et collusiones tentatae sint ac susceptae. — quae praeterea corruptelae a variis seductoribus in doctrinam inductae et admissae — id non tantum manifestis exemplis, et seductorum propriis scriptis evinci potest, sed accedunt quoque multorum piorum gemitus, cruces, exilia, vo-

te alle Einwohner des Herzogthums geistlichen und welt lichen Standes, das in dieser Schrift für sie bereitet Gegengift treulich zu benuzen, und die darinn verdamm te Irrlehren und ihre Vertheidiger von Herzen zu ver abscheuen, wiedrigenfalls sie sich auch den härteste Strafen und der empfindlichsten Ungnade der Landes Herrschaft aussezen würden [165]). Die Schrift selb abe

ta et suspiria, qui de hac tristissima perturbatione, conscientiarum vulneribus, implicationibus et illaqueationibus, violatione gloriae Dei et infinitarum animarum interitu gravissime dolent, et miserabiliter queruntur. — Etsi autem ditiones nostrae ab ejusmodi Sectarum et corruptelarum colluvie — integrae atque immunes manserunt, nec latum unguem a pura doctrinae coelestis norma discesserunt, multo minus aliorum petulantiam et levitatem in architectandis fucosis conciliationibus aut excudendis novis dogmatibus probarunt — tamen cogitatione reputantes, nisi maturo consilio his Satanae furoribus occurratur, facile tandem easdem corruptelas in nostras etiam ecclesias invadere posse. — Theologos nostrae ditionis satis magno numero congregavimus — illisque injunximus, ut grassantibus nunc corruptelis veram ac gravem earum dijudicationem et confutationem, Scripturae testimoniis firmatam opponerent. **Die geflissentlichen Anspielungen auf die Wittenberger, und auf dasjenige, was wegen des Interims im Chursächsischen vorgegangen war, sind hier überall unverkennbar; aber bey der folgenden Stelle der Konfutations-Schrift durfte gewiß niemand erst gesagt werden, daß Melanchton im besondern gemeint sey.** "Diabolus errorum autores et Patronos non solum ex Papatu accersit, sed ex ipsis no stris ecclesiis emisit. — Sectarii sun domestici in nostris Scholis et Pa laestris versati, non solum ut fra tres, verum etiam ut praecip Duces et Antesignani, armati au ctoritate et opinione Veritatis, quibus vel latum unguem disceder ingens piaculum esse ducitur" f. 56. b.

165) Mandamus primo om nibus et singulis nostrae Ditioni Praelatis, Academiae Jenensis Pro fessoribus praesentibus et futuri — *ut quae Schola a Parente no stro et nobis* ad tuendum *coelest Veritatis salutaris depositum oppug nandosque errores et sectas praeci pue* instituta et *fundata est*, ite Superintendentibus, Pastoribus Ludimagistris, etiam pueritiae for matoribus — ut — Confutationi bus hisce congruenter in Tem plis et Scholis doceant, nec ull ratione corruptelis patrocinium aut sophisticam defensionem ac commodent. — Deinde manda mus etiam omnibus Ducatus no stri Statibus, Comitibus, Baroni bus, Nobilibus, Consiliariis, Prae fectis, Consulibus et Decurioni bus — etiam omnibus reliquis subditis nostris, ut in pura do ctrina constantissime perseverent, et tum hasce, tum omnes alias Corruptelas earumque Patronos fugiant ac detestentur; idque sub severissima nostra Fratrumque no strorum animadversione". f. 60.

aber enthielt eine ausführliche Konfutation von neun Irrthümern, die man eben dadurch als die gefährlichsten auszeichnete, nehmlich der Irrthümer Servets, Schwenkfelds, der Antinomer, Wiedertäufer und Zwinglianer, der Korruptelen, durch die man die Lehre von dem freyen Willen verfälscht habe, der Kezereyen von Osiander und Stancarus, die man in einem Artikel zusammennahm, und der Irrlehren der Majoristen und Adiaphoristen.

In dem sechsten Artikel dieser Schrift war aber, wie schon erwähnt wurde, der Synergismus der Wittenbergischen Schule mit der sorgsamsten Bestimmtheit verdammt, und nahmentlich als Irrthum der Wittenbergischen Schule verdammt worden [166]. Man hatte ihn als eigenen Irrthum ausgehoben, der zwar sehr viel scheinbares habe, aber deßwegen nur desto gefährlicher sey [167]. Man hatte ihn auch mit sehr gewissenhafter Treue dargelegt, die nicht den entferntesten Grund zu der Beschuldigung gab, daß man die Meynung der Wittenberger zu verfälschen oder zu entstellen gesucht habe. Der Punkt, in welchem die synergistische Theorie von der ächt-augustinisch-lutherischen abwich, war vollkommen richtig aufgefaßt und angegeben. Man erkannte und gestand, daß nach jener Theorie der Mensch ebenfalls durch den Fall Adams verdorben, um seine ursprüngliche Vollkommenheit gänzlich gebracht, und durch einen höchst unseligen in seine Natur gekommenen

166) De hac sententia — wird ausdrücklich gesagt — potissimum nobis certamen cum Adiaphoristis est. Bey Adiaphoristen dachte aber kein Mensch an jemand anders als an die Wittenberger.

167) Zuerst wurde die Pelagianische und nach dieser die synergistische Vorstellung angeführt, wobey man dann voraussagte: Haec secunda opinio longe concinnior, et judicio rationis plausibilior est. Man bemerkte auch, daß sie Patronos nec obscuros nec ignobiles habe: doch fieng man ihre Widerlegung selbst mit der Versicherung an, daß sie eben so inlulsa als impia sey. f. 34.

menen Hang zum Bösen verschlimmert und bekehrt worden sey; aber darinn — hieß es — liege das Gift des Synergismus, daß man dabey behaupte, die Kräfte des Menschen seyen doch nicht so ganz vertilgt und vernichtet, daß nicht sein Wille im Werk seiner Bekehrung mit der ihn anregenden und unterstüzenden Gnade immer auch noch mitwürken, also die eigene Thätigkeit seines Willens, in dessen Vermögen es wenigstens stehe, die Gnade anzunehmen oder zu verwerfen, auch noch als mitwürkende Ursache der Bekehrung angesehen werden dürfte [168]). Diß waren wörtlich die Ausdrücke, in denen man die Vorstellung in Melanchtons Locis dargelegt fand: sie wurde aber hier eben so ausdrücklich als die andere der widerlegten Irrthümer unter dem Nahmen einer verabscheuungswürdigen Kezerey mit dem Anathema belegt [169]); also wenn Strigel noch fortfahren wollte, sie zu vertheidigen, so mußte er den weiteren Streit darüber mit seinem Herrn führen, der diß Anathema sanktionirt hatte.

Der Ausgang dieses Streits war nach der Art zu procediren, die man am Sächsischen Hofe schon in der Sache des unschuldigen Menius befolgt hatte, leicht vorauszusehen; doch bekam man noch Ursache genug, darüber zu erstaunen. Strigel ließ sich allerdings durch das

168) "Affirmant illi, hominem lapsu Adae vitiatum, et de suo statu et integritate miserabiliter quidem dejectum esse, ita ut natura ad peccatum pronus et proclivis sit; sed tamen vires humanas non ita prorsus prostratas, extinctas et deletas esse, quin gratiae Dei excitanti et adjuvanti libere in conversione hominis cooperari possit. Hinc acceptionem vel rejectionem gratiae in libero hominis arbitrio collocant, et mentem ac voluntatem hominis Synergon, seu causam cum Verbo et Spiritu Sancto cooperantem statuunt nostrae Conversionis". eb. das.

169) "Fugiamus igitur ac detestemur dogma eorum, qui argute philosophantur, mentem et voluntatem hominis in conversione seu Renovatione esse συνεργον, seu causam concurrentem et cooperantem, cum et Deo debitum honorem eripiat, et suos defensores, ut Augustinus inquit, magis praecipitet, ac temeraria confidentia labefactet, quam stabiliat". f. 36. b.

das Mandat seiner Herrn nicht bewegen, seine bißherige Meynung zu verändern, oder nur zurückzuhalten. Er übergab dem Hofe eine Vorstellung gegen die Konfutations-Schrift, worinn er nach Anführung mehrerer darinn enthaltenen Punkte, die mit seiner Ueberzeugung stritten [170], in starken Ausdrücken erklärte, daß er sein Gewissen nicht dadurch binden lassen, sondern lieber seine Stelle aufgeben wolle. Es ist sehr wahrscheinlich, daß er sich auch sonst, und selbst in seinen öffentlichen Vorträgen eben so stark, und vielleicht noch stärker darüber äussern mochte. Bey der Hize, worinn er einmahl war, läßt sich ebenfalls leicht glauben, daß er sich durch einige warnende Winke, die er von Weimar aus erhalten haben mochte, nicht sogleich schröcken ließ [171]; doch man wartete auch nicht lange auf die Würkung dieser Warnungen. Schon den 25. Mart. — also kaum einen Monath nach der Publikation der Konfutations-Schrift — ließ der Herzog durch ein militärisches Kommando Strigeln und den Jenaischen Pastor, Andr. Hugelius, der sich ebenfalls geweigert hatte, die Schrift

170) Ein Auszug daraus findet sich bey Salig Th. III. 480. Nach diesem tadelte nicht nur Strigel, daß man in dem Konfutations-Buch alle Mitwürkung des menschlichen Willens geläugnet, sondern er fand es auch anstössig, daß man in dem Artikel gegen die Antinomer die Redens-Art "das Evangelium sey eine Predigt der Busse und der Vergebung der Sünde" verworfen habe. Endlich scheute er sich jezt auch nicht mehr — denn er konnte doch nichts weiter verderben — die heftige Ausdrücke zu mißbilligen, die man darinn gegen die Wittenberger und besonders gegen Melanchton und Major gebraucht habe.

171) Nach der Erzählung von Flacius sollte man von Seiten des Hofes nur von ihm verlangt haben, daß er sich des öffentlichen Tadelns der Konfutations-Schrift enthalten möchte, ohne ihn selbst daran binden zu wollen. — Hist. cert. p. 837. aber wer kann Johann Friederich dem mittleren nach den folgenden Auftritten eine solche Mässigung zutrauen? Diß ist hingegen glaublich genug, daß er einmahl oder ein paarmahl gewarnt worden seyn mochte, sich vor den Folgen zu hüten, die ihm sein Widerspruch zuziehen könnte.

Schrift anzunehmen, von Jena abholen, und gefangen nach dem Schloß Grimmenstein bringen [172]), wo sie als Staats-Verbrecher behandelt [173]), oder doch vor der Hand ausser Stand gesezt wurden, über das Konfutations-Buch, — mit jemand zu streiten!

Kap. IX.

Damit schien dann auch die Diversion geendigt, welche Flacium auf einige Zeit gehindert hatte, den neuen Streit über den Synergismus mit den Wittenbergern seinen eigentlichen Urhebern, durchzufechten, und nun konnte ihn dem Ansehen nach nichts mehr abhalten, die Kriege seines Herrn und seine eigene nach Herzens Lust mit ihnen zu führen. Er durfte sich sogar schmeichlen, sie

172) Die brutale Mißhandlungen, welche Strigel und Hugel bey ihrer Gefangennehmung erfuhren, dürften wohl nicht auf die Rechnung des Hofes geschrieben werden, denn dieser hatte in dem an die Universität geschickten Notifications-Schreiben sich sehr glimpflich ausgedrückt, daß er aus bewegenden Ursachen für gut gefunden habe, "sie nur an einen Ort bringen zu lassen, wo man vielerley mit ihnen zu unterreden und zu handlen habe". Aber Absicht des Hofes war es doch, durch die Execution einen recht allgemeinen Schrecken in Jena und im Lande zu verbreiten, denn um der blossen Furcht eines Aufstands willen, den die Studenten zu Jena erregen möchten, hatte man wohl nicht nöthig, zehen Kompagnieen Soldaten, oder dreyhundert Mann dazu aufzubieten. Das Aufsehen, das dadurch vermehrt wurde, hätte man zwar in der Folge sehr gern wieder gemildert, daher streute man verschiedene Nachrichten von den Gründen aus, welche den Hof zu diesem gewaltsamen Schritt bewogen haben sollten; doch die beste darunter taugten so wenig, daß sie fast noch mehr Unwillen darüber erregen mußten. So behauptete man z. B. daß man gezwungen worden sey, sich der Gefangenen zu versichern, weil man Ursache zu dem Verdacht bekommen habe, daß sie aus dem Lande gehen wollten! Aber waren denn Strigel und Hugel leibeigene Knechte, die man wider ihren Willen zwingen durfte, im Lande zu bleiben? S. De causis quare Jenenses quidam Theologi capti sint, bey Salig Th. III. 483.

173) "Fuit etiam — erzählt der Verfasser einer Annotatio rerum praecipuarum ad annum 1559. pertinentium bey Freher Rer. germ. T. III. p. 502." in vincula conjectus Mulichius, maxima potentia et auctoritate in aula Vinariensi praeditus: spargebaturque fama, quod de eo judicium capitale futurum esset.

sie jezt mit ungleich grösserem Nachdruck als bißher führen zu können. Nach den Schritten, zu denen er seine Herrn schon vermocht hatte, konnte er darauf zählen, daß sie ihn mit recht blinder, über alle Rücksichten von Politik und von Klugheit sich hinwegsezender Bereitwilligkeit unterstüzen würden. An Simon Musäus [174]), der durch seine Verwendung nach Jena gekommen war, hatte er einen Mitstreiter bekommen, der sich überall von ihm hinstellen ließ: im folgenden Jahr aber wußte er es ja noch dahin zu bringen, daß auch Wigand auf die neue Universität berufen wurde, der schon zehen Jahre lang sein treuester und sein brauchbarster Kampf-Gefährte gewesen war [175])! Doch gerade die Hoffnungen, die Flacius aus diesen Umständen zog, bereiteten sein Unglück, denn sie verleiteten ihn zu dem Wahn, daß er gar nicht mehr fallen könne, und führten dadurch seinen Fall höchst unerwartet schnell, aber nach einem sehr natürlichen Gang der Dinge herbey! Dieser Gang war folgender.

Nicht lange nach den gewaltsamen Proceduren, die man mit den gefangenen Theologen vorgenommen hatte, schien man am Weimarischen Hofe zu wünschen, daß man den raschen Schritt nicht gethan, oder doch mit weniger Aufsehen gethan haben möchte. Die Aeusserungen des Unwillens, den die Nachricht davon überall erregte,

174) "In Musaeo — hatte Flacius an den Herzog geschrieben, da er ihn zu der erledigten Stelle empfahl — est sincera quaedam veritatis divinae cognitio, ac fides tenax coelestis depositi. Der Mann war damahls Prediger im Eichsfeld, wohin er von Gotha aus gekommen war, kam aber hernach von Jena aus in der halben Welt herum, weil er überall Unruhen anrichtete. Eine Lebens-Beschreibung von ihm S. in den Unsch. Nachr. für das J. 1720. S. 571-603.

175) Mit Wigand wurde auch noch Matth. Juder nach Jena berufen, der bißher Wigands Diakonus an der St Ulrichs Kirche zu Magdeburg gewesen war. Salig. Th. III. p. 578.

erregte, wurden so laut, daß sie auch vor die Ohren der Herzoge kommen mußten; aber sie wurden ihnen auch von mehreren Oertern und durch mehrere Kanäle zugebracht, durch welche sie eben so viel Nachdruck als Bedeutung erhielten. Einige Fürsten, wie der Landgraf Philipp von Hessen, bezeugten ihnen unumwunden ihr Mißfallen [176]). Andere, wie die Pfalzgrafen vom Rhein, der Herzog Christoph von Würtenberg, und selbst der König Maximilian begnügten sich für die Gefangene zu intercediren, und äusserten damit nur mittelbar, aber doch noch merklich genug, wie sehr sie ihr Verfahren mißbilligten. Diß würkte auf den Herzog Johann Friederich wenigstens so weit, daß er wegen der Gefangenen in Verlegenheit kam, und mit guter Art aus ihrem Handel zu kommen wünschte, wozu man bald verschiedene Einleitungen machte. Die Theologen zu Jena mußten einerseits in einer eigenen Schrift die Einwürfe beantworten, welche Strigel in seiner Vorstellung an den Hof gegen das Konfutations-Buch gemacht hatte [177]), und andererseits unterhandelte man

176) Das ausführliche und ernsthafte Schreiben des Landgrafen, welches auch die stärkste Mißbilligung des Konfutations-Buchs enthält, findet man in Melanchtons deutschen Consiliis von Pezel p. 609. aber vollständiger und getreuer bey Salig S. 486.

177) Joh. Stössel, der in der Folge Superintendent zu Jena wurde, sezte die Schrift auf. Sie findet sich in den Akten des Weimarischen Gesprächs in der Ausgabe vom J. 1563. S. 251. ff. unter dem Titel: Apologia und wahrhaftige Verantwortung des fürstlichen Ausschreibens und Konfutation wider die vermeynte Erinnerung und erdichtete Beschwerung Viktorini und des Pfarrherrn zu Jena. In dieser Schrift ist die Vorstellung, welche Strigel gegen die Konfutations-Schrift übergeben hatte, von Punkt zu Punkt beantwortet, aber freylich noch in einem Tone, der zu keiner Vergleichung führen konnte. Diß kann man schon aus der folgenden Stelle im Eingang der Schrift schliessen, die zugleich die Wendung zu erkennen giebt, welche die Theologen dem Handel geben wollten, um ihn gar nicht mehr als ihren Handel und als ihre Sache vorzustellen... "Das — „sagen sie — ist ja wohl ganz un„versehen, kläglich und erbärm„lich, daß, da noch alle auswär„tige

man mit ihm selbst in seiner Gefangenschaft zu Gotha, die ihn doch, wie man hoffte, etwas nachgebender gemacht haben möchte. Ohne Zweifel versuchte man in dieser Hoffnung, ihn zu der Annahme der Konfutations-Schrift zu bewegen; doch schien man sich auch begnügen zu wollen, wenn man nur irgend eine zweydeutig-günstige Erklärung darüber von ihm erhalten könnte [178]),

und

„tige Widersprecher still sitzen, „und alle gutherzige Christen für „solch christlich Werk der Konfu-„tation Gott und Euer Fürstl. „Gn. Dank und Lob sprechen, die „Widersprechung von niemand „mehr vorgenommen wird, denn „allein von unsern allernächsten „Brüdern und Freunden, so biß-„her gleich uns wider die bemeldten „Korruptelen gestanden, und eben „darum von E. F. G. an die löb-„liche hohe Schule zu Jena beru-„fen, und gleichsam an die Spi-„zen verordnet sind, daß sie die „reine Lehre in die Jugend pflan-„zen, und allerhand Verfälschung „abwehren sollen. Wie doch nun „solche ungeheure Undankbarkeit „E. F. G. zu Herzen gehe, ist „leichtlich zu erachten, und ist „uns herzlich leyd, haben mit „E. F. G. ein christliches unterthä-„niges Mitleiden, daß E. F. G. in „diesem christlichen Fürnehmen so „unchristlich gehindert und betrübt „werden soll, und das mehr aus „freyler Widersezlichkeit und zu-„genöthigten Muthwillen, denn „aus einiger dringenden Noth „und erheblichen Ursachen; wie „aus folgender Verantwortung „sich klärlich finden wird".

178) Flacius selbst wurde nach Gotha geschickt, um hier mit ihm zu handlen, aber die Akten dieser Gothaischen Handlung sind nicht bekannt gemacht worden. Aus mehreren Anzeigen kann man nur vermuthen, daß man dabey Strigeln eine günstige Erklärung über das Konfutations-Buch, theils abzuschröcken, theils abzuschmeicheln suchte, und auf dem ersten Wege doch einiges von ihm erhielt, das er in der Folge nachgelassen zu haben bereute, und wahrscheinlich noch in seinem Gefängniß wieder zurücknahm. Daß die Schmeicheleyen nichts bey ihm würkten, mag man aus der folgenden Stelle von Flacius in seiner epist. ad Consiliar. Saxon. schliessen. "Obtuli ei Gothae, me vel chirographo meo, quod liceret ei edere, testaturum, ipsum in omni dote ac laude sive ingenii sive virtutis me longissime antecellere, modo ut veritati ipse vicissim cederet; cum quidem ille magna verborum acerbitate grassaretur, mihique et cuculos et alia objiceret". p. 384. Daß er sich aber doch bey dieser Gelegenheit etwas in Furcht sezen ließ, mag man aus einer Aeusserung abnehmen, die ihm unter dem Gespräch zu Weimar im folgenden Jahr entfiel. Als ihn hier Flacius an etwas erinnerte, das er ihm zu Gotha eingeräumt habe; gab er unwillig zur Antwort: "Tum temporis amice tecum sum locutus, nunc disputo. Posteaquam me collegi, melius sentire coepi". Das Kolloquium ist ungefährlich gewesen. "Lasset mich um Gottes willen damit zufrieden". S. Disputatio Vinar. (nach der Ausgabe von 1562.) p. 72.

und zulezt begnügte man sich mit noch wenigerem, d
er sich nicht mehr abpressen ließ. Strigel stellte eine
Revers aus, wodurch er sich verbindlich machte, in Jen
in der Stille zu leben, also mit den Theologen nic
über das Konfutations-Buch zu streiten, und auch de
Ort nicht zu verlassen, biß er auf die ihm vorgeleg
Punkte geantwortet haben würde [179]: und nach di
sem wurde er mit Hugelius, der einen ähnlichen Rever
unterschreiben mußte, in Freyheit gesezt [180].

Es ist sehr wahrscheinlich, daß Flacius selbst daz
mitwürkte, um die allzubös gewordenen Händel so we
wieder gut zu machen. Von dem allgemeinen Unwille
darüber fiel doch immer ein Theil, und zwar der größ
Theil auf ihn zurück, weil man ihn überall für den U
heber davon hielt [181]; aber er konnte kein Interes
mehr haben, sich diesem Unwillen auszusezen, da sei
Zweck schon erreicht war, wenn nur Strigel gezwunge
wurde, in Zukunft zu schweigen. Freylich konnte e
nicht hoffen, daß es ihm jemahls gelingen würde, de
beleidigten Mann zu einer würklichen Aussöhnung zu b
wegen; er mußte vielmehr darauf zählen, daß er i
seiner gezwungenen Stille nur auf Mittel, sich zu räche
denken, und Gelegenheiten dazu vorbereiten würde: abe
wie konnte sich Flacius davor fürchten? Auch bewie
de

179) "Remissus domum est, cum promisisset obligatione legitima, se extra aedes nusquam discessurum, priusquam ad accusationes respondisset". S. die angeführte Nachricht bey Freher f. 503. Eigentlich wurde er also nicht in Freyheit gesezt, sondern nur der Ort seines Gefängnisses verändert. Er hatte jezt Haus-Arrest; womit auch eine fortdaurende Suspension von den Verrichtungen seines Amts ohne Zweifel verbunden blieb.

180) Diß erfolgte im August 1559. nachdem sie mehr als vi Monathe auf dem Schloß zu G tha zugebracht hatten.

181) "Aliquanto post — sa Flacius selbst — cum ejus arresti tio produceretur, idque cum mu torum scandalo et sermonibu *nos cernentes violentia externi gla dii non feliciter errores extirpa* diu summo studio institimus e flagitavimus apud principem, u — illi liceret propalam suam sen tentiam de istis controversiis e verbo Dei tueri". S. Hist. cert 837-838.

der Erfolg, daß er in der That keine Ursache dazu gehabt hatte; denn so unerwartet bald es auch Strigeln gelang, sich nach seiner Befreyung selbst an dem Hofe wieder etwas emporzubringen, und so gewiß es ihm selbst gelang, den Kredit, in welchem Flacius am Hofe stand, etwas zu erschüttern, so hätte er es doch nie dazu bringen können, ihn zu stürzen, wenn er nicht selbst dazu geholfen hätte. Das eine und das andere legte sich am deutlichsten durch den Ausgang des Kolloquiums zu Weimar zu Tage, das der Herzog im August des J. 1560. zwischen Flacius und Strigel veranstaltete.

Die Zulassung dieses Gesprächs von Seiten des Hofes war schon ein Zeichen, daß Strigel durch seine eigene Verwendung oder die Verwendung seiner Freunde wieder einen Eingang bey dem Hofe gefunden haben mußte. Auf ein solches Gespräch zwischen den streitenden Theologen hatte die Universität, die sich überhaupt Strigels mit dem wärmsten Eifer annahm [182]), schon längst angetragen; und es war auch der einzige Weg, auf welchem seine gänzliche Restitution mit guter Art eingeleitet werden konnte. Doch war eine besondere Einleitung dabey nöthig, denn sonst hätte die Disputation die Sachen nur schlimmer machen müssen, da man unmöglich hoffen konnte, daß sich die streitende Partheyen dabey freywillig einander nähern, oder nur einige Geneigtheit zu einem Vergleich dazu mitbringen würden. Am Hofe hatte man sie deßwegen diß ganze Jahr hinausgezogen, weil man noch nicht günstig genug für Strigeln gestimmt war [183]); jezt hingegen wurde die Ver-

182) S. Salig Th. III. 482. 587.

183) Eben dieser Umstand macht es glaublich, daß auch Strigel nicht eher Lust hatte, sich in die Disputation einzulassen, bis er versichert war, daß sich die Gesinnungen des Hofes günstiger für ihn gedreht hätten, weil er leicht voraussehen konnte, daß sonst der Ausgang davon seine Sachen nur schlimmer machen mußte.

Veränderung, die sich hier zu seinem Vortheil ereignet hatte, nur desto merklicher, weil sie nach einem solchen Zwischenraum erfolgt war. Aber am unzweydeutigsten deckte sie sich bey dem angestellten Kolloquio selbst auf. Schon bey der Eröffnung dieses Gesprächs [184] kam es an den Tag; daß Flacius und Strigel in ihren Meynungen noch eben so weit als jemahls von einander entfernt waren. Man hatte die Einrichtung getroffen, daß jeder seine Vorstellung in einige wenige Säze zusammenfassen sollte, welche sie abwechslend bestreiten und vertheidigen möchten [185]: diese Säze aber, die sie zuerst gegen einander auswechselten, standen gegenseitig im direktesten Widerspruch [186]. Es war immer noch der reine gemilderte Synergismus Melanchtons, welchen Strigel, und es war der krasseste Augustinismus, welchen Flacius vertheidigen wollte. Auch stritt sich unter der Disputation selbst jeder nur tiefer in seine Vorstellung hinein, und nach dreyzehn Konferenzen, in welchen

müßte. Somit könnte auch etwas wahres an dem Vorgeben der Theologen seyn, die ihn beschuldigten, daß er zuerst die Disputation abgelehnt habe, welche nur auf ihr Betreiben zu Stand gekommen sey S. Flacius Hist. cert. p. 838. Musäus in der Dedication der Weimarischen Akten A. 3.

184) Den zweyten August wurde das Gespräch in Gegenwart der Herzoge, ihres ganzen Hofes, und einer Menge von Zuhörern eröffnet, die nicht nur von Jena und aus dem Lande, sondern auch von Erfurt, Wittenberg und Leipzig dazu gekommen waren.

185) Man vereinigte sich, daß zuerst Strigel die Säze von Flacius angreiffen, und hernach auf die Einwürfe von Flacius und Musäus gegen die seinige antworten sollte. Ausser diesem kam man noch über einige andere Bedingungen überein, wovon die wichtigste darinn bestanden, "daß „Gottes Wort zur einzigen Richtschnur gesezt werden, und ein „heller klarer Spruch der heiligen „Schrift mehr gelten sollte als „alle consequentiae et autoritates „interpretum, und daß auch von „beyden Theilen ein juramentum „calumniae gefordert und geleistet werden sollte, nehmlich, „daß niemand seine vorgelegte „Propositiones anders halte, denn „für eine beständige göttliche „Wahrheit, und daß ein jeder „in dieser Disputation die Wahrheit Gottes suche von Herzen". S. Acta Vinar. p. 11.

186) Sie stehen den Akten voran. S. 1-10.

hen Strigel die Rolle des Opponenten gespielt und Flacius seine Säze gegen ihn vertheidigt hatte, wollte keiner zugeben, daß ihm der andere auch nur das mindeste abgestritten hätte.

Aber dabey wurde es auch nur notorischer, daß Strigel immer noch einer Meynung anhieng, die im Konfutations-Buch ausdrücklich verdammt, und in den Sächsischen Kirchen förmlich proscribirt war, und dennoch wußte man es so einzuleiten, daß kein Nachtheil für ihn daraus erwuchs, zum deutlichsten Zeichen, daß man alles wiedrigen Anscheins [187]) ungeachtet den ganzen Aktus nur in einer für ihn günstigen Absicht angestellt hatte. Flacius und Musäus unterliessen zwar nicht von dem Vortheil, den sie dadurch erhielten, Gebrauch zu machen. Sie bestanden darauf, daß nach der langen Vertheidigung, welche man Strigeln gestattet habe, nichts mehr erforderlich sey, um die Definitiv-Sentenz zu instruiren, welche über seine Meynung gesprochen, und wodurch sie entweder für rechtgläubig, oder für kezerisch erklärt werden müßte [188]). Aber dabey drangen sie auch darauf, daß diese Sentenz von keiner andern Instanz als von der Landes-Kirche eingeholt und gefällt werden dürfe, und protestirten daher eifrigst gegen die Erklärung von Strigel, der zwar auch von weiteren Handlungen abstrahiren wollte, aber auf das Urtheil auswärtiger Richter oder der ganzen auf einer Synode versammelten protestantischen Kirche provocirt hatte.

187) Noch unter der Disputation hütete man sich sorgfältig, allzudeutlich blicken zu lassen, daß man Strigeln begünstigen wollte. Der Canzler Brück, der den Aktus dirigirte, und, wie sich in der Folge auswies, am eifrigsten für ihn arbeitete, ihm daher zuweilen ein Ansehen gegen ihn an, das beynahe mehr als nur kalt war.

188) "Oro — diß war der Epilog, mit welchem Flacius schloß — ut porro deducatur certamen ad cognitionem, et dijudicatio maturetur, ut tam tetri sermones sedentur, qui passim sparsi sunt. Act. Vin. 246.

te [189]). Das Interesse, das sie dabey hatten, war eben so sichtbar, als es schwehr war, ihrem eigennüzigen Ansinnen auszuweichen [190]). Die Landes-Kirche durfte und konnte nur nach dem neuen Kodex entscheiden, den sie erst vor so kurzer Zeit angenommen hatte; und nach diesem war Strigel der ausgemachteste Kezer: mit so vielem Recht aber Strigel gegen diesen neuen mit Gewalt aufgedrungenen Kodex excipiren konnte, so inkonsistent war es von Seiten des Hofes, der ihn der Kirche selbst aufgedrungen hatte, wenn er eine Exception dagegen zuließ. Dennoch fand man eine Auskunft, wodurch

189) Strigel hatte sich eigentlich nur die Rechts-Wohlthat der Provokation vorbehalten, aber noch keinen Gebrauch davon gemacht. Er unterwerfe sich — erklärte er — dem Urtheil der Thüringischen Kirche, deren Mitglied er zwölf Jahre lang gewesen sey, aber auch — sezte er hinzu — anderer der Augspurg. Konfess. zugethanen Akademien und Kirchen "ad quas credo, non esse mihi nefas, sed potius concessum in hoc „statu rerum mearum provocare „quod tamen neque feci, neque „faciam; nisi postulet necessitas". eb. das. 245.

190) Flacius und Musäus konnten nehmlich ihrer Protestation gegen den Vorbehalt Strigels ein höchst scheinbares Aussehen von Recht geben. "Quod „ad provocationem attinet, non „assentimur Victorini petitioni; „nam quaelibet ecclesia habet „praeterea jus dijudicandi suas „controversias, quia ubique fere „grassantur errores. Sic sane in „Synodo Vinariensi ao. 1556. est „conclusum, ut singulae ecclesiae „jus dijudicandi suas controversias „habeant, cui etiam Victorinus subscripsit." Et cum in libro Francofurtensi decretum sit, ut quod„libet Consistorium potestatem „habeat decidendi de Dogmati„bus, ipse Victorinus, quantum „nos scimus, in id consensit". Mit diesen Thatsachen, welche sie anführten, hatte es seine völlige Richtigkeit, denn noch im J. 1558. hatten es die Protestantische Fürsten und Stände, die sich zu dem Frankfurter Receß vereinigten, förmlich als Grundsaz aufgestellt, daß jede Kirche berechtigt seyn sollte, ihre Streitigkeiten selbst zu schlichten, und über die Händel ihrer Theologen zu erkennen. An dem Sächsischen Hofe war der Grundsaz, wenn schon aus sehr verschiedenen Ursachen, schon vorher angenommen worden; also würde es höchst seltsam gelassen haben, wenn man hier so bald eine Abweichung davon gestattet hätte. Uebrigens darf doch nicht verschwiegen werden, daß Flacius und Musäus nichts dagegen haben wollten, wenn der Herzog für gut fände, de externis aliquot probatae fidei Theologos zuzuziehen; aber sie wagten nichts bey dem Erbieten, denn sie behielten sich bey jedem, der ihnen nicht anständig war, die Exception vor, daß er kein probatae fidei Theologus sey.

durch die Inkonsistenz etwas verdeckt, und doch die Wendung, welche Flacius und Musäus dem Handel geben wollten, vor der Hand eludirt wurde.

Man erklärte nehmlich, daß die Disputation noch nicht geendigt sey, indem auch nach der vorausgeschlossenen Uebereinkunft Strigeln verstattet werden müsse, seine Säze und Meynung gegen die Einwürfe seiner Gegner zu vertheidigen, da sie bißher bloß die ihrige gegen seine Einwürfe vertheidigt hätten. Jezt aber — ließ man den Herzog sagen, und konnte es ihm gewiß mit dem größten Schein von Wahrheit sagen lassen, nachdem er schon eine volle Woche damit verdorben hatte [191]) — jezt habe er nicht mehr Zeit, den zweyten Akt der Disputation abzuwarten, also müsse dieser auf eine andere ausgesezt werden. Beyde Partheyen wurden daher mit dem Versprechen entlassen, daß sie bald wieder zu der Fortsezung der angefangenen Handlungen berufen, worauf alsdenn die Akten publicirt und die Sache zum Spruch eingeleitet werden sollte [192]), aber auch mit der Weisung entlassen, daß sie sich in der Zwischenzeit ruhig verhalten, und nichts von den bißherigen Verhandlungen in das Publikum bringen sollten!

Diß verrieth höchst deutlich, daß man nicht nur jezt noch Strigeln schonen wollte, sondern auch bereits entschlossen war, ihm, so weit es nur möglich seyn würde, noch mit Ehren aus dem Handel herauszuhelfen. Es war offenbar, daß man die Absicht hatte, die Sache unter der Hand zu seiner gänzlichen Restitution einzuleiten, denn sonst hätte man nicht nöthig gehabt, die Entscheidung noch auszusezen; eine Entscheidung aber wollte man näher herbey führen, denn sonst hätte man sich die

Kosten

191) Das Gespräch hatte vom 2. biß zum 9. Aug. gedauert, und war meistens Vor- und Nachmittags fortgesezt worden.

192) S. Act. Viniar. p. 247.

Kosten und die Langeweile des ganzen Weimarischen G sprächs erspahren können. Hingegen ein Umstand, d unter diesem Gespräch zu Weimar vorkam, giebt ein eben so entscheidenden Beweis, daß man doch auch a Hofe noch nicht daran dachte, Flacium seinem Gegn preis zu geben, und daß wenigstens der Herzog noch we davon entfernt war, ihn fallen zu lassen.

In der Hize der Disputation hatte sich Flacius – diß ist dieser Umstand, der durch mehrere späterhin da aus entstandene Folgen sehr merkwürdig wurde – hatte sich einige Aeusserungen entfallen lassen, welche Str geln den erwünschtesten Anlaß gaben, den Vorwu den er ihm von jeher gemacht hatte, daß er mit sein Hyper-Orthodoxie eine ganz neue Theologie einführ wolle, auf das scheinbarste zu rechtfertigen und zu b gründen. Die auffallendste dieser Aeusserungen war d berüchtigte Behauptung, daß die Erbsünde nicht bl eine zufällige Modifikation der menschlichen Natur se sondern für ihre Substanz selbst gehalten werden kön und müsse. Diese Behauptung hatte er mehr als ei mahl, auch in mehr als einer Form vorgebracht, u gegen die Einwürfe Strigels mit dem hartnäckigsten fer vertheidigt[193]; aber sie war nicht nur von St geln angegriffen worden, sondern selbst seine eigene K legen und Gehülfen, selbst Musäus und Wigand h ten sie mißbilligt, und zu verstehen gegeben, daß Fl cius wohl etwas zu weit gegangen seyn möchte[194] Soba

193) Zum erstenmahl war ihm die Behauptung in der zweyten Sizung entfahren, da er auf die Frage Strigels: an negas peccatum originis esse accidens? zweymahl antwortete: Nego diserte cum Luthero, et cum Luthero et scriptura affirmo, quod sit substantia. S. Act. p. 25. 26. In der dritten Sizung kam er selbst wieder darauf zurück, um ein neuen Beweiß für die Beha tung zu führen, welchen er d inn fand, weil ja auch die Ju tia originalis, oder das dem M schen anerschaffene Ebenbild G tes nicht bloß ein Accidens wesen sey. p. 46.

194) Nach der Erzählu Schlüsselburgs hätten sie damal

Sobald die Akten der Disputation, und mit ihnen auch diese Behauptung von Flacius in das Publikum kam, erhob sich das allgemeinste Geschrey darüber, durch das man ihm einen Wiederruf abzwingen wollte, und da er sich zu diesem nicht verstehen wollte, so fielen alle seine bißherige Freunde von der Zeloten-Parthie viel unbarmherziger über ihn her, als er jemahls über einen von ihren und von seinen Gegnern hergefallen war. Kurz diese Behauptung wurde in der Folge der Gegenstand eines eigenen Streits, in welchen Flacius, wie noch besonders vorkommen wird, verwickelt und in welchem er völlig zu Boden getreten wurde. Man kann sich also leicht vorstellen, daß es Strigeln nicht schwer werden konnte, auch jezt schon die bey der Disputation anwesende Layen und besonders den Herzog auf den Verdacht zu bringen, daß Flacius würklich auf einen Irrthum, und selbst auf einen gefährlichen Irrthum verfallen sey. Man darf selbst beynahe nicht zweiflen, daß der Herzog würklich schon den Verdacht auffaßte; aber er dachte doch nicht daran, ihn deßhalb zu beunruhigen, oder beunruhigen zu lassen. Vom Hofe aus erhielt wenigstens Flacius, so viel man weißt, auch nicht einmahl einen Wink, daß er sich nur hüten möchte, seinen Irrthum weiter zu verbreiten [195]. Auch bey dem Ungewitter, das [illegible] sich

schon sehr stark sich erklärt. "D. Wigandus, D. Simon Musaeus et alii, qui disputationi interfuerunt, Illyricum statim in ipsa disputatione fraterne et fideliter, id quod saepius ex ipsorum ore audivi, admonuerunt, ut ab hac nova, periculosa, et blasphema veterum Manichaeorum propositione, quae in ecclesia Dei magnas turbas datura esset, abstineret, et errorem Victorini de libero arbitrio non falsa propositione, sed Verbo Dei refutaret: Verum Illyricus ambitione ebrius, fervore contentionis, nimium sui ingenii acumine et acrimonia fretus omnium collegarum fraternas et fideles admonitiones aspernatus est." S. Catal. Haeret. L. II. p. 4. Aber Wigand sagt es auch selbst in seinem Manichaeismo renovato p. 361.

195) Flacius selbst bezeugt, daß er und seine Kollegen von dem Herzoge auf das gnädigste und freundlichste entlassen worden seyen. "Peracta disputatione agit nobis,

sich bald darauf über ihn zusammenzog, vergaß man es ganz, einen eigenen Punkt der Anklage gegen ihn daraus zu machen; und daraus wird es höchst wahrscheinlich, daß er sich mit seiner Hyper-Orthodoxie in Jena hätte erhalten können, wenn nur sonst nichts von seiner Seite hinzugekommen wäre. Aber Troz und Herrschsucht, der schwindlichte Wahn, daß ihr Reich in Jena schon zu fest gegründet sey, als daß es wieder gestürzt werden könnte, und ein allzublindes Vertrauen auf die Schwäche, und auf den Eigensinn des Herzogs verleiteten ihn und seine Kollegen zu Ausbrüchen, welche selbst einem schwächeren Fürsten, als ihr Herr war, die Augen öffnen mußten. Diß war es, und diß allein, was die höchst seltsame Katastrophe veranlaßte, die jezt eintrat!

Kap. X.

Sobald sich Flacius und Musäus durch Wigand und Judex verstärkt sahen, so machten sie ganz unverdeckte Anstalten, sich in Jena auf einen Fuß zu sezen, der sowohl die Universität als die Stadt von ihnen abhängig machen sollte. Diese Anstalten selbst waren sehr gut berechnet. Sie vereinigten sich auf das engste mit den übrigen Geistlichen, welche das Stadt-Ministerium ausmachten 196), gestatteten diesen, sich an sie anzuschliessen,

nobis Princeps gratias, testatusque est, se animadvertere, veram sententiam sibi de verbo Dei a nobis probatam esse, de qua tamen ipse nunquam dubitaverit. Pollicitus quoque est, se illas disputationes etiam de aliis capitibus continuaturum, et mox postea Jenae coram tota schola renovaturum, ac denique convocata Synodo dijudicaturum esse. S. Hist. cert. p. 838.

196) Diß bestand aus M. Balthas. Wintern und den zwey Diaconis, M. Paul Amandus, und M. Valent. Langer. Der erste hatte durch sein Anschliessen und durch seine Anhänglichkeit an die Theologen schon den Vortheil erhalten, daß ihm während der Suspension des verdächtigen Hugelius das Pastorat übertragen wurde: er hatte also einen eigenen Grund, in der engsten Verbindung mit ihnen zu bleiben, die ihn am wahrscheinlichsten beständig bey dem Pastorat erhalten konnte.

schliessen, um gleichsam ein Kollegium mit ihnen zu bilden, und verschafften sich dadurch auch auf ihren Würkungs-Krays den entscheidendsten Einfluß. Diß neue Kollegium sollte, wie sie vorgaben, den beständigen Auftrag haben, für die Erhaltung der Orthodoxie im Lande und besonders auf der Landes-Universität nach der Norm des Konfutations-Buchs zu sorgen und zu wachen, sollte zu diesem Ende die uneingeschränkteste Gerichtsbarkeit über das Gewissen und den Glauben aller Professoren, Studenten und Bürger der Stadt haben, und eben deßwegen auch zu der Ausübung jeder Gewalt und zu dem Gebrauch aller Zwangs-Mittel berechtigt seyn, welche eine würksame Vollziehung jenes Auftrags erforderte. Dem zufolge maßten sie sich das Recht an, alle, deren Rechtglaubigkeit ihnen verdächtig schien, in ein förmliches Verhör nehmen zu dürfen, und behaupteten, daß jedermann ohne Ausnahme verpflichtet sey, ihnen von seinen Gesinnungen über das Konfutations-Buch Rechenschaft zu geben. Wer sich aber weigerte, ihnen diese Rechenschaft zu geben, oder sich gegen das Konfutations-Buch erklärte, über den wurde im Kollegio ohne weiters der Bann erkannt, den der Pfarrer und seine Diakonen, wenigstens so weit es in ihrer Macht stand, vollzogen [197])! Wie

197) Man darf nicht bloß aus ihrem Verfahren schliessen, daß sie diese Grundsätze aufgestellt haben wollten, sondern sie äusserten solche ganz unverdeckt, und äusserten sie selbst gegen den Herzog, ihren Herrn. "Die Prediger — heißt es in einem ihrer Briefe an den Herzog vom 27. Aug. dieses Jahrs — müßten ja wohl Gehorsam bey ihren Zuhörern finden, damit sie ihr Amt nicht mit Seufzen thäten, daher müßten auch die Zuhörer zuerst zur Verantwortung gegen sie, so wie gegen jederman bereit seyn! Was würde daraus werden, wenn sie jedermann zum Sakrament liessen, er sey Viktorinisch oder Illyrisch, Papistisch oder Lutherisch, baalitisch oder christlich, Wittenbergisch oder Jenisch? Wenn man ihnen aber den Bind-Schlüssel beschneiden wollte, so würde sich niemand mehr darüber freuen, als der Teufel. S. den Brief in Joh. Joach. Müllers Staats-Cabinet I. Oeffnung. K. III. p. 99.

Wie unnatürlich weit diese Inquisitions-Proceduren von ihnen getrieben wurden, beweißt die jezt beynahe unglaubliche Behandlung am stärksten, welche sie sich gegen eines der angesehensten Mitglieder der Universität, gegen den berühmten Matthäus Wesenbeck erlaubten. Wesenbeck stand als einer der gelehrtesten Juristen des Zeitalters in der allgemeinsten Achtung, die ihm eine Wichtigkeit für die neue Universität gab, welche sowohl zu Jena als am Hofe zu Weimar sehr gut erkannt wurde. Er war aber auch als sehr frommer und rechtschaffener Mann bekannt, der um der Religion willen seine Vaterstadt Antwerpen verlassen, und sich nach Deutschland gewandt hatte, wo er zu der lutherischen Kirche übergetreten war [198]): allein der fromme Mann hatte keine Freude an den Zänkereyen der lutherischen Theologen, hatte deßwegen auch das gewaltsame Verfahren gegen Strigeln höchst juridisch-unrecht gefunden, und hatte sich nicht gescheut, es mit niederländischer Offenheit den Theologen ins Gesicht zu sagen [199]). Diß zog ihm ihren bittersten Haß zu [200]); daher beschlossen sie ihn bey der nächsten schicklichen Gelegenheit in

198) S. Melch. Adami in Vit. ICtorum p. 140. Claud. Sincerus Leben grosser Juristen Th. II. p. 155. ff.

199) Wesenbeck fand es gegen alle Regeln, daß man den Proceß gegen Strigeln von der Execution angefangen hatte, ohne ihm vorher eine volle und rechtliche Vertheidigung zu gestatten, und gab dabey sehr vernehmlich den Theologen Schuld, daß sie es eigentlich am Hofe dazu eingeleitet hätten. Darinn mochte er ihnen vielleicht zu viel thun; wenigstens läugneten sie in der Folge beständig, daß sie zu dieser Art gegen ihn zu procediren gerathen hätten; aber es war doch so wahrscheinlich und so glaublich, daß er gewiß den Irrthum mit halb Jena gemein hatte.

200) Eine sehr starke Explosion ihres Grimmes darüber findet sich schon in einem ihrer Briefe an den Herzog vom Julius dieses Jahrs, der den folgenden Auftritten noch vorangieng; denn in diesem Brief klagten sie ihm bitterlich, daß ein grosser Doktor der Rechte vor kurzem öffentlich gesagt habe, daß man zu Jena gar zu tyrannisch und unchristlich mit den Leuten umgehe. S. Salig Th. III. 580.

in ihre neu-eingerichtete Presse zu nehmen, und diese Gelegenheit fand sich bald genug, weil ihnen jede schicklich genug schien. Wesenbeck wurde von einem seiner Kollegen bey der Taufe eines Kindes zum Pathen ernannt. Sobald die Anzeige davon dem von den Theologen instruirten Pfarrer Winter gemacht war, ließ dieser Wesenbeck zu sich kommen, und machte ihm die schöne Proposition: "weil er sich bißher noch in keiner Disputation oder bey einem andern öffentlichen Anlaß von dem Konfutations-Buch christlich erklärt habe, ja vielmehr ein Verdacht obwalte, daß er seinen Gegnern zugethan seyn dürfte, so möchte er jezt vor ihm und seinen Diakonen als Dienern des göttlichen Worts sein Bekenntniß thun, was er von der Konfutation hielte, damit sie gewiß würden, ob er auch, als ein christlicher Gevatter, für den armen Täufling recht beten könnte"? 201) Als aber Wesenbeck, wie sie wohl selbst nicht anders erwartet hatten, gegen das impertinente Ansinnen protestirte 202), so faßte und vollzog man würklich den Schluß,

201) S. wahrhaftiges und gründliches Verzeichniß der ganzen Handlung so zwischen dem Ministerio ecclesiae Jenensis und dem Hrn. D. Matth. Wesenbeck über der Gevatterschaft von M. Joh. Stigelii Kindlein zwischen einen und zweyen in der Pfarr am Tage Kiliani ao. 1560. geschehen und sich zugetragen — in Müllers Staats-Cabinet p. 56. ff.

202) Er bezeugte zuerst seine Verwunderung, daß ihm ein Bekenntniß abgefordert werde, nachdem er schon drey Jahre in Jena zugebracht, und in dieser Zeit sich immer zu ihrer Kirche gehalten, mit dieser communicirt, und dadurch mehrmahls ein öffentliches Bekenntniß seines Glaubens abgelegt habe. Weil aber doch nach der Vorschrift des Apostels jeder Christ bereit seyn solle seines Glaubens Rechenschaft zu geben, so wolle er sich auch nicht weigern, ihnen das Bekenntniß zu wiederholen, "daß er alles als göttliche Wahrheit erkenne, annehme und verehre, was in den prophetischen und apostolischen Büchern der heiligen Schrift, und nach dieser in den drey Symbolen, in der Augsp. Conf. ihrer Apologie und in den Schmalkaldischen Artikeln enthalten sey." Als ihm nun aber hierauf der Pfarrer sagte, daß diß allgemeine Bekenntniß nicht hinreichend sey, sondern daß er kategorisch erklären müsse, ob er das Konfutations-Buch, den Innhalt von diesem, und den Innhalt

Schluß, daß man ihn, der sich eben dadurch nur allzu deutlich wider ihre Lehre und ihr Bekenntniß erklärt habe, nicht mit gutem Gewissen und ohne Aergerniß als Tauf-Zeugen zulassen könne [203]).

Dieser Auftritt war zu Jena kaum einige Wochen vor dem Weimarischen Gespräch vorgefallen, und hatte natürlich eine sehr starke Sensation erregt, die auch den Hof, der sehr bald davon Nachricht erhielt, in eine unangenehme Verlegenheit brachte. Wesenbeck hatte nicht nur sogleich eine förmliche Klage eingegeben, sondern in dem nehmlichen Brief um seine Entlassung gebeten, weil er in Jena als ein excommunicirter und als ein abgeschnittenes Glied der Kirche eben so wenig leben könne als wolle [204]). Man war nicht gesonnen, ihm diese zu

Innhalt ihrer Predigten, welche sie seit einem halben Jahr täglich darüber gehalten hätten, vollkommen billige? da erklärte er, daß er sich dazu nicht verbunden halte, weil in den Statuten der Universität von keinem Professor etwas mehr als jenes allgemeine von ihm abgelegte Bekenntniß gefordert werde, und selbst noch nicht lange ein Fürstlicher Befehl an den akademischen Senat ergangen sey, nach welchem alle seine nicht-theologische Mitglieder sich der Einmischung in die theologische Händel gänzlich enthalten, und jeder nur seines Amts warten sollte. S. eb. das. p. 44.

203) Der Pfarrer hatte unter der Konferenz mit Wesenbeck heimlich einen seiner Diakonen weggeschickt, damit er ein Paar von den Theologen herbeyholen sollte, worauf sogleich Musäus und Wigand gekommen waren. Zwischen diesen und ihm wurde das Gespräch noch etwas wärmer, denn sie reizten ihn geflissentlich, um ihm einige Erklärungen abzulocken, aus denen etwas kezerisches herausgebracht werden könnte. Doch erhielten sie nichts mehr von ihm als eine neue Aesserung seines Unwillens über ihr Verfahren gegen Strigeln, und über die streitige Lehr-Fragen bloß die weitere Erklärung, daß er eben so wenig darüber urtheilen könne, als wolle. Musäus sagte ihm daher, daß er jezt weder kalt noch warm, weder Fleisch noch Fisch, sondern neutralis, aber eben damit etwas viel schlimmeres sey, als wenn er manifestus hostis wäre. S. eb. das. p. 72.

204) Wesenbeck betrieb das Entlassungs-Gesuch sehr eifrig. Sein erstes Schreiben an den Hof erließ er den 11. Jul. Den folgenden Tag oder den 12. schickte er ein zweytes ab, worinn er sich erbot, seine schon für das ganze Jahr gehobene Besoldung wieder herauszugeben; als er aber nicht sogleich

zu bewilligen, denn die Universität würde allzuviel mit ihm verlohren haben; aber man fühlte einerseits sehr lebhaft, daß man mit Wesenbeck nicht wie mit Strigeln umgehen dürfte, und andererseits konnte sich der Herzog doch auch nicht entschliessen, die Theologen fallen zu lassen, weil das Ansehen seiner Konfutations-Schrift allzusehr mit dem ihrigen in dieser Sache verschlungen schien. Man begnügte sich also, dem Pfarrer Winter vor der Hand einen Bericht abzufordern, wie er zu dem Verfahren gegen Wesenbeck gekommen sey, gab ihm auch vorläufig einen Verweis wegen der Zudringlichkeit, womit er ihm ein Geständniß seiner Gesinnungen über das Konfutations-Buch abgefordert habe, aber gestattete ihm doch keine Frist zu seiner weiteren Vertheidigung [205]), und legte es sichtbarlich darauf an, den Handel

sogleich darauf Antwort erhielt, so drang er in einem dritten vom 14. Jul noch ernstlicher darauf, daß entweder der Bann der Theologen von dem Herzog kassirt, oder ihm sein Entlassungs-Decret sogleich geschickt werden müsse. Aus diesem lezten Schreiben erhellt, daß Wesenbeck doch dem Hofe nicht ganz traute, und es für möglich hielt, daß man sich zulezt auch gegen ihn eine ähnliche Procedur, wie gegen Strigeln erlauben dürfte. Am bedenklichsten, schreibt er hier, sey es ihm, daß die Theologen jezt vorgäben, sie hätten nur auf Befehl des Hofes gehandelt: nec vero ignoro, sezt er hinzu, quantum praetextu juris scripti *liceat Magistratui in excommunicatos ejectosque ecclesia*, quod ego scire, quam *perpetuo metuere* aut experiri malim. S. die drey Briefe bey Müller p. 41—55.

205) Auf den abgeforderten Bericht hatten die Prediger ihr angeführtes "wahrhaftes und gründliches Verzeichniß der ganzen Handlung mit Wesenbeck, dieser aber, dem es vom Hofe communicirt wurde, wiederum eine Apologiam contra Theologos Jenenses eingegeben. Die schöne Vertheidigung der Prediger lief allein darauf hinaus "daß „sie solche Exspectantes und neu-„trales, die weder kalt noch warm „sind, und in dem sie Gottes „Wort, so in Fürstlichen Confu-„tationibus und unsern Predigten „recht und wohl angezogen wird, „nicht wollen für recht annehmen „und approbiren, eben hiemit sol-„ches improbiren, tadlen und ver-„dammen, mit Gott und gutem „Gewissen und ohne vielfältig „Aergerniß der Frommen und Bö-„sen, zu solchem grossen Werk „Gottes, wie das Sakrament „der Taufe sey, nicht könnten „lassen kommen, sie wollten dann „sich selbst Lügen strafen, sich „ihrer Sünden und ihres Hin-„kens

Handel etwas in die Länge zu ziehen, um ihn leichter durch irgend eine gütliche Auskunft beylegen zu können. Deßwegen schien man auch am Hofe den Antheil der übrigen Theologen daran absichtlich ignoriren zu wollen; doch läßt sich leicht glauben, daß der Verdruß, den der Herzog darüber empfand, ihn auch gegen sie in eine Stimmung brachte, welche hernach unter dem Weimarischen Gespräch, das dazwischen hineinfiel, von den Freunden Strigels leichter zu seinem Vortheil benuzt werden konnte!

Aber nach diesem Gespräch schien erst ein siebenfach ungestümmerer und stolzerer Geist in diese Menschen gefahren zu seyn. Sie schienen es zu Weimar gemerkt zu haben, daß man unter der Hand daran arbeite, ihrer Macht einige Gränzen zu sezen, und diese Beobachtung, welche ihnen die Nothwendigkeit einer grösseren Vorsicht und Mässigung hätte sichtbar machen sollen, machte sie eigentlich wüthend. Auf der einen Seite spielten sie nun alle Tage neue Auftritte in Jena, die zum Theil noch empörender als der Wesenbeckische waren 206).

Auf

„lens theilhaftig machen, die „Halsstarrigen in ihrem verkehr„ten Sinn stärken, den Nahmen „Gottes vorsezlich entheiligen, „und die öffentlich erkannte und „bekannte Wahrheit, ja den hei„ligen Geist selbst schänden und „lästern." Nach diesen gewechselten Akten wurde der Pfarrer Winter nach Weimar beschieden, „und geschahe ihm allda — so erzählt Müller — nicht nur eine „Vorhaltung, wie er, nebst sei„nen Kollegen, dißfalls etwas zu „weit gegangen, und wieder Se„renissimi Intention gehandelt, „sondern auch am Ende diese An„zeige, daß sie hinführo derglei„chen Unternehmen gänzlich ein„stellen sollten. Der Superin„tendent vermeynte recht gethan „zu haben, und wollte sich das „der nicht submittiren, bat aber „doch um eine Dilation zur end„lichen Erklärung, welche er auch „erhielt." S. 95.

206) Sie wagten es, noch einen der Professoren M. Dürfeld zu excommuniciren, weil er in einer öffentlichen Oration sich über das Konfutations-Buch zweydeutig ausgedrückt haben sollte, aber in kurzer Zeit trieben sie es so weit, daß man fürchten mußte, sie möchten noch ganz Jena mit einem förmlichen Interdikt belegen, denn jezt dehnten sie ihren Bann ohne Rücksicht auf Stand oder Geschlecht über jeden aus, der nur mit Strigeln

Auf der andern Seite preßten sie den Hof mit der ungestümmsten Zudringlichkeit um eine Entscheidung in der Strigelischen Sache, und zwar gerade um die Entscheidung, die sie ihm dabey vorzuschreiben für gut fanden; denn sie erklärten dem Herzog unumwunden, daß er es vor Gott, vor seinem Gewissen und vor der Welt nicht verantworten könne, wenn er nicht Strigeln zu einem öffentlichen Widerruf seiner gottlosen Irrthümer anhalten würde [207]). Eine höchst impertinente Deduktion, worinn der Pfarrer Winter und seine Diakonen ihr Verfahren gegen Wesenbeck vertheidigt, und die bedenklichste Grundsäze ganz unverdeckt aufgestellt hatten [208]), be-

wog

Strigeln umgieng, über das Konfutations-Buch gespottet hatte, oder überführt werden konnte, daß er nur an einem Sonntag, an welchem es vorgelesen wurde, aus der Kirche gelaufen sey. Wenn man einer Angabe Wesenbecks trauen darf, so liesen aber dabey auch noch andere Menschlichkeiten von ihrer Seite mit unter: wenigstens erzählt er in seiner Apologie die Geschichte eines armen Webers in Jena, dem der Pfarrer durch die Drohung des Bannes ein Stück Tuch abgepreßt haben sollte. S. 89. auch Salig Th. III. 628.

207) S. Epistola Flacii Illyr. ad Principem d. 4. Dec. 1560. hinter den Akten des Weimarischen Gesprächs p. 313. "Non dubito — so fängt schon diß rare Stück an — Tuam Celsitudinem clare videre et certo constituere, nullam esse aliam rationem pie transigendi cum seductoribus quam perspicuam et publicam veritatis professionem, errorumque retractationem, et nullo modo amnestiam comprobare. Quam viam tollendi errores, si in ullo alio errante servari aequum et pium est, tum vero praesertim in hoc adversario — ob duas maxime causas, huic homini proprias — quia nimirum scatet plurimis et tetris erroribus, et quia non semel sed saepius jam fidem in rebus religionis datam fefellit" Nach einer langen Ausführung der Irrthümer Strigels, und der Gründe, warum er zu einem Wiederruf angehalten werden müsse, schließt er endlich mit einer förmlichen Protestation gegen jede andere Entscheidung — "quia constat, hanc esse unicam piam et salutarem rationem agendi cum haereticis.

208) S. Anderweit Justifikations-Schreiben vom Ministerio ecclesiastico zu Jena an Herzog Johann Friedrich d. d. Augustini 1560. bey Müller p. 99. ff. Sie behaupteten in diesem Schreiben, daß ihnen Christus selbst verboten habe, das Heiligthum den Hunden zu geben, und die Perlen für die Säue zu werfen, daß sie dem Beyspiel Pauli folgen müßten, der nach seiner Versicherung 1. Thessal. 2. drey

Jahre

wog endlich den Hof, sie in einem sehr ernsthaften Reskript zu erinnern, daß er keine spanische Inquisition im Lande zu dulden, und ihnen kein Kognitions-Recht über den innern Glauben seiner Unterthanen einzuräumen gesonnen sey; daher sie sich nicht mehr unterstehen sollten, irgend eine Person weltlichen Standes wegen der Konfutations-Schrift in ein Verhör zu nehmen, sondern sich zu begnügen hätten, die Ordinanden darauf zu verpflichten [209]. Als sich aber hierauf der Herzog durch die

Jahre lang Tag und Nacht einen jeden seiner Zuhörer zu Thessalonich gewarnt und ermahnt habe, ja daß sie noch mehr seinem ausdrücklichen Befehl II. Tim. 4 folgen müßten, nach welchem sie zu rechter Zeit und zur Unzeit mit predigen, drohen, strafen und ermahnen anzuhalten hätten, daher dürften sie sich Gewissens halber in ihrem Amt von niemand die Hände binden lassen. Sie würden also auch solches besondere Vornehmen und Verhören verdächtiger Personen nicht einstellen, sondern ihrer noch mehrere eine nach der andern kommen lassen, und sie eben so, wie Wesenbeck um ihren Glauben befragen. Da man aber solches würde verbieten und aufheben — "Hilf Gott! welch ein gaudeamus würde man da dem Teufel, samt seinen Engeln und „fleischlichen Christen, Epicurern, „Neutralisten und Exspektanten, „ja auch öffentlichen Schändern „und Lästerern der Wahrheit bereiten und anrichten!"

209) "Da wir — heißt es in dem Reskript — "uns solche öffentliche erforschliche Gerichte, „von Haus zu Haus in Form „und Gestalt eines weltlichen „Richter-Amts, auch zum Theil „einer Hispanischen Inquisition „nicht ungleich, nie gefallen lassen können, — auch, Gottlob! „selbst wissen, was beydes das „Kirchen-Amt und das weltliche „Regiment ist, und wie fern sich „ein jedes erstrecket — So gedenken wir uns hierinn göttlichem Wort, D. Luthers und „anderer stattlichen Theologen „Lehren, Rathschlägen, Bedenken und Ordnungen gemäß zu „halten — insonderheit aber Doktors Martini treuen und christlichen Warnnng, so er damahls „fürstehender und künftiger Zeit „halber gethan, als da etliche „großmüthige und vermessene „Theologen, die weltlichen „Regiments und Gewalts begierig, sich hervorbrechen, „und der weltlichen Obrigkeit „nach dem Zügel greifen wollten, daß man alsdann dawieder seyn und ihnen solches nicht gestatten sollte, „allenthalben nachzusezen. Ihr „möget daher unserer Visitations-Ordnung gemäß bey den „Ordinanden, der Sekten und „Korruptelen halber mit getreuestem Ernst laut unserer Konfutations-Schrift nachforschen und „inquiriren, und sie in der Ordination darauf verpflichten; „aber

die freche Widersezlichkeit der Prediger gezwungen sah, eine Kommission nach Jena zu schicken, und den Pfarrer Winter seines Amts zu entsezen [210]), so traten nun erst die Theologen auf, und fiengen mit ihm selbst einen Krieg an, der ihm endlich vollends die Augen öffnete.

Freylich hatten sie Ursachen genug, sich zu wehren; denn man hatte an dem Weimarischen Hofe zugleich mit der Absezung Winters einen Schritt gethan, der das neue Pabstthum, das sie auf- und bereits so trefflich eingerichtet hatten, mit einem einzigen Schlage wieder vernichtete. Die Herzoglichen Räthe [211]) hatten die üble Laune, worein ihre Herrn durch die Wesenbeckische Händel versezt worden waren, sehr weißlich benuzt, um ihnen ein treffliches Mittel vorzuschlagen, durch das sie sich für die Zukunft gegen alle Verdrießlichkeiten ähnlicher Art sicher stellen könnten. Diß Mittel bestand darinn, daß man den Predigern das Bannrecht, das so leicht zum Schwerdt in der Hand eines Rasenden werden könnte, abnehmen, und die Ausübung davon einem Konsistorio übertragen sollte, das im Sächsischen eben so gut, als in andern protestantischen Ländern eingerichtet werden möchte. Wahrscheinlich sorgte man dafür, daß der Vorschlag zuerst durch Personen an den Herzog gebracht wurde, die

er

„aber solche Inquisition durchaus „nicht auf den weltlichen Stand „und eines jeden sonderbare Person ziehen und gebrauchen, aus„serhalb dessen, so durch Erinne„rung christlicher Gewissen in ge„heimer Ohrenbeicht, oder öf„fentlich durch Straffen und Ver„mahnen insgemein wohl gesche„hen mag.“ S. Müller p. 130.

210) Diß geschah zu Ende des Octobers. S. Salig. 630.

211) Das meiste dabey that unstreitig der Canzler Christian Brück; ohne Zweifel arbeiteten aber auch die übrige Freunde daran, die Strigel am Hofe hatte, wo sein erster Schwieger-Vater Franz. Burkhardt immer in grossem Ansehen gestanden war. Auch mochte die Vermuthung der Theologen sehr richtig seyn, welche besonders den Leib-Medicus des Herzogs, D. Schröter im Verdacht hatten, daß er zu allem, was gegen sie machinirt wurde, eifrigst geholfen habe.

er sonst bey seinen theologischen Anliegen zu Rath zu ziehen gewohnt war; wenigstens hat man Ursache zu vermuthen [212]), daß auch einige von diesen dabey im Spiel waren: doch das einfache, das ausführbare und das nüzliche des Vorschlags konnte ihm auch selbst so weit einleuchten, daß keine Künste nöthig waren, um ihn zu seiner Annahme zu bestimmen. Das neue Konsistorium wurde würklich errichtet, und im J. 1561. eine eigene Konsistorial-Ordnung bekannt gemacht [213]), worinn die Gegenstände und Personen, über die sich sein Forum erstrecken sollte, nebst dem Gang seines gerichtlichen Verfahrens ausgezeichnet und vorgeschrieben waren: in dieser Ordnung aber wurde nicht nur die Ausübung des Bann-Rechts dem Konsistorio ausschliessend übertragen, sondern ausdrücklich erklärt, daß man die neue Verfügung deßwegen getroffen habe, weil es seit einiger Zeit mehrmahls mißbraucht worden sey [214]). Nun schienen zwar dabey nur die Pfarrer und Superintendenten des Landes interessirt, welche bißher den Bind-Schlüssel kraft einer vorgeblichen, zum Behuf der ihnen übertragenen Seelsorge nothwendigen Amts-Gewalt geführt und angewandt hatten; die Theologen zu Jena hingegen konnten unmittelbar nichts dabey verlieren,

212) Die Vermuthung geht auf Maxim. Mörlin in Coburg, und Joh. Stössel, der damahls Superintendent in Heltburg war. Man weißt nehmlich, daß sich der Herzog um diese Zeit in geheim ein Bedenken von ihnen über die beste Beylegungs-Art der theologischen Händel zu Jena stellen ließ, und daß sie diß Bedenken mit einer Unpartheylichkeit ausstellten, die man bey ihnen nicht ganz natürlich finden kann. S. Müller p. 153. ff. Auch hat man einige Briefe von ihnen, worinn sie den Pfarrer Winter in Jena im Vertrauen warnten, den Wesenbeckischen Handel nicht weiter zu treiben, und ihr Mißfallen an dem bißherigen Gang des Handels sehr offen äusserten; aus diesen Briefen aber ersieht man noch überdieß, daß schon bey dem Kolloquio zu Weimar zwischen ihnen und den Jenaischen Theologen eine Kälte eingetreten seyn mußte, wodurch sie sich sehr empfindlich gekränkt fühlten. S. eb. das. p. 166-168.

213) Ordnung und summarischer Prozeß des fürstl. Sächsischen Konsistorii. Jena. 1561. 4.

lieren, da sie in keinem Verhältniß standen, das ihnen irgend einige Ansprüche darauf geben konnte [214]). Wohl enthielt die neue Ordnung einige andere Artikel, die auch für sie höchst unangenehm seyn mußten. Auch sie waren darinn ausdrücklich dem Konsistorio unterworfen worden. Noch empfindlicher mochte es für sie seyn, daß ihm die Censur aller theologischen Schriften, die im Lande herauskommen würden, übertragen, und auch die ihrige nicht ausgenommen waren. Am tiefsten aber mußte eine andere Stelle der neuen Ordnung bey ihnen einschneiden, worinn der Herzog erklärte, daß er zwar nicht abgeneigt gewesen wäre, auch einen von seinen Professoren der heiligen Schrift zu Jena in das neue Konsistorium zu verordnen; aber zur Zeit aus hoch bewegenden Ursachen allerhand Bedenken dabey gefunden habe.

214) Doch schienen sie sich in der Stille in ein solches Verhältniß hineinwinden zu wollen! Um diese Zeit schrieb nehmlich Flacius an den Herzog, daß er bißher gemeinschaftlich mit D. Schnepf die Inspektion aller Pfarreyen in den Fürstl. Sächsischen Landen gehabt habe; da nun Schnepf gestorben sey, so würde es räthlich seyn, daß wieder ein anderer von den theologischen Professoren oder auch die ganze Facultät zu dieser Inspection verordnet würde. Diß Projekt war nicht übel berechnet, um der Facultät einen Einfluß auf das ganze Kirchen-Wesen des Landes zu versichern, der ihr nicht nur das Bann-Recht, sondern was ungleich mehr austrug, die Gewalt verschaffen konnte, es im ganzen Lande nach ihrem Wink durch die Pfarrer ausüben und verwalten zu lassen: aber ihre Absicht wurde vereitelt. Der Herzog antwortete Flacius, daß er ihn nur zu der theologischen Profession nach Jena vocirt habe, und ihn mit jeder weiteren Last verschonen wolle, da er schon mit dieser genug zu thun haben würde, wenn er ihr gehörig abwartete. Ueberdiß — sezte er hinzu — gehöre seiner Meynung nach die Ober-Inspektion unter die Rechte des Landesherrn, die er sich von den Theologen nicht würde nehmen lassen, die besondere Inspektion über die Pfarer gehöre hingegen den Superintendenten, welche zunächst dazu angestellt seyen." Aus dieser Antwort des Herzogs darf man beynahe den Schluß ziehen, daß auch jene Inspektion über die Landes-Pfarreyen, welche Flacius bißher gemeinschaftlich mit Schnepf geführt haben wollte, nur ein Amt war, zu welchem sie sich selbst — vielleicht mit stillschweigender Genehmigung, aber — ohne einen eigentlichen Auftrag des Hofes berufen hatten. S. Salig Th. III. 641.

habe [215]). Vielleicht hätten sie würklich auch davon einige gerechte oder doch scheinbare Ursachen zu einer beschwehrenden Vorstellung hernehmen können, wie sie es in der Folge auch thaten; allein in der blinden Heftigkeit des Grimmes, in den sie darüber kamen, kehrten sie sich zuerst bloß gegen den Punkt, der sie am wenigsten zu treffen schien, und verriethen damit selbst der ganzen Welt, was freylich schon vorher die ganze Sächsische Welt wußte, daß sie dieser am stärksten getroffen habe.

Das den Predigern aus der Hand gewundene Bann-Recht war es allein, von dem sie den Anlaß hernahmen, das wüthendste Zeter-Geschrey gegen die neue Ordnung zu erheben; nur gaben sie ihren Klagen darüber eine Wendung, wodurch sie ein scheinbareres Pathos, aber dabey desto mehr empörendes für den Hof bekamen. Sie stellten die ganze neue Anstalt als ein Unternehmen vor, wodurch die weltliche Obrigkeit auch vollends das Amt der Schlüssel an sich reissen, die Fürsten dem Herrn Christo in den Zügel greifen, und sich in der Kirche so unumschränkt, wie im Staat machen wollten [216]): und nun gaben sie sich das Ansehen, als ob

215) Die Stelle wurde für sie noch kränkender, weil man so deutlich dabey merken ließ, daß die Ursachen, warum man keinen von ihnen in das Konsistorium genommen habe, bloß persönlich seyen. Der Herzog behielt sich nehmlich dabey das Recht vor, das Konsistorium zu seiner Zeit anders zu besezen, wenn einmahl eine Veränderung in seinem jezigen Personale eintreten würde. Diß hieß aber in dieser Verbindung nur angekündigt, daß er sich vorbehalte, auch Jenaische Professoren in das Kollegium zu sezen, wenn sie ihm einmahl dazu tauglich schienen.

216) In einem Brief vom 25. Oct. den Musäus und Wigand gemeinschaftlich an die zwey fürstl. Räthe Eberhard von Thann und Wallenrod schrieben, drückten sie sich folgendermassen aus: "Sie könnten nicht anders glauben, als daß nun die weltliche Obrigkeit, auch sogar das regimen clavium an sich reissen, und verordnen wolle, wer zu absolviren, und zum Sakrament zuzulassen sey, oder nicht. Diß aber sey etwas

gans

ob sie nicht bloß für die Rechte der Prediger und ihres Standes, sondern für die Rechte der ganzen Kirche eifern müßten, weil mit ihrer Freyheit und ihrer Unabhängigkeit von der weltlichen Macht ihre ganze Existenz auf dem Spiel stehe.

Um diese Insinuationen desto würksamer zu machen, hüteten sie sich sorgfältig, irgend einen besonderen Grund anzugeben, aus welchem jene Absicht des Hofes geschlossen werden könnte. Sie sprachen nicht anders davon, als ob sie durch die neue Anstalt selbst ganz unverdeckt dargelegt worden wäre, und also kein Mensch daran zweiflen könnte: aber diß machte auch ihre Frechheit desto empörender und desto bedenklicher. Den Grund zu dieser Vorstellung konnten sie nur entweder davon hernehmen, weil man das neue Kollegium auch mit einigen weltlichen Räthen besezt, oder davon, weil sich der Hof das Jus Consistorii, oder das Recht, die Beysizer zu ernennen, angemaßt und vorbehalten hatte. Der erste Umstand ließ sich aber kaum dazu benuzen, weil man doch eine gleiche Anzahl von Geistlichen darein aufgenommen hatte [217]); also schien es nur der zweyte

ganz unerhörtes, und würde der Kirche unwiederbringlichen Schaden thun, denn das weltliche Schwerdt und die Kirchen-Schlüssel wären unendlich weit von einander. Es hieße zwar: Die Geistliche wollten den weltlichen Herrn nach dem Zügel greifen. Aber man könnte es umkehren: Die weltliche Herrn griffen jezt Christo nach dem Zügel; aber sie würden sich gewiß die Hände scheußlich daran verbrennen, und sich damit nebst dem Zorn Gottes nur Schimpf und Schande auf den Hals laden, welches doch sie, die Theologen, ihnen nicht gönnen wollten. S. Salig. 635.

217) Die vier Superintendenten von Koburg, Heldburg, Weimar und Orlamünde. Aber freylich hatte sich der Herzog dabey das Präsidium vorbehalten, "Damit — heißt es in der Ordnung — wenn die Beysizer nicht „gleichstimmig oder wiederwär„tig, ein Fürstlicher Schluß und „Endung gemacht werden könne." Doch selbst diß konnte die Theologen nicht zu ihrer Vorstellung berechtigen, welche sie auch in einem Brief an den Herzog selbst anbrachten, worinn sie ihn baten, "daß

zweyte zu seyn, auf den sie ihre gehässige Beschuldigung gründen konnten, und was sezte diß voraus? Es lag nicht weniger darinn, als daß sie der weltlichen Obrigkeit und den Fürsten das Recht absprachen, sich auch nur mittelbar in kirchliche Angelegenheiten mischen zu dürfen. Es hieß beynahe wörtlich erklärt, daß die Landeshoheit den Fürsten nur das Recht der Advokatie oder der Beschüzung der Kirche im engern Sinn, nicht aber das Recht der höchsten Aufsicht und Inspektion über sie einräume, oder daß es wenigstens unbefugte Ausdehnung dieses Rechts sey, wenn sie sich nur den entferntesten Einfluß auf die innere Regierung der kirchlichen Gesellschaft, und auf die Ausübung, ja selbst nur auf die Ausübungs-Art ihrer eigenthümlichen Gewalt anmassen wollten.

Doch diß erklärten sie ganz wörtlich dem Hofe selbst, daß sich wenigstens keine weltliche Obrigkeit zu der Einmischung in irgend eine Sache, die zu dem Glauben oder zu der Religion gehöre, befugt halten dürfe, weil das Kognitions-Recht darüber ganz ausschliessend — nicht der Kirche — sondern dem Priesterstand gehöre. Sie wollten — schrieben sie in einem an den Herzog Johann Friederich gerichteten Brief [218]) — sie wollten nicht läugnen, daß auch die Prediger unter der obrigkeitlichen Gewalt stünden, und stehen sollten: aber die Vertheidigung der Wahrheit gegen die Irrthümer und Korruptelen, also auch die Beurtheilung desjenigen, was Wahrheit und Irrthum sey, gehöre den Geistlichen allein, und der Obrigkeit liege nichts als die Pflicht ob, ihre Urtheile zur Vollziehung zu bringen.

Aber selbst diß mag nicht so viel Erstaunen und Unwillen erregen, als die Sprache, in welcher sie ihre Pro-

"daß er doch die Excommunika-„tion nicht vor weltliche Regen-„ten allein ziehen möchte, wel-„che keine Erfahrung hätten, und „denen ja auch die Bewahrung „der reinen Lehre und die Kon-„futation der Irrthümer nicht „befohlen sey."

218) S. Salig. Th. III. 641.

Protestationen gegen die neue Anstalt an den Hof gelangen liessen. Es sollte die ächte Sprache seyn, in welcher Luther zuweilen auch Fürsten die Wahrheit gesagt hatte: aber sie dachten nicht daran, daß diese Sprache in Luthers Munde bloß daher ihren erschütternden Nachdruck bekommen hatte, weil sie bey ihm natürlicher Ausguß des edelsten und des sichtbar-uneigennüzigsten Eifers für Wahrheit war. Sie fühlten nicht, daß diese Sprache entweyht und entheiligt war, sobald sie für ein profanes selbsüchtiges Interesse geführt wurde, und in diesem Fall eben so viel eckelhaftes und abstossendes erhielt, als sie an Kraft verlohr. Sie unterstanden sich also, im Eingang der langen Beschwehrungs Schrift 219), die sie dem Herzog schickten, ihm zuerst vorzuperoriren, daß sie Gesandte und Knechte Gottes seyen, den er selbst anrufen müßte, damit er nicht ihre Beschüzung und ihre Rache wider ihn über sich nähme; und dann nahmen sie selbst eine Gewissens-Rüge mit ihm vor, wie sie wohl noch keiner seiner Hof-Prediger im Beichtstuhl mit ihm vorgenommen hatte. Das Haupt-Thema dieser Rüge war die Geringschäzung gegen den geistlichen Stand, die er durch die ungerechte Absezung des Pfarrers Winter geäussert, und der Eingriff in seine Rechte, dessen er sich durch das ihm entzogene Exkommunikations-Recht gemacht haben sollte. Selbst der Kayser, Konstantin der Grosse, sagten sie ihm, hätte mehr Respekt gegen die Geistliche bezeugt, denn dieser hätte sich sogar bemüht, ihre Schande zu bedecken, da er sie selbst der Schande und Verachtung preisgebe. Durch diß Beyspiel des Herzogs verführt, fienge schon jeder Edelmann und Schösser an, seinen Priester zu placken,

219) Sie war eilf Bogen stark, und von allen vier Theologen, Flacius, Musäus, Wigand und Juder unterschrieben. eb. das. 636.

cken, und könne es auch ungestraft thun. Es sey, leyder! so weit gekommen, daß der Schösser in Gotha auch in göttlichen Sachen mächtiger sey, als der Superintendent; und diß komme bloß daher, weil die Fürsten mit ihrem Schwerdt nicht mehr zufrieden seyn, sondern auch mit den Schlüsseln Christi schalten und walten wollten. Aber Christus — diß sollte der Herzog nur glauben — würde sicherlich seinen Dienern seine Schlüssel retten helfen, die er nur ihnen anvertraut habe, und die allein nach seinem Befehl damit binden und lösen müßten. Sie wollten ihn also dringend gewarnt haben, sich vor den Stricken des Satans, und derjenigen, die ihn zu der Verfolgung gottseliger Lehrer verleiteten, zu hüten, und sich wegen der Sünde, die er schon auf sich geladen habe, vor Gott zu demüthigen, auch die Hand, die sie ihm darböten, um ihn von seinem Fall wieder zur Busse aufzurichten, anzunehmen 220). Excommuniciren wollten sie ihn zwar nicht, aber sagen müßten sie ihm doch, daß er nicht mit gutem Gewissen zum Abendmahl gehen könne, biß er die Verfolgung und Unterdrückung des Amts der Schlüssel wieder eingestellt habe. Damit aber, schlossen sie, möchte er eilen, denn die Vorboten der göttlichen Gerichte zeigten sich schon häufig 221); und

220) "Was — schrieben sie — „hätte das nicht auf sich, einen „Prediger, der in seinem Gewis„sen verstrickt wäre, keinem Un„bußfertigen das Abendmahl zu „reichen, dennoch zwingen zu wol„len, daß er wieder Christi Be„fehl und sein Gewissen handlen „und einen unglaubigen Juristen „zum Sakrament zulassen sollte! „Aber leyder! sey es schon so weit „gekommen, daß man treue Pre„diger gegen einen Juristen und „wohl gegen einen Kriegs-Mann „gar nichts mehr achte, da doch „jene eine sonderbare Gabe Chri„sti wären, und diese sich nur „von Natur oder durch Kunst ha„bilitirten."

221) "Die Stadtgraben um „Weimar hätten ja erst kürzlich „Blut geschwizt, und die Störche wären aus der Stadt nach „dem Galgen gezogen: auch hätte man an den Bienen Türckische Bunde wahrgenommen — „diß seyen lauter traurige Zeichen, die ein grosses bevorstehendes Unglück ankündigten, sowie „die viele Ottern und Schlangen, „welche

und wenn er ja nicht wisse, was es zu bedeuten habe, Priester und Diener Gottes zu drücken? so sollte er nur an die vierzig Knaben von Bethel gedenken, welche wegen der Verspottung Elisä von den Bären zerrissen worden seyen, oder an die drey Hauptleute mit ihren Schaaren, auf welche Elias Feuer vom Himmel herabgebetet habe!

Kap. XI.

Kaum mag man es wohl für möglich halten, daß die Theologen nach diesem ihre Frechheit noch weiter hätten treiben können; aber es kommt in der That noch ärger! Durch diese wüthende Bewegungen hofften sie die Einführung der neuen Konsistorial-Ordnung, die noch nicht förmlich publicirt worden war, noch hintertreiben zu können, und die Haltung, welche der Hof dabey gegen sie annahm, bestärkte sie vielleicht eine Zeitlang in der unnatürlichen Hoffnung. Auf ihre lange Ermahnungs-Schrift hatten sie zwar eine so entschlossene als ernsthafte Antwort erhalten. Der Herzog, hieß es darinn, hielte es nicht für nöthig, sich mit ihnen in eine Schul-Disputation einzulassen, wiewohl er alle ihre Vorstellungen stattlich und genugsam abzulehnen und zu wiederlegen wüßte: sondern wollte schlechthin seine Verordnungen gehalten wissen. Der Schluß des Reskripts enthielt sogar die Drohung, daß man Mittel finden würde, sie eine beharrliche Wiederspenstigkeit bereuen zu lassen.[222]): aber zu gleicher Zeit versuchte man sie zu einem

„welche in diesem Jahr auf die „Bäume gekrochen seyn — ganz „sichtbar die Schlangen-Brut „im Kirchen-Paradiese abbilde„ten, durch welche die Seelen„Speise verdorben würde."

222) "Dem Binde-Schlüssel — schrieb der Herzog — wollte er nichts entziehen; aber es sollte auch keiner nach seinem Gefallen damit schalten, aus dem Gleise schreiten, Tyranney aufrichten, und den Herzog und seine Räthe von der Kanzel ausrufen. Er wollte keine Spanische Inquisition noch andere Neuerungen

einem gütlichen Vergleich mit Strigeln, und zu einer friedlichen Beylegung der Händel mit ihm zu überreden [223]), ließ sie dabey vielleicht allzudeutlich sehen, daß man es nur ungern zum äussersten mit ihnen kommen lassen würde, und brachte sie dadurch wahrscheinlich auf den Glauben, daß sie nur die Furcht, in der man vor ihnen stehe, gehörig benuzen dürften, um alles zu ertrozen!

Mit der empörendsten Unart stiessen sie also jezt zuerst jeden Antrag zu einer Aussöhnung mit Strigeln zurück. Die ganze Fakultät stellte ein Responsum aus [224]), worinn sie es Flacio zur Gewissens-Sache machte, daß er sich in keinen Vergleich mit ihm einlassen dürfe. In dieser Kontrovers, erklärten sie, könne keine Vermittlung und kein Mediateur, sonderlich kein politischer, statt finden, sondern nach dem Kirchen-Gebrauch müssen Synoden und Konvente darüber sprechen, und

rungen dulden, welche mit der Zeit unter dem Schein des geistlichen Kirchen-Amts zu einem ärgerlichen, höchst schädlichen und papistischen Mißbrauch und Gerichts-Zwang gerathen dürften: dabey aber gedächte er nichts destoweniger bey der reinen Lehre zu bleiben, rechtschaffene Theologen zu schüzen, andere aber in gebührliche Zucht und Strafe zu nehmen. Salig. 640.

223) Man stellte den Versuch völlig so an, wie es Mörlin und Stössel in ihrem angeführten Bedenken an den Herzog gerathen hatten. Diß war dahin gegangen, daß man nicht mehr an die Fortsezung der Disputation denken sollte, von der sich bey der so hoch gestiegenen, wechselseitigen Erbitterung der Streitenden nichts fruchtbares mehr erwarten lasse; sondern man möchte jedem aufgeben, seine Meynung in neue Artikel zu verfassen, und alsdenn nach der Beschaffenheit von diesen zusehen, ob sie nicht durch gütliche Vorstellungen bewogen werden könnten, sich darüber auf eine befriedigende Art gegen einander zu erklären. Diese Artikel schickte Strigel den 5. Dec. S. Act. Disput. Vinar. p. 326. und Flacius den Tag darauf seine Konfession, aber mit einem Brief an die Fürstlichen Räthe ein, welcher voraus jede Hoffnung eines zu erzielenden Vergleichs vernichtete. S. eb. das. p. 309. ff.

224) Flacius hatte zum Schein das Responsum verlangt, um sich voraus instruiren zu lassen, was er auf jedes mögliche Ansinnen, das man an ihn machen könnte, zu antworten hätte. Einen Auszug aus dem Responso hat Salig p. 643.

und den Halsstarrigen excommuniciren. Die alten Kayser hätten die Kezer mit dem Exil und noch härter bestraft, und die Herzogliche Visitations-Ordnung habe ebenfalls festgesezt, daß kein Schwärmer und Irrlehrer im Lande geduldet, viel weniger in einem geistlichen Amt gelassen werden dürfe. Strigel aber sey ein fünf und zwanzigfacher Kezer — würklich zählten sie 25 Kezereyen auf, deren er überführt worden sey, oder überführt werden könnte! — Folglich dürfe man keine Privat-Versöhnung mit ihm eingehen, ja nicht einmahl Privat-Schriften von ihm annehmen; sondern die gelindeste Behandlung, die man sich in Ansehung seiner erlauben dürfe, bestehe darinn, daß er zu einem öffentlichen Widerruf und zur öffentlichen Busse angehalten werden müsse, weil er öffentlich die Kirche geärgert habe 225).

Mit dieser neuen Explosion begnügten sich aber die Leute nicht, sondern um sie kräftiger oder doch den Lärm davon grösser zu machen, schickten sie einerseits ein sogenanntes Schreiben an einige fromme Brüder in der Welt herum 226), worinn sie den ganzen bißherigen Verlauf der Händel mit Strigel erzählten, es allen frommen Superintendenten und Predigern klagten, daß sie bißher noch keinen Spruch hätten erlangen können, wiewohl sie ihre Stimme wie eine Posaune erhoben hätten,

225) In einem gemeinschaftlichen Brief, den Musäus, Wigand und Juder den 4. Dec. an Mörlin und Stössel schrieben, um ihnen zu verweisen, daß sie zu dem neuen Vergleich, den man versuchen wolle, gerathen hätten, drückten sie sich noch viel heftiger aus. Sie sagten darinn gerade heraus, so lange Strigel in Jena bliebe, so würde auch die Universität im Ruin bleiben. Er müste entweder fort, oder die Akademie gienge zu Grund, denn er wäre ein Kezer, des Teufels Werkzeug, ein reissender Wolf, ein Dieb und ein Mörder, der desto mehr Schaden anrichtete, jemehr er natürliche Gaben hätte. Auch diesen Brief hat Salig p. 645.

226) S. Epistola Theologorum Jenensium ad quosdam pios fratres de causa Victorini in Act. Coll. Vinar. p. 331.

ten, und sie endlich insgesammt aufforderten, daß sie sich vereinigen, ihnen und der reinen Lehre zu Hülfe kommen, und auch ihre Obrigkeiten dazu bewegen möchten [227]). Andererseits streuten sie unter einigen Superintendenten und Pfarrern im Lande selbst einen eigenen Brand-Brief aus, worinn sie über die Laulichkeit, die man jezt überall in Bestreitung der Kezereyen verspührte, über die Verachtung ihrer Warnungen und Vorstellungen dagegen, und über die Macht der Finsterniß, die immer grösser im Lande zu werden scheine, die bitterste Klagen führten, um die Ermahnung zu motiviren, daß sie doch in ihrer Wachsamkeit und in ihrem Eifer nicht müde werden möchten, wiewohl sie ihnen dabey kein anderes Schicksal, als das Schicksal des treuen Zeugen und heiligen Märtyrers Winter versprechen könnten [228]).

Die Erfahrung einiger Würkungen, welche diese Motionen ihren Wünschen gemäß hervorgebracht hatten, wurde ohne Zweifel die stärkste Aufmunterung für sie

auf

227) Man muß hier doch dazu sagen, daß sie von den fremden Theologen und Obrigkeiten, deren Hülfe sie zu imploriren schienen, nichts weiter verlangten, als daß sie sich für die baldige Versammlung einer lutherischen General-Synode verwenden möchten, die schon mehrmahls als das sicherste Mittel, Händel der Theologen beyzulegen in Vorschlag gekommen war. Dadurch wollten sie vorzüglich den Verdacht von sich ablehnen; den man schon geäussert hatte, daß selbst sie bißher dagegen gearbeitet haben sollten, und davon überzeugten sie gewiß jedermann durch diesen Brief, daß ihnen mit einer Synode gedient seyn würde, auf welcher, wie sie sagten, nur unverdächtige und rechtschaffene Lehrer, nur ächte Israeliten ohne Falsch, aber kein Samariter zugelassen werden müßte.

228) Winter war bald nach seiner Absezung gestorben, da er schon vorher krank gewesen war. Sie nannten ihn deßwegen einen Märtyrer und zugleich alle, die an seiner Absezung Theil gehabt hatten, Mörder: der höchste Grad von Frechheit aber war es, daß sie sich unterstanden, den Brief, der diesen empörenden Ausdruck enthielt, auch an Mörlin und Stössel nach Koburg und Heltburg zu schicken, denen sie doch schon vorher in das Gesicht gesagt hatten, daß sie ihnen die meiste Schuld von Winters Absezung beylegten. S. Salig p. 845.

auf diesem Wege fortzufahren. Im Lande selbst hatte ihre Ermahnung die Köpfe einiger Prediger so stark erhizt, daß sie dem Herzog eine Vorstellung übergaben, worinn sie das Verfahren gegen Winter für die schreyendste Ungerechtigkeit erklärten, und das ihnen entzogene Bann-Recht mit sehr grossem Ungestümm zurückfoderten.[229]). Auf ihren Brief an einige fromme Brüder ausserhalb Sachsens hatten sie hingegen von Joachim Mörlin in Braunschweig eine Antwort erhalten, worinn er sie nicht nur zu der standhaften Verharrung bey ihren gefaßten Entschlüssen anfeuerte, sondern ihnen auch sein Wort gab, daß er besonders gegen die neuen Eingriffe der weltlichen Regenten in die Rechte des geistlichen Standes auch seine Stimme, wie eine Posaune erheben, und sie durch Schreyen und Schreiben, durch Beten und Fluchen aus allen seinen Kräften unterstüzen wolle[230]). Sie schmeichelten sich also mit der Hoffnung, daß es ihnen in und ausser dem Lande nicht an Gehülfen fehlen würde, wenn es der Hof zum offenen Kriege mit ihnen anlegen dürfte, und scheuten sich daher weniger, diesen immer mehr dazu zu reizen, wozu sie bald eine neue Gelegenheit machten.

229) Der Superintendent zu Altenburg, Alexius Breßnicer, und Martin Wolf, Superintendent zu Sala. Der lezte sagte in seiner Vorstellung unverdeckt, daß der Bann von Rechts wegen den Geistlichen gehöre. S. eb. das. p. 847.

230) "Er hätte, schrieb er ihnen, auch davon gehört, daß die weltliche Fürsten jezt nicht mehr daran genug hätten, daß sie aus der päbstlichen Sclaverey errettet seyen, sondern nun auch Christum und sein heiliges Ministerium ihrem Gutdünken, den Apostel Paulus aber Justiniano unterwerfen wollten. Ehe er aber dazu helfen oder darein willigen wolle, ehe wolle er sich nicht allein aller Fürsten Lande, sondern auch die ganze Welt verbieten lassen. Es wären zwar bißher greuliche Kezereyen aufgekommen, dawieder sie gestritten hätten, und noch ferner zu Felde liegen wollten; aber so greulich hätte doch der Satan noch nie getobt, als jezt, da er die beyde Aemter, die Christus von einander gesondert, das weltliche und das geistliche vermischen wolle." eb. das. 646.

Mit dem J. 1561. fiengen sie an, sich das Predigen in der Pfarr-Kirche zu Jena mit einer Art anzumassen, die nothwendig Aufsehen erregen mußte. Es mochte wohl vorher zuweilen geschehen seyn, daß ihnen der Pfarrer einige Predigten überlassen, oder daß sie aus Gefälligkeit für den Pfarrer hin und wieder eine übernommen hatten; jezt hingegen schienen sie sichs als eigene Amts-Verrichtung herausnehmen zu wollen [231], denn fast jeden Sontag trat nun einer von ihnen in der Pfarr-Kirche auf. Was sie dabey suchten, erfuhr auch jeden Sontag die ganze Stadt; denn es vergieng keiner, an dem sie nicht einen ihrer vermeynten Feinde von der Universität und vom Magistrat zu Jena, und auch wohl vom Hofe auf die Kanzel brachten, um ihn — zwar nicht nahmentlich aber doch kenntlich genug — dem Teufel zu übergeben. Da sie es dabey auch sonst unverkennbar darauf anlegten, das Volk und die Menge in Flammen zu sezen, und, wo möglich in Jena ähnliche Auftritte vorzubereiten, wie Mörlin in Königsberg durch seine Schmäh-Predigten gegen Osiander angerichtet hatte, so ließ man ihnen vom Hofe aus auf die erste Anzeige, welche die Universität davon einschickte, das Predigen sogleich untersagen [232], zu dem sie ohnehin gar nicht angestellt seyen; aber auf diß Verbot gaben sie eben so schnell eine Vorstellung ein, worinn sie mehrere Ursachen ausführten, warum sie sich nicht dadurch für gebunden halten könnten. Als eine dieser Ursachen führten sie unter andern an, daß ihnen Gott ziemliche Gaben zum Predigen verliehen habe, welche sie nicht unter die Bank stecken dürften. So wollten sie auch dem Teufel

231) Sie konnten es auch jezt am leichtesten thun, denn Winters Stelle war noch nicht wieder besezt, sondern nur ein Pfarr-Amts-Verweser in der Person eines gewissen Cuno angestellt, der ganz ihre Creatur war.

232) Der Herzog schickte einen seiner Räthe nach Jena, der ihnen das Verbot insinuiren mußte.

sel, der zu Jena über das Verbot tanzen und frohlocken würde, die Freude nicht machen: doch der weitgreiffendste und deßwegen bedenklichste Haupt-Grund, den sie dagegen anführten, war dieser, daß sie als Diener Christi zum Predigen berufen seyen, daß sie deßwegen an allen Oertern, wo sie bißher gewesen seyen, immer zugleich in den Kirchen gepredigt, und in den Schulen gelehrt hätten, und daß sie von dieser göttlichen Vokation nicht abtreten könnten [233])!

Nun machte man zwar am Hofe mehrere Anstalten, welche ihnen sehr deutlich ankündigten, daß man sich auch vor dem äussersten nicht mehr fürchte, zu dem es kommen könnte. Auf ihre Vorstellung erhielten sie die kurze und kalte Antwort, daß es bey dem Verbot bleiben müsse. Um sich ihres Gehorsams gewisser zu versichern, gab man zugleich dem neuen Pfarrer und Superintendenten [234]), der nach Jena versezt wurde, die Weisung, daß er ihnen keine Gelegenheit, auf seine Kanzel zu kommen, machen sollte: zu Anfang des Julius aber wurde die neue Konsistorial-Ordnung mit einem Herzoglichen Reskript publicirt, nach welchem sie in allen Städten und Dörfern öffentlich angeschlagen, und von allen Kanzeln vorgelesen werden sollte. Dieser Schritt gab am deutlichsten zu erkennen, daß man am Hofe zu allem gegen sie enschlossen und zu allem gefaßt sey; denn sonst würde man ihn nicht mit einer Art gethan haben, die kein Zurücktreten mehr zu-

233) "Wenn sie das gewußt hätten — sezten sie trozig hinzu — daß sie als Professoren zu Jena nicht zugleich predigen sollten, so würden sie die Vokation des Herzogs nicht angenommen haben, weil ihnen Gottlob! noch wohl andere ehrliche Vokationen vorgestanden seyen.

234) Diß war der bißherige Superintendent Stössel zu Heldburg, der sich in der lezten Zeit dem Hofe sehr empfohlen, von dessen Rechtglaubigkeit aber auch Flacius das unverdächtigste Zeugniß abgelegt hatte, da er ihn nach dem Tode von Schnepf mit Musäus zu seinem Nachfolger vorgeschlagen hatte.

zuließ: aber die Wuth der Theologen darüber war zu groß, als daß sie die Warnung hätten sehen können, die für sie darinn lag!

Eine Reyhe von Remonstrationen, welche sie gegen die Anrichtung des neuen Konsistorii eingaben, und eingeben liessen [235]), enthielt nicht nur so viel kränkendes und beleidigendes für den Herzog, sondern auch so viel bedenkliches für die Rechte der Fürsten überhaupt, daß sie sich an jedem Hofe ihren unabwendbaren Sturz dadurch bereiten mußten. Jezt könnte man zwar mit Theilnehmung bey einigen der Grundsäze des neuen kirchlichen Staats-Rechts verweilen, welche sie bey dieser Gelegenheit aufstellten, wenn man nur dabey vergessen könnte, daß es das Interesse ihrer eigenen Herrschsucht war, was sie darauf leitete; aber sie deckten es selbst in jeder Wendung, welche sie diesen Grundsäzen gaben, und in den Folgen, die sie daraus zogen, nur allzudeutlich auf.

Unter den allgemeinen Gründen, welche sie gegen die neue Konsistorial-Ordnung vorbrachten, stand dieser voran, daß sie von keiner kompetenten Autorität entworfen und vorgeschrieben worden sey. Die Einrichtung eines Konsistorii, behaupteten sie, hätte auf einer Kirchen-Synode beschlossen, oder doch wenigstens vorher auf einer Synode überlegt werden müssen, denn es gehörte nur

235) Alle zu dieser Geschichte gehörigen Aktenstücke, die nie in das Publikum gekommen waren, fand Salig in der Wolfenbüttelischen Bibliothek, und rückte ausführliche Auszüge daraus in seine Geschichte ein. Die Hauptstücke darunter sind folgende: Ein lateinisches Schreiben an Herzog Johann Friedrich, warum das Weimarische Consistorium nicht zu approbiren sey, ohne Datum. Eine Schrift mit dem Titel: Rationes theologicae contra Consistorii Vinariensis aequitatem. Eine andere mit der Aufschrift: Gravissimae causae, cur forma et norma Consistorii jam edita in plurimis partibus pie probari non possit. Ein Brief von Musäus und Wigand an Amsdorff d. d. 17. Jul 1561. Ein Protocoll vom 21. Jul. darinn Musäus, Flacius, Wigand und Juder ihre Argumente gegen das Konsistorium zusammengetragen, und jeder mit eigener Hand die seinige aufgeschrieben. Salig Th. III. 853.

nur für die Geistlichkeit, und nicht für Politicos, ein solches die Kirche repräsentirendes Collegium zu organisiren, die Gränzen seiner Kompetenz zu bestimmen, und es mit gehöriger Vollmacht zu instruiren. Auch die Fürstliche Autorität könne nicht dazu hinreichen; denn der Fürst sey weder die Kirche selbst, noch das Haupt der Kirche: ja wenn man auch annehmen wollte, daß die Rechte der Bischöfe auf ihre Fürsten übergegangen seyen, so dürften sie doch nicht mehr Gewalt sich anmassen als diese; kein Bischof aber dürfte sich herausnehmen, etwas dieser Art ohne sein Kapitel zu beschliessen. Doch an diese Bischöfliche Rechte der Fürsten schienen sie überhaupt nicht zu glauben, denn sie giengen zugleich von dem Grundsaz aus, daß sich keine politische Stelle in kirchlichen Sachen ein Entscheidungs-Recht anmassen dürfe. Diß, sagten sie, sey der einzige ordnungsmässige Entscheidungs-Gang für alle Gegenstände dieser Art, wenn die Politici, als Kirchen-Glieder zuhörten, was die Geistliche darüber sprächen; sobald sie aber selbst sprechen wollten, so trete das Kayserliche Pabstthum ein, von dem Luther geweissagt habe [236].

So fanden sie auch unter den besondern Fehlern und Irregularitäten der neuen Ordnung, welche sie auszeichneten, nichts drückender und schreyender, als daß sich

236) "Die Fürsten — sagten sie in einer ihrer Vorstellungen — „müßten nicht meynen, daß, „ob sie wohl die Kirchen-Güter „und das Jus vocandi an sich gerissen, sie den Theologen und „Predigern eben so zu befehlen „hätten, wie ihren Vasallen. „Dazwischen sey ein grosser Unterschied. Wenn die Fürsten „auch alle Prediger und Lehrer „aus ihrem Fisco besoldeten, „so wären sie doch nicht ihre Diener, was ihre Funktion und „Religion anlange. Politici könnten Politicis befehlen; Christus aber beföhle seinen Dienern allein, und so ungnädig „es ein Fürst aufnehme, wenn „sein Gesandter von jemand anders als von ihm Befehl erwartete und annähme, eben „so ungnädig nehme es auch der „Sohn Gottes auf, wenn seine „Boten und und Gesandten sich „von den Politicis vorschreiben „liessen."

sich der Herzog selbst das votum conclusivum vorbehalten, und es dabey noch unbestimmt gelassen habe, ob man auch von ihm und von seinem Konsistorio an eine Synode appelliren könne. Sie erklärten diß als eine Anmassung einer diktatorischen Gewalt, welche die Kirche unter das Joch einer mehr als päbstlichen 237) Tyranney bringen würde: doch schrieen sie selbst noch lauter über den Artikel der Ordnung, in welchem dem Konsistorio die Censur ihrer Schriften übertragen war, wobey man ihrem Ausdruck nach nur die Absicht hätte, dem heiligen Geist das Maul zu binden 238); und mit der heftigsten Bitterkeit perhorrescirten sie endlich nahmentlich die meiste der Personen, mit denen der Herzog das neue Kollegium besezt hatte 239).

Aber

237) Schon vorher hatten sie gesagt, daß das neue Konsistorium noch etwas schlimmeres als das Pabstthum einführen würde, denn die Römische Kirche habe doch nur einen Pabst, die Weimarische aber werde nun neun Päbste bekommen, weil neun Personen im Konsistorio sizen sollten.

238) Man hatte aber vom Hofe aus zu gleicher Zeit den Buchhändlern zu Jena und im ganzen Lande verboten, daß sie keine uncensirte Schrift der Theologen verkaufen sollten. Dagegen gaben sie eine eigene Vorstellung ein, worinn sie mit zwanzig Gründen bewiesen; daß das Verbot des Drucks ihr Amt drückte und verhinderte, also nicht von ihnen geachtet werden dürfe. "Sie, die Theologen — hieß es unter andern darin — „hätten ihre Theologie nicht von „den Höfen gelernt, und ihre „Gaben auch nicht daher empfangen; also wollten sie auch von „den Höfen dieselbe nicht „richten lassen, man möchte sauer oder süß dazu sehen, sondern durch Gottes Geist getrieben, schreiben und thun, „was vor Gott recht wäre, es „möchte Weisen oder Thoren gefallen oder mißfallen. Das „führte ihre Vokation im Munde, und also würde ihnen Gott „auch einen eifrigen Muth geben, daß sie sich vor den Drohungen der mächtigen nicht „fürchteten, weil geschrieben „stünde: den Geist und die „Weissagung dämpfet nicht!" Auch sezten sie ein eigenes Responsum pro prelorum libertate auf — ein Titel, bey dem man wohl kaum seinen eigenen Augen trauen würde, wenn man ihn ohne weitere Notizen unter ihren Nahmen irgendwo angeführt fände. Eine Vertheidigung der Preß-Freyheit von Flacius und Musäus, Wigand und Juder!

239) Unter den geistlichen Beysizern war ihnen der Superintendent von Orlamünde, Casp. Molitor,

Aber selbst mit diesen Remonstrationen begnügten sich die Theologen nicht, sondern sobald sie bemerkten, daß man sich am Hofe begnügte, sie mit Verachtung zurückzulegen, so schienen sie es mit Gewalt erzwingen zu wollen, daß man Notiz davon nehmen mußte. Sie wandten daher jedes Mittel an, das noch in ihrer Gewalt stand, um sie in das Publikum zu bringen. Man ließ sie unter den Superintendenten und Pfarrern des Herzogthums cirkuliren, die man zugleich dadurch zu reizen hoffte, daß sie sich gemeinschaftlich, oder doch in einer beträchtlichen Anzahl dem Herzoglichen Befehl, der die Publikation der Konsistorial-Ordnung von ihnen verlangte, widersezen sollten [240]). Um die Würkung davon zu verstärken, wurde noch eine besondere Schrift von ihnen verbreitet, worinn sie bewiesen, daß das Thüringische Land mit dem Gift der Kezerey schon mehrfach angesteckt sey [241]), und eine zweyte, in welcher sie

Molitor, als ein Feind des Konfutations-Buchs und als ein Freund von Strigel verdächtig. Von dem ersten der weltlichen Beysizer, dem Canzler Brück sagten sie, daß er sich schon längst als einen Unterdrücker des Binde-Schlüssels und der Theologen bewiesen habe; der zweyte D. Schneidewein sollte erklärt haben, daß er seinen Kindern noch im Testament verbieten wolle, das Konfutations-Buch nicht zu lesen; wieder den dritten aber, D. Tangel brachten sie vor, daß er noch ein junger Mann sey, der zwar in Frankreich gewesen, aber von geistlichen Sachen nicht viel wissen werde.

240) So wurden sie von ihnen unter andern auch an den Prediger Rosinus in Weimar geschickt, von welchem Salig noch eine Antwort an sie fand, aus der man ersieht, wie stark die Würkung war, welche sie auf seinen schwachen Kopf gemacht hatten. Er schreibt ihnen darinn, daß er jezt durch sie eine rechte Augensalbe bekommen habe, und nun die Fürstliche Caressen, darunter lauter Galle stecke, nicht mehr achten, sondern dabey bleiben wolle, die Consistorial-Ordnung nicht abzulesen, wenn schon der Canzler und die andere Hofleute fleisig in die Kirche kämen, und darauf lauerten. Er wolle nun lieber in das Exilium wandern, als die gottlose Constitution ablesen über deren Abscheulichkeit sie ihm die Augen geöffnet hätten.

241) Demonstratio, quod sint errores in hac regione — Als einen eigenen Beweiß führten sie in dieser Schrift auch den

sie feyerlich erklärten, daß und warum sie Strigeln nicht mehr als ihren Kollegen erkennen dürften und könnten [242]. Dem Herzog selbst aber, der ihnen um diese Zeit verbieten ließ, daß sie eben so wenig ausser dem Lande als im Lande selbst etwas ohne Censur drucken lassen dürften, declarirten sie gerade zu, daß sie sich dieser Ausdehnung des neuen Censur-Zwangs, durch den man ihnen die Hände lähmen wolle, nie unterwerfen würden [243]!

Diß aber erschöpfte auch endlich den lezten Rest der unbegreifflichen Gedult, womit sich Johann Friederich, freylich mehr um seiner selbst als um ihretwillen bißher gegen sie gehalten hatte. Er faßte jezt den festen Entschluß, sie bey dem nächsten Anlaß, den sie geben würden, aus dem Lande zu schaffen, und weil man würklich den nächsten Anlaß, den sie gaben, dazu benuzte, so kam die Reyhe so schnell von einem an den andern, daß man noch vor dem Ablauf von drey Monathen mit allen vieren fertig war. Im September verlangte Musäus selbst seine Entlassung, und erhielt sie auf sein erstes Wort,

den Umstand an, daß die ärgerliche Konsistorial-Ordnung, welche sie einen infelicem abortum nannten, im Lande gedruckt worden sey.

242) Quod non possimus bona conscientia, aut alioqui salvo bono publico, Strigelium pro Collega habere aut agnoscere. Die Impertinenz dieser Erklärung war desto grösser, da die Suspension Strigels von seiner theologischen Lehr-Stelle damahls immer noch fortdauerte. Der Herzog hatte ihm nur erlaubt, philosophische Kollegien zu lesen, worauf er sich auch einschränkte; also hatten sie keinen Grund, der sie zu der Erklärung veranlassen konnte.

243) Der Herzog hatte ausdrücklich Mörlin und Stössel nach Jena geschickt, um durch sie der ganzen Fakultät das Verbot feyerlicher insinuiren zu lassen. Diß mochte sie wohl auch mehr aufgebracht haben; Daher sprachen sie in ihrer Vorstellung desto troziger, denn sie unterstanden sich sogar ihn zu fragen: ob er auch wisse, daß er Gottes Augapfel antaste, indem er sie antasten und auch schon daran gedacht habe, wie viel Unglück die Seufzer, zu denen er sie zwinge, über sein Haupt und über sein Haus bringen könnten?

Wort, aber nicht mit der freundlichsten Art [244]). Kaum einige Wochen darauf erhielt man am Hofe eine Schrift, welche Juder gegen das Herzogliche Verbot ausser Landes hatte drucken lassen, ohne sie vorher der Censur zu unterwerfen; und sogleich wurde ihm, ohne daß man sich weiter mit ihm einließ, seine Dienst-Entsezung angekündigt [245]). Auf die erste Bewegung aber, die nun Wigand und Flacius machten, auf einen Ausfall gegen den neuen Superintendenten Stössel, an dem sie ihren ersten Grimm über diese neue Proceduren ausliessen [246]), erfuhren sie das nehmliche Schicksal, und erfuh-

244) Weil er sich schon auf einer Reyse nach Bremen den Ruf zu einer Stelle daselbst zu verschaffen gewußt hatte, so glaubte er ungestraft pochen zu können, und schrieb daher dem Herzog, daß er nicht länger in Jena bleiben wolle, weil man ihm seine Vokation nicht gehalten, und das Predigen verboten habe, und weil es überhaupt im Lande nicht mehr so sey, wie vorhin. Der Herzog ließ ihm aber sogleich antworten: Weil er durch seine ohne Erlaubniß vorgenommene Reise eigentlich selbst seine Stelle heimlich verlassen habe, so wolle er ihn keinen Augenblick aufhalten; wobey er nur wünsche, daß er der Kirche an einem andern Ort mehr nüzen möge, als er ihr in seinem Lande genüzt habe. Diß schöne Dimissions-Dekret ist vom 10. Sept. 1561. datirt. Salig. 857.

245) Die Schrift von Juder hatte den Titel: daß man soll ausgehen vom Antichrist nach Christi Befehl. Sie hatte auf die Händel im Lande gar keine Beziehung, sondern war bloß gegen das Pabstthum gerichtet. Ueberdiß behauptete Juder, daß er das Manuskript davon noch eher abgeschickt habe, als die neue Ordnung publicirt, und das Verbot, nichts ausser dem Lande drucken zu lassen, ihnen bekannt gemacht worden sey: aber man nahm am Hofe weder auf das eine noch auf das andere Rücksicht, sondern es blieb bey seiner Absezung.

246) Flacius und Wigand schrieben ihm gemeinschaftlich einen Brief von zehen Bogen, worein sie alles ausgossen, was die gereizteste Wuth bitteres und giftiges auskochen konnte. Sie drückten ihm darinn — aus brüderlichem, wohlgemeynten, treuen Herzen, wie sie sagten, 45. Geschwüre auf, oder hielten ihm eben so viele Beschwerden vor, die sie gegen ihn hätten. Er liege — hieß es unter anderem in ihrem Brief — mit dem Ahitophel von Weimar, mit dem Canzler Brück unter einer Decke, Er wandle im Rath der Gottlosen, und size im Consistorio, wo die Spötter säßen. Er gienge zu Jena bey den Feinden der Theo-

erfuhren es noch härter, denn sie wurden eigentlich mit Schimpf und Schande von Jena fortgejagt 247)!

Kap.

Theologen zu Gast, und bestrafte sie nicht, so frey sie auch sprächen. Man sagte, er hätte deßwegen an der Absezung von Judex mitgearbeitet, damit er seine Stelle bekäme, Pastor und Professor zugleich würde, und doppelte Einkünfte zöge. Wenigstens wüßten sie gewiß, daß er an den andern gewaltsamen Proceduren des Hofes gegen die Theologen, wie an der Consistorial-Ordnung Theil habe, also würde auch alles, von Abel an vergossene unschuldige Blut über seinen Kopf kommen. Salig 836. Es verrieth übrigens von Seiten des Hofes ein sehr schickliches Gefühl von Würde, daß man noch auf diesen Anlaß wartete, um das Garn über die Theologen zusammen zuziehen, da man von mehreren Briefen, die sie seit einiger Zeit an den Herzog selbst geschrieben hatten, und besonders von einem neuesten, den sie nach der Absezung von Judex an ihn erliessen, einen eben so rechtlichen und rechtmässigen, aber nicht so anständigen hätte hernehmen können. In diesem lezten Brief hatten sie sich unterstanden, ihm zu schreiben: Sie hätten vor einiger Zeit ein Reskript unter seinem Nahmen bekommen, worinn sie gleissende, ungehorsame und muthwillige Theologen genannt worden seyen; aber wenn sie nur den Concipienten wüßten, so wollten sie ihn ex lege diffamari belangen, denn sie wären rechtschaffene Diener Christi, denen man so etwas nicht bieten dürfte".

247) Der Herzog schickte sogleich eine Kommission nach Jena, um sie wegen dem Brief an Stössel, und wegen einiger anderen Klagen, welche von der gesamten Universität gegen sie eingelaufen waren, vernehmen zu lassen. Der Troz ihrer Vertheidigung entschied ohne Zweifel vollends ihr Schicksal, denn sie scheuten sich nicht den Kommissarien in das Gesicht zu sagen, daß die Absezung von Judex eine himmelschreyende Ungerechtigkeit sey, und daß sie sich der Inspektion und der Censur des Konsistorii wenigstens in Ansehung der Schriften, welche sie ausser dem Lande drucken lassen wollten, niemahls unterwerfen würden, weil diese weder den Herzog, noch den Canzler, noch sonst jemand etwas angiengen. Den Brief an Stößel erkannten sie eben so trozig als den ihrigen, aber baten sich beynahe noch Genugthuung dafür aus, daß man sie deßwegen beunruhigt habe, denn der Privat-Brief, in welchem sie Stößeln nur brüderlich, wenn schon ernstlich angegriffen hätten, damit er fühlen möchte, daß Moses nicht scherze, gehöre vor kein weltliches Gericht. Eine ähnliche Sprache herrschte in der Vertheidigungs-Schrift, die sie nach dem Abzug der Kommission an den Herzog selbst einschickten: dafür aber raffinirte man nun auch am Hofe darauf, den Schlag, den man ihnen zugedacht hatte, recht kränkend für sie zu machen. Den 10. Decbr. kam die nehmliche Kommission, an deren Spize der ihnen so verhaßte Canzler Brück stand, nach Jena zurück, ließ den ganzen akademischen Senat, den Stadt-Magistrat, und das

Kap. XII.

Nun kommt aber erst noch der häßlichste und schändlichste Abschnitt in der Geschichte der Händel, die über den Synergismus im Sächsischen geführt wurden, denn nun folgt erst noch eine Reyhe von Auftritten, die an gelehrter und an moralisch-theologischer Indecenz alles übertreffen, was man selbst nach den bißherigen noch fürchten oder erwarten kann. Glücklicher weise darf sich die Geschichte erlauben, an den empörendsten darunter mit schnellerem Schritt vorüber zu gehen, weil sie auf den Gang des eigentlich-theologischen Streits kein anderes und weiteres Licht als die bißher erzählte werfen können.

Der

das Ministerium zusammenkommen, und publicirte in dieser Versammlung das Absezungs-Dekret von Flacius und Wigand, in welchem alle Veranlassungen, die sie dazu gegeben hatten, weitläufig ausgeführt, und sie selbst nach dem Leben gemahlt waren. Ein Auszug aus diesem Dekret wurde sogar, so lange sie noch in Jena waren, unter dem Titel: Neue Zeitung von der Enturlaubung Flacii Illyr. und seiner Rotte aus der Universität zu Jena höchst wahrscheinlich auf Veranstaltung des Hofes gedruckt: als sie aber bey ihrem Abzug noch bey dem Herzog einkamen, daß er ihnen nach seinem Gewissen ein Testimonium mit auf den Weg geben möchte, welches sie anderwärts ihres Verhaltens und ihrer Lehre halber vorzeigen könnten, so erhielten sie statt aller Antwort eine vidimirte Abschrift von jenem Dekret. Ein ungleich härteres Schicksal würde ohne Zweifel Flacius erfahren haben, wenn er ihm nicht durch die schleunigste Flucht entgangen wäre, denn man nahm eine in Jena ausgestreute Schrift, für deren Urheber man ihn hielt, so hoch am Hofe auf, daß man einem Studenten, der überführt wurde, sie verbreitet zu haben, eine Capital-Strafe zuerkannte, die doch hernach der Herzog in ewige Landes-Verweisung verwandelte. S. Salig 870. ff. Ritter Leben von Flacius p. 128. Antwort M. Wigandi und M. Judicis auf den gedruckten Lügen-Zettel wider die Geister der Finsterniß. 1562. Von Enturlaubung Illyrici und Wigandi — daraus christliche Herzen ersehen mögen, erstlich, was die Beschuldigung ihrer Widersacher und der Theologen wahre Verantwortung sey, darnach, daß ihnen von dem Lügen-Zettel, der neulich in Druck ausgangen, Unrecht geschieht. 1562. Antwort Matth. Flacii Illyr. auf etliche seiner Mißgönner unbillige und ungegründete Auflagen. 1562.

Der Weimarische Hof hoffte selbst nicht, daß es nach der Entfernung der vier Theologen sogleich ruhig im Lande werden würde, da es ihm nicht unbekannt war, daß sie einen sehr starken Anhang im Lande zurückliessen, an dem sie seit einiger Zeit beständig gerieben und manipulirt hatten, um ihn feuerfangender zu machen. Man machte sich daher auch auf einen Ausbruch von Seiten dieser Parthie gefaßt, aber traf zu gleicher Zeit Maaßregeln, um ihr jeden scheinbaren Vorwand dazu abzuschneiden, die mit sehr kluger Vorsicht berechnet waren.

Den scheinbarsten, oder vielmehr den einzig-scheinbaren Vorwand konnten sie nehmlich von der verzögerten Entscheidung des Strigelischen Processes hernehmen. Nach dem klaren Buchstaben der Landes-Geseze, besonders der Visitations-Ordnung, welche der Hof erst so neuerlich sanktionirt hatte, konnten sie mit mehr als nur scheinbaren Recht darauf bestehen; daß Strigel entweder zu einem öffentlichen Wiederruf seiner von der reinen Lehre oder doch von dem Konfutations-Buch abweichenden Meynungen angehalten, oder seines Amts entsezt werden sollte. Sie hatten nicht einmahl nöthig, sich auf das Gesuch einzuschränken, daß man über seine schon sattsam vorgelegte Meynungen erst noch eine Synode sprechen lassen, oder anders woher ein Urtheil einholen möchte; sondern sie durften ohne weiteres darauf dringen, daß schon allein wegen seiner notorischen Verwerfung der Konfutations-Schrift die Vollziehung jener Geseze gegen ihn eintreten müsse. Es mußte also, wenn man diesem ausweichen, und ihnen doch jeden Anlaß zu einer gerechten Beschwerde benehmen wollte, die Sache mußte jezt so eingeleitet werden, daß man zulezt ihnen und der Welt mit Ehren zumuthen konnte, sich selbst zu bereden, daß eigentlich die Meynung, welche Strigel bißher vertheidigt habe, in keinem wahren Widerspruch mit

mit derjenigen stehe, die im Konfutations-Buch als die einzig orthodoxe aufgestellt, und daß also der Mann, auch wenn er nach dem Konfutations-Buch gerichtet werde, noch kein formeller Kezer sey!

Um es nun dahin zu bringen, schlug man den folgenden Weg ein. Strigel mußte eine Deklaration [248]) seiner Meynung aufsezen, über welche der Herzog zuerst das Urtheil einiger auswärtigen Theologen einholen ließ. Man wählte dazu die Würtenbergische, die sich durch ihre Unpartheylichkeit und Mässigung unter den Osiandrischen Händeln so vortheilhaft ausgezeichnet, und doch dabey den Ruf ihrer Rechtglaubigkeit noch unversehrt genug erhalten hätten. Sobald sie aber ihr verlangtes Urtheil dahin abgegeben hatten, daß es ihrem Bedenken nach gar wohl möglich seyn möchte, auf die von Strigeln ausgestellte Deklaration einen Vergleich zwischen ihm und seinen Gegnern zu versuchen, wenn er sich nur zu einer weiteren Erläuterung einiger von ihm gebrauchten Ausdrücke verstehen würde, so requirirte man von Seiten des Hofes ihren Herrn, den Herzog Christoph von Würtenberg, daß er ein paar von ihnen nach Sachsen schicken möchte, damit durch ihre persönliche Verwendung und Vermittlung der Vergleich leichter eingeleitet werden könnte. Auf diese Requisition kamen zwey der angesehensten Würtenbergischen Theologen, der berufene Jakob Andreä, Canzler der Tübingischen Universität, und Christoph Binder, Abt zu Adelberg im May des Jahrs 1562. nach Weimar, und

fanden

248) Strigel stellte sie unter dem 3. Mart. aus. Daß sie den Würtenbergischen Theologen vorher zugeschickt wurde, kann man daraus schliessen; weil sie hernach bey der Unterredung zu Weimar bloß über diese Deklaration mit ihm handelten. Sie ist auch der zunächst anzuführenden Erzählung von Flacius mit der Aufschrift angehängt: Bekenntniß Viktorini von den streitigen Punkten, so etlichen Schulen und Hochgelehrten überschickt worden ist. C 3. a.

fanden auch hier bey der Ausrichtung ihres Vermittlungs-Geschäfts zuerst so wenige Schwürigkeiten, daß sie sich wahrscheinlich schon mit der Hoffnung schmeichelten, hier mehr Ehre als in Königsberg einzulegen!

Strigel erzeigte sich nicht nur bey einer den 4. May zu Weimar veranstalteten Konferenz [249]) auf das erste Wort bereitwillig, die Ausdrücke seiner ersten Deklaration, an denen sie einigen Anstoß genommen hatten [250]), ganz nach ihren Wünschen zu erläutern, sondern er hatte nicht das mindeste dagegen, daß man aus seinen gegebenen Erläuterungen eine zweyte Deklaration zusammensezen möchte, wie man es am schicklichsten und zweckmässigsten finden würde. In dieser neuen Deklaration [251]) ließ man ihn in den bestimmtesten Ausdrücken erklären, daß er dem menschlichen Willen keine efficaciam — kein Vermögen und keine Kraft zuschreibe, aus eigenem Antrieb etwas wahrhaftig gutes und Gott wohlgefälliges zu denken, zu wollen, und auszurichten — daß

249) Man hat zweyerley Akten von diesen Handlungen. Einmahl den Auszug Saligs aus einem geschriebenen Bericht, der sich in der Wolfenbüttlischen Bibliothek unter dem Titel findet: Acta, welcher Gestalt mit Viktor. Strigelio durch die Würtenbergische Theologen vom Artikel: de libero arbitrio: Unterhandlung geschehen, und wie sich vor den Fürstlich-Sächsischen Canzler, Räthen und Theologen ermeldter Viktorinus erklärt zu Weimar den 5. May. 1562. Zweytens einen gedruckten Bericht von Flacius unter dem Titel: Erzählung, wie der hochwichtige und langwierige Religions-Streit Viktorini in Thüringen endlich geschlichtet worden, allen Liebhabern der Wahrheit sehr nüzlich zu lesen. 1563. in 4. In Ansehung des historischen ist aber auch dieser Flacianische Bericht getreu genug, und man kann nicht umhin, sich wieder dabey zu wundern, wie es der Mann nur anfieng, daß er von allem, was irgendwo noch so geheim verhandelt wurde, so schnelle und so sichere Nachrichten erhielt.

250) Diß war vorzüglich der oft von ihm gebrauchte Ausdruck von dem modus agendi, den er dem Willen als etwas eigenthümliches zuschrieb. Er hatte daher auch in seiner Deklaration gesezt, daß der Mensch aliquo modo volens bekehrt werde, worüber die Würtenberger eine eigene Erläuterung verlangten.

251) S. Declaratio Confessionis Vict. Strigelii bey Schlüsselburg L. V. p. 88. ff.

daß diß Vermögen, welches der Mensch wohl zuerst gehabt habe, durch den Sündenfall gänzlich verlohren, — daß es auch durch keine andere Macht, als durch Gottes Macht, und durch die Kraft des heiligen Geistes wieder in ihm herzustellen; — und daß also alles, was jezt ein Mensch wahrhaftig gutes denken, wollen, oder vollbringen könne, durchaus nicht als Würkung einer ihm eigenen nach dem Fall noch übrig gebliebenen Kraft, sonders bloß als Werk Gottes, oder als von Gott in ihm hervorgebracht, anzusehen sey 252). Was er hingegen dem Willen des Menschen bißher noch beygelegt habe, diß bestehe bloß in der Fähigkeit, durch die Einwürkungen Gottes und des heiligen Geistes zum guten gelenkt und für das Gute bestimmt zu werden; er selbst unter dieser Fähigkeit verstehe er aber nichts anders, und habe nie etwas anders darunter verstanden, als daß die natürliche Würkungs-Art des menschlichen Willens — der modus agendi — unverändert geblieben sey, wiewohl er in Ansehung des Guten die Kraft zu würken, durch den Fall verlohren habe 253).

Ob nun in dieser Deklaration die nehmliche Vorstellung enthalten war, welche Strigel indessen vertheidigt, oder

252) "Quod ad vim seu efficaciam attinet, qua et volumus et perficimus Deo grata et animae nostrae salutaria, non est dubium eam in lapsu primorum parentum prorsus amissam esse — et huic contrariam impotentiam seu ἀδυναμιαν propagari in omnes homines — istam vero efficaciam non restitui humanis viribus nec ullius creaturae robore: sed a solo deo per Spiritum Sanctum — ita, ut vis seu potentia, qua nunc volumus, aut cogitamus aut perficimus Deo placentia et nobis salutaria, non sit posita in nostris viribus, quae post lapsum reliquae sunt, sed donum et opus Dei." p. 89.

253) "Quoad vero modum agendi, sive aptitudo, sive capacitas appelletur, certissimum est, hominem differre ab omnibus creaturis, quae nec mente nec voluntate praeditae sunt. Nam truncus nequaquam conditus est, ut sit capax verbi et sacramentorum, per quae Deus efficax est — homines vero sunt capaces vocationis divinae, et per Spiritum sanctum non solum assentiuntur verbo Dei, sed etiam custodiunt

 hunc

oder ob er darinn von seinen früheren Aeusserungen etwas zurückgenommen hatte, diß hatten wohl die Würtenbergische Theologen nicht zu untersuchen, da es weiter, sobald man nur seine jezt erklärte Meynung für rechtglaubig halten mußte, zu nichts führen und dienen konnte. Man konnte selbst hoffen, daß sich die Gegner Strigels eher mit dieser Deklaration begnügen würden, wenn man darüber ganz still schwieg; denn nun blieb es ihnen ja unverwehrt, die wahre Form eines Widerrufs darinn zu sehen, wenn sie allenfalls glaubten, daß sich Strigel würklich anders als bißher darinn erklärt habe. Die mittlende Theologen bedachten sich also um so weniger, ihr Urtheil dahin zu geben, daß sie an der Deklaration Strigels nichts auszusezen, sondern sie mit dem Wort Gottes, der Augspurgischen Konfession, den Schmalkaldischen Artikeln, und selbst mit dem Konfutations-Buch der Herzoge von Sachsen ganz übereinstimmend fänden, denn eben diß Urtheil hatten der Herzog und alle anwesende Herzogliche Räthe und Theologen, unter denen auch Mörlin und Stössel waren, schon vorher einstimmig darüber gefällt [254])! Nach diesem vereinigte man sich aber auch noch auf den Rath der Würtenbergischen Gesandten über eine in der That höchst weise Methode, nach welcher durch dasjenige, was nun erhalten worden war, auch die würkliche Wiederherstellung des Friedens und der Ruhe in den Sächsischen Kirchen und die Besänftigung der erbitterten Ge-

hunc thesaurum. Itaque — so schließt sich die Declaration — si in humano arbitrio post lapsum consideres *vim agendi*, non est nisi servum aut captivum Satanae: si autem in eo consideres aptitudinem, non est saxum aut truncus, sed est in hoc divinitus conditum, ut sit capax coelestium donorum Spiritus sancti". p. 91.

254) Alle anwesende Theologen unterzeichneten mit den Würtenbergischen eine der Declaration angehängte Akte, welche diß Urtheil enthielt, nachdem vorher Strigel durch seine Unterschrift bezeugt hatte, daß in der Declaration seine wahre Meynung enthalten sey.

Gemüther mit der wahrscheinlichsten Hoffnung eines glücklichen Erfolgs erzielt werden könnte.

Man beschloß [255]) vor der Hand nur ein Ausschreiben an alle Superintendenten ergehen zu lassen, worinn sie und alle Pfarrer angewiesen wurden, über den Artikel von dem freyen Willen, über den sich eine so ärgerliche Spaltung erhoben habe, wie über alle andere, nicht anders zu lehren, als es der Augsp. Konfession, ihrer Apologie und auch dem neuerlich ausgegangenen Konfutations-Buch gemäß sey, dabey aber Viktorinum, den man bißher eines Irrthums in jener Lehre verdächtig gehalten habe, nicht weiter anzuziehen, und sich der Meldung seines Nahmens auf der Kanzel zu enthalten, biß sie von der lezten mit ihm gepflogenen Handlung weiteren Bericht erhalten haben würden. Diesen Bericht aber — behielt man sich weißlich vor — ihnen gelegenheitlich bey einer neuen Visitation der sämtlichen Kirchen des Herzogthums geben zu lassen, zu der man zugleicher Zeit den Entschluß faßte, und die nöthige Anstalten traf.

Weiser und schonender konnte man würklich nicht verfahren, denn man verlangte ja von den Leuten nicht, daß sie ihre bißherige Meynung über die bestrittene Frage nur im geringsten verändern — man forderte nicht, daß sie sich in Zukunft nur anders als bißher darüber ausdrücken sollten, sondern man autorisirte sie vielmehr, daß sie noch ferner, eben so wie bißher, darüber denken und lehren möchten. Doch selbst in Ansehung des einen Punkts, den man allein von ihnen erhalten wollte, selbst in Ansehung dieses Punkts, zu dem man sie mit dem größten Recht unbedingt anhalten konnte, bewies man noch eine Nachsicht und eine Nachgiebigkeit gegen ihre Vor-

255) Der Schluß wurde den 10. May. 1562. gefaßt, womit sich die ganze Handlung endigte.

Vorurtheile, und eine Rücksicht auf den widernatürlichen Zustand von Hize und Leydenschaft, zu dem sie durch die verjagte Theologen hinaufgewunden worden waren, die selbst in mehreren andern Beziehungen unentschuldbar wurde, weil sie das Ansehen der ungerechtesten Partheylichkeit bekam.

Die von dem Hofe ernannte Visitatoren, Mörlin und Stössel, denen man den Kanzler Brück und zwey Juristen zugegeben hatte, fanden nehmlich bey den ersten Versuchen, welche sie dabey mit dem Bericht machten, den sie von den Weimarischen Handlungen zu geben hatten, die Gemüther der meisten Prediger noch so erbittert, und gegen jene Handlungen wie gegen Strigeln so unnatürlich eingenommen, daß sie sogleich verzweifelten, ihren Zweck auf dem geraden Wege zu erreichen. Wahrscheinlich hatten sie es voraus nicht anders erwartet, denn es konnte ihnen nicht unbekannt seyn, daß seit diesen neuen Weimarischen Handlungen auch neue Ströhme von Oel in das Feuer gegossen worden waren, das schon vorher so schön unter ihnen brannte. Die verjagte Theologen, von denen sich Wigand und Juder nur in das nicht weit entfernte Magdeburg begeben hatten, waren nichts weniger als müssig geblieben, sondern hatten auf die erste Nachricht von demjenigen, was im Sächsischen vorgieng, daß wüthendste Geschrey erhoben, und ihrer ganzen Bande das Noth-Zeichen gegeben, das sie zum Mit-Schreyen aufforderte [256]. Ehe vielleicht

die

256) Noch im nehmlichen Monath sezte Wigand und Juder eine Censuram de Victorini declaratione seu potius occultatione errorum auf. Sie war vom 24. May. datirt, und wurde sogleich in der Handschrift unter den Sächsischen Predigern in Cirkulation gebracht, aber auch noch vor dem Ende des Jahrs gedruckt. Sie nannten in dieser Censur die Declaration einen pohlnischen Stiefel, behaupteten, daß sie betrüglich und schlüpfrig gestellt sey, wobey sie zu verstehen gaben, daß man von den verdächtigen Würtenbergischen Achselträgern voraus nichts anders habe erwarten

die Handlungen zu Weimar und die neue Deklaration von Strigel im Lande selbst bekannt geworden waren, waren auswärts zehen Schriften dagegen erschienen, worinn alle fromme Christen in Sachsen vor dem Gift gewarnt wurden, das für sie bereitet worden sey [257]. Diese Schriften waren durch hundert Kanäle unter den Superintendenten und Predigern auf dem Lande verbreitet worden [258]. Die meiste von ihnen waren zum eigenen Urtheilen über die Streitigkeit gar nicht fähig, waren mit blinder Verehrung für die verjagte Gegner Strigels eingenommen, und durch ihre Verjagung selbst nur fester an sie angeknüpft worden. Die Visitatoren mußten sich also darauf gefaßt machen, daß sie ein schweres Geschäft mit diesen Menschen bekommen würden; und es macht in der That ihrer Menschlichkeit Ehre, daß sie ihnen mit der schonendsten Herablassung entgegen kamen: aber sie trieben würklich die Herablassung zu weit!

Sie

warten können, erklärten aber zugleich, daß man sich auch mit der befriedigendsten Declaration von Seiten Strigels weder begnügen dürfe noch könne, wenn er nicht vor allen Dingen ein öffentliches Bekenntniß ablege, daß er bißher geirrt, und durch seinen Synergismus die Kirche geärgert habe.

257) Von Heßhuß erschienen drey Schriften: Analysis Declarationis Victorini per Tilemanni Heshusium. 1562. Eb. ders. Quam graviter a Conciliatoribus sit peccatum in transactione cum Victorino. 1562. Eb. ders. Refutatio argumentorum, quibus Synergistae suum errorem de liberi arbitrii viribus defendere conantur — bey Schlüsselburg L. V. p. 316. ff. Zu gleicher Zeit traten die Prediger von Mansfeld auf mit einer Sententia Ministrorum Verbi divini in comitatu Mansfeldensi de formula declarationis Victorini Strigelii d. 20. Aug. 1562. Man findet sie auch bey Schlüsselburg p. 473. Eben daselbst kommt eine Sententia Nicol. Amsdorfii de declaratione Victorini d. 24 Jun. 1562. p. 546. und noch ein anderes Judicium Amsdorfii de declaratione Strigelii fand Salig in der Wolfenbüttlischen Bibliothek nach Th. III. 889. Flacius, der zu seinem Freund Gallus nach Regenspurg geflohen war, begnügte sich vorläufig, die erwähnte Schrift von Wigand und Juder herauszugeben, und nebst Gallus seine herzliche Approbation beyzufügen.

258) Mehrere erklärten es hernach bey der Visitation freymüthig, daß sie zu ihrem Widerspruch vorzüglich durch die Censur D. Heßhusens und das Urtheil von Wigand und Juder über die Strigelische Declaration gestärkt worden seyen. S. Salig 895.

Sie wagten es nicht, ihnen die neue Strigelische Deklaration gerade zu vorzulegen, und das Ansinnen an sie zu machen, daß sie sich nun von der Rechtglaubigkeit ihres Verfassers überzeugt erklären, und das Versprechen, ihn in Zukunft in Ruhe zu lassen, ausstellen möchten: sondern Stössel sezte eine neue Formel auf, worinn er erst über die Deklaration von Strigel eine weitere Deklaration stellte [259]), und verlangte bloß von ihnen, daß sie seine Formel annehmen möchten. In dieser Formel aber waren alle Ausdrücke, deren sich Strigel in seiner Deklaration bedient hatte, so erklärt und gewunden, daß kein Schatten von einem Anstoß mehr dabey statt finden konnte. Sie waren ganz offenbar gegen den Sinn, den Strigel dabey gehabt hatte, mit der unnatürlichsten Gewalt so erklärt und gewunden, daß nun Flacius selbst nichts synergistisches mehr darinn sehen konnte. Die Behauptung Strigels zum Beyspiel von dem modo agendi oder von der Würkungs-Art, die auch nach dem Fall dem menschlichen Willen eigenthümlich geblieben sey, "sollte nach dieser Formel „bloß auf das äusserliche Mittel, nehmlich auf das Wort „Gottes bezogen werden, durch welches der heilige Geist „ordentlicher weise seine Kraft und Würkung äussere. „Die Wörter aptitudo und capacitas Tüchtigkeit und „Fähigkeit des Willens — sollten ganz nicht von einer „innerlichen Kraft des natürlichen Menschen, sondern „auch nur von einer äusserlichen Zuchtleitung — von einem paedagogio, das Wort Gottes zu hören, oder „von-

259) Diese Formel, die gewöhnlich nur unter dem Nahmen Superdeclaratio, und auch zuweilen Cothurnus Stoesselii angeführt wird, findet sich in der Vertheidigungs-Schrift, welche die abgesezte Sächsische Prediger unter dem Titel herausgaben: Wahrhaftiger und gründlicher Summarien-Bericht etlicher Prädicanten, wie und warum sie im J. 1562. und 1563. in Thüringen sind ihres Amts entsezt, und zum Theil verjagt worden. 1564. 4. K. 3. a. Genauer aber hat sie Salig aus einer Handschrift mitgetheilt p. 892.

„von einer leidentlichen (passiva) Tüchtigkeit und Fähig„keit in geistlichen Dingen verstanden werden". Dabey aber wurde den Predigern nicht zugemuthet, daß sie diß würklich für den wahren Sinn Strigels halten sollten; es wurde ihnen selbst überlassen, ob sie diß glauben oder nicht glauben wollten, sondern es wurde nur von jedem verlangt, daß er die ausdrücklich- und förmlich-bedingte Erklärung ausstellen möchte: "**Wenn das „der Sinn und die Meynung Viktorini ist, wie „uns die Herrn Visitatoren verständigt haben,** „so unterschreibe ich ihrer und seiner Deklaration willig, „und bejahe ohne Zweifel und Anstand, daß sie mit „dem Wort Gottes, der Augsp. Konfession, den Schmal„kaldischen Artikeln, und der Fürstlichen Konfutation „übereinstimme".

Es ist in der That nicht leicht, sich diß Verfahren der Visitatoren ganz zu erklären, und eben so schwer, es von Seiten der Klugheit als der Rechtmässigkeit zu vertheidigen. Sie durften zwar fast darauf zählen, daß kein Prediger Anstand nehmen könnte, ihre Formel zu unterschreiben, denn sie verpflichtete ja keinen zu etwas weiterem, als daß er Strigeln für rechtglaubig erkennen sollte, wenn dieser würklich in seiner Deklaration dem Synergismus entsagt habe [260]. Es mochte ihnen vielleicht auch gelingen, die allgemeine Erbitterung gegen Strigeln vorläufig dadurch zu besänftigen; aber mußten sie nicht voraussehen, daß sie auf das neue wieder ausbrechen, und viel heftiger wieder ausbrechen würde, sobald nur Strigel mit einer Bewegung oder mit einem Wort verrathen würde, daß er die Auslegung, die sie von seiner Deklaration gemacht hatten, nicht für authentisch

260) Diß stand auch wörtlich in der Formel, denn es wurde darinn versichert, daß der erste Theil der Strigelischen Declaration gegen die Pelagianer, Semipelagianer und Synergisten gerichtet sey.

thentisch erkenne? Und war es möglich, daß sie im Ernst hoffen konnten, Strigel würde sich immer hüten, es zu verrathen?

Noch unter der Visitation selbst verriethen sie zwar deutlich genug, daß sie darauf gerechnet hatten! Einige Pfarrer der Weimarischen Inspektion verhelten ihnen nicht, daß sie sehr zweifelten, ob sie in ihrer Auslegung den Sinn und die Meynung Strigels auch würklich getroffen hätten; und diesen Pfarrern gaben sie die Weisung, daß sie nach Jena reysen, und sich von Strigel selbst darüber belehren lassen sollten. In dem Brief aber, worinn sie diesen davon avertirten [261], schickten sie ihm zugleich ihre Deklarations-Formel, und baten ihn, sie zu unterschreiben, damit sie in Zukunft ähnliche Zweifler, die ihnen noch vorkommen möchten, ohne eine solche Weitläufigkeit überzeugen und beschämen könnten. Daraus ergiebt sich zugleich, daß sie ihre Deklarations-Formel ganz ohne ihn zuzuziehen, und selbst ohne sein Vorwissen entworfen hatten, und fast möchte man vermuthen, daß es von ihrer Seite geflissentlich aber nicht ganz ehrlich darauf angelegt war, ihn selbst damit zu überraschen: doch schon bey dieser Gelegenheit bekamen sie ja Ursache zu der Befürchtung, die sich nach dem Verlauf einer kurzen Zeit völlig bestätigte, daß sie sich in ihren Hoffnungen und in ihren Maaßregeln getäuscht haben könnten. Strigel wich in seiner Antwort auf ihren Brief dem Ansinnen, daß er ihre Formel unterschreiben möchte, eben so schlau als den Privat-Hand-

lungen

261) "Sie hätten — schrieben sie ihm den 24. Jul. — unter den Pfarrern im Weimarischen so viele unbescheidene Köpfe gefunden, die theils aus Unverstand, theils aus Verhezung die Declaration nicht allein verwürfen, sondern auch zum höchsten lästerten und verkehrten mit dem Vorwand: die Declaration der Visitatoren stritte mit Strigelii Declaration, Herzen und Meynung; daher hätten sie den Widerspenstigen auferlegt, nach Jena zu reysen, um weitere Erklärung von ihm einzuholen, und bäten ihn nun, die ankommende Pfarrer freundlich zu unterrichten". Salig. 894.

lungen aus, in welche sie ihn selbst mit den Pfarrern verwicklen wollten [262]; aber da ihn ihr Verfahren mit sehr gerechtem Mißtrauen, und mit der noch gerechteren Besorgniß erfüllte, daß sie ihn mit oder ohne Absicht über kurz oder lang in neue Verdrüßlichkeiten verwicklen würden, so machte er in der Stille seine Anstalten, sich auf alle Fälle in Sicherheit zu sezen, reyßte nach einigen Monathen ohne Abschied von Jena weg, und begab sich nach Leipzig, wo ihm schon ein Zufluchts-Ort bereitet war [263].

Wäre

262) Strigel antwortete ihnen auf ihren Brief; "weil er „wahrnähme, daß viele unbescheidene und unruhige Köpfe mehr „Lust zum Zanken als zur Einigkeit hätten, so könnte er der „Sache weiter nicht helfen, als „mit seinem Gebet; denn mit „den Pfarrern könne er sich vieler Ursachen wegen in keine Privat-Unterredung einlassen, wie „er sich dann auch aus gleichen „Gründen der Visitation selbst „entschlagen habe. Seine Declaration läge einmahl aller Welt „vor Augen, und wäre vom Herzog, von seinen Räthen und „von den Theologen approbirt „worden. Er bliebe also bey dem „klaren Buchstaben von dieser, „womit viele gelehrte Leute innerhalb und ausserhalb Landes „zufrieden wären, und könne sich „zu keiner weiteren gegen die „Pfarrer verstehen". — Diese Antwort Strigels mit dem Brief der Visitatoren S. in der abgesezten Prediger Wahrhaftigen Summarien-Bericht K. 4.

263) Er hatte vom Chur-Sächsischen Hofe das Versprechen einer Professur zu Leipzig ausgewürkt, die er auch sogleich erhielt. Die ganze Universität zu Jena suchte ihn hierauf durch die inständigste Bitten zur Rükkehr zu bewegen, und schrieb ihm deßwegen unter dem 7. Oct. 1562. einen von allen Professoren unterzeichneten sehr ehrenvollen Brief, der hernach mit seiner Antwort gedruckt wurde. In dieser Antwort vom 20. Oct. sprach er nur im allgemeinen von den wichtigen Ursachen, die ihn veranlaßten, nicht mehr nach Jena zurückzukehren; aber die Verfasser des wahrhaftigen und gründlichen Summarien-Berichts haben uns einen Privat-Brief von ihm mitgetheilt, worinn er sich offener darüber erklärte. "Mit meinem Abschied — heißt es in diesem Brief, dessen Aechtheit man nicht zu bezweiflen Ursache hat — "hat es diese Gelegenheit, daß ich desselben nicht „geringe noch aus nichtigem Argwohn geschöpfte Ursachen habe, „sondern mehr dann wichtige und „erhebliche, unter welchen die „vornehmste ist, daß die Visitation im vorigen Sommer gehalten meiner christlichen zu „Weimar approbirten Declaration in viel Wegen ungemäß, „ja ganz und gar zuwieder gehandelt hat; wie solches die

„Akta

Wäre es nun auch den Visitatoren gelungen, alle Prediger von der Gegen-Parthie Strigels zu der Annahme ihrer Formel, und damit auch zu einem Waffen-Stillstand oder zu einer Suspension ihrer besonderen Händel mit ihm zu bewegen, so würden sie doch jezt unfehlbar wieder ausgebrochen, und in welche Lage würden sie selbst dabey gekommen seyn? Mit mehr als nur scheinbarem Recht hätten jezt alle Flacianer mit dem Vorwurf über sie herfallen können, daß sie die ganze Sächsische Kirche durch eine wissentlich-falsche Darstellung der wahren Meynung des gottlosen Synergisten zu betrügen gesucht hätten; denn sie hätten nicht einmahl vorgeben können, daß sie selbst durch ihn betrogen worden seyen, und doch eben so wenig läugnen können, daß sie gleichsam die Bürgschaft für die Uebereinstimmung seines Sinnes mit ihrer Erklärung übernommen hätten. Es läßt sich auch in der That nicht absehen, wie sich Stössel und Mörlin gegen den Vorwurf hätten vertheidigen können; daher begreifft man desto weniger, warum

„Acta visitationis und vieler un„gegründter Flacianischer Pfaf„fen Unterschriften öffentlich und „notorie beweisen, also daß es „Landkundig ist, und keine wei„tere Beweise bedarf. Dieweil „dann die aufgerichte Form der „Einigkeit nicht ist stet und fest „gehalten worden, so hat mir „nicht länger Gewissens und Eh„ren halber gebühren wollen, „solchen unfertigen Händeln bey„zuwohnen, sondern andere „Herberge zu suchen, darinn ich „mit Gottes Hülfe möchte sicher „wohnen." S. am a. O. L. a. Doch wenn man auch keine Erklärung dieser Art von Strigeln selbst hätte, so könnte man doch nicht zweiflen, daß er die in der Superdeklaration der Visitatoren enthaltene Vorstellung ganz und gar nicht für die seinige erklärte. Legte er doch schon in der ersten Schrift, die er zu Leipzig herausgab, in einem Kommentar über die Psalmen vom J. 1563. die seinige auf eine solche Art dar, daß sich selbst die Würtenbergische Theologen gedrungen fühlten, dagegen aufzustehen, und ihn einer Abweichung von seiner Weimarischen Declaration zu beschuldigen. S. Etliche Schriften und Handlungen der Würtenbergischen Theologen, und Vikt. Strigelii a. 1563. gehalten, daraus zu sehen, was sie von seiner pelagianischen Synergia halten, sehr nüzlich zur Erforschung der Wahrheit zu lesen. 1564. 4. Die Schriften hat auch Schlüsselburg p. 450. ff.

um sie sich ihm aussezten [264]? Aber zum Glück für sie war die Raserey der Flacianer groß genug, um sie über ihren eigenen Vortheil völlig blind zu machen, denn diß, und diß allein rettete sie aus der Verlegenheit, in die sie zu kommen verdient hatten.

So handgreiflich es war, daß nicht nur alle Gegner des Strigelischen Synergismus die Stösselische Formel ohne den mindesten Nachtheil der Theorie, welche sie bißher vertheidigt hatten, annehmen, sondern auch — mochten sie nun annehmen, daß die Formel seinen wahren Sinn enthalte oder nicht enthalte — wahren Gewinn für ihren Haß gegen ihn und für ihren Streit-Geist daraus ziehen konnten, so waren doch die meiste so erbittert, und in dieser Erbitterung so unfähig, es einzusehen, daß sie weder durch Vorstellungen, noch durch Drohungen, weder durch Vernunft, noch durch Gewalt dazu

264) Es ist nur unter einer Voraussezung möglich, ihr Verfahren noch einigermassen begreiflich, aber nicht entschuldbar zu finden. Sie hofften einerseits — und dazu mochten sie Gründe genug haben — daß sich keiner von ihren Predigern weigern würde, ihre so unverfängliche und bedingte Formel zu unterschreiben, und hofften andererseits, daß Strigel, der bißherigen Händel müde, von der ganzen Sache in Zukunft stillschweigen, also keinen Anlaß zu einem Zweifel geben würde, ob sie auch in ihrer Superdeclaration seine Meynung richtig dargelegt hätten? Aber diese lezte Hoffnung war ganz unnatürlich, denn gesezt auch, daß Strigel selbst beschlossen hätte, zu schweigen, so lange man ihn in Ruhe ließ, wer mußte nicht voraussehen, daß ihn die Flacianer auf jede ersinnliche Art reizen würden, um ihn zu einer Erklärung über ihre Superdeclaration zu bringen? Oder war es vielleicht gerade diß, worauf sie rechneten, daß sich Strigel dagegen erklären, und daß sie alsdenn unter dem Vorwand, daß er auch sie betrogen habe, gemeinschaftlich mit den Flacianern über ihn herfallen, und sich einen Weg zur Wiederaussöhnung mit diesen offen erhalten könnten? Aber in diesem Fall wäre die Infamie ihres Verfahrens desto grösser, da sie doch unmöglich hoffen konnten, die Welt zu bereden, daß sie würklich so dumm und so unwissend gewesen seyen, als sie sich hätten stellen müssen, um als selbstgetäuscht vom Strigel zu erscheinen.

dazu gebracht werden konnten. In der Altenburgischen Inspektion, von der man die Visitation anfieng, verwarf der Superintendent [265]) mit vier Predigern die Deklaration und die Super-Deklaration als synergistisch, zweifelhaft, dunkel und verführerisch. In der Weimarischen und den benachbarten Inspektionen erklärten mehr als sechzig Prediger, daß sie lieber das Land räumen, als ihr Gewissen damit bestricken wollten; durch ihr Geschrey aber veranlaßten sie zugleich eine solche Gährung unter dem Volk, daß die Visitatoren nicht mehr mit Sicherheit im Lande herumreysen konnten [265]). Eben so gieng es im Gothaischen, und in

265) Der Superintendent zu Altenburg Alexius Breßnicerus war schon vorher als einer der heftigsten Eiferer bekannt, und zeigte sich auch bey dieser Gelegenheit in diesem Charakter. Nach dem Bericht der Visitatoren bey Salig p. 893. mußte er zuletzt auf die Gründe, die sie ihm vorlegten, selbst gestehen, daß man ihre Formel unbedenklich annehmen könnte, und zog sich bloß dahin zurück, daß er nicht unterschreiben wolle.

266) "In dem Weimarischen — erzählt der gleichzeitige Verfasser eines Berichts bey Salig 895. — haben die meiste Pfarrer „eine trefliche und beständige Bekenntniß der Wahrheit gethan, „und obwohl dieselbe nicht ohne „Gefahr seyn wird, so ist doch „der Ausgang Gott zu befehlen. „Darüber sind nun die Visitatoren sehr böß geworden — denn „es ist ihnen zu Weimar fast alles den Krebs-Gang gegangen „mit ihren Sachen, und sind „fast ein Hohn und Spott aller „Menschen geworden, daß man „ihren Erzählungen, Beredungen, Erläuterungen, Distinktionen und Glößlein gar „nichts hat wollen glauben. Ja „die Sache ward gefährlich, denn „die Bürger murrten über den „Handel der Visitation. Endlich haben die Visitatoren selbst „eine Declaration über Viktorini Declaration, das ist, eine „Offenbarung über die Offenbarung gemacht, aber auch die ist „nicht angenommen. Da nun „fast biß in den zwölften Tag „ihre Mühe vergebens war, sind „sie von Weimar wieder nach „Jena gegangen: denn es gieng „das Gerücht, daß Viktorinus „Stössels Glossen selbst gemißbilligt und angepackt, und hätten die Visitatores mit ihm „von einer andern Declaration „gehandelt, die gottseligen Männern ein Genüge thäte. Ob „nun der stolze, hochmüthige „Geist das thun wird, giebt die „Zeit zu erkennen. Man sagt „auch, daß die Visitatoren zu „Jena wollen bleiben, und aus „den benachbarten Superintenzen die Pfarrer dahin fordern; denn sie fürchten sich vor „dem gemeinen Mann in den „Städten."

in mehreren andern Oertern, wiewohl man nach den ersten mißlungenen Versuchen noch andere Mittel und eine andere Methode zu der Besiegung ihres Widerstands angewandt hatte. Einige der wildesten Schreyer, welche in jeder Inspektion die übrigen aufhezten, waren sogleich ihrer Aemter entsezt worden [267]; um andern zum warnenden Beyspiel zu dienen, aber zu gleicher Zeit gab man dem Eigensinn der andern, die man nur als verführte betrachtete, noch weiter nach. Die Visitatoren bestanden nicht mehr darauf, ihnen ihr Acceptations-Formular der Strigelischen Deklaration aufzubringen, sondern wollten es ihnen selbst überlassen, unter welchen Bedingungen und Clauseln sie beytreten wollten. Einige Prediger der Ronneburgischen und Gothaischen Inspektion nahmen diesen Vorschlag an, und sezten ein Formular auf, worinn sie zuerst die anti-synergistische Theorie, als die einzig reine Lehre, zu der sie sich bekennten; in den bestimmtesten und zum Theil in den härtesten Ausdrücken vortrugen, und alsdann erklärten, daß sie mit Strigeln zu konsentiren, und ihn für einen orthodoxen Lehrer zu bekennen bereit seyen, wenn seine Meynung und seine Declaration ihrem Bekenntniß gemäß sey [268]). Selbst damit war man aber zufrie-

267) Wie der Superintendent Breßnicer zu Altenburg, und Rosinus zu Weimar. S: Summarien-Bericht L. 2. b.

268) Die Acceptations-Formel, welche die Ronneburgische Prediger unterschrieben, lautete folgendermassen: „Wir bekennen — daß wir bißher gelehrt „haben von der Erbsünde und „freyen Willen: daß der ganze „Mensch mit allen seinen Kräften gänzlich verderbt ist — also „daß in ihm nicht sey von Natur das Wollen, noch viel weniger das Vermögen, sich zu „Gott zu bekehren — daß also „auch in ihm keine activa capacitas und aptitudo sey, in geistlichen Sachen etwas tüchtiges „von Gott zu gedenken, als von „ihm selbst, sondern was wir „taugen, das ist von Gott. „Und ob wohl solche Wort aptitudo — capacitas — in etlichen „Schriften Luthers und anderer „gefunden werden, so werden „sie doch allweg mere passive gesezt und verstanden. Darum, „dieweil unser gnädigster Lan-

 des-

zufrieden, gab sogar denjenigen, die sich auch jezt noch nicht entschliessen konnten, einige Monathe Bedenk-Zeit, und gewann dadurch noch den Beytritt von mehreren: doch blieb immer noch eine sehr grosse Anzahl zurück, die unerschütterlich darauf beharrte, daß man sich auf die Strigelische Deklaration in keiner Form und unter keiner Bedingung ohne Verläugnung der Wahrheit und ohne Verlezung des Gewissens einlassen könne.

Daß diese Menschen beynahe völlig verrückt seyn mußten, erhellt daraus am sichtbarsten, weil sie von dem einzig scheinbaren Grund, durch den sie ihren Wiederstand rechtfertigen konnten, beynahe gar keinen Gebrauch machten. Sie sprachen kaum im Vorbeygehen davon, daß man so starke Ursachen zu zweiflen habe, ob auch in der Formel der Visitatoren die wahre Meynung Strigels und der Sinn seiner Deklaration richtig ausgedrückt sey: sondern sie urgirten fast alle nur diß, daß in der Formel eben so viel Gift stecke, als in der Deklaration. "Weil beyde — so schloß sich eine Erklärung, welche der Superintendent Rosinus von Weimar

„des Fürst einen christlichen „consensum in utroque articulo „um des Friedens willen begehrt, „so haben wir den unsrigen durch „dieses Bekenntniß gestellt, und „hiemit samt und sonders, laut „dieses Bekenntnisses und nicht „anders, unterschrieben.' Noch plumper oder noch bequemer machten es sich einige Gothaische Prediger, die sich der folgenden Formel bedienen wollten. "Wir „unterschriebene Pastores behaup„ten wieder die Synergisten mit „Luthero, und allen seinen auf„richtigen Jüngern, daß in der „Bekehrung des Menschen keine „Mitwirkung eines unwiederge„bohrnen Willens sey, wie sol„ches auch unsere Fürsten in ih„rer Konfutation behauptet ha„ben. Und das thun wir keinem „Menschen zu Gunsten, sondern „darum, weil die Schrift diese „Meynung deutlich in sich faßt. „Wenn nun Viktorini Declara„tion eben das haben will, und „er der Schrift Lutheri de ser„vo arbitrio und der Fürstlichen „Konfutation unterschreibt, wie „die Herrn Visitatoren in ihrer „Declaration bejahen, so neh„men wir sie an. Wir wollen „aber mit dieser unserer Sub„scription diejenige, die Vikto„rini Lehre vom freyen Willen „vorher angefochten in keinem „Wege verdammen." Salig 896-898.

mar der Visitation übergab — "weil beyde die Deklaration Viktorini kezerisch und auch der Visitatoren ihre „neue Glosse falsch und widerwärtig ist, so kann kein „Christ dieselben unterschreiben, und sündigen die Visitatoren zum höchsten, daß sie mit Dräuen und Liebkosen die armen Pastoren zur Subscription bringen und „bewegen" [269]).

Was hingegen diese Menschen haben wollten, diß erkennt man sehr deutlich aus einer von dreissig Predigern unterschriebenen Vorstellung, welche sie dem Herzog durch Stösseln übergeben liessen. Sie erklärten darinn, "daß sie auf das festeste entschlossen seyen, Strigelio keineswegs auf sein Deklariren und Glossiren zu „unterschreiben, wenn gleich er oder andere seine Deklaration mit noch so scheinbarlichen Worten erläuterten". Daben gaben sie aber doch die Bedingungen an, unter denen sie ihn wieder in ihre Gemeinschaft aufzunehmen geneigt seyen, und diese Bedingungen liefen darauf hinaus, "daß er vor allen Dingen selbst seine Deklaration „zurücknehmen und für zweifelhaft und falsch erklären, „auch denen so allbereit dagegen geschrieben, die gebührende Genugthuung leisten, daß er hernach durch ein „öffentliches Geständniß seines Irrthums auch mit der „ganzen Kirche sich aussöhnen, und endlich das feyerliche Versprechen ausstellen müsse, daß er von dem freyen „Willen des Menschen hinfort nicht anders lehren wolle, „als

269) Diß urgirte man auch am stärksten in allen Schriften und Censuren, welche sogleich gegen die Superdeclaration unter den Sächsischen Predigern in Umlauf kamen, und meistens von Schlüsselburg L. V. aufbewahrt wurden. S. Analysis et Confessio de modo agendi Joh. Stösselii von Joach. Westphal p. 493. Hieron. Menceel, Superintend. zu Mansfeld, De modo agendi Stösselii p. 490. Melch. Wedmanni. Superint. Gothani, Sententia de propositionibus Stösselii p. 551. Auch Wigand schrieb eine Censur De cothurno Stösselii super cothurnum Victor. Strigelii S. Salig. 893.

„als es der heil. Schrift, der Augsp. Konfession, der „Sächsischen Konfutation — und der Schrift des „Herrn Lutheri *de servo arbitrio* gemäß sey, wobey er „dann auch zu einer besonderen Unterschrift dieser Bü„cher anzuhalten seyn möchte“ [270]).

Jezt blieb aber auch bey der fanatischen Unbiegsamkeit dieser Menschen, deren Troz noch überdiß alle Tage insolenter und zugleich ansteckender wurde [271]), jezt blieb nichts mehr übrig, als daß mit Gewalt durchgegriffen

270) Ueber die Insolenz dieser Forderungen mag man sich weniger wundern, als über den darinn so sichtbaren Erfindungs-Geist, der alles zusammengebracht hatte, was gerade für Strigeln am kränkendsten seyn mußte. Warum aber die Leute so unnatürlich über ihn erbittert waren, diß mochte auch mit von einem etwas voreiligen Schritt herrühren, den man vom Hofe aus in Ansehung seiner gethan hatte. Man hatte ihn nehmlich unmittelbar nach den lezten Weimarischen Handlungen zwischen ihm und den Würtenbergischen Theologen in seine theologische Lehrstelle zu Jena wieder eingesezt, und seine Freunde hatten die Unklugheit begangen, dieser Restitution so viel Publicität, als möglich, zu geben, denn sie hatten die Schriften und Reden, worinn sie angekündigt worden war, besonders zusammendrucken lassen. Diß hieß zugleich den Predigern im Lande sehr bestimmt angekündigt, daß man ihnen kein Urtheil über die Orthodoxie Strigels zugestehe, und es auch nicht auf ihren guten Willen ankommen zu lassen gesonnen sey, ob sie ihn jezt für rechtglaubig erkennen wollten, oder nicht? sondern daß sie bloß dem von dem Hofe schon gefällten und publicirten Urtheil beytreten müßten. Diß konnte bey solchen Menschen kein gutes Blut machen; aber es war auch in der That etwas inkonsistent; denn in dem an die Prediger ergangenen Ausschreiben hatte man doch vorläufig nichts weiter von ihnen verlangt, als daß sie Strigeln nicht mehr nahmentlich als einen Synergisten anziehen, folglich nur ihr Urtheil über ihn so lange suspendiren möchten, biß sie durch die Visitatoren weiteren Bericht erhalten haben würden.

271) Die Ansteckung zeigte sich vorzüglich darinn, weil mehrere Prediger, welche die Declaration schon angenommen hatten, jezt wieder zurücktraten, und auf das neue zu der Gegen-Parthie übergiengen. So finden sich unter der Vorstellung der dreissig Prediger die Nahmen von mehreren, welche dabey ausdrücklich bezeugten, daß sie ihre Nahmen, welche sie der gottlosen Strigelischen Declaration unterschrieben hätten, hiemit zurückgenommen haben wollten, weil sie nunmehr zu der Erkenntniß der schweren Sünde gekommen seyen, welche sie dabey gegen die Wahrheit begangen hätten.

gegriffen werden mußte, und diß führte eine Katastrophe herbey, die unter allen, auf welche man in der Geschichte der theologischen Händel dieser Periode stoßt, die befremdendste und unerwartetste ist. Gegen vierzig Prediger wurden ihrer Aemter entsezt, und aus dem Lande geschafft [272]), dem Herzog aber war unter den bißherigen Bewegungen theils die Einmischung in die Zänkereyen der Theologen überhaupt, theils die Verbindung

272) Die bedeutendste darunter waren der Superintendent Breßnicer zu Altenburg, der Superint. Barthol. Rosinus zu Weimar und der Pfarrer zu Herbstleben Timotheus Kirchner, der in der Folge noch so viel von sich zu reden gab. Die meiste von ihnen waren aber nicht von der Visitation, oder nicht bloß wegen ihrer Weigerung, die Strigelische Declaration anzunehmen, abgesezt worden; denn der Herzog verlangte zulezt nicht mehr von ihnen, daß sie die Declaration annehmen, sondern nur diß, daß sie nicht auf ihren Canzeln dagegen eifern, also mit einem Wort, daß sie nur davon schweigen sollten. Diß allein enthält ein Befehl vom 15 Octb. in welchem den Schössern und Beamten aufgetragen wurde, den Predigern diese Weisung unter der Ankündigung der unabwendbaren Absezung, die auf ihre Nicht-Befolgung folgen sollte, zu geben; und Ungehorsam gegen diesen Befehl war es, was den meisten ihr Schicksal zuzog. Daß sie es aber nicht bloß durch ihren Ungehorsam an sich, sondern auch durch die unnatürliche Frechheit, womit er sich äusserte, siebenfach verdienen mochten, diß kann man allein schon aus demjenigen schliessen, was Salig ausführlich von den Auftritten erzählt, welche Kirchner veranlaßte, Th. III. 907. ff. und noch lebhafter wird man durch die Schriften davon überzeugt, welche hernach 28. von ihnen unter dem Nahmen der Exulum Thuringicorum gemeinschaftlich herausgaben. Unter diesen steht der schon angeführte Summarien-Bericht voran; die wüthendste darunter ist eine Antwort auf eine Apologie von Stösseln, die unter dem Titel: Responsio exulum Thuringicorum ad invectivam Joh. Stösselii, quam mense Octobri 1565. edidit: im J. 1567. herauskam. In dieser Antwort findet sich folgende Apostrophe an Stösseln, aus der man auf ihren Innhalt, und auf den Geist dieser Menschen hinreichend schliessen kann. "Quia „sinceros ecclesiae doctores Cai„nico odio prosequeris, conse„quitur certe, te non esse Chri„sti, sed Satanae discipulum, nec „Deo, sed huic, tua studia con„secrasse. Audi itaque, Stösseli! „nisi poenitentiam mature et „serio egeris, requiretur a te „omnis sanguis justus, qui effu„sus est super terram a sanguine „justi Abelis. — Num putas, „ad te non pertinere; quae Ge„nes. 4. ad Cainum dicuntur. „Aeque certe, ac ad Cainum ad

bindung mit der Flacianischen Parthie im besondern so entleydet, daß er sich, um nur von dieser und von jenen recht gewiß loß zu kommen, von dem Canzler Brück zu einem Schritte bewegen ließ, der seinen Eigensinn und seinen Stolz ein höchst schweres Opfer kosten mußte. Der Weimarische Hof ersuchte den Churfürstlichen zu Dreßden [273]), daß er ihm ein paar Theologen leyhen möchte,

„te dicit Dominus: Stösseli! ubi „sunt fratres tui, quorum doctri„nam et vitam ne in minimo „quidem, merito vel culpare po„tuisti? Exilium, gemitus, mise„riae, mortes eorum clamant ad „me de terra: Tu vero eris ma„ledictus!" L. I.

273) Nur die Instruktion, welche der Hof einigen nach Wittenberg an die theologische Facultät abgeschickten Deputirten mitgab, hat uns Salig mitgetheilt; es ist aber nicht zweifelhaft, daß das Gesuch zu gleicher Zeit auch an den Hof zu Dreßden gebracht wurde. Doch schon aus demjenigen, was man mit den Wittenbergischen Theologen unterhandlen ließ, ergiebt sich eine so totale Umstimmung des Weimarischen Hofes, oder des Herzogs, welche sich kaum begreifen läßt, wenn man auch den Einfluß einiger Zeit-Umstände noch so hoch anschlägt, die damahls den Wunsch in ihm erregen mochten, mit dem Dreßdner Hofe wieder in ein freundschaftliches Verhältniß zu kommen. Stössel — denn dieser wurde nach Wittenberg abgeschickt — sollte den dortigen Theologen sagen: "Daß J. H. D. durch einen mit „Nahmen Flacius Illyricus un„ter dem Schein der Heilig„keit gar schändlich von ihrer „väterlichen Religion, welche sie „noch zu Wittenberg studirt und „gefaßt hätten, wären abgeführt „worden, dadurch sie manche „Person und Städte geärgert, „und viele fromme Menschen „betrübt hätten. Dieses erkenn„ten sie nun, fühlten ihr Ge„wissen sehr beschwehrt und lies„sen daher gnädig an sie gelan„gen, sie wollten sich hinfort ih„rer Religion gemäß halten und „helfen, daß ihre Universität „Jena von solchen sophistischen „Calumnien gereinigt, und wie„der auf den rechten Weg ge„bracht werden möchte. Dazu „bedürften sie zwey gelehrter Män„ner, worinn sich dann die Uni„versität zu Wittenberg willig „erzeigen sollte, ihnen solche „nahmhaft zu machen; so woll„ten sie gänzlich hoffen, ihr lie„ber Herr und Vetter, der „Churfürst zu Sachsen, würde „alsdann auf ihr Ansuchen sol„che zwey Männer ihnen gnä„digst fahren lassen." S. Salig. 914. Wie der Herzog so weit umgestimmt werden konnte, diß wird sich wohl nie ganz erklären lassen; aber man wird auch schwehrlich mehr eine Erklärung davon verlangen, wenn man die Schwäche und den Charakter die- dieses Fürsten aus den "Ungedruckten Urkunden und Nachrichten zur Geschichte Johann Friedrich des mittleren" kennen gelernt hat, die Hr. Gruner im J. 1785. zu Koburg in 8. herausgab.

möchte, durch welche die Fakultät in Jena wieder besezt, die Harmonie zwischen der Universitäts-Orthodoxie und zwischen der Orthodoxie der noch im Lande befindlichen Prediger wieder hergestellt, und der noch unter den lezten gährende Parthie-Geist allmählig erstickt werden könnte, — diß hieß — um nur keine theologische Partheyen mehr im Lande zu haben, entschloß man sich jezt am Weimarischen Hofe, selbst dazu mitzuwürken, daß die Parthie, die man zuerst zu vernichten gesucht hatte, das Uebergewicht und die Herrschaft über alle andere bekommen sollte!

Damit wurde würklich auf einige Zeit in den Sächsischen Kirchen Ruhe geschafft, denn zu diesem Endzweck konnte kein besseres Mittel gewählt werden, nachdem man einmahl die unruhigste und starrköpfigste Lärmer von der Gegen-Parthie fortgeschafft hatte. Eben damit bekam aber auch der Streit über den Synergismus vorläufig sein Ende; wenn schon seine Gegner ausser Sachsen noch eine geraume Zeit fortfuhren, sich ausser Athem darüber zu schreyen. In Wittenberg bekümmerte man sich nicht um ihr Geschrey: in Jena aber fanden es die neue Theologen desto leichter 274), die Sächsische Prediger dabey in Ruhe zu erhalten, da gewiß eine grosse Anzahl von ihnen in dem Wahn stand, der auch nach den bißherigen Auftritten natürlich genug war, daß man doch in Sachsen von dem eigentlichen und kezerischen Synergismus ganz rein sey — ein Wahn, den man ihnen ohne den mindesten Nachtheil lassen konnte. Da man bald darauf genug andern Stoff zum Streiten bekam, oder vielmehr schon damahls genug andern Stoff hatte, so liessen ihn endlich auch seine Gegner eine Zeit lang ruhen; hingegen trug freylich dieser vorläufige Ausgang

274) D. Selneccer, Freyhub und Salmuth waren von Wittenberg aus empfohlen und abgeschickt worden.

gang oder vielmehr diese so gewaltsam erzwungene Unterbrechung des Streits auch das ihrige dazu bey, daß er am Ende doch bey der lezten Fixirung der lutherischen Orthodoxie in dieser Periode zum Nachtheil der synergistischen Theorie entschieden wurde.

Doch gerade diß macht es mehrfach nothwendig, daß jezt über dasjenige, was eigentlich Gegenstand des Streits war, und in jeder seiner verschiedenen Epochen dazu gemacht wurde, über die abwechslende Formen, worinn man ihn jezt verdeckter und jezt öffener darlegte, und über die verschiedene Gründe, von denen man dafür und dawider Gebrauch machte, also mit einem Wort, über die wissenschaftliche Geschichte des Streits noch einiges ausgeführt werden muß. Das Bedürfniß weiterer Erläuterungen darüber mag schon in der bißherigen Erzählung mehrmahls fühlbar geworden seyn: man bedarf sie vielleicht noch mehr zu der Erklärung einiger folgenden Erscheinungen; aber sie müssen ganz nothwendig jedem Urtheil über den Streit — selbst jedem allgemeinen Urtheil — zur Grund-Lage dienen, das nur einigermassen wahr und gerecht ausfallen soll.

Kap. XIII.

Drey Punkte sind es vorzüglich, welche hier eine weitere Erörterung erfordern und verdienen möchten. Es mag

Erstens der Mühe wehrt seyn, die charakteristische Grund-Züge der Strigelischen Theorie auszuheben, und recht kenntlich darzulegen, dabey aber im besondern zu untersuchen, ob sie auch diese Grundzüge noch in jeder Gestalt, worinn sie von ihm selbst dargelegt wurde, beybehielt? Unter dieser Untersuchung wird es sich von selbst aufklären, ob und wie weit sie mit der Theorie Melanchtons übereinstimmte? Hingegen wird sich nach dieser Untersuchung

Zwey-

Zweytens — der Beweis desto leichter führen lassen, daß diejenige Theorie, welche die übrige Gegner Strigels in Gemeinschaft mit Flacius der seinigen entgegensezten, keine andere als die rein-augustinische war, so wie sie noch Luther im Streit gegen Erasmus vertheidigt hatte: aber dadurch wird es desto nöthiger werden, noch

Drittens zu untersuchen, ob? und wie sich wohl das Verfahren derjenigen Theologen, die sich unter diesem Handel beständig gegen den Synergismus erklärten, und doch die von Strigeln ausgestellte Weimarische Declaration für völlig befriedigend erkannten, das Verfahren der Würtenberger und die Haltung Mörlins und Stössels erklären läßt?

Was den ersten dieser Punkte betrifft, so läßt sich vielleicht das eigenthümliche und unterscheidende der Vorstellung Strigels am wahrsten und treffendsten wie am kürzesten in dem einzigen Saz auffassen, worinn er sie selbst am häufigsten darlegte — "daß der durch den Sündenfall verdorbene Mensch von der ihm anerschaffenen Willens-Kraft in Beziehung auf das Gute nichts als den modum agendi behalten habe, und jezt nur allein dadurch, aber doch dadurch noch in einem wahren Sinn als mitwürkend zum guten betrachtet werden könne. Alle andere Formeln und Redens-Arten, deren er sich sonst zuweilen bediente, erhalten ihre Bestimmung durch diese. Alle seine sonstige Behauptungen über das Vermögen und Unvermögen des menschlichen Willens können ohne den mindesten Zwang aus dieser Grund-Behauptung abgeleitet — Alle scheinbare Widersprüche, die man sonst schon darinn zu sehen glaubte, auf das natürlichste dadurch gehoben werden: also gebührt ihr mit Recht der Charakter der leitenden Haupt-Idee in seiner Theorie: aber freylich muß man dabey vor allen Dingen erklären, was Strigel unter seinem modus

modus agendi sich dachte und gedacht haben wollte! Doch diese Erklärung gab er ja selbst bey mehreren Gelegenheiten, und besonders unter der Weimarischen Disputation mit Flacius mehr als einmahl mit einer Offenheit, die sich nicht nur keineswegs zu verhüllen suchte; sondern recht sichtbar nach Klarheit und Deutlichkeit rang.

Schon in der zweyten Sizung jener Disputation brachte er jenen Ausdruck in einer Verbindung an, die auf dasjenige, was er darunter verstand, ein sehr helles Licht warf. Er räumte hier seinem Gegner ein, daß sich der Mensch durchaus nicht aus eigener Kraft in das bessere verändern oder bekehren könne. Auch der Anfang der Veränderung — sagte er — darf nicht dem Menschen oder einer Würkung seines Willens, sondern er muß allein Gott zugeschrieben werden, der ihn vermittelst des Wortes zieht und bewegt: aber — sezte er hinzu — "diß behaupte ich, daß der Mensch anders als „ein Kloz von Gott gezogen wird. Ich schreibe dem „Menschen keine Kräfte zu — aber ich kann nicht zuge„ben, daß sein Wille das eigenthümliche verlohren ha„ben sollte, wodurch sich seine Würkungs-Art — mo„dus agendi — von der Würkungs-Art anderer Ge„schöpfe unterscheidet, denen bloß eine actio naturalis „zukommt" [275]). Diß war allerdings schon verständlich genug, aber unaufgefordert sezte Strigel noch eine weitere Erklärung hinzu, die keinem Mißverstand mehr Raum ließ. Er erklärte noch, was er unter der natürlichen Würkungs-Art — unter der actio naturalis — verstehe, welcher er die Würkungs-Art des Willens entgegenseze — nehmlich nichts anders als eine solche, nach welcher das Geschöpf eben so wenig etwas anders würken, als seine Würkung auf — oder zurückhalten kann,

275) "Nolo voluntati detrahi modum agendi, qui est dissimilis aliis actionibus naturalibus." S. Disputatio inter Victorinum & Flacium (nach der Ausgabe von 1562.) p. 30.

kann, wie das Feuer oder das Wasser immer seiner Natur gemäß würken muß, und nur dieser gemäß würken kann [276]. Dabey erläuterte er aber auch noch durch ein Beyspiel, daß das verschiedene der Würkungs-Art, wodurch sich der Mensch nach der ursprünglichen Anlage seiner Natur vor allen andern Geschöpfen auszeichnen sollte, auch sein Verhalten gegen die Einwürkungen und bey den Einwürkungen Gottes anders als das Verhalten anderer Geschöpfe dabey bestimmen und modificiren müsse. "Es mag mit Recht, sagte er, für ein Werk „Gottes gehalten, oder der Einwürkung Gottes zuge„schrieben werden, daß der Erdboden Früchte und Pflan„zen trägt, die zu unserer Erhaltung unentbährlich sind. „Eben so ist auch der Glaube und die Bekehrung ein „Werk Gottes, das durch seine Kraft in der Seele des „Menschen bewürkt wird. Aber die Art, womit Gott „die Früchte in der Erde erschafft oder aus der Erde her„vorbringt, ist doch verschieden von jener, womit er „Glauben und Bekehrung im Menschen würkt; und „unser Verstand und Wille verhält sich doch anders bey „der Würkung Gottes, als sich die Erde dabey verhal„ten kann".

Verbindet man nun mit dieser Erklärung die negative Bestimmungen, durch welche er theils bey dieser, theils bey andern Gelegenheiten dasjenige ausdrückte, was der Mensch und der Wille des Menschen durch den Fall verlohren habe, also jezt nicht mehr zu leisten vermögend sey, so kann über seinen wahren Sinn kaum ein Zweifel mehr statt finden. Er behauptete mehrmahls mit

276) "Deus, so erklärte sich Strigel ausführlicher, „qui est „liberrimum agens extra suam „essentiam in actionibus externis, „condidit duplices naturas, alias „*liberas*, alias *naturaliter agentes.* „Liberae naturae sunt angeli et „homines. Naturaliter agentes „sunt omnes reliquae creaturae. „*Naturale* est, quod non potest „agere aliquid aliter, nec potest „suspendere actionem, sicut ig„nis. Homines et angeli aliter „conditi sunt ad imaginem Dei, „ut sint liberum agens." eb. das.

mit klaren Worten, das Vermögen, etwas geistlich und wahrhaftig gutes zu verlangen, zu denken und anszurichten habe der Mensch durch den Sündenfall gänzlich verlohren [277]). Er gestand geswegen, daß der Mensch auch nicht einmahl seine Besserung anfangen könne, sondern daß der erste Entschluß dazu immer allein der Einwürkung Gottes auf seinen Willen zugeschrieben werden müsse. Was er nun damit dem Menschen und dem Willen des Menschen absprach, diß konnte nichts anders seyn, als das **Vermögen**, sich selbst zum Guten zu bestimmen; also konnte dasjenige, was er dem Menschen noch ließ, im Gegensaz nichts anders seyn, als das Vermögen, durch die Würkung Gottes zum Guten bestimmt, und zwar nach seinem eigenen modo agendi — nach den Gesez der Freyheit — oder als vernünftig-freyes Geschöpf dazu bestimmt zu werden [278]).

Daß es aber diß war, was Strigel haben wollte, erhellt noch deutlicher daraus, weil er so eifrig dafür kämpfte, daß es eine höchst unrichtige Vorstellung sey, wenn man den gänzlichen Verlust und die totale Vernichtung des freyen Willens als Folge des Sünden-Falls angebe. Er sey nicht verlohren, behauptete er, sondern nur verdorben worden. Die Substanz des Willens sey auch in dem gefallenen Menschen zurückgeblieben

277) Disput. Vinar. S. II. 14. und am stärksten in der Weimarischen Declaration.

278) Am deutlichsten drückt er sich hierüber aus Disp. Vin. p: 33. "Nostra voluntas non *vr-ditur* telam conversionis — (der Wille bestimmt sich nicht selbst) sed principium et fontem esse Spiritum Sanctum, dico per verbum — (er wird durch den heiligen Geist bestimmt vermittelst des Worts) adjungo vero voluntatem non sine Spiritu sancto assentientem et petentem, imbecillem, ut ait, Prosper comitem. *Non ignorans* trahitur, sed *intelligens:* non *invita aut coacta*, sed *sequens praecedentem.* Voluntas assentitur movente Spiritu, et adjuvante per verbum, et obtemperat non coacta, non rapta aliqua violentia, *sed obtemperat ut voluntas*, quae aliter agit, quam saxum.

ben [279]), mithin auch dasjenige, was zum Wesen davon gehöre: das wahre Uebel aber, das die Sünde in der Natur des Menschen angerichtet habe, bestehe darinn, daß dadurch seine Kräfte gleichsam gelähmt, und daß dem Willen die Aeusserung seiner Selbstthätigkeit in Ansehung des Guten unmöglich gemacht sey, indem jezt die Ausübung seines Vermögens beständig durch ein äusseres Hinderniß aufgehalten und gehemmt werde. Diß äussere Hinderniß selbst gab er dabey sehr deutlich an [280]), aber zugleich erläuterte er seine Vorstellung mehrmahls durch einige Gleichnisse, die seine ganze Theorie in ein sehr helles Licht sezen.

So fand auch er zu Zeiten nach einem sonst schon gebrauchten Gleichniß den Zustand des gefallenen Menschen dem Zustand jenes Unglücklichen in einer der Parabeln Christi ähnlich, der unter die Mörder gefallen war [281]). Der Unglückliche, sagte er, nehmlich, war nur verwundet, aber nicht getödtet worden. Seine Lebens- und Bewegungs-Kraft war zwar durch die empfangene Wunden so geschwächt worden, daß er sich nicht mehr selbst rühren und aufrichten konnte, sondern von dem barmherzigen Samariter auf sein Thier gehoben werden mußte: aber er hatte doch diese Kraft nicht selbst verlohren; und gerade so verhält es sich mit dem Menschen,

279) Diss. Vin. p. 15. "Peccatum originale significat ataxiam id est, depravationem omnium virium hominis, sed nequaquam significat deletionem seu πανολεθριαν, hoc est totalem seu universalem interitum vel substantiae hominis, vel proprietatum, quae discernunt hominem a bestiis. — Aliud est dicere, depravatum esse liberum arbitrium, et aliud: omnino deletum et extinctum, ablatum et exstirpatum.

280) "Esse in intellectu magnas tenebras et errores de Deo, in voluntate esse dubitationes de Deo, et in corde esse multiplices confusiones affectuum contra legem Dei, nemo sanus negabit. P. 15.

281) Schon in den Propositionen, die er vor dem Gespräch zu Weimar übergab; denn in der zweyten sagt er: Natura nostra — quae non dissimilis est viatori a latronibus sauciato et spoliato." Acta Disp. p. 2.

schen, der durch die Sünde zerrüttet ist. Seine Kräfte zum Guten sind so weit dadurch unterdrückt worden, daß er keinen Gebrauch mehr davon machen kann; aber er hat sie noch, und kann auch wieder zu ihrem Gebrauch kommen, sobald das durch die Sünde in seine Natur gebrachte Hinderniß weggeräumt ist, so wie der Verwundete wieder zum Gebrauch seiner körperlichen Kräfte kommen kann, sobald seine Wunden geheilt sind.

Ein anderes erläuterndes Gleichniß nahm er zu einer andern Zeit von dem Magnet her. Bekanntlich, sagte er, hat der Magnet die natürliche Kraft, das Eisen an sich zu ziehen; diese Kraft soll er aber nicht mehr äussern, wenn er mit dem Saft von Knoblauch — hingegen sogleich wieder äussern, wenn er mit Bocks-Blut bestrichen wird. Wenn sich diß so verhält, so ist klar, daß die Kraft des Magnets nicht durch den Saft des Knoblauchs vernichtet, sondern daß dieser nur ein Hinderniß ist, das die Aeusserung seiner Kraft zurückhält, und durch ein anderes Mittel weggeräumt werden kann. Eben so kann und muß man sich auch die Würkung der Erbsünde auf den Willen des Menschen vorstellen. Sie hat ihn für das gute verdorben, wie der Saft des Knoblauchs den Magnet verdirbt: aber sie hat seine Substanz und seine natürliche Kräfte nicht vernichtet, sondern nur ihre Würksamkeit suspendirt und gehemmt. Wird nun die hemmende Ursache durch Gottes Einwürkung weggeräumt, so tritt auch seine ursprüngliche Würkungs-Art wieder ein, indem seine natürliche Kraft wieder würksam wird; so wie der Magnet wieder Eisen zieht, sobald das seine anziehende Kraft hemmende Hinderniß weggeschafft ist[282].

Diß

282) "Homo", sicut retinet proprietatem seu modum agendi, substantiam corporis et animae, qui etiamsi impeditur succo allii, ita et intellectus retinet suam id est, peccato originis, tamen remoto

Diß wirft ein sehr helles Licht auf das lezte Ziel der Strigelischen Theorie; doch müssen ein paar Bestimmungen dabey noch besonders bemerklich gemacht werden. Die erste ist diese.

Strigel selbst unterschied mehrmahls jene natürliche Würkungs-Art — den naturalem modum agendi des Willens, der durch die Erbsünde durchaus nicht vernichtet seyn sollte, von der Substanz des Willens, aber behauptete, daß er zum Wesentlichen der Substanz gehöre, oder eine Eigenheit der Substanz sey, die sich gar nicht davon getrennt denken lasse [283]). Darinn fand er sogar einen seiner Haupt-Beweise für die Wahrheit seiner ganzen Theorie überhaupt, von dem er am häufigsten Gebrauch machte, weil er seine Gegner am meisten dadurch verwirren konnte. Diese durften und wollten, mit Ausnahme von Flacius, nicht annehmen, daß die Substanz des Menschen oder seines Willens durch die Erbsünde vernichtet worden sey; wenn also Strigel gegen sie erhalten konnte, daß der naturalis modus agendi eine solche Eigenschaft der Substanz sey, welche ohne ihre

remoto hoc impedimento et sancto, per filium Dei, redit natura ad suam proprietatem et agit aliter, quam natura bruta: hoc est: Homo sine Spiritu Sancto, et sine verbo, per quod est efficax Spiritus, non potest agnoscere Deum — vel ei obedire; sed contraria agit. Quando vero filius Dei infundit ei saluberrimum balsamum Evangelii, Spiritum S. et verbum, *incipit sanatio* et *remoto pure* certe natura hominis aliter agit; quam terra, quae accipit semen et procreat. p. 17.

283) Eben diß wollte er seiner Angabe nach zunächst durch das Gleichniß vom Magnet erläutern. "Hoc exemplum tantum ideo propono, ut intelligatur discrimen inter substantiam, et proprietates, quae non possunt tolli a substantia sine abolitione ejus, et inter privationem effectus. p. 16. Auch in der zuerst angeführten Stelle p. 30. unterscheidet er den modum agendi ausdrücklich von der Substanz des Willens — aber p. 18. sagt er, daß dieser modus agendi unter diejenige proprietates gehöre, quae ita adhaerent substantiae, ut non possint separari sicut calor ab igne. Nam sublata proprietate, id est, modo agendi in voluntate et intellectu tollitur hominis proprietas, et fit confusio cum creaturis reliquis.

ihre Vernichtung gar nicht davon getrennt werden könne, so mußten sie ihm zugeben, daß der Wille auch diesen behalten habe; und damit war der Streit zwischen ihnen entschieden.

Durch die Hülfe dieser Bestimmung läßt sich aber auch im besonderen genauer angeben, worein Strigel diesen modum agendi — oder diese in ihrer Natur unverändert gebliebene, wenn schon in ihrer Würksamkeit gehemmte Würkungs-Art des Willens sezte. Wenn er jenen modus von der Substanz unterschied, und doch als etwas von der lezten unzertrennliches erkannt haben wollte, so konnte er unter der Substanz nichts verstehen, als die Kraft zu wollen, oder das Begehrungs-Vermögen selbst; was anders aber unter dem ersten, als die Form des freyen, keinem Zwang unterworfenen Wollens, wodurch sich eben die Willens-Kraft des Menschen von der analogen Kraft anderer Geschöpfe unterscheidet, und die also dasjenige ausmacht, ohne das sie nicht mehr als menschliche Willens-Kraft gedacht werden kann [284].

Eben damit wird aber auch der Sinn näher bestimmt, in welchem er die Ausdrücke aptitudo — capacitas — zuweilen als gleichbedeutend mit seinem modus agendi brauchte, und recht schicklich brauchen konnte.

Er

284) In zwey Stellen der Akten findet sich diß sehr deutlich. S. 64. erklärt Strigel — er schreibe dem Willen des Menschen nach dem Fall nichts weiter zu, als — quod non potest adimi voluntati sine deletione substantiae et proprietatum ejus, quibus differt natura intelligens a bruta — nehmlich den modum agendi, secundum *quam libera est a coactione*, oder mit einem Wort — libertatem a coactione. S. 95. unterscheidet er selbst die Substanz des Willens von der Form des Wollens, und versichert dabey, daß der Mensch auch die lezte wie die erste noch von der Schöpfung her behalten habe. "Ipsum velle, seu bonum seu malum, quod ad substantiam attinet, semper est voluntatis: quia voluntas sic est condita: ut possit velle aut non: sed etiam hoc habet voluntas ex opere creationis, quod adhuc reliquum, et non prorsus abolitum et extinctum est, ut possit velle aut non *sine coactione*.

Er benuzte sie gewöhnlich nur dazu, um dasjenige, was der Mensch auch nach dem Fall noch behalten habe, von demjenigen auffallender zu unterscheiden, was er dadurch verlohren habe. Er behauptete z. B. wie in der Weimarischen Deklaration; daß der Wille des Menschen in Ansehung des Guten die efficaciam zwar verlohren, aber die aptitudinem und capacitatem behalten habe; hingegen auch damit wollte er nichts anders sagen, als daß zwar der Mensch durch den Fall um das Vermögen gekommen sey, seine Willens-Kraft in Ansehung des Guten zu äussern, aber daß doch die Kraft selbst in ihm geblieben sey, und auch die eigene ursprüngliche Form ihrer Aeusserung behalten habe. Daraus floß dann, daß der Wille des Menschen selbst auch in Ansehung des Guten wieder seine Begehrungs-Kraft äussern, und zwar in der Form des freyen Willens äussern könne, sobald das aus dem Fall entsprungene Hinderniß, durch das sie gehemmt werde, weggeräumt sey: und deßwegen konnte ihm ohne Zweydeutigkeit und doch in einem nach jedem Sprachgebrauch sehr wahren Sinn eine aptitudo und capacitas zugeschrieben werden, denn der Gegensaz, in welchen Strigel diese aptitudinem mit der efficacia brachte, bestimmte schon allein den Sinn davon so deutlich, daß nur ein vorsezlicher Mißverstand darüber möglich, oder nur der krassen Unwissenheit einer möglich war [285]).

Dabey darf aber eine andere Idee, die zu der Vorstellung Strigels gehörte, nicht unbemerkt gelassen werden!

So

285) Das eine oder das andere trat daher gewiß bey den Predigern der Ronneburgischen Inspektion ein, welche in ihrer eigenen Acceptations-Formel der Strigelischen Declaration so förmlich protestirten "daß in „dem natürlichen Menschen keine „aptitudo und capacitas sey, etwas tüchtiges von Gott zu gedenken.

So bestimmt er mehrmahls behauptete, daß durch den Fall und durch die Erbsünde etwas in den Menschen gekommen sey, wodurch die Aeusserung seiner Willens-Kraft in Ansehung des Guten gehemmt und gleichsam suspendirt worden sey — und so oft er dem zufolge erklärte, daß durch die Einwürkung Gottes auf den Menschen zunächst diß Hinderniß weggeräumt werde und werden müsse, so deutlich bezeugte er doch bey gleich viel Gelegenheiten, daß er das Verderben des Menschen eben so wenig als jene Würkung Gottes, durch welche er ins bessere verändert werde, darein allein seze. Er räumte eben so ausdrücklich ein, daß jenes in die Natur des Menschen gekommene böse Princip, wodurch seine Kraft-Aeusserung in Ansehung des Guten gehemmt werde, auch zugleich alle seine Kräfte höchst beträchtlich geschwächt habe. Er drang selbst darauf, daß man den natürlichen Menschen nicht nur gleichsam als gebunden, sondern auch als gelähmt in Beziehung auf das Gute betrachten müsse. Er nahm also selbst an, daß das Uebel im Menschen nicht bloß in einer Verhinderung, sondern zugleich in einer Verminderung seiner ursprünglichen Kräfte bestehe, ja zuweilen schien er die Haupt-Ursache, warum der Mensch seine Kräfte nicht mehr äussern könne, eben darinn zu suchen, weil sie zu sehr geschwächt worden seyen 286).

Diesem gemäß beschrieb Strigel auch dasjenige, was einerseits bey der Veränderung des Menschen ins bessere

286) Diese Ideen lagen auch schon zum Theil in seinem Gleichniß von dem unter die Mörder gefallenen und verwundeten Wanderer, und besonders in dem Zuge des beraubten Wanderers, viatoris, saucii et *spoliati*, der gewiß nicht bedeutungslos in seinem Gleichniß seyn sollte, und offenbar nichts anders als den Verlust bezeichnen konnte, den der Mensch erlitten habe. Aber ohne Bilder und Metaphern sind sie in der genauen Beschreibung ausgeführt, die er im Anfang der zweyten Sizung der Weimarischen Disputation von den Würkungen der Erbsünde gab. S. Act. p. 14.

bessere durch den Einfluß Gottes und des heiligen Geistes in ihm bewürkt werde, und was er andererseits selbst dazu mitwürken könne. Diß lezte stellte er immer als so geringfügig und unbedeutend vor, daß es gar nicht in Betrachtung kommen könne [287]). Er behauptete, daß die erste Kraft-Aeusserung, welche der Wille nach der Wegräumung des Hindernisses in Ansehung des Guten wieder zeigen könne, nur als äusserst schwach und dürftig gedacht werden dürfe [288]). Er verglich daher in dieser Hinsicht den Zustand des natürlichen Menschen mit dem Zustand eines neu-gebohrnen Kindes, dessen Lebens-Kraft erst durch die Nahrung; die es aus der Brust seiner Mutter zieht, gestärkt werden muß, und das zwar diese stärkende Nahrung aus der Brust seiner Mutter ziehen, aber sich nicht selbst dazu erheben, und die Brust nicht einmahl fassen kann, wenn sie ihm nicht gereicht wird [289]). Darinn lag zugleich sehr deutlich, was bey der Veränderung dieses natürlichen Zustandes durch die Einwürkung Gottes nach seiner Vorstellung gethan werden müsse. Sie müsse nicht nur,

287) Flacius führte hierüber zu Weimar die folgende Aeusserung, Strigels in den eigenen Worten an, deren er sich bedient haben sollte. "Synergia „nostrarum virium in conversione „est quiddam pertenue prorsus, „si ad operationem divinam con-„feratur. Als wenn ich in einer „Zech säße bey einem reichen „Mann, und er gäbe einen Tha-„ler, und ich einen Heller, und „ich rühmte mich darnach, ich „hätte mit diesem gezecht und „bezahlt. Talis est synergia." p. 97.

288) "Non disputo — sagt er S. 114. auf die Frage: ob der Wille des Menschen noch die Kraft habe, dem ihm vorgelegten Wort Gottes zu gehorchen — non disputo de impletione, quam scio, sine gratia esse impossibilem; sed tantum de apprehensione verbi, et *qualicunque* assensione *languida, trepida* et *imbecilla*. At hanc etiam dico, non propriis viribus fieri posse et *solis*, sed adjuvante voluntatem Spiritu Sancto. — Ego non dico, voluntatem sine Spiritu Sancto posse assentiri verbo, sed jam motam et adjutam a Spiritu *utcunque* assentiri *inter trepidationes*.

289) S. 125.

nur, meynte er, das Hinderniß wegräumen, das in diesem verdorbenen Zustand jede Kraft-Aeusserung aufhält, sondern auch die so tief gesunkene Kräfte wieder aufrichten, das kaum noch glimmende Tocht wieder anfachen, und dem zwar nicht ganz bewegungslosen aber doch einer äusseren Hülfe durchaus bedürftigen Kinde die Hand so nahe bringen, daß es sie fassen, und sich daran aufrichten kann [290].

Aus diesen Grund-Ideen der Strigelischen Theorie legt sich jezt zunächst auf das offenste dar, daß es weder ein Widerspruch von Seiten Strigels, noch eine verstellte Annäherung zu der Meynung seiner Gegner, sondern völlig konsequent war, wenn er so oft behauptete, daß er eben so wenig als sie, eine Mitwürkung des natürlichen unwidergebohrnen Menschen bey dem Bekehrungs-Werk annehme, und immer eben so stark und eben so bestimmt als sie gelehrt habe, daß der Beystand der Gnade Gottes dem Menschen nicht nur zu der Vollendung, sondern auch schon zu dem Anfang seiner Bekehrung absolut nothwendig sey. Unter dem Weimarischen Gespräch glaubte ihn zwar Flacius zuerst in die größte Verlegenheit zu sezen, wenn er ihn nur zu einer kategorischen Antwort auf die Frage nöthigen könnte: ob er dem wiedergebohrnen oder dem natürlichen Menschen eine Mitwürkung zuschreibe? aber Strigel hatte nicht einmahl nöthig, sich auf eine besondere Wendung seiner

290) Strigel selbst schreibt durch einen andern bildlichen Zug, den er S. 125. gebraucht, der Einwürkung Gottes noch mehr, und dem Willen des Menschen noch weniger zu, denn er behauptet, der hülflose gefallene habe nicht einmahl mehr Kraft genug, die helfende Hand selbst zu fassen, wenn sie ihm auch noch so nahe gebracht werde, sondern seine Hand müsse erst von der helfenden Hand ausgestreckt werden. Aber — sezt er hinzu — es sey doch noch die eigene Hand des hülflosen, welche ausgestreckt werde, mithin sey doch in der noch nicht ganz abgestorbenen Hand noch ein minimum von Kraft übrig, und nur diß minimum von Kraft wolle er ihm zugeschrieben haben.

seiner Antwort zu besinnen, sondern konnte sie in eben den Ausdrücken geben, die sein Gegner ihm vorschrieb [291]). Nach seiner Vorstellung konnte ja der Wille des natürlichen Menschen seine Würkungs-Kraft in Ansehung des Guten gar nicht äussern, biß das Hinderniß weggeräumt war, daß seine Thätigkeit hemmte. Ehe diß in der Wiedergeburt geschehen war, konnte also von keiner Mitwürkung des Willens die Rede seyn, und eben darinn lag auch, daß nothwendig eine Würkung Gottes vor jeder Mitwürkung und Kraft-Aeusserung des Menschen in seinem Bekehrungs-Werk vorhergehen müsse [292]). Strigel konnte selbst darauf dringen, daß man wenigstens in Gedanken ein prius und ein posterius dabey zu unterscheiden gezwungen sey; daher war es nur Zeichen, daß er sich nicht fürchtete, eine Blösse zu geben, da er einmahl äusserte, daß es sich in der Zeit selbst schwerlich unterscheiden lassen möchte, weil sich die Würkung des Willens mit der Würkung Gottes sogleich verbinde [293]).

Kap.

291) "Quaero — fragt Flacius p. 29. — an velis tribuere synergiam homini renato vel non renato? Und ohne Bedenken antwortete Strigel darauf: Tribuo homini tantum renato.

292) "Semper dixi — sagt hierüber Strigel — et dico vero pectore et sine simulatione: initia conversionis esse non a nobis, sed a Deo et Spiritu sancto, seu a filio Dei per verbum. Ac si unquam in mea vita tribuissem initia conversionis nostris viribus, ego hic palam et sine rubore damnarem hanc meam vocem et asseverationem." p. 13.

293) Er äusserte diß in der zweyten Sizung, da ihn Flacius noch einmahl um eine Antwort auf die Frage preßte: ob der Wille ante oder post — vor oder nach der Würkung Gottes konkurrire? Auch hier hätte er, ohne sich zu besinnen, antworten können, daß der Konkursus erst nachher eintrete: aber er scheute sich nicht ihm zu sagen: "Nostrae ecclesiae non ita subtiliter sunt locutae. Haec simul concurrunt, Spiritus S. verbum et voluntas, sicut simul fiunt ortus Solis et dies artificialis. Non est successio imaginanda in his rebus respectu temporis; sed tamen — sezte er hinzu — discernenda est causa movens ab effectu voluntatis." S. Disp. Vin. p. 36.

Nach dieser Darlegung und Entwicklung der Grund-Ideen der Strigelischen Theorie würde es aber auch kaum mehr nöthig seyn, bey der Ausführung der folgenden besondern Bemerkungen noch zu verweilen, wenn sie nicht schon mehrmahls übersehen, oder in ein unrichtiges Licht gesezt worden wären, durch welches auch auf einige Erscheinungen in der Geschichte des Streits darüber ein sehr falsches Licht geworfen wurde. Aus diesem Grunde verdient es

Erstens -- noch besonders bemerkt zu werden, daß sich Strigel über diese Theorie immer gleichförmig erklärte, und sich wenigstens niemahls weder vor noch nach dem Gespräch zu Weimar, weder vor noch nach dem Sturz seiner Gegner, eine Aeusserung entfallen oder abdrohen oder abschmeichlen ließ, die nicht auf das vollkommenste mit dieser Theorie harmonirt hätte. Wenn er sie auch nicht immer, wenn er sie besonders in seinen lezten Declarationen nicht so ganz auslegte, wie er in der Disputation mit Flacius dazu gezwungen war, so war es doch die eine oder die andere dazu gehörige Haupt-Idee, wozu er sich unverdeckt bekannte, und dabey war es unverkennbar, daß sie nur zu dieser, und zu keiner andern Theorie gehören konnte. Diß war die Theorie, die er schon lange vor dem Streit, schon vor seiner Anstellung in Jena vertheidigt haben mußte, wenn anders den Beweisen, welche Flacius zu Weimar dafür vorbrachte, völlig geglaubt werden darf. Diß war die Theorie, welche er im Gefängniß zu Gotha gegen Flacius vertheidigen wollte, wie man selbst aus demjenigen ersieht, was er zu Weimar von seinen Gothaischen Aeusserungen zurücknahm [294]. Und wer konnte zweif-

len,

294) Flacius erinnerte ihn zu Weimar, daß er ihm zu Gotha eingeräumt habe, "intellectum carere notitia et similem esse tabulae

len, daß es bloß diese war, welche seine spätere Declarationen enthielten? In jener Konfession von ihm, welche der Weimarische Hof vor den lezten Vergleichs-Handlungen einigen auswärtigen Theologen zuschickte, um ihr Gutachten darüber einzuholen, fanden sie ja die Würtenberger zuerst so stark ausgedrückt, daß sie selbst etwas darüber erschracken, und bey einigen Ausdrücken eine Milderung für nöthig hielten [295]), wodurch seine lezte Weimarische Deklaration veranlaßt wurde. In dieser aber lag sie ja so deutlich — sie lag schon deßwegen, weil sie in seine eigene Unterscheidungs-Ausdrücke gefaßt war, so deutlich darinn, daß Stössel und Mörlin die unnatürlichste Gewalt anwenden mußten, um sie in ihrer Super-Declaration nur einigermassen zu verstecken! Hingegen lag sie auch nicht deutlicher und nicht offener in den Schriften, die er nach seinem Abzuge von Jena

tabulae rasae. Strigel läugnete auch nicht, daß ihm diß entfallen seyn könnte, aber er sagte, daß er damahls in der unruhigen Stimmung des Gemüths, in die ihn seine Gefangenschaft versezt habe, und aller gelehrten Hülfs-Mittel, aller seiner Bücher beraubt, zu einem gelehrten Streit gar nicht vorbereitet, auch nicht fähig gewesen sey, seine Ausdrücke so sorgfältig abzuwägen, daher ihm billig erlaubt werden möchte, diß Geständniß jezt zurückzunehmen. Man sieht leicht, warum Strigel jezt nicht mehr so viel nachgeben wollte; aber man sieht auch eben so leicht, daß er es immer zur Noth hätte nachgeben können, ohne eine zu seiner Theorie gehörige Haupt-Idee aufzuopfern. Was er eingeräumt hatte, bezog sich ja nur auf den Verstand und nicht auf den Willen des Menschen, und selbst in Ansehung des Verstandes behauptete er noch durch das schon mehrmahls gebrauchte Gleichniß einer tabula rasa, daß er durch den Sünden-Fall von seiner Fähigkeit, geistliche Dinge aufzunehmen, oder von seiner Receptivität für göttliche und geistliche Wahrheiten nichts verlohren habe. S. Act. Vin. p. 72.

295) Sie fürchteten besonders, man möchte sich an den Redens-Arten stossen, deren sich Strigel bedient hatte, daß der Wille des Menschen der Gnade beypflichte, und auch wiederstrebe, und daß der Mensch wenigstens einigermassen wollend — aliquo modo volens — bekehrt werde. S. Flacius Erzählung, wie der hochwichtige und langwierige Religions-Streit Viktorini in Thüringen endlich geschlichtet worden. (1563. 4.) B. 2. a.

Jena herausgab, als sie schon in dieser Declaration gelegen war, wiewohl sie die Würtenbergische Theologen erst in jenen gefunden haben wollten [296].

Niemahls konnte also Strigeln mit Recht der Vorwurf gemacht werden, daß er seine Theorie verändert, oder nur der Vorwurf gemacht werden, daß er sich zu Zeiten mit einer Zweydeutigkeit darüber ausgedrückt habe, die eine

296) In seinem Commentario in Psalmos, den er im Jahr 1563. herausgab. In diesem fanden die Würtenbergische Theologen, denen ihr Herr, der Herzog Christoph, das Buch in die Censur gegeben hatte, vier Stellen, die ihrem Vorgeben nach etwas ganz anderes enthalten sollten, als Strigel in seiner Weimarischen Declaration ausgelegt habe. Diese vier Stellen waren folgende:

"Voluntas non sit ignava nec contumax, sed velit aliquando obedientiam."

Ferner: "Voluntas et cor non omnino repugnans, sed expetens consolationem divinam, cum quidem a Spiritu S. adjuvatur."

Ferner: "Sciendum est, fidem Dei donum esse, sed dari audientibus et annuentibus.

Ferner: Non omnino deletum est in corde hominis per peccatum, quod ibi per imaginem Dei, cum crearetur, impressum fuerat, neque adeo imago Dei detrita est illa labe, ut nulla in anima veluti lineamenta extrema remanserint: remansit enim, quod homo non nisi rationalis esse potest."

Von diesen Aeusserungen behaupteten nun die Würtenberger, daß sie mit seiner zu Weimar ausgestellten Erklärung in dem unvereinbarsten Wiederspruch ständen, nach welchem in der Natur des durch die Sünde verdorbenen Menschen kein Funke von einer Kraft oder von einem Vermögen mehr liegen sollte, wodurch er sich zu der Gnade Gottes vorbereiten oder bekehren könnte. Allein wer kann einen Wiederspruch darinn sehen, so bald man in der lezten Erklärung Strigels nicht mehr findet, als nach den übrigen Bestimmungen, die er in seiner Declaration dazu sezte, darinn liegen konnte, und sollte? Wenn die Würtenbergische Theologen zu Weimar einen andern Sinn in diese Erklärung hineinlegten, so war diß nicht Strigels Schuld, denn er hatte seine Meynung offen genug ausgelegt: daß aber alle diese von ihnen ausgezeichnete Stellen in seinem Kommentar über die Psalmen jener Theorie vollkommen gemäß waren, die bißher aus allen seinen früheren Erklärungen als die einzige, die ihm zugeschrieben werden kann, dargelegt wurde, ja daß sie nothwendig daraus flossen, diß darf nicht mehr besonders gezeigt werden. S. Etliche Briefe und Handlungen der Würtenbergischen Theologen und Viktorini Strigelii a. 1563. geschehen, daraus zu ersehen, was sie von seiner Pelagianischen Synergia halten. 1563. 4. Auch bey Schlüsselburg L. V. p. 450.

eine Veränderung vermuthen ließ." Aber, und diß verdient

Zweytens — mit einem Wort berührt zu werden, weil es nicht mehr als ein Wort bedarf — nur mit der äussersten Ungerechtigkeit oder nur von der äussersten Unwissenheit konnte ihm bey dieser Theorie der Vorwurf gemacht werden, daß er ein Pelagianer sey. Diß wußte zuverlässig Flacius selbst am besten; daher darf man gewiß annehmen, daß die schamlose Frechheit, womit er ihn bey dem Gespräch zu Weimar so öffentlich als einen Pelagianer ausschrie. [297]), nur die hämische Absicht hatte, ihn und seine Meynung den anwesenden Layen entsezlicher vorzustellen; denn welcher Laye, ja selbst welcher Theolog erschrack damahls nicht vor dem Nahmen von Pelagius? [298]) — Aber wenn man auch den Schlüsselburgen, die noch in der Folge so oft von dem Strigelischen Pelagianismus sprachen, diese Absicht nicht zuschreiben will, so war doch die Unwissenheit, welche sie dabey verriethen, fast eben so unverzeyhlich. Die Theorie von Strigel wich in ihren Grund-Begriffen von der Pelagianischen eben so weit ab, als diese von der Augustinischen. Sie war selbst von der Semipelagiani-

297) S. Act. Vin. p. 148. 159. Ja p. 153. übernahm es sogar Flacius, den Beweiß zu führen, daß Strigel noch schlimmerer Kezer sey als Pelagius, weil er der Gnade Gottes bey der Bekehrung eines Menschen noch weniger zuschreibe als dieser. Auf die bittere Beschwerde, welche Strigel über diese Beschuldigung führte, zwang er sich aber doch zu dem halben Wiederruf: Quod ad Sententiam tuam attinet, videtur mihi Pelagiana quia videtur congruere cum sententia Pelagii, sed ideo non dico simpliciter te Pelagianum esse. Fieri potest, ut vir bonus incidat in errorem, quem tamen non videt. p. 161.

298) Erklärte doch Strigel selbst, daß er den Pelagianischen Irrthum für eine Kezerey halte, quae magis coercenda sit vinculis quàm verbis. p. 160. Es läßt sich zwar denken, daß er sich absichtlich etwas stärker ausdrückte, um dem wiedrigen Eindruck vorzubeugen, den der gehässige Vorwurf, den ihm Flacius gemacht hatte, so leicht bey seinen ununterrichteten Richtern zurücklassen konnte; aber es wäre immer auch möglich, daß er seine wahre Gesinnung damit ausgedrückt hätte.

gianischen eben so wesentlich verschieden, als es diese von der Lutherischen war; denn sie zeichnete sich durch eine eben so eigenthümliche Grund=Bestimmung vor dieser, wie diese von jener aus. Wenn der Mensch nach Pelagius das Werk seiner Besserung nicht nur aus eigenen Kräften anfangen, sondern auch biß auf einen gewissen Grad durchsezen, nach Cassian aber zwar nicht durchsezen, aber doch anfangen konnte, so behauptete ja Strigel in direktem Widerspruch gegen beyde, daß er am gewissesten zu dem Anfang des Werks unfähig sey, behauptete auf das bestimmteste, daß sein Wille dem Zuge der Gnade nur folgen könne, also nothwendig erst gezogen werden müsse; und gieng mithin von einem ganz andern Punkt als Pelagius und Cassian aus 299). Dafür darf hingegen

Drittens — desto weniger verhelt werden, daß Strigel ein wahrer Synergist war, und daß diese Benennung

299) Sehr treffend und richtig legte Strigel selbst den Unterschied zwischen seiner Theorie, und der Pelagianischen in der folgenden Stelle Disp. Vin. p. 165. dar. "Differunt mea opinio et Pelagianorum primum in eo, quod Pelagiani dicunt, inchoationem boni motus et spiritualis tribuendam esse voluntati, ego vero clare dico et semper dixi, hominem naturali vi, sine filio Dei sanante nostra vulnera, et sine Spiritu S movente corda ne quidem inchoare posse conversionem ad Deum. — Secundum discrimen est de praeparatione seu merito congrui. Pelagiani enim teste Augustino, dicebant, posse nos propriis viribus praeparare cor ad gratiam, ut mereamur gratiam de congruo. Ego vero omnem praeparationem et omne meritum congrui, et quicquid est talium Sophismatum et somniorum cupio ex omni memoria et ecclasia tolli. — Tertio Pelagiani dicunt de perfectione seu consummatione, non posse perfici bonum opus sine auxilio. Ego vero clare dico ex epistola ad Ebraeos, filium Dei non esse tantum ducem, sed etiam consummatorem fidei &c. Eine andere Vergleichung seiner Meynung mit der Pelagianischen findet sich auch S. 149. Was aber mußte sich wohl Walch unter dem Pelagianismus denken, wenn er noch in der Einleitung in die Relig. Streitigkeiten. der Luth. Kirche Th. 1. p. 66. nach der richtigen Ausführung der Strigelischen Meynung sagt, "man sehe wohl, daß diese Meynung auf Pelagianismus hinauslaufe, wenn man schon dabey gestehen müsse, daß ein Unterschied zwischen den Pelagianern, Semipelagianern und Synergisten sey.

nung das charakteristische der Theorie, die von ihm vertheidigt wurde, sehr treffend bezeichnete. Nach dieser Theorie war der Mensch würklich fähig, zu dem Werk seiner Besserung mitzuwürken, und zwar mit dem Ueberrest der ursprünglichen ihm von Gott anerschaffenen Kräfte mitzuwürken, die er noch aus dem Schiffbruch des Sündenfalls gerettet hatte. In dieser lezten Bestimmung lag allein das unterscheidende des Synergismus. Auch Augustin, und Luther und Flacius läugneten nicht, daß der Mensch bey dem Werk seiner Bekehrung nicht nur mitwürken könne, sondern sogar mitwürken müsse, aber sie behaupteten dabey, daß er durchaus durch keine eigene und natürliche, sondern bloß durch die neue, ihm von Gott in der Wiedergeburt gleichsam zum zweytenmahl mitgetheilte und anerschaffene Kraft mitzuwürken im Stand sey; daher bestanden sie auch darauf, daß die Mitwürkung des Menschen nicht eher als nach seiner Widergeburt eintreten könne. Daß hingegen Strigel den Menschen für fähig hielt und für fähig erklärte, durch seine ursprüngliche Natur-Kräfte mitzuwürken, die nicht erst durch eine neue Schöpfung wieder in seine Natur gebracht, sondern nur excitirt werden müßten, diß legt sich aus dem ganzen Zusammenhang seiner Ideen unverkennbar zu Tage. Er drang ja deßwegen so angelegen darauf, daß die Kräfte des Menschen durch die Sünde nicht ganz vernichtet, sondern nur verdorben und geschwächt worden seyen. Er sezte zugleich die Haupt-Würkung der göttlichen Gnade auf den Menschen nur darein, daß sie das Hinderniß zuerst wegräumen müsse, durch welches die noch in ihm übrige Natur-Kraft nur gleichsam gebunden, und suspendirt sey: und selbst wenn er nur von einem modus agendi, oder von einer blossen Fähigkeit zum Würken sprach, die man auch in dem verdorbenen Menschen noch annehmen müsse, so verstand er ja doch unter dem einen und unter der andern nichts weiter, als die noch vorhandene, aber suspendirte und gebundene Willens-Kraft selbst, die nur in dem verdorbenen Menschen nicht zur Aeusserung kommen könne.

Wenn also schon Strigel nach seinen Ideen ebenfalls annahm und annehmen konnte, daß bey dem Bekehrungs-Geschäfft nothwendig eine Würkung Gottes auf den Menschen vorhergehen müsse, ehe eine Mitwürkung von seiner Seite möglich und denkbar sey, und wenn er schon in eben den Ausdrücken, wie seine Gegner, behauptete und behaupten konnte, daß nur bey dem bereits widergebohrnen Menschen die Möglichkeit einer Mitwürkung statt finde, so war doch der Synergismus, zu welchem er den Menschen für fähig erklärte, wahrhaftig von demjenigen verschieden, den seine Gegner zugeben wollten, mithin blieb diß der Punkt, worinn seine Theorie wesentlich von der ihrigen abwich [300]. Aber nun muß

Viertens — dazu gesagt werden, daß dieser Synergismus der Strigelischen Theorie doch in der That kein anderer als der Synergismus Melanchtons oder der Wittenbergischen Schule war. Diß darf man nicht nur daraus schliessen, weil sich Strigel immer auf die Wittenbergische Schule berief, welche nie anders gelehrt habe. Auch die schon angeführte frühere Aeusserungen Melanchtons von dem Konkursus des menschlichen Willens bey dem Bekehrungs-Werk möchten es, für sich allein genommen, noch nicht ganz beweisen, wiewohl sich schon nach diesen, sobald man sie in ihrem Zusammenhang und mit

300) In dieser Hinsicht hatte also auch Salig gewiß Unrecht, wenn er den ganzen Streit als eine blosse Logomachie vorstellen wollte. Th. III. p. 625. Aber Salig hatte sich auch bey dem Auffassen der Strigelischen Theorie in eine gewaltige Verwirrung hineingebracht, weil er sich einmahl in den Kopf gesezt hatte, daß der ganze Krieg nur ein Wort-Streit gewesen sey. Richtiger faßten die Verfertiger der Konkordien-Formel das eigenthümliche davon auf Art. II. p. 581.

mit ihren Gründen vorlegt, nicht mehr daran zweiflen läßt: doch durch seine eigene, unter dem Streit selbst gegebene Erklärungen wird jeder Schatten von Ungewißheit darüber weggeräumt. In einem Bedenken, das er kaum ein Jahr vor seinem Tode über das Sächsische Konfutations-Buch ausstellte [301]), sprach er im Gegensaz gegen die darinn aufgestellte Theorie von dem gänzlichen Verlust der Willens-Freyheit des Menschen völlig eben so, wie Strigel darüber gesprochen hatte, und schrieb ihm zum Theil in den nehmlichen Ausdrücken, deren sich Strigel bedient hatte, eine ganz gleiche Fähigkeit zum Mitwürken bey seiner Bekehrung, aber auch unter den nehmlichen Einschränkungen zu [302]). Eben so erklärten sich seine sämtliche Kollegen zu Wittenberg in einem Bedenken, das der Churfürst August von Sachsen im J. 1561. über den ganzen Streit zwischen Strigel und Flacius von ihnen verlangt hatte [303]); ja schon die Vorstellung allein, welche sie ihrem Herrn in diesem Bedenken von der Flacianischen Theorie machten, kündigte ihre Uebereinstimmung mit der Strigelischen auf das unzweydeutigste an; denn nur wenn man von die-

ser

301) Der Churfürst hatte das Bedenken von der ganzen Facultät zu Wittenberg gefordert, und Melanchton hatte es aufgesezt. Man findet es in den Deutschen Consiliis Melanchtons von Pezel p. 594.

302) Es bleibe wahr — heißt es in diesem Bedenken — daß Gott durch das Wort den heiligen Geist in das Herz des Menschen gebe und würke, und die Regel stehe fest, daß die Bekehrung praecedente gratia — aber es stehe eben so fest, daß sie comitante voluntate erfolge. Diesen Ausdruck hatte auch Strigel mehrmahls gebraucht: doch Melanchton bekannte sich ja zu dieser Theorie noch offener dadurch, weil er selst in diesem Bedenken seinem Herrn sagte, daß der ganze Artikel in dem Konfutationsbuch, worinn man den Synergißmus verdammt habe, zunächst gegen ihn gerichtet seyn sollte.

303) S. Confessio et sententia Wittebergensium de libero arbitrio, cuidam Electori anno 1561. exhibita, una cum utilibus scholiis M. Flacii Illyr. et Zachariae Praetorii. 1561. in 8. Auch bey Schlüsselburg L. V. p. 525. ff.

ser ausgieng, konnte man die Flacianische in dem Licht sehen, in das sie von ihnen gestellt wurde [304].

Doch diese Identität des Strigelischen Synergismus mit dem Wittenbergischen wird am sichtbarsten aus demjenigen hervorgehen, was endlich noch

Fünftens — über einen der Haupt-Gründe, auf welche Strigel seine Theorie davon baute, bemerklich gemacht werden muß. Diese lassen sich füglich auf zwey zurückbringen, wenn man jene nicht mitzählt, durch welche er bloß ihre Uebereinstimmung mit der Schrift zu beweisen suchte, aber jene dürfen würklich aus mehreren Ursachen nicht besonders gezählt werden. Mit der äussersten Leichtigkeit konnte Strigel hundert Schriftstellen anführen, in denen auf das deutlichste zu liegen schien, daß der Wille des Menschen bey seiner Bekehrung mitwürken könne und mitwürken müsse [305]; aber er konnte seine Gegner nicht zwingen, die Exegese für die einzig richtige zu erkennen, durch deren Hülfe es ihm so deutlich wurde, so wenig als sie ihn ihrerseits nöthigen konnten, diejenige anzunehmen, durch welche sie in eben so vielen Stellen das gänzliche Unvermögen des menschlichen Willens zum Guten bestätigt fanden. Durch andere Gründe mußte erst entschieden werden, ob man das lezte in der Schrift suchen und finden dürfe? und

304) "Principalis — sagen sie — ac praecipua quaestio haec est: qualis sit, et quomodo fiat miseri peccatoris conversio, qui ea aetate est, ut doceri possit. De hac respondet Flacius: Converti hominem, ut inepte loquitur, pure passive, truncum et nihil agentem, et addit terriora alia, converti repugnantem et hostiliter Deo convertenti adversantem." A. I. b.

305) Schon in seinen Propositionen, in welche Strigel vor dem Gespräch zu Weimar seine Meynung verfaßt hatte, berief er sich auf folgende Stellen, die seine Theorie von dem Konkursus der Würkung des heiligen Geistes, des Worts, und des menschlichen Willens bey der Bekehrung des Sünders deutlich enthalten sollten Joh. VI. 29. Röm. I. 16. Röm. X. 17. Luc. VIII. 18. Ebr. IV. 2. Apoc. III. 20. Luc XI. 13. Marc. IX. 24. I Theß. II. 13. Jac. I. 18.

und diß hoffte Strigel am gewissesten durch die zwey folgende entscheiden zu können. Einmahl drang er darauf, wie schon berührt worden ist, daß man dem Willen des Menschen die Kraft zum Mitwürken nothwendig schon deßwegen einräumen müsse; weil ja der Verlust dieser Kraft eine undenkbare und der Erfahrung widersprechende Vernichtung seiner ganzen Substanz voraussezen würde: dann aber — und diß ist es, was eine besondere Bemerkung verdient — bestand er auch deßwegen darauf, daß der Mensch jene Fähigkeit auch in seinem verdorbenen Zustand noch haben müsse, weil ja sonst bey denjenigen, die sich nicht bekehren wollen, gar keine Imputation ihrer Weigerung statt finden würde, und die Schuld von ihrem Verderben nur darinn gesucht werden könnte, weil Gott nicht mit einer zu der Besiegung ihres nothwendigen Widerstands hinreichenden Kraft auf sie würken, also weil er sie mit einem Wort nicht bekehren wollte.

Diß hatte Strigel schon zu Weimar in der Disputation mit Flacius unverdeckt genug geäussert [306], aber noch weiter führte er es in dem Bekenntniß aus, das er bald nach dieser Disputation dem Hofe übergab. Hier zeigte er, daß man unmöglich das von ihm verworfene totale Unvermögen des menschlichen Willens annehmen könne, wenn man nicht zu gleicher Zeit auf der einen Seite alle Imputabilität seiner Handlungen und Gesinnungen aufheben, und auf der andern Seite die Allgemeinheit der göttlichen Berufung und Erwählung

306) S. Act. Vin. p. 115. Ego — sagt er hier — non dico voluntatem sine Spiritu S. posse verbo assentiri, sed jam motam et adjutam a Spiritu utcunque assentiri inter trepidationes; *et, si hoc non possemus, non essemus rei propter verbum non susceptum.* — Si voluntas ne quidem adjuta potest aliquo modo annuere, non possumus esse rei propter verbum rejectum, sed culpa est in alium transferenda, quod quam sit religiosum, alii judicent.

lung aufgeben, und einen partikularen absoluten Rathschluß Gottes annehmen wolle, bey dem man noch überdiß die unnatürliche Hypothese von einem gedoppelten sich widersprechenden Willen Gottes, einem geoffenbarten und einem verborgenen, zu Hülfe zu nehmen gezwungen sey. Doch diß zeigte er nicht erst, sondern er sezte den nothwendigen Zusammenhang, in welchem das eine mit dem andern stehe, als so unbestreitbar voraus, daß er jede dieser Folgen auch als besonderen Gegenstand des Streits auszeichnete, der zwischen ihm und Flacius geführt werde [307]).

Daraus bestimmt sich nun auf das unzweydeutigste, daß in der Theorie von Strigel bey dem Synergismus, zu dem er den Menschen fähig erklärte, irgend ein Aufwand von eigener Kraft statt finden mußte. Er konnte sonst unmöglich annehmen, daß die Unterlassung dieser Mitwürkung imputabel sey, und diß nahm er doch nicht nur an, sondern er bewies eben daraus, daß ein solcher Aufwand von eigener Kraft dem Menschen möglich seyn müsse, weil sonst die Unterlassung jener Mitwürkung nicht imputabel seyn könnte. Aber eben daraus wird es auch am sichtbarsten, daß sein Synergismus, kein anderer als der Synergismus der Wittenbergischen Schule war; denn war diß nicht der nehmliche Grund, worauf Melanchton den seinigen gebaut hatte?

Kap. XV.

Nach dieser Bestimmung der Strigelischen Theorie und der unterscheidenden Grund-Ideen, in denen sie zusammenhieng, läßt sich jezt ungleich leichter das charakteristische von derjenigen auffassen und angeben, welche von den Theologen, die als seine Gegner auftraten, der seinigen entgegengesezt wurde. Von dem eigenen und besondern Zusaz, welchen Flacius auf seine Faust

307) S. Confessio Strigelii d. Vin. nach der Ausgabe von 1563. 5. Dec. 1560. in den Actis Disput. p. 328.

Faust hinzuthat, wird in der Folge noch besonders gehandelt werden, weil er Gegenstand eines eigenen Streits wurde, in welchem sich alle Partheyen wider ihn vereinigten; also ist hier bloß die Frage von dem unterscheidenden derjenigen Vorstellung, die er mit allen übrigen Gegnern Strigels und alle übrige mit ihm gemein hatten: und dieses kann auch desto leichter ohne jenen Zusaz ausgehoben werden, da er doch nicht zum wesentlichen davon gehörte. Aber mit dem Zusaz und ohne den Zusaz fällt das eigenthümliche dieser Theorie sogleich ins Auge, sobald man sie der Strigelischen gegenüberstellt: nur einige einzelne Bestimmungen, die man dabey anbrachte, mögen eine Erläuterung oder einen Beweis erfordern!

Das ganze davon kann in einen einzigen Saz zusammengefaßt werden, der nicht nur die Theorie selbst, sondern auch alle Gründe enthält, auf denen sie beruhen sollte. Der Wille des Menschen in seinem natürlichen verdorbenen Zustand — diß war es, was die Gegner Strigels in direktem Widerspruch gegen ihn behaupteten und allein behaupten wollten — kann schlechterdings zu seiner Bekehrung und zum Guten überhaupt auf keine Art mitwürken, weil sich nicht nur alle seine würkende Kräfte in Ansehung des Guten durch die Sünde verlohren, sondern zugleich eine solche Richtung bekommen haben, durch welche er unablässig bestimmt wird, dem Guten entgegen zu würken, oder zu wiederstreben!

Diß ist die Vorstellung, welche schon in den ersten Säzen von Flacius gegen Pfeffinger, womit er den Streit eröffnete, welche im Sächsischen Konfutations-Buch, welche in den Propositionen, die Musäus und Flacius zu Weimar vertheidigen wollten 308), auf das offenste

308) Am deutlichsten ist sie allerdings in der zweyten und dritten dieser Propositionen dargelegt. Prop. II. Homo corruptus nihil boni potest veris ac ex corde proficiscentibus motibus operari aut cooperari, nam plane est spiritualiter mortuus, et

 Dei

offenste ausgelegt wurde; aber in den Folgen, welche sie daraus zogen, und in dem Kontrast, in welchen sie selbst diese Folgen mit den Konsequenzen der Strigelischen Theorie brachten, fällt sie noch stärker und kenntlicher auf.

Als Folge dieser Grund-Idee behaupteten sie einmahl, daß sich der Mensch in dem Werk seiner Bekehrung und Widergeburt nicht anders verhalte und verhalten könne, als eine leblose Bildsäule von Stein oder von Holz. Diß Gleichniß, das sie geflissentlich desto öffter zu brauchen affektirten, je mehr sich ihre Gegner daran ärgerten, sollte aber, wie sie mehrmahls erklärten, weiter nichts ausdrücken, als daß der Mensch bey seiner Bekehrung eben so wenig irgend eine Kraft äussern, und eben so wenig zu seiner Bekehrung etwas beytragen könne, als das Stück Holz, aus dem der Künstler eine Bildsäule schnizt, zu seiner veredelten Form beytragen kann, also mit einem Wort weiter nichts als das gänzliche Unvermögen des Menschen zum Guten recht stark ausdrücken, das eine Folge der Erbsünde sey. Sie protestirten daher — diß darf nicht verschwiegen werden — sie protestirten selbst mehrmahls gegen jede weitere Ausdehnung, die man ihm geben möchte. Sie äusserten selbst, daß der Mensch nur allein in dieser Beziehung mit einer leblosen Bildsäule verglichen werden könne, und gaben nicht nur zu, daß er sich auch im Werk seiner Bekehrung nach andern Beziehungen ganz anders verhalte, sondern gaben selbst diese Beziehungen an, nach denen er sich ganz anders dabey verhalte [309]. Am weitesten waren sie davon entfernt, durch diß Gleichniß sagen zu wollen, daß man sich den Menschen im

Dei imaginem, seu omnes bonas vires et inclinationes prorsus amisit. III. Sed non tantum prorsus amisit omnes bonas vires, sed et insuper contrarias et deterrimas acquisivit, — ita ut *necessario* seu *inevitabiliter* Deo ac verae pietati semper et vehementer adversetur. S. Act. Vin. p. I

309) S. Disput. Vin. p. 66

im ganzen Werk seiner Bekehrung, und auch im Fortgang des Werks so untheilnehmend denken müsse, als den Kloz, aus dem der Künstler eine Statue bildet. Sie räumten ein, daß der Mensch sich nicht nur dabey bewußt sey und bewußt seyn müsse, was mit ihm vorgeht, sondern daß auch bey der progressiven Veränderung, die dabey mit ihm vorgehe, eine Würkung von seiner Seite eintreten müsse, an die sich bey dem Kloz nicht denken lasse. Sie gaben zu, daß sein Verstand und sein Wille sich dabey mehrfach thätig zu äussern habe: aber die Kraft — sagten sie — die er zu äussern hat, muß zuerst durch eine Würkung Gottes seinem Verstand und seinem Willen mitgetheilt, sie muß erst auf das neue in ihm geschaffen werden 310), und deßwegen läßt sich dennoch in einer mehrfach wahren Beziehung behaupten, daß er sich im Werk seiner Bekehrung wie eine Bildsäule verhalte. Zuerst kann er ja gar nicht würken, biß Gott den Erden-Klos auf das neue beseelt hat, und was er alsdann würkt, ist nicht Effekt seiner eigenen, sondern der neuen Kraft, die ihm von Gott mitgetheilt worden ist!

Doch der Sinn, in welchem die Gegner Strigels diß Gleichniß gebrauchten, bestimmt sich am besten aus einer andern Folge, welche sie aus ihrer Grund-Idee zogen, oder vielmehr aus einem andern Ausdruck, mit welchem sie zu andern Zeiten diese nehmliche Folge darlegten; nehmlich aus ihrer Behauptung, daß sich der Mensch in dem Werk seiner Bekehrung mere passive — gänzlich leydend — verhalte 311).

310) "Non negatur, quin Deus nos convertat *volentes* et *intelligentes*, sed volentes et intelligentes non ex veteri Adamo, sed ex luce divinitus accensa, donato bono *velle* per verbum et Spiritum Sanctum." eb. das. p. 67.

311) Flacius hatte den Ausdruck schon in den ersten Propositionen gebraucht, die er zu Jena gegen Pfeffingern herausgab. Als man zu Weimar darüber

Hier findet gar kein Zweifel statt, daß sie diese Bestimmung zunächst der Behauptung Strigels entgegensezten, nach welcher der Wille des Menschen, sobald er vom heiligen Geist excitirt und unterstüzt werde, auch auf seine Art, und mit seinen, wenn schon äusserst schwachen Kräften, dabey würken sollte. Sie wollten damit sagen, daß der Mensch in seinem natürlichen Zustand nicht bloß dem verwundeten und halb todten Wanderer gleich sey, der ohne fremde Hülfe sich gar nicht mehr aufrichten, aber doch die helfende Hand, die ihm entgegenkomme, noch fassen könne, nicht bloß dem Kinde gleich sey, das sich zwar nicht selbst zu der Brust der Mutter erheben, aber doch die dargehaltene Brust ergreiffen, und daraus saugen könne, sondern als ein ganz todter zu betrachten sey, dem der Wunder-Trank, durch den er wieder ins Leben erweckt werden soll, in den mit Gewalt eröffneten Mund gegossen werden muß, ohne daß von seiner Seite auch nur das Spiel einer Fiber oder die Bewegung einer Mußkel dabey eintritt. Sie wollten damit der Vorstellung Strigels widersprechen, daß der Wille des Menschen wenigstens noch fähig sey, sich gegen die Gnade Gottes, die sich ihm nähere, gleichsam hinzukehren, wie sein Verstand noch vermögend sey, die Wahrheiten des Evangelii, durch welche die Gnade auf ihn würke, zu ergreiffen und aufzufassen: also sollte unstreitig ihrer Absicht nach in der Behauptung, daß sich der Mensch ganz leydend dabey verhalte, ebenfalls nichts weiter liegen, als daß er auf keine Weise zu der Veränderung, die mit ihm vorgehe, und zu dem Effekt der Mittel, durch welche sie von Gott

zur Sprache kam, mußte Strigel einräumen, daß ihn auch Luther gebraucht habe: doch bemerkte er dabey, daß er ihn nur in seiner Erklärung der Genesis gefunden, und niemahls selbst aus seinem Munde gehört habe. S. Disp. VIII. p. 128.

Gott allein bewürkt werde, durch die Aeusserung einer eigenen Kraft etwas beyzutragen im Stand sey[312].

Man ist daher auch nicht genöthigt, vorauszusezen, daß sie die Behauptung bloß auf den Anfang der Veränderung hätten einschränken wollen. Sie längneten zwar keineswegs, daß der Mensch in dem Fortgang des Werks Thätigkeit genug äussern könne und äussern müsse. Sie unterschieden auch wohl selbst zuweilen in dieser Beziehung den actus und den status der Bekehrung, und drangen darauf, daß man sich den Menschen nur unter jenem, aber durchaus nicht in diesem als bloß passiv und unthätig denken dürfe: doch da sie immer dabey erinnerten, daß der Mensch auch im sogenannten Stand der Gnade von keiner andern als von der neuen

312) Am deutlichsten und bestimmtesten erklärten sich darüber die Mansfeldische Prediger in ihrer Sententia de formula Declarationis Victor. Strigelii, welche sie im J. 1562. herausgaben. — "Ut mens — heißt es hier — recte intelligat verbum Dei et ex eo judicet de Deo, ut voluntas velit mandatis divinis obsequi, utque fiat tota conversio hominis ad Deum salutaris, atque in tali conditione ad finem usque subsistat, hoc omne donum Dei est. Hic nihil liberi arbitrii hominis est. Hoc est — tota hominis anima, mens et voluntas ex sese nihil ad hoc afferunt vel operantur, sed omnia hic sese *ita passive* habent, ut sint solius gratiae divinae et Spiritus S. operationes. Ac ut infans nihil confert opere ad formationem sui in utero matris, nec lutum juvat figulum, ut fiat vas idoneum ad usus necessarios, ita homo in conversione et regeneratione non convertitur et regeneratur suo aliquo, quamvis minutissimo auxilio, sed est subjectum *mere patiens*, in quo Deus Spiritu suo per verbum et sacramenta operatur. Fatemur quidem, existere in homine, dum convertitur, motus quosdam; alioquin enim non posset converti: sed illos motus non nostrae voluntatis esse, verum a Spiritu sancto excitari asserimus. Itaque etiam inter truncum et hominem hac in parte ingens discrimen constituimus. Truncus, etsi patitur, quum ab artifice formatur, tamen diversa est passio ab ea, quae fit in homine, quando convertitur. Quia truncus nec ad conversionem est ordinatus, nec habet organa quae conversionem admittant, et motus novos accipiant. Quod tamen ad cooperationem et modum agendi attinet, nihil magis facit, operatur aut agit homo in conversione sui quam truncus, licet alioqui sit discrimen. S. Schlüsselburg p. 476. 477.

neuen ihm mitgetheilten Kraft Gebrauch machen, und auch in diesem Zustand durchaus keine eigene äussern könne, so läßt sich leicht einsehen, nach welcher Hinsicht sie den Willen des Menschen auch im Fortgang der Bekehrung noch als passiv und unthätig vorstellen konnten.

Daß sie aber auch diß passive Verhalten des Menschen bey seiner Bekehrung eben so wie seine Aehnlichkeit mit einer leblosen Bildsäule durchaus nicht weiter als auf sein Verhältniß und auf seinen Beytrag zu dem Effekt der in ihm zu bewürkenden Veränderung ausgedehnt und bezogen haben wollten, diß legt sich am sichtbarsten aus einer dritten Folgerung dar, die sie aus ihrer Grund-Idee ableiteten; denn gerade durch den Wiederspruch, worinn sie damit zu stehen scheint, wird der Sinn, den sie mit jenen Ausdrücken verbanden, am genauesten bestimmt.

Zu eben der Zeit, da sie behaupteten, daß sich der Mensch im Werk seiner Bekehrung völlig leydend, und wie ein Kloz verhalte, bestanden sie nehmlich auch darauf, und bestanden darauf, als auf einer höchst wichtigen Idee, daß sein Wille dabey als beständig wiederstrebend und entgegenwürkend gedacht werden müsse. Es ist also klar, wie der Tag, daß sie ihm keine absolute Unthätigkeit zuschrieben, denn sonst hätten sie ihn nicht zugleich als wiederstrebend vorstellen können; sondern durch das erste wollten sie nur ausdrücken, daß er alle Kraft zum Guten völlig verlohren habe, und dafür durch das andere bemerklich machen, daß die Kräfte der Finsterniß desto mächtiger in ihm geworden seyen [313]).

Diese

313) So unterschied auch Flacius zu Weimar die Beziehungen eben dadurch am deutlichsten, indem er beyde mit einander verband, wie Disp. Vin. p. 20. Hier bewieß er eben daraus, daß der Mensch in Beziehung auf das Gute ja wohl einer leblosen Bildsäule gleich seyn müsse — truncus ad res bonas — weil

Diese lezte Bestimmung trugen die Gegner Strigels in verschiedenen Formen und Wendungen vor, denen man freylich schon damahls häufig genug ein paradoxes und absurdes Aussehen zu geben suchte, und auch mit leichter Mühe durch eine leichte Verdrehung, aber nur durch eine Verdrehung geben konnte, die nicht immer ganz redlich war. Sie brauchten zuweilen den Ausdruck, daß der Mensch wider seinen Willen von Gott bekehrt werde und bekehrt werden müsse [314]). Sie sprachen davon, daß Gott seine Gnade dem Menschen gleichsam aufdringen müsse [315]), weil es ja voraus gewiß sey, daß er sie immer zurückstossen, und ihrem Zuge entgegenstreben werde. Sie stellten in dieser Beziehung den Menschen als einen Kranken vor, der sich in dem Zustand der Sinnlosigkeit, in dem er sich befinde, mit der heftigsten und unnatürlichsten Anstrengung gegen

weil man sogar mit Recht sagen könnte, daß er miserior trunco sey, indem doch der todte Kloz nicht wiederstrebe. In eigentlichen Ausdrücken hatte er sich aber vorher schon p. 11. ganz deutlich darüber erklärt "Ego vero assero, hominem originali lapsu non tantum sauciatum, sed ut Scriptura affirmat, penitus esse mortuum, extinctum et interfectum ad bonum et contra insuper vivum et vigentem ad malum. Noch genauer unterschied er hingegen die Beziehungen p. 128. "Omnem meam sententiam sic explico. Homo se habet pure passive, si expendas voluntatis nativam facultatem, velle ac vires, tum se habet pure passive *in accipiendo*. Sed si expendatur divinitus, illud donatum velle aut scintilla fidei, a Spiritu accensa, tunc illud donatum velle et scintilla haec non habet se pure passive. Sed Adamica voluntas non solum non operatur, aut cooperatur, verum etiam pro nativa malitia cordis sui contra operatur.

314) Hominem converti repugnantem — diesen Ausdruck hatte Flacius mehrmahls gebraucht, ja Disp. Vin. p. 131. hatte er es mit den härteren Ausdrücken gesagt — hominem converti furentem et frementem. Dennoch konnte er nicht mit Unrecht in der Antwort auf das Bedenken der Wittenberger vom J. 1562. behaupten: Tali forma orationis ego non utor, ut dicam simpliciter: hominem repugnantem converti. Sed dico, eum ratione sui animalis aut carnalis liberi arbitrii repugnare. S. Schlüsselb. p. 528.

315) Gratiam dari invitis — nolentibus. S. Act. Vin. p. 67. 121.

gen die Arzney sträube, die ihm vorgehalten werde [316]). Aber wer sieht nicht selbst, was in allen diesen Beschreibungen liegen sollte, und wer sieht nicht eben so klar, daß es ganz richtig aus der Grund-Idee floß, von welcher ihre Theorie ausgieng?

Eben so leicht läßt sich angeben, warum sie auf diese Bestimmung ein so grosses Moment sezten, und was sie in ihren Augen so wichtig machte? Durch keine andere konnte ja der Synergismus so gewiß und so vollständig gestürzt werden. Wenn sich erhalten ließ, daß der Wille des Menschen nicht nur in Ansehung des Guten völlig gelähmt sey, sondern auch durch eine verborgene Gewalt beständig auf die entgegengesezte Seite des Bösen hingezogen werde, so konnte von der Möglichkeit einer Mitwürkung zum ersten von seiner Seite gar nicht mehr die Rede seyn, und noch weniger die Rede seyn, wenn man die Gewalt als unwiderstehlich schilderte, durch welche er auf die entgegengesezte Seite hingezogen werde. So stellten sie aber Flacius und die übrigen Gegner des Synergismus sehr unverdeckt vor. Sie sprachen von einem nothwendigen und unvermeidlichen Widerstand des Willens [317]), der immer zuerst von der Gnade Gottes überwunden werden müsse, ehe der Mensch bekehrt werden könne. Sie wollten deßwegen durchaus nicht zugeben, daß dem Willen des Menschen in seinem natürlichen Zustand wenigstens eine libertas a coactione zukomme [318]); ja sie scheuten sich wohl nicht,

316) Zu einer andern Zeit verglich ihn Flacius in dieser Hinsicht mit einem Kranken, dessen Magen den heftigsten Ekkel vor der ihm eingegossenen Arzeney empfinde, und sie aus allen Kräften wieder auszuwerfen strebe. eb. das. p. 60.

317) Voluntas repugnat necessario, et inevitabiliter — S. Propositiones Flacii et Musaei Prop. III.

318) Schon in der zweyten Sizung des Weimarischen Gesprächs verlangte Strigel eine bestimmte Antwort von Flacius "ob er dem Willen eine libertatem a coactione zuschreibe oder nicht?

nicht, zu Zeiten wörtlich zu sagen, daß der Mensch als Sklave der Sünde und ihres Urhebers, des Teufels, von diesem zum Bösen gezwungen werde [319]):

Nach

nicht? Flacius wurde auch zuerst etwas in Verlegenheit dadurch gesezt, und desto mehr in Verlegenheit gesezt, weil ihm Strigel eine Stelle aus Luthers Schrift de servo arbitrio vorhalten konnte, worinn dieser ausdrücklich gesagt hatte, voluntatem cogi non posse, et si cogi posset, non amplius esse voluntatem. Er versuchte also zuerst einer bestimmten Antwort auszuweichen, indem er sich darauf berief, daß er doch in seinen Propositionen den Ausdruck nirgends gebraucht habe. Nur eine necessitatem repugnandi habe er dem Willen zugeschrieben: aber man könne zwischen necessitas und coactio unterscheiden, denn es gebe eine necessitatem immutabilitatis, die gewiß von einer necessitate coactionis verschieden sey. "Nolim, sagte er daher, locum de necessitate attingere, quia est difficilis et periculosa res atque tractatio. Sed certe — sezte er dennoch schon hier hinzu — si sumus mancipia Satanae, si ad libitum ejus vivere cogimur, coactio quaedam certe inest." S. Act. Vin. p. 31. 32.

319) Diß führte Flacius weitläufig in der eilften Sizung des Weimarischen Gesprächs aus, in der man sich fast allein bey diesem Punkt aufhielt. Strigel hatte hier zugegeben, quod Diabolus impellat homines ad malum, aber geläugnet, quod cogat; und hierauf machte ihm Flacius den Vorwurf — Tu quidem horribiliter extenuas deplorandam servitutem hominis, qua Satanae subjectus est; adeoque mirum non est, quod et Synergiam constituis et non tam liberatore quam adjutore Filio Dei te indigere profitearis. Si Satan non habet potestatem cogendi hominem ad pravas cupiditates — non est etiam herus aut tyrannus hominis, nec homo est ejus mancipium aut servus, nec eum liberari per Christum ab eo oportuit. Bey dieser Gelegenheit antwortete er endlich auch auf die Stelle, die ihm Strigel aus der Schrift Luthers de servo arbitrio entgegen gehalten hatte, und bewieß wenigstens, daß sie nur in einem seiner Behauptung unschädlichen Sinn genommen werden dürfe, weil sich sonst Luther selbst widersprochen haben würde, da er in mehreren andern ganz bestimmten Stellen dieser Schrift dem Teufel eine wahre Zwangs-Gewalt, eine vim coactivam — über den Menschen eingeräumt habe. Diß konnte er aber auch nur allzuleicht beweisen, denn er durfte ja nur aus dieser Schrift das Gleichniß anführen, worinn Luther den Willen des Menschen mit einem Pferd, und den Teufel mit dem Reuter verglichen hatte, der auf dem Pferd size, und es nach seinem Willen leite und lenke. S. Act. Vin. 194. 195. Doch diesen Punkt führte Flacius nach dem Gespräch noch in einem besondern Aufsaz De coactione hominis aut liberi arbitrii aus. S. Act. Vin. nach der Ausgabe von 1563. p. 300. ff.

Nach diesem kann man wohl keinen Augenblick zweifeln, daß die Theorie, welche die Gegner von Strigel der seinigen entgegenstellten, die ächt- und rein-augustinische war, denn die Identität des Princips, auf dem die eine und die andere beruhte, ist so unverkennbar, als die Identität der Folgen, die von der einen wie von der andern ausflossen. Daraus bestätigt sich dann auf das neue, daß es nicht blosser Wort-Streit war, der zwischen Strigel und seinen Gegnern geführt wurde, denn so gewiß die synergistische Theorie sehr wesentlich von der pelagianischen verschieden war, gegen welche Augustin die seinige aufgestellt hatte, so stand sie doch mit der Augustinischen in einem eben so direkten Widerspruch. Nach den Grund-Begriffen von dieser war der Synergismus eine eben so entschiedene Kezerey als der Pelagianismus: daß aber auch die Gegner des Synergismus würklich keine andere als die rein-augustinische Theorie gegen ihn behaupten und vertheidigen wollten, diß geht nicht nur aus ihren häufigen Provokationen auf die Autorität 320) des alten Kirchen-Vaters, sondern

320) Wohl berief sich auch Strigel sehr oft auf die Autorität Augustins, und führte mehrere Stellen von ihm an, in denen er sich über die Würkung oder Mitwürkung des menschlichen Willens bey der Bekehrung ganz gleich mit ihm ausgedrückt zu haben schien. Auch würde es Flacius gewiß schwehr geworden seyn, bey allen diesen einzelnen Stellen den Beweiß zu führen, daß sie nur auf jenen neuen Willen bezogen werden dürften, den Gott in der Wiedergeburt im Menschen schaffe, wie er zu Weimar Act. p. 116. behauptete. So konsequent Augustin war, so verwirrte und verwickelte er sich doch selbst mehrmahls unter dem Auslegen seiner Ideen, daher war es nicht schwehr in seinen Schriften mehrere Aeusserungen zu finden, die mit seinen sonstigen Grundsäzen in einem wahren Wiederspruch standen, also von einem Gegner dieser Grundsäze sehr leicht und sehr scheinbar benuzt werden konnten. Aber freylich war es dabey noch leichter, und am leichtesten bey solchen Aeusserungen Augustins, die den Synergismus zu begünstigen schienen, dem Vertheidiger von diesem zu zeigen, daß der ganze Geist des Augustinischen Systems dagegen stritt. Diß wußte Strigel selbst zuver-

sondern es geht besonders aus einer andern Erscheinung hervor, die noch eine eigene Bemerkung verdient.

Die meiste von den Theologen, die als erklärte Gegner von Strigel auftraten, glaubten sich ja verpflichtet, mit den Augustinischen Grundsäzen von der Erbsünde und dem daraus entsprungenen totalen Unvermögen des Menschen zum Guten, auch alle jene Folgen, die er in der Erwählungs-Lehre daraus abgeleitet hatte — diß heißt mit zwey Worten — auch seinen Partikularismus und seinen absoluten Rathschluß Gottes annehmen und vertheidigen zu müssen. Diese Erscheinung erhält noch mehr auffallendes, wenn man die Zeit und die Umstände in Betrachtung zieht, in welcher und unter welchen sie eintrat. Strigel hatte öffentlich erklärt, und Melanchton hatte es schon lange vor ihm noch bestimmter gethan, daß er bloß durch die Begierde, jenen empörenden und schriftwidrigen Folgen der Augustinischen Theorie auszuweichen, auf seine synergistische gebracht worden sey. Die meiste Theologen der Parthie hatten auch indessen oft genug und deutlich genug merken lassen, wie gerne sie von diesen Folgen wegkommen möchten, denn man hatte alles gethan, was man nur konnte, um es allmählig in Vergessenheit zu bringen, daß sich Luther unter seinem Streit mit Erasmus so hastig hineingeworfen und so ärgerlich darinn verwickelt hätte. Man hatte selbst seit einiger Zeit einen Grund weiter, und einen sehr starken Grund weiter bekommen, sich daran zu stossen, seitdem sich der verhaßte Kalvin und die Schweizer in dem Konsensus Tigu-

zuverlässig eben so gut als seine Gegner; deßwegen wäre es edelmüthiger gewesen, wenn er den kleinen Vortheil verschmäht hätte, den er doch nur auf einen Augenblick aus einigen Uebereilungs-Fehlern des alten Kirchen-Vaters ziehen konnte. Doch wahrscheinlich war es ihm auch nur um den Vortheil des Augenblicks, und selbst um diesen nur um der Layen willen zu thun, die bey dem Gespräch zu Weimar zugegen waren.

Tiqurinus so stark dafür erklärt hatten. Wenn man nun aber dem ungeachtet unter den Händeln mit Strigel wieder darauf zurükkam, beweißt diß nicht am stärksten, daß man, um nur den Synergismus recht gewiß zu stürzen, auf das festeste entschlossen, und mit vollem Bewußtseyn entschlossen war, den ganzen Augustinismus wieder aufzustellen? Freylich entschloß man sich bloß deßwegen dazu, weil man im blinden Eifer gegen den Synergismus die Auskunft, womit man sich in der Folge half, noch nicht entdeckt hatte, bey der man die Augustinische Anthropologie behalten, und doch seiner Erwählungs-Theorie wenigstens scheinbar ausweichen konnte; denn sonst würde man die lezte gewiß nicht mitgenommen haben: doch gerade daraus wird es am sichtbarsten, wie fest man überzeugt war, daß man die erste mit allen ihren Bestimmungen ganz unverändert und unversehrt behalten müsse!

Man hat sich zwar schon oft bemüht, über diese Erscheinung in der Geschichte unserer lutherischen Theologie einen Schleyer zu ziehen; aber man hätte sich die fruchtlose Mühe ersparen sollen, denn sie scheint durch jeden Schleyer durch. Es ist unverbergbar, daß Flacius und Musäus, und Wigand und Heßhus und die Manßfeldische Prediger, und überhaupt die meiste Gegner des Synergismus, nicht nur die Augustinische Lehre von dem gänzlichen Unvermögen des Menschen zum Guten, oder von dem totalen Verlust aller seiner Kräfte zum Guten, sondern auch die Augustinische Prädestinations-Lehre gegen Strigel vertheidigten und vertheidigen wollten, weil sie ihnen nach ihrer damahligen Vorstellung in einem unzerreißbaren Zusammenhang damit zu stehen schien. Unter dem Gespräch zu Weimar schien zwar Flacius einer bestimmten Erklärung darüber noch ausweichen zu wollen, denn er eilte sichtbar von diesem Punkt weg, so oft ihn sein Gegner dabey festhalten

wollte:

wollte [321]): doch schon unter diesen Gespräch erklärte er ja auf das feyerlichste seine Uebereinstimmung mit allem, was Luther in seinem Buch De servo arbitrio behauptet habe [322]), und in diesem war ja wohl die Augusti-

321) In der sechsten Sizung war man darauf gekommen, denn in dieser hatte Strigel behauptet, wenn der Mensch nicht mehr das Vermögen habe, dem Wort Gottes beyzustimmen, oder dem an ihn ergangenen Ruf Gottes zu gehorchen, so könne ihm die Verwerfung desselben nicht imputirt werden. Darüber mußte man fast nothwendig tiefer hineinkommen; aber Flacius begnügte sich zu antworten: daß es doch Fälle geben könne, in welchen dem Menschen auch die Unterlassung einer unmöglichen Handlung von Gott ohne Ungerechtigkeit zugerechnet werden möge. Als Haupt-Beyspiel führte er an, daß doch gewiß jeder Mensch in Gottes Augen sträflich sey, der sein Gesez nicht ganz erfülle, wenn schon eben so gewiß die Erfüllung des ganzen Gesezes keinem Menschen möglich sey, und damit gab er sich das Ansehen, den von Strigel vorgebrachten Grund so gänzlich niedergeschlagen zu haben, daß ein längeres Verweilen dabey völlig unnöthig sey. Doch Strigel half ihm dißmahl selbst dazu, daß er leichter von diesem Punkt wegkam, denn anstatt zu läugnen, daß die Nicht-Erfüllung des ganzen Gesezes dem Menschen in seiner gegenwärtigen Lage und bey der Ursache, aus welcher die Unmöglichkeit bey ihm herrühre, imputabel sey, räumte er es selbst gewissermassen ein. Es sey jezt, sagte er, nicht davon die Rede, ob? und in wie fern dem Menschen die Nicht-Erfüllung des Gesezes zugerechnet werden könne, sondern nur davon, ob sich sein Wiederstand gegen den Ruf und gegen die Würkungen der Gnade Gottes als imputabel denken lasse, wenn man voraussete, daß er nicht die mindeste Kraft habe, ihrem Zuge zu folgen, und vielmehr zu seinem Wiederstand gezwungen sey. Er schien also die Imputabilität im ersten Fall zuzugeben, aber eben dadurch verwickelte er sich in einen Wiederspruch oder wenigstens in einen Cirkel im Beweisen, aus dem er sich nicht so leicht hätte heraushelfen können, wenn es seinem Gegner damit gedient gewesen wäre, ihn dabey festzuhalten. S. Act. Vin. p. 115.

322) Doch selbst hier bemerkt man noch, daß ihm die Erklärung etwas schwehr vom Herzen gieng. Strigel hatte nehmlich geäussert, quod in isto libro multa contineantur, quae duriter valde sonant: ut: omnia necessario fieri, Deum esse causam boni et mali. Et haec — hatte er hinzugesezt — si omnium syllabarum in isto libri vis esse assertor; dicas necesse est, te etiam defendere. Haec vero — fügte er hinzu — non libenter attingo; nec fecissem, nisi mentio libri de servo arbitrio mihi imposuisset necessitatem. Hierauf antwortete nun Flacius: Audio te exagitare Lutherum, quem ut instauratorem verae religionis et singulare Dei organon deberes

gustinische Erwählungs-Theorie so offen als möglich ausgelegt. Aber nicht lange stand es an, biß er sich bestimmter darüber herausließ, und herauslassen mußte! Diß geschah schon in seinen Anmerkungen zu dem Bekenntniß, das Strigel zu Ende des J. 1560. dem Hofe übergab. Auch jezt noch bemühte er sich zwar, ein ganz freyes Bekenntniß darüber zu vermeiden. Er beschwehrte sich bitterlich, daß ihn Strigel in die Fragen von der Partikularität oder Universalität der Erwählung hineinziehen wolle, da er sie doch seinerseits niemahls berührt habe. Er protestirte besonders gegen den Vorwurf, daß er einen gedoppelten, nehmlich einen geoffenbarten und einen verborgenen Willen in Gott annehmen sollte, wovon der eine dem andern widerspreche [323]: aber unmittelbar darauf läugnete er geradezu die Universalität der göttlichen Berufung [324], und bekannte sich eben dadurch zu dem ganzen Augustinischen Prädestinations-System, das auf dieser Grund-Idee von der Partikularität der Berufung beruhte, und wenn auch nicht einen gedoppelten Willen, doch eine gedoppelte Art zu wollen in Gott nothwendig voraussezte [325].

Mit

deberes relinquere in Domino quiescere: übrigens behauptete er, daß doch in allen jenen von Strigel angeführten Sätzen Luthers nicht nur nichts anstössiges sondern nicht einmahl etwas unschicklich-lautendes — nihil incommodi — sey, wenn sie nur in dem Zusammenhang genommen würden, in welchen sie Luther gebracht habe. Nolo — erklärt er dabey — Reformator, esse Lutheri: sed — sagte er doch zulezt — judicium et discussionem istius libri permittamus sanae ecclesiae. S. Act. Vin. p. 109.

323) "Nihil — sagt hier Flacius — aut in Disputatione a me edita aut alibi dicitur de particularitate aut universalitate electionis aut praedestinationis. — Quis asserit contradictorias voluntates in Deo? quis prosopolepsiam Dei? Quis etiam particularitatem promissionis? Ergo quorsum istae calumniae." S. Act. Vin. (nach der Ausg. von 1563.) p. 329. 330.

324) Strigel hatte gesagt, quod promissio gratiae per Christum edita sit universalis, et quod Deus universaliter recipiat omnes ad Mediatorem confugientes. Hierauf bemerkte Flacius: Verum quidem hoc est, sed non omnibus dat simul veram doctrinam, sacramenta et doctores, sine quibus nemo salvabitur. Sciscitare tu causam ex eo! eb. das.

325) Das leste räumte Fla-

Mit noch weniger Zurückhaltung erklärte sich Wigand in einer Schrift, worinn er sich das Ansehen gab, alle Gründe und Einwürfe der Synergisten gänzlich niedergeschlagen zu haben [326]. Er verwarf eben so ausdrücklich die Universalität der göttlichen Erwählung und Berufung. Er behauptete es als Thatsache, die gar keinem Zweifel unterworfen sey, daß Gott eben so wenig alle Menschen selig haben und selig machen wolle, als er allen die nöthige Mittel zum selig werden gebe, und bestimmt habe. Aber er läugnete dabey, daß irgendwo in der Schrift von einer universellen Erwählung oder Berufung die Rede sey; er bestand darauf, daß uns Gott weiter nichts in seinem Wort geoffenbart habe, als daß er alle, die an Christum glauben würden, selig machen, und alle, welche nicht glaubten, verdammen wolle, und fand es dann freylich nicht mehr unmöglich, den Beweis zu führen, daß Gott aus Gründen, die uns ganz unbekannt seyen, aber deßwegen dennoch als höchst gerecht gedacht werden müßten, Millionen Menschen zur Verdammniß bestimmt, also auch nicht zu berufen beschlossen haben könne, ohne daß diß Verfahren oder dieser Rathschluß in einem Widerspruch mit demjenigen stehe, was er uns in der Schrift geoffenbart habe [327].

Mit

cius selbst ein, und glaubte sich treflich damit geholfen zu haben. "Nunquam dixi, contradictorias voluntates esse in Deo. Est una certe voluntas Dei, sed qua alia aliter vult. Nam quaedam ita vult, ut etiam opere ipso perficiat, sicut creationem et conservationem mundi; quaedam vult ita, ut non opere ipso mox perficiat, ut vult neminem peccare, neminem perire &c." eb. das.

326) Wigandi Solutiones ad Paralogismos Synergistarum bey Schlüsselburg p. 208 ff.

327) Cur Deus — heißt es S. 211. — non omnes aeque vocet ac regeneret, omnibusque sine discrimine lumen fidei in corde accendat, sine omni dubitatione partim ejus arcano judicio, quod scrutari non possumus, tribuendum est, partim vero juxta verbum Dei patefactum statuendum est, quod aliquos juste puniat Deus propter scelera, etiam propter

Mit welcher Hastigkeit und Härte auch der berüchtigte Tilemann Heßhuß die Allgemeinheit der göttlichen Erwählung verwarf, und ebenfalls den absoluten göttlichen Rathschluß Augustins dagegen aufstellte, diß mag man am besten daraus schliessen, weil es Schlüsselburg selbst nöthig fand, der Heßhusischen Haupt-Schrift [328]) gegen Strigeln die warnende Bitte voranzusezen [329]), daß

propter scelera avorum et parentum. — Nolumus autem nos hic immergere in scrutationem rerum arcanarum. Revelato verbo insistamus, quod inquit, *voluntatem Dei hanc esse, ut omnes homines credentes salvi fiant, et omnes homines non credentes damnentur.* Eben diß wird S. 216. in einer etwas ganz andern Wendung wiederholt. "Quod ad interiorem applicationem salutis per Christum acquisitae attinet, revelata Dei voluntas est, quod Deus *tantum* velit credentes frui beneficiis partis Christi sanguine, et salvari, non credentes vero velit in peccatis suis perire. Deinde vero certissimum est, Deum omnia facere, quae ad salutem omnium eorum, qui credunt, sunt necessaria, hoc est, verbum suum denunciare, aperire cor ad credendum &c. Tertio etiam hoc verissimum est, quod Deus impietatem hominum puniat interdum in tertiam et quartam usque generationem, idque pro sua irreprehensibili justitia. Hic si quis porro urgeat et instet: Cur igitur Deus non aequaliter omnes homines vel punit vel convertit? — ei occinimus illud Pauli: O homo, tu quis es, qui respondeas Deo." Endlich kommt Wigand S. 228. noch einmahl auf die Frage zurück: warum Gott nicht allen Menschen die nöthige Mittel zum Glauben an Christum und zum seelig-werden gebe? und antwortet darauf auf die nehmliche Art: "Alia sunt arcana Dei, quae non possumus nec debemus scrutari: alia sunt patefacta, quae oportet toto pectore amplecti. Patefacta sunt, quod *tantum* credentes in Christum Deus vult salvos facere: sed recondita Dei judicia sunt, quare Paulum convertat, Caipham non convertat; Petrum labentem recipiat, Judam relinquat in desperatione. — Quoties igitur in eum scopulum impingimus, retrahamus nos, tantum in verbo revelato tanquam in praesidio tutissimo nos contineamus, et judicemus, Deum juste punire, quos abjicit, misericordiam vero declarare, in iis, quos recipit.

328) Confutatio Argumentorum, quibus Synergistae suum errorem de liberi arbitrii emortui viribus defendere conantur — auctore Tilem. Heshusio. Ebenfalls bey Schlüsselburg p. 116 ff.

329) "Notet candidus lector, ea quae in hoc scripto de Praedestinatione Sanctorum leguntur, juxta formulae concordiae declarationem, cui auctor subscripsit, intelligenda esse." Aber diese Bitte an den geneigten christlichen Leser schloß nichts geringeres in sich, als die Zumuthung, daß sie

daß man doch alles, was darinn von der Prädestination vorkomme, nach den Bestimmungen einschränken und erklären möchte, die hernach in der Konkordien-Formel darüber aufgestellt worden seyen!

Aber wie Amsdorf darüber denken mußte, schliesse man aus der folgenden Stelle seines Bedenkens über die Strigelische Declaration, worinn er die ganze Streit-Frage auf einen Punkt zurückführt, den freylich ausser ihm noch niemand aufgefaßt hatte, und niemand, als Amsdorf auffassen konnte. Darinn, sagt er hier, liege allein der Grund-Irrthum Strigels, weil er sich durch seine Philosophie in den Kopf habe sezen lassen, daß Gott auf den Menschen auf eine andere Art würke, als auf alle andere Geschöpfe, von welcher Art sie auch seyn mögen. Man müsse es vielmehr im Gegentheil als Axiom annehmen, daß Gott auf alle Wesen auf die vernünftlose wie auf die vernünftige, auf den Stein und

sie doch ihren Augen nicht trauen, oder ihren Verstand verläugnen möchten. Mit klaren Worten sagte Heßhuß in dieser Schrift p. 320. "Deus non vult ut omnes salventur, non enim omnes elegit, nec omnes trahit sua gratia. Er führte p. 322. weitläufig aus, man dürfe den Ausspruch des Apostels: Gott will, daß allen Menschen geholfen werde, durchaus nicht in der Weite nehmen, daß daraus gefolgert werden könnte, omnibus ex aequo offerri Dei gratiam — sondern man müsse entweder mit Augustin und Kalvin annehmen, daß der Apostel unter dem Ausdruck: alle Menschen: nur Menschen von allen Ständen, homines omnium ordinum, privatos, nobiles, ignobiles, doctos, indoctos verstehe p. 329. oder man müsse mit Prosper sagen, daß der Apostel in dieser Stelle nur von der voluntate Dei generali gesprochen habe; von der sein voluntas und seine vocatio specialis noch immer verschieden sey, und verschieden seyn könne, ohne damit im Wiederspruch zu stehen, p. 331. Auf die Frage aber: Cur Deus, qui suam bonitatem erga omnes praedicat, hunc eligat; vocet, trahat atque regeneret, illum vero praetereat, et indurescere sinat?, antwortete er ebenfals mit wörtlicher Berufung auf Augustin: fatendum est nobis cum Augustino, nos non reperire, quid respondeamus S. 326. et hac responsione, sezte er S. 330 hinzu — si quis non est contentus, sed pertinaciter urget verba: Deum velle, ut omnes salventur: necesse est ut deleat doctrinam de praedestinatione Sanctorum."

und auf den Kloß wie auf den Menschen auf eine und eben dieselbe Art würke, nehmlich bloß durch sein Wollen oder Nicht-Wollen und durch sein Sprechen, wenn er schon dabey durch verschiedene Mittel würken könne. "Denn — sagt er — durch sein Wollen und Sprechen „würket und thut Gott alles mit allen Kreaturen. „Wenn Gott will und spricht, so wird Stein und Holz „getragen, gehauen, und gelegt, wie, wenn und wo- „hin er will. Also, wenn Gott will und spricht, so „wird der Mensch bekehrt, from, und gerecht. Denn „wie Stein und Holz in der Hand und Gewalt Gottes „sind, so ist auf ganz gleiche Weise der Verstand und „der Wille des Menschen in der Hand und Gewalt Got- „tes, so daß der Mensch schlechterdings nichts wollen „und wählen kann, als was Gott will und spricht, entweder in Gnade, oder im Zorn" [330].

Nach diesen Beweisen findet wohl kein Zweifel mehr darüber statt, daß es nicht nur der reine, sondern auch der ganze Augustinismus war, den die bedeutendste unter den Gegnern Strigels vertheidigten, und vertheidigen wollten. Man bemerkt zwar dabey, daß sich einige von ihnen zuweilen bemühten, die Form der Augustinischen Prädestinations-Theorie etwas zu maßkiren, und deßwegen einige neue Wendungen dabey anzubringen strebten; aber sie konnten und wollten es nicht verbergen, daß sie die leitende Fundamental-Idee dieser Theorie, daß sie den Augustinischen Partikularismus der göttlichen Erwählung und Berufung aufgenommen hatten, und was half ihnen nun alles maßkiren des übrigen? Ohne Inkonsequenz konnten sie es doch nicht zurücklassen; und jede Veränderung, die man nach der Aufnahme der Haupt-Idee in der Form oder in der Zusammensezung der

330) S. Sententia Nicolai Amsdorffii de Declaratione Victorini. 1562. sie findet sich auch bey Schlüsselburg p. 546. ff.

der übrigen anbringen mochte, wurde zuverlässig eine Verschlimmerung!

5. Nun findet aber noch weniger irgend ein Zweifel mehr darüber statt, daß es in der besondern Lehre von dem natürlichen Züstand des Menschen und von der Beschaffenheit seines Willens keine andere als die Augustinische Anthropologie mit allen ihren Bestimmungen war, die man der synergistischen entgegenstellen wollte: deßwegen wird es auch beynahe überflüssig, noch etwas besonderes über die Gründe und Beweise zu bemerken, von denen ihre Vertheidiger im Streit mit den Synergisten den häufigsten Gebrauch machten.

So bald man es den Synergisten unmöglich gemacht hatte, diese Anthropologie von der Seite der Folgen anzügreiffen, zu denen sie führte, diß heißt, sobald man den Partikularismus, der nothwendig daraus zu fliessen schien, selbst angenommen, und es zugleich als Axiom aufgestellt hatte, daß alles empörende, anstössige und unbegreiffliche, das er für die Vernunft habe, nichts dagegen beweisen könne, weil die Vernunft gar nicht darüber zu urtheilen befugt sey [331]) — so war

331) Diese Protestation gegen die Vernunft hatte Flacius schon unter dem Gespräch zu Weimar sehr oft eingelegt. Schon in der zweyten Sizung hatte er seinem Gegner zugerufen: Disputas ex Philosophia, cui locus in rebus religionis esse non debet. Act. p. 32. Ferner p. 74. wo er wörtlich behauptete, daß nicht alles theologisch wahr seyn müsse, was philosophisch wahr seyn, oder von der Vernunft als wahr erkannt werden möge. Ferner p. 82. "Est contra naturam inquirendae veritatis, si velimus ex caeca Philosophia loqui. Quid aliud corrupit Theologos veteres, ut Clementem, Origenem, Chrysostomum et postea etiam Sophistas, nisi quod de rebus divinis ex Philosophia voluerunt statuere quae non intelligit abstrusissima et occultissima mysteria Dei." — Itaque — verlangt er p. 116. — observemus legem Lutheri: Taceat mulier in ecclesia! Quae enim miseria, si ex Dialectica dijudicandae nobis essent res ecclesiae! Eben diß stellten die Verfasser einer gegen den Synergismus gerichteten Konfession bey Schlüsselburg noch ungescheuter als ersten Grundsaz vor sich hin, "denn — sagen sie — „man „muß

war es äusserst leicht, sie für jeden Gegner unantastbar zu machen! Es war ja nichts leichter, als eine Menge von Schrift-Stellen aufzuführen [332]), worinn dem Menschen alle Kraft zum Guten, alles Vermögen, das Gute zu wollen und zu thun, auf das bestimmteste abgesprochen zu werden scheint. In mehreren dieser Schrift-Stellen waren zwar offenbar bildliche Ausdrücke gebraucht, die vielleicht ohne Zwang sich etwas milder erklären liessen: aber einmahl konnten sie immer auch einige aufbringen, welche jene Vorstellung in ganz klaren und eigentlichen Worten zu enthalten schienen, und dann — wodurch konnte man sie noch überführen, daß jene bildliche Ausdrücke nothwendig milder erklärt werden müßten? oder wodurch konnte man ihnen noch beweisen, daß sie sich nicht befugt halten dürften, gerade alles daraus zu nehmen, was sich ohne Zwang daraus nehmen ließ?

Jede dieser Schrift-Stellen, welche die Flacianer für ihre Meynung anführen konnten, enthielt aber zugleich einen Einwurf gegen die synergistische, durch den sie unmittelbar getroffen wurde. So konnten sie aus jeder von den Beschreibungen des Apostels Paulus, daß der Mensch vor der Wiedergeburt todt sey in Sünden und Uebertretungen, daß Feindschaft gegen Gott eine natürliche Gesinnung seiner Seele, daß er nicht tüchtig

„muß vor allem andern annehmen, daß alles, was die blinde „Vernunft oder die Philosophie „in solchen Artikeln wieder Gottes Wort vorbringt, das ist „falsch und unrecht." S. 666. Auch handelten sie nach diesem Grundsaz sehr konsequent, denn auf alle jene verwirrende Einwürfe, welche Strigel von den Folgen hernahm, zu denen ihre Theorie führe, antworteten sie ganz kurz S. 668. "Diß ist nur „aus der Vernunft gesponnen: „die weißt also hierin zu klügeln!" oder S. 670. "Diß wird alles „aus der Vernunft spintisirt, „Gottes Wort aber lehret es „besser."

332) In einer langen Reyhe findet man alle diese Schriftstellen aufgeführt in dem Bedenken der Mansfeldischen Prediger über Strigels Declaration bey Schlüsselburg S. 478. ff.

tüchtig sey, von ihm selbst etwas gutes zu gedenken — sie konnten aus jeder mit unbestreitbarem Recht die Folge ziehen, daß er zum Guten keine Kraft haben, also auch zu seiner Besserung nicht mitwürken könne, denn es floß nothwendig aus ihrer Exegese, und über diese ließ sich nicht mehr mit ihnen streiten, sobald sie erklärt hatten, daß sie der Vernunft wegen keiner der weiteren Folgen zu Rede stehen wollten, die sich daraus ableiten liessen!

Noch leichter konnten sie hingegen die sonstigen Einwürfe abwehren, welche die Synergisten theils aus der Erfahrung theils aus anderen Schrift-Stellen gegen ihre Vorstellung vorbrachten. Die erste Art von Einwürfen taugte ohnehin an sich nichts, denn bey demjenigen, was zwischen ihnen und ihren Gegnern eigentlich streitig war, fand keine Provokation auf die Erfahrung statt. Aus dieser ließ sich höchstens erweisen, daß der Mensch bey seiner Bekehrung eine mehrfache Kraft des Willens und des Verstandes würklich äussere; aber diß läugneten sie ja selbst nicht, sondern sie läugneten nur diß, daß es eigene Kraft des Menschen sey, die er dabey äussere, indem sie ihrerseits behaupteten, daß es nur eine neue, ihm von Gott mitgetheilte, durch eine neue Schöpfung in seine Seele gelegte Kraft sey, die er dabey äussern könne. Es war also nicht zwischen ihnen streitig, ob eine Würkung wahrgenommen sey? sondern: durch welche Kraft die Würkung hervorgebracht werde? 333) und wie konnte Erfahrung hierüber entscheiden? Eben damit konnten sie sich aber auch auf

333) "Concedimus utique — sagte Flacius zu Strigeln — esse multos motus intellectus et voluntatis bonos et malos in conversione. Sed disputatio est inter nos, non: an in conversione intellectus intelligat et voluntas velit? sed: undenam illa idoneitas bene cogitandi? et unde bonum velle voluntatis? num ex nobis tanquam ex nobis? aut potius sufficientia volendi et cogitandi ex solo Deo sit?" S. Disp. Vinar. p. 329.

auf das leichteste gegen alles decken; was sich aus anderen Aeusserungen der Schrift gegen ihre Theorie urgiren ließ. Sie durften zugeben, daß in hundert Schrift-Stellen deutlich gesagt werde, der Mensch könne und müsse bey dem Werk seiner Besserung mitwürken. Sie hatten nicht einmahl nöthig, den Sinn dieser Stellen durch einen exegetischen Kunstgriff zu entkräften oder zu entstellen; sondern sie konnten und sie durften bloß voraussezen, daß in allen diesen Stellen nur von Menschen, in denen der Geist Gottes bereits neue Kräfte zum Guten geschaffen habe, und nur von der Anwendung dieser neuen Kräfte die Rede sey!

Mehr mag jezt gewiß nicht nöthig seyn, um das eigenthümliche und unterscheidende der Theorie kenntlich zu machen, welche die Gegner des Synergismus unter diesen Händeln vertheidigten, und der ganzen lutherischen Kirche aufdrängen wollten. Ihre totale Divergenz von der synergistischen darf sicherlich nicht weiter ins Licht gesezt; und deßwegen darf es auch nicht erst besonders bemerkt werden, daß es nicht bloß polemischer Eigensinn war, wenn sie sich einmahl so hartnäckig weigerten, auf die Versicherung der Würtenbergischen Mittler und auf die Superdeclaration von Stössel und Mörlin zu glauben, daß Strigel im Grunde doch mit ihnen übereinstimme. Dafür aber wird es desto nöthiger, über eben diese Wendung, die man dem Streit zu geben versuchte, über die wahrscheinliche Absicht der Wendung, und über das Verfahren der Theologen überhaupt, die in dem Streit mittlen wollten, noch einiges beyzufügen.

Kap. XVI.

Der Umstand, durch den man hier am meisten verwirrt wird, ist dieser. Sowohl die Würtenbergische Theo-

Theologen, als Mörlin und Stössel [334]) waren nicht nur für sich selbst eifrige Anhänger der Augustinischen antisynergistischen Theorie, nach welcher der Mensch durch die Erbsünde alle seine Kräfte zum Guten gänzlich verlohren haben sollte, sondern sie wollten sie auch in der Kirche erhalten haben. Diß äusserten ja Mörlin und Stössel auf das bestimmteste in ihrer Super-Declaration, worinn sie die Sächsische Prediger bereden wollten, daß Strigel völlig rechtgläubig lehre, "weil er die Mitwürkung des noch nicht wiedergebohrnen Menschen bey dem Bekehrungs-Werk völlig verwerfe

334) Den hier genannten Theologen, durch deren Betragen unter diesen Händeln man etwas verwirrt wird, hat man zuweilen auch schon die Rostokische wegen einem Responso beyfügen wollen, das sie im J. 1561. darüber ausstellten. In diesem Responso, das den Akten des Weimarischen Gesprächs S. 372. ff beygefügt ist, erklärten sie sich nehmlich auf das bestimmteste für die Theorie von dem gänzlichen Unvermögen des menschlichen Willens zum Guten; aber Salig glaubte wenigstens, Th. III. 647. daß sie zugleich eben so deutlich den Synergißmus, den Strigel vertheidigte, gebilligt hätten, weil sie ja ebenfalls drey causas concurrentes conversionis darinn annahmen, und ausdrücklich auch die Würkung des Verstandes und des Willens darunter rechneten. Verhielte sich diß würklich nach seiner Angabe, so möchte allerdings daraus folgen, daß auch die Theologen zu Rostock den Unterschied zwischen der Meynung Strigels und der Meynung seiner Gegner nicht gesehen hätten oder nicht hätten sehen wollen; allein diß konnte nur Salig in ihrem Bedenken finden, nachdem er sich den ganzen Handel in einen ganz falschen Gesichts-Punkt hineingerückt hatte; denn sonst ist es fast unmöglich, daß man nur eine Annäherung zu dem Strigelischen Synergißmus in ihrem Gutachten sehen kann. Ist doch selbst die Angabe falsch, daß sie drey zusammenwürkende Ursachen der Bekehrung angenommen hätten. Sie sagten nicht, daß drey Ursachen zusammenkämen, um die Bekehrung zu würken, sondern, daß drey Ursachen zusammenkämen, um in dem schon bekehrten Menschen den neuen Gehorsam zu würken, und selbst dazu liessen sie ausdrücklich nur den Verstand und den Willen des Menschen mitwürken, der bereits wiedergebohren und erneuert sey. Stärker konnten sie sich nicht gegen den Strigelischen Synergißmus erklären; aber dabey verräth ja jeder Ausdruck, daß sie sich absichtlich dagegen erklären wollten.

„werfe, und alles dabey der Kraft und der Würkung „der Gnade Gottes allein zuschreibe". Die Würtenbergische Theologen aber hatten es schon eben so deutlich erklärt, noch ehe sie das Mediations-Geschäfft zwischen Strigel und seinen Gegnern übernahmen. Sie sagten voraus, daß sie es nicht übernehmen könnten, wenn sie nicht Ursache hätten zu vermuthen, daß Strigel in den Grund-Ideen dieser Theorie mit ihnen übereinstimme, und nur in den Ausdrücken von ihnen abzuweichen scheine. Sie verlangten deßwegen zuerst bey den Handlungen selbst, daß er ihnen vor allen Dingen über den Sinn, worinn er diese Ausdrücke genommen habe [335]), eine befriedigende Auskunft geben, diß hieß in ihrer Sprache, eine solche Auskunft geben sollte, wodurch ihre Vermuthung zur Gewißheit erhoben werden könnte. So hatte auch schon Brenz in einem Privat-Gutachten über Strigels Konfession das Vertrauen und die Hoffnung geäussert, "daß der Herr Strigelius unter dem „Willen des Menschen, dem er eine Fähigkeit zum „Mitwürken bey dem Bekehrungs-Werk zuschreibe, kei„nen andern als den neuen, in der Wiedergeburt in ihm „geschaffenen Willen verstehen werde, weil es ja no„torisch sey, daß der natürliche Wille des unbekehr„ten Menschen nicht nur dem heiligen Geist nicht bey„pflichten könne, sondern immer wiederstrebe und wieder„streben müsse [336]). In der Censur, welche sie im

„J.

335) Die Ausdrücke: daß der Wille des Menschen beypflichten und wiederstreben könne, daß der Mensch aliquo modo volens bekehrt werde, und besonders auch das mehrmahls von ihm gebrauchte Gleichniß von dem Wanderer, der unter die Mörder gefallen, aber doch nicht würklich von ihnen getödtet, sondern nur halb todt zurückgelassen worden sey. Wären die Würtenbergische Theologen nicht von Augustinischen Ideen ausgegangen, was hätten sie in diesen Ausdrücken anstössiges finden? oder wozu eine Erklärung darüber verlangen können?

336) S. Judicium Brentii de quadam Confessione Vict. Strigelii scriptum anno 1561. bey Salig 650.

„J. 1563. über seine Auslegung der Psalmen ausstell„ten, drangen sie hingegen darauf, daß er endlich einmahl eine ganz offene und runde Erklärung von sich ge„ben müsse, aus der männiglich sehen könne, daß er „dem verderbten Willen des alten noch nicht wiederge„bohrnen Menschen in der Bekehrung durchaus keine „Kraft zum Mitwürken, sondern alles allein der Gnade „Gottes und der Kraft des heiligen Geistes zuschrei„be" 337).

Nach diesem kann man nicht zweifeln, daß auch diese Theologen den ersten Grund-Begriff der Augustinischen Anthropologie noch festhielten, und festgehalten haben wollten, daß der Wille des Menschen durch die Erbsünde seine Freyheit in Ansehung des Guten, und eben damit alle Kraft zum Guten völlig verlohren habe. Wie war es nun aber möglich, daß sie sich selbst bereden, oder daß sie nur versuchen konnten, andere bereden zu wollen, daß Strigel dennoch in der Haupt-Sache mit ihnen übereinstimme? denn wie konnten sie sich selbst, oder wie konnten sie andern zu verbergen hoffen, daß seine Theorie von einem Grund-Begriff ausfloß, der in direktem Wiederspruch mit dem ihrigen stand?

Wenigstens Stössel und Mörlin konnten sich unmöglich selbst darüber täuschen; denn sie hatten ja der Weimarischen Disputation beygewohnt, wo sich Strigel so oft und so offen darüber erklärt hatte 338). Doch daß sie sich gewiß nicht darüber täuschten, diß erhellt am deutlichsten aus der unnatürlichen Mühe, womit sie es jedem andern Auge zu verdecken strebten. Sie hätten nie darauf verfallen können, mit seiner Meynung

337) Darauf liessen sie auch ihren Herrn, den Herzog Christoph in seinem Brief an ihn dringen. S. am a. O.

338) Diß demonstrirte ihnen niemand so treffend, aber auch niemand so bitter vor, als Joach. Westphal in einer kleinen Schrift: Sententia et Confessio Joach. Westphali De modo agendi Johann. Stösselii bey Schlüsselburg S. 493. ff.

nung und mit seinen Ausdrücken so gewaltsam umzugehen, als sie sich in ihrer Superdeclaration erlaubten, wenn sie nicht selbst gefühlt hätten, daß ein recht dichter Schleyer nöthig sey, um sie nur für den ersten Blick etwas weniger kenntlich zu machen!

Eher möchte sich annehmen lassen, daß dieser Fall bey den Würtenbergischen Theologen eingetreten wäre. Man weißt nicht, ob ihnen die Akten des Weimarischen Gesprächs mitgetheilt wurden: wenn sie aber nur einzelne Propositionen und Declarationen von Strigel vor sich hatten, so läßt es sich in der That als möglich denken, daß und wie sie sich selbst über seine Meynung täuschen konnten. Er stellte ja diese mehrmahls von einer Seite dar, und er konnte sie auch, ohne sie absichtlich verstellen zu wollen, von mehr als einer Seite darstellen, von der sie mit der ihrigen völlig zu harmoniren schien. Mehrere der besondern Ideen, welche aus dem Princip ihrer Anthropologie folgten, flossen auch aus dem seinigen aus, und konnten ganz in ihren Ausdrücken von ihm angenommen und dargelegt werden. Auch nach seiner Theorie konnte der Wille des Menschen gar keine Kraft und keine Thätigkeit äussern, ehe er von der Gnade gezogen und von der Kraft des heiligen Geistes berührt und in Bewegung gesezt wurde. Auch nach seiner Theorie fand also gar keine Würksamkeit des unbekehrten, sondern nur eine Mitwürkung des schon im Anfang der Widergeburt stehenden Menschen statt. Auch nach dem Princip, von welchem er ausgieng, konnte der natürliche Mensch ohne die Gnade nicht nur nichts gutes würken, sondern auch nichts gutes wollen. Diß sagte er selbst, so oft man es haben wollte; diß sagte er so stark, als es Augustin gesagt hatte: konnten sich also die Würtenbergische Theologen nicht leicht genug bereden, daß er auch das nehmliche Princip mit ihnen

ihnen gemein habe, da er doch diese Folgen, welche sie daraus ableiteten, ebenfalls anzunehmen schien?

Freylich schien er sie nur anzunehmen, denn auch diese Folgen sahen doch, sobald sie entwickelt wurden, in seiner Theorie ganz anders als in der ihrigen aus. Er stimmte zwar darinn mit ihnen überein, daß nur der wiedergebohrne, schon von der Gnade ergriffene Mensch zu einer Mitwürkung bey seinem Bekehrungs-Werk fähig sey: aber nach seiner Vorstellung waren es doch die eigene natürliche Kräfte des Willens, die dabey zur Thätigkeit und zum Mitwürken kamen, da es nach der ihrigen nur die neue, erst in der Widergeburt in ihm geschaffene Kräfte waren, durch welche er mitwürken konnte. Diß machte eine nach ihrem eigenen Urtheil sehr beträchtliche Verschiedenheit aus; allein wie leicht war es, sie zu übersehen, so lange man das Princip, von dem er ausgieng, noch nicht aufgefaßt hatte, denn was war natürlicher zu vermuthen, als daß sich der Mann die Art, wie der wiedergebohrne Mensch mitwürken könne, eben so wie sie vorstellen möchte, da er die Möglichkeit der Mitwürkung eben so ausdrücklich als sie nur auf den wiedergebohrnen Menschen eingeschränkt haben wollte.

Bey diesen Umständen möchte es sich immer als möglich denken lassen, daß sich diese Theologen über die wahre Meynung Strigels selbst getäuscht haben könnten: doch diese Umstände sind nicht die einzige, die man in Betrachtung zu ziehen hat, sondern es treten noch andere ein, durch die man fast mit Gewalt von dieser Vermuthung wieder weggerissen wird.

Ist es wohl wahrscheinlich, daß die Würtenbergische Theologen gar nicht erfahren haben sollten, wie sich Strigel so oft über dasjenige erklärt hatte, was die Gnade Gottes und der heilige Geist in dem Menschen bey seiner Bekehrung zuerst würken müsse? Es war doch sehr natürlich,

natürlich, dass sie zuerst darnach fragen mußten, wenn sie über seine Theorie urtheilen wollten: sobald sie aber erfuhren, daß er die Würkung der Gnade dabey nur darein seze, oder nur unter anderen auch darein seze, daß sie das Hinderniß wegräumen müsse, das vorher die Kräfte des Menschen gleichsam gelähmt und ihre Aeusserung unmöglich gemacht habe, was bedurften dann sachkündige und gelehrte Beurtheiler weiter, um über den ganzen Zusammenhang wie über das Grund-Princip seines Systems ins klare zu kommen? Für diese lag es ja auf das deutlichste darinn, daß er sich von dem Schaden, den die Erbsünde in der Natur des Menschen angerichtet habe, unmöglich den rein-augustinischen Begriff machen, und keine totale Vernichtung aller Kräfte des menschlichen Willens zum Begehren des Guten als Folge davon annehmen konnte. Für diese lag es auf das deutlichste darinn, daß er auch dem verdorbenen Menschen noch Kräfte lassen mußte, deren Würksamkeit zwar aufgehalten und gehemmt, aber nicht ganz destruirt und zerstört sey: und wie konnten sie nach diesem Aufschluß noch eine wahre Harmonie seiner Meynung mit der ihrigen für möglich halten?

Aber ist es nur wahrscheinlich, daß die Würtenbergische Theologen nicht schon aus der ganzen Form, in welcher Strigel seine Meynung darlegte, aus den abgemessenen Wendungen, deren er sich gewöhnlich bediente, aus der Wahl der Ausdrücke, die er am häufigsten, und die er seltener, gleichsam nur andern zu Gefallen gebrauchte, wie aus der Wahl jener, die er nur mit einer einschränkenden Erklärung annahm, und aus seinen Protestationen gegen andere, die er ganz verwarf — daß sie nicht schon daraus einen Verdacht geschöpft haben sollten, der sie nothwendg zu einer weiteren Prüfung veranlassen, und durch diese unfehlbar zu der Entdeckung hinführen mußte, die alles aufklären konnte?

Man

Man weiß sonst, daß es ihnen weder an Scharfsinn noch an Gelehrsamkeit fehlte. Man kann aus mehreren Zeichen wahrnehmen, daß sie recht gut mit allen Seiten der Frage bekannt waren, über die man seit dem fünften Jahrhundert so viel in der Kirche gestritten hatte. Ihnen mußte es also auch aus mehreren Zeichen, in denen andere nichts wahrnehmen konnten, schon voraus höchst zweifelhaft werden, ob wohl die Strigelische Theorie ganz mit der ihrigen zusammentreffen dürfte, und da sie noch dazu von Flacius und Musäus und den übrigen Gegnern des Mannes so viele vorläufige Winke darüber bekommen hatten, die sie zwar nicht blindlings annehmen, aber doch auch nicht blindlings verwerfen durften — wer kann es glaublich finden, daß sie würklich in dem Strigelischen Synergismus nichts gesehen haben sollten, das von ihren Vorstellungen abwich?

Doch möchten sie immer aus diesen Zeichen nichts gesehen und gemerkt, und jene andere Aeusserungen des Mannes nicht gekannt und gewußt haben: aber der Aufsaz war ihnen doch mitgetheilt worden, in welchem Strigel die zwischen ihm und seinen Gegnern streitige Punkte von einer so eigenen, selbst für Flacius überraschenden Seite dargestellt hatte. In diesem Aufsaz 339) stand es aber wörtlich, daß man entweder seine Anthropologie und seinen Synergismus annehmen, oder die Schuld von dem Verderben aller Menschen, welche verdammt werden, auf Gott zurückwerfen, entweder den Menschen zu der Mitwürkung, die er ihm zuschrieb, für fähig halten, oder zu einem absoluten Rathschluß Gottes seine Zuflucht nehmen, und die Allgemeinheit der göttlichen Erwählung und Berufung aufgeben müsse? Diese Alternative war hinreichend, um jeden Theologen auf das deutlichste erkennen zu lassen, daß der Synergismus,

339) S. Confessio Strigelii d. 5. Dec. 1560. in Act. Vin. p. 326. ff.

gismus, den Strigel behauptete, von demjenigen, de sie selbst zugaben, sehr verschieden seyn müsse Hätt er nur mit ihnen angenommen, daß der Mensch vermittelst der neuen Kräfte, die erst bey der Wiedergeburt von dem Geist Gottes in seiner Seele geschaffen würden, zu seiner Bekehrung mitwürken könne, so wäre ja die Alternative nicht nur unrichtig, sondern sie wäre ganz sinnlos gewesen. Wie konnte ein Mensch von gesundem Verstand auf die Behauptung kommen, daß man die Möglichkeit einer solchen Mitwürkung von Seiten des Menschen nicht bezweiflen könne, ohne zugleich die Allgemeinheit der göttlichen Erwählung und Berufung zu verwerfen? Weil es also Strigel dennoch behauptete, so war es klar wie der Tag, daß er von einem andern Synergismus sprechen mußte; denn einen so groben Verstoß gegen die Logik konnte man ihm nicht zutrauen, sobald man aber diesen Aufschluß hatte, so gehörte wahrhaftig kein grosser Scharfsinn dazu, um sich über alle andere Punkte, worinn er von ihrer Theorie abwich, Gewißheit und Licht zu verschaffen!

Nach diesem läßt sich wohl nicht mehr glauben, daß die Würtenbergische Theologen, durch den Schein und die Aehnlichkeit der Sprache verführt, den Unterschied zwischen seiner Theorie und der ihrigen würklich übersehen und verkannt hätten. Man muß also annehmen, daß sie ihn nur nicht sehen wollten, oder daß sie sich absichtlich bemühten, ihn zu verbergen, und nun fragt sich bloß, was sie dazu für Gründe haben, und wie sie diese Absicht vor sich selbst rechtfertigen oder entschuldigen konnten? Allerdings lassen sich darüber nur Vermuthungen angeben, aber diese Vermuthungen haben Wahrscheinlichkeit genug, um die Sache selbst noch mehr ausser Zweifel zu sezen!

Der Zweck der Würtenbergischen Theologen dabey war unstreitig kein anderer, als leichtere und schnellere

Bey-

Beylegung des unseligen, und schon so bitter geworde-nen Streits, der sich über den Synergismus erhoben hatte. Diesen Zweck konnten sie auf keinem kürzeren Wege zu erreichen hoffen. Wenn man die Leute mit guter Art bereden konnte, daß Strigels Synergismus nicht so weit von dem ihrigen abliege, als sie dachten, oder wohl gar mit dem ihrigen zusammenlaufe, so mußten sie sich am gewissesten der Hize schämen, in die sie sich hineingestritten hatten, und dann desto williger die Hände zu jedem Vergleich bieten, den man ihnen vorschlagen mochte. Dabey hatte man aber auch mehrere Gründe zu hoffen, daß es nicht so schwer werden dürfte, einen grossen Theil der Gegner Strigels davon zu überreden. Bey der grösseren Anzahl der Layen, die an dem Streit Theil genommen, auch wohl bey mehreren der Sächsischen Prediger, die bloß durch das Geschrey von Flacius aufgeschröckt, ihre Parthie dabey genommen hatten, konnte man fast mit Zuverlässigkeit darauf zählen. Die wenigste von diesen wußten genau, worüber gestritten wurde, denn die wenigste hatten nur die wahre Unterscheidungs-Punkte der Theorie aufgefaßt, welche sie gegen den Synergismus Strigels vertheidigen wollten. Sie konnten sich also auch nicht mit Deutlichkeit angeben, worinn dieser von ihrer Theorie abwich: aber man konnte ihnen zehen Punkte angeben, worinn der vermeynte Kezer völlig mit ihnen übereinstimmte, man konnte ihnen beweisen, daß er sich über dasjenige, was wohl den meisten von ihnen die streitige Haupt-Frage scheinen mochte, völlig eben so wie sie erklärte und ausdrückte; ja man konnte Strigeln seine Theorie fast ganz in ihrer Sprache vorlegen lassen, wenn man ihm nur nicht Erläuterungen abfragte — und vor dem Abfragen war man bey ihnen sicher genug — mithin durfte man gewiß hoffen, daß es leicht seyn würde, sie in die Täuschung hineinzubringen!

Aber wie konnten und durften sich Theologen, selbst zu Erreichung eines guten Zwecks, absichtliche Täuschung erlauben? denn absichtlich müßte die Täuschung von ihrer Seite gewesen seyn, wenn sie es selbst, wie man fast nothwendig annehmen muß, so gut wußten, wie weit im Grund die synergistische Theorie Strigels von der ihrigen abwich. Auf diese Frage, die wohl nicht bloß enthalten soll: ob sie sich überhaupt die Täuschung erlauben durften? sondern: durch welche Gründe oder Schein-Gründe sie sich selbst überreden konnten, daß sie sich die Täuschung erlauben dürften? — auf diese Frage ist es nicht so leicht zu antworten; doch lassen sich einige dieser Gründe auszeichnen, durch welche sie wahrscheinlich am stärksten dazu bestimmt, und vielleicht stärker, als sie es sebst wußten, bestimmt wurden.

Erstens fühlten die Würtenbergische Theologen auf das lebhafteste, und gewiß lebhafter, als sie es zu gestehen wagten, daß an der Verschiedenheit der Theorien, über welche gestritten wurde, durchaus nichts gelegen, also auch der Streit darüber durchaus unfruchtbar und nuzlos sey. Sie konnten sich nicht verhelen, daß es nicht nur in praktischer Hinsicht, sondern auch in Beziehung auf die übrige leitende Grund-Ideen der lutherischen Dogmatik ganz gleichgültig sey, ob man den Synergismus Strigels oder den ihrigen annehme? Das Interesse von diesen übrigen leitenden Grund-Ideen des Systems forderte weiter nichts, als daß keine Vorstellung hineingebracht oder darein aufgenommen werden durfte, welche dem Menschen irgend ein Verdienst bey dem Werk seiner Besserung und Beseligung zueignete; aber es konnte keinem gelehrten Theologen entgehen, daß man von dieser Seite her von der synergistischen Theorie ganz nichts zu fürchten habe. Sie kam ja, so weit sie sonst von der augustinischen abwich, doch darinn

darinn mit ihr zusammen, daß der Mensch, der in das bessere verändert werden soll, nothwendig zuerst von der Gnade Gottes angefaßt werden müsse. Sie behauptete so bestimmt als diese, daß der Mensch mit seinen eigenen Kräften schlechterdings nichts dabey würken und thun könne, ehe er von dem heiligen Geist dazu fähig gemacht worden sey. Sie nahm mit einem Wort so unzweydeutig als diese, die absolute Nothwendigkeit einer *gratia praeveniens* an: also konnte nach dieser Theorie mit ganz gleichem Recht und mit gleicher Wahrheit, wie nach der Augustinischen gesagt werden, daß die Bekehrung des verdorbenen Menschen Gottes Werk sey, und nur durch Gott, oder nur unter seiner Einwürkung zu Stand gebracht werden könne.

In dieser Hinsicht hatte man daher nichts von der Möglichkeit einer Mitwürkung zu befürchten, welche sie dem Menschen dabey zuschrieb; denn diese Möglichkeit war ja so bedingt, daß ihm nie ein Verdienst daraus zuwachsen, sondern daß nur ihre Unterlassung imputabel für ihn werden konnte. Aber was konnte sonst dabey bedenklich seyn? Selbst Flacius konnte nichts von dieser Art dagegen aufbringen, als immer nur das eine, daß durch diese Theorie das natürliche Verderben des Menschen allzusehr verkleinert, und eben dadurch der Ruhm geschmählert werde, welcher der Gnade Gottes von seiner Wiederherstellung in das Bessere gebühre [340]). Allein

340) Schon in der Apologie und Verantwortung des Konfutations-Buchs, welche noch vor dem Weimarischen Gespräch erschien, konnten die Leute nichts gegen die synergistische Theorie aufbringen, als "daß dadurch "Gottes Ehre gemindert und "seine Gnade und Kraft geschwächt und geschmählert werde. Sie brachten wohl noch vier andere Gründe dagegen vor; aber jämmerlicher kann man sich nichts vorstellen als diese Gründe. S. Act. Vin. S. 268."

Allein das erste konnte doch nur alsdann bedenklich seyn, wenn das lezte daraus folgte, und diß lezte, das man ohnehin auch nur bey höchst verwirrten Begriffen bedenklich finden konnte, folgte nicht daraus. Die synergistische Theorie dachte sich allerdings den Menschen etwas weniger verdorben, als die augustinische: aber sie schrieb Gott demungeachtet bey seiner Bekehrung nicht weniger Einfluß als diese zu, wenn sie ihn schon nicht ganz auf die nehmliche Art dabey würken ließ.

Wenn nun die Würtenbergische Theologen die Sache aus diesem Gesichts-Punkt betrachteten, so gieng es natürlich genug zu, wenn sie nicht gerade etwas unmoralisches bey einer Täuschung sahen, durch welche der unnöthigste und heilloseste Streit — denn so mußte er ihnen dabey erscheinen — dem Ansehen nach am leichtesten beygelegt werden konnte. Sie mochten immer dabey selbst wissen, daß Strigel doch nicht ganz mit seinen Gegnern übereinstimme; sie mochten auch selbst glauben, daß seine Vorstellung in dem Punkt, worinn sie von der ihrigen abwich, auch weiter von der Wahrheit, als die ihrige, abweiche: aber wenn sie zugleich auf das deutlichste einsahen, daß der Unterschied der Meynungen nichts austrage, daß also nur Unverstand und Eigensinn darüber streiten, oder daß wenigstens ein Streit darüber nie etwas nüzen, wohl aber Unheil genug anrichten könnte, und wenn sie sich dabey durch ihre eigene Ueberzeugung gedrungen fühlten, diesen Unterschied als ganz unbedeutend oder doch unbedenklich vorzustellen, so konnte es ihnen wohl auch erlaubt scheinen, ihn etwas zu verdecken. War es doch noch dazu höchst wahrscheinlich, daß sich die meiste der Menschen, auf welche sie zu würken hatten, leichter überreden lassen würden, daß im Grund keine Verschiedenheit zwischen

der

der Meynung Strigels und der ihrigen, als daß sie nur unbedeutend und unbedenklich sey! Dazu kam aber

Zweytens, daß es die Würtenbergische Theologen wahrscheinlich im Herzen gar nicht ungern sahen, daß sich Strigel gegen einige der krassen Ausdrücke erklärt hatte, welche die Flacianische Eiferer unter diesem Handel in die Sprache der lutherischen Dogmatik einführen, und zum Wahrzeichen der Orthodoxie machen wollten. Sie gaben es wenigstens mehrmahls nicht undeutlich zu erkennen, daß die harte Redensarten: der Wille des Menschen verhalte sich ganz leydend und unthätig bey seiner Bekehrung: der Mensch verhalte sich dabey wie ein Kloz und wie eine Bildsäule: auch für sie etwas anstössiges hätten [341]; denn wiewohl sie einräumten, daß sie auch in einem wahren Sinn genommen werden möchten, so liessen sie doch nicht unbemerkt, daß eben so leicht ein sehr falscher und unrichtiger darinn gefunden, oder daraus gefolgert werden könnte. Man darf also immer vermuthen, daß sie wohl nicht abgeneigt waren, selbst unter der Hand zu der früheren Wiederverdrängung dieser Flacianischen Unterscheidungs-Ausdrücke aus dem dogmatischen Sprach-Gebrauch mitzuwürken: daran ließ sich aber nicht denken, wenn man nicht die Leute vorher von dem Wahn abbrachte, daß man diese Ausdrücke nicht mißbilligen oder aufgeben könne, ohne von der reinen Lehre abzuweichen. Es mußte ihnen daher auch zweifelhaft gemacht werden, ob Strigel würklich der arge Kezer sey, den Flacius deßwegen aus ihm gemacht hatte; und wie leicht konnte man sich dazu auch eine kleine ganz unschädliche Täuschung erlaubt halten, wenn

341) Diß äusserten sie deutlich genug bey den Handlungen zu Weymar. S. Salig 885. ff.

wenn man in Betrachtung zog, daß der Irrthum und der Mißbrauch, dem man dadurch begegnen wollte, vielfach verderblich werden, die Täuschung aber in keinen Fall schaden konnte.

Endlich läßt sich noch eine dritte Betrachtung angeben, die auf die ganze Haltung, welche die Würtenbergische Theologen unter diesen Händeln annahmen, auch noch einigen Einfluß haben, und vielleicht einen grösseren, als sie selbst wußten, haben mochte. Sie wünschten nehmlich auch deßwegen sehnlichst, den Streit so schnell als möglich beygelegt zu sehen, damit man nur nicht tiefer in die Fragen hineingerathen möchte, auf die er sich zulezt hingezogen hatte. Sie sahen ja die Anstalten, welche Strigel machte, um die Gegner seines Synergismus in den Augustinischen Partikularismus hineinzusprengen, und sie sahen diese schon in Bereitschaft, sich Luthern auch da hinein nachzustürzen. Dahin hatten sie nur gar nicht Lust, ihnen zu folgen, und dahin wollten sie auch, wenn es sich noch hindern ließ, die Parthie nicht hineinziehen lassen; aber aus mehreren folgenden Erscheinungen wird es nur allzusichtbar, daß sie selbst noch nicht recht wußten, wie sie mit guter Art von dem Abgrund wegkommen sollten [342]. In dieser Lage mußten sie es wohl für das weiseste halten, die Leute nur so schleunig als möglich von dem Streit wegzubringen, und wie konnte ihnen irgend ein Mittel, das dazu führte, bedenklich scheinen, da sie nicht ganz gewiß waren, ob nicht der längere Streit auch jener Theorie, welche sie selbst noch für die wahrere hielten, zulezt nachtheilig werden könnte.

Diß

342) Es ist ja wohl schon aus der Sorgfalt sichtbar genug, womit sie sich hüteten, jezt nur ein Wort darüber fallen zu lassen.

Diß mag vielleicht hinreichend seyn, um die etwas zweydeutige Haltung, welche die Würtenbergische Theologen auf einige Zeit unter dem Handel annahmen, nicht nur zu erklären, sondern auch nach einigen Beziehungen zu entschuldigen: aber zu ihrer vollen Rechtfertigung reicht es allerdings nicht hin. Man kann sich nicht verhelen, daß diese Theologen eine ungleich würdigere Rolle gespielt haben würden, wenn sie anstatt den Unterschied zwischen der Meynung Strigels und seiner Gegner verstecken zu wollen, ihn selbst noch mehr aufgedeckt, und nur dabey in sein wahres Licht zu sezen gesucht hätten: ja man kann sich nicht verhelen, daß sie dabey nicht nur würdiger und anständiger, sondern auch weiser und klüger gehandelt haben würden. Es ist zwar gewiß, daß sie auf diesem Wege die streitende Partheyen eben so wenig als auf dem ihrigen zu einem schleunigen Frieden gebracht haben würden, denn die Gegner Strigels würden ihnen eben so wenig geglaubt haben, daß an dem Unterschied der Meynungen nichts gelegen, als sie sich jezt von ihnen bereden liessen, daß gar kein Unterschied vorhanden sey. Sie hätten sich vielmehr darauf rüsten müssen, selbst in den Streit hineingezogen und von den Flacianern als Kezer ausgeschrieen zu werden: aber wenn auch der Streit keine bessere Wendung dadurch bekommen hätte, wenn auch dadurch seine lezte Entscheidung nicht gerade vortheilhafter für die lutherische Dogmatik gemacht worden wäre, wie es doch gar nicht unwahrscheinlich hätte geschehen können, so würde doch diß Gute daraus entsprungen seyn, daß man jezt nicht gezwungen wäre, die wüthende Heftigkeit, womit die Gegner Strigels und seines Synergismus den Krieg nach den Weimarischen Handlungen fortsezten, selbst einigermassen zu entschuldigen. Jezt muß man nehmlich einräumen, daß sie allerdings gegründete Ursache zum Fortstreiten hatten, da man sie bereden wollte, daß zwischen ihrer Mey-

Meynung und der Meynung ihres Gegners gar kein Unterschied sey, denn verbunden waren sie doch gewiß nicht, sich davon so gutwillig überreden zu lassen: wer aber kann sich eines kleinen Aergers darüber erwehren, daß man ihnen auch nur so viel Recht lassen muß!

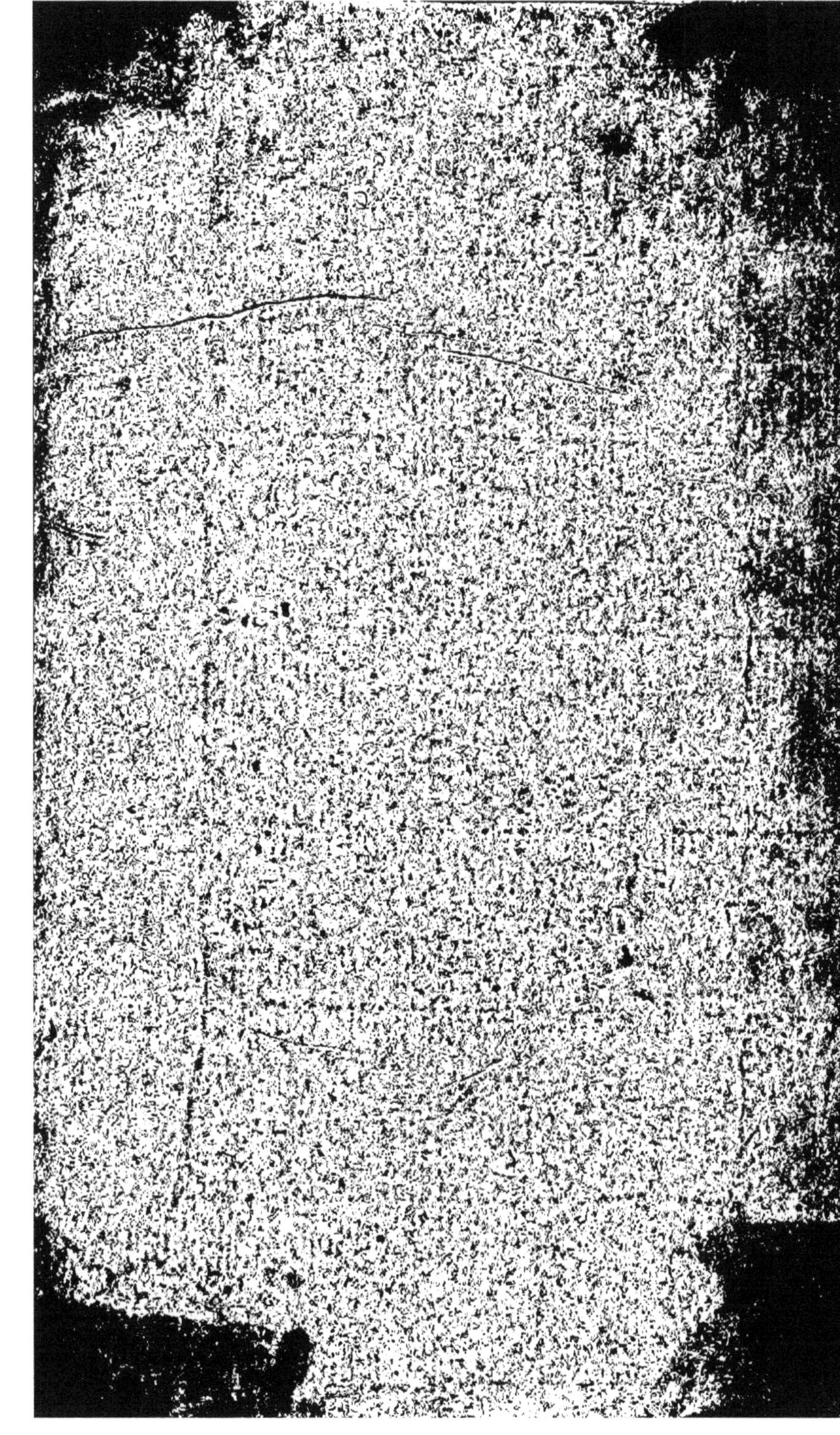

Lightning Source UK Ltd.
Milton Keynes UK
UKHW020351090119
334943UK00008B/1262/P